现代统计分析方法的理论和应用

陈希镇　著

国防工业出版社

·北京·

内 容 简 介

现代统计分析方法是处理多维数据的重要工具，全书共 12 章：矩阵理论、随机向量、正态分布、Copula 函数及其应用、正态总体的参数检验、聚类分析、判别分析、主成分分析、因子分析、典型相关分析、对应分析和 SPSS 的使用。本书理论和应用并重，重点是 Copula 函数及其应用以及 6 种常用统计分析方法的理论和应用，介绍每一种分析方法的统计思想、使用条件、解决的问题、优点和局限性，以及它们之间的联系和区别；给出用 SPSS 软件实现上述分析方法以及解决问题的全过程；对得出的统计分析结果做出合理的解释和科学的推断。本书与同类著作的主要不同之处：①把 Copula 函数引入书中，弥补此类书籍在处理非正态、非对称变量相关性方面的不足；②统计理论（方法）的介绍和统计软件 SPSS 的使用融合在一起，实用性强；③全书贯穿作者对实际问题的研究探索，便于读者参考借鉴。

本书读者对象是高等院校高年级本科生和研究生，对统计分析感兴趣的应用工作者可以从中学习相应的理论知识和应用方法，对理论感兴趣的研究人员可以从中体会到应用的乐趣。把理论与应用紧密结合起来是研究现代统计分析方法的关键，可以达到学以致用的目的。

图书在版编目（CIP）数据

现代统计分析方法的理论和应用 / 陈希镇著. —北京：国防工业出版社，2016.5

ISBN 978-7-118-10801-9

Ⅰ. ①现…　Ⅱ. ①陈…　Ⅲ. ①统计分析－分析方法　Ⅳ. ①C813

中国版本图书馆 CIP 数据核字（2016）第 079940 号

※

国防工業出版社 出版发行

（北京市海淀区紫竹院南路 23 号　邮政编码 100048）

天利华印刷装订有限公司印刷

新华书店经售

开本 787×1092　1/16　印张 21　字数 515 千字

2016 年 5 月第 1 版第 1 次印刷　印数 1—2500 册　定价 68.00 元

国防书店：(010) 88540777　　发行邮购：(010) 88540776

发行传真：(010) 88540755　　发行业务：(010) 88540717

前　言

在自然科学和社会科学的许多领域中，研究者经常需要分析处理多变量的数据问题，研究者要从表面上看似杂乱无章的数据中发现和提炼出规律性的结论，这不仅需要对所研究的专业领域有很好的训练，而且必须掌握相应的统计分析工具。现代统计分析方法是近几十年迅速发展并广泛用于自然科学和社会科学各个领域的统计分支，是处理多维数据不可缺少的重要工具，因而受到统计理论研究工作者和实际应用工作者的普遍重视，并日益显示出其巨大的魅力，取得令人瞩目的成果。随着电子计算机的普及和统计软件的发展，信息存储手段的进步以及数据信息的成倍增长，现代统计分析方法的重要性和实用性越来越受到人们的肯定，国内外实际应用中卓有成效的成果说明，处理多维数据离不开现代统计分析方法，因此，学习和研究现代统计分析方法的理论和应用就十分必要。现代统计分析方法内容十分丰富，应用范围极为广泛，它有哪些共同特点和作用呢？

现代统计分析方法的特点之一就是其研究对象是多变量统计总体，它能够一次性处理多个变量的庞杂数据，而不需考虑不同度量的问题，因此是处理多个变量的综合统计分析方法。现代统计分析方法中，有的方法可以处理多个变量对多个变量的作用程度大小，并把这种关系线性表示出来，反映多变量间的相互关系；有的方法可以消除多个变量的共线性，将高维空间的问题降至低维空间中，在尽量保存原始信息量的前提下，消除重叠信息，简化变量间的关系；有的方法可以通过事物的表象，挖掘出事物深层次的、不可直接观测到的本质属性；有的方法可以透过繁杂事物的某些性质，将事物进行识别和归类。因此，从某种意义上说，现代统计分析方法是一些不同方法的“混合体”，难于对其给出确切的概括和难于对所有方法进行归类。综合来看，现代统计分析方法的作用体现在五大方面：能够简化数据和数据结构；能够进行假设检验；能够进行分类和组合；能够研究变量（指标）间的依赖关系；能够进行预测。统计分析方法是否正确使用取决于所选方法是否适合我们面对的多维数据结构，只有掌握好统计分析方法的有关理论，才能明白在什么时候（数据）应该使用什么方法，以及如何正确合理地使用该方法。现代统计分析方法的另一个特点是其计算复杂、工作量大。由于是在高维空间讨论问题，现代统计分析方法离不开复杂的计算。如果没有相关统计软件的支撑，手工计算几乎是不可能的。因此有必要把相关统计软件的使用方法纳入其中，使得相关统计方法容易用于高维数据，并且有可能对分析过程获得更全面的整体认识，可见，现代统计分析方法需要统计软件的支撑。

如何学习和应用现代统计分析方法才能取得较好的效果？

要学好这门科学并用于解决实际问题，并不是一蹴而就的事情，需要不断学习、研究、应用和探索，学以致用是学习现代统计分析方法的精髓所在。强调统计思想，重视理论（方法），也重视应用（解释），同时把相关统计软件的使用方法纳入其中，才能使统计方法的可操作性强，便于人们解决实际问题。笔者在多年科学研究和教学实践的基础上，深深感到要学好统计方法并不容易，要用好统计方法更不容易。本书的写作思路是：尽量交代统计分析方法涉及的统计思想、把统计方法的理论分析到位，理论以够用为度；对每种方法配上一些实际案例，尽量选择笔者在实际研究中处理过的实例，在分析中讲清软件（本书主要介绍SPSS）的具体应用，把方法介绍与软件使用结合起来；对统计分析结果给予比较符合实际的解释，把分析与解释融为一体。把笔者在学习和研究现代统计分析方法理论与应用方面的一些心得体会融入书中，希望对初涉统计理论和应用的读者有所裨益。

全书共 12 章，主要内容为矩阵理论、随机向量、正态分布、Copula 函数及其应用、正态总体的参数检验、聚类分析、判别分析、主成分分析、因子分析、典型相关分析、对应分析和 SPSS 的使用。本书理论和应用并重，把重点放在 Copula 函数及其应用以及 6 种常用统计分析方法的理论和应用上。本书与同类著作主要不同之处有：①把 Copula 函数引入本书中，弥补此类书籍在处理非正态、非对称变量相关性方面的不足。由于 Copula 函数在构造多变量联合分布方面、在研究随机变量相依性方面，在分析处理非正态、非对称变量等方面的巨大作用，把 Copula 函数引入本书，可以极大提高人们处理相关性方面的能力，也能弥补此类书籍在处理非正态、非对称变量相关性方面的不足。因此，把它们与传统的一些内容整合在一起是十分必要的，扩大现代统计分析方法的内容，有利于人们更好地开展统计分析与研究。②把统计理论（方法）的使用和统计软件 SPSS 的使用融合在一起，把统计方法和实际应用融合在一起。对每一种分析方法的统计思想、使用条件、解决哪类问题、有何优点和局限性；它们相互之间的联系和区别；用 SPSS 软件如何实现上述分析方法以及解决问题的过程；如何对得出的统计分析结果做出合理的解释和较科学的推断。本书把多变量统计分析方法的基本理论、软件实现以及处理结果的解释融合在一起，既有系统的理论体系，又有鲜明的应用特色。③全书贯穿笔者对实际问题的研究探索，便于读者参考借鉴。首先，书中引用笔者在有关课题研究的一些成果和在实际研究中分析处理过的大量实例，通过对这些实例的分析，读者可以学到如何将一个实际问题转化为恰当的统计问题，进而选择恰当的方法进行分析、解决。通过本书的学习，帮助读者在熟练掌握现代统计分析方法的基本思想、数学原理的基础上，能够应用 SPSS 等统计软件对数据进行简化、分析和处理，能够对统计软件计算的结果进行科学合理的解释，并从专业背景上给予比较合乎实际的分析，把统计分析方法应用到实际，增加读者学习和研究统计分析的兴趣。本书力求做到由浅入深，既可供初学者入门，又能使有较好基础的人受益；其次，它既侧重于应用，又兼顾必要的推理论证，使学习者既能学到“如何”做，而且在一定程度上了解“为什么”这样做。

希望本书能成为高等院校高年级本科生和研究生系统学习现代统计分析方法的入门书，对统计分析感兴趣的实际应用工作者可以从中学习相应的理论知识和应用方法，对理论感兴趣的研究人员可以从中体会到应用的乐趣。读者在学习本书后要不断实践，不仅要学会应用，还要知道其数学原理和适用场合，以便读者在实际研究中有解决问题、发展新方法的能力。希望本书成为读者学习、掌握现代统计分析中各种模型和方法的有价值的参考书。

借本书出版之机，笔者衷心感谢导师王学仁教授和孙文爽教授；衷心感谢陈希儒院士、王松桂教授、吴启光教授和王静龙教授等诸多老师。在课题研究和撰写本书的过程中，笔者查阅大量的专著和文献，实际上成书的过程也是再学习和研究的过程，对这些参考文献的引用，在此恐难一一指出，对这些参考文献的作者，笔者表示衷心的感谢。

我的历届研究生也积极参与有关课题的研究，他们对统计理论的认真钻研、热心于统计方法的应用，不断进行统计思想和方法的探索，取得一些较好的应用结果，对他们在各方面取得的成绩，老师感到由衷的高兴。笔者在此对我历届研究生的积极参与和热情探索表示衷心的感谢。

衷心感谢温州大学各级领导，特别是温州大学数学与信息科学学院的领导和老师对笔者多年教学科研的关心和支持。

衷心感谢我妻子和女儿对我的教学研究和写作工作给予的极大支持。

由于笔者水平所限，书中不当之处在所难免，敬请广大读者给予指正。

陈希镇

2015年11月于温州大学

目　　录

第 1 章　矩阵理论……1
1.1 数据与矩阵……1
1.1.1 矩阵的基本概念……1
1.1.2 矩阵的运算……2
1.1.3 矩阵的初等变换和化简……3
1.1.4 初等矩阵的定义与作用……3
1.1.5 数据和矩阵……3
1.2 向量之间的关系……5
1.2.1 向量组的线性关系……5
1.2.2 n维线性空间……6
1.2.3 向量组的正交……7
1.3 矩阵的行列式与秩……8
1.3.1 行列式的概念和性质……8
1.3.2 行列式按行（列）展开……8
1.3.3 矩阵的行列式……9
1.3.4 矩阵的秩……9
1.3.5 非退化矩阵……10
1.4 可逆矩阵的判定与计算……10
1.4.1 可逆矩阵的概念……10
1.4.2 可逆矩阵的性质……10
1.4.3 矩阵可逆的判定和求法……10
1.4.4 与可逆矩阵相乘不改变原矩阵的秩……11
1.5 分块矩阵与它的逆矩阵……12
1.5.1 分块矩阵的概念……12
1.5.2 分块矩阵的运算……13
1.5.3 分块矩阵的初等变换……14
1.5.4 求分块矩阵的逆……15
1.6 矩阵的特征值和特征向量……16
1.6.1 定义和求法……16
1.6.2 有关矩阵特征值的一些结论……16
1.6.3 矩阵的迹及其性质……17
1.6.4 特征多项式……18

1.7 正定矩阵和正交矩阵 …… 18
1.7.1 正定矩阵和非负定矩阵的定义 …… 18
1.7.2 正定矩阵和非负定矩阵的性质 …… 19
1.7.3 矩阵正定性的判定 …… 20
1.7.4 正交矩阵 …… 20
1.8 矩阵不等式 …… 20
1.9 矩阵的广义逆 …… 22
1.9.1 广义逆矩阵 …… 22
1.9.2 广义逆矩阵的表示 …… 23
1.9.3 线性方程组 $\boldsymbol{Ax}=\boldsymbol{b}$ 有解时的解结构 …… 23
1.9.4 矩阵的奇异值分解 …… 24
1.9.5 矩阵广义逆与奇异值分解的关系 …… 25
1.9.6 几个相关结论 …… 26
1.10 向量范数和矩阵范数 …… 26
1.10.1 向量的范数 …… 27
1.10.2 矩阵的范数 …… 28
1.11 矩阵的奇异值分解 …… 29
1.11.1 矩阵的奇异值分解 …… 30
1.11.2 矩阵广义逆与奇异值分解的关系 …… 30
1.12 Kronecker 乘积和矩阵的向量化 …… 31
1.12.1 矩阵的直积 …… 31
1.12.2 矩阵的拉直运算 …… 32
1.13 矛盾方程组的最小二乘解 …… 33
1.13.1 向量到子空间的距离 …… 33
1.13.2 矛盾方程组的最小二乘法 …… 34
1.14 最小范数最小二乘解 …… 35
1.14.1 方程组有解时的最小范数最小二乘解 …… 35
1.14.2 方程组无解时的最小范数最小二乘解 …… 35
第 2 章 随机向量 …… 38
2.1 随机变量分布 …… 38
2.1.1 随机变量与概率分布函数 …… 38
2.1.2 概率分布的类型 …… 38
2.1.3 数学期望、方差和协方差 …… 39
2.1.4 一些重要的单变量分布 …… 39
2.1.5 独立性、相关性和相关系数 …… 40
2.2 随机向量分布 …… 41
2.2.1 多变量概率分布 …… 41
2.2.2 常用的离散型多变量分布 …… 41
2.2.3 多维概率密度 …… 42

2.2.4 边际分布 42
2.2.5 条件分布 43
2.3 随机向量的矩 43
2.3.1 数学期望 44
2.3.2 协方差矩阵 44
2.3.3 性质 44
2.3.4 相关矩阵 45
2.3.5 随机向量的变换 46
2.4 特征函数 47
2.4.1 随机变量的特征函数 47
2.4.2 随机向量的特征函数 48
2.5 变量的联系和处理 49
2.5.1 变量的类型 49
2.5.2 数据与变量 49
2.5.3 变量的标准化 50
2.5.4 变量间的距离 51
2.5.5 变量间的相似度 53
2.5.6 匹配系数 53
第 3 章 正态分布 55
3.1 多变量正态分布 55
3.1.1 多变量正态分布的定义 55
3.1.2 多变量正态分布的例 56
3.2 随机矩阵的正态分布 57
3.2.1 随机矩阵正态分布的定义 57
3.2.2 随机矩阵正态分布的密度 58
3.3 多变量正态分布的性质 58
3.4 相关性和条件分布 63
3.4.1 复相关 63
3.4.2 偏相关 64
3.4.3 正态向量的条件分布 66
3.5 非线性相关比 68
3.5.1 相关比和相关系数的关系 68
3.5.2 相关比在信度估计中的应用 69
3.5.3 进一步的讨论 72
3.6 正态总体的参数估计 73
3.6.1 多变量样本的概念及其表示法 73
3.6.2 多维样本的数字特征 73
3.6.3 μ和Σ的极大似然估计及其性质 74
3.6.4 相关系数的极大似然估计 75

3.6.5 估计量的性质 76
第 4 章 Copula 函数及其应用 78
4.1 Copula 函数的定义和性质 78
4.1.1 再论变量之间的相依关系 78
4.1.2 Copula 函数的定义及其性质 80
4.2 Copula 函数的分类 84
4.2.1 多变量正态 Copula 函数 84
4.2.2 多变量 t-Copula 函数 85
4.2.3 Archimedean Copula 函数 85
4.3 Copula 函数的统计推断 91
4.3.1 Copula 函数的参数估计 91
4.3.2 Copula 函数的检验 94
4.4 Copula 函数的选择 95
4.4.1 经验分布 96
4.4.2 选择 Copula 函数的解析法 96
4.4.3 实例分析 97
4.5 可交换分布函数 100
4.5.1 二维可交换分布及其估计 100
4.5.2 可交换分布下估计量的性质 101
4.5.3 一些应用 103
4.6 Copula 函数中参数的 Bootstrap 估计 105
4.6.1 自助估计法 105
4.6.2 模拟分析 106
4.6.3 实例分析 107
4.7 对 Copula 函数中参数检验方法的改进 109
4.7.1 有关知识 109
4.7.2 模拟分析 111
4.7.3 实证分析 113
4.8 Copula 函数中的非参数核密度估计 114
4.8.1 非参数核密度估计 114
4.8.2 实证研究 116
4.8.3 仿真分析 117
第 5 章 正态总体的参数检验 118
5.1 多变量抽样分布 118
5.1.1 二次型分布 118
5.1.2 二次型分布的一些性质 118
5.1.3 中心 Wishart 分布 119
5.1.4 Wishart 分布的性质 120
5.1.5 Hotelling T^2 统计量和 Wilks Λ 统计量的分布 122

5.2 均值向量的假设检验…………125
5.2.1 单个正态总体均值向量的检验…………126
5.2.2 置信区域…………128
5.2.3 联合置信区间…………129
5.2.4 两总体均值的比较推断…………130
5.2.5 多个正态总体均值向量的检验…………136
5.3 协方差矩阵的假设检验…………142
5.3.1 单个正态总体的协方差阵检验…………142
5.3.2 球形检验…………144
5.3.3 多个协方差矩阵相等的检验…………145
第 6 章 聚类分析…………150
6.1 聚类分析的作用和思想…………150
6.2 系统聚类法…………151
6.2.1 最短距离法…………151
6.2.2 最长距离法…………153
6.2.3 中间距离法…………156
6.2.4 重心法…………156
6.2.5 类平均法…………157
6.2.6 可变类平均法…………157
6.2.7 可变法…………157
6.2.8 离差平方和法…………158
6.3 若干问题的讨论…………161
6.3.1 不同聚类法的优劣比较…………161
6.3.2 分类个数的确定问题…………162
6.4 动态聚类法…………163
6.4.1 动态聚类法的思想…………163
6.4.2 k 均值法…………164
6.4.3 应用实例…………165
第 7 章 判别分析…………166
7.1 判别分析的作用和思想…………166
7.2 距离判别法…………166
7.2.1 两总体的距离判别…………166
7.2.2 多总体的距离判别…………173
7.3 Bayes 判别法…………177
7.3.1 Bayes 判别法的基本思想…………177
7.3.2 最大后验概率判别准则…………178
7.3.3 最小平均误判代价准则…………179
7.4 Fisher 判别法…………184
7.4.1 两总体 Fisher 判别法…………184

7.4.2 多总体的 Fisher 判别法 ……187
7.5 三种判别法的关系和 SPSS 的使用……189
7.5.1 三种判别法的内在联系 ……190
7.5.2 SPSS 的使用说明……192
7.6 判别分析中若干问题的讨论……195
7.6.1 均值向量与协方差矩阵检验对判别的影响问题……195
7.6.2 判别函数个数选取的问题……196
7.6.3 变量个数选取的问题……196
第 8 章 主成分分析……197
8.1 主成分分析的思想和方法……197
8.1.1 研究案例……197
8.1.2 主成分分析的方法……198
8.2 主成分分析的模型及性质……198
8.2.1 总体主成分的求法……198
8.2.2 主成分个数的确定……199
8.2.3 主成分的性质……201
8.2.4 从相关矩阵出发进行主成分分析……202
8.2.5 几何意义……204
8.3 样本主成分……204
8.3.1 样本主成分的求法……204
8.3.2 样本主成分的合理性……205
8.4 主成分分析的检验……206
8.4.1 Bartlett 球性检验……206
8.4.2 主成分个数的检验……207
8.5 主成分分析在实际中的应用……207
8.6 主成分回归……212
8.6.1 主成分回归的思想……212
8.6.2 变量复共线性的判定……212
8.6.3 主成分回归的 SPSS 实现……213
8.6.4 启示……216
第 9 章 因子分析……217
9.1 因子分析的应用和思想……217
9.1.1 因子分析的发展简史……217
9.1.2 因子分析的应用案例……217
9.1.3 因子分析的基本思想……218
9.2 正交因子模型及其解……219
9.2.1 正交因子模型……219
9.2.2 因子载荷矩阵的统计意义……220
9.3 因子分析的统计检验……221

9.3.1 Bartlett 球性检验 ······221
9.3.2 *KMO* 检验 ······222
9.3.3 反映像相关矩阵的检验 ······222
9.3.4 提取公因子个数是否恰当的检验 ······223
9.4 因子载荷矩阵的估计 ······223
9.4.1 主成分法 ······223
9.4.2 主轴因子法 ······228
9.4.3 极大似然法 ······230
9.5 因子旋转及其作用 ······232
9.6 因子得分及其作用 ······235
9.6.1 加权最小二乘法 ······235
9.6.2 回归法 ······236
9.7 因子分析在实际中的应用 ······238
9.8 多种统计方法的综合应用 ······240
9.8.1 研究背景 ······240
9.8.2 因子分析的过程与结果 ······241
9.8.3 聚类分析的过程和结果 ······244
9.8.4 对研究问题的几点建议 ······246
第 10 章 典型相关分析 ······248
10.1 典型相关分析的作用和思想 ······248
10.2 总体典型相关 ······248
10.2.1 典型相关系数 ······248
10.2.2 典型相关变量的性质 ······251
10.2.3 从相关矩阵出发计算典型相关 ······252
10.3 样本典型相关 ······253
10.4 典型相关系数的检验 ······254
10.4.1 近似的 χ^2 检验 ······255
10.4.2 近似的 F 检验 ······255
10.5 典型相关在实际中的应用 ······255
第 11 章 对应分析 ······260
11.1 对应分析的作用和思想 ······260
11.2 联系矩阵的构造 ······261
11.3 对应分析的计算步骤 ······264
11.4 对应分析在实际中的应用 ······265
11.5 对应分析在列联表上的应用 ······267
11.6 分类的一致性推断 ······271
11.6.1 问题的提出 ······271
11.6.2 二项分布下的分类一致性推断 ······272
11.6.3 二元分布下的分类一致性推断 ······276

11.6.4 模拟例子 ······283
第 12 章 SPSS 的使用 ······286
12.1 数据文件的建立 ······286
12.1.1 变量定义 ······286
12.1.2 数据输入 ······287
12.1.3 数据编辑 ······288
12.1.4 文件保存 ······288
12.2 描述统计 ······288
12.2.1 利用 "Descriptives" 进行描述统计 ······288
12.2.2 利用 "Frequencies" 进行描述统计 ······289
12.2.3 利用 "OLAP Cubes" 进行描述统计 ······290
12.3 假设检验和区间估计 ······291
12.3.1 单样本的 T 检验 ······291
12.3.2 两独立样本的 T 检验 ······291
12.3.3 配对样本的 T 检验 ······292
12.3.4 区间估计 ······293
12.4 相关分析的 SPSS ······293
12.4.1 双变量相关分析 ······293
12.4.2 偏相关分析 ······294
12.4.3 距离分析 ······295
12.5 一般线性模型的 SPSS ······298
12.5.1 单变量方差分析 ······298
12.5.2 多变量方差分析 ······302
12.5.3 重复测量的方差分析 ······303
12.6 聚类分析的 SPSS ······304
12.6.1 系统聚类法 ······304
12.6.2 快速聚类法 ······308
12.7 判别分析的 SPSS ······309
12.8 因子分析（主成分分析）的 SPSS ······313
12.9 对应分析的 SPSS ······317
参考文献 ······320

第1章　矩阵理论

1.1　数据与矩阵

1.1.1　矩阵的基本概念

定义 1.1.1　实数域 $\mathbf{R}$ 上 $m\times n$ 个数 $a_{ij}(i=1,2,\cdots,m;\ j=1,2,\cdots,n)$ 排成一个 m 行 n 列的数表：

$$\begin{pmatrix} a_{11} & a_{12} & \cdots & a_{1n} \\ a_{21} & a_{22} & \cdots & a_{2n} \\ \vdots & \vdots & \ddots & \vdots \\ a_{m1} & a_{m2} & \cdots & a_{mn} \end{pmatrix},$$

称为数域 $\mathbf{R}$ 上的 m 行 n 列**矩阵**，简称 $m\times n$ 阶矩阵，记为 $\boldsymbol{A}_{m\times n}$ 或 $\boldsymbol{A}=\left(a_{ij}\right)_{m\times n}$。矩阵 $\boldsymbol{A}$ 中元素 a_{ij} 表示它是位于 $\boldsymbol{A}$ 中第 i 行和第 j 列位置上的元素，简称 (i,j) 元素，i 称为元素 a_{ij} 的行下标，j 称为 a_{ij} 的列下标。

矩阵的转置：把矩阵 $\boldsymbol{A}$ 的所有行与列互换，所得的矩阵称为 $\boldsymbol{A}$ 的转置。设

$$\boldsymbol{A}=\begin{pmatrix} a_{11} & a_{12} & \cdots & a_{1n} \\ a_{21} & a_{22} & \cdots & a_{2n} \\ \vdots & \vdots & \ddots & \vdots \\ a_{m1} & a_{m2} & \cdots & a_{mn} \end{pmatrix},$$

则 $\boldsymbol{A}$ 的转置矩阵

$$\boldsymbol{A}'=\begin{pmatrix} a_{11} & a_{21} & \cdots & a_{m1} \\ a_{12} & a_{22} & \cdots & a_{m2} \\ \vdots & \vdots & \ddots & \vdots \\ a_{1n} & a_{2n} & \cdots & a_{mn} \end{pmatrix}。$$

显然，$m\times n$ 阶矩阵的转置是 $n\times m$ 阶矩阵。

（1）当 $m=n$ 时，矩阵 $\boldsymbol{A}_{n\times n}$ 亦称为**方阵**。

（2）当 $m=1$ 时，$(a_{11},a_{12},\cdots,a_{1n})$ 称为 n **维行向量**；当 $n=1$ 时，$(a_{11},a_{21},\cdots,a_{m1})'$ 称为 m **维列向量**。

（3）$\boldsymbol{A}=(a_{ij})_{m\times n}$ 中元素全为零的矩阵称为**零矩阵**，记为 $\boldsymbol{O}_{m\times n}$ 或 $\mathbf{0}_{m\times n}$。

（4）非对角线上元素全为零的方阵 $\boldsymbol{A}$ 称为**对角矩阵**，记为 $\boldsymbol{A}=\mathrm{diag}(d_1,d_2,\cdots,d_n)$，式中的 $d_1,d_2,\cdots,d_n$ 表示对角线元素；对角线元素全相等的对角矩阵称为**数量矩阵**，特别地，若对角线元素全为 1 的对角矩阵称为**单位矩阵**，记为 $\boldsymbol{I}_{n\times n}=\mathrm{diag}(1,1,\cdots,1)$。

（5）在方阵 $\boldsymbol{A}_{n\times n}$ 中，若 $a_{ij}=a_{ji}$，$i,j=1,2,\cdots,n$，则称 $\boldsymbol{A}_{n\times n}$ 为**对称矩阵**；若 $a_{ij}=-a_{ji}$，

$i,j=1,2,\cdots,n$，则称 $\boldsymbol{A}_{n\times n}$ 为**反对称矩阵**。

（6）在方阵 $\boldsymbol{A}_{n\times n}$ 中，若 $a_{ij}=0,\ i>j,\ i,j=1,2,\cdots,n$，则称 $\boldsymbol{A}_{n\times n}$ 为**上三角矩阵**；若 $a_{ij}=0,\ i<j,\ i,j=1,2,\cdots,n$，则称 $\boldsymbol{A}_{n\times n}$ 为**下三角矩阵**。

矩阵的相等：若两个矩阵 $\boldsymbol{A},\boldsymbol{B}$ 的行数与列数都相等，且对应元素也都相等，则称两个矩阵相等，记为 $\boldsymbol{A}=\boldsymbol{B}$。

1.1.2 矩阵的运算

1. 矩阵的加法

设 $\boldsymbol{A}=\left(a_{ij}\right)_{m\times n}$，$\boldsymbol{B}=\left(b_{ij}\right)_{m\times n}$，定义

$$\boldsymbol{A}+\boldsymbol{B}=\left(a_{ij}\right)_{m\times n}+\left(b_{ij}\right)_{m\times n}=\left(a_{ij}+b_{ij}\right)_{m\times n}。$$

矩阵的加法就是把矩阵对应的元素相加，因此，要相加的矩阵必须有相同的行数和列数。

2. 矩阵的数乘

设 $\boldsymbol{A}=\left(a_{ij}\right)_{m\times n}$，$k\in\mathbf{R}$，定义

$$k\boldsymbol{A}=k\left(a_{ij}\right)_{m\times n}=\left(ka_{ij}\right)_{m\times n}。$$

矩阵的数乘 $k\boldsymbol{A}$ 就是用这个数 k 乘以矩阵的每一个元素。

3. 矩阵的乘法

设 $\boldsymbol{A}=\left(a_{ij}\right)_{m\times n}$，$\boldsymbol{B}=\left(b_{jk}\right)_{n\times r}$，定义

$$\boldsymbol{AB}=\left(c_{ij}\right)=\left(\sum_{j=1}^{n}a_{ij}b_{jk}\right)_{m\times r}。$$

由矩阵乘法的定义可知，矩阵 $\boldsymbol{A}$ 与 $\boldsymbol{B}$ 的乘积 $\boldsymbol{C}$ 的第 i 行第 j 列的元素等于第一个矩阵 $\boldsymbol{A}$ 的第 i 行元素与第二个矩阵 $\boldsymbol{B}$ 的第 j 列对应元素相乘积的和。因此，在矩阵相乘时，必须要求第一个矩阵的列数等于第二个矩阵的行数。

矩阵乘法有以下特点：

（1）矩阵乘法满足结合律。设

$$\boldsymbol{A}=\left(a_{ij}\right)_{s\times n}，\boldsymbol{B}=\left(b_{jk}\right)_{n\times m}，\boldsymbol{C}=\left(c_{kl}\right)_{m\times r}，$$

则

$$(\boldsymbol{AB})\boldsymbol{C}=\boldsymbol{A}(\boldsymbol{BC})。$$

（2）矩阵乘法不满足交换律。原因是：

① 矩阵 $\boldsymbol{A}$ 与 $\boldsymbol{B}$ 可乘，但矩阵 $\boldsymbol{B}$ 与 $\boldsymbol{A}$ 不一定可乘；

② 虽然矩阵 $\boldsymbol{A}$ 与 $\boldsymbol{B}$ 可乘，$\boldsymbol{B}$ 与 $\boldsymbol{A}$ 也可乘，但仍可能出现 $\boldsymbol{AB}\neq\boldsymbol{BA}$。

③ 因为矩阵乘法不适合交换律，所以 $(\boldsymbol{AB})^k$ 与 $\boldsymbol{A}^k\boldsymbol{B}^k$ 一般不相等。

例如，设

$$\boldsymbol{A}=\begin{pmatrix}1&1\\-1&-1\end{pmatrix},\ \boldsymbol{B}=\begin{pmatrix}1&-1\\-1&1\end{pmatrix},$$

但

$$\boldsymbol{BA}=\begin{pmatrix}1 & -1\\ -1 & 1\end{pmatrix}\begin{pmatrix}1 & 1\\ -1 & -1\end{pmatrix}=\begin{pmatrix}2 & 2\\ -2 & -2\end{pmatrix}\neq AB=\begin{pmatrix}0 & 0\\ 0 & 0\end{pmatrix}。$$

这个例子除了说明矩阵乘法交换律不成立之外，还可以发现：两个不为零的矩阵的乘积可以是零，这是矩阵乘法与数的乘法之间的明显差异，必须牢记。这表明：

（3）矩阵乘法有零因子，即有 $\boldsymbol{A}\neq\boldsymbol{O}$, $\boldsymbol{B}\neq\boldsymbol{O}$，但仍有 $\boldsymbol{AB}=\boldsymbol{O}$。

（4）矩阵乘法消去律不成立，即当 $\boldsymbol{AB}=\boldsymbol{AC}$ 时,不一定有 $\boldsymbol{B}=\boldsymbol{C}$。

（5）矩阵的乘法和加法满足分配律，即

$$\boldsymbol{A}(\boldsymbol{B}+\boldsymbol{C})=\boldsymbol{AB}+\boldsymbol{AC}, \tag{1.1.1}$$

$$(\boldsymbol{B}+\boldsymbol{C})\boldsymbol{A}=\boldsymbol{BA}+\boldsymbol{BC}。 \tag{1.1.2}$$

由于矩阵乘法不满足交换律，所以式（1.1.1）与式（1.1.2）是两条不同的规律。

（6）

$$\boldsymbol{A}_{m\times n}\boldsymbol{I}_n=\boldsymbol{A}_{m\times n},$$

$$\boldsymbol{I}_m\boldsymbol{A}_{m\times n}=\boldsymbol{A}_{m\times n}。$$

（7）$(\boldsymbol{A}')'=\boldsymbol{A}$，即矩阵 $\boldsymbol{A}$ 的转置的转置等于矩阵 $\boldsymbol{A}$。

（8）$(\boldsymbol{AB})'=\boldsymbol{B}'\boldsymbol{A}'$，即矩阵 $\boldsymbol{AB}$ 的转置等于矩阵 $\boldsymbol{B}$ 的转置乘于 $\boldsymbol{A}$ 的转置。

1.1.3 矩阵的初等变换和化简

（1）行（列）换法变换：交换矩阵中某两行（列）的位置。

（2）行（列）倍法变换：用一个非零数乘矩阵的某一行（列）。

（3）行（列）消法变换：用一个数乘矩阵的某一行（列）加到另一行（列）上。

一个 $m\times n$ 阶矩阵 $\boldsymbol{A}$ 经过初等变换可化为标准形。

1.1.4 初等矩阵的定义与作用

定义 1.1.2 由单位矩阵 $\boldsymbol{I}$ 经过一次初等变换得到的矩阵，称为**初等矩阵**。对应矩阵的三种初等行、列变换，有三种类型的初等矩阵。

（1）把单位矩阵 $\boldsymbol{I}$ 的第 i 行（列）与第 j 行（列）互换所得的矩阵称**初等换法矩阵**，记为 $\boldsymbol{I}[i,j]$。

（2）用非零数 k 乘单位矩阵 $\boldsymbol{I}$ 的第 i 行（列）所得的矩阵称**初等倍法矩阵**，记为 $\boldsymbol{I}[i(k)]$。

（3）把单位矩阵 $\boldsymbol{I}$ 的第 j 行乘上 k 倍加到第 i 行所得的矩阵称**初等消法矩阵**，记为 $\boldsymbol{I}[j(k)+i]$。

初等矩阵有以下作用：对任一 $m\times n$ 矩阵 $\boldsymbol{A}$，对 $\boldsymbol{A}$ 的行（列）施行某种初等变换相当于在 $\boldsymbol{A}$ 的左边（右边）乘上相应的 m 阶（n 阶）初等矩阵。

$\boldsymbol{I}[i,j]\cdot\boldsymbol{A}$ 相当于交换 $\boldsymbol{A}$ 的第 i 行和第 j 行；$\boldsymbol{A}\cdot\boldsymbol{I}(i,j)$ 相当于交换 $\boldsymbol{A}$ 的第 i 列和第 j 列。

$\boldsymbol{I}[i(k)]\cdot\boldsymbol{A}$ 相当于用非零数 k 乘以 $\boldsymbol{A}$ 的第 i 行；$\boldsymbol{A}\cdot\boldsymbol{I}(i(k))$ 相当于用非零数 k 乘以 $\boldsymbol{A}$ 的第 i 列。

$\boldsymbol{I}[j(k)+i]\cdot\boldsymbol{A}$ 相当于把 $\boldsymbol{A}$ 的第 j 行乘以 k 加到第 i 行；$\boldsymbol{A}\cdot\boldsymbol{I}(i(k)+j)$ 相当于把 $\boldsymbol{A}$ 的第 i 列乘以 k 加到第 j 列。

1.1.5 数据和矩阵

在实际工作中，常常会遇到许多变量（指标），要考察许多对象，例如，在工业、农业、经济、生物、医学和教育等领域的实际问题中，常常需要处理多个变量的观测数据。考查表 1.1.1 中的数据，它表示需要观测的变量（指标）有 p 个，需要观测的个案有 n 个。

表　$n \times p$ 观测数据表

样品 \ 变量	x_1	x_2	$\cdots$	x_p
1	x_{11}	x_{12}	$\cdots$	x_{1p}
2	x_{21}	x_{22}	$\cdots$	x_{2p}
$\vdots$	$\vdots$	$\vdots$	$\ddots$	$\vdots$
n	x_{n1}	x_{n2}	$\cdots$	x_{np}

这种表常被称为 $n \times p$ 数据表，它有 n 行 p 列，第 i 行表示第 i 个个案（样品）在 p 个变量（指标）上的取值，第 j 列表示第 j 个变量（指标）在 n 个个案（样品）上的取值，它在很多统计分析情况下都会遇到。如果把每个样品看作 $\mathbf{R}^p$ 中的一个点，则 n 个样品就是 $\mathbf{R}^p$ 中的 n 个点。如果把每个变量看作 $\mathbf{R}^n$ 中的一个点，则 p 个变量就是 R^n 中的 p 个点。

例如，某公司要对 100 名应聘者进行面试，为此需要考察这些应聘者在以下 15 个方面的表现（得分）以决定是否录用：①申请书的形式；②外貌；③专业能力；④讨人喜欢的能力；⑤自信心；⑥精明；⑦诚实；⑧推销能力；⑨经验；⑩积极性；⑪抱负；⑫理解能力；⑬潜力；⑭交际能力；⑮适应性。这 15 个方面就是要考查的变量，100 名应聘者就是考查的样品，因此就会得到一个 100×15 的数据表。

又如在某市 60 个企业的经济效益评价中，需要考察经济效益的指标体系有 8 项：①固定资产利税率；②资金利税率；③销售收入利税率；④资金利润率；⑤固定资产产值率；⑥流动资金周转天数；⑦万元产值能耗；⑧全员劳动生产率。这 8 个方面就是要考查的变量，60 个企业就是考查的样品，因此就得到一个 60×8 的数据表。

在制定服装标准的过程中，对 1280 名成年男子的身材进行测量，每人测得的指标中含有身高、坐高、胸围、手臂长、肋围和腰围 6 项，分别记为 $x_1, x_2, x_3, x_4, x_5, x_6$，所得样本就是一个 1280×6 的数据表。

在体育上，为了选拔适合十项全能的运动员，需要考查 1000 个运动员在以下十项全能项目上的成绩以选拔：①百米跑；②跳远；③铅球；④跳高；⑤400 米；⑥110 米跨栏；⑦铁饼；⑧撑杆跳高；⑨标枪；⑩1500 米。得到一个 1000×10 的数据表。

为便于研究，可以把上面的 $n \times p$ 数据表写成以下简洁的形式：

$$\begin{pmatrix} \boldsymbol{x}_{11} & \boldsymbol{x}_{12} & \cdots & \boldsymbol{x}_{1p} \\ \boldsymbol{x}_{21} & \boldsymbol{x}_{22} & \cdots & \boldsymbol{x}_{2p} \\ \vdots & \vdots & \ddots & \vdots \\ \boldsymbol{x}_{n1} & \boldsymbol{x}_{n2} & \cdots & \boldsymbol{x}_{np} \end{pmatrix}$$

这就是本章研究的主要对象——矩阵。

庞杂的大型数据使得人们难于直观地从中提取有用的信息，这时常常使用统计量来描述提取有用的信息，常用的统计量有样本均值、样本协方差和方差，以及样本相关系数等。

设 $\boldsymbol{x} = (\boldsymbol{x}_1, \boldsymbol{x}_2, \cdots, \boldsymbol{x}_p)'$ 与 $\boldsymbol{y} = (\boldsymbol{y}_1, \boldsymbol{y}_2, \cdots, \boldsymbol{y}_q)'$ 分别是 p 维和 q 维的随机向量，则随机向量 $\boldsymbol{x}$ 和 $\boldsymbol{y}$ 的方差协方差形成的矩阵如下：

$$\mathrm{Cov}(\boldsymbol{x},\boldsymbol{y})=\begin{pmatrix}\mathrm{Cov}(\boldsymbol{x}_1,\boldsymbol{y}_1) & \mathrm{Cov}(\boldsymbol{x}_1,\boldsymbol{y}_2) & \cdots & \mathrm{Cov}(\boldsymbol{x}_1,\boldsymbol{y}_q)\\ \mathrm{Cov}(\boldsymbol{x}_2,\boldsymbol{y}_1) & \mathrm{Cov}(\boldsymbol{x}_2,\boldsymbol{y}_2) & \cdots & \mathrm{Cov}(\boldsymbol{x}_2,\boldsymbol{y}_q)\\ \vdots & \vdots & \ddots & \vdots\\ \mathrm{Cov}(\boldsymbol{x}_p,\boldsymbol{y}_1) & \mathrm{Cov}(\boldsymbol{x}_p,\boldsymbol{y}_2) & \cdots & \mathrm{Cov}(\boldsymbol{x}_p,\boldsymbol{y}_q)\end{pmatrix}。$$

若$\mathrm{Cov}(\boldsymbol{x},\boldsymbol{y})=\boldsymbol{O}$（零矩阵），则称随机向量$\boldsymbol{x}$和$\boldsymbol{y}$不相关。当$\boldsymbol{x}=\boldsymbol{y}$时，协方差阵$\mathrm{Cov}(\boldsymbol{x},\boldsymbol{x})$称为$\boldsymbol{x}$的方差矩阵。记为$\boldsymbol{Var}(x)$或$V(x)$，即

$$\boldsymbol{Var}(x)=\begin{pmatrix}\mathrm{Cov}(\boldsymbol{x}_1,\boldsymbol{x}_1) & \mathrm{Cov}(\boldsymbol{x}_1,\boldsymbol{x}_2) & \cdots & \mathrm{Cov}(\boldsymbol{x}_1,\boldsymbol{x}_p)\\ \mathrm{Cov}(\boldsymbol{x}_2,\boldsymbol{x}_1) & \mathrm{Cov}(\boldsymbol{x}_2,\boldsymbol{x}_2) & \cdots & \mathrm{Cov}(\boldsymbol{x}_2,\boldsymbol{x}_p)\\ \vdots & \vdots & \ddots & \vdots\\ \mathrm{Cov}(\boldsymbol{x}_p,\boldsymbol{x}_1) & \mathrm{Cov}(\boldsymbol{x}_p,\boldsymbol{x}_2) & \cdots & \mathrm{Cov}(\boldsymbol{x}_p,\boldsymbol{x}_p)\end{pmatrix}。$$

这时$\mathrm{Cov}(x_i,x_j)=\mathrm{Cov}(x_j,x_i)$，$i,j=1,2,\cdots,p$，故这是一种特殊的矩阵，具有很多好的性质。根据矩阵的性质可以得到随机向量$\boldsymbol{x}$以及它们的分量之间的关系。

由此可知，多变量数据与矩阵之间有着密切的关系，利用矩阵，不仅可以方便地表示多变量数据，而且，利用矩阵的性质，可以提取多变量数据中所隐含的许多信息，从而更好地分析多变量数据，解决实际问题。可见矩阵与统计数据有着非常密切的联系，因此矩阵理论在多变量统计分析中起着非常重要的作用。为便于读者学习，下面叙述矩阵理论中的基本概念和基本理论，一部分是线性代数中的内容，另一部分则是矩阵理论知识，这样做可以方便读者根据需要进行选读。

1.2 向量之间的关系

本节专门讨论向量之间的各种关系。

1.2.1 向量组的线性关系

1. 向量组的线性组合

定义 1.2.1 设$\alpha_1,\alpha_2,\cdots,\alpha_r,\beta$都是$\mathbf{R}^n$中的向量，若存在$\mathbf{R}$中的$r$个数$k_1,k_2,\cdots,k_r$，使得$\beta=k_1\alpha_1+k_2\alpha_2+\cdots+k_r\alpha_r$，则称$\beta$是向量组$\alpha_1,\alpha_2,\cdots,\alpha_r$的一个线性组合，或称向量$\beta$可由$\alpha_1,\alpha_2,\cdots,\alpha_r$线性表出。

例 1.2.1 在$\mathbf{R}^3$中，$\alpha_1=(1,-1,0)$，$\alpha_2=(0,2,1)$，$\alpha_3=(1,-1,2)$，$\beta=(5,-7,5)$，因为$\beta=2\alpha_1-\alpha_2+3\alpha_3$，所以$\beta$可由$\alpha_1,\alpha_2,\alpha_3$的线性表出。

定义 1.2.2 对于$\mathbf{R}^n$中r个向量$\alpha_1,\alpha_2,\cdots,\alpha_r$，若存在$\mathbf{R}$中不全为零的数$k_1,k_2,\cdots,k_r$，使$k_1\alpha_1+k_2\alpha_2+\cdots+k_r\alpha_r=0$，则称$\alpha_1,\alpha_2,\cdots,\alpha_r$线性相关，否则称$\alpha_1,\alpha_2,\cdots,\alpha_r$线性无关。

零向量是任一向量组的线性组合。因此若向量组$\alpha_1,\alpha_2,\cdots,\alpha_r$中有一个零向量，则$\alpha_1,\alpha_2,\cdots,\alpha_r$必线性相关。

例 1.2.2 向量组$\alpha_1=(1,-2,3),\alpha_2=(2,1,0),\alpha_3=(1,-7,9)$是否线性相关？

解： 取$k_1=-3,k_2=1,k_3=1$，则有$-3\alpha_1+\alpha_2+\alpha_3=0$，故$\alpha_1,\alpha_2,\alpha_3$线性相关。

2. 线性关系的简单性质

向量组的线性关系具有以下简单性质：

性质 1.2.1 向量组$\alpha_1,\alpha_2,\cdots,\alpha_r$中的每一向量$\alpha_i$都可以由这一组向量线性表示。

性质 1.2.2 如果向量γ可由向量组$\alpha_1,\alpha_2,\cdots,\alpha_r$线性表示，而每一个向量$\alpha_i$又可由向量组$\beta_1,\beta_2,\cdots,\beta_s$线性表示，则向量$\gamma$可由向量组$\beta_1,\beta_2,\cdots,\beta_s$线性表示。

性质 1.2.3 如果向量组$\alpha_1,\alpha_2,\cdots,\alpha_r$线性无关，则它的任一部分组也线性无关。

性质 1.2.4 设向量组$\alpha_1,\alpha_2,\cdots,\alpha_r$线性无关，而向量组$\alpha_1,\alpha_2,\cdots,\alpha_r,\beta$线性相关，则$\beta$一定可由$\alpha_1,\alpha_2,\cdots,\alpha_r$线性表示，且表法唯一。

性质 1.2.5 线性无关向量组$\alpha_1,\alpha_2,\cdots,\alpha_r$的延长向量组也线性无关。

3. 向量组的等价

定义 1.2.3 设向量组（Ⅰ）$\alpha_1,\alpha_2,\cdots,\alpha_r$和向量组（Ⅱ）$\beta_1,\beta_2,\cdots,\beta_s$是向量空间$\mathbf{R}^n$中的两个向量组，如果向量组（Ⅰ）中的任一向量$\alpha_i$都可由$\beta_1,\beta_2,\cdots,\beta_s$线性表示，而向量组（Ⅱ）中的任一向量$\beta_j$也可由$\alpha_1,\alpha_2,\cdots,\alpha_r$线性表示，则称这两个向量组等价。

（1）两个等价的线性无关的向量组含有相同个数的向量。

（2）如果向量组$\alpha_1,\alpha_2,\cdots,\alpha_r$可由向量组$\beta_1,\beta_2,\cdots,\beta_s$线性表示，且$r>s$，则向量组$\alpha_1,\alpha_2,\cdots,\alpha_r$必线性相关。

（3）$n+1$个n维向量必线性相关。

4. 极大线性无关组

定义 1.2.4 如果向量组$\alpha_1,\alpha_2,\cdots,\alpha_n$的一个部分组$\alpha_{i1},\alpha_{i2},\cdots,\alpha_{ir}$满足以下两条：

（1）$\alpha_{i1},\alpha_{i2},\cdots,\alpha_{ir}$线性无关。

（2）$\alpha_1,\alpha_2,\cdots,\alpha_n$中任一向量可由$\alpha_{i1},\alpha_{i2},\cdots,\alpha_{ir}$线性表示。则称向量组$\alpha_{i1},\alpha_{i2},\cdots,\alpha_{ir}$是向量组$\alpha_1,\alpha_2,\cdots,\alpha_n$的一个极大线性无关组，简称极大无关组。

一个向量组的极大无关组并不是唯一的。

结论 1.2.1 等价向量组的极大无关组含有相同个数的向量，特别地，一个向量组的两个极大无关组含有向量的个数相同。

定义 1.2.5 向量组的极大线性无关组中所含向量的个数叫做这个**向量组的秩**。

如果向量组中每个向量均为零向量，则这个向量组的秩为$\boldsymbol{0}$。

1.2.2 *n*维线性空间

定义 1.2.6 设$\mathbf{R}$是个实数域，V是以$\mathbf{R}$中的数为分量的n维向量组成的全体，考虑上面定义的向量加法和数量乘积。若向量加法满足交换律、结合律、有零元 $\boldsymbol{0}$、有负元等四条运算规律，向量的数乘也满足数对向量加法的分配律、向量对数的加法的分配律成立、结合律成立、有单位元等四条规律，则称V为$\mathbf{R}$上的线性空间，记为$\mathbf{R}^n$。

如果V中向量$\alpha_1,\alpha_2,\cdots,\alpha_n$满足以下两条：

（1）$\alpha_1,\alpha_2,\cdots,\alpha_n$线性无关。

（2）V中任一向量可由$\alpha_1,\alpha_2,\cdots,\alpha_n$线性表示。

则称向量组$\alpha_1,\alpha_2,\cdots,\alpha_n$是线性空间$V$的一个**基**。$V$的一个基中所含向量个数$n$称为$V$的**维数**，记为$\dim(V)=n$。这时，称$V$为$n$**维线性空间**。

例如，$\varepsilon_1=(1,0,\cdots,0)'$，$\varepsilon_2=(0,1,\cdots,0)'$，$\cdots$，$\varepsilon_n=(0,0,\cdots,1)'$是$\mathbf{R}^n$的一个基。$\mathbf{R}^n$称为$n$维线性空间。

用$\boldsymbol{0}$表示零向量，由向量的加法和数乘可以推出以下性质：

（1）$0\cdot\boldsymbol{\alpha}=\boldsymbol{0}$；

（2）$(-1)\cdot\boldsymbol{\alpha}=-\boldsymbol{\alpha}$；

（3）$k\cdot\boldsymbol{0}=\boldsymbol{0}$；

（4）若$k\neq 0$，$\boldsymbol{\alpha}\neq\boldsymbol{0}$。则$k\cdot\boldsymbol{\alpha}\neq\boldsymbol{0}$。

若$\boldsymbol{\alpha}_1,\boldsymbol{\alpha}_2,\cdots,\boldsymbol{\alpha}_r$是$r$个$n$维向量，由$\boldsymbol{\alpha}_1,\boldsymbol{\alpha}_2,\cdots,\boldsymbol{\alpha}_r$所有线性组合所成的集合关于向量加法和数乘也构成一个线性空间，称为由$\boldsymbol{\alpha}_1,\boldsymbol{\alpha}_2,\cdots,\boldsymbol{\alpha}_r$生成的**子空间**，记为$L(\boldsymbol{\alpha}_1,\boldsymbol{\alpha}_2,\cdots,\boldsymbol{\alpha}_r)$。

若$\boldsymbol{\alpha}_{t_1},\boldsymbol{\alpha}_{t_2},\cdots,\boldsymbol{\alpha}_{t_s}$是$\boldsymbol{\alpha}_1,\boldsymbol{\alpha}_2,\cdots,\boldsymbol{\alpha}_r$的极大线性无关组，则$\boldsymbol{\alpha}_{t_1},\boldsymbol{\alpha}_{t_2},\cdots,\boldsymbol{\alpha}_{t_s}$是子空间的一个基。

1.2.3 向量组的正交

定义 1.2.7 对两个n维向量$\boldsymbol{\alpha}$与$\boldsymbol{\beta}$，若内积$(\boldsymbol{\alpha},\boldsymbol{\beta})=\boldsymbol{\alpha}'\boldsymbol{\beta}=0$，则称$\boldsymbol{\alpha}$与$\boldsymbol{\beta}$正交。

定义 1.2.8 $\forall\boldsymbol{\alpha}\in\boldsymbol{V}$，由于$\boldsymbol{\alpha}'\boldsymbol{\alpha}\geqslant 0$，因此向量$\boldsymbol{\alpha}$的长度定义为$|\boldsymbol{\alpha}|=\sqrt{\boldsymbol{\alpha}'\boldsymbol{\alpha}}$。

若$|\boldsymbol{\alpha}|=1$，则称$\boldsymbol{\alpha}$为单位向量。对$\forall\boldsymbol{\alpha}\in V$，$\boldsymbol{\alpha}\neq\boldsymbol{0}$，$\boldsymbol{\alpha}/|\boldsymbol{\alpha}|$就是一个单位向量，通常称为把$\boldsymbol{\alpha}$单位化。

若向量组$\boldsymbol{\alpha}_1,\boldsymbol{\alpha}_2,\cdots,\boldsymbol{\alpha}_r$两两正交，则称$\boldsymbol{\alpha}_1,\boldsymbol{\alpha}_2,\cdots,\boldsymbol{\alpha}_r$是正交向量组，若它们的长度均为 1，则称它们是标准正交组。

若$\boldsymbol{\alpha}_1,\boldsymbol{\alpha}_2,\cdots,\boldsymbol{\alpha}_r$是正交向量组，则$\boldsymbol{\alpha}_1,\boldsymbol{\alpha}_2,\cdots,\boldsymbol{\alpha}_r$必定线性无关。反之不一定成立。

例如，在$\mathbf{R}^n$中，n个向量$\boldsymbol{\varepsilon}_1=(1,0,\cdots,0),\ \boldsymbol{\varepsilon}_2=(0,1,\cdots,0),\ \cdots,\ \boldsymbol{\varepsilon}_n=(0,0,\cdots,1)$显然是两两正交的，且$|\boldsymbol{\varepsilon}_i|=1,\ i=1,2,\cdots,n$。

定义 1.2.9 由正交组构成的基称为**正交基**，由标准正交组构成的基称为**标准正交基**。

$\boldsymbol{\varepsilon}_1=(1,0,\cdots,0),\ \boldsymbol{\varepsilon}_2=(0,1,\cdots,0),\ \cdots,\ \boldsymbol{\varepsilon}_n=(0,0,\cdots,1)$是$\mathbf{R}^n$的标准正交基。

结论 1.2.2 设$\boldsymbol{\eta}_1,\boldsymbol{\eta}_2,\cdots,\boldsymbol{\eta}_n$是$n$维空间$\boldsymbol{V}$的一个标准正交基，则有

（1）$(\boldsymbol{\eta}_i,\boldsymbol{\eta}_j)=\begin{cases}1, & i=j\\ 0, & i\neq j\end{cases}$。

（2）$\forall\boldsymbol{\alpha}\in\boldsymbol{V}$，设$\boldsymbol{\alpha}=k_1\boldsymbol{\eta}_1+k_2\boldsymbol{\eta}_2+\cdots+k_n\boldsymbol{\eta}_n$，则$k_i=(\boldsymbol{\alpha},\boldsymbol{\eta}_i)$，$i=1,2,\cdots,n$。

（3）若$\boldsymbol{\alpha}=\sum\limits_{i=1}^{n}k_i\boldsymbol{\eta}_i$，$\boldsymbol{\beta}=\sum\limits_{j=1}^{n}l_i\boldsymbol{\eta}_i$，则$(\boldsymbol{\alpha},\boldsymbol{\beta})=\sum\limits_{i=1}^{n}k_il_i$。

（4）若$\boldsymbol{\alpha}=\sum\limits_{i=1}^{n}k_i\boldsymbol{\eta}_i$，$|\boldsymbol{\alpha}|=\sqrt{k_1^2+k_2^2+\cdots+k_n^2}$。

$$|\boldsymbol{\alpha}-\boldsymbol{\beta}|=\sqrt{(k_1-l_1)^2+(k_2-l_2)^2+\cdots+(k_n-l_n)^2}\text{。}$$

结论 1.2.3 设$\boldsymbol{\alpha}_1,\boldsymbol{\alpha}_2,\cdots,\boldsymbol{\alpha}_n$是线性无关的向量组，据此可以求得正交组$\boldsymbol{\beta}_1,\boldsymbol{\beta}_2,\cdots,\boldsymbol{\beta}_n$，

$$\boldsymbol{\beta}_1=\boldsymbol{\alpha}_1,\quad \boldsymbol{\beta}_2=\boldsymbol{\alpha}_2-\frac{(\boldsymbol{\alpha}_2,\boldsymbol{\beta}_1)}{(\boldsymbol{\beta}_1,\boldsymbol{\beta}_1)}\boldsymbol{\beta}_1,\ \cdots,$$

$$\boldsymbol{\beta}_{k-1}=\boldsymbol{\alpha}_{k-1}-\frac{(\boldsymbol{\alpha}_{k-1},\boldsymbol{\beta}_1)}{(\boldsymbol{\beta}_1,\boldsymbol{\beta}_1)}\boldsymbol{\beta}_1-\cdots-\frac{(\boldsymbol{\alpha}_{k-1},\boldsymbol{\beta}_{k-2})}{(\boldsymbol{\beta}_{k-2},\boldsymbol{\beta}_{k-2})}\boldsymbol{\beta}_{k-2},\ \cdots,$$

$$\boldsymbol{\beta}_n=\boldsymbol{\alpha}_n-\frac{(\boldsymbol{\alpha}_n,\boldsymbol{\beta}_1)}{(\boldsymbol{\beta}_1,\boldsymbol{\beta}_1)}\boldsymbol{\beta}_1-\cdots-\frac{(\boldsymbol{\alpha}_n,\boldsymbol{\beta}_{n-2})}{(\boldsymbol{\beta}_{n-2},\boldsymbol{\beta}_{n-2})}\boldsymbol{\beta}_{n-2}-\frac{(\boldsymbol{\alpha}_n,\boldsymbol{\beta}_{n-1})}{(\boldsymbol{\beta}_{n-1},\boldsymbol{\beta}_{n-1})}\boldsymbol{\beta}_{n-1}$$

这里$\boldsymbol{\beta}_k$可由$\boldsymbol{\alpha}_1,\boldsymbol{\alpha}_2,\cdots,\boldsymbol{\alpha}_k$线性表示，$k=1,2,\cdots,n$，且向量组$\boldsymbol{\beta}_1,\boldsymbol{\beta}_2,\cdots,\boldsymbol{\beta}_n$两两正交。即有

$$(\boldsymbol{\beta}_n,\boldsymbol{\beta}_i)=(\boldsymbol{\alpha}_n,\boldsymbol{\beta}_i)-\frac{(\boldsymbol{\alpha}_n,\boldsymbol{\beta}_i)}{(\boldsymbol{\beta}_i,\boldsymbol{\beta}_i)}(\boldsymbol{\beta}_i,\boldsymbol{\beta}_i)=0,\ i=1,2,\cdots,n-1\text{。}$$

这种把线性无关向量组正交化的方法称为施密特正交化方法。它使我们可以从任意一组线性无关的向量出发，先求出一组两两正交的正交向量组 $\boldsymbol{\beta}_1,\boldsymbol{\beta}_2,\cdots,\boldsymbol{\beta}_n$，再把 $\boldsymbol{\beta}_i$ 单位化，即令 $\boldsymbol{\eta}_i=\boldsymbol{\beta}_i/|\boldsymbol{\beta}_i|$，$i=1,2,\cdots,n$，则 $\boldsymbol{\eta}_1,\boldsymbol{\eta}_2,\cdots,\boldsymbol{\eta}_n$ 就是 V 的一个标准正交基。

1.3 矩阵的行列式与秩

1.3.1 行列式的概念和性质

1. 行列式的概念

定义 1.3.1 $\boldsymbol{D}=\begin{vmatrix} a_{11} & a_{12} & \cdots & a_{1n} \\ a_{21} & a_{22} & \cdots & a_{2n} \\ \vdots & \vdots & \ddots & \vdots \\ a_{n1} & a_{n2} & \cdots & a_{nn} \end{vmatrix}$ 为一个 n 阶行列式，它等于所有取自不同行不同列的 n 个元素的乘积 $a_{1j_1}a_{2j_2}\cdots a_{nj_n}$ 的代数和，即有

$$\boldsymbol{D}=\sum_{j_1j_2\cdots j_n}(-1)^{\tau(j_1j_2\cdots j_n)}a_{1j_1}a_{2j_2}\cdots a_{nj_n}\text{。}$$

这里 $j_1,j_2,\cdots,j_n$ 是 $1,2,\cdots,n$ 的一个排列。当把每一项 $a_{1j_1}a_{2j_2}\cdots a_{nj_n}$ 中的行下标按自然顺序排列后，其符号由列下标排列 $j_1j_2\cdots j_n$ 的奇偶性决定。当 $j_1j_2\cdots j_n$ 是偶排列时取正号，当 $j_1j_2\cdots j_n$ 是奇排列时取负号，

行列式的转置：把 n 阶行列式 $\boldsymbol{D}$ 的第 i 行变为第 i 列 $(i=1,2,\cdots,n)$ 所得的行列式称为 $\boldsymbol{D}$ 的转置行列式，用 $\boldsymbol{D}'$ 表示。

2. 行列式的性质

性质 1.3.1 行列式 $\boldsymbol{D}$ 与它的转置行列式 $\boldsymbol{D}'$ 相等。(转置变换不改变行列式的值)

性质 1.3.2 把行列式 $\boldsymbol{D}$ 中某一行（列）的所有元素同乘以常数 k，相当于用数 k 乘这个行列式。

推论 1.3.1 行列式中某一行（列）所有元素的公因子可以提到行列式的符号外面。

推论 1.3.2 如果行列式中某一行（列）所有元素都为零，则这个行列式的值等于零。

性质 1.3.3 交换行列式 $\boldsymbol{D}$ 中的某两行（列），行列式变号。(换法变换)

推论 1.3.3 如果行列式中有两行（列）的元素对应相同，则这个行列式等于零。

推论 1.3.4 如果行列式中有两行（列）的元素对应成比例，则这个行列式等于零。

性质 1.3.4 如果行列式中某一行（列）中的所有元素都可表成两项之和，则该行列式可拆成两个行列式之和。它们的相应行（列）分别由第一项和第二项组成，而其余行（列）不变。(拆法变换)

性质 1.3.5 把行列式中某一行（列）的所有元素同乘上一个数 k 再加到另一行（列）的对应元素上，所得行列式与原行列式相等（消法变换）。

1.3.2 行列式按行（列）展开

定义 1.3.2 在一个 n 阶行列式 $\boldsymbol{D}_n$ 中，划去元素 a_{ij} 所在的行和列，余下的元素按原来顺序构成的 $n-1$ 阶行列式，称为元素 a_{ij} 的**余子式**，记为 $\boldsymbol{M}_{ij}$。

定义 1.3.3 元素a_{ij}的余子式$\boldsymbol{M}_{ij}$乘以符号$(-1)^{i+j}$后，称为元素a_{ij}的**代数余子式**，记为$\boldsymbol{A}_{ij}$，$\boldsymbol{A}_{ij}=(-1)^{i+j}\boldsymbol{M}_{ij}$。

定理 1.3.1 行列式$\boldsymbol{D}_n$等于它的任意一行（列）中所有元素与其代数余子式乘积的和。即有

$$\boldsymbol{D}_n=a_{i1}\boldsymbol{A}_{i1}+a_{i2}\boldsymbol{A}_{i2}+\cdots+a_{in}\boldsymbol{A}_{in}，\ 1\leqslant i\leqslant n，$$

或

$$\boldsymbol{D}_n=a_{1j}\boldsymbol{A}_{1j}+a_{2j}\boldsymbol{A}_{2j}+\cdots+a_{nj}\boldsymbol{A}_{nj}，\ 1\leqslant j\leqslant n。$$

定理 1.3.2 在行列式$\boldsymbol{D}_n$中，某一行（列）中所有元素与另一行（列）中对应元素的代数余子式乘积之和等于零，即有

$$a_{i1}\boldsymbol{A}_{j1}+a_{i2}\boldsymbol{A}_{j2}+\cdots+a_{in}\boldsymbol{A}_{jn}=0，\ i\neq j，$$

或

$$a_{1s}\boldsymbol{A}_{1t}+a_{2s}\boldsymbol{A}_{2t}+\cdots+a_{ns}\boldsymbol{A}_{nt}=0，\ s\neq t。$$

把这两组公式合并，则得行列式按行（列）展开公式：

$$a_{i1}\boldsymbol{A}_{j1}+a_{i2}\boldsymbol{A}_{j2}+\cdots+a_{in}\boldsymbol{A}_{jn}=\begin{cases}\boldsymbol{D}_n, & i=j\\ 0, & i\neq j\end{cases};$$

$$a_{1s}\boldsymbol{A}_{1t}+a_{2s}\boldsymbol{A}_{2t}+\cdots+a_{ns}\boldsymbol{A}_{nt}=\begin{cases}\boldsymbol{D}_n, & s=t\\ 0, & s\neq t\end{cases}。$$

1.3.3 矩阵的行列式

（1）设$\boldsymbol{A}=\left(a_{ij}\right)_{n\times n}$，则矩阵$\boldsymbol{A}$的行列式$|\boldsymbol{A}|=\sum\limits_{j_1j_2\cdots j_n}(-1)^{\tau(j_1j_2\cdots j_n)}a_{1j_1}a_{2j_2}\cdots a_{nj_n}$。

（2）设$\boldsymbol{A},\boldsymbol{B}$都是$n$阶矩阵，则$|\boldsymbol{AB}|=|\boldsymbol{A}||\boldsymbol{B}|$。

结论（2）可以推广到多个矩阵相乘的情形，即有：若$\boldsymbol{A}_1,\boldsymbol{A}_2,\cdots,\boldsymbol{A}_m$都是数域$F$上的$n\times n$矩阵，则

$$|\boldsymbol{A}_1\boldsymbol{A}_2\cdots\boldsymbol{A}_m|=|\boldsymbol{A}_1||\boldsymbol{A}_2|\cdots|\boldsymbol{A}_m|。$$

1.3.4 矩阵的秩

定义 1.3.4 所谓矩阵的**行秩**是指矩阵的行向量所组成的向量组的秩，矩阵的**列秩**是由矩阵列向量所组成的向量组的**秩**。

可以证明，矩阵$\boldsymbol{A}$的行秩等于列秩，因而统称为矩阵的秩，记为$\mathrm{R}(\boldsymbol{A})$。

定理 1.3.3 初等变换不改变矩阵的秩。

由该定理可知，可以利用矩阵的初等变换来求矩阵的秩。只要用初等变换把矩阵化为阶梯型，则矩阵中不是零向量的向量个数就是矩阵的秩。

若$m\times n$阶矩阵$\boldsymbol{A}$的秩为r，则在经过行初等变换化为阶梯形矩阵后，所得的阶梯形矩阵中有r行不为零，而其余各行皆为零；在经过初等变换化为标准形后，有r个 1 不为零，其余元素全为零。

下面的定理揭示矩阵的秩与行列式的关系。

定义 1.3.5 在一个$m\times n$矩阵$\boldsymbol{A}$中任意选定k行，k列，$1\leqslant k\leqslant \min(m,n)$。位于这些选定的行和列的交叉位置上的$k^2$个元素按照原来的顺序所组成的$k$阶行列式，称为$\boldsymbol{A}$的一个$\boldsymbol{k}$**阶子式**。

定理 1.3.4 矩阵$\boldsymbol{A}$的秩为r的充要条件是：矩阵$\boldsymbol{A}$中有一个r阶子式不为零，而所有的$r+1$阶子式全为零。

1.3.5 非退化矩阵

定义 1.3.6 如果实数域$\mathbf{R}$上的$n\times n$矩阵$\boldsymbol{A}$有$|\boldsymbol{A}|\neq 0$，则称$\boldsymbol{A}$为非退化矩阵；否则称为退化矩阵。

定理 1.3.5 一个$n\times n$矩阵是非退化的充要条件是它的秩等于n。

推论 1.3.5 设A, B都是数域$\mathbf{R}$上$n\times n$矩阵，矩阵$\boldsymbol{AB}$为退化的充要条件是$\boldsymbol{A}$, $\boldsymbol{B}$中至少有一个是退化的。

证明： $\boldsymbol{AB}$为退化$\Leftrightarrow |\boldsymbol{AB}|=0 \Leftrightarrow |\boldsymbol{A}||\boldsymbol{B}|=0 \Leftrightarrow |\boldsymbol{A}|=0$或$|\boldsymbol{B}|=0 \Leftrightarrow \boldsymbol{A}$退化或$\boldsymbol{B}$退化。

定理 1.3.6 设$\boldsymbol{A}$是数域$\mathbf{R}$上$n\times m$矩阵，$\boldsymbol{B}$是数域$\mathbf{R}$上$m\times s$矩阵，于是

$$\mathbf{R}(\boldsymbol{AB})\leqslant \min\{\mathbf{R}(\boldsymbol{A}),\ \mathbf{R}(\boldsymbol{B})\}。$$

即矩阵乘积的秩不超过各因子矩阵的秩。

推论 1.3.6 如果$\boldsymbol{A}=\boldsymbol{A}_1\boldsymbol{A}_2\cdots\boldsymbol{A}_t$，那么$\mathbf{R}(\boldsymbol{A})\leqslant \min\limits_{1\leqslant j\leqslant t}\{\mathbf{R}(\boldsymbol{A}_j)\}$。

1.4 可逆矩阵的判定与计算

1.4.1 可逆矩阵的概念

定义 1.4.1 设$\boldsymbol{A}$是n阶方阵，如果存在n阶方阵$\boldsymbol{B}$，使得

$$\boldsymbol{AB}=\boldsymbol{BA}=\boldsymbol{I},$$

这里$\boldsymbol{I}$是n阶单位矩阵，则称$\boldsymbol{A}$是**可逆矩阵**，$\boldsymbol{B}$是$\boldsymbol{A}$的**逆矩阵**。

1.4.2 可逆矩阵的性质

性质 1.4.1 若矩阵$\boldsymbol{A}$是可逆矩阵，则$\boldsymbol{A}$的逆矩阵必唯一，记为$\boldsymbol{A}^{-1}$。

性质 1.4.2 若矩阵$\boldsymbol{A}$可逆，则$\boldsymbol{A}$的逆矩阵$\boldsymbol{A}^{-1}$也可逆，且$(\boldsymbol{A}^{-1})^{-1}=\boldsymbol{A}$。

性质 1.4.3 若矩阵$\boldsymbol{A}$可逆，则$\boldsymbol{A}$的转置矩阵$\boldsymbol{A}'$也可逆，且$(\boldsymbol{A}')^{-1}=(\boldsymbol{A}^{-1})'$。

性质 1.4.4 若矩阵$\boldsymbol{A}$、$\boldsymbol{B}$可逆，则$\boldsymbol{AB}$也可逆，且$(\boldsymbol{AB})^{-1}=\boldsymbol{B}^{-1}\boldsymbol{A}^{-1}$。

推论 1.4.1 s个n阶可逆矩阵$\boldsymbol{A}_1,\boldsymbol{A}_2,\cdots,\boldsymbol{A}_s$的乘积$\boldsymbol{A}_1\boldsymbol{A}_2\cdots\boldsymbol{A}_s$也是$n$阶可逆矩阵，且有

$$(\boldsymbol{A}_1\boldsymbol{A}_2\cdots\boldsymbol{A}_s)^{-1}=\boldsymbol{A}_s^{-1}\cdots\boldsymbol{A}_2^{-1}\boldsymbol{A}_1^{-1}。$$

性质 1.4.5 若矩阵$\boldsymbol{A}$可逆，则必有$|\boldsymbol{A}|\neq 0$。

1.4.3 矩阵可逆的判定和求法

定义 1.4.2 设$\boldsymbol{A}_{ij}$是矩阵

$$\boldsymbol{A}=\begin{pmatrix} a_{11} & a_{12} & \cdots & a_{1n} \\ a_{21} & a_{22} & \cdots & a_{2n} \\ \vdots & \vdots & \ddots & \vdots \\ a_{n1} & a_{n2} & \cdots & a_{nn} \end{pmatrix}$$

中元素 a_{ij} 的代数余子式，则称矩阵

$$\boldsymbol{A}^*=\begin{pmatrix} A_{11} & A_{21} & \cdots & A_{n1} \\ A_{12} & A_{22} & \cdots & A_{n2} \\ \vdots & \vdots & \ddots & \vdots \\ A_{1n} & A_{2n} & \cdots & A_{nn} \end{pmatrix}$$

为矩阵 $\boldsymbol{A}$ 的**伴随矩阵**。

定理 1.4.1 矩阵 $\boldsymbol{A}$ 可逆的充要条件是 $|\boldsymbol{A}|\neq 0$，且当 $\boldsymbol{A}$ 可逆时，有

$$\boldsymbol{A}^{-1}=\frac{1}{|\boldsymbol{A}|}\boldsymbol{A}^* \text{。} \tag{1.4.1}$$

其中 $\boldsymbol{A}^*$ 为 $\boldsymbol{A}$ 的伴随矩阵。

由定理 1.4.1 容易看出，对于 n 级方阵 $\boldsymbol{A}$，$\boldsymbol{B}$，如果

$$\boldsymbol{AB}=\boldsymbol{I}\text{，}$$

那么 $\boldsymbol{A}$，$\boldsymbol{B}$ 都是可逆矩阵，且它们互为逆矩阵。

若二阶矩阵 $\boldsymbol{A}=\begin{pmatrix} a & b \\ c & d \end{pmatrix}$ 可逆，则其逆矩阵可直接给出，即

$$\boldsymbol{A}^{-1}=\frac{1}{|\boldsymbol{A}|}\begin{pmatrix} d & -b \\ -c & a \end{pmatrix}\text{。} \tag{1.4.2}$$

定理 1.4.1 不但给出判定矩阵是否可逆的条件，同时也给出了求逆矩阵的公式，即式（1.4.1）。按这个公式求二阶矩阵的逆矩阵是方便的，但对三阶及三阶以上矩阵的逆矩阵，其计算量一般非常大，因此有必要给出其他的求法。

1.4.4 与可逆矩阵相乘不改变原矩阵的秩

前面我们得到关于矩阵乘积的秩的不等式：$\mathrm{R}(\boldsymbol{AB})\leqslant\min\{\mathrm{R}(\boldsymbol{A}),\ \mathrm{R}(\boldsymbol{B})\}$。但是，如果在矩阵乘积中有一个是可逆矩阵，这时矩阵乘积的秩不变。

定理 1.4.2 $\boldsymbol{A}$ 是一个 $s\times n$ 矩阵，如果 $\boldsymbol{P}$ 是 $s\times s$ 可逆矩阵，$\boldsymbol{Q}$ 是 $n\times n$ 可逆矩阵，那么

$$\mathrm{R}(\boldsymbol{A})=\mathrm{R}(\boldsymbol{PA})=\mathrm{R}(\boldsymbol{AQ})=\mathrm{R}(\boldsymbol{PAQ})\text{。}$$

由此可知：与可逆矩阵相乘不改变原矩阵的秩。

设 $\boldsymbol{A}$，$\boldsymbol{B}$，$\boldsymbol{C}$ 是已知矩阵，$\boldsymbol{X}$ 是未知矩阵，形如下式的方程称为**矩阵方程**：

$$\boldsymbol{AX}=\boldsymbol{B},\ \boldsymbol{XB}=\boldsymbol{C},\ \boldsymbol{AXB}=\boldsymbol{C}\text{。}$$

设 $\boldsymbol{A}$，$\boldsymbol{B}$，$\boldsymbol{C}$ 是已知矩阵，$\boldsymbol{X}$ 是未知矩阵。若矩阵 $\boldsymbol{A}$，$\boldsymbol{B}$ 可逆，则矩阵方程

$$\boldsymbol{AX}=\boldsymbol{B},\ \boldsymbol{XB}=\boldsymbol{C},\ \boldsymbol{AXB}=\boldsymbol{C}$$

的解分别是

$$\boldsymbol{X}=\boldsymbol{A}^{-1}\boldsymbol{B},\ \boldsymbol{X}=\boldsymbol{CB}^{-1},\ \boldsymbol{X}=\boldsymbol{A}^{-1}\boldsymbol{CB}^{-1}\text{。}$$

设 $\boldsymbol{A}$ 是 $n\times n$ 矩阵，存在一个 $n\times n$ 非零矩阵 $\boldsymbol{B}$ 使 $\boldsymbol{AB}=\boldsymbol{O}$ 的充要条件是 $|\boldsymbol{A}|=0$。

设 $\boldsymbol{A}$ 是 $n\times n$ 矩阵，若对任一 n 维向量 $\boldsymbol{x}=(x_1,x_2,\cdots,x_n)'$ 都有 $\boldsymbol{Ax}=\boldsymbol{0}$，则 $\boldsymbol{A}=\boldsymbol{O}$。

初等矩阵皆可逆，且其逆矩阵是同一类的初等矩阵，即有

$$\boldsymbol{I}[i,j]^{-1}=\boldsymbol{I}[i,j],\ \boldsymbol{I}[i(k)]^{-1}=\boldsymbol{I}[i(1/k)],\ \boldsymbol{I}[j(k)+i]^{-1}=\boldsymbol{I}[j(-k)+i]。$$

1.5　分块矩阵与它的逆矩阵

把一个大矩阵看成是由一些小矩阵组成，把这些小矩阵当作数一样来处理，就如矩阵是由数组成的一样，这在运算上或在表达上有其优越性，在处理阶数较高的矩阵时使用分块矩阵可以得到意想不到的效果。

1.5.1　分块矩阵的概念

在处理阶数较高的矩阵，或者矩阵的结构比较特殊的时候，人们常常把矩阵进行分块处理。在运算中就把这些小矩阵当作数一样来处理。下面就来看矩阵是怎样分块和运算的。

定义　把 $m\times n$ 矩阵 $\boldsymbol{A}$ 分成以下形式：

$$\boldsymbol{A}=\begin{array}{c} \\ s_1 \\ s_2 \\ \vdots \\ s_t \end{array}\begin{array}{c} \begin{array}{cccc} n_1 & n_2 & \cdots & n_l \end{array} \\ \begin{pmatrix} \boldsymbol{A}_{11} & \boldsymbol{A}_{12} & \cdots & \boldsymbol{A}_{1l} \\ \boldsymbol{A}_{21} & \boldsymbol{A}_{22} & \cdots & \boldsymbol{A}_{2l} \\ \vdots & \vdots & \ddots & \vdots \\ \boldsymbol{A}_{t1} & \boldsymbol{A}_{t2} & \cdots & \boldsymbol{A}_{tl} \end{pmatrix} \end{array},$$

其中每个 $\boldsymbol{A}_{ij}$ 是 $s_i\times n_j$ 矩阵，$i=1,\cdots,t;\ j=1,\cdots,l$，$\sum\limits_{i=1}^{t}s_i=m,\ \sum\limits_{j=1}^{l}n_j=n$。$\boldsymbol{A}_{ij}$ 称为 $\boldsymbol{A}$ 的子块，分为子块的矩阵就称为**分块矩阵**。

把一个矩阵分块的方法有许多种，各子块的行、列也不必相等。下面是一些特殊的分块矩阵。

把矩阵 $\boldsymbol{A}$ 按行分块：

$$\boldsymbol{A}=\begin{pmatrix} \boldsymbol{A}_1 \\ \boldsymbol{A}_2 \\ \vdots \\ \boldsymbol{A}_m \end{pmatrix},$$

其中 $\boldsymbol{A}_i=(\boldsymbol{a}_{i1},\boldsymbol{a}_{i2},\cdots,\boldsymbol{a}_{in}),\ i=1,2,\cdots,m$。

把矩阵 $\boldsymbol{A}$ 按列分块：

$$\boldsymbol{A}=(\boldsymbol{B}_1,\boldsymbol{B}_2,\cdots,\boldsymbol{B}_n),$$

其中

$$\boldsymbol{B}_j=\begin{pmatrix} \boldsymbol{b}_{1j} \\ \boldsymbol{b}_{2j} \\ \vdots \\ \boldsymbol{b}_{mj} \end{pmatrix},\ j=1,2,\cdots,n。$$

1.5.2 分块矩阵的运算

（1）加法。设 $\boldsymbol{A}$, $\boldsymbol{B}$ 都是 $m\times n$ 矩阵，且对 $\boldsymbol{A}$, $\boldsymbol{B}$ 有相同的分法：

$$\boldsymbol{A}=\begin{array}{c} \\ s_1 \\ s_2 \\ \vdots \\ s_t \end{array}\begin{array}{c} \begin{array}{cccc} n_1 & n_2 & \cdots & n_l \end{array} \\ \begin{pmatrix} \boldsymbol{A}_{11} & \boldsymbol{A}_{12} & \cdots & \boldsymbol{A}_{1l} \\ \boldsymbol{A}_{21} & \boldsymbol{A}_{22} & \cdots & \boldsymbol{A}_{2l} \\ \vdots & \vdots & \ddots & \vdots \\ \boldsymbol{A}_{t1} & \boldsymbol{A}_{t2} & \cdots & \boldsymbol{A}_{tl} \end{pmatrix}\end{array},\quad \boldsymbol{B}=\begin{array}{c} \\ s_1 \\ s_2 \\ \vdots \\ s_t \end{array}\begin{array}{c} \begin{array}{cccc} n_1 & n_2 & \cdots & n_l \end{array} \\ \begin{pmatrix} \boldsymbol{B}_{11} & \boldsymbol{B}_{12} & \cdots & \boldsymbol{B}_{1l} \\ \boldsymbol{B}_{21} & \boldsymbol{B}_{22} & \cdots & \boldsymbol{B}_{2l} \\ \vdots & \vdots & \ddots & \vdots \\ \boldsymbol{B}_{t1} & \boldsymbol{B}_{t2} & \cdots & \boldsymbol{B}_{tl} \end{pmatrix}\end{array},$$

其中 $\sum_{i=1}^{t}s_i=m,\ \sum_{j=1}^{l}n_j=n$，则

$$\boldsymbol{A}+\boldsymbol{B}=\begin{pmatrix} \boldsymbol{A}_{11}+\boldsymbol{B}_{11} & \boldsymbol{A}_{12}+\boldsymbol{B}_{12} & \cdots & \boldsymbol{A}_{1l}+\boldsymbol{B}_{1l} \\ \boldsymbol{A}_{21}+\boldsymbol{B}_{21} & \boldsymbol{A}_{22}+\boldsymbol{B}_{22} & \cdots & \boldsymbol{A}_{2l}+\boldsymbol{B}_{2l} \\ \vdots & \vdots & \ddots & \vdots \\ \boldsymbol{A}_{t1}+\boldsymbol{B}_{t1} & \boldsymbol{A}_{t2}+\boldsymbol{B}_{t2} & \cdots & \boldsymbol{A}_{tl}+\boldsymbol{B}_{tl} \end{pmatrix}。$$

（2）数乘。设 $\boldsymbol{A}$ 是分块矩阵 $\boldsymbol{A}=(\boldsymbol{A}_{ij})_{t\times l}$， k 是一个数，则 $k\boldsymbol{A}=(k\boldsymbol{A}_{ij})_{t\times l}$。

（3）乘法。$\boldsymbol{A}$ 、$\boldsymbol{B}$ 分别是 $s\times n$ 和 $n\times m$ 矩阵，且对 $\boldsymbol{A}$ 列的分法与对 $\boldsymbol{B}$ 行的分法一致：

$$\boldsymbol{A}=\begin{array}{c} \\ s_1 \\ s_2 \\ \vdots \\ s_t \end{array}\begin{array}{c} \begin{array}{cccc} n_1 & n_2 & \cdots & n_l \end{array} \\ \begin{pmatrix} \boldsymbol{A}_{11} & \boldsymbol{A}_{12} & \cdots & \boldsymbol{A}_{1l} \\ \boldsymbol{A}_{21} & \boldsymbol{A}_{22} & \cdots & \boldsymbol{A}_{2l} \\ \vdots & \vdots & \ddots & \vdots \\ \boldsymbol{A}_{t1} & \boldsymbol{A}_{t2} & \cdots & \boldsymbol{A}_{tl} \end{pmatrix}\end{array},\quad \boldsymbol{B}=\begin{array}{c} \\ n_1 \\ n_2 \\ \vdots \\ n_l \end{array}\begin{array}{c} \begin{array}{cccc} m_1 & m_2 & \cdots & m_r \end{array} \\ \begin{pmatrix} \boldsymbol{B}_{11} & \boldsymbol{B}_{12} & \cdots & \boldsymbol{B}_{1r} \\ \boldsymbol{B}_{21} & \boldsymbol{B}_{22} & \cdots & \boldsymbol{B}_{2r} \\ \vdots & \vdots & \ddots & \vdots \\ \boldsymbol{B}_{l1} & \boldsymbol{B}_{l2} & \cdots & \boldsymbol{B}_{lr} \end{pmatrix}\end{array},$$

其中 $\boldsymbol{A}_{ij}$ 是 $s_i\times n_j$ 小矩阵 $i=1,\cdots,t;j=1,\cdots,l$ ； $\boldsymbol{B}_{ij}$ 是 $n_i\times m_j$ 小矩阵 $i=1,\cdots,l;j=1,\cdots,r$ 。$\sum_{i=1}^{t}s_i=s,\ \sum_{j=1}^{l}n_j=n,\ \sum_{k=1}^{r}m_k=m$ 。丁是有

$$\boldsymbol{AB}=\boldsymbol{C}=\begin{array}{c} \\ s_1 \\ s_2 \\ \vdots \\ s_t \end{array}\begin{array}{c} \begin{array}{cccc} m_1 & m_2 & \cdots & m_r \end{array} \\ \begin{pmatrix} \boldsymbol{C}_{11} & \boldsymbol{C}_{12} & \cdots & \boldsymbol{C}_{1r} \\ \boldsymbol{C}_{21} & \boldsymbol{C}_{22} & \cdots & \boldsymbol{C}_{2r} \\ \vdots & \vdots & \ddots & \vdots \\ \boldsymbol{C}_{t1} & \boldsymbol{C}_{t2} & \cdots & \boldsymbol{C}_{tr} \end{pmatrix}\end{array},$$

其中 $\boldsymbol{C}_{pq}=\boldsymbol{A}_{p1}\boldsymbol{B}_{1q}+\boldsymbol{A}_{p2}\boldsymbol{B}_{2q}+\cdots+\boldsymbol{A}_{pl}\boldsymbol{B}_{lq}=\sum_{k=1}^{l}\boldsymbol{A}_{pk}\boldsymbol{B}_{kq}$， $p=1,2,\cdots,t;\ q=1,2,\cdots,r$ 。分块矩阵的乘法法则与通常的矩阵乘法法则一致。

在利用分块矩阵进行运算时，零矩阵、单位矩阵常给计算带来方便，因此要充分利用零矩阵、单位矩阵等特殊矩阵的作用。分块矩阵还有许多有用之处，常常在把矩阵分块之后，矩阵间相互之间的关系就看得更清楚。

在证明关于矩阵乘积的秩的定理时，可以使用矩阵分块。设 $\boldsymbol{A}$ 是 $n\times m$ 矩阵， $\boldsymbol{B}$ 是 $m\times s$

矩阵。用 $\boldsymbol{B}_1,\boldsymbol{B}_2,\cdots,\boldsymbol{B}_m$ 表示 $\boldsymbol{B}$ 的行向量，这时 $\boldsymbol{B}=\begin{pmatrix}\boldsymbol{B}_1\\\boldsymbol{B}_2\\\vdots\\\boldsymbol{B}_m\end{pmatrix}$，这是 $\boldsymbol{B}$ 的特殊分块。按分块矩阵乘法，有

$$\boldsymbol{AB}=\begin{pmatrix}a_{11}\boldsymbol{B}_1+a_{12}\boldsymbol{B}_2+\cdots+a_{1m}\boldsymbol{B}_m\\a_{21}\boldsymbol{B}_1+a_{22}\boldsymbol{B}_2+\cdots+a_{2m}\boldsymbol{B}_m\\\vdots\\a_{n1}\boldsymbol{B}_1+a_{n2}\boldsymbol{B}_2+\cdots+a_{nm}\boldsymbol{B}_m\end{pmatrix}。$$

由这个公式容易看出，$\boldsymbol{AB}$ 的行向量是 $\boldsymbol{B}$ 的行向量的线性组合，于是 $\boldsymbol{AB}$ 的行向量可由 $\boldsymbol{B}$ 的行向量的极大无关组线性表示，因此 $\mathrm{R}(\boldsymbol{AB})\leqslant\mathrm{R}(\boldsymbol{B})$；将 $\boldsymbol{AB}$ 进行另一种分块乘法，可以得出 $\boldsymbol{AB}$ 的列向量是 $\boldsymbol{A}$ 的列向量的线性组合，因此可证 $\mathrm{R}(\boldsymbol{AB})\leqslant\mathrm{R}(\boldsymbol{A})$。

1.5.3 分块矩阵的初等变换

把 $(m+n)$ 阶的单位矩阵作如下分块：$\boldsymbol{I}_{m+n}=\begin{pmatrix}\boldsymbol{I}_m&\boldsymbol{O}_{mn}\\\boldsymbol{O}_{nm}&\boldsymbol{I}_n\end{pmatrix}$。其中 $\boldsymbol{I}_m$，$\boldsymbol{I}_n$ 分别是 m 阶和 n 阶的单位矩阵，$\boldsymbol{O}_{mn}$，$\boldsymbol{O}_{nm}$ 分别是 $m\times n$ 阶和 $n\times m$ 阶的零矩阵。现把这个分块矩阵看作形式上的二阶矩阵，对它进行三种初等变换，可得三类初等矩阵。

（1）对它进行两行(列)对换，得

$$\begin{pmatrix}\boldsymbol{O}_{nm}&\boldsymbol{I}_n\\\boldsymbol{I}_m&\boldsymbol{O}_{mn}\end{pmatrix},\ \begin{pmatrix}\boldsymbol{O}_{mn}&\boldsymbol{I}_m\\\boldsymbol{I}_n&\boldsymbol{O}_{nm}\end{pmatrix}。$$

（2）用矩阵 $\boldsymbol{P}_m(\boldsymbol{P}_n)$ 去乘它相应的行（列），得

$$\begin{pmatrix}\boldsymbol{P}_m&\boldsymbol{O}_{mn}\\\boldsymbol{O}_{nm}&\boldsymbol{I}_n\end{pmatrix},\ \begin{pmatrix}\boldsymbol{I}_m&\boldsymbol{O}_{mn}\\\boldsymbol{O}_{nm}&\boldsymbol{P}_n\end{pmatrix}。$$

（3）用矩阵 $\boldsymbol{P}_{mn}(\boldsymbol{P}_{nm})$ 去乘它相应的行（列）后加到另一行（列）上，得

$$\begin{pmatrix}\boldsymbol{I}_m&\boldsymbol{P}_{mn}\\\boldsymbol{O}_{nm}&\boldsymbol{I}_n\end{pmatrix},\ \begin{pmatrix}\boldsymbol{I}_m&\boldsymbol{O}_{mn}\\\boldsymbol{P}_{nm}&\boldsymbol{I}_n\end{pmatrix}。$$

和初等变换与初等矩阵的关系一样，用这些矩阵左乘（右乘）任一分块矩阵

$$\begin{pmatrix}\boldsymbol{A}&\boldsymbol{B}\\\boldsymbol{C}&\boldsymbol{D}\end{pmatrix},$$

就相当于对这个分块矩阵施行相当的初等变换。例如：

$$\begin{pmatrix}\boldsymbol{I}_m&\boldsymbol{O}_{mn}\\\boldsymbol{P}&\boldsymbol{I}_n\end{pmatrix}\begin{pmatrix}\boldsymbol{A}&\boldsymbol{B}\\\boldsymbol{C}&\boldsymbol{D}\end{pmatrix}=\begin{pmatrix}\boldsymbol{A}&\boldsymbol{B}\\\boldsymbol{C}+\boldsymbol{PA}&\boldsymbol{D}+\boldsymbol{PB}\end{pmatrix}。\tag{1.5.1}$$

在式(1.5.1)中适当选择 $\boldsymbol{P}$，可使 $\boldsymbol{C}+\boldsymbol{PA}=\boldsymbol{O}$。例如，当 $\boldsymbol{A}$ 可逆时，选 $\boldsymbol{P}=-\boldsymbol{CA}^{-1}$，则有 $\boldsymbol{C}+\boldsymbol{PA}=\boldsymbol{O}$。于是式(1.5.1)的右端成为

$$\begin{pmatrix}\boldsymbol{A}&\boldsymbol{B}\\\boldsymbol{O}&\boldsymbol{D}-\boldsymbol{CA}^{-1}\boldsymbol{B}\end{pmatrix}。\tag{1.5.2}$$

这种形状的矩阵在求行列式、逆矩阵和解决其他问题时非常有用。

1.5.4 求分块矩阵的逆

结论 1.5.1 设 $\boldsymbol{A}=\begin{pmatrix}\boldsymbol{A}_{11} & \boldsymbol{O}\\ \boldsymbol{O} & \boldsymbol{A}_{22}\end{pmatrix}$，其中 $\boldsymbol{A}_{11}$，$\boldsymbol{A}_{22}$ 分别是 k 阶和 r 阶的可逆矩阵，则 $\boldsymbol{A}$ 可逆，且 $\boldsymbol{A}$ 的逆矩阵是 $\boldsymbol{A}^{-1}=\begin{pmatrix}\boldsymbol{A}_{11}^{-1} & \boldsymbol{O}\\ \boldsymbol{O} & \boldsymbol{A}_{22}^{-1}\end{pmatrix}$。

结论 1.5.2 设 $\boldsymbol{A}=\begin{pmatrix}\boldsymbol{A}_{11} & \boldsymbol{A}_{12}\\ \boldsymbol{O} & \boldsymbol{A}_{22}\end{pmatrix}$，其中 $\boldsymbol{A}_{11}$，$\boldsymbol{A}_{22}$ 分别是 k 阶和 r 阶的可逆矩阵，$\boldsymbol{A}_{12}$ 是 $k\times r$ 矩阵，$\boldsymbol{O}$ 是 $r\times k$ 零矩阵，则 $\boldsymbol{A}$ 可逆，且 $\boldsymbol{A}$ 的逆矩阵是 $\boldsymbol{A}^{-1}=\begin{pmatrix}\boldsymbol{A}_{11}^{-1} & -\boldsymbol{A}_{11}^{-1}\boldsymbol{A}_{12}\boldsymbol{A}_{22}^{-1}\\ \boldsymbol{O} & \boldsymbol{A}_{22}^{-1}\end{pmatrix}$。

证明：因为

$$\begin{pmatrix}\boldsymbol{I}_k & -\boldsymbol{A}_{12}\boldsymbol{A}_{22}^{-1}\\ \boldsymbol{O} & \boldsymbol{I}_r\end{pmatrix}\begin{pmatrix}\boldsymbol{A}_{11} & \boldsymbol{A}_{12}\\ \boldsymbol{O} & \boldsymbol{A}_{22}\end{pmatrix}=\begin{pmatrix}\boldsymbol{A}_{11} & \boldsymbol{O}\\ \boldsymbol{O} & \boldsymbol{A}_{22}\end{pmatrix},$$

由结论 1.5.1 知

$$\begin{pmatrix}\boldsymbol{A}_{11} & \boldsymbol{O}\\ \boldsymbol{O} & \boldsymbol{A}_{22}\end{pmatrix}^{-1}=\begin{pmatrix}\boldsymbol{A}_{11}^{-1} & \boldsymbol{O}\\ \boldsymbol{O} & \boldsymbol{A}_{22}^{-1}\end{pmatrix},$$

故

$$\boldsymbol{A}^{-1}=\begin{pmatrix}\boldsymbol{A}_{11} & \boldsymbol{A}_{12}\\ \boldsymbol{O} & \boldsymbol{A}_{22}\end{pmatrix}^{-1}=\begin{pmatrix}\boldsymbol{A}_{11} & \boldsymbol{O}\\ \boldsymbol{O} & \boldsymbol{A}_{22}\end{pmatrix}^{-1}\begin{pmatrix}\boldsymbol{I}_k & -\boldsymbol{A}_{12}\boldsymbol{A}_{22}^{-1}\\ \boldsymbol{O} & \boldsymbol{I}_r\end{pmatrix}=\begin{pmatrix}\boldsymbol{A}_{11}^{-1} & -\boldsymbol{A}_{11}^{-1}\boldsymbol{A}_{12}\boldsymbol{A}_{22}^{-1}\\ \boldsymbol{O} & \boldsymbol{A}_{22}^{-1}\end{pmatrix}。$$

结论 1.5.3（四块求逆公式） 设 $\boldsymbol{A}=\begin{pmatrix}\boldsymbol{A}_{11} & \boldsymbol{A}_{12}\\ \boldsymbol{A}_{21} & \boldsymbol{A}_{22}\end{pmatrix}$，且 $|\boldsymbol{A}_{11}|\neq 0$，则 $\boldsymbol{A}$ 可逆的充要条件是 $\boldsymbol{B}-\boldsymbol{A}_{22}-\boldsymbol{A}_{21}\boldsymbol{A}_{11}^{-1}\boldsymbol{A}_{12}$ 可逆，在 $\boldsymbol{A}$ 可逆时，$\boldsymbol{A}^{-1}=\begin{pmatrix}\boldsymbol{A}_{11}^{-1}+\boldsymbol{A}_{11}^{-1}\boldsymbol{A}_{12}\boldsymbol{B}^{-1}\boldsymbol{A}_{21}\boldsymbol{A}_{11}^{-1} & -\boldsymbol{A}_{11}^{-1}\boldsymbol{A}_{12}\boldsymbol{B}^{-1}\\ -\boldsymbol{B}^{-1}\boldsymbol{A}_{21}\boldsymbol{A}_{11}^{-1} & \boldsymbol{B}^{-1}\end{pmatrix}$。

证明：由于 $\begin{pmatrix}\boldsymbol{I}_k & \boldsymbol{O}\\ -\boldsymbol{A}_{21}\boldsymbol{A}_{11}^{-1} & \boldsymbol{I}_r\end{pmatrix}\begin{pmatrix}\boldsymbol{A}_{11} & \boldsymbol{A}_{12}\\ \boldsymbol{A}_{21} & \boldsymbol{A}_{22}\end{pmatrix}=\begin{pmatrix}\boldsymbol{A}_{11} & \boldsymbol{A}_{12}\\ \boldsymbol{O} & \boldsymbol{A}_{22}-\boldsymbol{A}_{21}\boldsymbol{A}_{11}^{-1}\boldsymbol{A}_{12}\end{pmatrix}$。

两边取行列式，得

$$\begin{vmatrix}\boldsymbol{A}_{11} & \boldsymbol{A}_{12}\\ \boldsymbol{A}_{21} & \boldsymbol{A}_{22}\end{vmatrix}=\begin{vmatrix}\boldsymbol{A}_{11} & \boldsymbol{A}_{12}\\ \boldsymbol{O} & \boldsymbol{A}_{22}-\boldsymbol{A}_{21}\boldsymbol{A}_{11}^{-1}\boldsymbol{A}_{12}\end{vmatrix}=|\boldsymbol{A}_{11}||\boldsymbol{A}_{22}-\boldsymbol{A}_{21}\boldsymbol{A}_{11}^{-1}\boldsymbol{A}_{12}|。$$

由于 $|\boldsymbol{A}_{11}|\neq 0$，于是得 $\boldsymbol{A}$ 可逆的充要条件是 $\boldsymbol{B}=\boldsymbol{A}_{22}-\boldsymbol{A}_{21}\boldsymbol{A}_{11}^{-1}\boldsymbol{A}_{12}$ 可逆。当 $\boldsymbol{A}$ 可逆时，$\boldsymbol{B}=\boldsymbol{A}_{22}-\boldsymbol{A}_{21}\boldsymbol{A}_{11}^{-1}\boldsymbol{A}_{12}$ 也可逆，因此 $\boldsymbol{A}$ 的逆矩阵是

$$\begin{pmatrix}\boldsymbol{A}_{11} & \boldsymbol{A}_{12}\\ \boldsymbol{A}_{21} & \boldsymbol{A}_{22}\end{pmatrix}^{-1}=\begin{pmatrix}\boldsymbol{A}_{11} & \boldsymbol{A}_{12}\\ \boldsymbol{O} & \boldsymbol{B}\end{pmatrix}^{-1}\begin{pmatrix}\boldsymbol{I}_k & \boldsymbol{O}\\ -\boldsymbol{A}_{21}\boldsymbol{A}_{11}^{-1} & \boldsymbol{I}_r\end{pmatrix}=\begin{pmatrix}\boldsymbol{A}_{11}^{-1}+\boldsymbol{A}_{11}^{-1}\boldsymbol{A}_{12}\boldsymbol{B}^{-1}\boldsymbol{A}_{21}\boldsymbol{A}_{11}^{-1} & -\boldsymbol{A}_{11}^{-1}\boldsymbol{A}_{12}\boldsymbol{B}^{-1}\\ -\boldsymbol{B}^{-1}\boldsymbol{A}_{21}\boldsymbol{A}_{11}^{-1} & \boldsymbol{B}^{-1}\end{pmatrix}。$$

结论 1.5.4 设 $\boldsymbol{A}$, $\boldsymbol{B}$ 分别是 $n\times m$ 和 $m\times n$ 矩阵，则有

$$\begin{vmatrix}\boldsymbol{I}_m & \boldsymbol{B}\\ \boldsymbol{A} & \boldsymbol{I}_n\end{vmatrix}=|\boldsymbol{I}_n-\boldsymbol{A}\boldsymbol{B}|=|\boldsymbol{I}_m-\boldsymbol{B}\boldsymbol{A}|。$$

结论 1.5.5 设A, B分别是$n\times m$和$m\times n$矩阵，$\lambda\neq 0$，则有

$$|\lambda I_n - AB| = \lambda^{n-m}|\lambda I_m - BA|。$$

结论 1.5.6 设A, B为n阶方阵，则有证明行列式的乘积公式：$|AB|=|A||B|$。

1.6 矩阵的特征值和特征向量

1.6.1 定义和求法

定义 1.6.1 设A是n阶方阵，若存在数λ和n维非零向量α，使$A\alpha=\lambda\alpha$，则称λ是A的一个特征值，而α是A的属于特征值λ的特征向量。

（1）属于特征值的特征向量不是唯一的。若$\alpha\neq 0$是A的属于特征值λ的特征向量，则对$\forall k\in F$, $k\neq 0$，$k\alpha$也是属于λ的特征向量。

（2）特征值由特征向量唯一确定。若$\alpha\neq 0$既是A的属于λ的特征向量，又是A的属于μ的特征向量，则有$\mu=\lambda$。

矩阵A的特征值和特征向量的求法

（1）先求$f(\lambda)=|\lambda I - A|=0$的所有根$\lambda_1,\lambda_2,\cdots,\lambda_n$。

（2）把λ_i代入齐次线性方程组$(\lambda I - A)X=0$，求出其基础解系，它们就是属于λ_i的线性无关的特征向量。

1.6.2 有关矩阵特征值的一些结论

结论 1.6.1 A与A'有相同的特征值。

由$|\lambda I - A|=|\lambda I - A'|$即知。

结论 1.6.2 设$A=(a_{ij})_{m\times n}$，$B=(b_{ij})_{n\times m}$，则AB与BA有相同的非零特征值。特别地，若A,B是同阶方阵，则AB与BA的特征值相同。

证明：因为

$$\begin{pmatrix} I_m & -A \\ O & \lambda I_n \end{pmatrix}\begin{pmatrix} \lambda I_m & A \\ B & I_n \end{pmatrix}=\begin{pmatrix} \lambda I_m - AB & O \\ \lambda B & \lambda I_n \end{pmatrix},$$

又

$$\begin{pmatrix} I_m & O \\ -B & \lambda I_n \end{pmatrix}\begin{pmatrix} \lambda I_m & A \\ B & I_n \end{pmatrix}=\begin{pmatrix} \lambda I_m & A \\ O & \lambda I_n - BA \end{pmatrix},$$

所以

$$\begin{vmatrix} \lambda I_m - AB & O \\ \lambda B & \lambda I_n \end{vmatrix}=\begin{vmatrix} \lambda I_m & A \\ O & \lambda I_n - BA \end{vmatrix}。$$

此即

$$\lambda^n|\lambda I_m - AB| = \lambda^m|\lambda I_n - BA|。$$

可见，AB与BA有相同的非零特征值。若A,B是同阶方阵，则AB与BA的特征值相同。

结论 1.6.3 若A是n阶实对称矩阵，则A的特征值全是实数。

证明：设λ是A的任一特征值，α是属于λ的特征向量，于是有$A\alpha=\lambda\alpha$，

两边取共轭，得

$$A\bar{\alpha} = \bar{\lambda}\bar{\alpha}，$$

两边同乘以α'，得 $$\alpha' A\bar{\alpha} = \bar{\lambda}\alpha'\bar{\alpha}，$$

又

$$\alpha' A\bar{\alpha} = (A\alpha)'\bar{\alpha} = \lambda\alpha'\bar{\alpha} = \bar{\lambda}\alpha'\bar{\alpha}，$$

由于$\alpha'\bar{\alpha} \neq 0$，所以$\lambda = \bar{\lambda}$。

结论 1.6.4 若A是n阶实对称矩阵，则属于不同特征值的特征向量必正交。

证明：设λ_1和λ_2是A的特征值且$\lambda_1 \neq \lambda_2$，α_1和α_2分别是属于λ_1和λ_2的特征向量，即有

$$A\alpha_1 = \lambda_1\alpha_1，A\alpha_2 = \lambda_2\alpha_2。$$

于是

$$\alpha_2' A\alpha_1 = \lambda_1\alpha_2'\alpha_1，\alpha_1' A\alpha_2 = \lambda_2\alpha_1'\alpha_2。$$

由于

$$(\alpha_2' A\alpha_1)' = \alpha_1' A'\alpha_2 = \alpha_1' A\alpha_2，$$

故

$$\lambda_1\alpha_1'\alpha_2 = \lambda_2\alpha_1'\alpha_2，$$

由于$\lambda_1 \neq \lambda_2$，所以$\alpha_1'\alpha_2 = 0$。

结论 1.6.5（矩阵A的谱分解） 设A是n阶实对称矩阵，则存在正交矩阵$P = (e_1, e_2, \cdots, e_n)$，使得$P'AP = \mathrm{diag}(\lambda_1, \lambda_2, \cdots, \lambda_n)$，其中$\lambda_i$是$A$的特征值，$i = 1, 2, \cdots, n$。$e_1, e_2, \cdots, e_n$是分别属于$\lambda_1, \lambda_2, \cdots, \lambda_n$的相互正交的单位特征向量。因此

$$A = (P')^{-1}\mathrm{diag}(\lambda_1, \lambda_2, \cdots, \lambda_n)P^{-1} = \sum_{i=1}^{n}\lambda_i e_i e_i'。$$

这个表达式称为矩阵A的谱分解。

1.6.3 矩阵的迹及其性质

定义 1.6.2 设A是n阶方阵，A的对角线元素之和称为A的迹，记为$\mathrm{tr}(A)$，即

$$\mathrm{tr}(A) = a_{11} + a_{22} + \cdots + a_{nn} = \sum_{i=1}^{n} a_{ii}。$$

方阵的迹有以下基本性质：

（1）若$\lambda_1, \lambda_2, \cdots, \lambda_n$是$A$的特征值，则有$\mathrm{tr}(A) = \lambda_1 + \lambda_2 + \cdots + \lambda_n = \sum_{i=1}^{n}\lambda_i$。

（2）$\mathrm{tr}(AB) = \mathrm{tr}(BA)$。

（3）$\mathrm{tr}(A) = \mathrm{tr}(A')$。

（4）$\mathrm{tr}(A+B) = \mathrm{tr}(A) + \mathrm{tr}(B)$，$\mathrm{tr}\left(\sum_{i=1}^{k} A_i\right) = \sum_{i=1}^{k}\mathrm{tr}(A_i)$。

（5）若A为投影矩阵，即有$A' = A$，且$A^2 = A$。则$\mathrm{tr}(A) = \mathrm{R}(A)$；

证明：由于$A' = A$，所以存在正交矩阵P和对角矩阵$\Lambda = \mathrm{diag}(\lambda_1, \lambda_2, \cdots, \lambda_n)$，使$A = P\Lambda P'$。

从而 $\mathrm{R}(\boldsymbol{A})=\mathrm{R}(\boldsymbol{\Lambda})=\{\lambda_1,\lambda_2,\cdots,\lambda_n\}$ 中非零值的个数。又由于 $\boldsymbol{A}^2=\boldsymbol{A}$，故 $\boldsymbol{A}$ 的特征值只能是 0 或 1。故 $\mathrm{tr}(\boldsymbol{A})=\lambda_1+\lambda_2+\cdots+\lambda_n=\{\lambda_1,\lambda_2,\cdots,\lambda_n\}$ 中 1 的个数 $=\mathrm{R}(\boldsymbol{A})$。

1.6.4 特征多项式

定义 1.6.3 设 $\boldsymbol{A}=\left(a_{ij}\right)_{n\times n}$ 是数域 **R** 上的一个 n 阶方阵，λ 是一个文字，称矩阵

$$\lambda\boldsymbol{I}-\boldsymbol{A}=\begin{pmatrix}\lambda-a_{11} & -a_{12} & \cdots & -a_{1n}\\ -a_{21} & \lambda-a_{22} & \cdots & -a_{2n}\\ \vdots & \vdots & \ddots & \vdots\\ -a_{n1} & -a_{n2} & \cdots & \lambda-a_{nn}\end{pmatrix}$$

为 $\boldsymbol{A}$ 的特征矩阵，$f(\lambda)=|\lambda\boldsymbol{I}-\boldsymbol{A}|$ 为矩阵 $\boldsymbol{A}$ 的特征多项式。

特征多项式的性质：特征多项式在线性变换的研究中是重要的。设 $\boldsymbol{A}=\left(a_{ij}\right)_{n\times n}$，则

$$f(\lambda)=|\lambda\boldsymbol{I}-\boldsymbol{A}|=\lambda^n-(a_{11}+a_{22}+\cdots+a_{nn})\lambda^{n-1}+\cdots+(-1)^n|\boldsymbol{A}|。$$

这是因为在 $|\lambda\boldsymbol{I}-\boldsymbol{A}|$ 的展开式中，主对角线元素的连乘积是 $(\lambda-a_{11})(\lambda-a_{22})\cdots(\lambda-a_{nn})$，而展开式的其余各项至多包含 $n-2$ 个主对角线上的元素，它关于 λ 的次数至多是 $n-2$ 次。因此特征多项式中含 λ 的 n 次项和 $n-1$ 次项只能在主对角线上元素的连乘积中出现，它们是 $\lambda^n-(a_{11}+a_{22}+\cdots+a_{nn})\lambda^{n-1}$。在特征多项式中令 $\lambda=0$，得 $|-\boldsymbol{A}|=(-1)^n|\boldsymbol{A}|$，这是常数项。由于 $f(\lambda)$ 是关于 λ 的 n 次多项式，设 $f(\lambda)$ 在复数域上的根为 $\lambda_1,\lambda_2,\cdots,\lambda_n$，由根与系数的关系知：

$$\lambda_1+\lambda_2+\cdots+\lambda_n=a_{11}+a_{22}+\cdots+a_{nn},$$

$$\lambda_1\lambda_2\cdots\lambda_n=|\boldsymbol{A}|。$$

定理 设 $\lambda_1,\lambda_2,\cdots,\lambda_n$ 是特征多项式 $f(\lambda)=|\lambda\boldsymbol{I}-\boldsymbol{A}|$ 的全部特征根，则有

$$\mathrm{tr}(\boldsymbol{A})=\sum_{i=1}^n\lambda_i,\quad |\boldsymbol{A}|=\prod_{i=1}^n\lambda_i。$$

若矩阵 $\boldsymbol{A}$, $\boldsymbol{B}$ 是相似的，即有 $\boldsymbol{B}=\boldsymbol{C}^{-1}\boldsymbol{A}\boldsymbol{C}$，则 $\boldsymbol{A}$, $\boldsymbol{B}$ 有相同的特征多项式。由于

$$\begin{aligned}f(\lambda)&=|\lambda\boldsymbol{I}-\boldsymbol{B}|=|\lambda\boldsymbol{I}-\boldsymbol{C}^{-1}\boldsymbol{A}\boldsymbol{C}|\\&=|\boldsymbol{C}^{-1}(\lambda\boldsymbol{I}-\boldsymbol{A})\boldsymbol{C}|=|\boldsymbol{C}^{-1}|\cdot|\lambda\boldsymbol{I}-\boldsymbol{A}|\cdot|\boldsymbol{C}|=|\lambda\boldsymbol{I}-\boldsymbol{A}|。\end{aligned}$$

这表明相似矩阵有相同的特征多项式。

1.7 正定矩阵和正交矩阵

1.7.1 正定矩阵和非负定矩阵的定义

定义 1.7.1 设 $\boldsymbol{A}$ 是 n 阶对称矩阵，若对任意 n 维非零向量 $\boldsymbol{x}\neq 0$，有 $\boldsymbol{x}'\boldsymbol{A}\boldsymbol{x}>0$，则称 $\boldsymbol{A}$ 为**正定矩阵**，记为 $\boldsymbol{A}>0$；若对任意 n 维向量 $\boldsymbol{x}\neq 0$，有 $\boldsymbol{x}'\boldsymbol{A}\boldsymbol{x}\geqslant 0$，则称 $\boldsymbol{A}$ 为**非负定矩阵**（**半正定矩阵**），记为 $\boldsymbol{A}\geqslant 0$。

$\boldsymbol{A}>\boldsymbol{B}$ 表示 $\boldsymbol{A}-\boldsymbol{B}>0$，$\boldsymbol{A}\geqslant\boldsymbol{B}$ 表示 $\boldsymbol{A}-\boldsymbol{B}\geqslant 0$。

1.7.2 正定矩阵和非负定矩阵的性质

性质 1.7.1 设 $\boldsymbol{A}$ 是 n 阶对称矩阵，则 $\boldsymbol{A}$ 是正定（非负定）矩阵的充要条件是 $\boldsymbol{A}$ 的所有特征值均为正（非负）。

证明：由于 $\boldsymbol{A}$ 是对称矩阵，故存在正交矩阵 $\boldsymbol{P}$，使

$$\boldsymbol{P}'\boldsymbol{A}\boldsymbol{P} = \Lambda = \mathrm{diag}(\lambda_1, \lambda_2, \cdots, \lambda_n),$$

其中，$\lambda_1, \lambda_2, \cdots, \lambda_n$ 为 $\boldsymbol{A}$ 的特征值。

充分性。若 $\boldsymbol{A}$ 的所有特征值均为正，即 $\lambda_i > 0,\ i = 1,2,\cdots,n$，则对 $\forall \boldsymbol{x} \neq 0$，令 $\boldsymbol{y} = \boldsymbol{P}'\boldsymbol{x} \neq 0$，则 $\boldsymbol{x}'\boldsymbol{A}\boldsymbol{x} = \boldsymbol{x}'\boldsymbol{P}\Lambda\boldsymbol{P}'\boldsymbol{x} = \boldsymbol{y}'\Lambda\boldsymbol{y} = \sum_{i=1}^{n}\lambda_i y_i^2 > 0$，从而 $\boldsymbol{A} > 0$。

必要性。若 $\boldsymbol{A} > 0$，即对任意 $\boldsymbol{x} \neq 0$，均有 $\boldsymbol{x}'\boldsymbol{A}\boldsymbol{x} > 0$。设 $\boldsymbol{P} = (\boldsymbol{e}_1, \boldsymbol{e}_2, \cdots, \boldsymbol{e}_n)$，分别令 $x_i = e_i$，$i = 1,2,\cdots,n$，则 $\boldsymbol{x}_i'\boldsymbol{A}\boldsymbol{x}_i = \lambda_i e_i' e_i = \lambda_i > 0,\ i = 1,2,\cdots,n$。

性质 1.7.2 设 $\boldsymbol{A}$ 是 n 阶正定矩阵，则 $\boldsymbol{A}^{-1}$，$k\boldsymbol{A}(k>0)$，$\boldsymbol{A}^*$，$\boldsymbol{A}^n$ 都是正定矩阵。

证明：由于 $\boldsymbol{A}$ 是正定矩阵，由性质 1.7.1 知 $\boldsymbol{A}$ 的所有特征值 $\lambda_i > 0,\ i = 1,2,\cdots,n$。

因为 $\boldsymbol{A}^{-1}$ 的特征值是 $1/\lambda_i$，又 $1/\lambda_i > 0,\ i = 1,2,\cdots,n$，故由性质 1.7.1 知 $\boldsymbol{A}^{-1}$ 正定。又 $k\boldsymbol{A}(k>0)$，$\boldsymbol{A}^*$，$\boldsymbol{A}^n$ 的特征值分别是 $k\lambda_i > 0$，$|\boldsymbol{A}|/\lambda_i > 0$，$\lambda_i^n > 0$，$i = 1,2,\cdots,n$，故 $k\boldsymbol{A}(k>0)$，$\boldsymbol{A}^*$，$\boldsymbol{A}^n$ 也都是正定矩阵。

性质 1.7.3 设 $\boldsymbol{A}$ 为 $m \times n$ 阶实矩阵，则 $\boldsymbol{A}'\boldsymbol{A}$，$\boldsymbol{A}\boldsymbol{A}'$ 都是非负定矩阵。特别地，若 $\boldsymbol{A}$ 为 n 阶可逆实矩阵，则 $\boldsymbol{A}'\boldsymbol{A}$，$\boldsymbol{A}\boldsymbol{A}'$ 都是正定矩阵。

证明：对 $\forall \boldsymbol{A}$，$\boldsymbol{A}\boldsymbol{A}'$ 是对称矩阵，对 $\forall \boldsymbol{x} \neq 0$，令 $\boldsymbol{y} = \boldsymbol{A}'\boldsymbol{x} = (y_1, y_2, \cdots, y_n)'$，

$$\boldsymbol{x}'\boldsymbol{A}\boldsymbol{A}'\boldsymbol{x} = \boldsymbol{y}'\boldsymbol{y} = \sum_{i=1}^{n} y_i^2 \geqslant 0。$$

所以 $\boldsymbol{A}\boldsymbol{A}'$ 是非负定矩阵；同理可证 $\boldsymbol{A}'\boldsymbol{A}$ 是非负定矩阵。

特别地，若矩阵 $\boldsymbol{A}$ 可逆，对 $\forall \boldsymbol{x} \neq 0$，$\boldsymbol{y} = \boldsymbol{A}'\boldsymbol{x} = (y_1, y_2, \cdots, y_n)' \neq 0$，故

$$\boldsymbol{x}'\boldsymbol{A}\boldsymbol{A}'\boldsymbol{x} = \boldsymbol{y}'\boldsymbol{y} = \sum_{i=1}^{n} y_i^2 > 0。$$

所以 $\boldsymbol{A}\boldsymbol{A}'$ 是正定矩阵；同理可证 $\boldsymbol{A}'\boldsymbol{A}$ 是正定矩阵。

性质 1.7.4 $\boldsymbol{A}$ 是正定矩阵的充要条件是存在可逆矩阵 $\boldsymbol{T}$，使 $\boldsymbol{A} = \boldsymbol{T}'\boldsymbol{T}$。

性质 1.7.5 设 $\boldsymbol{A}$ 是正定矩阵，则存在一个正定矩阵 $\boldsymbol{S}$，使 $\boldsymbol{A} = \boldsymbol{S}^2$。

证明：因为 $\boldsymbol{A}$ 是正定矩阵，设其特征值 $\lambda_i > 0,\ i = 1,2,\cdots,n$。于是存在正交矩阵 $\boldsymbol{P}$，使

$$\boldsymbol{A} = \boldsymbol{P}'\begin{pmatrix} \lambda_1 & & \\ & \ddots & \\ & & \lambda_n \end{pmatrix}\boldsymbol{P}，令，\boldsymbol{S} = \boldsymbol{P}'\begin{pmatrix} \sqrt{\lambda_1} & & \\ & \ddots & \\ & & \sqrt{\lambda_n} \end{pmatrix}\boldsymbol{P}\boldsymbol{A}^{1/2},$$

$\boldsymbol{S}$ 是正定矩阵，且有 $\boldsymbol{A} = \boldsymbol{S}^2$。由于 $\boldsymbol{A} = \boldsymbol{A}^{1/2} \cdot \boldsymbol{A}^{1/2}$，故称 $\boldsymbol{A}^{1/2}$ 为 $\boldsymbol{A}$ 的平方根矩阵。

性质 1.7.6 设 $\boldsymbol{A}$ 是一个 n 阶可逆矩阵，则存在一个正定矩阵 $\boldsymbol{S}$ 和正交矩阵 $\boldsymbol{P}$，使 $\boldsymbol{A} = \boldsymbol{P}\boldsymbol{S}$。

证明：因为 $\boldsymbol{A}$ 可逆，所以 $\boldsymbol{A}'\boldsymbol{A}$ 是正定矩阵。由性质 1.7.5 知存在正定矩阵 $\boldsymbol{S}$，使 $\boldsymbol{A}'\boldsymbol{A} = \boldsymbol{S}^2$。

令 $\boldsymbol{P}=\boldsymbol{A}\boldsymbol{S}^{-1}$，则 $\boldsymbol{P}$ 是正交矩阵，因为 $\boldsymbol{P}'\boldsymbol{P}=(\boldsymbol{S}^{-1})'\boldsymbol{A}'\boldsymbol{A}\boldsymbol{S}^{-1}=\boldsymbol{S}^{-1}\boldsymbol{S}^2\boldsymbol{S}^{-1}=\boldsymbol{I}$，故 $\boldsymbol{A}=\boldsymbol{P}\boldsymbol{S}$。

推论 1.7.1 正定矩阵 $\boldsymbol{A}$ 的行列式大于零。

推论 1.7.2 如果 $\boldsymbol{A}$, $\boldsymbol{B}$ 都是 n 阶正定矩阵，则 $\boldsymbol{A}+\boldsymbol{B}$ 也是正定矩阵。

1.7.3 矩阵正定性的判定

定义 1.7.2 n 阶矩阵 $\boldsymbol{A}=\left(a_{ij}\right)_{n\times n}$ 的如下 k 阶子式：$A_k=\begin{vmatrix} a_{11} & a_{12} & \cdots & a_{1k} \\ a_{21} & a_{22} & \cdots & a_{2k} \\ \vdots & \vdots & \ddots & \vdots \\ a_{k1} & a_{k2} & \cdots & a_{kk} \end{vmatrix}$ 称为 $\boldsymbol{A}$ 的 k 阶**顺序主子式**，$k=1,2,\cdots,n$。

矩阵的主子式是行指标与列指标相同的子式。矩阵的顺序主子式都是矩阵的主子式，但反之不一定成立。

定理 1.7.1 实对称矩阵 $\boldsymbol{A}$ 正定的充要条件是 $\boldsymbol{A}$ 的顺序主子式全大于零。

定理 1.7.2 实对称矩阵 $\boldsymbol{A}$ 正定的充要条件是 $\boldsymbol{A}$ 的主子式全大于零。

1.7.4 正交矩阵

定义 1.7.3 若 n 阶实矩阵 $\boldsymbol{A}$ 满足 $\boldsymbol{A}'\boldsymbol{A}=\boldsymbol{I}$，则称 $\boldsymbol{A}$ 是正交矩阵。

定理 1.7.3 设 $\boldsymbol{A}=\left(a_{ij}\right)_{n\times n}$ 是一个 n 阶实矩阵，则下列几个结论互相等价：

（1）$\boldsymbol{A}$ 是正交矩阵，即 $\boldsymbol{A}'\boldsymbol{A}=\boldsymbol{I}$。

（2）$\boldsymbol{A}\boldsymbol{A}'=\boldsymbol{I}$。

（3）$\boldsymbol{A}$ 的列向量组是标准正交组，即 $a_{1i}a_{1j}+a_{2i}a_{2j}+\cdots+a_{ni}\alpha_{nj}=\begin{cases}1, & i=j\\ 0, & i\neq j\end{cases}$。

（4）$\boldsymbol{A}$ 的行向量组是标准正交组，即 $a_{i1}a_{j1}+a_{i2}a_{j2}+\cdots+a_{in}\alpha_{jn}=\begin{cases}1, & i=j\\ 0, & i\neq j\end{cases}$。

（5）$\boldsymbol{A}$ 可逆，且 $\boldsymbol{A}'=\boldsymbol{A}^{-1}$。

Okanoto 在 1973 年证明了以下定理：

定理 1.7.4 设 $\boldsymbol{A}$ 是 $n\times p$ 矩阵，当 $n>p$ 时，矩阵 $\boldsymbol{A}$ 以概率 1 正定且它的各特征值以概率 1 互不相同。

1.8 矩阵不等式

定理 1.8.1 $\boldsymbol{A}$ 是 n 阶对称矩阵，$\boldsymbol{x}$ 是 n 维非零向量，$\lambda_1\geqslant\lambda_2\geqslant\cdots\geqslant\lambda_n$ 是 $\boldsymbol{A}$ 的特征值。则有 $\lambda_n\leqslant\dfrac{\boldsymbol{x}'\boldsymbol{A}\boldsymbol{x}}{\boldsymbol{x}'\boldsymbol{x}}\leqslant\lambda_1$。特别地，有 $\max\limits_{x\neq0}\dfrac{\boldsymbol{x}'\boldsymbol{A}\boldsymbol{x}}{\boldsymbol{x}'\boldsymbol{x}}=\lambda_1$，$\min\limits_{x\neq0}\dfrac{\boldsymbol{x}'\boldsymbol{A}\boldsymbol{x}}{\boldsymbol{x}'\boldsymbol{x}}=\lambda_n$。

证明：由于 $\boldsymbol{A}$ 是对称矩阵，故存在正交矩阵 $\boldsymbol{P}$ 和对角矩阵 $\boldsymbol{\varLambda}=\mathrm{diag}(\lambda_1,\lambda_2,\cdots,\lambda_n)$，使 $\boldsymbol{A}=\boldsymbol{P}\boldsymbol{\varLambda}\boldsymbol{P}'$。令 $\boldsymbol{y}=\boldsymbol{P}'\boldsymbol{x}/\sqrt{\boldsymbol{x}'\boldsymbol{x}}=(y_1,y_2,\cdots,y_n)'$，则 $\boldsymbol{y}'\boldsymbol{y}=1=\sum\limits_{i=1}^{n}y_i^2$。

$$\frac{\boldsymbol{x}'\boldsymbol{A}\boldsymbol{x}}{\boldsymbol{x}'\boldsymbol{x}}=\frac{\boldsymbol{x}'\boldsymbol{P}\boldsymbol{\varLambda}\boldsymbol{P}'\boldsymbol{x}}{\boldsymbol{x}'\boldsymbol{x}}=\boldsymbol{y}'\boldsymbol{\varLambda}\boldsymbol{y}=\sum_{i=1}^{n}\lambda_i y_i^2\text{。}$$

而 $\lambda_n \leqslant \lambda_n \sum_{i=1}^{n} y_i^2 \leqslant \sum_{i=1}^{n} \lambda_i y_i^2 \leqslant \lambda_1 \sum_{i=1}^{n} y_i^2 = \lambda_1$，对所有满足 $\boldsymbol{y}'\boldsymbol{y} = 1$ 的非零向量都成立。记

$$\boldsymbol{P} = (\boldsymbol{e}_1, \boldsymbol{e}_2, \cdots, \boldsymbol{e}_n),$$

取 $\boldsymbol{x} = \boldsymbol{e}_1$，则 $\dfrac{\boldsymbol{x}'\boldsymbol{A}\boldsymbol{x}}{\boldsymbol{x}'\boldsymbol{x}} = \lambda_1$，故

$$\max_{x \neq 0} \frac{\boldsymbol{x}'\boldsymbol{A}\boldsymbol{x}}{\boldsymbol{x}'\boldsymbol{x}} = \lambda_1 \text{。}$$

同理有

$$\min_{x \neq 0} \frac{\boldsymbol{x}'\boldsymbol{A}\boldsymbol{x}}{\boldsymbol{x}'\boldsymbol{x}} = \lambda_n \text{。}$$

本定理还可以扩展如下：用 $\lambda_i(\boldsymbol{A}) = \mathrm{ch}_i(\boldsymbol{A})$ 表示 $\boldsymbol{A}$ 的第 i 大的特征值，$i = 1, 2, \cdots, n$，记 $\boldsymbol{L}_r = \boldsymbol{L}(\boldsymbol{e}_r, \cdots, \boldsymbol{e}_n)$，$r = 1, 2, \cdots, n$，则有 $\max\limits_{\substack{x \in L_r \\ x \neq 0}} \dfrac{\boldsymbol{x}'\boldsymbol{A}\boldsymbol{x}}{\boldsymbol{x}'\boldsymbol{x}} = \lambda_r$。

证明：若 $\boldsymbol{x} \in \boldsymbol{L}_r$，则 $\boldsymbol{e}_i'x = 0,\ i = 1, \cdots, r-1$。因此

$$\boldsymbol{y} = \boldsymbol{P}'\boldsymbol{x} / \sqrt{\boldsymbol{x}'\boldsymbol{x}} = (0, \cdots, 0, y_r, \cdots, y_n),\quad \boldsymbol{y}'\boldsymbol{y} = \sum_{i=r}^{n} y_i^2 = 1 \text{。}$$

$$\frac{\boldsymbol{x}'\boldsymbol{A}\boldsymbol{x}}{\boldsymbol{x}'\boldsymbol{x}} = \sum_{i=r}^{n} \lambda_i y_i^2 \leqslant \lambda_r \sum_{i=r}^{n} y_i^2 = \lambda_r \text{。}$$

取 $\boldsymbol{x} = \boldsymbol{e}_r$，即知 $\dfrac{\boldsymbol{x}'\boldsymbol{A}\boldsymbol{x}}{\boldsymbol{x}'\boldsymbol{x}} = \lambda_r$。故 $\max\limits_{\substack{x \in L_r \\ x \neq 0}} \dfrac{\boldsymbol{x}'\boldsymbol{A}\boldsymbol{x}}{\boldsymbol{x}'\boldsymbol{x}} = \lambda_r$。

定理 1.8.2 设 $\boldsymbol{A}$ 是 n 阶对称矩阵，$\boldsymbol{B}$ 是 n 阶正定矩阵，$u_1 \geqslant u_2 \geqslant \cdots \geqslant u_n$ 是 $\boldsymbol{B}^{-1}\boldsymbol{A}$ 的 n 个特征值，则有 $u_n \leqslant \dfrac{\boldsymbol{x}'\boldsymbol{A}\boldsymbol{x}}{\boldsymbol{x}'\boldsymbol{B}\boldsymbol{x}} \leqslant u_1$。特别地，$\max\limits_{x \neq 0} \dfrac{\boldsymbol{x}'\boldsymbol{A}\boldsymbol{x}}{\boldsymbol{x}'\boldsymbol{B}\boldsymbol{x}} = u_1$，$\min\limits_{x \neq 0} \dfrac{\boldsymbol{x}'\boldsymbol{A}\boldsymbol{x}}{\boldsymbol{x}'\boldsymbol{B}\boldsymbol{x}} = u_n$。

证明：因为 $\boldsymbol{B}$ 是正定矩阵，由性质 1.7.5 知，存在正定矩阵 $\boldsymbol{S}$，使 $\boldsymbol{B} = \boldsymbol{S}^2$。令 $\boldsymbol{A}_1 = \boldsymbol{S}^{-1}\boldsymbol{A}\boldsymbol{S}^{-1}$，则 $\boldsymbol{A}_1$ 也是对称矩阵，且 $\boldsymbol{S}^{-1}\boldsymbol{A}\boldsymbol{S}^{-1}$ 与 $(\boldsymbol{S}^{-1})^2\boldsymbol{A}$ 有相同的特征值，故 $\boldsymbol{A}_1$ 的特征值与 $\boldsymbol{B}^{-1}\boldsymbol{A}$ 的特征值相同，都是 $u_1 \geqslant u_2 \geqslant \cdots \geqslant u_n$。对 $\forall \boldsymbol{x} \neq 0$，令 $\boldsymbol{y} = \boldsymbol{S}\boldsymbol{x} \neq 0$，于是

$$\frac{\boldsymbol{x}'\boldsymbol{A}\boldsymbol{x}}{\boldsymbol{x}'\boldsymbol{B}\boldsymbol{x}} = \frac{\boldsymbol{y}'\boldsymbol{S}^{-1}\boldsymbol{A}\boldsymbol{S}^{-1}\boldsymbol{y}}{\boldsymbol{y}'\boldsymbol{S}^{-1}\boldsymbol{B}\boldsymbol{S}^{-1}\boldsymbol{y}} = \frac{\boldsymbol{y}'\boldsymbol{A}_1\boldsymbol{y}}{\boldsymbol{y}'\boldsymbol{y}} \text{。}$$

由定理 1.8.1 知，$u_n \leqslant \dfrac{\boldsymbol{y}'\boldsymbol{A}_1\boldsymbol{y}}{\boldsymbol{y}'\boldsymbol{y}} \leqslant u_1$，因此，$u_n \leqslant \dfrac{\boldsymbol{x}'\boldsymbol{A}\boldsymbol{x}}{\boldsymbol{x}'\boldsymbol{B}\boldsymbol{x}} \leqslant u_1$。

因此 $\max\limits_{x \neq 0} \dfrac{\boldsymbol{x}'\boldsymbol{A}\boldsymbol{x}}{\boldsymbol{x}'\boldsymbol{B}\boldsymbol{x}} = \max\limits_{y \neq 0} \dfrac{\boldsymbol{y}'\boldsymbol{A}_1\boldsymbol{y}}{\boldsymbol{y}'\boldsymbol{y}} = u_1$；$\min\limits_{x \neq 0} \dfrac{\boldsymbol{x}'\boldsymbol{A}\boldsymbol{x}}{\boldsymbol{x}'\boldsymbol{B}\boldsymbol{x}} = \min\limits_{x \neq 0} \dfrac{\boldsymbol{y}'\boldsymbol{A}_1\boldsymbol{y}}{\boldsymbol{y}'\boldsymbol{y}} = u_n$。

定理 1.8.3 设 $\boldsymbol{A}$ 是 n 阶正定矩阵，对 $\forall n$ 维向量 $\boldsymbol{x}, \boldsymbol{y}$，有 $(\boldsymbol{x}'\boldsymbol{y})^2 \leqslant (\boldsymbol{x}'\boldsymbol{A}\boldsymbol{x})(\boldsymbol{y}'\boldsymbol{A}^{-1}\boldsymbol{y})$。

证明：只要对非零向量 $\boldsymbol{x}, \boldsymbol{y}$ 来证明。因为 $\boldsymbol{A}$ 是 n 阶正定矩阵，所以

$$\frac{(\boldsymbol{x}'\boldsymbol{y})^2}{\boldsymbol{x}'\boldsymbol{A}\boldsymbol{x}} = \frac{\boldsymbol{x}'(\boldsymbol{y}\boldsymbol{y}')\boldsymbol{x}}{\boldsymbol{x}'\boldsymbol{A}\boldsymbol{x}}$$

由于 $\boldsymbol{A}^{-1}\boldsymbol{y}\boldsymbol{y}'$ 只有一个非零特征值为 $\boldsymbol{y}'\boldsymbol{A}^{-1}\boldsymbol{y} > 0$，故有

$$\max_{x \neq 0} \frac{\boldsymbol{x}'(\boldsymbol{y}\boldsymbol{y}')\boldsymbol{x}}{\boldsymbol{x}'\boldsymbol{A}\boldsymbol{x}} = \boldsymbol{y}'\boldsymbol{A}^{-1}\boldsymbol{y},$$

因此

$$(\boldsymbol{x}'\boldsymbol{y})^2 \leqslant (\boldsymbol{x}'\boldsymbol{A}\boldsymbol{x})(\boldsymbol{y}'\boldsymbol{A}^{-1}\boldsymbol{y})。$$

推论 $\boldsymbol{x}$，$\boldsymbol{y}$ 是两个 n 维向量，则有 $(\boldsymbol{x}'\boldsymbol{y})^2 \leqslant (\boldsymbol{x}'\boldsymbol{x})(\boldsymbol{y}'\boldsymbol{y})$。

定理 1.8.3 的结论常表示为：设 $\boldsymbol{A}$ 是 n 阶正定矩阵，$\boldsymbol{y}$ 为 n 维向量，对任意 n 维向量 $\boldsymbol{x}$，有

$$\frac{(\boldsymbol{x}'\boldsymbol{y})^2}{\boldsymbol{x}'\boldsymbol{A}\boldsymbol{x}} \leqslant \boldsymbol{y}'\boldsymbol{A}^{-1}\boldsymbol{y}。$$

且当 $\boldsymbol{x} = c\boldsymbol{A}^{-1}\boldsymbol{y}$ 时达到最大值 $\boldsymbol{y}'\boldsymbol{A}^{-1}\boldsymbol{y}$（$c$ 为不等于零的常数）。

定理 1.8.4 设 $\boldsymbol{S}$ 是一个 p 阶正定矩阵，$b>0$ 是常数，则对所有 p 阶正定矩阵 $\boldsymbol{\Sigma}$，有

$$|\boldsymbol{\Sigma}|^{-b} exp\{-\frac{1}{2}\text{tr}(\boldsymbol{\Sigma}^{-1}\boldsymbol{S})\} \leqslant |\boldsymbol{S}|^{-b}(2b)^{bp}e^{-bp}。$$

当 $\boldsymbol{\Sigma} = (1/2b)\boldsymbol{S}$ 时，等式成立。

证明：因为 $\boldsymbol{S}$ 是一个 p 阶正定矩阵，所以 $\boldsymbol{S} = \boldsymbol{S}^{1/2}\boldsymbol{S}^{1/2}$，$\boldsymbol{S}^{-1} = \boldsymbol{S}^{-1/2}\boldsymbol{S}^{-1/2}$。于是

$$\text{tr}(\boldsymbol{\Sigma}^{-1}\boldsymbol{S}) = \text{tr}(\boldsymbol{\Sigma}^{-1}\boldsymbol{S}^{1/2}\boldsymbol{S}^{1/2}) = \text{tr}(\boldsymbol{S}^{1/2}\boldsymbol{\Sigma}^{-1}\boldsymbol{S}^{1/2})。$$

因为 $\boldsymbol{S}^{1/2}\boldsymbol{\Sigma}^{-1}\boldsymbol{S}^{1/2}$ 是正定矩阵，设其特征值为 $\lambda_1,\lambda_2,\cdots,\lambda_p$，则 $\lambda_i>0$，$i=1,2,\cdots,p$，因此有

$$\text{tr}(\boldsymbol{\Sigma}^{-1}\boldsymbol{S}) = \text{tr}(\boldsymbol{S}^{1/2}\boldsymbol{\Sigma}^{-1}\boldsymbol{S}^{1/2}) = \sum_{i=1}^{p}\lambda_i，\quad |\boldsymbol{S}^{1/2}\boldsymbol{\Sigma}^{-1}\boldsymbol{S}^{1/2}| = \prod_{i=1}^{p}\lambda_i。$$

又

$$|\boldsymbol{S}^{1/2}\boldsymbol{\Sigma}^{-1}\boldsymbol{S}^{1/2}| = |\boldsymbol{\Sigma}^{-1}||\boldsymbol{S}| = |\boldsymbol{S}|/|\boldsymbol{\Sigma}|，\text{所以}\quad |\boldsymbol{\Sigma}|^{-1} = |\boldsymbol{S}^{1/2}\boldsymbol{\Sigma}^{-1}\boldsymbol{S}^{1/2}|/|\boldsymbol{S}| = |\boldsymbol{S}|^{-1}\prod_{i=1}^{p}\lambda_i。$$

$$|\boldsymbol{\Sigma}|^{-b} exp\{-\frac{1}{2}\text{tr}(\boldsymbol{\Sigma}^{-1}\boldsymbol{S})\} = |\boldsymbol{S}|^{-b}(\prod_{i=1}^{p}\lambda_i)^b e^{-\sum_{i=1}^{p}\lambda_i/2} = |\boldsymbol{S}|^{-b}\prod_{i=1}^{p}(\lambda_i^b e^{-\lambda_i/2})，$$

令

$$f(\lambda) = \lambda^b e^{-\lambda/2}，\quad f'(\lambda) = \lambda^b e^{-\lambda/2}(b/\lambda - 1/2)，$$

因此，当 $\lambda = 2b$ 时，$f(\lambda)$ 取得最大值 $(2b)^b e^{-b}$，对每个 i，取 $\lambda_i = 2b$，得

$$|\boldsymbol{\Sigma}|^{-b} exp\{-\frac{1}{2}\text{tr}(\boldsymbol{\Sigma}^{-1}\boldsymbol{S})\} = |\boldsymbol{S}|^{-b}\prod_{i=1}^{p}\lambda_i^b e^{-\lambda_i/2} \leqslant |\boldsymbol{S}|^{-b}(2b)^{bp}e^{-bp}。$$

当 $\boldsymbol{\Sigma} = (1/2b)\boldsymbol{S}$ 时，不等式左边取得最大值，故等式成立。

1.9 矩阵的广义逆

逆矩阵的概念只对可逆方阵才有意义，但实际问题中常常遇到的矩阵不是方阵，即使是方阵也不一定可逆。在解线性方程组 $\boldsymbol{A}\boldsymbol{x} = \boldsymbol{b}$ 时也会遇到类似问题，若 $\boldsymbol{A}$ 可逆，这时解为 $\boldsymbol{x} = \boldsymbol{A}^{-1}\boldsymbol{b}$，若 $\boldsymbol{A}$ 不可逆，是否也有类似结论？能否把逆矩阵的概念加以推广？

1.9.1 广义逆矩阵

定义 1.9.1 对任意 $m\times n$ 阶矩阵 $\boldsymbol{A}$，一切满足矩阵方程

$$\boldsymbol{A}\boldsymbol{X}\boldsymbol{A} = \boldsymbol{A} \tag{1.9.1}$$

的矩阵 $\boldsymbol{X}$ 称为 $\boldsymbol{A}$ 的广义逆，记为 $\boldsymbol{A}^-$ ，也称为减号逆。

定义 1.9.2 设 $\boldsymbol{A}$ 为任意一个矩阵，若 $\boldsymbol{X}$ 满足以下四个条件：

$$\boldsymbol{AXA}=\boldsymbol{A}\text{，}\quad \boldsymbol{XAX}=\boldsymbol{X}\text{，}\quad (\boldsymbol{AX})'=\boldsymbol{AX}\text{，}\quad (\boldsymbol{XA})'=\boldsymbol{XA} \tag{1.9.2}$$

则称矩阵 $\boldsymbol{X}$ 为 $\boldsymbol{A}$ 的 Moore-Penrose 广义逆，记为 $\boldsymbol{A}^+$ ，也称为加号逆。

任一矩阵的广义逆是否存在？若存在的话，其结构如何？是否唯一？

1.9.2 广义逆矩阵的表示

定理 1.9.1 设 $\boldsymbol{A}$ 是任意的 $m\times n$ 阶矩阵，且 $\mathrm{R}(\boldsymbol{A})=r$ 。若

$$\boldsymbol{A}=\boldsymbol{P}\begin{pmatrix}\boldsymbol{I}_r & \boldsymbol{O}\\ \boldsymbol{O} & \boldsymbol{O}\end{pmatrix}\boldsymbol{Q}\text{，}$$

这里 $\boldsymbol{P}$ 和 $\boldsymbol{Q}$ 分别为 $m\times m$ 和 $n\times n$ 的可逆矩阵，则 $\boldsymbol{A}$ 的所有广义逆存在，且有

$$\boldsymbol{A}^-=\boldsymbol{Q}^{-1}\begin{pmatrix}\boldsymbol{I}_r & \boldsymbol{B}\\ \boldsymbol{C} & \boldsymbol{D}\end{pmatrix}\boldsymbol{P}^{-1}\text{，} \tag{1.9.3}$$

其中 $\boldsymbol{B}$ ， $\boldsymbol{C}$ 和 $\boldsymbol{D}$ 可为相应阶数的任意矩阵。

证明：先证由式（1.9.3）确定的矩阵是 $\boldsymbol{A}$ 的广义逆，因为

$$\boldsymbol{AA}^-\boldsymbol{A}=\boldsymbol{P}\begin{pmatrix}\boldsymbol{I}_r & \boldsymbol{O}\\ \boldsymbol{O} & \boldsymbol{O}\end{pmatrix}\boldsymbol{QQ}^{-1}\begin{pmatrix}\boldsymbol{I}_r & \boldsymbol{B}\\ \boldsymbol{C} & \boldsymbol{D}\end{pmatrix}\boldsymbol{P}^{-1}\boldsymbol{P}\begin{pmatrix}\boldsymbol{I}_r & \boldsymbol{O}\\ \boldsymbol{O} & \boldsymbol{O}\end{pmatrix}\boldsymbol{Q}=\boldsymbol{A}\text{。}$$

再证 $\boldsymbol{A}$ 的广义逆必定具有式（1.9.3）的形式。设 $\boldsymbol{X}$ 是 $\boldsymbol{A}$ 的广义逆，则有 $\boldsymbol{AXA}=\boldsymbol{A}$ 。于是有

$$\boldsymbol{P}\begin{pmatrix}\boldsymbol{I}_r & \boldsymbol{O}\\ \boldsymbol{O} & \boldsymbol{O}\end{pmatrix}\boldsymbol{QXP}\begin{pmatrix}\boldsymbol{I}_r & \boldsymbol{O}\\ \boldsymbol{O} & \boldsymbol{O}\end{pmatrix}\boldsymbol{Q}=\boldsymbol{P}\begin{pmatrix}\boldsymbol{I}_r & \boldsymbol{O}\\ \boldsymbol{O} & \boldsymbol{O}\end{pmatrix}\boldsymbol{Q}\text{，}$$

因此有

$$\begin{pmatrix}\boldsymbol{I}_r & \boldsymbol{O}\\ \boldsymbol{O} & \boldsymbol{O}\end{pmatrix}\boldsymbol{QXP}\begin{pmatrix}\boldsymbol{I}_r & \boldsymbol{O}\\ \boldsymbol{O} & \boldsymbol{O}\end{pmatrix}=\begin{pmatrix}\boldsymbol{I}_r & \boldsymbol{O}\\ \boldsymbol{O} & \boldsymbol{O}\end{pmatrix}\text{。}$$

设 $\boldsymbol{QXP}=\begin{pmatrix}\boldsymbol{H} & \boldsymbol{B}\\ \boldsymbol{C} & \boldsymbol{D}\end{pmatrix}$，则有 $\begin{pmatrix}\boldsymbol{I}_r & \boldsymbol{O}\\ \boldsymbol{O} & \boldsymbol{O}\end{pmatrix}\begin{pmatrix}\boldsymbol{H} & \boldsymbol{B}\\ \boldsymbol{C} & \boldsymbol{D}\end{pmatrix}\begin{pmatrix}\boldsymbol{I}_r & \boldsymbol{O}\\ \boldsymbol{O} & \boldsymbol{O}\end{pmatrix}=\begin{pmatrix}\boldsymbol{H} & \boldsymbol{O}\\ \boldsymbol{O} & \boldsymbol{O}\end{pmatrix}$，故 $\boldsymbol{H}=\boldsymbol{I}_r$ 。于是

$$\boldsymbol{X}=\boldsymbol{Q}^{-1}\begin{pmatrix}\boldsymbol{I}_r & \boldsymbol{B}\\ \boldsymbol{C} & \boldsymbol{D}\end{pmatrix}\boldsymbol{P}^{-1}=\boldsymbol{A}^-\text{，}$$

其中 $\boldsymbol{B}$ ， $\boldsymbol{C}$ 和 $\boldsymbol{D}$ 为相应阶数的任意矩阵。

评注：（1）对任给一 $m\times n$ 矩阵 $\boldsymbol{A}$ ，由定理 1.9.1 知：广义逆 $\boldsymbol{A}^-$ 一定存在，但不唯一。

（2）若 $\boldsymbol{A}^-$ 唯一的充要条件是 $\boldsymbol{A}$ 为可逆方阵，此时 $\boldsymbol{A}^-=\boldsymbol{A}^{-1}$ 。

（3）当 $\boldsymbol{A}^{-1}$ 存在时， $\boldsymbol{A}^{-1}$ 满足式（1.9.1），故广义逆 $\boldsymbol{A}^-$ 是普通可逆矩阵 $\boldsymbol{A}^{-1}$ 的推广。

利用初等变换可以很方便地求出阶数不高矩阵的广义逆。

1.9.3 线性方程组 $\boldsymbol{Ax}=\boldsymbol{b}$ 有解时的解结构

定理 1.9.2 设线性方程组 $\boldsymbol{Ax}=\boldsymbol{b}$ 有解，则

（1）对任意广义逆 $\boldsymbol{A}^-$ ， $\boldsymbol{x}=\boldsymbol{A}^-\boldsymbol{b}$ 是这个线性方程组的解。

（2）齐次线性方程组 $\boldsymbol{Ax}=\boldsymbol{0}$ 的通解为 $\boldsymbol{x}=(\boldsymbol{I}-\boldsymbol{A}^{-}\boldsymbol{A})\boldsymbol{y}$，这里 $\boldsymbol{y}$ 是任意向量，$\boldsymbol{A}^{-}$ 是任意固定的一个广义逆。

（3）$\boldsymbol{Ax}=\boldsymbol{b}$ 的通解为 $\boldsymbol{x}=\boldsymbol{A}^{-}\boldsymbol{b}+(\boldsymbol{I}-\boldsymbol{A}^{-}\boldsymbol{A})\boldsymbol{y}$，其中 $\boldsymbol{A}^{-}$ 为任一固定的广义逆，$\boldsymbol{y}$ 是任意向量。

证明：（1）因为线性方程组 $\boldsymbol{Ax}=\boldsymbol{b}$ 有解，故存在向量 $\boldsymbol{x}_0$，使 $\boldsymbol{Ax}_0=\boldsymbol{b}$。于是

$\boldsymbol{AA}^{-}\boldsymbol{b}=\boldsymbol{AA}^{-}\boldsymbol{Ax}_0=\boldsymbol{Ax}_0=\boldsymbol{b}$，所以 $\boldsymbol{x}=\boldsymbol{A}^{-}\boldsymbol{b}$ 是这个线性方程组的解。

（2）对任意向量 $\boldsymbol{y}$，由于 $\boldsymbol{Ax}=\boldsymbol{A}(\boldsymbol{I}-\boldsymbol{A}^{-}\boldsymbol{A})\boldsymbol{y}=\boldsymbol{Ay}-\boldsymbol{Ay}=0$，故 $\boldsymbol{x}=(\boldsymbol{I}-\boldsymbol{A}^{-}\boldsymbol{A})\boldsymbol{y}$ 是齐次线性方程组 $\boldsymbol{Ax}=0$ 的解。又设 $\boldsymbol{x}_0$ 是齐次线性方程组 $\boldsymbol{Ax}=0$ 的解，即 $\boldsymbol{Ax}_0=0$，于是

$$\boldsymbol{x}_0=(\boldsymbol{I}-\boldsymbol{A}^{-}\boldsymbol{A})\boldsymbol{x}_0+\boldsymbol{A}^{-}\boldsymbol{Ax}_0=(\boldsymbol{I}-\boldsymbol{A}^{-}\boldsymbol{A})\boldsymbol{x}_0$$

这说明齐次线性方程组 $\boldsymbol{Ax}=\boldsymbol{0}$ 的通解为 $\boldsymbol{x}=(\boldsymbol{I}-\boldsymbol{A}^{-}\boldsymbol{A})\boldsymbol{y}$。

（3）任取一个广义逆 $\boldsymbol{A}^{-}$，由（1）知，$\boldsymbol{x}^{*}=\boldsymbol{A}^{-}\boldsymbol{b}$ 是方程组 $\boldsymbol{Ax}=\boldsymbol{b}$ 的特解。由（2）知，$\boldsymbol{x}_1=(\boldsymbol{I}-\boldsymbol{A}^{-}\boldsymbol{A})\boldsymbol{y}$ 是齐次线性方程组 $\boldsymbol{Ax}=\boldsymbol{0}$ 的通解，故由解结构定理知，$\boldsymbol{Ax}=\boldsymbol{b}$ 的通解为

$$\boldsymbol{x}=\boldsymbol{x}^{*}+\boldsymbol{x}_1=\boldsymbol{A}^{-}\boldsymbol{b}+(\boldsymbol{I}-\boldsymbol{A}^{-}\boldsymbol{A})\boldsymbol{y},$$

其中 $\boldsymbol{A}^{-}$ 为任一固定的广义逆，$\boldsymbol{y}$ 为任意向量。

定理 1.9.3 设线性方程组 $\boldsymbol{Ax}=\boldsymbol{b}$ 有解，且 $\boldsymbol{b}\neq\boldsymbol{0}$，那么，当 $\boldsymbol{A}^{-}$ 取遍 $\boldsymbol{A}$ 的所有广义逆时，$\boldsymbol{x}=\boldsymbol{A}^{-}\boldsymbol{b}$ 构成了该方程组的全部解。

证明：由定理 1.9.2 知，对任意一个广义逆 $\boldsymbol{A}^{-}$，$\boldsymbol{x}=\boldsymbol{A}^{-}\boldsymbol{b}$ 为 $\boldsymbol{Ax}=\boldsymbol{b}$ 的解。由定理 1.9.2（3）知，存在 $\boldsymbol{A}$ 的一个广义逆 $\boldsymbol{G}$，使 $\boldsymbol{x}_0=\boldsymbol{Gb}+(\boldsymbol{I}-\boldsymbol{GA})\boldsymbol{y}_0$。

因为 $\boldsymbol{b}\neq 0$，因此存在矩阵 $\boldsymbol{H}$，使 $\boldsymbol{y}_0=\boldsymbol{Hb}$，例如可取 $\boldsymbol{H}=\boldsymbol{y}_0(\boldsymbol{b}'\boldsymbol{b})^{-1}\boldsymbol{b}'$。于是得

$$\boldsymbol{x}_0=\boldsymbol{Gb}+(\boldsymbol{I}-\boldsymbol{GA})\boldsymbol{Hb}=(\boldsymbol{G}+(\boldsymbol{I}-\boldsymbol{GA})\boldsymbol{H})\boldsymbol{b}。$$

易知 $\boldsymbol{G}+(\boldsymbol{I}-\boldsymbol{GA})\boldsymbol{H})$ 就是 $\boldsymbol{A}$ 一个广义逆。

定理 1.9.2 和定理 1.9.3 解决了用广义逆矩阵表示在线性方程组有解时解的表示。但两者又有区别：在定理 1.9.2（3）中，$\boldsymbol{A}^{-}$ 是固定的，$(\boldsymbol{I}-\boldsymbol{A}^{-}\boldsymbol{A})\boldsymbol{y}$ 是任意的。而在定理 1.9.3 中，$\boldsymbol{A}^{-}$ 是变化的，这两种表示各有其用处。

一般来说，广义逆 $\boldsymbol{A}^{-}$ 有无穷多个，在这无穷多个 $\boldsymbol{A}^{-}$ 中，有一个 $\boldsymbol{A}^{-}$ 占有重要地位，它就是加号逆 $\boldsymbol{A}^{+}$。

定理 1.9.4 对任意矩阵 $\boldsymbol{A}$，加号逆 $\boldsymbol{A}^{+}$ 是唯一的。

证明：设 $\boldsymbol{X}$，$\boldsymbol{Y}$ 都是 $\boldsymbol{A}$ 的加号逆 $\boldsymbol{A}^{+}$，由加号逆的定义可知

$$\boldsymbol{X}=\boldsymbol{XAX}=\boldsymbol{XX}'\boldsymbol{A}'=\boldsymbol{X}(\boldsymbol{AX})'(\boldsymbol{AY})'=(\boldsymbol{XA})'\boldsymbol{YAY}=\boldsymbol{A}'\boldsymbol{Y}'\boldsymbol{Y}=\boldsymbol{YAY}=\boldsymbol{Y},$$

故 $\boldsymbol{A}^{+}$ 是唯一的。

当 $\boldsymbol{A}^{-}$ 为 $\boldsymbol{A}$ 的一个广义逆时，$(\boldsymbol{A}^{-})'$ 就是 $\boldsymbol{A}'$ 的一个广义逆，即有 $(\boldsymbol{A}^{-})'=(\boldsymbol{A}')^{-}$。

例 1.9.1 对任意 $m\times n$ 矩阵 $\boldsymbol{A}$，其广义逆的秩总不会小于 $\boldsymbol{A}$ 的秩，即 $\mathrm{R}(\boldsymbol{A}^{-})\geqslant\mathrm{R}(\boldsymbol{A})$。

例 1.9.2 对任意矩阵 $\boldsymbol{A}$，$\boldsymbol{A}(\boldsymbol{A}'\boldsymbol{A})^{-}\boldsymbol{A}'\boldsymbol{A}=\boldsymbol{A}$，$\boldsymbol{A}'\boldsymbol{A}(\boldsymbol{A}'\boldsymbol{A})^{-}\boldsymbol{A}'=\boldsymbol{A}'$。

1.9.4 矩阵的奇异值分解

定义 1.9.3 若 $m\times n$ 阶矩阵 $\boldsymbol{A}$ 可以分解成以下形式：

$$\boldsymbol{A}=\boldsymbol{P}\begin{pmatrix}\boldsymbol{\Lambda}_r & \boldsymbol{O}\\ \boldsymbol{O} & \boldsymbol{O}\end{pmatrix}\boldsymbol{Q}' \tag{1.9.4}$$

其中 $\boldsymbol{P}$ 、$\boldsymbol{Q}$ 分别是 m 阶和 n 阶的正交矩阵，$\boldsymbol{\Lambda}_r=\mathrm{diag}(\lambda_1,\lambda_2,\cdots,\lambda_r)$，$\lambda_1^2,\lambda_2^2,\cdots,\lambda_r^2$ 为 $\boldsymbol{A}'\boldsymbol{A}$ 的非零特征根。则称式（1.9.4）是矩阵 $\boldsymbol{A}$ 的**奇异值分解**，$\lambda_1,\lambda_2,\cdots,\lambda_r$ 称为 $\boldsymbol{A}$ 的**奇异值**。

是否任意一个 $m\times n$ 阶矩阵 $\boldsymbol{A}$ 都有相应的奇异值分解？

定理 1.9.5 设 $m\times n$ 阶矩阵 $\boldsymbol{A}$ 的秩为 r，则存在 m 阶和 n 阶的正交方阵 $\boldsymbol{P}$ 、$\boldsymbol{Q}$，使

$$\boldsymbol{A}=\boldsymbol{P}\begin{pmatrix}\boldsymbol{\Lambda}_r & \boldsymbol{O}\\ \boldsymbol{O} & \boldsymbol{O}\end{pmatrix}\boldsymbol{Q}',$$

其中 $\boldsymbol{\Lambda}_r=\mathrm{diag}(\lambda_1,\lambda_2,\cdots,\lambda_r)$，$\lambda_1^2,\lambda_2^2,\cdots,\lambda_r^2$ 为 $\boldsymbol{A}'\boldsymbol{A}$ 的非零特征根。

证明：因为 $\boldsymbol{A}'\boldsymbol{A}$ 为对称矩阵，且 $\mathrm{R}(\boldsymbol{A}'\boldsymbol{A})=\mathrm{R}(\boldsymbol{A})=r$，故 $\boldsymbol{A}'\boldsymbol{A}\geqslant 0$。设 $\lambda_1^2,\lambda_2^2,\cdots,\lambda_r^2$ 是其非零特征根，于是，存在 n 阶的正交方阵 $\boldsymbol{Q}$，使

$$\boldsymbol{Q}'\boldsymbol{A}'\boldsymbol{A}\boldsymbol{Q}=\begin{pmatrix}\boldsymbol{\Lambda}_r^2 & \boldsymbol{O}\\ \boldsymbol{O} & \boldsymbol{O}\end{pmatrix},$$

其中 $\boldsymbol{\Lambda}_r^2=\mathrm{diag}(\lambda_1^2,\lambda_2^2,\cdots,\lambda_r^2)$。记 $\boldsymbol{B}=\boldsymbol{A}\boldsymbol{Q}$，则有

$$\boldsymbol{B}'\boldsymbol{B}=\begin{pmatrix}\boldsymbol{\Lambda}_r^2 & \boldsymbol{O}\\ \boldsymbol{O} & \boldsymbol{O}\end{pmatrix}。$$

设 $\boldsymbol{B}=(\boldsymbol{B}_1,\boldsymbol{B}_2,\cdots,\boldsymbol{B}_n)$，则有 $\boldsymbol{B}_i'\boldsymbol{B}_j=0,\ i\neq j$，$\boldsymbol{B}_i'\boldsymbol{B}_i=\lambda_i^2$，$i=1,\cdots,r$，$\boldsymbol{B}_i'\boldsymbol{B}_i=0$，$i=r+1,\cdots,n$。这说明 $\boldsymbol{B}$ 的列向量相互正交，前 r 列的长度分别是 $\lambda_1,\lambda_2,\cdots,\lambda_r$，后 $n-r$ 列为零。把 $\boldsymbol{B}$ 的前 r 列分别除以对应的长度，再把这 r 个向量扩充为正交矩阵 $\boldsymbol{P}$，则有

$$\boldsymbol{B}=\boldsymbol{P}\begin{pmatrix}\boldsymbol{\Lambda}_r & \boldsymbol{O}\\ \boldsymbol{O} & \boldsymbol{O}\end{pmatrix},$$

于是得

$$\boldsymbol{A}=\boldsymbol{P}\begin{pmatrix}\boldsymbol{\Lambda}_r & \boldsymbol{O}\\ \boldsymbol{O} & \boldsymbol{O}\end{pmatrix}\boldsymbol{Q}'。$$

评注：（1）本定理表明，任意一个 $m\times n$ 阶矩阵 $\boldsymbol{A}$ 都有奇异值分解。

（2）$\boldsymbol{A}$ 的奇异值分解式（1.9.4）中，$\boldsymbol{P}$ 的列和 $\boldsymbol{Q}$ 的行分别是 $\boldsymbol{A}\boldsymbol{A}'$ 和 $\boldsymbol{A}'\boldsymbol{A}$ 的特征向量。

（3）在 $\boldsymbol{A}$ 的奇异值分解中，$\boldsymbol{\Lambda}_r$ 是唯一的，但正交矩阵 $\boldsymbol{P}$ 、$\boldsymbol{Q}$ 是不唯一的。

1.9.5 矩阵广义逆与奇异值分解的关系

定理 1.9.6 对任意 $m\times n$ 矩阵 $\boldsymbol{A}$，若 $\mathrm{R}(\boldsymbol{A})=\boldsymbol{r}$，则矩阵 $\boldsymbol{A}$ 的加号逆是

$$\boldsymbol{A}^{+}=\boldsymbol{Q}\begin{pmatrix}\boldsymbol{\Lambda}_r^{-1} & \boldsymbol{O}\\ \boldsymbol{O} & \boldsymbol{O}\end{pmatrix}\boldsymbol{P}'。 \tag{1.9.5}$$

其中 $\boldsymbol{P}$ 、$\boldsymbol{Q}$ 分别是 m 阶和 n 阶的正交矩阵，$\boldsymbol{\Lambda}_r=\mathrm{diag}(\lambda_1,\lambda_2,\cdots,\lambda_r)$，$\lambda_1^2,\lambda_2^2,\cdots,\lambda_r^2$ 为 $\boldsymbol{A}'\boldsymbol{A}$ 的非零特征根。

证明：由定理 1.9.5 知，存在 m 阶和 n 阶的正交方阵 $\boldsymbol{P}$ 、$\boldsymbol{Q}$，使

$$\boldsymbol{A}=\boldsymbol{P}\begin{pmatrix}\boldsymbol{\Lambda}_r & \boldsymbol{O}\\ \boldsymbol{O} & \boldsymbol{O}\end{pmatrix}\boldsymbol{Q}'。$$

令 $X=Q\begin{pmatrix} \Lambda_r^{-1} & O \\ O & O \end{pmatrix}P'$，则 $AXA=A$， $XAX=X$， $(AX)'=AX$， $(XA)'=XA$，因此，有

$$A^+=Q\begin{pmatrix} \Lambda_r^{-1} & O \\ O & O \end{pmatrix}P'。$$

推论 若 A 为对称方阵，且 $\mathrm{R}(A)=r$， $\lambda_1,\lambda_2,\cdots,\lambda_r$ 是 A 的非零特征值，则存在正交矩阵 P，使 $A^+=P\begin{pmatrix} \Lambda_r^{-1} & 0 \\ 0 & 0 \end{pmatrix}P'$，这里 $\Lambda_r=\mathrm{diag}(\lambda_1,\lambda_2,\cdots,\lambda_r)$。

定理 1.9.7 若 $A\geqslant 0$，则 $A^+\geqslant 0$，且存在对称正定的 A^-。

证明：因为 $A\geqslant 0$，设 $\mathrm{R}(A)=r$，则存在正交矩阵 P，使 $A=P\begin{pmatrix} \Lambda_r & 0 \\ 0 & 0 \end{pmatrix}P'$，这里 $\Lambda_r=\mathrm{diag}(\lambda_1,\lambda_2,\cdots,\lambda_r)$， $\lambda_i>0,\ i=1,2,\cdots,r$ 是 A 的特征值。这时 $A^+=P\begin{pmatrix} \Lambda_r^{-1} & 0 \\ 0 & 0 \end{pmatrix}P'$，其中，$\Lambda_r^{-1}=\mathrm{diag}(\lambda_1^{-1},\lambda_2^{-1},\cdots,\lambda_r^{-1})$， $\lambda_r^{-1}>0,\ i=1,2,\cdots,r$。故 $A^+\geqslant 0$。取

$$C=P\begin{pmatrix} \Lambda_r^{-1} & 0 \\ 0 & \Lambda_2 \end{pmatrix}P',$$

这里 $\Lambda_r=\mathrm{diag}(d_{r+1},\cdots,\lambda_n),\ d_i>0,\ i=r+1,\cdots,n$，显然 C 正定。且有 $ACA=A$，因此 $C=A^-$，即存在对称正定的 A^-。

设 A 是 $m\times n$ 阶矩阵， P、Q 分别是 m 阶和 n 阶的正交矩阵，则 $(PAQ')^+=QA^+P'$。

1.9.6 几个相关结论

（1）若 $B=AX,\ C=A'Y$，则 $C'A^-B$ 与 A^- 的选择无关。

（2）设 $B_{m\times n}=P_{m\times m}A_{m\times n}Q_{n\times n}$，其中 P、Q 都是满秩方阵，若 B 的广义逆为 B^-，则矩阵 A 的广义逆为 $A^-=QB^-P$。

（3）设 A^+ 为 A 的加号逆，则有：① $(A^+)^+=A$；② $(A^+)'=(A')^+$。

（4）对任意矩阵 A， $A(A'A)^-A'$ 与 $(A'A)^-$ 的选择无关。

（5） $\mathrm{R}(A^+)=\mathrm{R}(A)$； $A^+=(A'A)^+A'=A'(AA')^+$； $(A'A)^+=A^+(A')^+$。

1.10 向量范数和矩阵范数

在实际问题中常常会遇到所得的线性方程组 $Ax=b$ 无解或称为矛盾方程组，这时找不到向量 $x\in\mathbf{R}^n$，使 $Ax=b$。因此只能退而求其次，即寻找向量 $x\in\mathbf{R}^n$，使 $\|Ax-b\|$ 达到最小，这里 $\|\cdot\|$ 表示范数。在寻找使范数 $\|Ax-b\|$ 达到最小时会得到正则方程组

$$A'Ax=A'b,$$

这时，若 $A'A$ 可逆，则逆得其解为 $X=(A'A)^{-1}A'b$，但若 $A'A$ 不可逆，这时须引入广义逆矩阵 $(A'A)^-$。与可逆矩阵不同，广义逆矩阵是不唯一的，因此正则方程组 $A'Ax=A'b$ 的解 $x=(A'A)^-A'b$ 也不唯一，本节研究是否存在性质较好（例如范数最小）的唯一解。

1.10.1 向量的范数

定义 1.10.1 设V是定义在数域 $\mathbf{R}$ 上的n维线性空间，$\boldsymbol{\alpha}\in V$ 是任意一个向量，满足以下三个条件的非负实数$\|\boldsymbol{\alpha}\|$称为向量$\boldsymbol{\alpha}$的范数：

（1）非负性：$\|\boldsymbol{\alpha}\|\geqslant 0$；当且仅当$\boldsymbol{\alpha}=\boldsymbol{O}$时，$\|\boldsymbol{\alpha}\|=0$。

（2）齐性：对任意常数$k\in\mathbf{R}$，$\|k\boldsymbol{\alpha}\|=|k|\|\boldsymbol{\alpha}\|$。

（3）三角不等式：对任意$\boldsymbol{\alpha}$，$\boldsymbol{\beta}\in V$，$\|\boldsymbol{\alpha}+\boldsymbol{\beta}\|\leqslant\|\boldsymbol{\alpha}\|+\|\boldsymbol{\beta}\|$。

定义n维欧几里得空间上向量$\boldsymbol{x}=(x_1,x_2,\cdots,x_n)'$的长度是：$\|\boldsymbol{x}\|_2=\sqrt{x_1^2+x_2^2+\cdots+x_n^2}$，$\|\boldsymbol{x}\|_2$就是$\mathbf{R}^n$上的一种范数。

（1）这样定义向量$\boldsymbol{x}$的长度是非负的，即$\|x\|_2\geqslant 0$；当且仅当$x=0$时，$\|\boldsymbol{x}\|_2=0$。

（2）对任意常数$k\in\mathbf{R}$，$\|k\boldsymbol{x}\|_2=\sqrt{(kx_1)^2+(kx_2)^2+\cdots+(kx_n)^2}=|k|\|\boldsymbol{x}\|_2$。

（3）对任意向量$\boldsymbol{x}=(x_1,x_2,\cdots,x_n)'$，$\boldsymbol{y}=(y_1,y_2,\cdots,y_n)'$，由于

$$\|\boldsymbol{x}+\boldsymbol{y}\|_2^2\leqslant\|\boldsymbol{x}\|_2^2+2\|\boldsymbol{x}\|_2\|\boldsymbol{y}\|_2+\|\boldsymbol{y}\|_2^2=(\|\boldsymbol{x}\|_2+\|\boldsymbol{y}\|_2)^2。$$

所以$\|\boldsymbol{x}+\boldsymbol{y}\|_2\leqslant\|\boldsymbol{x}\|_2+\|\boldsymbol{y}\|_2$。因此$\|\boldsymbol{x}\|_2=\sqrt{x_1^2+x_2^2+\cdots+x_n^2}$是$\mathbf{R}^n$上的一种范数。

在n维欧几里得空间$\mathbf{R}^n$上还可以定义其他范数。

设在$\mathbf{R}^n$上向量$\boldsymbol{x}=(x_1,x_2,\cdots,x_n)'$，定义$\|\boldsymbol{x}\|_\infty=\max\limits_i|x_i|$，可以验证它满足定义 1.10.1 中的(1)、(2)、(3)条，故$\|\boldsymbol{x}\|_\infty$也是$\mathbf{R}^n$上的一种范数。

设在$\mathbf{R}^n$上向量$\boldsymbol{x}=(x_1,x_2,\cdots,x_n)'$，定义$\|\boldsymbol{x}\|_1=\sum\limits_{i=1}^n|x_i|$，容易验证它满足定义 1.10.1 中的(1)、(2)、(3)条，故它也是$\mathbf{R}^n$上的一种范数。

因此，一个线性空间可以定义多种范数。把上述三种范数统一写成以下范数：

$$\|\boldsymbol{x}\|_p=(\sum_{i=1}^n|x_i|^p)^{1/p}，1\leqslant p\leqslant\infty。$$

它对任意大于等于p的实数都满足定义 1.10.1 中的三个条件，称$\mathbf{R}^n$中这样的范数为$\boldsymbol{L}_p$范数。

虽然在有限维线性空间中可以定义无穷多种范数，但这些范数之间有密切的联系。

定义 1.10.2 在有限维线性空间V上定义任两种范数$\|\boldsymbol{\alpha}\|_t$，$\|\boldsymbol{\alpha}\|_s$，若存在与向量$\boldsymbol{\alpha}$无关的常数$l_1$，$l_2$，使对任意$\boldsymbol{\alpha}\in V$，有$\|\boldsymbol{\alpha}\|_t\leqslant l_1\|\boldsymbol{\alpha}\|_s$，$\|\boldsymbol{\alpha}\|_s\leqslant l_2\|\boldsymbol{\alpha}\|_t$，则称这两种范数等价。

定理 1.10.1 有限维线性空间V中任两种范数都是等价的。

证明：设$\boldsymbol{\alpha}_1,\boldsymbol{\alpha}_2,\cdots,\boldsymbol{\alpha}_n$是$n$维线性空间$V$的一个基，对任意$\boldsymbol{\alpha}\in V$，有

$$\boldsymbol{\alpha}=k_1\boldsymbol{\alpha}_1+k_2\boldsymbol{\alpha}_2+\cdots+k_n\boldsymbol{\alpha}_n$$

定义$\|\boldsymbol{\alpha}\|_A=\sqrt{k_1^2+k_2^2+\cdots+k_n^2}$，显然$\|\boldsymbol{\alpha}\|_A$是$V$的一个范数。

假设$\|\boldsymbol{\alpha}\|_t=\|k_1\boldsymbol{\alpha}_1+k_2\boldsymbol{\alpha}_2+\cdots+k_n\boldsymbol{\alpha}_n\|_t$，它是$n$维向量$(k_1,k_2,\cdots,k_n)$的函数，下证$\|\boldsymbol{\alpha}\|_t$是$(k_1,k_2,\cdots,k_n)$的连续函数。设$\boldsymbol{\beta}=l_1\boldsymbol{\alpha}_1+l_2\boldsymbol{\alpha}_2+\cdots+l_n\boldsymbol{\alpha}_n$，于是

$$\left|\|\boldsymbol{\beta}\|_t-\|\boldsymbol{\alpha}\|_t\right|\leqslant\|\boldsymbol{\beta}-\boldsymbol{\alpha}\|_t\leqslant|l_1-k_1|\|\boldsymbol{\alpha}_1\|_t+|l_2-k_2|\|\boldsymbol{\alpha}_2\|_t+\cdots+|l_n-k_n|\|\boldsymbol{\alpha}_n\|_t。$$

由于$\|\alpha_1\|_t,\|\alpha_2\|_t,\cdots,\|\alpha_n\|_t$均为常数，因此，当各分量$k_i$与$l_i$充分接近时，$\|\alpha\|_t$与$\|\beta\|_t$就充分接近，故$\|\alpha\|_t$是$(k_1,k_2,\cdots,k_n)$的连续函数。由连续函数性质知，在有界闭集

$$\boldsymbol{D}=\{(k_1,k_2,\cdots,k_n)\big|k_1^2+k_2^2+\cdots+k_n^2=1\}$$

上，函数$\|\alpha\|_t$有最大值$\boldsymbol{M}$和最小值$\boldsymbol{m}$。在有界闭集上$k_1,k_2,\cdots,k_n$不全为零，故$\boldsymbol{m}>0$。

令$h=\sqrt{\sum_{i=1}^{n}k_i^2}=\|\alpha\|_A$，则向量$\gamma=(k_1\alpha_1+k_2\alpha_2+\cdots+k_n\alpha_n)/h$的系数满足条件

$$(k_1^2+k_2^2+\cdots+k_n^2)/h^2=1。$$

因此在有界闭集$\boldsymbol{D}$上，也是有$m\leqslant\|\gamma\|_t\leqslant M$。由于$h\gamma=\alpha$，所以$mh\leqslant\|\alpha\|_t\leqslant Mh$。于是有$m\|\alpha\|_A\leqslant\|\alpha\|_t\leqslant M\|\alpha\|_A$。从而定理得证。

1.10.2 矩阵的范数

定义 1.10.3 $\mathbf{R}^{n\times n}$是数域$\mathbf{R}$上所有n阶矩阵组成的线性空间，对任意$\boldsymbol{A}\in\mathbf{R}^{n\times n}$，满足以下四个条件的非负实数$\|\boldsymbol{A}\|$称为矩阵$\boldsymbol{A}$的范数：

（1）非负性：$\|\boldsymbol{A}\|\geqslant 0$；当且仅当$\boldsymbol{A}=\boldsymbol{O}$时，$\|\boldsymbol{A}\|=0$。

（2）齐性：对任意常数$k\in\boldsymbol{R}$，$\|k\boldsymbol{A}\|=|k|\|\boldsymbol{A}\|$。

（3）三角不等式：对任意$\boldsymbol{A},\ \boldsymbol{B}\in\boldsymbol{R}^{n\times n}$，$\|\boldsymbol{A}+\boldsymbol{B}\|\leqslant\|\boldsymbol{A}\|+\|\boldsymbol{B}\|$。

（4）相容性：对任意$\boldsymbol{A},\ \boldsymbol{B}\in\boldsymbol{R}^{n\times n}$，$\|\boldsymbol{AB}\|\leqslant\|\boldsymbol{A}\|\|\boldsymbol{B}\|$。

与向量的情况一样，矩阵也可以定义各种各样的范数。但由于矩阵范数常常与向量范数一起使用，因此必须考虑这两种范数的相容问题。

定义 1.10.4 对任意n阶矩阵$\boldsymbol{A}$和$\mathbf{R}^n$中任意向量$\boldsymbol{x}$，若矩阵范数$\|\boldsymbol{A}\|$与向量范数$\|\boldsymbol{x}\|$满足以下关系：$\|\boldsymbol{Ax}\|\leqslant\|\boldsymbol{A}\|\|\boldsymbol{x}\|$，则称矩阵范数与向量范数相容。

在实际应用中，常取使向量$\boldsymbol{Ax}$的范数达到最大值来定义矩阵$\boldsymbol{A}$的范数。令

$$\|\boldsymbol{A}\|=\max_{\|\boldsymbol{x}\|=1}\|\boldsymbol{Ax}\|。\tag{1.10.1}$$

定理 1.10.2 由式（1.10.1）定义的非负实数$\|\boldsymbol{A}\|$是矩阵范数，且满足相容性条件。

证明：（1）对任意矩阵$\boldsymbol{A}$，作为向量范数当然有$\|\boldsymbol{Ax}\|\geqslant 0$，因此$\|\boldsymbol{A}\|\geqslant 0$。若$\boldsymbol{A}=\boldsymbol{O}$，当然有$\|\boldsymbol{A}\|=0$，反之，若$\|\boldsymbol{A}\|=0$，则$\boldsymbol{Ax}=\boldsymbol{0}$对任意满足$\|\boldsymbol{x}\|=1$的$\boldsymbol{x}$成立，故$\boldsymbol{A}=\boldsymbol{O}$。

（2）对任意常数$k\in\mathbf{R}$，$\|k\boldsymbol{A}\|=\max\limits_{\|\boldsymbol{x}\|=1}\|k\boldsymbol{Ax}\|=|k|\max\limits_{\|\boldsymbol{x}\|=1}\|\boldsymbol{Ax}\|=|k|\|\boldsymbol{A}\|$。

由此可推得相容性条件：对任意$\boldsymbol{y}\in\mathbf{R}^n$，令$\boldsymbol{x}=\boldsymbol{y}/\|\boldsymbol{y}\|$，则$\|\boldsymbol{x}\|=1$，于是

$$\|\boldsymbol{Ay}\|=\|\boldsymbol{A}\|\boldsymbol{y}\|\boldsymbol{x}\|=\|\boldsymbol{y}\|\|\boldsymbol{Ax}\|\leqslant\|\boldsymbol{A}\|\|\boldsymbol{y}\|。\tag{1.10.2}$$

（3）对任意$\boldsymbol{A},\ \boldsymbol{B}\in\boldsymbol{R}^{n\times n}$，由向量范数的三角不等式，得

$$\|\boldsymbol{A}+\boldsymbol{B}\|=\max_{\|\boldsymbol{x}\|=1}\|(\boldsymbol{A}+\boldsymbol{B})\boldsymbol{x}\|\leqslant\max_{\|\boldsymbol{x}\|=1}\|\boldsymbol{Ax}\|+\max_{\|\boldsymbol{x}\|=1}\|\boldsymbol{Bx}\|=\|\boldsymbol{A}\|+\|\boldsymbol{B}\|。$$

（4）对任意$\boldsymbol{A},\ \boldsymbol{B}\in\mathbf{R}^{n\times n}$，$\boldsymbol{y}=\boldsymbol{Bx}\in\mathbf{R}^n$，由相容性条件，得

$$\|\boldsymbol{AB}\|=\max_{\|\boldsymbol{x}\|=1}\|\boldsymbol{ABx}\|\leqslant\max_{\|\boldsymbol{x}\|=1}\|\boldsymbol{A}\|\|\boldsymbol{Bx}\|=\|\boldsymbol{A}\|\max_{\|\boldsymbol{x}\|=1}\|\boldsymbol{Bx}\|=\|\boldsymbol{A}\|\|\boldsymbol{B}\|。$$

上述利用向量范数来定义的矩阵范数，称为从属该向量范数的矩阵范数。

设 $\boldsymbol{x}\in\mathbf{R}^n$，从属向量范数 $\|\boldsymbol{x}\|_1$，$\|\boldsymbol{x}\|_2$，$\|\boldsymbol{x}\|_\infty$ 的矩阵范数分别是哪种矩阵范数？

例 从属向量范数 $\|\boldsymbol{x}\|_2$ 的矩阵范数是 $\|\boldsymbol{A}\|_2=\lambda_1$，$\lambda_1^2$ 是矩阵 $\boldsymbol{A}'\boldsymbol{A}$ 的最大特征值。

证明：设 $\lambda_1^2\geqslant\lambda_2^2\geqslant\cdots\geqslant\lambda_n^2\geqslant 0$ 是矩阵 $\boldsymbol{A}'\boldsymbol{A}$ 的特征值，而 $\boldsymbol{e}_1,\boldsymbol{e}_2,\cdots,\boldsymbol{e}_n$ 是对应于这些特征值的标准正交的特征向量。对任意范数为 1 的向量 $\boldsymbol{x}$，则有

$$\boldsymbol{x}=k_1\boldsymbol{e}_1+k_2\boldsymbol{e}_2+\cdots+k_n\boldsymbol{e}_n\text{，}$$

于是

$$\|\boldsymbol{x}\|_2^2=(\boldsymbol{x},\boldsymbol{x})=k_1^2+k_2^2+\cdots+k_n^2=1\text{。}$$

$$\begin{aligned}\|\boldsymbol{A}\boldsymbol{x}\|_2^2&=(\boldsymbol{A}\boldsymbol{x},\boldsymbol{A}\boldsymbol{x})=(\boldsymbol{x},\boldsymbol{A}'\boldsymbol{A}\boldsymbol{x})\\&=(k_1\boldsymbol{e}_1+k_2\boldsymbol{e}_2+\cdots+k_n\boldsymbol{e}_n,\ \lambda_1^2k_1\boldsymbol{e}_1+\lambda_2^2k_2\boldsymbol{e}_2+\cdots+\lambda_n^2k_n\boldsymbol{e}_n)\\&=\lambda_1^2k_1^2+\lambda_2^2k_2^2+\cdots+\lambda_n^2k_n^2\\&\leqslant\lambda_1^2(k_1^2+k_2^2+\cdots+k_n^2)=\lambda_1^2\end{aligned}$$

取 $\boldsymbol{x}=\boldsymbol{e}_1$，则 $\|\boldsymbol{A}\boldsymbol{x}\|_2^2=\lambda_1^2$，因此 $\max\limits_{\|\boldsymbol{x}\|=1}\|\boldsymbol{A}\boldsymbol{x}\|_2^2=\lambda_1^2$，所以

$$\|\boldsymbol{A}\|_2=\max_{\|\boldsymbol{x}\|=1}\|\boldsymbol{A}\boldsymbol{x}\|_2=\lambda_1\text{。}$$

设 $\boldsymbol{A}=\left(a_{ij}\right)_{n\times n}$，可以证明：

（1）从属向量范数 $\|\boldsymbol{x}\|_1$ 的矩阵范数是 $\|\boldsymbol{A}\|_1=\max\limits_j\sum\limits_{i=1}^n\left|a_{ij}\right|$。

（2）从属向量范数 $\|\boldsymbol{x}\|_\infty$ 的矩阵范数是 $\|\boldsymbol{A}\|_\infty=\max\limits_i\sum\limits_{j=1}^n\left|a_{ij}\right|$。

下面的几个结论也是常用的，证明过程留给有兴趣的读者。

（1）设 $\boldsymbol{A}$ 是 n 阶对称矩阵，$\lambda_1\geqslant\lambda_2\geqslant\cdots\geqslant\lambda_n$ 是 $\boldsymbol{A}$ 的 n 个特征值（重根按重数计算），则有

$$\|\boldsymbol{A}\|_2=\max_{1\leqslant i\leqslant n}\{|\lambda_i|\}=\max_{1\leqslant i\leqslant n}\{\lambda_1,-\lambda_n\}\text{。}$$

（2）正交变换和正交相似变换不改变矩阵 $\boldsymbol{A}$ 的范数 $\|\boldsymbol{A}\|_2$。即若 $\boldsymbol{P}$ 是正交矩阵，则有

$$\|\boldsymbol{P}\boldsymbol{A}\|_2=\|\boldsymbol{A}\boldsymbol{P}\|_2=\|\boldsymbol{P}'\boldsymbol{A}\boldsymbol{P}\|_2=\|\boldsymbol{A}\|_2\text{。}$$

（3）设 $m\times n$ 阶矩阵 $\boldsymbol{A}$ 的秩为 r，$\lambda_1\geqslant\lambda_2\geqslant\cdots\geqslant\lambda_r>0$ 为 $\boldsymbol{A}$ 的奇异值。对任意 $\boldsymbol{x}\in\mathbf{R}^n$，则有

$$\lambda_1\|\boldsymbol{x}\|_2\geqslant\|\boldsymbol{A}\boldsymbol{x}\|_2\geqslant\lambda_r\|\boldsymbol{x}\|_2\text{。}$$

1.11 矩阵的奇异值分解

任一秩为 r 的 $m\times n$ 阶矩阵 $\boldsymbol{A}$ 可经一系列行列初等变换化为对角线元素为 1 和 0 的对角矩阵，即存在可逆矩阵 $\boldsymbol{P}$、$\boldsymbol{Q}$，使 $\boldsymbol{A}=\boldsymbol{P}\begin{pmatrix}\boldsymbol{I}_r&\boldsymbol{O}\\\boldsymbol{O}&\boldsymbol{O}\end{pmatrix}\boldsymbol{Q}$。那么，能否经一系列行列正交变换把矩

阵 $\boldsymbol{A}$ 化为对角矩阵，即存在正交矩阵 $\boldsymbol{P}$ 、$\boldsymbol{Q}$ ，使 $\boldsymbol{A}=\boldsymbol{P}\begin{pmatrix}\boldsymbol{\Lambda}_r & \boldsymbol{O}\\ \boldsymbol{O} & \boldsymbol{O}\end{pmatrix}\boldsymbol{Q}'$ ？矩阵的这种分解式在研究广义逆的表示时起重要的作用。

1.11.1 矩阵的奇异值分解

定义 1.11.1 若 $m\times n$ 阶矩阵 $\boldsymbol{A}$ 可以分解成以下形式：

$$\boldsymbol{A}=\boldsymbol{P}\begin{pmatrix}\boldsymbol{\Lambda}_r & \boldsymbol{O}\\ \boldsymbol{O} & \boldsymbol{O}\end{pmatrix}\boldsymbol{Q}' \tag{1.11.1}$$

其中 $\boldsymbol{P}$ 、$\boldsymbol{Q}$ 分别是 m 阶和 n 阶的正交矩阵，$\boldsymbol{\Lambda}_r=\mathrm{diag}(\lambda_1,\lambda_2,\cdots,\lambda_r)$，$\lambda_1^2,\lambda_2^2,\cdots,\lambda_r^2$ 为 $\boldsymbol{A}'\boldsymbol{A}$ 的非零特征根。则称式（1.11.1）是矩阵 $\boldsymbol{A}$ 的奇异值分解，$\lambda_1,\lambda_2,\cdots,\lambda_r$ 称为 $\boldsymbol{A}$ 的奇异值。

是否任意一个 $m\times n$ 阶矩阵 $\boldsymbol{A}$ 都有相应的奇异值分解？

定理 1.11.1 设 $m\times n$ 阶矩阵 $\boldsymbol{A}$ 的秩为 r，则存在 m 阶和 n 阶的正交方阵 $\boldsymbol{P}$ 、$\boldsymbol{Q}$ ，使

$$\boldsymbol{A}=\boldsymbol{P}\begin{pmatrix}\boldsymbol{\Lambda}_r & \boldsymbol{O}\\ \boldsymbol{O} & \boldsymbol{O}\end{pmatrix}\boldsymbol{Q}'$$

其中 $\boldsymbol{\Lambda}_r=\mathrm{diag}(\lambda_1,\lambda_2,\cdots,\lambda_r)$，$\lambda_1^2,\lambda_2^2,\cdots,\lambda_r^2$ 为 $\boldsymbol{A}'\boldsymbol{A}$ 的非零特征根。

证明：因为 $\boldsymbol{A}'\boldsymbol{A}$ 为对称矩阵，且 $\mathrm{R}(\boldsymbol{A}'\boldsymbol{A})=\mathrm{R}(\boldsymbol{A})=r$ ，故 $\boldsymbol{A}'\boldsymbol{A}\geqslant 0$ 。设 $\lambda_1^2,\lambda_2^2,\cdots,\lambda_r^2$ 是其非零特征根，于是，存在 n 阶的正交方阵 $\boldsymbol{Q}$ ，使 $\boldsymbol{Q}'\boldsymbol{A}'\boldsymbol{A}\boldsymbol{Q}=\begin{pmatrix}\boldsymbol{\Lambda}_r^2 & \boldsymbol{O}\\ \boldsymbol{O} & \boldsymbol{O}\end{pmatrix}$，

其中 $\boldsymbol{\Lambda}_r^2=\mathrm{diag}(\lambda_1^2,\lambda_2^2,\cdots,\lambda_r^2)$ 。记 $\boldsymbol{B}=\boldsymbol{A}\boldsymbol{Q}$ ，则有 $\boldsymbol{B}'\boldsymbol{B}=\begin{pmatrix}\boldsymbol{\Lambda}_r^2 & \boldsymbol{O}\\ \boldsymbol{O} & \boldsymbol{O}\end{pmatrix}$。

设 $\boldsymbol{B}=(\boldsymbol{B}_1,\boldsymbol{B}_2,\cdots,\boldsymbol{B}_n)$，则有 $\boldsymbol{B}_i'\boldsymbol{B}_j=0,\ i\neq j$，$\boldsymbol{B}_i'\boldsymbol{B}_i=\lambda_i^2$，$i=1,\cdots,r$ ，$\boldsymbol{B}_i'\boldsymbol{B}_i=0$ ，$i=r+1,\cdots,n$ 。这说明 $\boldsymbol{B}$ 的列向量相互正交，前 r 列的长度分别是 $\lambda_1,\lambda_2,\cdots,\lambda_r$ ，后 $n-r$ 列为零。把 $\boldsymbol{B}$ 的前 r 列分别除以对应的长度，再把这 r 个向量扩充为正交矩阵 $\boldsymbol{P}$ ，则有

$$\boldsymbol{B}=\boldsymbol{P}\begin{pmatrix}\boldsymbol{\Lambda}_r & \boldsymbol{O}\\ \boldsymbol{O} & \boldsymbol{O}\end{pmatrix},$$

于是得

$$\boldsymbol{A}=\boldsymbol{P}\begin{pmatrix}\boldsymbol{\Lambda}_r & \boldsymbol{O}\\ \boldsymbol{O} & \boldsymbol{O}\end{pmatrix}\boldsymbol{Q}'。$$

（1）本定理表明，任意一个 $m\times n$ 阶矩阵 $\boldsymbol{A}$ 都有奇异值分解。

（2）在 $\boldsymbol{A}$ 的奇异值分解中，$\boldsymbol{\Lambda}_r$ 是唯一的，但正交矩阵 $\boldsymbol{P}$ 、$\boldsymbol{Q}$ 是不唯一的。

定义 1.11.2 对两个矩阵 $m\times n$ 阶矩阵 $\boldsymbol{A}$ 和 $\boldsymbol{B}$ ，如果存在 m 阶和 n 阶的正交方阵 $\boldsymbol{P}$ ，$\boldsymbol{Q}$ ，使 $\boldsymbol{B}=\boldsymbol{P}'\boldsymbol{A}\boldsymbol{Q}$ ，则称矩阵 $\boldsymbol{A}$ 和 $\boldsymbol{B}$ **正交相抵**。

容易证明，正交相抵满足：**反身性**、**对称性**和**传递性**。

1.11.2 矩阵广义逆与奇异值分解的关系

定理 1.11.2 对任意 $m\times n$ 矩阵 $\boldsymbol{A}$ ，若 $\mathrm{R}(\boldsymbol{A})=r$ ，则矩阵 $\boldsymbol{A}$ 的加号逆是

$$\boldsymbol{A}^{+}=\boldsymbol{Q}\begin{pmatrix}\boldsymbol{\Lambda}_r^{-1} & \boldsymbol{O}\\ \boldsymbol{O} & \boldsymbol{O}\end{pmatrix}\boldsymbol{P}'。 \tag{1.11.2}$$

其中 $\boldsymbol{P}$，$\boldsymbol{Q}$ 分别是 m 阶和 n 阶的正交矩阵，$\boldsymbol{\Lambda}_r=\mathrm{diag}(\lambda_1,\lambda_2,\cdots,\lambda_r)$，$\lambda_1^2,\lambda_2^2,\cdots,\lambda_r^2$ 为 $\boldsymbol{A}'\boldsymbol{A}$ 的非零特征根。

证明：由定理 1.11.1 知，存在 m 阶和 n 阶的正交方阵 $\boldsymbol{P}$、$\boldsymbol{Q}$，使

$$\boldsymbol{A}=\boldsymbol{P}\begin{pmatrix}\boldsymbol{\Lambda}_r & \boldsymbol{O}\\ \boldsymbol{O} & \boldsymbol{O}\end{pmatrix}\boldsymbol{Q}'。$$

令

$$\boldsymbol{X}=\boldsymbol{Q}\begin{pmatrix}\boldsymbol{\Lambda}_r^{-1} & \boldsymbol{O}\\ \boldsymbol{O} & \boldsymbol{O}\end{pmatrix}\boldsymbol{P}'，$$

易证：$\boldsymbol{AXA}=\boldsymbol{A}$，$\boldsymbol{XAX}=\boldsymbol{X}$，$(\boldsymbol{AX})'=\boldsymbol{AX}$，$(\boldsymbol{XA})'=\boldsymbol{XA}$，因此，$\boldsymbol{A}^+=\boldsymbol{Q}\begin{pmatrix}\boldsymbol{\Lambda}_r^{-1} & \boldsymbol{O}\\ \boldsymbol{O} & \boldsymbol{O}\end{pmatrix}\boldsymbol{P}'$。

推论 若 $\boldsymbol{A}$ 为对称方阵，且 $\mathrm{R}(\boldsymbol{A})=r$，$\lambda_1,\lambda_2,\cdots,\lambda_r$ 是 $\boldsymbol{A}$ 的非零特征值，则存在正交矩阵 $\boldsymbol{P}$，使 $\boldsymbol{A}^+=\boldsymbol{P}\begin{pmatrix}\boldsymbol{\Lambda}_r^{-1} & 0\\ 0 & 0\end{pmatrix}\boldsymbol{P}'$，这里 $\boldsymbol{\Lambda}_r=\mathrm{diag}(\lambda_1,\lambda_2,\cdots,\lambda_r)$。

定理 1.11.3 若 $\boldsymbol{A}\geqslant 0$，则 $\boldsymbol{A}^+\geqslant 0$，且存在对称正定的 $\boldsymbol{A}^-$。

证明：因为 $\boldsymbol{A}\geqslant 0$，设 $\mathrm{R}(\boldsymbol{A})=r$，则存在正交矩阵 $\boldsymbol{P}$，使 $\boldsymbol{A}=\boldsymbol{P}\begin{pmatrix}\boldsymbol{\Lambda}_r & 0\\ 0 & 0\end{pmatrix}\boldsymbol{P}'$，这里 $\boldsymbol{\Lambda}_r=\mathrm{diag}(\lambda_1,\lambda_2,\cdots,\lambda_r)$，$\lambda_i>0,\ i=1,2,\cdots,r$ 是 $\boldsymbol{A}$ 的特征值。这时 $\boldsymbol{A}^+=\boldsymbol{P}\begin{pmatrix}\boldsymbol{\Lambda}_r^{-1} & 0\\ 0 & 0\end{pmatrix}\boldsymbol{P}'$，这里 $\boldsymbol{\Lambda}_r^{-1}=\mathrm{diag}(\lambda_1^{-1},\lambda_2^{-1},\cdots,\lambda_r^{-1})$，$\lambda_r^{-1}>0,\ i=1,2,\cdots,r$。故 $\boldsymbol{A}^+\geqslant 0$。取

$$\boldsymbol{C}=\boldsymbol{P}\begin{pmatrix}\boldsymbol{\Lambda}_r^{-1} & 0\\ 0 & \boldsymbol{\Lambda}_2\end{pmatrix}\boldsymbol{P}'，$$

这里 $\boldsymbol{\Lambda}_r=\mathrm{diag}(d_{r+1},\cdots,\lambda_n)$，$d_i>0,\ i=r+1,\cdots,n$，显然 $\boldsymbol{C}$ 正定。且有 $\boldsymbol{ACA}=\boldsymbol{A}$，因此 $\boldsymbol{C}=\boldsymbol{A}^-$，即存在对称正定的 $\boldsymbol{A}^-$。

1.12 Kronecker 乘积和矩阵的向量化

1.12.1 矩阵的直积

定义 1.12.1 设矩阵 $\boldsymbol{A}=(a_{ij})_{m\times n}$，$\boldsymbol{B}=(b_{ij})_{p\times q}$，则 $\boldsymbol{A}\otimes\boldsymbol{B}=(a_{ij}\boldsymbol{B})_{mp\times nq}$ 称为矩阵 $\boldsymbol{A},\boldsymbol{B}$ 的**直积**（Kronecker **乘积**），其中 $a_{ij}\boldsymbol{B}$ 表示矩阵 $\boldsymbol{A}\otimes\boldsymbol{B}$ 中第 (i,j) 块的分块矩阵。

矩阵直积具有以下运算性质：

（1）$\boldsymbol{I}_{mn}=\boldsymbol{I}_m\otimes\boldsymbol{I}_n=\boldsymbol{I}_n\otimes\boldsymbol{I}_m$。

（2）对任意实数 $k,\ l$，$k\boldsymbol{A}\otimes l\boldsymbol{B}=(kl)\boldsymbol{A}\otimes\boldsymbol{B}$。

（3）$(\boldsymbol{A}_1+\boldsymbol{A}_2)\otimes\boldsymbol{B}=\boldsymbol{A}_1\otimes\boldsymbol{B}+\boldsymbol{A}_2\otimes\boldsymbol{B}$，$\boldsymbol{A}\otimes(\boldsymbol{B}_1+\boldsymbol{B}_2)=\boldsymbol{A}\otimes\boldsymbol{B}_1+\boldsymbol{A}\otimes\boldsymbol{B}_2$。

（4）$(\boldsymbol{A}_1\otimes\boldsymbol{A}_2)\otimes\boldsymbol{B}=\boldsymbol{A}_1\otimes(\boldsymbol{A}_2\otimes\boldsymbol{B})$。

（5）$(\boldsymbol{A}_1\boldsymbol{A}_2)\otimes(\boldsymbol{B}_1\boldsymbol{B}_2)=(\boldsymbol{A}_1\otimes\boldsymbol{B}_1)(\boldsymbol{A}_2\otimes\boldsymbol{B}_2)$。

（6）$(\boldsymbol{A}\otimes\boldsymbol{B})'=\boldsymbol{A}'\otimes\boldsymbol{B}'$。

1.12.2 矩阵的拉直运算

定义 1.12.2 设矩阵 $\boldsymbol{A}=(a_{ij})_{n\times m}$，则矩阵的拉直运算 $\mathrm{Vec}(\boldsymbol{A})$ 表示以下列向量：

$$\mathrm{Vec}(\boldsymbol{A})=(a_{11},a_{21},\cdots,a_{n1},a_{12},a_{22},\cdots,a_{n2},\cdots,a_{1m},a_{2m},\cdots,a_{nm})'$$

即 $\mathrm{Vec}(\boldsymbol{A})$ 就是把 $n\times m$ 阶矩阵 $\boldsymbol{A}$ 的各个列向量依次排列成一个 $nm\times 1$ 维的列向量。

矩阵拉直运算具有以下性质：

性质 1.12.1 设矩阵 $\boldsymbol{A}=(a_{ij})_{m\times n}$，$\boldsymbol{X}=(x_{ij})_{n\times r}$，$\boldsymbol{B}=(b_{ij})_{r\times s}$，则有

$$\mathrm{Vec}(\boldsymbol{AXB})=(\boldsymbol{B}'\otimes\boldsymbol{A})\mathrm{Vec}(\boldsymbol{X})\text{。}$$

证明：设 $\boldsymbol{AXB}=\boldsymbol{C}=(c_{ij})_{m\times s}$，把它写成线性方程为

$$\sum_{k=1}^{r}(\sum_{j=1}^{n}a_{ij}\boldsymbol{x}_{jk})b_{kl}=c_{il},\quad i=1,2,\cdots,m;\ \ l=1,2,\cdots,s\text{，}\tag{1.12.1}$$

故

$$\mathrm{Vec}(\boldsymbol{AXB})=\mathrm{Vec}(\boldsymbol{C})=(c_{11},c_{21},\cdots,c_{m1},c_{12},c_{22},\cdots,c_{m2},\cdots,c_{1s},c_{2s},\cdots,c_{ms})'\text{。}$$

又

$$\boldsymbol{B}'=(b_{ji})_{s\times r},\quad \boldsymbol{B}'\otimes\boldsymbol{A}=(b_{ji}\boldsymbol{A})_{sm\times rn},$$

$$\mathrm{Vec}(\boldsymbol{X})=(x_{11},x_{21},\cdots,x_{n1},x_{12},x_{22},\cdots,x_{n2},\cdots,x_{1r},x_{2r},\cdots,x_{nr})',$$

而 $\boldsymbol{B}'\otimes\boldsymbol{A}=(b_{ji}\boldsymbol{A})_{sm\times rn}$ 中第 $m(i-1)+l$ 行元素为

$$(b_{1i}a_{l1},b_{1i}a_{l2},\cdots,b_{1i}a_{l,n},\cdots,b_{ri}a_{l1},b_{ri}a_{l2},\cdots,b_{ri}a_{l,n}),$$

它与 $\mathrm{Vec}(\boldsymbol{X})$ 相乘，得

$$\sum_{j=1}^{n}\sum_{k=1}^{r}b_{ki}\boldsymbol{x}_{jk}a_{lj}=c_{li},\quad l=1,2,\cdots,m;\ \ i=1,2,\cdots,s\text{。}\tag{1.12.2}$$

比较式（1.12.1）与式（1.12.）即知

$$\mathrm{Vec}(\boldsymbol{AXB})=(\boldsymbol{B}'\otimes\boldsymbol{A})\mathrm{Vec}(\boldsymbol{X})\text{。}$$

性质 1.12.2 对于向量 $\boldsymbol{x}$ 和 $\boldsymbol{y}$，$\mathrm{Vec}(\boldsymbol{xy}')=\boldsymbol{y}\otimes\boldsymbol{x}$。

性质 1.12.3 设 $\boldsymbol{A}=(a_{ij})_{p\times p}$，$\boldsymbol{B}=(b_{ij})_{n\times n}$，则 $|\boldsymbol{A}\otimes\boldsymbol{B}|=|\boldsymbol{A}|^n|\boldsymbol{B}|^p$。

证明：$$\boldsymbol{A}\otimes\boldsymbol{B}=\begin{pmatrix}a_{11}\boldsymbol{I} & a_{12}\boldsymbol{I} & \cdots & a_{1p}\boldsymbol{I}\\ a_{21}\boldsymbol{I} & a_{22}\boldsymbol{I} & \cdots & a_{2p}\boldsymbol{I}\\ \vdots & \vdots & \ddots & \vdots\\ a_{p1}\boldsymbol{I} & a_{p2}\boldsymbol{I} & \cdots & a_{pp}\boldsymbol{I}\end{pmatrix}\begin{pmatrix}\boldsymbol{B} & 0 & \cdots & 0\\ 0 & \boldsymbol{B} & \cdots & 0\\ \vdots & \vdots & \ddots & \vdots\\ 0 & 0 & \cdots & \boldsymbol{B}\end{pmatrix},$$

故 $|\boldsymbol{A}\otimes\boldsymbol{B}|=|\boldsymbol{A}|^n|\boldsymbol{B}|^p$。

性质 1.12.4 设 $\boldsymbol{A}=(a_{ij})_{p\times p}$，$\boldsymbol{B}=(b_{ij})_{n\times n}$ 是可逆方阵，则 $(\boldsymbol{A}\otimes\boldsymbol{B})^{-1}=\boldsymbol{A}^{-1}\otimes\boldsymbol{B}^{-1}$。

证明：由于 $\boldsymbol{A}=(a_{ij})_{p\times p}$，$\boldsymbol{B}=(b_{ij})_{n\times n}$ 可逆，由性质 1.12.3 知 $|\boldsymbol{A}\otimes\boldsymbol{B}|\neq 0$，故 $\boldsymbol{A}\otimes\boldsymbol{B}$ 可逆。设 $\boldsymbol{A}^*=(\boldsymbol{A}_{ij})_n$ 是 $\boldsymbol{A}$ 的伴随矩阵。满足 $a_{i1}\boldsymbol{A}_{j1}+a_{i2}\boldsymbol{A}_{j2}+\cdots+a_{in}\boldsymbol{A}_{jn}=\begin{cases}|\boldsymbol{A}|, & i=j\\ 0, & i\neq j\end{cases}$。

$$A\otimes B=\begin{pmatrix} a_{11}B & a_{12}B & \cdots & a_{1p}B \\ a_{21}B & a_{22}B & \cdots & a_{2p}B \\ \vdots & \vdots & \ddots & \vdots \\ a_{p1}B & a_{p2}B & \cdots & a_{pp}B \end{pmatrix},\quad A^{-1}\otimes B^{-1}=\frac{1}{|A|}\begin{pmatrix} A_{11}B^{-1} & A_{21}B^{-1} & \cdots & A_{p1}B^{-1} \\ A_{12}B^{-1} & A_{22}B^{-1} & \cdots & A_{p2}B^{-1} \\ \vdots & \vdots & \ddots & \vdots \\ A_{1p}B^{-1} & A_{2p}B^{-1} & \cdots & A_{pp}B^{-1} \end{pmatrix}$$

于是

$$(A\otimes B)(A^{-1}\otimes B^{-1})=\frac{1}{|A|}\begin{pmatrix} |A| & O & \cdots & O \\ O & |A| & \cdots & O \\ \vdots & \vdots & \ddots & \vdots \\ O & O & \cdots & |A| \end{pmatrix}=\begin{pmatrix} I & O & \cdots & O \\ O & I & \cdots & O \\ \vdots & \vdots & \ddots & \vdots \\ O & O & \cdots & I \end{pmatrix}。$$

所以

$$(A\otimes B)^{-1}=A^{-1}\otimes B^{-1}。$$

性质 1.12.5 $\operatorname{tr}(A\otimes B)=\operatorname{tr}A\cdot\operatorname{tr}B$；$\operatorname{tr}(A'B)=(\operatorname{Vec}(A))'(\operatorname{Vec}(B))$。

证明：设 $A=(a_{ij})_{p\times p}$，$B=(b_{ij})_{n\times n}$，由于 $A\otimes B=(a_{ij}B)_{p\times p}$，

故

$$\operatorname{tr}(A\otimes B)=(a_{11}+a_{22}+\cdots+a_{pp})\Sigma b_{ii}=\operatorname{tr}A\cdot\operatorname{tr}B。$$

性质 1.12.6 $\operatorname{R}(A\otimes B)=\operatorname{R}(A)\cdot\operatorname{R}(B)$。

1.13 矛盾方程组的最小二乘解

设实系数的线性方程组为

$$\begin{cases} a_{11}x_1+a_{12}x_2+\cdots+a_{1n}x_n=b_1 \\ a_{21}x_1+a_{22}x_2+\cdots+a_{2n}x_n=b_2 \\ \qquad\vdots \\ a_{m1}x_1+a_{m2}x_2+\cdots+a_{mn}x_n=b_m \end{cases}\tag{1.13.1}$$

当线性方程组（1.13.1）有解时，可以利用矩阵的初等变换求出它的解。但在一些实际问题中，所得的线性方程组可能无解，即不存在 $x_1,x_2,\cdots,x_n$ 的一组实数，使方程组（1.13.1）两边相等，这样的线性方程组称为矛盾(无解)线性方程组。这时我们只能退而求其次，即找出 $x_1,x_2,\cdots,x_n$ 的一组实数，使方程两边的差值最小。即求 $x_1^{\circ},x_2^{\circ},\cdots,x_n^{\circ}$，满足

$$\sum_{i=1}^{m}\left|a_{i1}x_1^{\circ}+a_{i2}x_2^{\circ}+\cdots+a_{in}x_n^{\circ}-b_i\right|=\min\sum_{i=1}^{m}\left|a_{i1}x_1+a_{i2}x_2+\cdots+a_{in}x_n-b_i\right|\tag{1.13.2}$$

由于绝对值符号在实际运算中不好处理，故在应用中，寻找 $x_1^{\circ},x_2^{\circ},\cdots,x_n^{\circ}$，使

$$\sum_{i=1}^{n}(a_{i1}x_1^{\circ}+a_{i2}x_2^{\circ}+\cdots+a_{in}x_n^{\circ}-b_i)^2=\min\sum_{i=1}^{m}(a_{i1}x_1+a_{i2}x_2+\cdots+a_{in}x_n-b_i)^2$$

这样的一组实数 $x_1^{\circ},x_2^{\circ},\cdots,x_n^{\circ}$ 称为方程（1.13.1）的最小二乘解，这种问题就称为矛盾线性方程组的最小二乘问题。

1.13.1 向量到子空间的距离

在解析几何中，两个点 $\boldsymbol{\alpha}=(x_1,y_1,z_1)$ 和 $\boldsymbol{\beta}=(x_2,y_2,z_2)$ 的距离等于向量 $\boldsymbol{\alpha}-\boldsymbol{\beta}$ 的长度，即

有$|\boldsymbol{\alpha}-\boldsymbol{\beta}|=\sqrt{(x_1-x_2)^2+(y_1-y_2)^2+(z_1-z_2)^2}$。

定义 1.13.1 在欧几里得空间$\boldsymbol{V}$中，两个向量$\boldsymbol{\alpha}$与$\boldsymbol{\beta}$之间的距离是指向量$\boldsymbol{\alpha}-\boldsymbol{\beta}$的长度$|\boldsymbol{\alpha}-\boldsymbol{\beta}|$，记为$d(\boldsymbol{\alpha},\boldsymbol{\beta})$。即有$d(\boldsymbol{\alpha},\boldsymbol{\beta})=|\boldsymbol{\alpha}-\boldsymbol{\beta}|$。

距离具有以下几个性质：

（1）$d(\boldsymbol{\alpha},\boldsymbol{\beta})\geqslant 0$；当且仅当$\boldsymbol{\alpha}=\boldsymbol{\beta}$时等号才成立。

（2）$d(\boldsymbol{\alpha},\boldsymbol{\beta})=d(\boldsymbol{\beta},\boldsymbol{\alpha})$。

（3）$d(\boldsymbol{\alpha},\boldsymbol{\beta})\leqslant d(\boldsymbol{\alpha},\boldsymbol{\gamma})+d(\boldsymbol{\gamma},\boldsymbol{\beta})$。

评注：在欧几里得空间中，向量$\boldsymbol{\alpha}$范数$\|\boldsymbol{\alpha}\|_2$就是向量的长度，两向量$\boldsymbol{\alpha}$，$\boldsymbol{\beta}$的距离就是向量$\boldsymbol{\alpha}-\boldsymbol{\beta}$的范数$\|\boldsymbol{\alpha}-\boldsymbol{\beta}\|_2$，因此，范数$\|\boldsymbol{\alpha}\|_2$也称为欧几里得范数。

定义 1.13.2 设$\boldsymbol{W}$是欧几里得空间$\boldsymbol{V}$的一个子空间，且有$\boldsymbol{W}=\boldsymbol{L}(\boldsymbol{\alpha}_1,\boldsymbol{\alpha}_2,\cdots,\boldsymbol{\alpha}_r)$。若向量$\boldsymbol{\alpha}$与$\boldsymbol{W}$中任意一个向量都正交，则称向量$\boldsymbol{\alpha}$垂直于子空间$\boldsymbol{W}$，或者说向量与子空间正交。

定义 1.13.3 对给定的向量$\boldsymbol{\beta}$，设$\boldsymbol{\gamma}$是$\boldsymbol{W}$中的向量，若$\boldsymbol{\beta}-\boldsymbol{\gamma}$垂直于$\boldsymbol{W}$，则称$|\boldsymbol{\beta}-\boldsymbol{\gamma}|$是向量$\boldsymbol{\beta}$到子空间$\boldsymbol{W}$的垂线。

结论 1.13.1 设$\boldsymbol{W}=\boldsymbol{L}(\boldsymbol{\alpha}_1,\boldsymbol{\alpha}_2,\cdots,\boldsymbol{\alpha}_r)$，向量$\boldsymbol{\alpha}$垂直于$\boldsymbol{W}$的充要条件是：$\boldsymbol{\alpha}$与每个$\boldsymbol{\alpha}_i$垂直，$i=1,2,\cdots,r$。

结论 1.13.2 向量$\boldsymbol{\beta}$到$\boldsymbol{W}$中各向量的距离中以垂线最短。

1.13.2 矛盾方程组的最小二乘法

下面利用欧几里得空间中的概念来表示最小二乘问题，并给出求最小二乘解的方法。

令$\boldsymbol{A}=(a_{ij})_{m\times n}$，$\boldsymbol{b}=(b_1,b_2,\cdots,b_m)'$，$\boldsymbol{x}=(x_1,x_2,\cdots,x_n)'$，则

$$\boldsymbol{y}=\boldsymbol{A}\boldsymbol{x}=(\sum_{j=1}^{n}a_{1j}x_j,\sum_{j=1}^{n}a_{2j}x_j,\cdots,\sum_{j=1}^{n}a_{mj}x_j)'。\tag{1.13.3}$$

这时
$$|\boldsymbol{y}_0-\boldsymbol{b}|^2=\|\boldsymbol{y}_0-\boldsymbol{b}\|_2^2=\sum_{i=1}^{m}(\sum_{j=1}^{n}a_{ij}x_j^{\circ}-b_i)^2。$$

记$\boldsymbol{A}$各个列向量为$\boldsymbol{\alpha}_1,\boldsymbol{\alpha}_2,\cdots,\boldsymbol{\alpha}_n$，它们生成的子空间是$\boldsymbol{W}=\boldsymbol{L}(\boldsymbol{\alpha}_1,\boldsymbol{\alpha}_2,\cdots,\boldsymbol{\alpha}_n)$。由于$\boldsymbol{y}=x_1\boldsymbol{\alpha}_1+x_2\boldsymbol{\alpha}_2+\cdots+x_n\boldsymbol{\alpha}_n$，故$\boldsymbol{y}\in\boldsymbol{W}$。

在式（1.13.3）中找$x_{\circ}$，使式（1.13.3）最小，就相当于在$\boldsymbol{W}$中找向量$\boldsymbol{y}_0$，使得向量$\boldsymbol{b}$到它的距离比到子空间$\boldsymbol{W}$中其他向量的距离都短。

由前面介绍的结论，要找$\boldsymbol{y}_0$，实际就是找$\boldsymbol{c}_0=\boldsymbol{b}-\boldsymbol{y}_0=\boldsymbol{b}-\boldsymbol{A}\boldsymbol{x}_0$，使$\boldsymbol{c}_0=\boldsymbol{b}-\boldsymbol{y}_0$垂直于子空间$\boldsymbol{W}$。而$\boldsymbol{\alpha}_1,\boldsymbol{\alpha}_2,\cdots,\boldsymbol{\alpha}_n$是$\boldsymbol{W}$的生成元，故必须且只须

$$(\boldsymbol{c}_0,\boldsymbol{\alpha}_1)=(\boldsymbol{c}_0,\boldsymbol{\alpha}_2)=\cdots=(\boldsymbol{c}_0,\boldsymbol{\alpha}_n)=0。$$

由于在$\mathbf{R}^n$中向量的内积就是n元数组对应元素相乘积的和，即

$$\boldsymbol{\alpha}_1'\boldsymbol{c}_0=\boldsymbol{\alpha}_2'\boldsymbol{c}_0=\cdots=\boldsymbol{\alpha}_n'\boldsymbol{c}_0=0。\tag{1.13.4}$$

式（1.13.4）写成矩阵方程的形式为

$$\boldsymbol{A}'(\boldsymbol{b}-\boldsymbol{A}\boldsymbol{x}_0)=0，\quad 或\quad \boldsymbol{A}'\boldsymbol{A}\boldsymbol{x}_0=\boldsymbol{A}'\boldsymbol{b}。\tag{1.13.5}$$

式（1.13.5）就是最小二乘解应满足的代数方程，称为**正则方程组**。

评注：设线性方程组为$\boldsymbol{A}\boldsymbol{x}=\boldsymbol{b}$，利用向量范数也可以证明：使$\|\boldsymbol{A}\boldsymbol{x}-\boldsymbol{b}\|_2$达到最小的最小

二乘解 $\boldsymbol{x}_0$ 应满足的充要条件是：$\boldsymbol{A}'\boldsymbol{A}\boldsymbol{x}_0=\boldsymbol{A}'\boldsymbol{b}$。

当 $\mathrm{R}(\boldsymbol{A}'\boldsymbol{A})=n$，即 $\boldsymbol{A}'\boldsymbol{A}$ 是可逆矩阵时，则

$$\boldsymbol{x}_0=(\boldsymbol{A}'\boldsymbol{A})^{-1}\boldsymbol{A}'\boldsymbol{b}; \tag{1.13.6}$$

当 $\mathrm{R}(\boldsymbol{A}'\boldsymbol{A})<n$，即 $\boldsymbol{A}'\boldsymbol{A}$ 是降秩矩阵时，利用矩阵的广义逆，有

$$\boldsymbol{x}_0=(\boldsymbol{A}'\boldsymbol{A})^{-}\boldsymbol{A}'\boldsymbol{b}。 \tag{1.13.7}$$

这就是矛盾方程组的最小二乘法。

1.14 最小范数最小二乘解

由 1.13 节可知，当线性方程组 $\boldsymbol{A}\boldsymbol{x}=\boldsymbol{b}$ 无解时，只能退而求其次，即寻找使范数 $\|\boldsymbol{A}\boldsymbol{x}-\boldsymbol{b}\|_2$ 达最小的最小二乘解，由此得正规方程组 $\boldsymbol{A}'\boldsymbol{A}\boldsymbol{x}=\boldsymbol{A}'\boldsymbol{b}$。当 $\boldsymbol{A}'\boldsymbol{A}$ 可逆时，可得唯一的最小二乘解 $\boldsymbol{x}=(\boldsymbol{A}'\boldsymbol{A})^{-1}\boldsymbol{A}'\boldsymbol{b}$，问题得到完满解决；当 $\boldsymbol{A}'\boldsymbol{A}$ 不可逆时，所得最小二乘解是 $\boldsymbol{x}=(\boldsymbol{A}'\boldsymbol{A})^{-}\boldsymbol{A}'\boldsymbol{b}$，由于矩阵 $\boldsymbol{A}'\boldsymbol{A}$ 的广义逆有无穷多个，这时的最小二乘解不唯一。但实际问题常常要求考虑最小二乘解的长度尽可能小，最好是唯一的，因此需要考虑寻找最小范数的最小二乘解。如果能从矩阵 $\boldsymbol{A}$ 的结构出发，直接求出这个最小范数最小二乘解，则无论从理论研究还是实际应用都有很大的好处，本节就来研究这些问题。

1.14.1 方程组有解时的最小范数最小二乘解

定理 1.14.1 设线性方程组 $\boldsymbol{A}\boldsymbol{x}=\boldsymbol{b}$ 有解，在它的解集中，$\boldsymbol{x}_0=\boldsymbol{A}^{+}\boldsymbol{b}$ 长度最小。

证明：由定理 1.9.2 知，$\boldsymbol{A}\boldsymbol{x}=\boldsymbol{b}$ 的通解是

$$\boldsymbol{x}=\boldsymbol{A}^{+}\boldsymbol{b}+(\boldsymbol{I}-\boldsymbol{A}^{+}\boldsymbol{A})\boldsymbol{y}。$$

于是

$$\begin{aligned}\|\boldsymbol{x}\|_2^2&=(\boldsymbol{A}^{+}\boldsymbol{b}+(\boldsymbol{I}-\boldsymbol{A}^{+}\boldsymbol{A})\boldsymbol{y})'(\boldsymbol{A}^{+}\boldsymbol{b}+(\boldsymbol{I}-\boldsymbol{A}^{+}\boldsymbol{A})\boldsymbol{y})\\&=\|\boldsymbol{x}_0\|_2^2+\boldsymbol{y}'(\boldsymbol{I}-\boldsymbol{A}^{+}\boldsymbol{A})'(\boldsymbol{I}-\boldsymbol{A}^{+}\boldsymbol{A})\boldsymbol{y}+2\boldsymbol{b}'(\boldsymbol{A}^{+})'(\boldsymbol{I}-\boldsymbol{A}^{+}\boldsymbol{A})\boldsymbol{y}\end{aligned}$$

由于 $(\boldsymbol{A}^{+})'(\boldsymbol{I}-\boldsymbol{A}^{+}\boldsymbol{A})=(\boldsymbol{A}^{+})'-(\boldsymbol{A}^{+})'\boldsymbol{A}^{+}\boldsymbol{A}=0$，且 $\boldsymbol{y}'(\boldsymbol{I}-\boldsymbol{A}^{+}\boldsymbol{A})'(\boldsymbol{I}-\boldsymbol{A}^{+}\boldsymbol{A})\boldsymbol{y}\geqslant 0$，这时

$$\|\boldsymbol{x}\|_2^2=\|\boldsymbol{x}_0\|_2^2+\boldsymbol{y}'(\boldsymbol{I}-\boldsymbol{A}^{+}\boldsymbol{A})'(\boldsymbol{I}-\boldsymbol{A}^{+}\boldsymbol{A})\boldsymbol{y}\geqslant\|\boldsymbol{x}_0\|_2^2。$$

等号成立当且仅当 $(\boldsymbol{I}-\boldsymbol{A}^{+}\boldsymbol{A})\boldsymbol{y}=0$，故 $\boldsymbol{x}_0=\boldsymbol{A}^{+}\boldsymbol{b}$ 长度最小。

若线性方程组 $\boldsymbol{A}\boldsymbol{x}=\boldsymbol{b}$ 无解，这时必须使用最小二乘法，能否直接根据 $\boldsymbol{A}$ 来求唯一的最小范数最小二乘解？

1.14.2 方程组无解时的最小范数最小二乘解

定理 1.14.2 设线性方程组 $\boldsymbol{A}\boldsymbol{x}=\boldsymbol{b}$ 无解，$\boldsymbol{A}$ 是 $m\times n$ 阶矩阵，且 $\mathrm{R}(\boldsymbol{A})=r\leqslant m$，若 $\boldsymbol{A}_1$ 是 $\boldsymbol{A}$ 中前 r 个线性无关的列向量，即有 $\boldsymbol{A}=(\boldsymbol{A}_1\vdots\boldsymbol{A}_2)$，则唯一的最小范数最小二乘解是

$$\boldsymbol{x}=\boldsymbol{A}^{+}\boldsymbol{b}=\boldsymbol{A}'\boldsymbol{A}_1(\boldsymbol{A}_1'\boldsymbol{A}\boldsymbol{A}'\boldsymbol{A}_1)^{-1}\boldsymbol{A}_1'\boldsymbol{b}。$$

证明：因为 $\mathrm{R}(\boldsymbol{A})=r\leqslant m$，且 $\boldsymbol{A}_1$ 是 $\boldsymbol{A}$ 中 r 个线性无关的列向量，因此，$\boldsymbol{A}_2$ 可由 $\boldsymbol{A}_1$ 线性表出，即存在矩阵 $\boldsymbol{D}$，使 $\boldsymbol{A}_2=\boldsymbol{A}_1\boldsymbol{D}$。两边同乘以 $\boldsymbol{A}_1'$，注意到 $\mathrm{R}(\boldsymbol{A}_1'\boldsymbol{A}_1)=r$，故

$$\boldsymbol{D}=(\boldsymbol{A}_1'\boldsymbol{A}_1)^{-1}\boldsymbol{A}_1'\boldsymbol{A}_2。$$

令 $H=(I\vdots(A_1'A_1)^{-1}A_1'A_2)$，则 $\mathrm{R}(H)=r$，且 $A=(A_1\vdots A_2)=A_1(I\vdots D)=A_1H$。把它代入正则方程组 $A'Ax=A'b$，得 $H'A_1'A_1Hx=H'A_1'b$。

两边同乘以 H 并注意到 $\mathrm{R}(H'H)=r$，故 $A_1'A_1Hx=A_1'b$，又 $A_1'A_1$ 可逆，故有

$$Hx=(A_1'A_1)^{-1}A_1'b$$

于是 $x=H'(HH')^{-1}(A_1'A_1)^{-1}A_1'b$ 是 x 的一个最小二乘解。

令 $C=H'(HH')^{-1}(A_1'A_1)^{-1}A_1'$，下面证 $C=A^+$。事实上，有

$$ACA=A_1HH'(HH')^{-1}(A_1'A_1)^{-1}A_1'A_1H=A_1H=A,$$

$$CAC=H'(HH')^{-1}(A_1'A_1)^{-1}A_1'A_1HH'(HH')^{-1}(A_1'A_1)^{-1}A_1'=C,$$

$$(AC)'=(A_1HH'(HH')^{-1}(A_1'A_1)^{-1}A_1')'=(A_1(A_1'A_1)^{-1}A_1)'=AC,$$

$$(CA)'=(H'(HH')^{-1}(A_1'A_1)^{-1}A_1'A_1H)'=(H'(HH')^{-1}H)'=CA。$$

因此，$C=A^+$。可见，$x=Hb$ 是线性方程组 $Ax=b$ 唯一的最小范数最小二乘解。下证

$$H=A'A_1(A_1'AA'A_1)^{-1}A_1'。$$

由于 $HH'=I+(A_1'A_1)^{-1}A_1'A_2A_2'A_1(A_1'A_1)^{-1}$，故

$$\begin{aligned}C&=H'(HH')^{-1}(A_1'A_1)^{-1}A_1'=H'(A_1'A_1HH')^{-1}A_1'\\&=H'(A_1'A_1+A_1'A_2A_2'A_1(A_1'A_1)^{-1})^{-1}A_1'\\&=H'[A_1'(A_1A_1'A_1+A_2A_2'A_1)(A_1'A_1)^{-1}]^{-1}A_1'\\&=H'(A_1'A_1)(A_1'AA'A_1)^{-1}A_1'=A'A_1(A_1'AA'A_1)^{-1}A_1'\end{aligned}$$

因此，$x=A'A_1(A_1'AA'A_1)^{-1}A_1'b=A^+b$ 是线性方程组 $Ax=b$ 唯一的最小范数最小二乘解。

上述定理是当矩阵 A 中线性无关的 r 个列向量就在前 r 列下取得的，但矩阵 A 中线性无关的 r 个列向量不一定就在前 r 列，这时，线性方程组 $Ax=b$ 唯一的最小范数最小二乘解是否还能这样取得？答案是肯定的。

定理 1.14.3 设线性方程组 $Ax=b$ 无解，A 是 $m\times n$ 阶矩阵，且 $\mathrm{R}(A)=r\leqslant m$，若 A_1 是 A 中 r 个线性无关的列向量，则线性方程组 $Ax=b$ 唯一的最小范数最小二乘解是

$$x=A'A_1(A_1'AA'A_1)^{-1}A_1'b=A^+b。$$

证明： 如果 A_1 就在 A 中的前 r 列，则由定理 1.14.2 知结论成立。如果 A_1 不在 A 中的前 r 列，则可以交换 A 中列向量的位置，使之变换到 A 的前 r 列，这就相当于在 A 的右边乘上形如 $I(i,j)$ 的初等矩阵。假设 A 经有限次列变换后变为 $\tilde{A}=(A_1\vdots A_2)$，则有 $\tilde{A}=AQ$，Q 是一些形如 $I(i,j)$ 的初等矩阵的乘积，由于 $I(i,j)$ 是正交矩阵，因此 Q 也是正交矩阵。于是

$$Ax=AQQ'x=\tilde{A}\tilde{x}=b$$

由上述定理知 $\tilde{x}=\tilde{A}'A_1(A_1'\tilde{A}\tilde{A}'A_1)^{-1}A_1'b$ 是线性方程组 $\tilde{A}\tilde{x}=b$ 的唯一的最小范数最小二乘解。于是有

$$Q'x=Q'A'A_1(A_1'AQQ'A'A_1)^{-1}A_1'b=Q'A'A_1(A_1'AA'A_1)^{-1}A_1'b$$

由于正交变换不改变向量的长度，故 $x=A'A_1(A_1'AA'A_1)^{-1}A_1'b$ 是线性方程组 $Ax=b$ 唯一的最小范数最小二乘解。

有了这个定理，只要找出矩阵 A 中线性无关的 r 个列向量 A_1，就可以把求 n 阶矩阵 $(A'A)$

的广义逆问题转化为求 r 阶矩阵 $(\boldsymbol{A}_1'\boldsymbol{A}\boldsymbol{A}'\boldsymbol{A}_1)$ 的逆矩阵问题，这无疑更方便得多，而且可以求出线性方程组长度最小的最小二乘解。

同样，如果知道矩阵 $\boldsymbol{A}$ 中线性无关的 r 个行向量，也可以得到同样的结论：

设线性方程组 $\boldsymbol{Ax}=\boldsymbol{b}$ 无解，$\boldsymbol{A}$ 是 $m\times n$ 阶矩阵，且 $\mathrm{R}(\boldsymbol{A})=r\leqslant m$，若 $\tilde{\boldsymbol{A}}_1$ 是 $\boldsymbol{A}$ 中 r 个线性无关的行向量，即有 $\boldsymbol{A}=(\tilde{\boldsymbol{A}}_1'\vdots\tilde{\boldsymbol{A}}_2')'$，则 $\boldsymbol{x}$ 唯一的最小范数最小二乘解是

$$\boldsymbol{x}=\tilde{\boldsymbol{A}}_1'(\tilde{\boldsymbol{A}}_1\boldsymbol{A}'\boldsymbol{A}\tilde{\boldsymbol{A}}_1')^{-1}\tilde{\boldsymbol{A}}_1'\boldsymbol{A}'\boldsymbol{b}=(\boldsymbol{A}'\boldsymbol{A})^{+}\boldsymbol{A}'\boldsymbol{b}\text{。}$$

对这方面有兴趣的读者可参阅云南大学学报（自）1994 年第 1 期发表的论文：最小范数最小二乘的计算问题。

第2章 随机向量

2.1 随机变量分布

2.1.1 随机变量与概率分布函数

1. 随机变量

随机变量是这样一种变量，在试验之前，人们不知道它的具体取值，但是，在多次试验之后，人们可以确定它取各个值的统计规律。描述这种统计规律性的函数是分布函数，通过分布函数可以求出它的取值概率。在实际问题中遇到的随机变量主要有连续型随机变量和离散型随机变量。

2. 随机变量的分布函数

设 x 是随机变量，称实函数 $F(a)=p(x\leqslant a),\ -\infty<a<+\infty$ 为 x 的随机分布函数，简称分布函数或分布，它具有以下性质：

（1）$F(a)$ 为单调不减函数，即对 $\forall a_1<a_2$，有 $F(a_1)\leqslant F(a_2)$。

（2）$F(a)$ 是右连续函数，即 $F(a+0)=F(a)$。

（3）规范性，即 $F(-\infty)=\lim\limits_{a\to-\infty}F(a)=0,\ F(+\infty)=\lim\limits_{a\to+\infty}F(a)=1$。

2.1.2 概率分布的类型

1. 离散型分布

随机变量 x 只能取可列个值，称 x 为离散型随机变量。$p(x=a_i)=p_i,\ i=1,2,\cdots$ 是 x 的分布列，它具有如下性质：

（1）$p_i\geqslant 0,\ i=1,2,\cdots$。

（2）$\sum\limits_{i=1}^{\infty}p_i=1$。

这时 $F(a)=\sum\limits_{a_i\leqslant a}p(x=a_i)$。

2. 连续型分布

若随机变量 x 的分布函数可表成 $F(a)=\int_{-\infty}^{a}f(t)\mathrm{d}t,\ \forall a\in\mathbf{R}$，则称 $f(a)$ 为 x 的概率密度函数，x 称为连续型随机变量。$f(a)$ 满足以下性质：

（1）$f(a)\geqslant 0$。

（2）$\int_{-\infty}^{+\infty}f(a)\mathrm{d}a=1$。

对 $f(a)$ 的连续点，有 $F'(a)=f(a)$。

2.1.3 数学期望、方差和协方差

1. 随机变量的期望

随机变量x的数学期望记为$E(x)$或μ。对离散型随机变量，其数学期望是

$$\mu = E(x) = \sum_{i=1}^{\infty} a_i p_i \text{；}$$

对连续型随机变量，其数学期望是

$$\mu = E(x) = \int_{-\infty}^{+\infty} t f(t)\mathrm{d}t \text{。}$$

2. 随机变量的方差

随机变量x的方差记为$\sigma^2(x)$或$V(x)$，$\sigma(x)$或$[V(x)]^{1/2}$称为随机变量x的标准差。对离散型随机变量，其方差是

$$\sigma^2 = E[x - E(x)]^2 = \sum_{i=1}^{\infty} (a_i - \mu)^2 p_i \text{；}$$

对连续型随机变量，其方差是

$$\sigma^2 = E[x - E(x)]^2 = \int_{-\infty}^{+\infty} (a - \mu)^2 f(a)\mathrm{d}a \text{。}$$

3. 随机变量的协方差

设有两个随机变量x，y，称$\mathrm{Cov}(x,y) = E[(x - E(x))(y - E(y))]$为两变量之间的协方差。当$x = y$时，协方差就变成方差，即$\mathrm{Cov}(x,x) = V(x)$。

4. 随机变量期望和方差的性质

1）随机变量期望的性质

（1）当$x = c$是常数时，$E(x) = c$。

（2）k是常数，x是随机变量时，$E(kx) = kE(x)$。

（3）当$x_1, x_2, \cdots, x_n$为n个随机变量时，有

$$E(x_1 + x_2 + \cdots + x_n) = E(x_1) + E(x_2) + \cdots + E(x_n) \text{。}$$

2）随机变量方差的性质

（1）当$x = c$是常数时，$V(x) = 0$。

（2）k是常数，x是随机变量时，$V(kx) = k^2 V(x)$。

（3）当$x_1, x_2, \cdots, x_n$为n个相互独立的随机变量时，有

$$V(x_1 + x_2 + \cdots + x_n) = V(x_1) + V(x_2) + \cdots + V(x_n) \text{。}$$

2.1.4 一些重要的单变量分布

1. 二项分布

若x的分布列为$p(x = k) = C_n^k p^k q^{n-k}$，$k = 0,1,\cdots,n$。其中$0 < p < 1$，$q = 1 - p$，则称$x$服从参数为$p$的二项分布，记为$x \sim b(n,p)$。

2. 超几何分布

若x的分布列为$p(x = k) = \dfrac{C_M^k C_{N-M}^{n-k}}{C_N^n}$，$k = 0,1,\cdots,l = \min(n,M)$。则称$x$服从参数为

M，N 的超几何分布，记为 $x \sim H(M,N,n)$。

3. 泊松分布

若 x 的分布列为 $p(x=k)=\dfrac{\lambda^k}{k!}\mathrm{e}^{-\lambda}$，$k=0,1,2,\cdots$，$\lambda>0$，则称 x 服从参数为 λ 的泊松分布，记为 $x \sim p(\lambda)$。

4. 正态分布

若 x 的概率密度函数为 $f(t)=\mathrm{e}^{-(t-\mu)^2/2\sigma^2}/(\sqrt{2\pi}\sigma)$，$-\infty<t<+\infty$。则称 x 服从参数为 μ，σ^2 的正态分布，记为 $x \sim N(\mu,\sigma^2)$。特别地，当 $\mu=0$，$\sigma^2=1$ 时，即 $x \sim N(0,1)$，则称 x 服从标准正态分布。

5. 卡方分布

设 $x_1,x_2,\cdots,x_n$ 均服从 $N(0,1)$ 且相互独立，令 $x=\sum\limits_{i=1}^{n}x_i^2$，则称 x 服从自由度为 n 的卡方分布，记为 $x \sim \chi^2(n)$。

6. *t*-分布

设 $x \sim N(0,1)$，$y \sim \chi^2(n)$，且 x，y 相互独立，令 $z=\dfrac{x}{\sqrt{y/n}}$，则称 z 服从自由度为 n 的 t-分布，记为 $z \sim t(n)$。

7. *F*-分布

设 $x \sim \chi^2(n)$，$y \sim \chi^2(m)$，且 x，y 相互独立，令 $z=\dfrac{x/n}{y/m}$，则称 z 服从自由度为 n 和 m 的 F-分布，记为 $z \sim F(n,m)$。

2.1.5 独立性、相关性和相关系数

1. 随机变量的独立性

设 x 和 y 是两个随机变量，若 $F(x,y)=F_x(x)F_y(y)$ 对一切 x,y 成立，则称 x 和 y 相互独立。

若 x,y 是连续型随机变量，x,y 相互独立的充要条件是 $f(x,y)=f_x(x)f_y(y)$ 对 $\forall x,y$ 成立。

独立性概念可推广到 n 个随机变量的情况，若 n 个随机变量 $x_1,x_2,\cdots,x_n$ 满足

$$F(x_1,x_2,\cdots,x_n)=F_1(x_1)F_2(x_2)\cdots F_n(x_n),$$

或

$$f(x_1,x_2,\cdots,x_n)=f_1(x_1)f_2(x_2)\cdots f_n(x_n),$$

则称随机变量 $x_1,x_2,\cdots,x_n$ 相互独立。

2. 随机变量的相关性

设 x 与 y 是两个随机变量，若 $\mathrm{Cov}(x,y)=0$，则称随机变量 x 与 y 不相关。两个相互独立的随机变量必不相关，但反之不一定对。

3. 随机变量的相关系数

设 x 与 y 是两个随机变量，它们之间的相关系数定义为

$$\rho=\rho_{xy}=\mathrm{Cov}(x,y)/[V(x)\cdot V(y)]^{1/2}。$$

ρ 度量 x 与 y 之间线性关系的强弱，$-1 \leqslant \rho \leqslant 1$。$\rho = 0$ 时表示 x 和 y 不相关；$\rho > 0$ 时表示 x 和 y 正相关，$\rho < 0$ 时表示 x 和 y 负相关。

2.2 随机向量分布

2.2.1 多变量概率分布

设向量 $\boldsymbol{x} = (x_1, x_2, \cdots, x_p)'$，若它的每个分量都是随机变量，则称 $\boldsymbol{x}$ 为 p 维随机向量，随机向量的概率分布函数为

$$F(a_1, a_2, \cdots, a_p) = P(x_1 \leqslant a_1, x_2 \leqslant a_2, \cdots, x_p \leqslant a_p)。$$

它具有以下性质：

（1）$F(a_1, a_2, \cdots, a_p)$ 是每个变量 $a_i (i-1,2,\cdots,p)$ 的单调不减函数。

（2）$F(a_1, a_2, \cdots, a_p)$ 是每个变量 $a_i (i=1,2,\cdots,p)$ 的右连续函数。

（3）$F(-\infty, a_2, \cdots, a_p) = \cdots = F(a_1, a_2, \cdots, -\infty) = 0$，$F(+\infty, +\infty, \cdots, +\infty) = 1$。

2.2.2 常用的离散型多变量分布

1. 多项分布

若随机向量 $\boldsymbol{x} = (x_1, x_2, \cdots, x_p)'$ 具有如下的多维分布列：

$P(x_1 = k_1, \cdots, x_p = k_p) = \dfrac{n!}{k_1! \cdots k_p!} p_1^{k_1} \cdots p_p^{k_p}$，$k_i = 0,1,\cdots,n,\ i = 1,\cdots,p,\ k_1 + \cdots + k_p = n$，其中，$0 < p_i < 1,\ i = 1,2,\cdots,p,\ p_1 + p_2 + \cdots + p_p = 1$，则称随机向量 $\boldsymbol{x}$ 服从多项分布，记为 $x \sim pn(n : p_1, \cdots, p_p)$。

例 2.2.1 一份试卷共有 n 道试题，考生在每题上的得分可能是 $0,1,\cdots,m$ 分，分别用随机变量 $x_0, x_1, \cdots, x_m$ 表示得 $0,1,\cdots,m$ 分的答题数，则 $(x_0, x_1, \cdots, x_m)$ 是一个随机向量，用 $p_0, p_1, \cdots, p_m$ 分别表示考生答题得 $0,1,\cdots,m$ 分的概率，则考生得 $0,1,\cdots,m$ 分的题数分别为 $k_0, k_1, \cdots, k_m$ 的概率服从多项分布

$$P(x_0 = k_0, x_1 = k_1, \cdots, x_m = k_m) = \frac{n!}{k_0! k_1! \cdots k_m!} \prod_{i=0}^{m} p_i^{k_i},$$

其中 $\sum\limits_{i=0}^{m} k_i = n,\ \sum\limits_{i=0}^{m} p_i = 1,\ k_i = 0,1,\cdots,n;\ i = 1,\cdots,m$。

2. 多维超几何分布

若随机向量 $\boldsymbol{x} = (x_1, x_2, \cdots, x_p)'$ 具有如下的多维分布列：

$$P(x_1 = k_1, \cdots, x_p = k_p) = \frac{C_{N_1}^{k_1} \cdots C_{N_p}^{k_p}}{C_N^n},$$

其中 $k_i = 0,1,\cdots,\min(n, N_i),\ i = 1,\cdots,p,\ k_1 + k_2 + \cdots + k_p = n$，$\sum\limits_{i=1}^{p} N_i = N$，$0 \leqslant x_i \leqslant N_i$。则称随机向量 $\boldsymbol{x}$ 服从多维超几何分布，记为 $\boldsymbol{x} \sim MH(N_1, \cdots, N_p; n)$。

例 2.2.2 设缸内有 n 种颜色的球，每种各有 $N_1,\cdots,N_n$ 个球，今从缸内一个接一个往外抽球，每一次缸内的球有相等的机会被抽到，共抽了 m 个球，用 $x_1,\cdots,x_n$ 分别表示在被抽的 m 个球中第 1 种颜色，……，第 n 种颜色的球数，显然 $(x_1,\cdots,x_n)$ 是一个随机向量，满足 $\sum_{i=1}^{n} x_i = m$，$0\leqslant x_i \leqslant N_i$，$i=1,\cdots,n$。则 $(x_1,\cdots,x_n)$ 的分布就是超几何分布。

事实上，令 m_i 为抽出的 m 个球中第 i 种颜色的个数，则 $0\leqslant m_i \leqslant N_i$，$i=1,\cdots,n$，$m_1+m_2+\cdots+m_n=m$，则事件 $\{x_1=m_1,\cdots,x_n=m_n\}$ 发生的概率可以这样考虑：缸中共有 $N_1+N_2+\cdots+N_n=N$ 个球，从中抽取 m 个球的所有可能数为 C_N^m 种，在第 i 种颜色的 N_i 个球中抽出 m_i 个球的所有可能数为 $C_{N_i}^{m_i}$ 种（$i=1,\cdots,n$），故

$$P(x_1=m_1,x_2=m_2,\cdots,x_n=m_n)=\frac{C_{N_1}^{m_1}C_{N_2}^{m_2}\cdots C_{N_n}^{m_n}}{C_N^m}\text{。}$$

2.2.3 多维概率密度

若随机变量 $\boldsymbol{x}=(x_1,x_2,\cdots,x_p)'$ 的分布函数可以表示成

$$F(a_1,a_2,\cdots,a_p)=\int_{-\infty}^{a_1}\int_{-\infty}^{a_2}\cdots\int_{-\infty}^{a_p} f(t_1,t_2,\cdots,t_p)\mathrm{d}t_1\mathrm{d}t_2\cdots\mathrm{d}t_p$$

对一切 $(a_1,a_2,\cdots,a_p)\in\mathbf{R}^p$ 成立，则称 ξ 为连续型随机向量，称 $f(a_1,a_2,\cdots,a_p)$ 为 ξ 的多元概率密度函数，简称多元密度或密度，多元密度 $f(a_1,a_2,\cdots,a_p)$ 具有以下性质：

（1）$f(a_1,a_2,\cdots,a_p)\geqslant 0$，对任意实数 $a_1,a_2,\cdots,a_p$。

（2）$\int_{-\infty}^{\infty}\int_{-\infty}^{\infty}\cdots\int_{-\infty}^{\infty} f(a_1,a_2,\cdots,a_p)\mathrm{d}a_1\mathrm{d}a_2\cdots\mathrm{d}a_p=1$。

若 $f(a_1,a_2,\cdots,a_p)$ 在点 $(a_1,a_2,\cdots,a_p)$ 连续，则

$$\frac{\partial^p F(a_1,a_2,\cdots,a_p)}{\partial a_1\partial a_2\cdots\partial a_p}=f(a_1,a_2,\cdots,a_p)\text{。}$$

2.2.4 边际分布

设 $\boldsymbol{x}$ 是 p 维随机向量，由它的 $q(q<p)$ 个分量组成的向量 $\boldsymbol{x}_{(1)}$ 的分布称为 $\boldsymbol{x}$ 的边际分布。设 $\boldsymbol{x}_{(1)}=(x_1,\cdots,x_q)'$，若 $\boldsymbol{x}$ 是连续型的，则 $\boldsymbol{x}_{(1)}$ 的分布函数为

$$\begin{aligned}F_{(1)}(a_1,\cdots,a_q)&=P(x_1\leqslant a_1,\cdots,x_q\leqslant a_q)=P(x_1\leqslant a_1,\cdots,x_q\leqslant a_q,x_{q+1}<\infty,\cdots,x_p<\infty)\\&=F(a_1,\cdots,a_q,\infty,\cdots,\infty)=\int_{-\infty}^{a_1}\cdots\int_{-\infty}^{a_q}\int_{-\infty}^{+\infty}\cdots\int_{-\infty}^{+\infty} f(x_1,\cdots,x_p)\mathrm{d}x_1\cdots\mathrm{d}x_p\\&=\int_{-\infty}^{a_1}\cdots\int_{-\infty}^{a_q}\left[\int_{-\infty}^{+\infty}\cdots\int_{-\infty}^{+\infty} f(x_1,\cdots,x_p)\mathrm{d}x_{q+1}\cdots\mathrm{d}x_p\right]\mathrm{d}x_1\cdots\mathrm{d}x_q\text{。}\end{aligned}$$

故 $\boldsymbol{x}_{(1)}$ 的边际密度是

$$f_{(1)}(x_1,\cdots,x_q)=\int_{-\infty}^{\infty}\cdots\int_{-\infty}^{\infty} f(x_1,\cdots,x_p)\mathrm{d}x_{q+1}\cdots\mathrm{d}x_p\text{。}$$

例 2.2.3 设 $\boldsymbol{x}=(x_1,x_2)'$ 有概率密度

$$f(x_1,x_2)=\frac{1}{2\pi}\mathrm{e}^{-(x_1^2+x_2^2)/2}(1+\sin x_1\sin x_2),\quad -\infty<x_1,\ x_2<\infty,$$

（1）试验证 $f(x_1,x_2)$ 符合概率密度的两个性质；（2）试求 x_1 和 x_2 的边际密度。

解：（1） ① $f(x_1,x_2)\geqslant 0$ 是显然的；② $\int_{-\infty}^{\infty}\int_{-\infty}^{\infty}f(x_1,x_2)\mathrm{d}x_1\mathrm{d}x_2=1+0=0$。

（2） $f_1(x_1)=\int_{-\infty}^{\infty}f(x_1,x_2)\mathrm{d}x_2=\frac{1}{\sqrt{2\pi}}\mathrm{e}^{-x_1^2/2},\ -\infty<x_1<\infty$。

同理有 $f_2(x_2)=\frac{1}{\sqrt{2\pi}}\mathrm{e}^{-x_2^2/2}$，$-\infty<x_2<\infty$。故 x 的两个边际密度均为标准正态密度。

2.2.5 条件分布

设 $\boldsymbol{x}=(x_1,x_2,\cdots,x_p)'$ 为 p 维连续型随机向量，$\boldsymbol{x}_{(1)}=(x_1,\cdots,x_q)'$，$\boldsymbol{x}_{(2)}=(x_{q+1},\cdots,x_p)'$，且 $f_{(2)}(x_{q+1},\cdots,x_p)>0$，则在 $\boldsymbol{x}_{(2)}$ 确定的情况下，$\boldsymbol{x}_{(1)}$ 的条件概率密度函数为

$$f(\boldsymbol{x}_{(1)}\mid\boldsymbol{x}_{(2)})=\frac{f(x_1,\cdots,x_p)}{f(x_{q+1},\cdots,x_p)}=f(x_1,\cdots,x_q\mid x_{q+1},\cdots,x_p)。$$

例 2.2.4 设 $\boldsymbol{x}=(x_1,x_2)'$ 有概率密度

$$f(x_1,x_2)=\begin{cases}x_1^2(4x_1x_2+1), & 0<x_1<1,\ 0<x_2<1\\ 0, & 其他\end{cases}$$

求条件密度 $f(x_1\mid x_2)$ 和 $f(x_2\mid x_1)$。

解：$f_1(x_1)=\int_{-\infty}^{+\infty}f(x_1,x_2)\mathrm{d}x_2=\int_0^1 x_1^2(4x_1x_2+1)\mathrm{d}x_2=2x_1^3+x_1^2,\ 0<x_1<1$；

$$f_2(x_2)=\int_{-\infty}^{+\infty}f(x_1,x_2)\mathrm{d}x_1=\int_0^1 x_1^2(4x_1x_2+1)\mathrm{d}x_1=x_2+\frac{1}{3},\ 0<x_2<1。$$

故对于 $0<x_2<1$，有

$$f(x_1\mid x_2)=\frac{f(x_1,x_2)}{f_2(x_2)}=\frac{3x_1^2(4x_1x_2+1)}{3x_2+1},\quad 0<x_1<1；$$

对 $0<x_1<1$，有

$$f(x_2\mid x_1)=\frac{f(x_1,x_2)}{f_1(x_1)}=\frac{4x_1x_2+1}{2x_1+1},\quad 0<x_2<1。$$

例 2.2.5 设随机向量 $\boldsymbol{x}=(x_1,x_2,x_3)'$ 的概率密度函数为

$$f(x_1,x_2,x_3)=\begin{cases}\mathrm{e}^{-(x_1+x_2+x_3)}, & x_1>0,x_2>0,x_3>0\\ 0, & 其他\end{cases}$$

试证 x_1,x_2,x_3 相互独立。

证明：因为 $f_1(x_1)=\mathrm{e}^{-x_1}$，$x_1>0$；$f_2(x_2)=\mathrm{e}^{-x_2}$，$x_2>0$；$f_3(x_3)=\mathrm{e}^{-x_3}$，$x_3>0$。

由于 $f(x_1,x_2,x_3)=f_1(x_1)f_2(x_2)f_3(x_3)$，故 x_1,x_2,x_3 相互独立。

2.3 随机向量的矩

若矩阵 $\boldsymbol{X}=\left(x_{ij}\right)_{m\times n}$ 的每个元素 x_{ij} 都是随机变量，则称 $\boldsymbol{X}$ 为随机矩阵。随机向量

$\boldsymbol{x}=(x_1,x_2,\cdots,x_m)'$ 可以看作只有一列的随机矩阵。

2.3.1 数学期望

（1）$m\times n$ 随机矩阵 $\boldsymbol{X}=\left(x_{ij}\right)$ 的数学期望定义为

$$\boldsymbol{E}(\boldsymbol{X})=\left(Ex_{ij}\right)=\begin{pmatrix} Ex_{11} & Ex_{12} & \cdots & Ex_{1n} \\ Ex_{21} & Ex_{22} & \cdots & Ex_{2n} \\ \vdots & \vdots & \ddots & \vdots \\ Ex_{m1} & Ex_{m2} & \cdots & Ex_{mn} \end{pmatrix}。$$

特别地，当 $n=1$ 时，随机向量 $\boldsymbol{x}=(x_1,x_2,\cdots,x_m)'$ 的数学期望是

$$\boldsymbol{E}(\boldsymbol{x})=(\boldsymbol{E}x_1,\boldsymbol{E}x_2,\cdots,\boldsymbol{E}x_m)'。$$

（2）性质

① 若 a 为常数，$\boldsymbol{X}$ 是随机矩阵，则 $\boldsymbol{E}(a\boldsymbol{X})=a\boldsymbol{E}(\boldsymbol{X})$；

② 若 $\boldsymbol{X}$ 是随机矩阵，$\boldsymbol{A}$、$\boldsymbol{B}$、$\boldsymbol{C}$ 是常数矩阵，则 $\boldsymbol{E}(\boldsymbol{AXB}+\boldsymbol{C})=\boldsymbol{AE}(\boldsymbol{X})\boldsymbol{B}+\boldsymbol{C}$
特别地，对随机向量 $\boldsymbol{x}$，有 $\boldsymbol{E}(\boldsymbol{Ax})=\boldsymbol{AE}(\boldsymbol{x})$；

③ 设 $\boldsymbol{X}_1,\boldsymbol{X}_2,\cdots,\boldsymbol{X}_k$ 是 k 个同阶的随机矩阵，则

$$\boldsymbol{E}(\boldsymbol{X}_1+\boldsymbol{X}_2+\cdots+\boldsymbol{X}_k)=\boldsymbol{E}(\boldsymbol{X}_1)+\boldsymbol{E}(\boldsymbol{X}_2)+\cdots+\boldsymbol{E}(\boldsymbol{X}_k)。$$

2.3.2 协方差矩阵

设 $\boldsymbol{x}=(x_1,x_2,\cdots,x_m)'$ 与 $\boldsymbol{y}=(y_1,y_2,\cdots,y_n)'$ 分别是 m 维和 n 维随机向量，$\boldsymbol{x}$ 和 $\boldsymbol{y}$ 的协方差矩阵（$m\times n$ 阶）定义为

$$\begin{aligned}\mathrm{Cov}(\boldsymbol{x},\boldsymbol{y})&=\boldsymbol{E}[(\boldsymbol{x}-\boldsymbol{E}(\boldsymbol{x}))(\boldsymbol{y}-\boldsymbol{E}(\boldsymbol{y}))'] \\ &=\begin{pmatrix} \mathrm{Cov}(x_1,y_1) & \mathrm{Cov}(x_1,y_2) & \cdots & \mathrm{Cov}(x_1,y_n) \\ \mathrm{Cov}(x_2,y_1) & \mathrm{Cov}(x_2,y_2) & \cdots & \mathrm{Cov}(x_2,y_n) \\ \vdots & \vdots & \ddots & \vdots \\ \mathrm{Cov}(x_m,y_1) & \mathrm{Cov}(x_m,y_2) & \cdots & \mathrm{Cov}(x_m,y_n) \end{pmatrix}。\end{aligned}$$

若 $\mathrm{Cov}(\boldsymbol{x},\boldsymbol{y})=\boldsymbol{0}$，则称随机向量 $\boldsymbol{x}$ 与 $\boldsymbol{y}$ 不相关。同样，由 $\boldsymbol{x}$ 与 $\boldsymbol{y}$ 相互独立可推得 $\boldsymbol{x}$、$\boldsymbol{y}$ 不相关，但反之不一定对。当 $\boldsymbol{x}=\boldsymbol{y}$ 时，协方差阵 $\mathrm{Cov}(\boldsymbol{x},\boldsymbol{x})$ 称为 $\boldsymbol{x}$ 的协方差矩阵，记为 $\mathrm{Var}(\boldsymbol{x})$。

$$\mathrm{Var}(\boldsymbol{x})=\boldsymbol{E}[(\boldsymbol{x}-\boldsymbol{E}(\boldsymbol{x}))(\boldsymbol{x}-\boldsymbol{E}(\boldsymbol{x}))']=\begin{pmatrix} \boldsymbol{V}(x_1) & \mathrm{Cov}(x_1,x_2) & \cdots & \mathrm{Cov}(x_1,x_m) \\ \mathrm{Cov}(x_2,x_1) & \boldsymbol{V}(x_2) & \cdots & \mathrm{Cov}(x_2,x_m) \\ \vdots & \vdots & \ddots & \vdots \\ \mathrm{Cov}(x_m,x_1) & \mathrm{Cov}(x_m,x_2) & \cdots & V(x_m) \end{pmatrix}。$$

协方差矩阵也可记为 $\boldsymbol{\Sigma}$。若记 $\mathrm{Cov}(x_i,x_j)=\sigma_{ij}$，则 $\boldsymbol{\Sigma}=\left(\sigma_{ij}\right)$。

2.3.3 性质

（1）随机向量 $\boldsymbol{x}$ 的协方差矩阵 $\boldsymbol{\Sigma}$ 是非负定矩阵。

证明： 由于 $\sigma_{ij}=\mathrm{Cov}(x_i,x_j)=\mathrm{Cov}(x_j,x_i)=\sigma_{ji}$，$i,j=1,2,\cdots,n$，故 $\boldsymbol{\Sigma}$ 是对称矩阵。

设 $\boldsymbol{a}$ 是与 $\boldsymbol{x}$ 具有相同维数的常数向量，由于

$$a'\Sigma a = a'E[(x-E(x))(y-E(y))']a = E[a'(x-E(x))]^2 \geqslant 0,$$

故 $\Sigma \geqslant 0$。

（2）设 A 为常数矩阵，b 为常数向量，x 是随机向量，则 $\mathrm{Var}(Ax+b) = AV(x)A'$。

事实上，$\mathrm{Var}(Ax+b) = AE[(x-E(x))(x-E(x))']A' = AV(x)A'$。

（3）若 x 的协方差矩阵 $|\Sigma| = 0$，当且仅当 x 的分量之间以概率 1 存在线性关系。

证明： $|\Sigma| = 0 \Leftrightarrow$ 存在常数向量 $a \neq 0$，使 $a'\Sigma a = 0$。此即 $V(a'x) = 0 \Leftrightarrow$ 存在 $a \neq 0$，使 $P(a'x = a'\mu) = 1 \Leftrightarrow x$ 的分量之间以概率 1 存在线性关系。

因此，若 $|\Sigma| = 0$，这时 Σ 中至少有一行（列）向量是其他行（列）向量的线性组合。反映到随机变量（指标）上表示某变量（指标）是其他变量（指标）的线性组合，可以用去掉这个变量（指标）的办法来保证 $\Sigma > 0$。这样既不失一般性，也使问题便于数学处理。

（4）设 A, B 是常数矩阵，则 $\mathrm{Cov}(Ax, By) = A\mathrm{Cov}(x, y)B'$。

证明： $\mathrm{Cov}(Ax, By) = AE[(x-Ex)(y-Ey)']B' = A\mathrm{Cov}(x, y)B'$。

例 2.3.1 设随机向量 $x = (x_1, x_2)'$，x_1，x_2 分别为 p 维随机向量，其协方差矩阵是：

$\Sigma = \begin{pmatrix} \Sigma_{11} & \Sigma_{12} \\ \Sigma_{21} & \Sigma_{22} \end{pmatrix}$，求 $x_1 + x_2$ 与 $x_1 - x_2$ 的协方差矩阵。

解： $\mathrm{Cov}(x_1 + x_2, x_1 - x_2) = (I, I)\begin{pmatrix} \Sigma_{11} & \Sigma_{12} \\ \Sigma_{21} & \Sigma_{22} \end{pmatrix}\begin{pmatrix} I \\ -I \end{pmatrix} = \Sigma_{11} + \Sigma_{21} - \Sigma_{12} - \Sigma_{22}$。

若 x_1，x_2 是一维随机向量，$\Sigma = \begin{pmatrix} \sigma_{11} & \sigma_{12} \\ \sigma_{21} & \sigma_{22} \end{pmatrix}$，则 $\mathrm{Cov}(x_1 + x_2, x_1 - x_2) = \sigma_{11} - \sigma_{22}$。若有 $\sigma_{11} = \sigma_{22}$，即 x_1 与 x_2 的方差相等，则 $\mathrm{Cov}(x_1 + x_2, x_1 - x_2) = 0$。这表明，两个方差相等的随机变量的和与差是不相关的。

（5）设 $k_1, \cdots, k_n$ 是 n 个常数，$x_1, \cdots, x_n$ 是 n 个相互独立的 p 维随机向量，则

$$\mathrm{Var}(\sum_{i=1}^{n} k_i x_i) = \sum_{i=1}^{n} k_i^2 \mathrm{Var}(x_i)。$$

证明： 由于 $x_1, \cdots, x_n$ 相互独立，所以 $\mathrm{Cov}(x_i, x_j) = 0,\ i \neq j,\ i, j = 1, \cdots, n$。于是

$$\mathrm{Var}(\sum_{i=1}^{n} k_i x_i) = \sum_{i=1}^{n}\sum_{j=1}^{n} k_i k_j \mathrm{Cov}(x_i, x_j) = \sum_{i=1}^{n} k_i^2 \mathrm{Var}(x_i)。$$

例 2.3.2 设 n 个 p 维随机向量 $x_1, x_2, \cdots, x_n$ 相互独立，且 $E(x_i) = \mu$，$V(x_i) = \Sigma$，$i = 1, 2, \cdots, n$。则 $\bar{x} = \sum_{i=1}^{n} x_i / n$ 的数学期望和协方差矩阵分别是 $E(\bar{x}) = \mu$，$V(\bar{x}) = \Sigma / n$。

2.3.4 相关矩阵

若 $x = (x_1, x_2, \cdots, x_m)'$ 和 $y = (y_1, y_2, \cdots, y_n)'$ 分别是 m 维和 n 维随机向量，则 x 和 y 的相关矩阵定义为

$$\rho(x, y) = \begin{pmatrix} \rho(x_1, y_1) & \rho(x_1, y_2) & \cdots & \rho(x_1, y_n) \\ \rho(x_2, y_1) & \rho(x_2, y_2) & \cdots & \rho(x_2, y_n) \\ \vdots & \vdots & \ddots & \vdots \\ \rho(x_m, y_1) & \rho(x_m, y_2) & \cdots & \rho(x_m, y_n) \end{pmatrix}。$$

若 $\rho(\boldsymbol{x},\boldsymbol{y})=\boldsymbol{O}$，则 $\boldsymbol{x}$ 和 $\boldsymbol{y}$ 不相关。当 $\boldsymbol{x}=\boldsymbol{y}$ 时，$\rho(\boldsymbol{x},\boldsymbol{x})$ 称为 x 的相关系数矩阵，记为

$$\boldsymbol{R}=\left(\rho_{ij}\right)_{m\times m},\quad \rho_{ij}=\rho(x_i,y_j),\quad \rho_{ii}=1,\quad i,j=1,2,\cdots,m\text{。}$$

相关矩阵与协方差矩阵之间有如下关系式：$\boldsymbol{R}=\boldsymbol{D}^{-1}\boldsymbol{\Sigma}\boldsymbol{D}^{-1}$，$\boldsymbol{R}=\left(\rho_{ij}\right)$，$\boldsymbol{\Sigma}=\left(\sigma_{ij}\right)$，$\boldsymbol{D}=\mathrm{diag}\left(\sqrt{\sigma_{11}},\sqrt{\sigma_{22}},\cdots,\sqrt{\sigma_{mm}}\right)$，$\boldsymbol{R}$ 和 $\boldsymbol{\Sigma}$ 相应元素之间的关系为：

$$\rho_{ij}=\frac{\sigma_{ij}}{\sqrt{\sigma_{ii}}\sqrt{\sigma_{jj}}}\text{。}$$

在数据处理时，常常会因各变量的单位不完全相同而需要对每个变量作标准化处理。常用的标准化变换是 $y_i=(x_i-\boldsymbol{E}x_i)/[\boldsymbol{V}(x_i)]^{1/2}$，$i=1,2,\cdots,m$。记 $\boldsymbol{y}=(y_1,y_2,\cdots,y_m)'$，则 $\boldsymbol{E}(\boldsymbol{y})=0$，$\mathrm{Var}(\boldsymbol{y})=\boldsymbol{R}=\left(\rho_{ij}\right)=(\rho(x_i,x_j))$。

这表明在对变量施行标准化后，新变量的协方差矩阵就是原变量的相关系数矩阵。

2.3.5 随机向量的变换

设连续型随机变量 $\boldsymbol{x}$ 有概率密度 $\boldsymbol{f}_x(\boldsymbol{x})$，函数 $\boldsymbol{y}=\varphi(\boldsymbol{x})$ 严格单调，其反函数 $\boldsymbol{x}=\psi(\boldsymbol{y})$ 有连续导数，则 $\boldsymbol{y}=\varphi(\boldsymbol{x})$ 的概率密度为 $f_y(\boldsymbol{y})=f_{\boldsymbol{x}}(\psi(\boldsymbol{y}))|\psi'(\boldsymbol{y})|$，$\boldsymbol{\alpha}<\boldsymbol{y}<\boldsymbol{\beta}$，其中 $\boldsymbol{\alpha}=\min\{\varphi(-\infty),\ \phi(+\infty)\}$，$\boldsymbol{\beta}=\max\{\varphi(-\infty),\ \varphi(+\infty)\}$。

例 2.3.3 设随机变量 x 服从均匀分布 $\boldsymbol{U}(0,1)$，即其密度为

$$f_x(x)=\begin{cases}1, & 0\leqslant x\leqslant 1\\ 0, & \text{其他}\end{cases}$$

试求 $y=-(\ln x)/\lambda,\ \lambda>0$ 的分布。

解：$y=-(\ln x)/\lambda$ 严格单调，其反函数 $x=\mathrm{e}^{-\lambda y}$ 有连续导数，$0<y=-(\ln x)/\lambda<\infty$，$y$ 的取值范围为 $[0,\infty)$，故 $f_y(y)=\lambda\mathrm{e}^{-\lambda y},\ y\geqslant 0$；$f_y(y)=0,\ y<0$。这是参数为 λ 的指数分布，故 $y\sim\boldsymbol{P}(\lambda)$。

设 $\boldsymbol{x}=(x_1,x_2,\cdots,x_m)'$ 的概率密度函数为 $f(x_1,x_2,\cdots,x_m)$，函数 $y_i=\varphi_i(x_1,x_2,\cdots,x_m)$，$i=1,\cdots,m$ 的逆变换存在，$x_j=\psi_j(y_1,y_2,\cdots,y_m),\ j=1,2,\cdots,m$，则 $\boldsymbol{y}=(y_1,y_2,\cdots,y_m)'$ 的概率密度为 $g(y_1,y_2,\cdots,y_m)=f(\psi_1(y_1,y_2,\cdots,y_m),\cdots,\psi_m(y_1,y_2,\cdots,y_m))|\boldsymbol{J}|$，其中 $\boldsymbol{J}$ 是雅可比行列式，也记为 $\boldsymbol{J}(x\to y)$，即

$$\boldsymbol{J}=\frac{\partial(x_1,x_2,\cdots,x_m)}{\partial(y_1,y_2,\cdots,y_n)}=\begin{vmatrix}\dfrac{\partial x_1}{\partial y_1} & \dfrac{\partial x_1}{\partial y_2} & \cdots & \dfrac{\partial x_1}{\partial y_n}\\ \dfrac{\partial x_2}{\partial y_1} & \dfrac{\partial x_2}{\partial y_2} & \cdots & \dfrac{\partial x_2}{\partial y_n}\\ \vdots & \vdots & \ddots & \vdots\\ \dfrac{\partial x_m}{\partial y_1} & \dfrac{\partial x_m}{\partial y_2} & \cdots & \dfrac{\partial x_m}{\partial y_n}\end{vmatrix}\text{。}$$

雅可比行列式有一个重要的性质，即 $J(y\to x)=1/J(x\to y)$。当 $m=1$ 时，上式就是大家熟知的公式 $\mathrm{d}y/\mathrm{d}x=1/[\mathrm{d}x/\mathrm{d}y]$。

注意：如果自变量 $\boldsymbol{X}$ 与因变量 $\boldsymbol{Y}$ 都是 $p\times q$ 阶矩阵变量，则用 $\boldsymbol{J}(\boldsymbol{Y}\to\boldsymbol{X})=\left|\dfrac{\partial(\mathrm{Vec}\boldsymbol{Y})}{\partial(\mathrm{Vec}\boldsymbol{X})}\right|$ 来定义从 $\boldsymbol{Y}$ 到 $\boldsymbol{X}$ 的变换的雅可比行列式。

例 2.3.4 设 $\boldsymbol{y}=\boldsymbol{A}\boldsymbol{x}+\boldsymbol{b}$，其中 $\boldsymbol{A}$ 是 m 维常数矩阵，$\boldsymbol{b}$ 为 m 维常数向量，则 $\boldsymbol{J}(\boldsymbol{y}\to\boldsymbol{x})=|\boldsymbol{A}|$。若 $\boldsymbol{A}$ 可逆，则 $\boldsymbol{J}(\boldsymbol{x}\to\boldsymbol{y})=\dfrac{1}{\boldsymbol{J}(\boldsymbol{y}\to\boldsymbol{x})}=|\boldsymbol{A}|^{-1}$。

2.4 特征函数

2.4.1 随机变量的特征函数

定义 2.4.1 设 x 是一个随机变量，称 $\varphi_x(t)=E(\mathrm{e}^{\mathrm{i}tx})$，$-\infty<t<\infty$ 为 x 的特征函数。

因为，$|\mathrm{e}^{\mathrm{i}tx}|=1$，所以 $E(\mathrm{e}^{\mathrm{i}tx})$ 总是存在的，即任一随机变量的特征函数总是存在的。

1. 特征函数的求法

（1）当离散随机变量 x 的分布列为 $p(x=x_j)=p_j$，$j=1,2,\cdots$，则 x 的特征函数为

$$\varphi_x(t)=E(\mathrm{e}^{\mathrm{i}tx})=\sum_{j=1}^{\infty}\mathrm{e}^{\mathrm{i}tx_j}p_j\,,\quad -\infty<t<\infty\,。$$

（2）当连续随机变量 x 的密度函数为 $p(x)$，则 x 的特征函数为

$$\varphi_x(t)=E(\mathrm{e}^{\mathrm{i}tx})=\int_{-\infty}^{\infty}\mathrm{e}^{\mathrm{i}tx}p(x)\mathrm{d}x\,,\quad -\infty<t<\infty\,。$$

例 2.4.1 几种常见分布的特征函数。

（1）单点分布：$p(x=a)=1$，其特征函数为 $\varphi(t)=E(\mathrm{e}^{\mathrm{i}ta})$。

（2）0–1 分布：$p(\boldsymbol{x}=x)=p^x(1-p)^{1-x}$，其特征函数为 $\varphi(t)=p\mathrm{e}^{\mathrm{i}t}+(1-p)$。

（3）泊松分布 $p(\lambda)$：$p(x=k)=\dfrac{\lambda^k}{k!}\mathrm{e}^{-\lambda}$，$k=1,2,\cdots$，其特征函数为

$$\varphi(t)=E(\mathrm{e}^{ita})=\sum_{k=0}^{+\infty}\mathrm{e}^{\mathrm{i}kt}\frac{\lambda^k}{k!}\mathrm{e}^{-\lambda}=\mathrm{e}^{-\lambda}\mathrm{e}^{\lambda\mathrm{e}^{\mathrm{i}t}}=\mathrm{e}^{\lambda(\mathrm{e}^{\mathrm{i}t}-1)}\,。$$

（4）标准正态分布 $N(0,1)$：因为密度函数为 $p(x)=\dfrac{1}{\sqrt{2\pi}}\mathrm{e}^{-x^2/2}$，$-\infty<x<\infty$，所以特征函数为

$$\varphi(t)=\frac{1}{\sqrt{2\pi}}\int_{-\infty}^{+\infty}\mathrm{e}^{\mathrm{i}tx-x^2/2}\mathrm{d}x=\mathrm{e}^{-t^2/2}\,。$$

2. 特征函数的性质

性质 2.4.1（有界性） $|\varphi(t)|\leqslant\varphi(0)=1$，$-\infty<t<\infty$。

性质 2.4.2（一致连续性） $\varphi(t)$ 在 $\mathbf{R}=(-\infty,\infty)$ 上一致连续，且有 $\varphi(-t)=\overline{\varphi(t)}$。

性质 2.4.3（非负定性） 对任意 $n\geqslant1$，任意实数 $t_1,t_2,\cdots,t_n$ 和任意复数 $z_1,z_2,\cdots,z_n$，则

$$\sum_{j=1}^{n}\sum_{k=1}^{n}\varphi_X(t_j-t_k)z_j\overline{z}_k\geqslant0\,。$$

性质 2.4.4 $\varphi(t)$ 是 x 的特征函数，则 $y=ax+b$ 的特征函数是 $\varphi_{ax+b}(t)=\mathrm{e}^{ibt}\varphi_x(at)$。

性质 2.4.5 设随机变量 x，y 的特征函数分别是 $\varphi_x(t)$，$\varphi_y(t)$，且 x，y 相互独立，则随机变量 $z=x+y$ 的特征函数是 $\varphi_{x+y}(t)=\varphi_x(t)\cdot\varphi_y(t)$。

性质 2.4.6 设随机变量 x 的 l 阶矩存在，则 x 的特征函数 $\varphi(t)$ 可微分 l 次，且对 $1\leqslant k\leqslant l$，有

$$\varphi^{(k)}(0)=i^k E(x^k)\text{。}$$

上式提供求随机变量各阶矩的途径，特别可用下式求数学期望和方差：

$$E(x)=\varphi'(0)/i;\ \ \mathrm{Var}(x)=-\varphi''(0)+(\varphi'(0))^2\text{。}$$

3. 特征函数与分布函数的对应关系

定义 2.4.2 设 $F(x)$ 是分布函数，称 $\varphi(t)=\int_{-\infty}^{\infty}\mathrm{e}^{\mathrm{i}tx}\mathrm{d}F(x)$ 是分布函数 $F(x)$ 的特征函数。

由分布函数定义特征函数的性质：

性质 2.4.7（一致连续性） 分布函数 $F(x)$ 的特征函数 $\varphi(t)$ 在 $(-\infty,\infty)$ 上一致连续，且有

$$|\varphi(t)|\leqslant\varphi(0)=1,\ \ -\infty<t<\infty\text{。}$$

性质 2.4.8（非负定性） 分布函数 $F(x)$ 的特征函数 $\varphi(t)$ 是非负定的。

定理 2.4.1（唯一性定理） 随机变量的分布函数唯一决定它的特征函数。

由定义 2.4.2 和定理 2.4.1 知：随机变量的分布函数与其特征函数是一一对应的。

例 2.4.2 利用特征函数的方法求伽玛分布 $G_a(\alpha,\lambda)$ 的数学期望和方差。

解： $G_a(\alpha,\lambda)$ 的特征函数是 $\varphi(t)=(1-\frac{it}{\lambda})^{-\alpha}$，因此，$\varphi'(0)=\frac{\alpha i}{\lambda}$；$\varphi''(0)=\frac{-\alpha(\alpha+1)}{\lambda^2}$。

由性质 2.4.5，得

$$E(x)=\frac{\varphi'(0)}{i}=\frac{\alpha}{\lambda},\ \ \mathrm{Var}(x)=-\varphi''(0)+(\varphi'(0))^2=\frac{\alpha}{\lambda^2}\text{。}$$

2.4.2 随机向量的特征函数

定义 2.4.3 设 $\boldsymbol{x}=(x_1,x_2,\cdots,x_p)'$ 是 p 维随机向量，$F(x)$，$\boldsymbol{x}\in\Omega$ 是它的分布函数，称 $\varphi_{\boldsymbol{x}}(\boldsymbol{t})=E(\mathrm{e}^{i\boldsymbol{t}'\boldsymbol{x}})=\int_{R^p}\mathrm{e}^{i\boldsymbol{t}'\boldsymbol{x}}\mathrm{d}F(\boldsymbol{x})$，$\boldsymbol{t}\in\mathbf{R}^p$，为随机向量 $\boldsymbol{x}$ 或分布函数 $F(\boldsymbol{x})$ 的特征函数。

因为，$\left|\mathrm{e}^{i\boldsymbol{t}'\boldsymbol{x}}\right|=1$，所以 $E(\mathrm{e}^{i\boldsymbol{t}'\boldsymbol{x}})$ 总是存在的，即任一随机向量的特征函数总是存在的。

1. 特征函数的求法

（1） $\boldsymbol{X}$ 是 p 维离散型随机向量，其分布列为 $p(\boldsymbol{X}=\boldsymbol{x})$，$\boldsymbol{x}\in\mathbf{R}^p$，则 $\boldsymbol{X}$ 的特征函数为

$$\varphi_{\boldsymbol{X}}(\boldsymbol{t})=E(\mathrm{e}^{i\boldsymbol{t}'\boldsymbol{X}})=\sum_{\boldsymbol{x}\in\Omega}\mathrm{e}^{i\boldsymbol{t}'\boldsymbol{X}}p(\boldsymbol{X}=\boldsymbol{x})\text{，}\ \ \boldsymbol{t}\in\mathbf{R}^p\text{。}$$

（2） $\boldsymbol{X}$ 是 p 维连续型随机向量，其密度函数为 $p(\boldsymbol{X})$，则 $\boldsymbol{X}$ 的特征函数为

$$\varphi_{\boldsymbol{X}}(\boldsymbol{t})=E(\mathrm{e}^{i\boldsymbol{t}'\boldsymbol{X}})=\int_{R^p}\mathrm{e}^{i\boldsymbol{t}'\boldsymbol{X}}p(\boldsymbol{X})\mathrm{d}\boldsymbol{X}\text{，}\ \ \boldsymbol{t}\in\mathbf{R}^p\text{。}$$

2. 边际特征函数

p 维随机向量 $\boldsymbol{x}=(x_1,x_2,\cdots,x_p)'$ 的特征函数 $\varphi_x(\boldsymbol{t})$ 又称为随机变量 $x_1,x_2,\cdots,x_p$ 的联合特征函数。由随机变量 $x_1,x_2,\cdots,x_p$ 的联合特征函数得到的部分随机变量 $x_{j_1},x_{j_2},\cdots,x_{j_r}$ 的联合特征函数称为边际特征函数。特别有

$$\varphi_{x_1}(t_1)=\varphi_x(t_1,0,\cdots,0)\text{，}\ \cdots\text{，}\ \varphi_{x_p}(t_p)=\varphi_x(0,\cdots,0,t_p)\text{。}$$

3. 随机向量特征函数的基本性质

性质 2.4.9（有界性） 对 $\forall\boldsymbol{t}\in\mathbf{R}^p$，有 $|\varphi_{\boldsymbol{x}}(\boldsymbol{t})|\leqslant\varphi_{\boldsymbol{x}}(0)=1$。

性质 2.4.10（一致连续性） $\varphi_{\boldsymbol{x}}(\boldsymbol{t})$ 在 $\boldsymbol{t}\in\mathbf{R}^p$ 上一致连续，且有 $\varphi_{\boldsymbol{x}}(-\boldsymbol{t})=\overline{\varphi_{\boldsymbol{x}}(\boldsymbol{t})}$。

性质 2.4.11（非负定性） 对任意 $n\geqslant1$，任意 n 个 p 维实向量 $\boldsymbol{t}^{(1)},\boldsymbol{t}^{(2)},\cdots,\boldsymbol{t}^{(n)}\in\mathbf{R}^p$ 和任意复数 $z_1,z_2,\cdots,z_n$，则有

$$\sum_{j=1}^{n}\sum_{k=1}^{n}\varphi_X(\boldsymbol{t}^{(j)}-\boldsymbol{t}^{(k)})z_j\bar{z}_k \geqslant 0。$$

性质 2.4.12 设 $\varphi_{\boldsymbol{x}}(\boldsymbol{t})$ 是 p 维随机向量 $\boldsymbol{x}$ 的特征函数，$\boldsymbol{A}$ 是 $r\times p$ 阶矩阵，$\boldsymbol{b}$ 是 r 维列向量，则 $\boldsymbol{y}=\boldsymbol{Ax}+\boldsymbol{b}$ 的特征函数是 $\varphi_{\boldsymbol{Ax}+\boldsymbol{b}}(\boldsymbol{t})=\mathrm{e}^{i\boldsymbol{t}'\boldsymbol{b}}E(\mathrm{e}^{i\boldsymbol{t}'\boldsymbol{Ax}})=\mathrm{e}^{i\boldsymbol{t}'\boldsymbol{b}}\varphi_{\boldsymbol{x}}(\boldsymbol{A}'\boldsymbol{t})$。

性质 2.4.13 设相互独立的两个 p 维随机向量 $\boldsymbol{x}$, $\boldsymbol{y}$ 的特征函数分别是 $\varphi_{\boldsymbol{x}}(\boldsymbol{t})$, $\varphi_{\boldsymbol{y}}(\boldsymbol{t})$，则随机向量 $\boldsymbol{z}=\boldsymbol{x}+\boldsymbol{y}$ 的特征函数是 $\varphi_{\boldsymbol{x}+\boldsymbol{y}}(\boldsymbol{t})=\varphi_{\boldsymbol{x}}(\boldsymbol{t})\cdot\varphi_{\boldsymbol{y}}(\boldsymbol{t})$，$\boldsymbol{t}\in\mathbf{R}^p$。

定理 2.4.2（唯一性定理） 随机向量的分布函数和它的特征函数一一对应。

2.5 变量的联系和处理

2.5.1 变量的类型

在实际应用中，形形色色的变量归纳起来有以下四类：

（1）**定类变量**：变量是用一些类别表示，这些量之间既无等级关系也无大小关系，如性别、职业、产品的型号等。

（2）**定序变量**：变量度量时不用明确的数值表示，而是用等级表示，例如产品分一等品、二等品、三等品等；学生成绩分优、良、中、及格、差等。

（3）**定距变量**：变量用连续的数值表示，不仅可区分为不同类型，可以排序，而且可以准确地指出类别之间的差距是多少，如温度，用百分制表示的考试成绩、重量、长度等。

（4）**定比变量**：与定距变量属于同一层次，一般可不作区分，其计量结果为数值。除具有上述三种计量尺度的全部特征外还有一个特征：可以计算两个测量值之间的比率。这种尺度中有一个绝对“零点”，而在定距尺度中是没有绝对零点的。例如温度，某地方为 0℃，并不表示该地方没有温度；一个学生的数学考试成绩为 0 分并不表示他没有任何数学知识。在定比变量中，“0”表示“没有”或“不存在”，如一个人收入为零，表示他没有一点收入；一种产品的产量为 0，表示没有这种产品等，在现实生活中常用。

在统计上常常把（1）、（2）两类变量统称为**定性变量**，（3）、（4）两类变量统称为**定量变量**。定量变量又可以分为**离散型变量**和**连续型变量**。定性变量与定量变量可以互相转化，例如在定性变量中，产品的一等品、二等品、三等品可以分别用 1、2、3 表示。而对定量变量，可以在它的取值范围内分为若干个区间，每个区间根据实际情况赋予一个名称，例如 90～100 分为优，80～89 分为良，70～79 分为中，60 分以下为不及格。

2.5.2 数据与变量

设有数据矩阵见表 2.5.1。

表 2.5.1 数据矩阵

变量 / 样品	x_1	x_2	…	x_p
1	x_{11}	x_{12}	…	x_{1p}
2	x_{21}	x_{22}	…	x_{2p}
⋮	⋮	⋮	⋱	⋮
n	x_{n1}	x_{n2}	…	x_{np}

在数据矩阵表中可以看出，如果把每个样品（行变量）看作$\mathbf{R}^p$中的一个点，则 n 个样品就是$\mathbf{R}^p$中的n个点。如果把每个变量（列变量）看作$\mathbf{R}^n$中的一个点，则p个变量就是$\mathbf{R}^n$中的p个点。

考虑两个定性变量A, B，每个变量分别考察n类和p类，属于A_i和B_j的个体数目分别为n_{ij}，$i=1,2,\cdots,n$; $j=1,2,\cdots,p$，则得到$n\times p$列联表，见表 2.5.2。

表 2.5.2 $n\times p$ 列联表

A \ B	B_1	B_2	$\cdots$	B_p	Σ
A_1	n_{11}	n_{12}	$\cdots$	n_{1p}	$n_{1\cdot}$
A_2	n_{21}	n_{22}	$\cdots$	n_{2p}	$n_{2\cdot}$
$\vdots$	$\vdots$	$\vdots$	$\ddots$	$\vdots$	$\vdots$
A_n	n_{n1}	n_{n2}	$\cdots$	n_{np}	$n_{n\cdot}$
Σ	$n_{\cdot 1}$	$n_{\cdot 2}$	$\cdots$	$n_{\cdot p}$	n

其中，$n_{i\cdot}=\sum\limits_{j=1}^{p}n_{ij}$，$i=1,2,\cdots,n$ 称为行和；$n_{\cdot j}=\sum\limits_{i=1}^{n}n_{ij}$，$j=1,2,\cdots,p$ 称为列和；而总和就是$n=\sum\limits_{i=1}^{n}\sum\limits_{j=1}^{p}n_{ij}$。当$n=p=2$时，表 2.5.2 就是常用的$2\times 2$列联表。在统计上，描述两个定性变量之间的相关性是广义的，常称为关联性，因为不独立就意味着关联，因此两个定性变量之间的关联程度在某种意义上是不独立的，而判断两个定性变量之间是否独立常用χ^2拟合优度检验。

2.5.3 变量的标准化

由于各个变量（样品）的观测值具有不同的数量级和不同的测量单位，如果不加以处理，可能对分析的结果有不好的影响，所以有必要进行变换。在实际应用时，常常要先对各变量进行标准化处理，消除其中的不合理现象，以便提高分析效果。根据数据的特点，常用的标准化方法有以下几种。

1. 标准化法（z 得分）

$$x_{ij}^{*}=\frac{x_{ij}-\overline{x}_j}{s_{jj}},\quad i=1,2,\cdots,n,\quad j=1,2,\cdots,p\text{。}$$

其中$\overline{x}_j=\dfrac{1}{n}\sum\limits_{i=1}^{n}x_{ij}$为第$j$个变量的样本均值，$s_{jj}^2=\dfrac{1}{n-1}\sum\limits_{i=1}^{n}(x_{ij}-\overline{x}_j)^2$为第$j$个变量的样本方差。标准化变换把原变量转换为均值为 0，标准差为 1 的新变量。

2. 正规化法

$$x_{ij}^{*}=\frac{x_{ij}-\min\limits_{1\leqslant j\leqslant n}\{x_{ij}\}}{\max\limits_{1\leqslant j\leqslant n}\{x_{ij}\}-\min\limits_{1\leqslant j\leqslant n}\{x_{ij}\}},\quad i=1,2,\cdots,n,\quad j=1,2,\cdots,p\text{。}$$

正规化法把原变量的取值转换为取值范围在 0,1 之间的新变量。

3. 极差标准化法

$$x_{ij}^{*}=\frac{x_{ij}-\overline{x}_j}{\max\limits_{1\leqslant j\leqslant n}\{x_{ij}\}-\min\limits_{1\leqslant j\leqslant n}\{x_{ij}\}},\quad i=1,2,\cdots,n,\quad j=1,2,\cdots,p\text{。}$$

极差标准化法把原变量转换为均值为 0，最大值不大于 1 的新变量。

4. 极大值正规化法

$$x_{ij}^{*}=\frac{x_{ij}}{\max\limits_{1\leqslant j\leqslant n}\{x_{ij}\}},\quad i=1,2,\cdots,n,\quad j=1,2,\cdots,p\text{。}$$

极大值正规化法把原变量的取值转换为极大值为 1 的新变量。

5. 均值正规化法

$$x_{ij}^{*}=\frac{x_{ij}}{\overline{x}_{j}},\quad i=1,2,\cdots,n,\quad j=1,2,\cdots,p\text{。}$$

均值正规化法把原变量转换为均值为 1 的新变量。

2.5.4 变量间的距离

距离的定义有多种，一般来说，变量之间的距离 d_{ij} 应该满足以下三个条件：

（1）非负性：$d_{ij}\geqslant 0$，$d_{ij}=0$ 当且仅当第 i 个变量等于第 j 个变量。

（2）可交换：$d_{ij}=d_{ji}$，对一切 i，j 成立。

（3）三角不等式：$d_{ij}\leqslant d_{ik}+d_{kj}$，对一切 i，j 成立。

在统计分析中，人们常用点之间的距离来衡量这些点之间的亲疏关系：若两个变量（样品）的距离较小，则认为它们之间的关系较密切，若两个变量（样品）的距离较大，则认为它们之间的关系较疏远。因此，人们常把距离看作变量（样品）之间的不相似性度量。

1. 欧几里得距离

设第 i、j 个样品的指标分别为 $(x_{i1},x_{i2},\cdots,x_{ip})$，$(x_{j1},x_{j2},\cdots,x_{jp})$，则两个样品的欧几里得距离是 $d_{ij}(2)=[\sum\limits_{k=1}^{p}\left|x_{ik}-x_{jk}\right|^{2}]^{1/2}$。

与欧几里得距离相似的度量还有：

（1）绝对距离：$d_{ij}(1)=\sum\limits_{k=1}^{p}\left|x_{ik}-x_{jk}\right|$。

（2）明可夫斯基（Minkowski）距离：$d_{ij}(q)=[\sum\limits_{k=1}^{p}\left|x_{ik}-x_{jk}\right|^{q}]^{1/q}$。这里 q 是某个自然数。$q=1$ 时就是绝对距离，$q=2$ 时就是欧几里得距离，$q=\infty$ 时就是切比雪夫距离。

（3）切比雪夫距离：$d_{ij}(\infty)=\max\limits_{1\leqslant k\leqslant p}\left|x_{ik}-x_{jk}\right|$。

2. 兰氏（Lance 和 Williams）距离

当 $x_{ij}>0$，$i=1,2,\cdots,n$，$j=1,2,\cdots,p$ 时，第 i 个样品与第 j 个样品的兰氏距离为

$$d_{ij}(L)=\sum_{k=1}^{p}\left|x_{ik}-x_{jk}\right|/(x_{ik}+x_{jk})\text{，}$$

这个距离与各变量的单位无关，对大的差异值不敏感，适合于高度偏斜的数据。

欧几里得距离和兰氏距离均没有考虑变量间的相关性，因此这两种距离适用于各变量不相关的情况，如果变量之间存在一定程度的相关性，可考虑使用马氏距离。

3. 马氏（Mahalanobis）距离

在统计学中，用欧几里得距离可能不是很合适。考虑下面这种情况：设有两个正态总体，$\xi \sim N(\mu_1,\sigma^2)$，$\eta \sim N(\mu_2,4\sigma^2)$，现有一个样品位于如图 2.5.1 中的点 A（坐标为 x），点 A 距 ξ 的中心 μ_1 的距离为 2σ，距总体 η 的中心 μ_2 的距离为 3σ。直观观察，点 A 离中心 μ_2 要比中心 μ_1 "更远"些，因而点 A 应该归于总体 ξ。但考虑到两个总体的标准差不一样，点 A 与 μ_1 的距离为 2 个标准差，点 A 与 μ_2 的距离为 1.5 个标准差，因而从统计的角度来看，点 A 似乎更应该属于总体 η。若 $\xi \sim N(\mu,\sigma^2)$，则标准化变换后的变量 $\varsigma=(\xi-\mu)/\sigma \sim N(0,1)$，对上述例子，经标准化变换后点 A 与 μ_1 的距离是 $(x-\mu_1)/\sigma=2$，而点 A 与 μ_2 的距离是 $(x-\mu_2)/(2\sigma)=1.5$，所以点 A 与总体 η 更近。于是，印度著名统计学家 Mahalanobis（马哈拉诺比斯）提出度量多元变量的马氏距离如下：

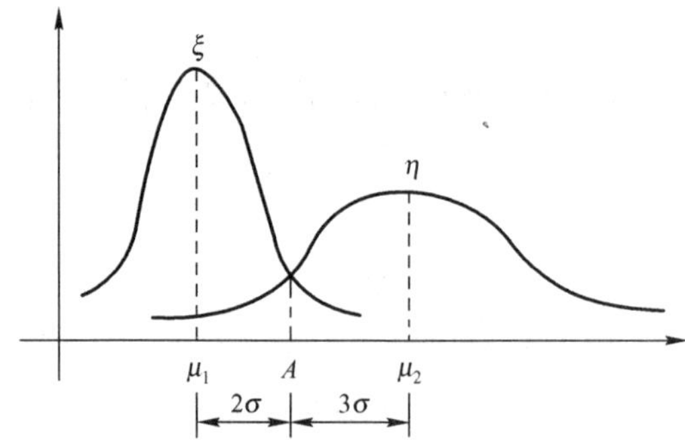

图 2.5.1　点 A 在不同分布下与中心的距离

设 $\boldsymbol{x}$，$\boldsymbol{y}$ 是从均值为 $\boldsymbol{\mu}$，协方差为 $\Sigma>0$ 的总体 $\boldsymbol{\pi}$ 中抽取的两个 p 维样品，则在总体 $\boldsymbol{\pi}$ 内，两点 $\boldsymbol{x}$，$\boldsymbol{y}$ 之间的马氏距离为 $d(\boldsymbol{x},\boldsymbol{y})=[(\boldsymbol{x}-\boldsymbol{y})'\Sigma^{-1}(\boldsymbol{x}-\boldsymbol{y})]^{1/2}$，点 $\boldsymbol{x}$ 到总体 $\boldsymbol{\pi}$ 的马氏距离为 $d(\boldsymbol{x},\boldsymbol{\pi})=[(\boldsymbol{x}-\boldsymbol{\mu})'\Sigma^{-1}(\boldsymbol{x}-\boldsymbol{\mu})]^{1/2}$。

马氏距离的性质：

（1）马氏距离不受变量单位的影响，是一个无量纲的量。

（2）马氏距离是在变量 x 和 y 经标准化之后所得的欧几里得距离。

由于 $\boldsymbol{x}$，$\boldsymbol{y}$ 为取自均值为 $\boldsymbol{\mu}$，协方差为 $\boldsymbol{\Sigma}(\boldsymbol{\Sigma}>0)$ 的总体，若令 $\boldsymbol{x}^*=\Sigma^{-1/2}(\boldsymbol{x}-\boldsymbol{\mu})$，$\boldsymbol{y}^*=\boldsymbol{\Sigma}^{-1/2}(\boldsymbol{y}-\boldsymbol{\mu})$，这时 $E(\boldsymbol{x}^*)=E(\boldsymbol{y}^*)=0$，$V(\boldsymbol{x}^*)=V(\boldsymbol{y}^*)=\boldsymbol{I}$。因此，有

$$d(\boldsymbol{x},\boldsymbol{y})=[(\boldsymbol{x}^*-\boldsymbol{y}^*)'(\boldsymbol{x}^*-\boldsymbol{y}^*)]^{1/2}。$$

（3）若 $\boldsymbol{\Sigma}=\mathrm{diag}(\sigma_{11},\sigma_{22},\cdots,\sigma_{mm})$，则

$$d(\boldsymbol{x},\boldsymbol{y})=[\frac{(x_1-y_1)^2}{\sigma_{11}}+\frac{(x_2-y_2)^2}{\sigma_{22}}+\cdots+\frac{(x_m-y_m)^2}{\sigma_{mm}}]^{1/2}。$$

特别地，当 $\boldsymbol{\Sigma}=\boldsymbol{I}$ 时，马氏距离等于欧几里得距离。马氏距离的好处是考虑了各变量之间的相关性，与各变量的单位无关。

4. 斜交空间距离

第 i 个样品与第 j 个样品间的斜交空间距离定义为

$$d_{ij}^*=[\frac{1}{p^2}\sum_{k=1}^{p}\sum_{l=1}^{p}(x_{ik}-x_{jk})(x_{il}-x_{jl})r_{kl}]^{1/2}$$

其中r_{kl}是变量x_k与变量x_l间的相关系数，当p个变量互不相关时，$d_{ij}^* = d_{ij}(2)/p$，即退化为欧几里得距离（除相差一个常数倍外）。

2.5.5 变量间的相似度

衡量变量之间的相似度最常用的有相关系数及变量的夹角余弦。

1. 相关系数

设第i个变量$x_i = (x_{1i}, x_{2i}, \cdots, x_{ni})'$，第$j$个变量$x_j = (x_{1j}, x_{2j}, \cdots, x_{nj})'$，它们之间的相关系数为

$$r_{ij} = C_{ij}(1) = \frac{\sum(x_{ki} - \overline{x}_i)(x_{kj} - \overline{x}_j)}{\sqrt{[\sum(x_{ki} - \overline{x}_i)]^2[\sum(x_{kj} - \overline{x}_j)]^2}},$$

其中$\overline{x}_i = \frac{1}{n}\sum_{k=1}^{n} x_{ki}$，$\overline{x}_j = \frac{1}{n}\sum_{k=1}^{n} x_{kj}$。

利用相关系数来判断变量之间的相似度主要看相关系数的大小，有时要看相关系数的绝对值大小。相关系数（或其绝对值）越大，则认为变量之间的相似程度越高，反之则越低。

2. 夹角余弦

变量x_i与x_j的夹角余弦定义为

$$\cos\theta_{x_i,x_j} = C_{ij}(2) = \sum_{k=1}^{n} x_{ki}x_{kj} \Bigg/ [(\sum_{k=1}^{n} x_{ki}^2)(\sum_{k=1}^{n} x_{kj}^2)]^{1/2}。$$

如果样品的各个变量都取正值，则$0 < \cos\theta_{x_i,x_j} \leqslant 1$，当$\cos\theta_{x_i,x_j} = 1$时，说明$x_i$与$x_j$完全相似，$\cos\theta_{x_i,x_j}$越接近于1表明$x_i$与$x_j$越相似。

变量的距离与相似度可以相互转化，例如可以借助相似度来定义变量之间的距离：

$$d_{ij}^2 = 1 - C_{ij}^2。$$

2.5.6 匹配系数

在实际问题中，特别在农业、生物及医学中，个体的p个变量可能都是二值变量，即变量只有两种状态。如医学中的“阴性”和“阳性”，植被考察中的“存在”和“不存在”等。对于这种二值变量我们常用编码0、1来刻划。即变量处于某一状态时给予编码1，而在处于另一状态时给予编码 0。例如在医学检查中，对两个个体i和j进行五项检查，检查结果显阴性用0表示，检查结果显阳性用1表示，检查结果见表2.5.3。

表2.5.3 两个个体的五项检查结果

个体＼项	1	2	3	4	5
i	0	1	1	0	0
j	0	0	1	0	1

从表2.5.3可看出，个体i和j对五项检查（变量）来说有1个（1-1）匹配，2个（0-0）匹配和2个不匹配。对于个体只有二值变量的情况，其相似性可以通过定义各种匹配系数来

度量，而且还要根据专业知识来具体考虑。如果把 0 与 1 同等对待就称为对称二值变量，若 0 与 1 不同等对待就称为不对称二值变量，在定义二值变量的两个个体的匹配系数时要考虑这种对称性问题。为了定义各种匹配系数可利用 2×2 列联表，设个体 i 和 j 有 p 个二态变量，通过观测得表 2.5.4 所列的 2×2 列联表。

表 2.5.4　个体 i 和 j 的 2×2 列联表

i \ j	1	0	边和
1	a	b	$a+b$
0	c	d	$c+d$
边和	$a+c$	$b+d$	$a+b+c+d=p$

表 2.5.4 中的 a 表示（1−1）匹配数，d 表示（0−0）匹配数，b 和 c 分别表示（1−0）和（0−1）的非匹配数。表 2.5.5 列出匹配系数的 9 种常见定义。

表 2.5.5　具有 p 个二态变量的两个体匹配系数

匹配系数	说　明
$\frac{a+d}{p}$	简单匹配系数，对（1−1）和（0−1）等同加权，对称情况
$\frac{2(a+d)}{2(a+d)+b+c}$	对（1−1）和（0−0）匹配双倍加权，对称情况
$\frac{a+d}{a+d+2(b+c)}$	对非匹配双倍加权，对称情况
$\frac{a}{p}$	分子上略去（0−0）匹配，非对称情况
$\frac{a}{a+b+c}$	分子、分母都略去（0−0）匹配，非对称情况
$\frac{2a}{2a+b+c}$	分子、分母都略去（0−0）匹配，对（1−1）匹配双倍加权，非对称
$\frac{a}{a+2(b+c)}$	分子、分母都略去（0−0）匹配，对非匹配双位加权，非对称
$\frac{a}{b+c}$	除去（0-0）匹配，（1−1）匹配与非匹配之比，非对称
$\frac{a}{[(a+b)(a+c)]^{1/2}}$	Ochiai 系数（1951），非对称情况

对于二值变量来说，相关系数有更简洁的表达式。若 n 个个体的两个变量 x_i 和 x_j 的观测值得 2×2 列联表 2.5.4，这时 $p=n$，其中 a 表示变量 x_i、x_j 在 a 个个体上同时取值为 1，其中 b,c,d 的解释类似。这时二值变量 x_i, x_j 的相关系数可表示为

$$r_{ij}=\frac{ad-bc}{[(a+b)(c+d)(a+c)(b+d)]^{1/2}}。$$

第3章 正态分布

多变量正态分布在现代统计分析中占有重要的位置，现代统计分析中的许多重要理论和方法都是直接或间接建立在正态分布的基础上，而现实中遇到的随机向量也常常服从或近似服从正态分布，因此，许多实际问题的解决方法也是以总体服从或近似服从正态分布为前提，可见多变量正态分布是现代统计分析方法的基础。

3.1 多变量正态分布

3.1.1 多变量正态分布的定义

早先，人们利用随机向量的密度函数来定义多变量正态分布。

定义 3.1.1 如果 p 元随机向量 $\boldsymbol{x}=(x_1,x_2,\cdots,x_p)'$ 的分布密度为

$$f(x_1,x_2,\cdots,x_p)=(2\pi)^{-p/2}\left|\boldsymbol{\Sigma}\right|^{-1/2}\exp[-\frac{1}{2}(\boldsymbol{x}-\boldsymbol{\mu})'\boldsymbol{\Sigma}^{-1}(\boldsymbol{x}-\boldsymbol{\mu})] \tag{3.1.1}$$

则称随机向量 $\boldsymbol{x}$ 服从均值向量为 $\boldsymbol{\mu}=(\mu_1,\mu_2,\cdots,\mu_p)'$，协方差矩阵为 $\boldsymbol{\Sigma}>\boldsymbol{0}$ 的多变量正态分布，记为 $\boldsymbol{x}\sim N_p(\boldsymbol{\mu},\boldsymbol{\Sigma})$。

这样定义的多变量正态分布使用方便，但有明显的不足：当随机向量的协方差矩阵 $\left|\boldsymbol{\Sigma}\right|=0$ 时，$\boldsymbol{\Sigma}^{-1}$ 不存在，这时随机向量不存在通常意义下的密度，因此无法确定其是否服从多变量正态分布，因而用密度函数直接给出多变量正态分布的定义如今不大采用。人们考虑，能否利用标准正态分布与一般正态分布之间的线性变换关系来定义多变量正态分布。

设随机变量 $x\sim N(0,1)$，则 x 的分布密度为：

$$\varphi(x)=\frac{1}{\sqrt{2\pi}}\exp\left(-\frac{1}{2}x^2\right),\quad -\infty\leqslant x\leqslant+\infty。 \tag{3.1.2}$$

令 $y=\mu+\sigma x$，则 $y\sim N(\mu,\sigma^2)$，这时 y 的分布密度是：

$$f(y)=\frac{1}{\sqrt{2\pi}\sigma}\exp[-\frac{1}{2\sigma^2}(y-\mu)^2],\quad -\infty\leqslant y\leqslant+\infty。 \tag{3.1.3}$$

现把它推广到多变量随机向量的情况，从而给出多变量正态分布的定义。

定义 3.1.2 设 $x_1,x_2,\cdots,x_p$ 独立同分布于 $N(0,1)$，则随机向量 $\boldsymbol{x}=(x_1,x_2,\cdots,x_p)'$ 的概率密度为 $\varphi(x_1,x_2,\cdots,x_p)=\prod_{i=1}^{p}\varphi(x_i)=(2\pi)^{-p/2}\exp(-\boldsymbol{x}'\boldsymbol{x}/2)$，其中，$-\infty<x_i<+\infty$，$i=1,2,\cdots,p$。这时 $E(\boldsymbol{x})=\boldsymbol{0}$，$V(x)=\boldsymbol{\Sigma}=\boldsymbol{I}_p$。称随机向量 $\boldsymbol{x}$ 服从均值向量为 $\boldsymbol{0}$、协方差矩阵为 $\boldsymbol{I}$ 的多变量标准正态分布，记为 $\boldsymbol{x}\sim N_p(\boldsymbol{0},\boldsymbol{I}_p)$。

定义 3.1.3 设 p 维随机向量 $\boldsymbol{x}$ 服从多变量标准正态分布，$\boldsymbol{\mu}$ 是 p 维常数列向量，$\boldsymbol{A}$ 是 p

阶常数方阵，作线性变换：

$$\boldsymbol{y}=\boldsymbol{\mu}+\boldsymbol{A}\boldsymbol{x} \tag{3.1.4}$$

则称 $\boldsymbol{y}$ 服从均值向量为 $\boldsymbol{\mu}$、协方差矩阵为 $\boldsymbol{\Sigma}=\boldsymbol{A}\boldsymbol{A}'$ 的多变量正态分布，记为 $\boldsymbol{y}\sim N_p(\boldsymbol{\mu},\boldsymbol{\Sigma})$。这时，$\boldsymbol{\mu}=E(\boldsymbol{y})$，$\boldsymbol{\Sigma}=\mathrm{Var}(\boldsymbol{y})=\boldsymbol{A}\mathrm{Var}(\boldsymbol{x})\boldsymbol{A}'=\boldsymbol{A}\boldsymbol{A}'$。

若 $\mathrm{R}(\boldsymbol{A})=p$，则 $\boldsymbol{\Sigma}^{-1}$ 存在，因为 $\boldsymbol{y}=\boldsymbol{\mu}+\boldsymbol{A}\boldsymbol{x}$，这时 $\boldsymbol{x}=\boldsymbol{A}^{-1}(\boldsymbol{y}-\boldsymbol{\mu})$，$\boldsymbol{\Sigma}=\boldsymbol{A}\boldsymbol{A}'$，$\boldsymbol{\Sigma}^{-1}=(\boldsymbol{A}')^{-1}(\boldsymbol{A})^{-1}$。由变量变换的雅可比公式知 $\boldsymbol{J}(\boldsymbol{x}\to\boldsymbol{y})=|\boldsymbol{A}|^{-1}=|\boldsymbol{A}\boldsymbol{A}'|^{-1/2}=\boldsymbol{\Sigma}^{-1/2}$，这时 $\boldsymbol{y}$ 的概率密度函数为：

$$f(\boldsymbol{y})=(2\pi)^{-p/2}\exp(-\frac{1}{2}\boldsymbol{x}'\boldsymbol{x})\cdot|\boldsymbol{J}(\boldsymbol{x}\to\boldsymbol{y})|$$

$$=(2\pi)^{-p/2}|\boldsymbol{\Sigma}|^{-1/2}\exp[-\frac{1}{2}(\boldsymbol{y}-\boldsymbol{\mu})'\boldsymbol{\Sigma}^{-1}(\boldsymbol{y}-\boldsymbol{\mu})]\text{。} \tag{3.1.5}$$

若 $\mathrm{R}(\boldsymbol{A})<p$，则 $\boldsymbol{\Sigma}^{-1}$ 不存在，此时称 $\boldsymbol{y}$ 的分布为退化 p 维正态分布，不存在概率密度。

由下面的性质可知，式（3.1.4）中的矩阵 $\boldsymbol{A}$ 还可以是 $q\times p$ 常数矩阵，$\boldsymbol{\mu}$ 为 q 维常数向量，这时 $\boldsymbol{y}=\boldsymbol{\mu}+\boldsymbol{A}\boldsymbol{x}$ 的分布是 q 维正态分布。

采用多变量标准正态向量的线性组合给出多变量正态随机向量的定义，其优点：一是克服了用密度函数定义多变量正态分布的不足，二是多变量正态分布的有些性质可以利用单变量正态分布的性质推得；其不足是当随机向量的协方差矩阵 $|\boldsymbol{\Sigma}|=0$ 时，虽然能确定其服从多变量正态分布，但无法给出概率密度，因此在处理具体问题时仍感不便。

利用特征函数给出多变量正态分布的定义可以解决以上问题。

定义 3.1.4 若 p 维随机变量 $\boldsymbol{x}$ 的特征函数为

$$\varphi_{\boldsymbol{x}}(\boldsymbol{t})=\exp\{i\boldsymbol{t}'\boldsymbol{\mu}-\boldsymbol{t}'\boldsymbol{\Sigma}\boldsymbol{t}/2\},\ \forall\boldsymbol{t}\in\mathbf{R}^p$$

则称 $\boldsymbol{x}$ 服从 p 维正态分布。用特征函数作为多变量正态分布的定义，可包括 $|\boldsymbol{\Sigma}|=0$ 的情况。

3.1.2 多变量正态分布的例

例 设 $\boldsymbol{x}=(x_1,x_2)'\sim N_2(\boldsymbol{\mu},\boldsymbol{\Sigma})$，其中 $\boldsymbol{\mu}=\begin{pmatrix}\mu_1\\ \mu_2\end{pmatrix}$，$\boldsymbol{\Sigma}=\begin{pmatrix}\sigma_1^2 & \rho\sigma_1\sigma_2\\ \rho\sigma_1\sigma_2 & \sigma_2^2\end{pmatrix}$，$|\rho|<1$，求 $\boldsymbol{x}$ 的概率密度函数和边际密度，μ_1，μ_2，σ_1^2，σ_2^2，ρ 各表示什么统计意义？

解：由于 $|\boldsymbol{\Sigma}|=\sigma_1^2\sigma_2^2-\rho^2\sigma_1^2\sigma_2^2>0$，故

$$\boldsymbol{\Sigma}^{-1}=\frac{1}{\sigma_1^2\sigma_2^2(1-\rho^2)}\begin{pmatrix}\sigma_2^2 & -\rho\sigma_1\sigma_2\\ -\rho\sigma_1\sigma_2 & \sigma_1^2\end{pmatrix}$$

由多变量正态分布的定义知，$\boldsymbol{x}$ 的分布密度为

$$f(x_1,x_2)=\frac{1}{(\sqrt{2\pi})^2\sqrt{\sigma_1^2\sigma_2^2(1-\rho^2)}}\exp\{-\frac{1}{2}(\boldsymbol{x}-\boldsymbol{\mu})'\boldsymbol{\Sigma}^{-1}(\boldsymbol{x}-\boldsymbol{\mu})\}$$

$$=\frac{1}{2\pi\sigma_1\sigma_2\sqrt{1-\rho^2}}\exp\{-\frac{1}{2(1-\rho^2)}[(\frac{x_1-\mu_1}{\sigma_1})^2-2\rho(\frac{x_1-\mu_1}{\sigma_1})(\frac{x_2-\mu_2}{\sigma_2})+(\frac{x_2-\mu_2}{\sigma_2})^2]\}\text{。}$$

x_1 和 x_2 边际密度分别是：

$$f_1(x_1)=\frac{1}{\sqrt{2\pi}\sigma_1}\exp[-\frac{1}{2}(\frac{x_1-\mu_1}{\sigma_1})^2]\text{；}$$

$$f_2(x_2)=\frac{1}{\sqrt{2\pi}\sigma_2}\exp[-\frac{1}{2}(\frac{x_2-\mu_2}{\sigma_2})^2]\text{。}$$

这表明，二维正态分布的边际分布是正态分布。回顾例 2.2.3 可知，虽然联合分布不是正态分布，但其边际密度可以是标准正态密度，因此，边际密度是标准正态密度，其联合分布不一定是正态分布。由联合分布可以确定其边际分布，但边际分布不能确定联合分布。那么，对边际密度是正态的随机变量，能否构造出正态的联合分布来？这个问题将在第 4 章回答。

由于

$$\boldsymbol{\Sigma}=\boldsymbol{E}[(\boldsymbol{x}-\boldsymbol{E}\boldsymbol{x})(\boldsymbol{x}-\boldsymbol{E}\boldsymbol{x})']=\begin{pmatrix}\boldsymbol{V}(x_1) & \mathrm{Cov}(x_1,x_2)\\ \mathrm{Cov}(x_2,x_1) & \boldsymbol{V}(x_2)\end{pmatrix},$$

$$\boldsymbol{V}(x_1)=\sigma_1^2,\ \boldsymbol{V}(x_2)=\sigma_2^2,\ \mathrm{Cov}(x_1,x_2)=\rho\sigma_1\sigma_2,\ \rho=\frac{\mathrm{Cov}(x_1,x_2)}{[\boldsymbol{V}(x_1)\boldsymbol{V}(x_2)]^{1/2}}\text{。}$$

因此 μ_1,μ_2 分别为 x_1,x_2 的均值，σ_1^2，σ_2^2 分别为 x_1,x_2 的方差，ρ 为 x_1,x_2 的相关系数。

（1）当 $\rho=0$ 时，$f(x_1,x_2)=f_1(x_1)f_2(x_2)$，故 x_1,x_2 相互独立。反之，若 x_1,x_2 相互独立，则 $\rho=Cov(x_1,x_2)/(\sigma_1\sigma_2)=0$，这说明，在二元正态分布情况下，不相关和相互独立是等价的。

（2）当 $\rho=1$ 时，$|\boldsymbol{\Sigma}|=0$，$\boldsymbol{x}$ 的密度函数不存在，$\boldsymbol{x}$ 是退化的二元正态分布，x_1,x_2 之间存在线性关系。

（3）二元正态分布的图形是倒挂的钟形，$f(x_1,x_2)$ 在 (μ_1,μ_2) 处取得最大值：

$$f(\mu_1,\mu_2)=(2\pi\sigma_1\sigma_2\sqrt{1-\rho^2})^{-1}\text{。}$$

如果用一个固定值去切割二元正态密度函数曲面的话，所得截口是一个椭圆，称为概率密度等高线。用不同值去截就得一族椭圆。例如，设 $f(x_1,x_2)=h$，则

$$(\frac{x_1-\mu_1}{\sigma_1})^2-2\rho(\frac{x_1-\mu_1}{\sigma_1})(\frac{x_2-\mu_2}{\sigma_2})+(\frac{x_2-\mu_2}{\sigma_2})^2=c,$$

这里 $c=-2(1-\rho^2)\ln(2\pi h\sigma_1\sigma_2\sqrt{1-\rho^2})$。令 $y_1=(x_1-\mu_1)/\sigma_1$，$y_2=(x_2-\mu_2)/\sigma_2$，则上式化为 $y_1^2-2\rho y_1y_2+y_2^2=c$，故等高线是一个椭圆。

同单变量情况一样，若方差 σ_1^2 和 σ_2^2 较大，则 (x_1,x_2) 的取值分散程度较大，密度函数的曲面较平缓；反之，若方差较小，则 (x_1,x_2) 的取值就比较集中在均值附近，密度函数的曲面较陡峭。当 σ_1^2，σ_2^2 不变时，相关系数 ρ 大的曲面较陡，反之较平坦。

3.2 随机矩阵的正态分布

3.2.1 随机矩阵正态分布的定义

设 $\boldsymbol{x}_1,\boldsymbol{x}_2,\cdots,\boldsymbol{x}_n$ 为来自 p 维正态 $\boldsymbol{x}\sim\boldsymbol{N}_p(\boldsymbol{\mu},\boldsymbol{\Sigma})$ 的一个样本，$\boldsymbol{x}_1,\boldsymbol{x}_2,\cdots,\boldsymbol{x}_n$ 都是 $p\times1$ 维向量，记 $\boldsymbol{x}_i=(x_{i1},x_{i2},\cdots,x_{ip})'$，$i=1,2,\cdots,n$，$\boldsymbol{x}_{(j)}=(x_{1j},x_{2j},\cdots,x_{nj})'$，$j=1,2,\cdots,p$，则

$$X=\begin{pmatrix}x_{11} & x_{12} & \cdots & x_{1p}\\ x_{21} & x_{22} & \cdots & x_{2p}\\ \vdots & \vdots & \ddots & \vdots\\ x_{n1} & x_{n2} & \cdots & x_{np}\end{pmatrix}=\begin{pmatrix}\boldsymbol{x}_1'\\ \boldsymbol{x}_2'\\ \vdots\\ \boldsymbol{x}_n'\end{pmatrix}=(\boldsymbol{x}_{(1)},\boldsymbol{x}_{(2)},\cdots,\boldsymbol{x}_{(p)})\text{，}\quad \mathrm{Vec}(\boldsymbol{X})=\begin{pmatrix}\boldsymbol{x}_{(1)}\\ \boldsymbol{x}_{(2)}\\ \vdots\\ \boldsymbol{x}_{(p)}\end{pmatrix}\text{。}$$

这里，$\boldsymbol{X}$ 是 $n\times p$ 维随机矩阵，$E(\boldsymbol{X})=(\boldsymbol{\mu},\boldsymbol{\mu},\cdots,\boldsymbol{\mu})'=\boldsymbol{M}$，$E[\mathrm{Vec}(\boldsymbol{X})]=\boldsymbol{\mu}\otimes\boldsymbol{I}_n$，由于 $\boldsymbol{x}_1,\boldsymbol{x}_2,\cdots,\boldsymbol{x}_n$ 相互独立，$\mathrm{Cov}(\boldsymbol{x}_i,\boldsymbol{x}_j)=O$，$i,j=1,2,\cdots,n$；$\boldsymbol{x}_{(1)},\boldsymbol{x}_{(2)},\cdots,\boldsymbol{x}_{(p)}$ 非相互独立，且 $\mathrm{Cov}(\boldsymbol{x}_{(i)},\boldsymbol{x}_{(j)})=\sigma_{ij}\boldsymbol{I}_n$。故 $\mathrm{Cov}[\mathrm{Vec}(\boldsymbol{X})]=\boldsymbol{\Sigma}\otimes\boldsymbol{I}_n$。于是有以下矩阵正态分布的定义。

定义 设 $\boldsymbol{X}$ 是 $n\times p$ 维随机矩阵，条件如上。若 $\mathrm{Vec}(\boldsymbol{X})\sim \boldsymbol{N}_{n\times p}(\mathrm{Vec}(\boldsymbol{M}),\boldsymbol{\Sigma}\otimes\boldsymbol{V})$，则称随机矩阵服从正态分布，记为 $\boldsymbol{X}\sim\boldsymbol{N}_{n\times p}(\boldsymbol{M},\boldsymbol{\Sigma}\otimes\boldsymbol{V})$。

若在定义中 $\boldsymbol{V}=\boldsymbol{I}_n$，则 $\boldsymbol{X}\sim\boldsymbol{N}_{n\times p}(\boldsymbol{M},\boldsymbol{\Sigma}\otimes\boldsymbol{I}_n)$，此时随机矩阵 $\boldsymbol{X}$ 的各行相互独立，且有相同的协方差矩阵 $\boldsymbol{\Sigma}$，但各列非相互独立；若 $\boldsymbol{M}=\boldsymbol{O}$，$\boldsymbol{\Sigma}=\boldsymbol{I}_p$，$\boldsymbol{V}=\boldsymbol{I}_n$，则称 $\boldsymbol{X}$ 服从标准正态分布 $\boldsymbol{N}_{n\times p}(\boldsymbol{O},\boldsymbol{I}_p\otimes\boldsymbol{I}_n)$。此时 $\boldsymbol{X}$ 的各元素都相互独立且服从标准正态分布。

矩阵分布实际上是矩阵拉直后向量的分布，从这点来看，矩阵分布并没有引进太多新内容，只是分析起来复杂多了，一些多变量正态分布的性质可以平移过来。

3.2.2 随机矩阵正态分布的密度

设 $\boldsymbol{X}\sim\boldsymbol{N}_{n\times p}(\boldsymbol{M},\boldsymbol{\Sigma}\otimes\boldsymbol{V})$ 当 $\boldsymbol{\Sigma}>0$，$\boldsymbol{V}>0$ 时，$\mathrm{Vec}(\boldsymbol{X})$ 的密度函数是：

$$f(\mathrm{Vec}(\boldsymbol{X}))=(2\pi)^{-\frac{np}{2}}|\boldsymbol{\Sigma}\otimes\boldsymbol{V}|^{-\frac{1}{2}}\exp\{-\frac{1}{2}[\mathrm{Vec}(\boldsymbol{X})-\mathrm{Vec}(\boldsymbol{M})]'(\boldsymbol{\Sigma}\otimes\boldsymbol{V})^{-1}[\mathrm{Vec}(\boldsymbol{X})-\mathrm{Vec}(\boldsymbol{M})]\}$$

由 Kronecker 乘积的性质 $|\boldsymbol{\Sigma}\otimes\boldsymbol{V}|=|\boldsymbol{\Sigma}|^n|\boldsymbol{V}|^p$，$(\boldsymbol{\Sigma}\otimes\boldsymbol{V})^{-1}=\boldsymbol{\Sigma}^{-1}\otimes\boldsymbol{V}^{-1}$，以及矩阵拉直运算的性质 $\mathrm{Vec}(\boldsymbol{AXB})=(\boldsymbol{B}'\otimes\boldsymbol{A})\mathrm{Vec}(\boldsymbol{X})$，$\mathrm{tr}(\boldsymbol{A}'\boldsymbol{B})=[\mathrm{Vec}(\boldsymbol{A})]'[\mathrm{Vec}(\boldsymbol{B})]$，经整理，得

$$f(\boldsymbol{X})=(2\pi)^{-\frac{np}{2}}|\boldsymbol{\Sigma}|^{-\frac{n}{2}}|\boldsymbol{V}|^{-\frac{p}{2}}\mathrm{etr}\{-\frac{1}{2}\boldsymbol{\Sigma}^{-1}(\boldsymbol{X}-\boldsymbol{M})'\boldsymbol{V}^{-1}(\boldsymbol{X}-\boldsymbol{M})\}\text{。}$$

这里，符号 etr 表示 $\exp\mathrm{tr}$。

若随机矩阵 $\boldsymbol{X}\sim\boldsymbol{N}_{n\times p}(\boldsymbol{M},\ \boldsymbol{\Sigma}\otimes\boldsymbol{V})$，设 $\boldsymbol{T}=(t_{ij})$ 是任意的 $n\times p$ 阶实矩阵，则 $\mathrm{Vec}(\boldsymbol{X})$ 的特征函数是

$$\exp\{i(\mathrm{Vec}(\boldsymbol{T}))'\mathrm{Vex}(\boldsymbol{M})-(\mathrm{Vec}(\boldsymbol{T}))'(\boldsymbol{\Sigma}\otimes\boldsymbol{V})(\mathrm{Vec}(T))/2\}\text{。}$$

由于 $(\mathrm{Vec}(\boldsymbol{T}))'\mathrm{Vec}(\boldsymbol{M})=\mathrm{tr}(\boldsymbol{T}'\boldsymbol{M})$，所以

$$(\mathrm{Vec}(\boldsymbol{T}))'(\boldsymbol{\Sigma}\otimes\boldsymbol{V})\mathrm{Vec}(\boldsymbol{T})=(\mathrm{Vec}(\boldsymbol{T}))'(\mathrm{Vec}(\boldsymbol{VT\Sigma}))=\mathrm{tr}(\boldsymbol{T}'\boldsymbol{VT\Sigma})\text{，}$$

故 $\boldsymbol{X}$ 的特征函数是

$$\varphi_X(\boldsymbol{T})=E[\exp(i\mathrm{tr}(\boldsymbol{T}'\boldsymbol{X}))]=\exp\{i\mathrm{tr}(\boldsymbol{T}'\boldsymbol{M})-\mathrm{tr}(\boldsymbol{T}'\boldsymbol{VTV})/2\}\text{。}$$

3.3 多变量正态分布的性质

在讨论多变量统计分析的理论和方法时，经常用到多变量正态变量的某些性质，利用这些性质可使正态分布的处理变得容易一些。

先讨论随机向量服从正态分布的一些性质：

性质 3.3.1 设 $\boldsymbol{x}$ 是一个 p 维随机向量，$\boldsymbol{x}$ 服从多维正态分布的充要条件是 $\boldsymbol{x}$ 的任意线性函数 $\boldsymbol{\alpha}'\boldsymbol{x}$（$\boldsymbol{\alpha}$ 是 p 维常数向量）均服从单变量正态分布。

证明：必要性。若 $\boldsymbol{x}$ 服从 p 维正态分布，设 $\boldsymbol{x} \sim N_p(\boldsymbol{\mu}, \boldsymbol{\Sigma})$，则 $\boldsymbol{x}$ 的特征函数是：

$$\varphi_x(\boldsymbol{t}) = \exp\{i\boldsymbol{t}'\boldsymbol{\mu} - \frac{1}{2}\boldsymbol{t}'\boldsymbol{\Sigma}\boldsymbol{t}\} = \boldsymbol{E}(\exp\{i\boldsymbol{t}'\boldsymbol{x}\}),\quad \forall \boldsymbol{t} \in \mathbf{R}^p\text{。}$$

于是，$\boldsymbol{x}$ 的任意线性函数 $\boldsymbol{y} = \boldsymbol{\alpha}'\boldsymbol{x}$ 的特征函数是

$$\varphi_y(\tau) = E(\exp\{i\tau'\boldsymbol{y}\}) = \boldsymbol{E}(\exp\{i\tau\boldsymbol{\alpha}'\boldsymbol{x}\}) = \exp\{i\tau(\alpha'\mu) - \frac{1}{2}\tau'(\alpha'\Sigma\alpha)\tau\},\quad \forall \tau \in \mathbf{R}$$

而等式的右边正好是单变量正态分布 $\boldsymbol{N}(\alpha'\mu, \alpha'\Sigma\alpha)$ 的特征函数，由特征函数的唯一性知

$$\boldsymbol{y} \sim N(\alpha'\mu, \alpha'\Sigma\alpha)\text{。}$$

充分性。若对任意 p 维常数向量 $\boldsymbol{\alpha} \in \mathbf{R}^p$，$\boldsymbol{x}$ 的线性函数 $y = \boldsymbol{\alpha}'\boldsymbol{x} \sim \boldsymbol{N}(\alpha'\mu, \alpha'\Sigma\alpha)$，则 $y = \boldsymbol{\alpha}'\boldsymbol{x}$ 的特征函数是 $\varphi_y(\tau) = \exp\{i(\tau\alpha)'\mu - \frac{1}{2}(\tau\alpha)'\Sigma(\tau\alpha)\},\ \forall \tau \in \mathbf{R}$。

令 $\tau = 1$，则 $\exp\{i\alpha'\mu - \alpha'\Sigma\alpha/2\}$ 正是 $\boldsymbol{x}$ 的特征函数。因此有 $\boldsymbol{x} \sim \boldsymbol{N}_p(\boldsymbol{\mu}, \boldsymbol{\Sigma})$。

性质 3.3.2 设 $\boldsymbol{x} \sim \boldsymbol{N}_p(\boldsymbol{\mu}, \boldsymbol{\Sigma})$，$\boldsymbol{A}$ 为 $s \times p$ 阶常数距阵，$\boldsymbol{b}$ 为 s 维常数向量，则 $\boldsymbol{y} = \boldsymbol{A}\boldsymbol{x} + \boldsymbol{b}$ 服从 s 维正态分布，即有 $\boldsymbol{y} \sim \boldsymbol{N}_s(\boldsymbol{A\mu} + \boldsymbol{b}, \boldsymbol{A\Sigma A}')$。

证明：对 $\forall \boldsymbol{\alpha} \in \boldsymbol{R}^s$，$\boldsymbol{\alpha}'\boldsymbol{y} = \boldsymbol{\alpha}'\boldsymbol{A}\boldsymbol{x} + \boldsymbol{\alpha}'\boldsymbol{b}$，由于 $\boldsymbol{x}$ 是多维正态变量，而 $\boldsymbol{\alpha}'\boldsymbol{A}$ 是 p 维常数向量，由性质 3.3.1 知，$\boldsymbol{\alpha}'\boldsymbol{A}\boldsymbol{x}$ 是单变量正态变量，再应用性质 3.3.1 知 y 是 s 维正态变量。又

$$\boldsymbol{E}(\boldsymbol{y}) = \boldsymbol{A}\boldsymbol{E}(\boldsymbol{x}) + \boldsymbol{b} = \boldsymbol{A\mu} + \boldsymbol{b},\qquad \boldsymbol{V}(\boldsymbol{y}) = \boldsymbol{A}\boldsymbol{V}(\boldsymbol{x})\boldsymbol{A}' = \boldsymbol{A\Sigma A}',$$

故

$$\boldsymbol{y} \sim \boldsymbol{N}_s(\boldsymbol{A\mu} + \boldsymbol{b}, \boldsymbol{A\Sigma A}')\text{。}$$

性质 3.3.3 设 $\boldsymbol{x} \sim \boldsymbol{N}_p(\boldsymbol{\mu}, \boldsymbol{\Sigma})$，对 $\boldsymbol{x}$，$\boldsymbol{\mu}$，$\boldsymbol{\Sigma} > 0$ 的分块如下：

$$\boldsymbol{x} = \begin{pmatrix} \boldsymbol{x}_1 \\ \boldsymbol{x}_2 \end{pmatrix} \begin{matrix} k \\ p-k \end{matrix},\quad \boldsymbol{\mu} = \begin{pmatrix} \boldsymbol{\mu}_1 \\ \boldsymbol{\mu}_2 \end{pmatrix} \begin{matrix} k \\ p-k \end{matrix},\quad \boldsymbol{\Sigma} = \begin{pmatrix} \boldsymbol{\Sigma}_{11} & \boldsymbol{\Sigma}_{12} \\ \boldsymbol{\Sigma}_{21} & \boldsymbol{\Sigma}_{22} \end{pmatrix} \begin{matrix} k \\ p-k \end{matrix},$$

则 $\boldsymbol{x}_1$ 和 $\boldsymbol{x}_2$ 相互独立的充要条件是 $\boldsymbol{\Sigma}_{12} = \boldsymbol{O}$。

证明：必要性显然。若 $\boldsymbol{x}_1$，$\boldsymbol{x}_2$ 相互独立，则 $\boldsymbol{\Sigma}_{12} = \mathrm{Cov}(\boldsymbol{x}_1, \boldsymbol{x}_2) = \boldsymbol{O}$。

充分性。设 $\boldsymbol{\Sigma}_{12} = \boldsymbol{O}$，则 $\boldsymbol{\Sigma} = \begin{pmatrix} \boldsymbol{\Sigma}_{11} & \boldsymbol{O} \\ \boldsymbol{O} & \boldsymbol{\Sigma}_{22} \end{pmatrix}$，故 $|\boldsymbol{\Sigma}| = |\boldsymbol{\Sigma}_{11}||\boldsymbol{\Sigma}_{22}| \neq 0,\ \boldsymbol{\Sigma}^{-1} = \begin{pmatrix} \boldsymbol{\Sigma}_{11}^{-1} & \boldsymbol{O} \\ \boldsymbol{O} & \boldsymbol{\Sigma}_{22}^{-1} \end{pmatrix}$。

$$\begin{aligned} f(\boldsymbol{x}_1, \boldsymbol{x}_2) &= (2\pi)^{-p/2}|\boldsymbol{\Sigma}|^{-1/2}\exp[-\frac{1}{2}(\boldsymbol{x} - \boldsymbol{\mu})'\boldsymbol{\Sigma}^{-1}(\boldsymbol{x} - \boldsymbol{\mu})] \\ &= (2\pi)^{-k/2}|\boldsymbol{\Sigma}_{11}|^{-1/2}\exp[-\frac{1}{2}(\boldsymbol{x}_1 - \boldsymbol{\mu}_1)'\boldsymbol{\Sigma}_{11}^{-1}(\boldsymbol{x}_1 - \boldsymbol{\mu}_1)] \cdot \\ &\quad (2\pi)^{-(p-k)/2}|\boldsymbol{\Sigma}_{22}|^{-1/2}\exp[-\frac{1}{2}(\boldsymbol{x}_2 - \boldsymbol{\mu}_2)'\boldsymbol{\Sigma}_{22}^{-1}(\boldsymbol{x}_2 - \boldsymbol{\mu}_2)] \\ &= f_1(\boldsymbol{x}_1) \cdot f_2(\boldsymbol{x}_2) \end{aligned}$$

故 $\boldsymbol{x}_1$ 和 $\boldsymbol{x}_2$ 相互独立。

本性质表明，对于多维正态向量，其子向量之间互不相关和相互独立是等价的。

推论 3.3.1 设 $\boldsymbol{x} = (x_1, x_2, \cdots, x_p)' \sim \boldsymbol{N}_p(\boldsymbol{\mu}, \boldsymbol{\Sigma})$，若 $\boldsymbol{\Sigma}$ 是对角距阵，则 $x_1, x_2, \cdots, x_p$ 相互独立。

例 3.3.1 设 $\boldsymbol{x} = (x_1, x_2)' \sim \boldsymbol{N}_2(\boldsymbol{\mu}, \boldsymbol{\Sigma})$，这里 $\boldsymbol{\mu} = \begin{pmatrix} \mu_1 \\ \mu_2 \end{pmatrix}$，$\boldsymbol{\Sigma} = \begin{pmatrix} \sigma_1^2 & \rho\sigma_1\sigma_2 \\ \rho\sigma_1\sigma_2 & \sigma_2^2 \end{pmatrix}$，问 $x_1 - x_2$ 和

x_1+x_2服从什么分布？x_1-x_2和x_1+x_2何时相互独立？

解： $x_1+x_2=(1,1)\boldsymbol{x}$，$x_1-x_2=(1,-1)\boldsymbol{x}$，由性质 3.2.2 知，$x_1-x_2$，$x_1+x_2$服从一维正态分布。$\boldsymbol{E}(x_1-x_2)=\mu_1-\mu_2$，$\boldsymbol{E}(x_1+x_2)=\mu_1+\mu_2$，$\boldsymbol{V}(x_1-x_2)=\sigma_1^2+\sigma_2^2-2\rho\sigma_1\sigma_2$。

$$\boldsymbol{V}(x_1+x_2)=(1,1)\begin{pmatrix}\sigma_1^2 & \rho\sigma_1\sigma_2\\ \rho\sigma_1\sigma_2 & \sigma_2^2\end{pmatrix}\begin{pmatrix}1\\1\end{pmatrix}=\sigma_1^2+\sigma_2^2+2\rho\sigma_1\sigma_2。$$

$$x_1-x_2\sim N(\mu_1-\mu_2,\sigma_1^2+\sigma_2^2-2\rho\sigma_1\sigma_2)，$$

$$x_1+x_2\sim N(\mu_1+\mu_2,\sigma_1^2+\sigma_2^2+2\rho\sigma_1\sigma_2)。$$

又由于$\mathrm{Cov}(x_1-x_2,x_1+x_2)=\sigma_1^2-\sigma_2^2$，故当$\sigma_1^2=\sigma_2^2$时，由性质 3.2.3 知$x_1-x_2$与$x_1+x_2$相互独立。

性质 3.3.4 设$\boldsymbol{x}\sim \boldsymbol{N}_p(\boldsymbol{\mu},\boldsymbol{\Sigma})$，则$\boldsymbol{x}$的任意子向量也服从正态分布，其均值为$\boldsymbol{\mu}$的相应子向量，协方差矩阵为$\boldsymbol{\Sigma}$的相应子矩阵。

证明： 不妨对$\boldsymbol{x}$的前k个变量组成的子向量进行证明。把$\boldsymbol{x}$，$\boldsymbol{\mu}$，$\boldsymbol{\Sigma}$作如下剖分，得

$$\boldsymbol{x}=\begin{pmatrix}\boldsymbol{x}_1\\ \boldsymbol{x}_2\end{pmatrix}\begin{matrix}k\\ p-k\end{matrix},\quad \boldsymbol{\mu}=\begin{pmatrix}\boldsymbol{\mu}_1\\ \boldsymbol{\mu}_2\end{pmatrix}\begin{matrix}k\\ p-k\end{matrix},\quad \boldsymbol{\Sigma}=\begin{pmatrix}\boldsymbol{\Sigma}_{11} & \boldsymbol{\Sigma}_{12}\\ \boldsymbol{\Sigma}_{21} & \boldsymbol{\Sigma}_{22}\end{pmatrix}\begin{matrix}k\\ p-k\end{matrix}$$

取$\boldsymbol{A}=(\boldsymbol{I}_k\vdots\boldsymbol{O})_{k\times p}$，由性质 3.3.2 知$\boldsymbol{A}\boldsymbol{x}=\boldsymbol{x}_1$服从正态分布，且

$$\boldsymbol{E}(\boldsymbol{x}_1)=\boldsymbol{A}\boldsymbol{E}(\boldsymbol{x})=\boldsymbol{A}\boldsymbol{\mu}=\boldsymbol{\mu}_1，\quad \boldsymbol{V}(\boldsymbol{x}_1)=\boldsymbol{A}\boldsymbol{V}(\boldsymbol{x})\boldsymbol{A}'=(\boldsymbol{I}_k\vdots\boldsymbol{O})\boldsymbol{\Sigma}\begin{pmatrix}\boldsymbol{I}_k\\ \boldsymbol{O}\end{pmatrix}=\boldsymbol{\Sigma}_{11}。$$

本性质说明多元正态分布的任何边际分布仍为多元正态分布。特别地，若

$$\boldsymbol{x}=(x_1,x_2,\cdots,x_p)'\sim \boldsymbol{N}_p(\boldsymbol{\mu},\boldsymbol{\Sigma})，$$

则$x_1,x_2,\cdots,x_p$均服从一维正态分布。

此性质的反面不成立，若一个随机向量的任何边际分布均为正态，并不表示它一定服从正态分布。在例 2.1.4 中，$\boldsymbol{x}=(x_1,x_2)'$的概率密度是

$$f(x_1,x_2)=(2\pi)^{-1}\mathrm{e}^{-(x_1^2+x_2^2)/2}(1+\sin x_1\sin x_2),\quad -\infty<x_1,x_2<\infty，$$

它不是正态分布，但x_1和x_2的边际密度都是标准正态分布。因此，知道随机向量的联合分布可以确定它的任何边际分布，但相同的边际分布可能由不同的联合分布确定。

性质 3.3.5 设$\boldsymbol{x}_1,\boldsymbol{x}_2,\cdots,\boldsymbol{x}_n$相互独立，且$\boldsymbol{x}_i\sim \boldsymbol{N}_p(\boldsymbol{\mu}_i,\boldsymbol{\Sigma}_i),\ i=1,2,\cdots,n$，则对任意$n$个常数$k_1,k_2,\cdots,\ k_n$，有$\sum\limits_{i=1}^{n}k_i\boldsymbol{x}_i\sim \boldsymbol{N}_p\left(\sum\limits_{i=1}^{n}k_i\boldsymbol{\mu}_i,\ \sum\limits_{i=1}^{n}k_i^2\boldsymbol{\Sigma}_i\right)$。

证明： 令$\boldsymbol{y}=\sum\limits_{i=1}^{n}k_i\boldsymbol{x}_i$，对$\forall\boldsymbol{\alpha}'\in\mathbf{R}^p$，由于$\boldsymbol{\alpha}'\boldsymbol{y}=\boldsymbol{\alpha}'\sum\limits_{i=1}^{n}k_i\boldsymbol{x}_i=\sum\limits_{i=1}^{n}k_i(\boldsymbol{\alpha}'\boldsymbol{x}_i)$，又

$$\boldsymbol{x}_i\sim \boldsymbol{N}_p(\boldsymbol{\mu}_i,\boldsymbol{\Sigma}_i),\quad i=1,2,\cdots,n，$$

故$\boldsymbol{\alpha}'\boldsymbol{x}_i$服从一维正态分布，又$\boldsymbol{x}_1,\boldsymbol{x}_2,\cdots,\boldsymbol{x}_n$相互独立，故$\boldsymbol{\alpha}'\boldsymbol{x}_1,\boldsymbol{\alpha}'\boldsymbol{x}_2,\cdots,\boldsymbol{\alpha}'\boldsymbol{x}_n$也相互独立。于是可以得到$\sum\limits_{i=1}^{n}k_i(\boldsymbol{\alpha}'\boldsymbol{x}_i)$服从一维正态分布。所以$\boldsymbol{y}$服从$p$维正态分布，且有

$$\boldsymbol{E}\boldsymbol{y}=\sum_{i=1}^{n}k_i\boldsymbol{E}(\boldsymbol{x}_i)=\sum_{i=1}^{n}k_i\boldsymbol{\mu}_i，\quad \boldsymbol{V}(\boldsymbol{y})=\sum_{i=1}^{n}k_i\boldsymbol{V}(\boldsymbol{x}_i)=\sum_{i=1}^{n}k_i^2\boldsymbol{\Sigma}_i。$$

$$\boldsymbol{y} \sim \boldsymbol{N}_p\left(\sum_{i=1}^{n} k_i \boldsymbol{\mu}_i,\ \sum_{i=1}^{n} k_i^2 \boldsymbol{\Sigma}_i\right)。$$

此性质表明，独立的多变量正态变量的任意线性组合仍为多变量正态变量，但如果去掉相互独立这个条件，则结论未必成立。

例 3.3.2 设 $\boldsymbol{x}=(x_1,x_2,x_3)' \sim \boldsymbol{N}_3(\boldsymbol{\mu},\boldsymbol{\Sigma})$，其中 $\boldsymbol{\Sigma}=\begin{pmatrix}1&0&0\\0&3&1\\0&1&5\end{pmatrix}$。试问，$x_1,x_2,x_3$ 中哪几对变量相互独立的？

解：由于 $\boldsymbol{x}=(x_1,x_2,x_3)' \sim N_3(\boldsymbol{\mu},\boldsymbol{\Sigma})$，故由性质 3.3.4 知，$\boldsymbol{x}$ 的任意分量均服从正态分布。由于 x_1 和 x_2；x_1 和 x_3；x_1 和 x_2,x_3 的协方差均为零，所以这几对变量相互独立。

性质 3.3.6 设 $\boldsymbol{x} \sim \boldsymbol{N}_p(\boldsymbol{\mu},\boldsymbol{\Sigma})$，$\boldsymbol{\Sigma}>0$，则有 $(\boldsymbol{x}-\boldsymbol{\mu})'\boldsymbol{\Sigma}^{-1}(\boldsymbol{x}-\boldsymbol{\mu}) \sim \boldsymbol{x}^2(p)$。

证明：因为 $\boldsymbol{\Sigma}>0$，所以 $\boldsymbol{\Sigma}=\boldsymbol{\Sigma}^{1/2}\boldsymbol{\Sigma}^{1/2}$，$\boldsymbol{\Sigma}^{-1}=\boldsymbol{\Sigma}^{-1/2}\boldsymbol{\Sigma}^{-1/2}$。

令 $\boldsymbol{y}=\boldsymbol{\Sigma}^{-1/2}(\boldsymbol{x}-\boldsymbol{\mu})=\boldsymbol{\Sigma}^{-1/2}\boldsymbol{x}-\boldsymbol{\Sigma}^{-1/2}\boldsymbol{\mu}$，由性质 3.3.2 知，$\boldsymbol{y}$ 服从 p 维正态分布。

$$\boldsymbol{E}\boldsymbol{y}=\boldsymbol{\Sigma}^{-1/2}\boldsymbol{E}(\boldsymbol{x}-\boldsymbol{\mu})=\boldsymbol{0}，\ \boldsymbol{V}(\boldsymbol{y})=\boldsymbol{\Sigma}^{-1/2}\boldsymbol{V}(\boldsymbol{x})\boldsymbol{\Sigma}^{-1/2}=\boldsymbol{I}_p，\text{故}$$

$$\boldsymbol{y} \sim \boldsymbol{N}_p(\boldsymbol{0},\boldsymbol{I}_p)。$$

令 $\boldsymbol{y}=(y_1,y_2,\cdots,y_p)'$，则 $y_1,y_2,\cdots,y_p$ 相互独立同分布于 $\boldsymbol{N}(0,1)$。于是

$$(\boldsymbol{x}-\boldsymbol{\mu})'\boldsymbol{\Sigma}^{-1}(\boldsymbol{x}-\boldsymbol{\mu})=\boldsymbol{y}'\boldsymbol{y}=y_1^2+y_2^2+\cdots+y_p^2 \sim \boldsymbol{x}^2(p)。$$

本性质表明多维正态分布与卡方分布的关系。

性质 3.3.7 设 $\boldsymbol{x} \sim \boldsymbol{N}_m(0,\boldsymbol{I})$，$\boldsymbol{y}=\boldsymbol{A}\boldsymbol{x}+\boldsymbol{a}$，$\boldsymbol{z}=\boldsymbol{B}\boldsymbol{x}+\boldsymbol{b}$，$\boldsymbol{A}$，$\boldsymbol{B}$ 分别为 $p\times m$，$q\times m$ 阶常数矩阵，$\boldsymbol{a}$，$\boldsymbol{b}$ 分别为 $p\times 1$，$q\times 1$ 的常数向量，$\mathrm{R}(\boldsymbol{A})=p$，$\mathrm{R}(\boldsymbol{B})=q$。则 $\boldsymbol{y}$ 和 $\boldsymbol{z}$ 相互独立的充要条件是 $\boldsymbol{A}\boldsymbol{B}'=\boldsymbol{O}$。

证明：令 $\tilde{\boldsymbol{y}}=\begin{pmatrix}\boldsymbol{y}\\\boldsymbol{z}\end{pmatrix}=\begin{pmatrix}\boldsymbol{A}\\\boldsymbol{B}\end{pmatrix}\boldsymbol{x}+\begin{pmatrix}\boldsymbol{a}\\\boldsymbol{b}\end{pmatrix}$，这里，$\begin{pmatrix}\boldsymbol{A}\\\boldsymbol{B}\end{pmatrix}$ 为 $(p+q)\times m$ 阶矩阵。由性质 3.3.2 知

$$\tilde{\boldsymbol{y}} \sim \boldsymbol{N}_{p+q}\left(\begin{pmatrix}\boldsymbol{a}\\\boldsymbol{b}\end{pmatrix},\ \begin{pmatrix}\boldsymbol{A}\boldsymbol{A}' & \boldsymbol{A}\boldsymbol{B}'\\\boldsymbol{B}\boldsymbol{A}' & \boldsymbol{B}\boldsymbol{B}'\end{pmatrix}\right)。$$

必要性。若 $\boldsymbol{y}$ 和 $\boldsymbol{z}$ 相互独立，则 $\mathrm{Cov}(\boldsymbol{y},\boldsymbol{z})=\boldsymbol{A}\boldsymbol{B}'=\boldsymbol{O}$。

充分性。若 $\boldsymbol{A}\boldsymbol{B}'=\boldsymbol{O}$，则 $\boldsymbol{B}\boldsymbol{A}'=\boldsymbol{O}$，于是 $\boldsymbol{\Sigma}=\begin{pmatrix}\boldsymbol{A}\boldsymbol{A}' & \boldsymbol{O}\\\boldsymbol{O} & \boldsymbol{B}\boldsymbol{B}'\end{pmatrix}$。

又
$$\mathrm{R}(\boldsymbol{A}\boldsymbol{A}')=\mathrm{R}(\boldsymbol{A})=p，\ \mathrm{R}(\boldsymbol{B}\boldsymbol{B}')=\mathrm{R}(\boldsymbol{B})=q，$$
$$\mathrm{R}(\boldsymbol{\Sigma})=\mathrm{R}(\boldsymbol{A}\boldsymbol{A}')+\mathrm{R}(\boldsymbol{B}\boldsymbol{B}')=p+q。$$

故 $\boldsymbol{\Sigma}>0$，由性质 3.3.6 知，$\boldsymbol{y}$ 和 $\boldsymbol{z}$ 相互独立。

例 3.3.3 设 $\boldsymbol{x}=(x_1,x_2,x_3)' \sim \boldsymbol{N}_3(\boldsymbol{\mu},\boldsymbol{\Sigma})$，其中 $\boldsymbol{\mu}=(\mu_1,\mu_2,\mu_3)'$，$\boldsymbol{\Sigma}=\begin{pmatrix}\sigma_{11}&\sigma_{12}&\sigma_{13}\\\sigma_{21}&\sigma_{22}&\sigma_{23}\\\sigma_{31}&\sigma_{32}&\sigma_{33}\end{pmatrix}$。设 $\boldsymbol{\alpha}=(0,0,1)$，$\boldsymbol{A}=\begin{pmatrix}1&0&0\\0&0&-1\end{pmatrix}$，（1）求 $\boldsymbol{\alpha}'\boldsymbol{x},\boldsymbol{A}\boldsymbol{x}$ 的分布；（2）若令 $\boldsymbol{y}=\begin{pmatrix}x_1\\x_2\end{pmatrix}$，求 $\boldsymbol{y}$ 的分布。

解：（1）$\boldsymbol{\alpha}'\boldsymbol{x}=x_3 \sim \boldsymbol{N}(\boldsymbol{\alpha}'\boldsymbol{\mu},\boldsymbol{\alpha}'\boldsymbol{\Sigma}\boldsymbol{\alpha})=\boldsymbol{N}(\mu_3,\sigma_{33})$，

$$\boldsymbol{Ax}=\begin{pmatrix}x_1\\-x_3\end{pmatrix}\sim N(A\mu,A\Sigma A')=\boldsymbol{N}\left(\begin{pmatrix}\mu_1\\-\mu_3\end{pmatrix},\begin{pmatrix}\sigma_{11}&-\sigma_{13}\\-\sigma_{31}&\sigma_{33}\end{pmatrix}\right)。$$

（2）令 $\boldsymbol{B}=\begin{pmatrix}1&0&0\\0&1&0\end{pmatrix}$，则 $y=Bx$，于是

$$E(y)=BE(x)=\begin{pmatrix}\mu_1\\\mu_2\end{pmatrix},\quad V(y)=BV(x)B'=\begin{pmatrix}\sigma_{11}&\sigma_{12}\\\sigma_{21}&\sigma_{22}\end{pmatrix}$$

故

$$\boldsymbol{y}=\begin{pmatrix}x_1\\x_2\end{pmatrix}\sim\boldsymbol{N}\left(\begin{pmatrix}\mu_1\\\mu_2\end{pmatrix},\begin{pmatrix}\sigma_{11}&\sigma_{12}\\\sigma_{21}&\sigma_{22}\end{pmatrix}\right)。$$

性质 3.3.8 设 $\boldsymbol{x}\sim\boldsymbol{N}_m(\mu,\Sigma)$，$\boldsymbol{y}=\boldsymbol{Ax}+\boldsymbol{a}$，$\boldsymbol{z}=\boldsymbol{Bx}+\boldsymbol{b}$，$\boldsymbol{A},\boldsymbol{B}$ 分别为 $p\times m$，$q\times m$ 阶的常数矩阵，$\boldsymbol{a}$，$\boldsymbol{b}$ 为 $p\times 1$，$q\times 1$ 的常数向量，$\mathrm{R}(\boldsymbol{A})=p$，$\mathrm{R}(\boldsymbol{B})=q$，则 $\boldsymbol{y}$ 和 $\boldsymbol{z}$ 相互独立的充要条件是 $\boldsymbol{A\Sigma B}'=\boldsymbol{O}$。

证明：设 $\mathrm{R}(\boldsymbol{\Sigma})=r$，则存在 $m\times r$ 阶矩阵 $\boldsymbol{Q}$，使 $\boldsymbol{QQ}'=\boldsymbol{\Sigma}$，由正态分布的定义知，存在 r 维随机向量 $\boldsymbol{t}\sim\boldsymbol{N}_r(0,\boldsymbol{I}_r)$，使得 $\boldsymbol{x}=\boldsymbol{Qt}+\boldsymbol{\mu}\sim\boldsymbol{N}_m(\boldsymbol{\mu},\boldsymbol{\Sigma})$。于是有

$$\boldsymbol{y}=\boldsymbol{Ax}+\boldsymbol{a}=(\boldsymbol{AQ})\boldsymbol{t}+(\boldsymbol{A\mu}+\boldsymbol{a}),$$

$$\boldsymbol{z}=\boldsymbol{Bx}+\boldsymbol{b}=(\boldsymbol{BQ})\boldsymbol{t}+(\boldsymbol{B\mu}+\boldsymbol{b})。$$

由性质 3.3.7 知，$\boldsymbol{y}$ 与 $\boldsymbol{z}$ 相互独立的充要条件是 $\boldsymbol{AQ}(\boldsymbol{BQ})'=\boldsymbol{O}$，此即 $\boldsymbol{A\Sigma B}'=\boldsymbol{O}$。

对于服从多变量正态分布的随机矩阵，也有类似的性质。

性质 3.3.9 若随机矩阵 $\boldsymbol{X}\sim\boldsymbol{N}_{n\times p}(\boldsymbol{M},\ \boldsymbol{\Sigma}\otimes\boldsymbol{V})$，$\boldsymbol{A}$、$\boldsymbol{B}$ 分别是 $m\times n$、$p\times s$ 阶矩阵，则

$$\boldsymbol{AXB}\sim\boldsymbol{N}_{m\times s}(\boldsymbol{AMB},\ (\boldsymbol{B}'\boldsymbol{\Sigma B})\otimes(\boldsymbol{AVA}'))。$$

特别地，若 $\boldsymbol{V}=\boldsymbol{I}_n$，则 $\boldsymbol{AXB}\sim\boldsymbol{N}_{m\times s}(\boldsymbol{AMB},\ \boldsymbol{B}'\boldsymbol{\Sigma B}\otimes\boldsymbol{AA}')$。

证明：由于 $\mathrm{Vec}(\boldsymbol{X})\sim\boldsymbol{N}_{n\times p}(\mathrm{Vec}(\boldsymbol{M}),\ \boldsymbol{\Sigma}\otimes\boldsymbol{V})$，根据性质 1.12.1 知

$$\mathrm{Vec}(\boldsymbol{AXB})=(\boldsymbol{B}'\otimes\boldsymbol{A})\mathrm{Vec}(\boldsymbol{X})\sim\boldsymbol{N}_{m\times s}((\boldsymbol{B}'\otimes\boldsymbol{A})\mathrm{Vec}(\boldsymbol{M}),\ (\boldsymbol{B}'\otimes\boldsymbol{A})(\boldsymbol{\Sigma}\otimes\boldsymbol{V})(\boldsymbol{A}'\otimes\boldsymbol{B}))。$$

又 $(\boldsymbol{B}'\otimes\boldsymbol{A})\mathrm{Vec}(\boldsymbol{M})=\mathrm{Vec}(\boldsymbol{AMB})$，$(\boldsymbol{B}'\otimes\boldsymbol{A})(\boldsymbol{\Sigma}\otimes\boldsymbol{V})(\boldsymbol{B}\otimes\boldsymbol{A}')=(\boldsymbol{B}'\boldsymbol{\Sigma B})\otimes(\boldsymbol{AVA}')$，所以

$$\boldsymbol{AXB}\sim\boldsymbol{N}_{m\times s}(\boldsymbol{AMB},(\boldsymbol{B}'\boldsymbol{\Sigma B})\otimes(\boldsymbol{AVA}'))。$$

推论 3.3.2 若随机矩阵 $\boldsymbol{X}\sim\boldsymbol{N}_{n\times p}(\boldsymbol{M},\ \boldsymbol{\Sigma}\otimes\boldsymbol{V})$，$\boldsymbol{A}$、$\boldsymbol{B}$ 分别是 $m\times n$、$p\times s$ 阶矩阵，则

$$\boldsymbol{XB}\sim\boldsymbol{N}_{n\times s}(\boldsymbol{MB},\ (\boldsymbol{B}'\boldsymbol{\Sigma B})\otimes\boldsymbol{V}),\quad \boldsymbol{AX}\sim\boldsymbol{N}_{m\times p}(\boldsymbol{AM},\ \boldsymbol{\Sigma}\otimes(\boldsymbol{AVA}'))。$$

对 $\boldsymbol{X}_{n\times p}$，$\boldsymbol{M}_{n\times p}$，$\boldsymbol{\Sigma}_{p\times p}$，$\boldsymbol{V}_{n\times n}$ 作以下分块：

$$\boldsymbol{X}=\begin{pmatrix}\boldsymbol{X}_{11}&\boldsymbol{X}_{12}\\\boldsymbol{X}_{21}&\boldsymbol{X}_{22}\end{pmatrix},\ \boldsymbol{M}=\begin{pmatrix}\boldsymbol{M}_{11}&\boldsymbol{M}_{12}\\\boldsymbol{M}_{21}&\boldsymbol{M}_{22}\end{pmatrix},\ \boldsymbol{\Sigma}=\begin{pmatrix}\boldsymbol{\Sigma}_{11}&\boldsymbol{\Sigma}_{12}\\\boldsymbol{\Sigma}_{21}&\boldsymbol{\Sigma}_{22}\end{pmatrix},\ \boldsymbol{V}=\begin{pmatrix}\boldsymbol{V}_{11}&\boldsymbol{V}_{12}\\\boldsymbol{V}_{21}&\boldsymbol{V}_{22}\end{pmatrix}$$

其中 $\boldsymbol{X}_{11}$，$\boldsymbol{M}_{11}$ 是 $s\times r$ 阶矩阵，$\boldsymbol{\Sigma}_{11}$，$\boldsymbol{V}_{11}$ 分别是 $r\times r$ 和 $s\times s$ 阶非负定矩阵，则有以下性质。

性质 3.3.10 若随机矩阵 $\boldsymbol{X}\sim\boldsymbol{N}_{n\times p}(\boldsymbol{M},\ \boldsymbol{\Sigma}\otimes\boldsymbol{V})$，$\boldsymbol{X}$，$\boldsymbol{M}$，$\boldsymbol{\Sigma}$，$\boldsymbol{V}$ 的分块如上，则有

$$\boldsymbol{X}_{11}\sim\boldsymbol{N}_{s\times r}(\boldsymbol{M}_{11},\ \boldsymbol{\Sigma}_{11}\otimes\boldsymbol{V}_{11})。$$

证明：取 $\boldsymbol{A}=(\boldsymbol{I}_s\,\vdots\,\boldsymbol{O})$ 为 $s\times n$ 矩阵，$\boldsymbol{B}=(\boldsymbol{I}_r\,\vdots\,\boldsymbol{O})'$ 为 $p\times r$ 矩阵，则由性质 3.3.1 知

$$\boldsymbol{AXB}\sim\boldsymbol{N}_{s\times r}(\boldsymbol{AMB},(\boldsymbol{B}'\boldsymbol{\Sigma B})\otimes(\boldsymbol{AVA}')),$$

由分块矩阵的乘法知

$$AMB = M_{11},\ B'\Sigma B = \Sigma_{11},\ AVA' = V_{11},$$

故
$$X_{11} \sim N_{s\times r}(M_{11},\ \Sigma_{11}\otimes V_{11})。$$

性质 3.3.11 若随机矩阵 $X \sim N_{n\times p}(M,\ \Sigma\otimes V)$，$A$、$B$ 分别是 $p\times r$、$p\times s$ 阶矩阵，则 $Y = XA$ 和 $Z = XB$ 相互独立的充要条件是 $A'\Sigma B = O$。

证明： 由于 $X \sim N_{n\times p}(M,\ \Sigma\otimes V)$，$A$、$B$ 分别是 $p\times r$、$p\times s$ 阶矩阵，由性质 3.3.1 知

$$Y = XA = IXA \sim N_{n\times r}(MA,\ (A'\Sigma A)\otimes V),$$

$$Z = XB = IXB \sim N_{n\times s}(MB,\ (B'\Sigma B)\otimes V)。$$

$$\mathrm{Vec}(Y) = (A'\otimes I)\mathrm{Vec}(X) \sim N_{nr}(\mathrm{Vec}(MA),(A'\Sigma A)\otimes V),$$

$$\mathrm{Vec}(Z) = (B'\otimes I)\mathrm{Vec}(X) \sim N_{ns}(\mathrm{Vec}(MB),(B'\Sigma B)\otimes V)。$$

所以，$\mathrm{Vec}(Y)$ 与 $\mathrm{Vec}(Z)$ 相互独立的充要条件是

$$\mathrm{Cov}(\mathrm{Vec}(Y),\mathrm{Vec}(Z)) = (A'\otimes I)(\Sigma\otimes V)(B'\otimes I) = (A'\Sigma B)\otimes V = O。$$

由于 V 不恒为零，故有 $A'\Sigma B = O$。

类似可得以下性质：

性质 3.3.12 若随机矩阵 $X \sim N_{n\times p}(M,\ \Sigma\otimes V)$，$A$、$B$ 分别是 $m\times n$、$s\times n$ 阶矩阵，则 $Y = AX$ 和 $Z = BX$ 相互独立的充要条件是 $AVB' = O$。

3.4 相关性和条件分布

前面说过，若 x，y 是两个随机变量，称 $\rho_{xy} = \mathrm{Cov}(x,y)/[\sigma(x)\sigma(y)]$ 为两变量之间的相关系数，或称为简相关。相关系数仅仅反映两个变量 x 和 y 之间的线性相关程度，相关系数越大，说明两变量的线性关系越密切。而在实际问题中，人们常常会遇到其他类型的相关问题，例如我们想知道某个变量与多个变量之间的相关关系；或在消除若干个变量的影响后，两个变分量之间的相关关系。这时需要引入新的相关概念。

3.4.1 复相关

现考虑一个变量 x_1 与多个变量 $\eta = (x_2,\cdots,x_p)'$ 之间的相关关系，根据相关系数的定义，首先利用线性组合把多个变量组合成一个新变量 $\alpha'\eta$，然后计算 x_1 与 $\alpha'\eta$ 的相关系数。我们当然希望找出组合系数 α，使这个相关系数达到最大，因为这是一个变量与多个变量之间的线性相关关系，因此把这种相关系数称为**复相关系数**或**多重相关系数**。

人们要问，如何选取组合系数 α，使 $\alpha'\eta$ 与 x_1 相关系数达到最大？根据简相关系数可以推测，如果 $\alpha'\eta$ 是 x_1 的一个最优线性估计，则 $\alpha'\eta$ 与 x_1 的相关系数应达到最大。

设 p 维随机向量 $x = (x_1,\eta')'$，其中 $\eta' = (x_2,\cdots,x_p)$ 是 x 的 $p-1$ 维子向量，为方便计，设：$E(x) = 0$，$V(x_1) = \sigma_{11}$，$\mathrm{Cov}(x_1,\eta) = \sigma_{21}$ 是 $p-1$ 维向量，$\mathrm{Cov}(\eta,\eta) = \Sigma_{22} > 0$，且

$$\Sigma = \mathrm{Cov}(x,x) = \begin{pmatrix} \sigma_{11} & \sigma_{21}' \\ \sigma_{21} & \Sigma_{22} \end{pmatrix}。 \tag{3.4.1}$$

定理 3.4.1 在上述假设下，x_1 与 $\alpha'\eta$ 的相关系数的最大值在 $\beta = \Sigma_{22}^{-1}\sigma_{21}$ 时达到。

证明： 考虑 x_1 与 $\alpha'\eta$ 的相关系数的平方得

$$\rho^2(x_1,\boldsymbol{\alpha}'\boldsymbol{\eta})=\frac{\operatorname{Cov}^2(x_1,\boldsymbol{\alpha}'\boldsymbol{\eta})}{V(x_1)\cdot V(\boldsymbol{\alpha}'\boldsymbol{\eta})}=\frac{(\boldsymbol{\alpha}'\boldsymbol{\sigma}_{21})^2}{\sigma_{11}(\boldsymbol{\alpha}'\boldsymbol{\Sigma}_{22}\boldsymbol{\alpha})}\text{。}$$

由于 $\boldsymbol{\Sigma}_{22}>0$，由 Cauchy-Schwary 不等式得

$$\frac{(\boldsymbol{\alpha}'\boldsymbol{\sigma}_{21})^2}{\sigma_{11}(\boldsymbol{\alpha}'\boldsymbol{\Sigma}_{22}\boldsymbol{\alpha})}\leqslant\frac{(\boldsymbol{\sigma}_{21}'\boldsymbol{\Sigma}_{22}^{-1}\boldsymbol{\sigma}_{21})(\boldsymbol{\alpha}'\boldsymbol{\Sigma}_{22}\boldsymbol{\alpha})}{\sigma_{11}(\boldsymbol{\alpha}'\boldsymbol{\Sigma}_{22}\boldsymbol{\alpha})}=\frac{\boldsymbol{\sigma}_{21}'\boldsymbol{\Sigma}_{22}^{-1}\boldsymbol{\sigma}_{21}}{\sigma_{11}}\text{。}$$

取 $\boldsymbol{\beta}=\boldsymbol{\Sigma}_{22}^{-1}\boldsymbol{\sigma}_{21}$，则

$$\rho^2(x_1,\boldsymbol{\beta}'\boldsymbol{\eta})=\frac{(\boldsymbol{\beta}'\boldsymbol{\sigma}_{21})^2}{\sigma_{11}(\boldsymbol{\beta}'\boldsymbol{\Sigma}_{22}\boldsymbol{\beta})}=\frac{(\boldsymbol{\sigma}_{21}'\boldsymbol{\Sigma}_{22}^{-1}\boldsymbol{\sigma}_{21})^2}{\sigma_{11}(\boldsymbol{\sigma}_{21}'\boldsymbol{\Sigma}_{22}^{-1}\boldsymbol{\sigma}_{21})}=\frac{\boldsymbol{\sigma}_{21}'\boldsymbol{\Sigma}_{22}^{-1}\boldsymbol{\sigma}_{21}}{\sigma_{11}},$$

故 x_1 与 $\boldsymbol{\alpha}'\boldsymbol{\eta}$ 的相关系数的最大值在 $\boldsymbol{\beta}=\boldsymbol{\Sigma}_{22}^{-1}\boldsymbol{\sigma}_{21}$ 时达到，这时

$$\rho(x_1,\boldsymbol{\beta}'\boldsymbol{\eta})=\left(\frac{\boldsymbol{\sigma}_{21}'\boldsymbol{\Sigma}_{22}^{-1}\boldsymbol{\sigma}_{21}}{\sigma_{11}}\right)^{1/2}\text{。}$$

正如上面所预测的一样，$\boldsymbol{\beta}'\boldsymbol{\eta}$ 确实是 x_1 的最优线性估计。事实上，对任意线性组合 $\boldsymbol{\alpha}'\boldsymbol{\eta}$，均有 $\boldsymbol{E}(x_1-\boldsymbol{\alpha}'\boldsymbol{\eta})^2\geqslant\boldsymbol{E}(x_1-\boldsymbol{\beta}'\boldsymbol{\eta})^2$。把 $\boldsymbol{E}(x_1-\boldsymbol{\alpha}'\boldsymbol{\eta})^2$ 展开，得

$$\begin{aligned}\boldsymbol{E}(x_1-\boldsymbol{\alpha}'\boldsymbol{\eta})^2&=\sigma_{11}-2\boldsymbol{\alpha}'\boldsymbol{\sigma}_{21}+\boldsymbol{\alpha}'\Sigma_{22}\boldsymbol{\alpha}\\&=(\sigma_{11}-\boldsymbol{\sigma}_{21}'\Sigma_{22}^{-1}\boldsymbol{\sigma}_{21})+(\boldsymbol{\alpha}-\Sigma_{22}^{-1}\boldsymbol{\sigma}_{21})'\Sigma_{22}(\boldsymbol{\alpha}-\Sigma_{22}^{-1}\boldsymbol{\sigma}_{21})\\&\geqslant\sigma_{11}-\boldsymbol{\sigma}_{21}'\boldsymbol{\Sigma}_{22}^{-1}\boldsymbol{\sigma}_{21}=\boldsymbol{E}(x_1-\boldsymbol{\beta}'\boldsymbol{\eta})^2\end{aligned}$$

当且仅当 $\boldsymbol{\beta}=\boldsymbol{\Sigma}_{22}^{-1}\boldsymbol{\sigma}_{21}$ 时，$\boldsymbol{E}(x_1-\boldsymbol{\alpha}'\boldsymbol{\eta})^2$ 达到最小值 $\sigma_{11}-\boldsymbol{\sigma}_{21}'\boldsymbol{\Sigma}_{22}^{-1}\boldsymbol{\sigma}_{21}=\sigma_{1\cdot2}$。 可见 $\boldsymbol{\beta}'\boldsymbol{\eta}$ 是 x_1 的最优线性估计，$\sigma_{1\cdot2}$ 可看作 x_1 在消除它的最优线性估计后的误差。

定义 3.4.1 称 x_1 与 η 的所有线性组合 $\boldsymbol{\alpha}'\boldsymbol{\eta}$ 的相关系数的最大值 $\rho(x_1,\boldsymbol{\beta}'\boldsymbol{\eta})$ 为 x_1 与 $\boldsymbol{\eta}$ 的复相关系数或多重相关系数，记为 $\rho_{x_1\cdot\eta}$ 或 $\rho_{1\cdot2,\cdots,p}$，即有

$$\rho_{x_1\cdot\eta}=\left(\frac{\boldsymbol{\sigma}_{21}'\boldsymbol{\Sigma}_{22}^{-1}\boldsymbol{\sigma}_{21}}{\sigma_{11}}\right)^{1/2}\tag{3.4.2}$$

于是 $\rho_{x_1\cdot\eta}^2=1-\sigma_{1\cdot2}/\sigma_{11}$ 或 $\sigma_{1\cdot2}=\sigma_{11}(1-\rho_{x_1\cdot\eta}^2)$。

3.4.2 偏相关

两个变量之间的相关系数会受到其他变量的影响，为了精确度量两个变量之间的相关，需考虑在消除其他变量影响后两个变量的相关系数，下面考虑此类变量的相关系数。

设 $\boldsymbol{x}=(x_1,x_2,\boldsymbol{\eta}')'$ 是 p 维随机向量，$\boldsymbol{\eta}$ 是 $\boldsymbol{x}$ 的 $p-2$ 维子向量，又设 $\boldsymbol{E}(\boldsymbol{x})=\boldsymbol{0}$，协方差矩阵

$$\boldsymbol{\Sigma}=\operatorname{Cov}(\boldsymbol{x},\boldsymbol{x})=\begin{pmatrix}\sigma_{11}&\sigma_{12}&\boldsymbol{\sigma}_{31}'\\\sigma_{21}&\sigma_{22}&\boldsymbol{\sigma}_{32}'\\\boldsymbol{\sigma}_{31}&\boldsymbol{\sigma}_{32}&\Sigma_{33}\end{pmatrix}>0,\quad\Sigma_{33}>0\text{。}$$

设 $\boldsymbol{\alpha}'\boldsymbol{\eta}$ 是 x_1 的最优线性估计，它使得 $\boldsymbol{\alpha}'\boldsymbol{\eta}$ 和 x_1 之间的相关最大，$\boldsymbol{\beta}'\boldsymbol{\eta}$ 是 x_2 的最优线性估计，它使 $\boldsymbol{\beta}'\boldsymbol{\eta}$ 和 x_2 之间的相关最大，$\boldsymbol{\alpha}$，$\boldsymbol{\beta}$ 是 $p-2$ 维常数向量。利用与前面相似的推导，得

$$\boldsymbol{\alpha}=\boldsymbol{\Sigma}_{33}^{-1}\boldsymbol{\sigma}_{31},\quad\boldsymbol{\beta}=\boldsymbol{\Sigma}_{33}^{-1}\boldsymbol{\sigma}_{32}\text{。}$$

于是，在消去 x_1，x_2 的最优线性估计后得到两个随机变量为

$$y_1 = x_1 - \boldsymbol{\sigma}'_{31}\boldsymbol{\Sigma}_{33}^{-1}\boldsymbol{\eta}, \quad y_2 = x_2 - \boldsymbol{\sigma}'_{32}\boldsymbol{\Sigma}_{33}^{-1}\boldsymbol{\eta}\text{。}$$

这时，y_1，y_2 的相关系数就是消除其他变量影响后两个变量 x_1，x_2 之间的相关系数：

$$\rho_{12\cdot\eta} = \frac{(\sigma_{12} - \boldsymbol{\sigma}'_{31}\boldsymbol{\Sigma}_{33}^{-1}\boldsymbol{\sigma}_{32})}{[(\sigma_{11} - \boldsymbol{\sigma}'_{31}\boldsymbol{\Sigma}_{33}^{-1}\boldsymbol{\sigma}_{31})(\sigma_{22} - \boldsymbol{\sigma}'_{32}\boldsymbol{\Sigma}_{33}^{-1}\boldsymbol{\sigma}_{32})]^{1/2}}\text{。}$$

定义 3.4.2 设 $\boldsymbol{x} = (x_1, x_2, \boldsymbol{\eta}')'$ 是 p 维随机向量，$\boldsymbol{\eta}$ 是 x 的 $p-2$ 维子向量，又设 $\boldsymbol{E}(\boldsymbol{x}) = \boldsymbol{0}$，$\boldsymbol{\Sigma} = \mathrm{Cov}(\boldsymbol{x})$ 如上。则在消去 x_1，x_2 的最优线性估计后，y_1，y_2 的相关系数就是消除其他变量影响后两个变量之间的相关系数，称为 x_1，x_2 的**偏相关系数**，记为 $\rho_{12\cdot\eta}$ 或 $\rho_{12\cdot3,\cdots,p}$，即有

$$\rho_{12\cdot\eta} = \frac{(\sigma_{12} - \boldsymbol{\sigma}'_{31}\boldsymbol{\Sigma}_{33}^{-1}\boldsymbol{\sigma}_{32})}{[(\sigma_{11} - \boldsymbol{\sigma}'_{31}\boldsymbol{\Sigma}_{33}^{-1}\boldsymbol{\sigma}_{31})(\sigma_{22} - \boldsymbol{\sigma}'_{32}\boldsymbol{\Sigma}_{33}^{-1}\boldsymbol{\sigma}_{32})]^{1/2}}\text{。} \tag{3.4.3}$$

在实际应用中可根据需要得到其他形式的复相关系数或偏相关系数的表达式。

例如，设 $\boldsymbol{x} = (x_1, x_2, \cdots, x_p)'$，则 $\rho_{2\cdot1,3,\cdots,p}$ 表示 x_2 与其他分量间的复相关系数，$\rho_{25,6,\cdots,p}$ 表示在消除 $\boldsymbol{\eta} = (x_6, \cdots, x_p)'$ 的影响后 x_2 与 x_5 的偏相关系数。为了计算 x_2 与 x_5 的偏相关系数，在计算中只须在 $\boldsymbol{\Sigma} = \mathrm{Cov}(\boldsymbol{X})$ 中取出与 x_2，x_5 和 $\boldsymbol{\eta}$ 有关的行、列后得到新的协方差矩阵，然后按式（3.4.3）计算即可。

偏相关系数有如下递推公式：

$$\rho_{ij\cdot q,\cdots,m} = \frac{\rho_{ij\cdot q+1,\cdots,p} - \rho_{iq\cdot q+1,\cdots,p} \cdot \rho_{jq\cdot q+1,\cdots,p}}{\sqrt{1-\rho^2_{iq\cdot q+1,\cdots,p}} \cdot \sqrt{1-\rho^2_{jq\cdot q+1,\cdots,m}}},$$

由此递推公式可根据 $\{\rho_{ij}\}$ 计算 $\{\rho_{ij\cdot p}\}$，再计算 $\{\rho_{ij\cdot p-1,p}\},\cdots,\{\rho_{12\cdot3\cdots,p}\}$ 等，特别地，有

$$\rho_{12\cdot3} = \frac{\rho_{12} - \rho_{13}\rho_{23}}{\sqrt{1-\rho_{13}^2}\sqrt{1-\rho_{23}^2}}\text{。}$$

因此，只要知道相关矩阵，那么各种偏相关系数就完全确定了。

例 3.4.1 在制定服装标准时，需对有关对象进行抽样，然后进行人体有关尺寸的测量。今从女子身体测量中取出部分结果如下：用 x_1 表示身高，x_2 表示胸围，x_3 表示腰围，x_4 表示上体长，x_5 表示臀围，经计算得到这五个变量的相关矩阵为

$$\boldsymbol{R} = \begin{pmatrix} 1.000 & & & & \\ 0.216 & 1.000 & & & \\ 0.054 & 0.732 & 1.000 & & \\ 0.648 & 0.242 & 0.133 & 1.000 & \\ 0.368 & 0.676 & 0.627 & 0.376 & 1.000 \end{pmatrix}\begin{matrix} x_1 \\ x_2 \\ x_3 \\ x_4 \\ x_5 \end{matrix}$$

由相关系数矩阵可以看出 $\rho_{14} = 0.648$, $\rho_{23} = 0.732$， 这说明上体长与身高、胸围与腰围之间存在较大的正相关；而 $\rho_{13} = 0.054$ 说明身高与腰围几乎是不相关。下面计算偏相关系数 $\rho_{34\cdot5}$ 和 $\rho_{23\cdot1}$。由公式得

$$\rho_{34\cdot5} = \frac{\rho_{34} - \rho_{35}\rho_{45}}{\sqrt{1-\rho_{35}^2}\sqrt{1-\rho_{45}^2}} = -0.1423,$$

$$\rho_{23\cdot1} = \frac{\rho_{23} - \rho_{21}\rho_{31}}{\sqrt{1-\rho_{21}^2}\sqrt{1-\rho_{31}^2}} = 0.7388\text{。}$$

比较 ρ_{23} 和 $\rho_{23\cdot1}$ 可以看出，即使在排除了身高的影响后腰围和胸围仍然高度相关。再从 ρ_{34} 与 $\rho_{34\cdot5}$ 的比较中可以发现，当把臀围的影响去除后，上体长与腰围从微弱正相关变为微弱负相关。这也说明，腰围和上体长之间的相关实际上是通过女性的一个主要特征臀围而引起的。因此在多个变量相互影响时，用相关系数说明相互关系时要十分慎重。

3.4.3 正态向量的条件分布

定理 3.4.2 设 p 维随机向量 $\boldsymbol{\xi}\sim \boldsymbol{N}_p(\boldsymbol{\mu},\boldsymbol{\Sigma})$，其中 $\boldsymbol{\xi}=\begin{pmatrix}\xi_1\\ \xi_2\end{pmatrix}$，$\boldsymbol{\Sigma}=\begin{pmatrix}\boldsymbol{\Sigma}_{11} & \boldsymbol{\Sigma}_{12}\\ \boldsymbol{\Sigma}_{21} & \boldsymbol{\Sigma}_{22}\end{pmatrix}\geqslant 0$，$\boldsymbol{\mu}=(\mu_1,\mu_2)'$，$\boldsymbol{\Sigma}_{22}>0$。$\xi_1$，$\xi_2$ 分别是 r 维和 $s=p-r$ 维随机向量，$\boldsymbol{\mu}$ 和 $\boldsymbol{\Sigma}$ 的分块相对应，则在给定 ξ_2 后 ξ_1 的条件分布仍为 r 维正态分布

$$\xi_1|(\xi_2=\boldsymbol{x}_2)\sim \boldsymbol{N}_r(\mu_{1\cdot2},\ \boldsymbol{\Sigma}_{1\cdot2}),$$

其中 $\mu_{1\cdot2}=\boldsymbol{E}(\xi_1|\xi_2)=\mu_1+\boldsymbol{\Sigma}_{12}\boldsymbol{\Sigma}_{22}^{-1}\boldsymbol{\Sigma}_{21}$，$\boldsymbol{\Sigma}_{1\cdot2}=\mathrm{Cov}(\xi_1|\xi_2)=\boldsymbol{\Sigma}_{11}-\boldsymbol{\Sigma}_{12}\boldsymbol{\Sigma}_{22}^{-1}\boldsymbol{\Sigma}_{21}$。

证明：作非退化线性替换 $\boldsymbol{\eta}=\boldsymbol{A}\boldsymbol{\xi}$，其中 $\boldsymbol{A}=\begin{pmatrix}\boldsymbol{I} & -\boldsymbol{\Sigma}_{12}\boldsymbol{\Sigma}_{22}^{-1}\\ 0 & \boldsymbol{I}\end{pmatrix}$。于是

$$\boldsymbol{\eta}=\begin{pmatrix}\eta_1\\ \eta_2\end{pmatrix}=\begin{pmatrix}\boldsymbol{I} & -\boldsymbol{\Sigma}_{12}\boldsymbol{\Sigma}_{22}^{-1}\\ 0 & \boldsymbol{I}\end{pmatrix}\begin{pmatrix}\xi_1\\ \xi_2\end{pmatrix}=\begin{pmatrix}\xi_1-\boldsymbol{\Sigma}_{12}\boldsymbol{\Sigma}_{22}^{-1}\xi_2\\ \xi_2\end{pmatrix},$$

$$\boldsymbol{E}(\boldsymbol{\eta})=\begin{pmatrix}\boldsymbol{E}\eta_1\\ \boldsymbol{E}\eta_2\end{pmatrix}=\begin{pmatrix}\mu_1-\boldsymbol{\Sigma}_{12}\boldsymbol{\Sigma}_{22}^{-1}\mu_2\\ \mu_2\end{pmatrix},$$

$$\mathrm{Var}(\boldsymbol{\eta})=\boldsymbol{A}\mathrm{Var}(\boldsymbol{\xi})\boldsymbol{A}'=\begin{pmatrix}\boldsymbol{\Sigma}_{11}-\boldsymbol{\Sigma}_{12}\boldsymbol{\Sigma}_{22}^{-1}\boldsymbol{\Sigma}_{21} & \boldsymbol{O}\\ \boldsymbol{O} & \boldsymbol{\Sigma}_{22}\end{pmatrix}=\begin{pmatrix}\boldsymbol{\Sigma}_{1\cdot2} & \boldsymbol{O}\\ \boldsymbol{O} & \boldsymbol{\Sigma}_{22}\end{pmatrix}。$$

由性质 3.3.2 知

$$\boldsymbol{\eta}=\begin{pmatrix}\eta_1\\ \eta_2\end{pmatrix}\sim \boldsymbol{N}_p\left(\begin{pmatrix}\mu_1-\boldsymbol{\Sigma}_{12}\boldsymbol{\Sigma}_{22}^{-1}\mu_2\\ \mu_2\end{pmatrix},\ \begin{pmatrix}\boldsymbol{\Sigma}_{1\cdot2} & \boldsymbol{O}\\ \boldsymbol{O} & \boldsymbol{\Sigma}_{22}\end{pmatrix}\right)。$$

由性质 3.3.3 知 η_1 与 η_2 相互独立，且 $\eta_1=\xi_1-\boldsymbol{\Sigma}_{12}\boldsymbol{\Sigma}_{22}^{-1}\xi_2\sim \boldsymbol{N}_k(\mu_1-\boldsymbol{\Sigma}_{12}\boldsymbol{\Sigma}_{22}^{-1}\mu_2,\ \boldsymbol{\Sigma}_{1\cdot2})$。
从而在给定 $\xi_2=\boldsymbol{x}_2$ 后，$\xi_1|(\xi_2=\boldsymbol{x}_2)=\eta_1+\boldsymbol{\Sigma}_{12}\boldsymbol{\Sigma}_{22}^{-1}\boldsymbol{x}_2$，

$$\boldsymbol{E}[\xi_1|(\xi_2=\boldsymbol{x}_2)]=\mu_1+\boldsymbol{\Sigma}_{12}\boldsymbol{\Sigma}_{22}^{-1}(\boldsymbol{x}_2-\mu_2),\quad \mathrm{Var}[\xi_1|(\xi_2=\boldsymbol{x}_2)]=\mathrm{Var}(\eta_1)=\boldsymbol{\Sigma}_{1\cdot2},$$

因此

$$\xi_1|(\xi_2=\boldsymbol{x}_2)\sim \boldsymbol{N}_k(\mu_1+\boldsymbol{\Sigma}_{12}\boldsymbol{\Sigma}_{22}^{-1}(\boldsymbol{x}_2-\mu_2),\ \boldsymbol{\Sigma}_{1\cdot2})。$$

由于 $\boldsymbol{E}[\xi_1|(\xi_2=\boldsymbol{x}_2)]=(\mu_1-\boldsymbol{\Sigma}_{12}\boldsymbol{\Sigma}_{22}^{-1}\mu_2)+\boldsymbol{\Sigma}_{12}\boldsymbol{\Sigma}_{22}^{-1}\boldsymbol{x}_2$，这是 ξ_1 对给定 $\xi_2=\boldsymbol{x}_2$ 的多元回归模型。

本定理也可从另一角度来证。事实上，由于 η_1 与 η_2 相互独立，故有

$$f_{\eta}(\boldsymbol{y})=f_{\eta_1}(\boldsymbol{y}_1)\cdot f_{\eta_2}(\boldsymbol{y}_2)$$

又 $\boldsymbol{J}(\boldsymbol{\eta}\to\boldsymbol{\xi})=|\boldsymbol{A}|=1$，注意到 $\eta_2=\xi_2$，故

$$f_{\xi}(\boldsymbol{x})=f_{\eta}(\boldsymbol{y})|\boldsymbol{J}(\boldsymbol{\eta}\to\boldsymbol{\xi})|=f_{\eta}(\boldsymbol{y})=f_{\eta_1}(\boldsymbol{y}_1)\cdot f_{\eta_2}(\boldsymbol{y}_2)=f_{\eta_1}(\boldsymbol{y}_1)\cdot f_{\xi_2}(\boldsymbol{x}_2)。$$

故在给定 ξ_2 时 ξ_1 的条件概率密度是

$$f(\boldsymbol{x}_1|\boldsymbol{x}_2)=\frac{f_{\xi}(\boldsymbol{x})}{f_{\xi_2}(\boldsymbol{x}_2)}=f_{\eta_1}(\boldsymbol{y}_1)=(2\pi)^{-k/2}\left|\boldsymbol{\Sigma}_{1\cdot 2}\right|^{-1/2}\exp[-\frac{1}{2}(\boldsymbol{x}_1-\boldsymbol{\mu}_{1\cdot 2})'\boldsymbol{\Sigma}_{1.2}^{-1}(\boldsymbol{x}_1-\boldsymbol{\mu}_{1\cdot 2})]。$$

故有 $\xi_1|(\xi_2=\boldsymbol{x}_2)\sim \boldsymbol{N}_k(\boldsymbol{\mu}_{1\cdot 2},\boldsymbol{\Sigma}_{1\cdot 2})$。这里 $\boldsymbol{\mu}_{1\cdot 2}=\boldsymbol{\mu}_1+\boldsymbol{\Sigma}_{12}\boldsymbol{\Sigma}_{22}^{-1}(\boldsymbol{x}_2-\boldsymbol{\mu}_2)$，$\boldsymbol{\Sigma}_{1\cdot 2}=\boldsymbol{\Sigma}_{11}-\boldsymbol{\Sigma}_{12}\boldsymbol{\Sigma}_{22}^{-1}\boldsymbol{\Sigma}_{21}$。

记
$$\boldsymbol{E}(\xi_1|\xi_2=x_2)=(\mu_1-\Sigma_{12}\Sigma_{22}^{-1}\mu_2)+\Sigma_{12}\Sigma_{22}^{-1}x_2,$$
这是 ξ_1 对给定 $\xi_2=\boldsymbol{x}_2$ 的多元回归模型。

例 3.4.2 设 $\boldsymbol{x}=(x_1,x_2)'\sim \boldsymbol{N}_2(\boldsymbol{\mu},\boldsymbol{\Sigma})$，这里 $\boldsymbol{\mu}=(\mu_1,\mu_2)'$，$\boldsymbol{\Sigma}=\begin{pmatrix}\sigma_1^2 & \rho\sigma_1\sigma_2\\ \rho\sigma_1\sigma_2 & \sigma_2^2\end{pmatrix}$。求 $\boldsymbol{E}(x_1|x_2)$，$\boldsymbol{V}(x_1|x_2)$ 和 $x_1|x_2$ 的条件分布。

解：由上面知
$$\boldsymbol{E}(x_1|x_2)=\mu_1+\Sigma_{12}\Sigma_{22}^{-1}(x_2-\mu_2)=\mu_1+\rho\sigma_1\sigma_2(x_2-\mu_2)/\sigma_2^2,$$
即有
$$\boldsymbol{E}(x_1|x_2)=\mu_1+\rho\frac{\sigma_1}{\sigma_2}(x_2-\mu_2)。$$
又
$$\mathrm{Var}(x_1|x_2)=\boldsymbol{\Sigma}_{1\cdot 2}=\sigma_1^2-\rho^2\sigma_1^2\sigma_2^2/\sigma_2^2=\sigma_1^2(1-\rho^2),$$
所以
$$x_1|x_2\sim \boldsymbol{N}(\mu_1+\rho\frac{\sigma_1}{\sigma_2}(x_2-\mu_2),\ \sigma_1^2(1-\rho^2))。$$

例 3.4.3 设 $\boldsymbol{x}=\begin{pmatrix}x_1\\x_2\\x_3\end{pmatrix}'\sim N_3(\boldsymbol{\mu},\boldsymbol{\Sigma})$，其中 $\boldsymbol{\mu}=\begin{pmatrix}10\\4\\7\end{pmatrix}$，$\boldsymbol{\Sigma}=\begin{pmatrix}9 & -3 & -3\\ -3 & 5 & 1\\ -3 & 1 & 5\end{pmatrix}$。试求（1）$(x_1,x_3)'$ 的边际分布；（2）$x_1|(x_2,x_3)$ 的条件分布，给定 x_1-x_2 时，$\begin{pmatrix}x_2+x_3\\x_1\end{pmatrix}$ 的条件分布；（3）x_1 与 x_2,x_3 的复相关系数；（4）在消除 x_3 的影响后，x_1 与 x_2 的偏相关系数。

解：（1）因为 $\begin{pmatrix}x_1\\x_3\end{pmatrix}=\begin{pmatrix}1 & 0 & 0\\ 0 & 0 & 1\end{pmatrix}\begin{pmatrix}x_1\\x_2\\x_3\end{pmatrix}$，由性质 3.3.2 知其服从 $\boldsymbol{N}_2(\boldsymbol{v},\boldsymbol{z})$，其中 $\boldsymbol{v}=\boldsymbol{E}\begin{pmatrix}x_1\\x_3\end{pmatrix}=\begin{pmatrix}10\\7\end{pmatrix}$，$\boldsymbol{z}=\boldsymbol{V}\begin{pmatrix}x_1\\x_3\end{pmatrix}=\begin{pmatrix}9 & -3\\ -3 & 5\end{pmatrix}$。

（2）由定理 3.4.2 知，$x_1|(x_2,x_3)\sim \boldsymbol{N}(\mu_{1\cdot 2},\boldsymbol{\Sigma}_{1\cdot 2})$，其中
$$\mu_{1\cdot 2}=-\frac{x_2}{2}-\frac{x_3}{2}+\frac{31}{2},\quad \boldsymbol{\Sigma}_{1\cdot 2}=6。$$

令 $\boldsymbol{y}_1=\begin{pmatrix}x_2+x_3\\x_1\end{pmatrix}$，$y_2=x_1-x_2$，于是得
$$\begin{pmatrix}\boldsymbol{y}_1\\y_2\end{pmatrix}=\begin{pmatrix}x_2+x_3\\x_1\\x_1-x_2\end{pmatrix}=\begin{pmatrix}0 & 1 & 1\\ 1 & 0 & 0\\ 1 & -1 & 0\end{pmatrix}\begin{pmatrix}x_1\\x_2\\x_3\end{pmatrix}=\boldsymbol{A}\begin{pmatrix}x_1\\x_2\\x_3\end{pmatrix}。$$

因为 $\boldsymbol{x}=(x_1,x_2,x_3)'\sim N_3(\boldsymbol{\mu},\boldsymbol{\Sigma})$，所以 $(y_1,y_2)'\sim N_3(\boldsymbol{A\mu},\ \boldsymbol{A\Sigma A}')$。于是

$$\boldsymbol{E}\begin{pmatrix}y_1\\ y_2\end{pmatrix}=\boldsymbol{A\mu}=\begin{pmatrix}11\\10\\ \hdashline 6\end{pmatrix}=\begin{pmatrix}\mu_1\\ \hdashline \mu_2\end{pmatrix},\ \boldsymbol{V}\begin{pmatrix}y_1\\ y_2\end{pmatrix}=\boldsymbol{A\Sigma A}'=\left(\begin{array}{cc:c}12&-6&-12\\-6&9&12\\ \hdashline -12&12&20\end{array}\right)=\left(\begin{array}{c:c}\boldsymbol{\Sigma}_{11}&\boldsymbol{\Sigma}_{12}\\ \hdashline \boldsymbol{\Sigma}_{21}&\boldsymbol{\Sigma}_{22}\end{array}\right)。$$

由定理 3.4.2 知
$$\boldsymbol{y}_1|y_2\sim \boldsymbol{N}_2(\boldsymbol{\mu}_{1\cdot 2},\ \boldsymbol{\Sigma}_{1\cdot 2})，$$

其中
$$\boldsymbol{\mu}_{1\cdot 2}=\begin{pmatrix}11\\10\end{pmatrix}+\begin{pmatrix}-12\\12\end{pmatrix}\frac{1}{20}(y_2-6)=\begin{pmatrix}-\frac{3}{5}y_2+\frac{73}{5}\\ \frac{3}{5}y_2+\frac{32}{5}\end{pmatrix}=\begin{pmatrix}-\frac{3}{5}x_1+\frac{3}{5}x_2+\frac{73}{5}\\ \frac{3}{5}x_1-\frac{3}{5}x_2+\frac{32}{5}\end{pmatrix}，$$

$$\boldsymbol{\Sigma}_{1\cdot 2}=\boldsymbol{\Sigma}_{11}-\boldsymbol{\Sigma}_{12}\boldsymbol{\Sigma}_{22}^{-1}\boldsymbol{\Sigma}_{21}=\begin{pmatrix}12&-6\\-6&9\end{pmatrix}-\begin{pmatrix}-12\\12\end{pmatrix}\frac{1}{20}(-12,\ 12)=\frac{1}{5}\begin{pmatrix}24&6\\6&9\end{pmatrix}。$$

（3）x_1 与 x_2,x_3 的复相关系数是

$$\hat{\rho}_{1\cdot 23}=\left(\frac{\boldsymbol{\sigma}_{21}'\boldsymbol{\Sigma}_{22}^{-1}\boldsymbol{\sigma}_{21}}{\sigma_{11}}\right)^{1/2}=\left[\frac{(-3,-3)\begin{pmatrix}5&1\\1&5\end{pmatrix}^{-1}\begin{pmatrix}-3\\-3\end{pmatrix}}{9}\right]^{1/2}=\frac{\sqrt{3}}{3}。$$

（4）先求相关系数矩阵：

$$\boldsymbol{R}=\begin{pmatrix}3&&\\&\sqrt{5}&\\&&\sqrt{5}\end{pmatrix}^{-1}\begin{pmatrix}9&-3&-3\\-3&5&1\\-3&1&5\end{pmatrix}\begin{pmatrix}3&&\\&\sqrt{5}&\\&&\sqrt{5}\end{pmatrix}^{-1}=\frac{1}{5}\begin{pmatrix}5&-\sqrt{5}&-\sqrt{5}\\-\sqrt{5}&5&1\\-\sqrt{5}&1&5\end{pmatrix}，$$

在消除 x_3 的影响后，x_1 与 x_2 的偏相关系数是

$$\rho_{12\cdot 3}=\frac{\rho_{12}-\rho_{13}\rho_{23}}{\sqrt{1-\rho_{13}^2}\sqrt{1-\rho_{23}^2}}=-\frac{\sqrt{6}}{6}。$$

3.5 非线性相关比

相关系数度量的是两个随机变量之间的线性关系，当两个变量之间为非线性相关时，用相关系数来度量就无法正确反映两个变量之间的相关程度，因此有必要讨论两个变量之间的非线性相关度量，相关比就是用来度量两个随机变量之间的非线性关系的。非线性相关比是：

$$\eta_{xy}=[1-E(\sigma^2(y|x))/\sigma^2(y)]^{1/2}。\tag{3.5.1}$$

这里，$\sigma^2(y|x)=E[(x-E(x|\theta))^2|\theta]$。由下面推导可知，相关比是利用函数 $\varphi(x)=E(y|x)$ 去估计 y 时的估计精度。相关比和相关系数之间存在一定的联系。

3.5.1 相关比和相关系数的关系

对两个随机变量 $x,\ y$，要想知道相关比和相关系数的关系，可以通过用变量 x 的函数来估计变量 y 的精度来说明。例如，假设选用变量 x 的函数 $\hat{y}=g(x)$ 来估计 y，这里估计的好坏采用均方误差 $E[(y-g(x))^2]$ 来刻画，显然这个估计的精度与选取的函数 $g(x)$ 有关。如果将 $g(x)$ 限制在线性函数类中，则使均方误差达到最小的最优线性估计函数是 $\beta_0+\beta_1 x$，该函数

的均方误差为$E[(y-\beta_0-\beta_1 x)^2]$，这时两变量的相关系数就是：

$$\rho_{xy}=[1-E[(y-\beta_0-\beta_1 x)^2/\sigma^2(y)]^{1/2}。$$

因此，相关系数反映的是用一个变量x的线性函数来估计另一个变量y时所能达到的最优估计精度。因为相关系数的局限性是对估计函数$g(x)$作线性约束，所以用它作为两变量的相关度量是不全面的，如果变量y不能用x的线性函数很好地估计，这时得到的相关系数就会很小，但不能说x和y之间相关不密切，这时用x的非线性函数来估计y效果可能更好。

现在不对估计函数$g(x)$作任何限制，即在一切估计函数中选取使均方误差最小的最优估计函数，这个函数存在而且就是y依x的条件期望函数$\varphi(x)=E(y|x)$，它的均方误差是$E[(y-E(y|x))^2]$。也就是说，对任意一个估计函数$g(x)$，必有

$$E[(y-E(y|x))^2]\leqslant E[(y-g(x))^2]。$$

事实上，对任意一个估计函数$g(x)$，这时

$$E[(y-g(x))^2]=E[(y-\varphi(x))^2]+E[(\varphi(x)-g(x))^2]$$
$$+2E[(y-\varphi(x))(\varphi(x)-g(x))]。$$

由于

$$E[(y-\varphi(x))(\varphi(x)-g(x))]=0，$$

所以

$$E[(y-g(x))^2]=E[(y-\varphi(x))^2]+E[(\varphi(x)-g(x))^2]\geq E[(y-\varphi(x))^2]。$$

由于两变量相关比是$\eta_{xy}=[1-E[(y-E(y|x))^2]/\sigma^2(y)]^{1/2}$，可见，相关比是利用函数$\varphi(x)=E(y|x)$去估计$y$时的估计精度，因此，非线性相关比能全面衡量两个变量之间的相关程度，而相关系数反映的仅仅是相关信息中线性部分的影响。相关系数所提取的相关信息必定能被相关比所提取，但反之却不一定。从数学上来说，两者差别的大小取决于最优估计函数$\varphi(x)$偏离线性的程度，$\varphi(x)$的函数特性则反映了x与y之间的具体相关特征。

通过对相关比和相关系数的比较分析可知，非线性相关比确实是一种优于相关系数的相关度量，用相关比来反映变量之间的相关比用相关系数更为全面，在相关比计算的过程中，可以同时得到相关程度和相关形式这两项信息。

3.5.2 相关比在信度估计中的应用

经典真分数模型是英国心理学家 Spearman（斯皮尔曼）在 20 世纪之初提出来的，Spearman 认为：任何测验分数x都可以分解成两个分量之和——其中一个分量是真实但未知的分数t，另一个分量是随机误差分数e，即有

$$x=t+e \qquad (3.5.2)$$

这里，x为个体的**观察分数**，t为个体的**真分数**，e为**随机误差分数**。

对于一个给定的考生总体来说，真分数模型三个基本假定是：

（1）误差分数的均值为 0，即$E(e)=0$；

（2）真分数和误差分数之间的相关系数为 0，即$\rho_{te}=0$；

（3）当考生参加两个不同的测验时，不同测验的误差分数互不相关。

试卷是一种教育测量工具，我们关心的是考生在这份试卷上的得分是不是真实反映了该

生对试卷所测内容的掌握程度，这就是试卷的可靠性问题，在测量理论中常称为**信度**，记为 R 。在教育和心理测验中，信度的重要性正被越来越多的人所重视。

在经典真分数模型 $x=t+e$ 及其假设下，信度系数可以定义为

$$R=\rho_{xx'} \quad \text{或} \quad R=\sigma^2(t)/\sigma^2(x) \text{。}$$

其中 x，x' 是考生在两份平行测验上的得分，$\sigma^2(t)$，$\sigma^2(x)$ 分别是真分数方差和观测分数方差。但是，无论是用两份平行测验的相关系数作为信度的定义，还是用真分数方差与观测分数方差之比来定义，由于编制两份完全平行的测验实际上难以做到，而学生的真分数又是个不可观测量，因此，上面定义的信度只是理论上构想的概念，在实际应用时必须根据一组实得分数采用一些变通方法加以估计。因此，如何有效估计试卷的信度一直是研究的热点。

20 世纪 60 年代又发展了一种新的测验理论——项目反应理论，这个理论的“核心”是建立一类统计模型：具有某种潜在特质 θ 的不同能力水平的考生在一个项目上如何反应的模型，这个模型表明，具有某种特质的考生对一道试题的正确反应概率是考生潜在特质的函数，并用 $p_i(\theta)$ 表示特质水平为 θ 的考生在第 i 题答对的概率。

在项目反应理论中，一个经常提出的问题是：考生潜在特质分数 θ 与观测分数 x 之间的相关究竟有多大？由于 x，θ 之间一般不存在线性关系，因此，用 x，θ 的积矩相关来度量它们之间的相关是不适宜的，这时，可以用相关比

$$\eta_{x\theta}=[1-E[\sigma^2(x|\theta)]/\sigma^2(x)]^{1/2}$$

来度量随机变量 x，θ 之间非线性相关的强度。式中 $\sigma^2(x|\theta)$ 是特质水平为 θ 的考生子总体观测分数的条件方差 $E[(x-E(x|\theta))^2|\theta]$ 。$\eta_{x\theta}$ 的大小反映了 x，θ 之间非线性相关的密切程度，$\eta_{x\theta}$ 越大，相关程度越密切，反之也一样。有意思的是，上述非线性相关比的平方恰好等于经典测验理论中的信度系数 $\rho_{xx'}$，具体推导如下：

设一份试卷共有 k 道试题，x_i 是考生在第 i 题上的得分，$i=1,2,\cdots,k$ ，于是有 $x=\Sigma x_i$ 。在真分数模型下，真分数的定义是 $t=E(x)$ ，即考生的真分数是考生对同一份试卷或严格平行试卷重复无限次测试所得观测分数的平均值。由于在无限次重复测试中，考生不变，因而考生的特质也不变，用项目反应理论的术语来说，就是 θ 不变。在项目反应理论中，所谓同质子总体就是说它的成员都具有相同的潜在特质分数，因此，可以把真分数定义变通为：真分数是潜在特质为 θ 的考生同质子总体在同一份试卷上所得观测分数的平均值，即

$$t=E(x|\theta) \text{。}$$

因此，考生的真分数实际上是随机变量 x 关于随机变量 θ 的条件期望，或者说，真分数 t 是变量 x 关于变量 θ 的回归。如果试卷是由 k 道二值记分的试题组成，而 I_i 是第 i 题的满分值，于是由条件期望的性质，有 $t=E(x|\theta)=\Sigma I_i\cdot p_i(\theta)$ 。若 $I_i=1$，$i=1,2,\cdots,k$ ，则 $t=\Sigma p_i(\theta)$ 。我们知道，每个 $p_i(\theta)$ 都是 θ 的单调增函数而非线性函数，否则当 θ 足够大时，$p_i(\theta)$ 将大于 1，而当 θ 足够小时，$p_i(\theta)$ 又会小于 0。在项目反应理论中，$p_i(\theta)$ 与 θ 的图形呈 S 形，而 $t=\Sigma p_i(\theta)$ 是一些 S 形曲线的叠加，因而 t 与 θ 的图形亦呈 S 形。而在经典测验理论下，$x=t+e$，因此 x 与 t 的关系是线性关系，故 x 与 θ 的关系也是非线性关系，其图形亦呈 S 形。

根据条件方差的定义以及真分数模型的三个假定，有

$$\sigma^2(x|\theta)=E[(x-E(x|\theta))^2|\theta]=\sigma^2(e|\theta) \text{，}$$

再根据条件期望的性质

$$E[\sigma^2(x|\theta)] = E\{E([e-E(e)]^2|\theta)\} = \sigma^2(e)\text{。}$$

注意到$\sigma^2(x) = \sigma^2(t) + \sigma^2(e)$，因此

$$\eta_{x\theta}^2 = 1 - E[\sigma^2(x|\theta)]/\sigma^2(X) = \sigma^2(T)/\sigma^2(X) = \rho_{xx'}\text{。}$$

于是推得：信度系数$\rho_{xx'}$等于考生观测分数与潜在特质分数非线性相关比的平方。

由这一关系可知，测验的信度越高，则θ与x的非线性相关程度越高，于是考生同质子总体的方差越小，即考生的观测分数越接近考生的潜在特质。换言之，若考生的观测分数越能反映考生的特质水平，则考生同质子总体的方差越小，于是θ与x的非线性相关程度越高，即测验的信度也越高，可见信度系数在项目反应理论中也有积极意义。

由于$\rho_{xx'} = \eta_{x\theta}^2$，因此可以把公式$\rho_{xx'} = 1 - E[\sigma^2(x|\theta)]/\sigma^2(x)$作为信度系数的另一种定义，从而得到估计信度系数的一种新途径。具体方法如下：

（1）对考生的观测分数x进行分析判断（例如采用项目反应理论进行分析），确定每个考生相应的潜在特质分数θ；

（2）根据考生潜在特质分数θ把观测分数分为若干组（每组为同质子总体）；

（3）算出每组的平均值作为$E(x|\theta)$的估计，再计算每组的离均差平方和；

（4）把每组的平方和相加起来，再除以考生的总人数，作为$E[\sigma^2(x|\theta)]$的值；

（5）计算样本的总方差$S^2(x)$，最后算得$\rho_{xx'}$的估计。

下面用模拟例子说明该方法的作用。假设有 25 名考生参加一次测验，他们潜在特质水平分别为$\theta_1,\theta_2,\cdots,\theta_6$，现根据$\theta$把考生的观测分数进行分组，所得结果见下表。

表　25名考生的能力与分数分布表

能力（θ）	θ_1	θ_2	θ_3	θ_4	θ_5	θ_6
观测分数	40	48	56	63	72	81
	35	40	50	60	70	76
	30	36	46	50	60	68
	25	28	40	47	58	63
	20					
列平均分	30	38	48	55	65	72
离差平方和	250	208	136	178	148	194

于是，有

$$E[\sigma^2(x|\theta)] = 44.56\text{，}\quad \sigma^2(x) = 265.45\text{，}$$

因此，得

$$\hat{\rho}_{xx'} = 1 - E[\sigma^2(x|\theta)]/\sigma^2(x) \approx 0.83\text{。}$$

由此可知，这份测验的信度约为 0.83。

事实上，总方差是观测分数到总平均分的均方，它可以分为两部分，一部分是观测分数到组平均$E(x|\theta)$的均方，另一部分是组平均到总平均的均方。我们希望组内均方越小越好，这说明组内分数都聚集在组平均附近，因此观测分数真实地反映了潜在特质的大小；我们希望组间均方越大越好，这说明分数之间的差异主要是由考生特质与总平均的差异引起的。可

见信度系数 $\rho_{xx'}=1-E[\sigma^2(x|\theta)]/\sigma^2(X)$ 有很明显的统计意义。

因此，可以通过计算 x，θ 之间的非线性相关比来估计测验的信度，也可以利用信度的大小来确定 x，θ 之间的非线性相关程度。由信度系数与 x，θ 非线性相关比的关系可以看出，经典测验理论与项目反应理论不是对立的，而是有某种内在联系的两种理论，项目反应理论通常被认为是比经典测验理论更先进的理论，但是这两种理论之间有许多一致之处，发现两者之间的联系或共同点无论是对经典侧验理论的进一步完善还是对项目反应理论的发展都是很有作用的。

3.5.3 进一步的讨论

在经典测验理论中，信度系数 $\rho_{xx'}$ 实际上等于 x，t 积矩相关系数 ρ_{xt} 的平方。事实上，因为在经典真分数模型及其假设下，真分数 t 与误差分数 e 的相关为 0，因此 t、e 的协方差 $\mathrm{Cov}(t,e)=0$。注意到 $\mathrm{Cov}(x,t)=\mathrm{Cov}(x+e,t)=\mathrm{Cov}(t,t)=\sigma^2(t)$，于是

$$\rho_{xt}=\mathrm{Cov}(x,t)/[\sigma(x)\sigma(t)]=\sigma(t)/\sigma(x)=\sqrt{\rho_{xx'}}\text{，}$$

所以

$$\rho_{xx'}=\rho_{xt}^2\text{。}$$

人们自然会问，x，θ 积矩相关 $\rho_{x\theta}$ 的平方与 $\eta_{x\theta}^2$ 是否也有类似关系？从直观上来看，由于 x，θ 之间一般不存在线性关系，因此，应该有 $\eta_{x\theta}^2\geqslant\rho_{x\theta}^2$。事实正是如此：

假设 $\alpha+\beta\theta$ 是 x 关于 θ 的线性回归方程，也就是说，α，β 是使 $E(x-\alpha-\beta\theta)^2$ 达到最小的两个参数，据此得 $\alpha=\bar{x}-\beta\bar{\theta}$，$\beta=\rho_{x\theta}\sigma(x)/\sigma(\theta)$。由于

$$E(x-\alpha-\beta\theta)^2=E(x-t)^2+E(t-\alpha-\beta\theta)^2+2E(x-t)(t-\alpha-\beta\theta)\text{，}$$

而

$$E(x-t)(t-\alpha-\beta\theta)=0\text{，}$$

故

$$E(x-\alpha-\beta\theta)^2=E(x-t)^2+E(t-\alpha-\beta\theta)^2\text{。}$$

把 α，β 的表达式代入方程的左边并注意到 $\eta_{x\theta}^2$ 的表达式，有

$$\sigma^2(x)(1-\rho_{x\theta}^2)=\sigma^2(x)(1-\eta_{x\theta}^2)+E(t-\alpha-\beta\theta)^2\text{，}$$

因此

$$\eta_{x\theta}^2=\rho_{x\theta}^2+E(t-\alpha-\beta\theta)^2/\sigma^2(x)\text{，}$$

故有

$$\eta_{x\theta}^2\geqslant\rho_{x\theta}^2\text{。}$$

可见，只有在 x，θ 线性相关的情况下才有 $\eta_{x\theta}^2=\rho_{x\theta}^2$，而在非线性相关的情况下，把 $\rho_{x\theta}^2$ 看作 $\eta_{x\theta}^2$ 则失之过低。当 $\rho_{x\theta}^2$ 很接近于 1，$\rho_{x\theta}^2$ 必定也很接近 $\eta_{x\theta}^2$，此时，x 关于 θ 的回归即使不是线性，也必非常近似。由于 $\rho_{xx'}=\eta_{x\theta}^2$，因此 $\rho_{xt}^2\geqslant\rho_{x\theta}^2$，这是不难理解的，因为 x，t 是线性相关而 x，θ 一般不是。

由 $\rho_{xx'}=1-E[\sigma^2(x|\theta)]/\sigma^2(x)$ 可以清楚地发现，被测总体越同质，测验的信度就越低。特别是当总体为同质时，这时考生的 θ 都一样，因而 $E[\sigma^2(x|\theta)]$ 与 $\sigma^2(x)$ 没有什么区别，即

$E[\sigma^2(x|\theta)]=\sigma^2(x)$，因而$\rho_{xx'}=0$，因此，被测总体越同质，越容易低估测验的信度，这个结论虽然早已为人所知，但是这里解释的出发点是不同的，与其他解释相比，这里的解释似乎更直接了当（对这方面有兴趣的读者可以参考作者在《心理学报》1991 年第 1 期和 1993 年第 4 期上发表的论文。）。

3.6 正态总体的参数估计

在实际应用中，多变量正态总体中均值向量$\boldsymbol{\mu}$和协方差矩阵$\boldsymbol{\Sigma}$通常未知，需利用样本进行估计。参数估计方法很多，下面给出正态总体有关参数的极大似然估计并讨论极大似然估计的一些性质。

3.6.1 多变量样本的概念及其表示法

假设我们从p维多元总体中随机抽取n个个体，用$\boldsymbol{x}_1,\boldsymbol{x}_2,\cdots,\boldsymbol{x}_n$表示，这里每个$\boldsymbol{x}_i$都是$p$维向量。$\boldsymbol{x}_i=(x_{i1},x_{i2},\cdots,x_{ip})'$，$i=1,2,\cdots,n$，$n>p$，称$\boldsymbol{x}_1,\boldsymbol{x}_2,\cdots,\boldsymbol{x}_n$为从该总体抽出的一个多维简单随机样本，$\boldsymbol{x}_1,\boldsymbol{x}_2,\cdots,\boldsymbol{x}_n$相互独立且与总体同分布。称$\boldsymbol{x}_i$为样品，其中$x_{ij}$是第$i$个样品中第$j$个指标的观测值，把全部观测结果用一个$n\times p$阶矩阵$\boldsymbol{X}$表示：

$$\boldsymbol{X}=\begin{pmatrix} x_{11} & x_{12} & \cdots & x_{1p} \\ x_{21} & x_{22} & \cdots & x_{2p} \\ \vdots & \vdots & \ddots & \vdots \\ x_{n1} & x_{n2} & \cdots & x_{np} \end{pmatrix}=\begin{pmatrix} \boldsymbol{x}_1' \\ \boldsymbol{x}_2' \\ \vdots \\ \boldsymbol{x}_n' \end{pmatrix}=(\boldsymbol{x}_{(1)},\boldsymbol{x}_{(2)},\cdots,\boldsymbol{x}_{(p)})$$

其中列向量$\boldsymbol{x}_{(j)}=(x_{1j},x_{2j},\cdots,x_{nj})'$，$j=1,2,\cdots,p$是第$j$个分量在$n$次试验中所取得的观测值；行向量$\boldsymbol{x}_i'=(x_{i1},x_{i2},\cdots,x_{ip})$，$i=1,2,\cdots,n$是第$i$个样品的观测值。

由于每个样品$\boldsymbol{x}_i$的p个指标的观测值事先不能确定，因而每个样品的$\boldsymbol{x}_i$都是随机向量，从而$\boldsymbol{X}$是一个随机矩阵，称为观测矩阵或样本矩阵。但一旦观测值取定之后$\boldsymbol{X}$就是一个数据矩阵，多变量分析的很多方法都是从观测矩阵出发来提取蕴含在数据中的信息。

注意：（1）对多变量样本中的每个样品，其中p个指标的观测值往往是有关系，例如相关，但对于不同的样品来说，不同样品之间的观测值是相互独立的。

（2）现代统计分析处理的多维样本观测数据一般属于横断面数据，即在同一时间横断面上的数据，如果多维样本观测数据是按时间顺序排列的数据，对这类数据的研究属于时间序列分析的范畴。

3.6.2 多维样本的数字特征

设$\boldsymbol{x}_1,\boldsymbol{x}_2,\cdots,\boldsymbol{x}_n$为取自$p$维总体$\boldsymbol{x}\sim(\boldsymbol{\mu},\boldsymbol{\Sigma})$的样本，其中$\boldsymbol{x}_i=(x_{i1},x_{i2},\cdots,x_{ip})'$，$i=1,2,\cdots n$，$n>p$，则：

（1）样本均值向量定义为

$$\bar{\boldsymbol{x}}=\sum_{i=1}^{n}\boldsymbol{x}_i/n=(\bar{\boldsymbol{x}}_{\cdot 1},\bar{\boldsymbol{x}}_{\cdot 2},\cdots,\bar{\boldsymbol{x}}_{\cdot p})'。$$

（2）样本离差矩阵定义为

$$\boldsymbol{A}=\sum_{i=1}^{n}(\boldsymbol{x}_i-\overline{\boldsymbol{x}})(\boldsymbol{x}_i-\overline{\boldsymbol{x}})'=\left(a_{ij}\right)_{p\times p},$$

其中

$$\begin{cases} a_{ii}=\sum_{k=1}^{n}(x_{ki}-\overline{\boldsymbol{x}}_{\cdot i})^2=\sum_{k=1}^{n}x_{ki}^2-\dfrac{1}{n}(\sum_{k=1}^{n}x_{ki})^2,\ i=1,2,\cdots,p \\ a_{ij}=\sum_{k=1}^{n}(x_{ki}-\overline{\boldsymbol{x}}_{\cdot i})(x_{kj}-\overline{\boldsymbol{x}}_{\cdot j})=\sum_{k=1}^{n}x_{ki}x_{kj}-\dfrac{1}{n}(\sum_{k=1}^{n}x_{ki})(\sum_{k=1}^{n}x_{kj}),\ i\neq j \end{cases}。$$

样本均值向量和离差矩阵也可以用样本观测矩阵 $\boldsymbol{X}$ 直接表示如下：

设 $\boldsymbol{1}_n=(1,1,\cdots,1)'$，则 $\overline{\boldsymbol{x}}=\dfrac{1}{n}\boldsymbol{X}'\boldsymbol{1}_n$， $\boldsymbol{A}=\boldsymbol{X}'\boldsymbol{X}-n\overline{\boldsymbol{x}}(\overline{\boldsymbol{x}})'=\boldsymbol{X}'(\boldsymbol{I}_n-\dfrac{1}{n}\boldsymbol{1}_n\boldsymbol{1}_n')\boldsymbol{X}$，其中 $\boldsymbol{I}_n$ 为 n 阶单位矩阵。

（3）样本协方差阵定义为

$$\boldsymbol{S}_{p\times p}=\boldsymbol{A}/n=(s_{ij})_{p\times p},\ \ s_{ij}=a_{ij}/n,\ \ i,j=1,2,\cdots,p,$$

其中 s_{ij} 表示第 i 个分量 $\boldsymbol{x}_i$ 与第 j 个分量 $\boldsymbol{x}_j$ 的样本协方差。

（4）样本相关系数矩阵定义为

$$\boldsymbol{R}_{p\times p}=\left(r_{ij}\right)_{p\times p},$$

其中 $r_{ij}=\dfrac{a_{ij}}{\sqrt{a_{ii}}\sqrt{a_{jj}}}=\dfrac{s_{ij}}{\sqrt{s_{ii}}\sqrt{s_{jj}}}$ 分量 x_i 与 x_j 的样本相关系数， $i,j=1,2,\cdots,p$。

令 $\boldsymbol{D}=\mathrm{diag}(\sqrt{a_{11}},\sqrt{a_{22}},\cdots,\sqrt{a_{pp}})$，则样本相关矩阵与 $\boldsymbol{A}$ 的关系是 $\boldsymbol{R}=\boldsymbol{D}^{-1}\boldsymbol{A}\boldsymbol{D}^{-1}$。

3.6.3 $\boldsymbol{\mu}$ 和 $\boldsymbol{\Sigma}$ 的极大似然估计及其性质

利用样本来估计总体参数的方法很多，最常见且具有许多优良性质的估计方法是极大似然估计。设 $\boldsymbol{x}_1,\boldsymbol{x}_2,\cdots,\boldsymbol{x}_n$ 为取自 p 维正态总体 $\boldsymbol{N}_p(\boldsymbol{\mu},\boldsymbol{\Sigma})$ 容量为 n 的样本，每个样品的观测值为

$$\boldsymbol{x}_i=(x_{i1},x_{i2},\cdots,x_{ip})',\ \ i=1,2,\cdots,n,\ \ n>p。$$

样本的观测数据矩阵为 $\boldsymbol{X}$，则用极大似然法求出 $\boldsymbol{\mu}$ 和 $\boldsymbol{\Sigma}$ 的估计量分别是 $\hat{\boldsymbol{\mu}}=\overline{\boldsymbol{x}}$， $\hat{\boldsymbol{\Sigma}}=\boldsymbol{A}/n=\boldsymbol{S}$。

1. 样本 $\boldsymbol{x}_1,\boldsymbol{x}_2,\cdots,\boldsymbol{x}_n$ 的联合概率密度

因为 $\boldsymbol{x}_1,\boldsymbol{x}_2,\cdots,\boldsymbol{x}_n$ 是取自 p 维正态总体 $\boldsymbol{N}_p(\boldsymbol{\mu},\boldsymbol{\Sigma})$ 的简单随机样本，所以 $\boldsymbol{x}_1,\boldsymbol{x}_2,\cdots,\boldsymbol{x}_n$ 独立同分布于 $\boldsymbol{N}_p(\boldsymbol{\mu},\boldsymbol{\Sigma})$，利用记号 $\mathrm{etr}\triangleq\exp(\mathrm{tr})$， $\boldsymbol{x}_1,\boldsymbol{x}_2,\cdots,\boldsymbol{x}_n$ 的联合概率密度函数是

$$\begin{aligned} f(\boldsymbol{x}_1,\boldsymbol{x}_2,\cdots,\boldsymbol{x}_n)&=(2\pi)^{-np/2}\left|\boldsymbol{\Sigma}\right|^{-n/2}\exp[-\frac{1}{2}\sum_{i=1}^{n}(\boldsymbol{x}_i-\boldsymbol{\mu})'\boldsymbol{\Sigma}^{-1}(\boldsymbol{x}_i-\boldsymbol{\mu})] \\ &=(2\pi)^{-np/2}\left|\boldsymbol{\Sigma}\right|^{-n/2}\exp\{-\frac{1}{2}\sum_{i=1}^{n}\mathrm{tr}[\boldsymbol{\Sigma}^{-1}(\boldsymbol{x}_i-\boldsymbol{\mu})(\boldsymbol{x}_i-\boldsymbol{\mu})']\} \\ &=(2\pi)^{-np/2}\left|\boldsymbol{\Sigma}\right|^{-n/2}\mathrm{etr}\{-\frac{1}{2}[\boldsymbol{\Sigma}^{-1}\boldsymbol{A}+n\boldsymbol{\Sigma}^{-1}(\overline{\boldsymbol{x}}-\boldsymbol{\mu})(\overline{\boldsymbol{x}}-\boldsymbol{\mu})']\}。\end{aligned}$$

2. 似然函数

通常把密度函数 $f(\boldsymbol{x}_1,\boldsymbol{x}_2,\cdots,\boldsymbol{x}_n)$ 看作 $\boldsymbol{x}_1,\boldsymbol{x}_2,\cdots,\boldsymbol{x}_n$ 的函数，把 $\boldsymbol{\mu}$ 和 $\boldsymbol{\Sigma}$ 看作固定的量。反过来，如果在 $f(\boldsymbol{x}_1,\boldsymbol{x}_2,\cdots,\boldsymbol{x}_n)$ 中把 $\boldsymbol{x}_1,\boldsymbol{x}_2,\cdots,\boldsymbol{x}_n$ 看作固定的量，则 $f(\boldsymbol{X})$ 可以看作是关于 $\boldsymbol{\mu}$、$\boldsymbol{\Sigma}$ 的函数，这样的函数称为关于 $\boldsymbol{\mu}$， $\boldsymbol{\Sigma}$ 的似然函数，记为 $\boldsymbol{L}(\boldsymbol{\mu},\boldsymbol{\Sigma})$，这时，求 $\boldsymbol{\mu}$ 和 $\boldsymbol{\Sigma}$ 的极大似然

估计就是寻找这样的$\hat{\boldsymbol{\mu}}$，$\hat{\boldsymbol{\Sigma}}$，使$L(\hat{\boldsymbol{\mu}},\hat{\boldsymbol{\Sigma}})=\max\limits_{\boldsymbol{\mu},\boldsymbol{\Sigma}} L(\boldsymbol{\mu},\boldsymbol{\Sigma})$。"极大似然"的意思就是在$\boldsymbol{x}_1,\boldsymbol{x}_2,\cdots,\boldsymbol{x}_n$固定，把$\hat{\boldsymbol{\mu}}$，$\hat{\boldsymbol{\Sigma}}$作为$\boldsymbol{\mu}$，$\boldsymbol{\Sigma}$的估计时，使这组样本出现的可能性最大。

3. $\boldsymbol{\mu}$，$\boldsymbol{\Sigma}$ 的极大似然估计

定理 3.6.1 设$\boldsymbol{x}_1,\boldsymbol{x}_2,\cdots,\boldsymbol{x}_n$是取自$p$维正态总体$N_p(\boldsymbol{\mu},\boldsymbol{\Sigma})$的一个简单随机样本，则当$n>p$时，$\hat{\boldsymbol{\mu}}=\bar{\boldsymbol{x}}$，$\hat{\boldsymbol{\Sigma}}=\boldsymbol{A}/n$分别是参数$\boldsymbol{\mu}$，$\boldsymbol{\Sigma}$的极大似然估计。

证明：

$$\begin{aligned}L(\boldsymbol{\mu},\Sigma)&=(2\pi)^{-np/2}|\boldsymbol{\Sigma}|^{-n/2}\operatorname{etr}[-\frac{1}{2}\boldsymbol{\Sigma}^{-1}(\boldsymbol{X}'-\boldsymbol{\mu}\boldsymbol{1}_n')(\boldsymbol{X}'-\boldsymbol{\mu}\boldsymbol{1}_n')']\\&=(2\pi)^{-np/2}|\boldsymbol{\Sigma}|^{-n/2}\operatorname{etr}\{-\frac{1}{2}\boldsymbol{\Sigma}^{-1}[\boldsymbol{A}+n(\bar{\boldsymbol{x}}-\boldsymbol{\mu})(\bar{\boldsymbol{x}}-\boldsymbol{\mu})']\}\\&=(2\pi)^{-np/2}|\boldsymbol{\Sigma}|^{-n/2}\exp\{-\frac{1}{2}\operatorname{tr}(\boldsymbol{\Sigma}^{-1}\boldsymbol{A})-\frac{1}{2}n(\bar{\boldsymbol{x}}-\boldsymbol{\mu})'\boldsymbol{\Sigma}^{-1}(\bar{\boldsymbol{x}}-\boldsymbol{\mu})]\}\text{。}\end{aligned}$$

由于$\boldsymbol{\Sigma}^{-1}$正定，由定理 1.7.3 知，当$n>p$时，$\boldsymbol{A}$以概率 1 正定。所以$(\bar{\boldsymbol{x}}-\boldsymbol{\mu})'\boldsymbol{\Sigma}^{-1}(\bar{\boldsymbol{x}}-\boldsymbol{\mu})\geqslant 0$，注意到定理 1.7.1 和矩阵不等式定理 1.8.6 得

$$\begin{aligned}L(\boldsymbol{\mu},\boldsymbol{\Sigma})&=(2\pi)^{-np/2}|\boldsymbol{\Sigma}|^{-n/2}\exp\{-\frac{1}{2}\operatorname{tr}(\boldsymbol{\Sigma}^{-1}\boldsymbol{A})-\frac{1}{2}n(\bar{\boldsymbol{x}}-\boldsymbol{\mu})'\boldsymbol{\Sigma}^{-1}(\bar{\boldsymbol{x}}-\boldsymbol{\mu})]\}\\&\leqslant(2\pi)^{-np/2}|\boldsymbol{\Sigma}|^{-n/2}\exp\{-\frac{1}{2}\operatorname{tr}(\boldsymbol{\Sigma}^{-1}\boldsymbol{A})\}\\&\leqslant(2\pi)^{-np/2}|\boldsymbol{A}|^{-n/2}n^{-pn/2}\exp\{-pn/2\}\\&=(2\pi)^{-np/2}|\boldsymbol{A}/n|^{-n/2}\exp\{-pn/2\}\text{。}\end{aligned}$$

当$\hat{\boldsymbol{\mu}}=\bar{\boldsymbol{x}}$，$\hat{\boldsymbol{\Sigma}}=\boldsymbol{A}/n$时，$L(\boldsymbol{\mu},\boldsymbol{\Sigma})$达到最大，即有$L(\bar{\boldsymbol{x}},\hat{\boldsymbol{\Sigma}})=(2\pi)^{-np/2}|\boldsymbol{A}/n|^{-n/2}\exp\{-pn/2\}$。故$\hat{\boldsymbol{\mu}}=\bar{\boldsymbol{x}}$，$\hat{\boldsymbol{\Sigma}}=\boldsymbol{A}/n$是参数$\boldsymbol{\mu}$，$\boldsymbol{\Sigma}$的极大似然估计。

3.6.4 相关系数的极大似然估计

极大似然估计具有不变性：设θ的极大似然估计是$\hat{\theta}$，变换$\theta\to f(\theta)$是一一对应的，则$f(\theta)$的极大似然估计就是$f(\hat{\theta})$。利用这个性质，可得各相关系数的极大似然估计（下面均假定$n>p$）。

1. 简单相关系数 ρ_{ij} 的极大似然估计为 $\hat{\rho}_{ij}$

$$\hat{\rho}_{ij}=\frac{\hat{\sigma}_{ij}}{\sqrt{\hat{\sigma}_{ii}\hat{\sigma}_{jj}}}=\frac{s_{ij}}{\sqrt{s_{ii}s_{jj}}},\quad i,j=1,2,\cdots,p\text{，}$$

其中 $\hat{\boldsymbol{\Sigma}}=\left(\hat{\sigma}_{ij}\right)$，$\bar{\boldsymbol{x}}=(\bar{\boldsymbol{x}}_{\cdot 1},\bar{\boldsymbol{x}}_{\cdot 2},\cdots,\bar{\boldsymbol{x}}_{\cdot p})'$。

2. 偏相关系数的极大似然估计

把$\boldsymbol{x}$，$\boldsymbol{\Sigma}>0$，$\boldsymbol{S}$分别作如下剖分：

$$\boldsymbol{x}=\begin{pmatrix}\boldsymbol{x}_1\\\boldsymbol{x}_2\end{pmatrix}\begin{matrix}k\\p-k\end{matrix},\quad\boldsymbol{\Sigma}=\begin{pmatrix}\boldsymbol{\Sigma}_{11}&\boldsymbol{\Sigma}_{12}\\\boldsymbol{\Sigma}_{21}&\boldsymbol{\Sigma}_{22}\end{pmatrix}\begin{matrix}k\\p-k\end{matrix},\quad\boldsymbol{S}=\begin{pmatrix}\boldsymbol{s}_{11}&\boldsymbol{s}_{12}\\\boldsymbol{s}_{21}&\boldsymbol{s}_{22}\end{pmatrix}\begin{matrix}k\\p-k\end{matrix}\text{，}$$

则偏相关系数$\rho_{ij\cdot k+1,\cdots,p}$的极大似然估计为

$$\hat{\rho}_{ij\cdot k+1,\cdots,p}=\frac{s_{ij\cdot k+1,\cdots,p}}{\sqrt{s_{ii\cdot k+1,\cdots,p}s_{jj\cdot k+1,\cdots,p}}}=\frac{a_{ij\cdot k+1,\cdots,p}}{\sqrt{a_{ii\cdot k+1,\cdots,p}\cdot a_{jj\cdot k+1,\cdots,p}}}\text{，}$$

其中 $s_{11\cdot 2}=s_{11}-s_{12}s_{22}^{-1}s_{21}=\left(s_{ij\cdot k+1,\cdots,p}\right)$。

3. 复相关系数的极大似然估计

把 $\boldsymbol{x}$，$\boldsymbol{\Sigma}>0$，$\boldsymbol{S}$ 分别剖分如下：

$$\boldsymbol{x}=\begin{pmatrix}\boldsymbol{x}_1\\ \boldsymbol{\eta}\end{pmatrix}\begin{matrix}1\\ p-1\end{matrix},\quad \boldsymbol{\Sigma}=\begin{pmatrix}\boldsymbol{\sigma}_{11} & \boldsymbol{\sigma}_{21}'\\ \boldsymbol{\sigma}_{21} & \boldsymbol{\sigma}_{22}\end{pmatrix}\begin{matrix}1\\ p-1\end{matrix},\quad \boldsymbol{S}=\begin{pmatrix}\boldsymbol{s}_{11} & \boldsymbol{s}_{21}'\\ \boldsymbol{s}_{21} & \boldsymbol{s}_{22}\end{pmatrix}\begin{matrix}1\\ p-1\end{matrix},$$

$\boldsymbol{x}_1$ 与 $\boldsymbol{\eta}$ 的复相关系数为

$$\rho_{x_1\cdot\eta}=\left(\frac{\boldsymbol{\sigma}_{21}'\boldsymbol{\Sigma}_{22}^{-1}\boldsymbol{\sigma}_{21}}{\sigma_{11}}\right)^{1/2},$$

其极大似然估计为

$$\hat{\rho}_{x_1\cdot\eta}=\left(\frac{\boldsymbol{s}_{21}'\boldsymbol{s}_{22}^{-1}\boldsymbol{s}_{21}}{s_{11}}\right)^{1/2}。$$

3.6.5 估计量的性质

对未知参数进行估计并不唯一，但要选择一个好的估计量却不易，什么是好的估计量？这就需要确立评价估计量好坏的标准，同单变量的情况一样，在多变量分析中，判断一个估计量好不好的准则仍然是**无偏性**、**有效性**、**一致性**（相合性）和**充分性**。

1. 无偏性

设统计量 $\hat{\theta}$ 是 θ 的一个估计，若 $\boldsymbol{E}(\hat{\theta})=\theta$，则称 $\hat{\theta}$ 为 θ 的一个**无偏估计**，否则称估计量是有偏的。无偏性的统计意义是明显的：即估计量的一次取值不一定恰好是 θ，但多次取值的平均值应该与 θ 越来越接近。由于 $\boldsymbol{E}(\bar{\boldsymbol{x}})=\sum_{i=1}^{n}\boldsymbol{E}(\boldsymbol{x}_i)/n=\boldsymbol{\mu}$，故 $\bar{\boldsymbol{x}}$ 是 $\boldsymbol{\mu}$ 的无偏估计。

由于

$$\begin{aligned}\boldsymbol{E}(\hat{\boldsymbol{\Sigma}})&=\frac{1}{n}\{\boldsymbol{E}\sum_{i=1}^{n}(\boldsymbol{x}_i-\boldsymbol{\mu})(\boldsymbol{x}_i-\boldsymbol{\mu})'-n\boldsymbol{E}(\bar{\boldsymbol{x}}-\boldsymbol{\mu})(\bar{\boldsymbol{x}}-\boldsymbol{\mu})'\}\\&=\frac{1}{n}[\sum_{i=1}^{n}\boldsymbol{V}(\boldsymbol{x}_i)-n\boldsymbol{V}(\bar{\boldsymbol{x}})]=\frac{n-1}{n}\boldsymbol{\Sigma},\end{aligned}$$

故 $\hat{\boldsymbol{\Sigma}}=\boldsymbol{A}/n$ 不是 $\boldsymbol{\Sigma}$ 的无偏估计。

若令 $\boldsymbol{S}^*=\boldsymbol{A}/(n-1)$，则 $\boldsymbol{S}^*$ 是 $\boldsymbol{\Sigma}$ 的无偏估计。

定理 3.6.2 $\bar{\boldsymbol{x}}$，$\boldsymbol{S}^*$ 分别是 $\boldsymbol{\mu}$，$\boldsymbol{\Sigma}$ 的无偏估计。

在实际应用中，当 n 很大时，$\hat{\boldsymbol{\Sigma}}$ 是 $\boldsymbol{\Sigma}$ 的近似无偏估计，这时使用 $\hat{\boldsymbol{\Sigma}}$ 和 $\boldsymbol{S}^*$ 都是可以的，当 $n(>p)$ 不大时，使用无偏估计 $\boldsymbol{S}^*$ 较好，在上述推导无偏性的结论时不需要假定总体服从什么分布。

样本相关系数、偏相关系数和复相关系数都是相应参数 $\rho_{ij},\rho_{ij\cdot k+1,\cdots,m}$ 和 $\rho_{1\cdot 23\cdots p}$ 的有偏估计。

$(\bar{\boldsymbol{x}},\boldsymbol{S})$ 对于 $(\boldsymbol{\mu},\boldsymbol{\Sigma})$ 的估计十分重要，而且 $(\bar{\boldsymbol{x}},\boldsymbol{S})$ 是正态分布族的充分完备统计量，由于所需知识的限制，这里就不展开了。

2. 有效性

同一个参数的无偏估计可以有多个，这时要如何来判断哪一个估计量更好？由于方差

$V(\hat{\theta})=E(\hat{\theta}-\theta)^2$ 是反映估计值 $\hat{\theta}$ 偏离真值 θ 的平均程度，因此可比较这些无偏估计的方差，比较小的哪个就比较好，这就是有效性的思想。

设 $\hat{\theta}_1$ 和 $\hat{\theta}_2$ 都是参数 θ 的无偏估计，若 $V(\hat{\theta}_1)\leqslant V(\hat{\theta}_2)$ 对 $\forall\theta\in\Theta$ 成立（Θ 是参数空间），则称估计量 $\hat{\theta}_1$ 比 $\hat{\theta}_2$ 有效。若 θ 的某个无偏估计 $\hat{\theta}$ 是所有无偏估计中最有效的一个，即对 θ 的任一无偏估计 $\tilde{\theta}$，有 $V(\hat{\theta})\leqslant V(\tilde{\theta})$, $\forall\theta\in\Theta$，则称 $\hat{\theta}$ 是 θ 的一致最小方差无偏估计（简称有效估计）。

注：在 θ 为参数向量时，$V(\hat{\theta})\leqslant V(\tilde{\theta})$ 是指 $V(\tilde{\theta})-V(\hat{\theta})\geqslant 0$。

定理 3.6.3 对于多元正态总体，$\bar{x}$, S^* 分别是 μ, Σ 的有效估计。

3. 一致性（相合性）

通常未知参数的估计量 $\hat{\theta}_n$ 是个与 n 有关的量，若随着 n 的不断增大，$\hat{\theta}_n$ 无限逼近真值 θ，则称 $\hat{\theta}_n$ 是 θ 的一致估计，这当然是对一个估计量的起码要求。

定理 3.6.4 $\bar{x}$, $\hat{\Sigma}$ 分别是 μ, Σ 的一致估计。

4. 充分性

如果一个统计量能把包含样本中的有关总体（或有关未知参数）的信息全部提取出来，则这种统计量就称为充分统计量。

定理 3.6.5 对于多元正态总体 $N_p(\mu,\Sigma)$, $(\bar{x},S)$ 是 (μ,Σ) 的充分统计量。

第4章 Copula函数及其应用

4.1 Copula函数的定义和性质

4.1.1 再论变量之间的相依关系

传统上，度量相依关系的工具主要是积矩相关系数。这个工具有着方便理解、容易计算等一系列的优点，在统计理论及其应用中起着举足轻重的作用。但它本身存在着一定的局限性，首先它要求变量间的关系是线性的，而且其方差必须是有限的。其次由于它只是一个线性的度量，因而对非线性的情况并不适用，所以有必要再次研究如何改善这些局限。

1．相关系数的局限

设 x，y 是总体的两个指标，$(x_1,y_1),(x_2,y_2),\cdots,(x_n,y_n)$ 分别是来自这两个指标的 n 组观察值，则 x，y 的积矩相关系数 ρ_{xy} 为 $\rho_{xy}=\mathrm{Cov}(x,y)/\sqrt{V(x)V(y)}$ 。在应用上，常用样本的相关系数 $\hat{\rho}_{xy}$ 去估计总体的相关系数 ρ_{xy}，即

$$\hat{\rho}_{xy}=\sum_{i=1}^{n}(x_i-\overline{x})(y_i-\overline{y})/\sqrt{\sum_{i=1}^{n}(x_i-\overline{x})^2\cdot\sum_{i=1}^{n}(y_i-\overline{y})^2}\ ,$$

其中 $\overline{x}=\sum_{i=1}^{n}x_i/n,\ \overline{y}=\sum_{i=1}^{n}y_i/n$。

相关系数 ρ_{xy} 的绝对值 $|\rho_{xy}|\leqslant 1$；$|\rho_{xy}|=1$ 当且仅当 x，y 呈线性关系，即 $y=ax+b$ 时。用 ρ_{xy} 表示两变量的相关性有一定的局限性，首先，计算相关系数 ρ_{xy} 要求知道变量的方差，因此它不适合重尾分布；其次，若两变量之间相互独立，则相关系数 $\rho_{xy}=0$，但相关系数为零并不能推出两变量相互独立；随机变量的单调变换会改变两变量的线性相关性，相关系数只适用两变量的线性相关，如果超越了线性相关这个范围，所得的结论就可能产生错误。

例如，若随机变量 $x\in N(0,1)$，$y=x^2$，变量 x 与 y 的关系是密切的，彼此具有函数相依关系，但是 $E(x-Ex)(y-Ey)=Ex^3-(Ex)(Ex^2)=0$，即变量 x 与 y 的相关系数为零。因此用相关系数来度量它们之间的相依程度是不恰当的。事实上，只有当联合分布服从椭圆分布如二元正态分布时，联合分布才能由变量间的相关系数和边缘分布唯一决定，而椭圆分布只能反映变量间对称的相关模式。也就是说，线性相关系数和与之对应的椭圆分布只能描述变量间线性相关程度和对称的相关模式。因此用线性相关系数来分析存在非线性关系的变量间的相依关系时就会产生误导。

人们在研究中发现，度量变量 x,y 相依性的理想统计量 $a(x,y)$ 应具备以下 5 点：

（1）$a(x,y)=a(y,x)$；

（2）$-1\leqslant a(x,y)\leqslant 1$；

（3）$|a(x,y)|=1$的充要条件是x，y完全相关；

（4）在单调增变换T下，$a(T(x),T(y))=a(x,y)$，在单调减变换T下，$a(T(x),T(y))=-a(x,y)$；

（5）$a(x,y)=0$当且仅当x，y相互独立。

满足以上5点的统计量才是理想的相依统计量。相关系数只满足（1）、（2）和（3），可见它不是理想的统计量。这表明必须寻找新的度量相依程度的度量关系，除了第3章给出的相关比之外，这里主要讨论Kendall秩相关系数和Spearman秩相关系数。

2．Kendall秩相关系数τ

考查两变量相关性时，最简单、直观的方法是考查它们的变化趋势是否一致，若一致，则表明变量间存在正相关；若正好相反，则表明变量间存在负相关，由此可以建立一致性与相关性测度的联系。设(x_1,y_1)和(x_2,y_2)为独立同分布随机向量，如果$x_1<x_2$时有$y_1<y_2$，或者$x_1>x_2$时有$y_1>y_2$，即$(x_1-x_2)(y_1-y_2)>0$，则称(x_1,y_1)与(x_2,y_2)的变化是一致的；类似地，如果$x_1<x_2$时有$y_1>y_2$，或者$x_1>x_2$时有$y_1<y_2$，即$(x_1-x_2)(y_1-y_2)<0$，则称(x_1,y_1)与(x_2,y_2)的变化是不一致的。

Hollander和Wolfe在1973年，Lehmann在1975年分别给出基于一致性的相关性测度Kendall秩相关系数的定义，用τ表示。随机选取两组观测值(x_i,y_i)和(x_j,y_j)，$i\neq j$，考虑变化一致的概率与变化不一致的概率之差，就可以得到Kendall秩相关系数的定义。

定义4.1.1 令(x_1,y_1)和(x_2,y_2)为独立同分布的随机向量，称

$$\tau_{xy}=p[(x_1-x_2)(y_1-y_2)>0]-p[(x_1-x_2)(y_1-y_2)<0]$$

为Kendall秩相关系数，记为τ_{xy}，显然有$\tau_{xy}=\tau_{yx}$。

容易证明，$\tau_{xy}=2p[(x_1-x_2)(y_1-y_2)>0]-1$，因此$\tau_{xy}\in[-1,1]$。

当$\tau_{xy}=1$，则$p[(x_1-x_2)(y_1-y_2)>0]=1$，故$(x_1,y_1)$与$(x_2,y_2)$的变化是一致，两变量完全正相关；当$\tau_{xy}=-1$，则$p[(x_1-x_2)(y_1-y_2)<0]=-1$，则$(x_1,y_1)$与$(x_2,y_2)$的变化不一致，两变量完全负相关。

令$\{(x_1,y_1),(x_2,y_2),\cdots,(x_n,y_n)\}$是一个由随机向量$(x,y)$的$n$组观测值组成的样本，其中$x$，$y$均为连续的随机变量，用$C_n^r$表示从$n$个样品中抽取$r$个样品的组合数，显然样本中总共包含$C_n^2$项由观测值$(x_i,y_i)$和$(x_j,y_j)$，$i\neq j$，$i,j=1,2,\cdots,n$构成的组合，且每项组合中的两组观测值$(x_i,y_i)$和$(x_j,y_j)$，$i\neq j$的变化要么是一致的，要么是不一致的。将$C_n^2$项组合分为两部分，用$c$表示变化一致的组合的数量，$d$表示变化不一致的组合的数量，则$C_n^2=c+d$。令

$$\tau\equiv(c-d)/(c+d)=(c-d)/C_n^2,$$

则τ就是样本$\{(x_1,y_1),(x_2,y_2),\cdots,(x_n,y_n)\}$的Kendall秩相关系数。

设$(x_1,y_1),\cdots,(x_n,y_n)$是来自总体分布为$F(x,y)$且容量为$n$的一个样本，可以根据样本估计总体分布函数$F(x,y)$的Kendall秩相关系数$\tau$。令$A_{ij}=\text{sign}(x_i-x_j)(y_i-y_j)$，其中$\text{sign}(x)$为符号函数，这时

$$E(A_{ij})=p[(x_i-x_j)(y_i-y_j)>0]-p[(x_i-x_j)(y_i-y_j)<0]=\tau,$$

因此Kendall秩相关系数τ的无偏估计量是

$$\hat{\tau}=2\sum_{1\leqslant i<j\leqslant n}\text{sign}(x_i-x_j)(y_i-y_j)/[n(n-1)],$$

3．Spearman 秩相关系数 ρ_s

Lehmann 在 1975 年还给出另一个经常用来度量随机变量之间相依关系的相关系数 ρ_s，称为 Spearman 秩相关系数，下面对 Spearman 秩相关系数进行简要的介绍。

定义 4.1.2 设 $(x_1,y_1),(x_2,y_2),(x_3,y_3)$ 为独立同分布的随机向量，则随机变量 x，y 的 Spearman 秩相关系数 ρ_s 定义为

$$\rho_s = 3\{P[(x_1-x_2)(y_1-y_3)>0)-P((x_1-x_2)(y_1-y_3)<0]\}\text{。}$$

从相关系数 ρ_s 的定义可以看出，两个随机向量 $(x_1,y_1),(x_2,y_3)$ 变化一致的概率和变化不一致的概率之差与 ρ_s 成正比，其中常数 3 是使 ρ_s 的绝对值最大为 1 的规范化常数。

Kendall 秩相关系数 τ 与 Spearman 秩相关系数 ρ_s 的区别在于：后者所用的 x_2，y_3 是相互独立的，即 (x_2,y_3) 的联合分布是其边际分布的乘积。

下面的定理说明 Kendall 的 τ 与 Spearman 的 ρ_s 相对于积矩相关系数的优越性。

定理 4.1.1 设 x，y 是连续型随机变量，若 $s(x)$，$t(y)$ 都是严格单调增函数（减函数），则有 $\tau(s(x),t(y))=\tau(x,y)$，$\rho_s(s(x),t(y))=\rho_s(x,y)$。

证明：若 $s(x)$，$t(y)$ 是严格单调的增函数，则

$$[s(x_1)-s(x_2)][t(y_1)-t(y_2)]>0 \Leftrightarrow (x_1-x_2)(y_1-y_2)>0\text{，}$$

因此，有

$$P[(s(x_1)-s(x_2))(t(y_1)-t(y_2))>0]=P[(x_1-x_2)(y_1-y_2)>0]\text{，}$$

$$P[(s(x_1)-s(x_2))(t(y_1)-t(y_2))<0]=P[(x_1-x_2)(y_1-y_2)<0]\text{。}$$

故有 $\tau(s(x),t(y))=\tau(x,y)$。

同理可证其他情况下的关系式。

由前面的讨论可知：Kendall 秩相关系数和 Spearman 秩相关系数满足（1）、（2）、（3）和（4），但它们都不满足条件（5）。可见，要想构造满足上述 5 条的理想统计量，还必须借助新的工具，这就是下面要引进的 Copula 函数。

Copula 函数是一个全面度量变量之间相依性的工具，它的出现改变了传统的用一两个指标来表示相关结构的方法。它使用完整、全面的函数来表示变量间的相关性度量，不仅是相关程度，而且是整个相关结构。由此看来，在不能决定相关系数能否正确度量相关关系时，利用 Copula 理论来分析变量间的相关结构更为可靠。随着 Copula 理论的出现和应用，相依性领域的研究进入到一个全新的领域。此外，相依性分析是多变量金融分析中的一个中心问题，在资产定价、投资组合、风险管理等领域中都涉及到相依性分析。一般人们都是基于金融数据服从正态分布进行研究，然而实际金融数据很多都不满足以正态分布为代表的椭圆分布，因此人们试图寻找能更好地描述金融分布的实用分布。由于运用 Copula 理论可以构造灵活多变的多变量分布。因此，引入 Copula 函数对现代统计分析方法的研究是十分必要的。

4.1.2 Copula 函数的定义及其性质

Copula 理论起源于 Sklar 在 1959 年提出 Sklar 定理，Nelsen 在 2006 年比较系统地介绍了 Copula 函数的定义、构建方法以及 Archimedean Copula 和相关性。Copula 函数可以理解为“相依函数”或“连接函数”，它把多元随机变量的联合分布和其一元边际分布连接起来，Copula 函数不仅是构建多种分布的工具，同时也是研究随机变量间相依结构的工具。下面主

要介绍 Copula 函数的定义，几种常见的 Copula 函数、性质、相关结构、秩相关测度及秩相关测度与 Copula 函数的关系。虽然讨论主要涉及两变量，但结论容易推广到多变量情况。

1．二维 Copula 函数的定义

定义 4.1.3（Nelsen，2006） 二维 Copula 函数是指具有以下性质的函数 $C(\cdot,\cdot)$：

（1）$C(\cdot,\cdot)$ 的定义域为 $I^2=[0,1]^2$；

（2）$C(\cdot,\cdot)$ 有零基面且是二维递增的；

（3）对任意变量 $u,v\in[0,1]$，满足 $C(u,1)=u$ 和 $C(1,v)=v$。

假定 $F(x)$，$G(y)$ 是连续的一维分布函数，令 $u=F(x)$，$v=G(y)$，则 u，v 服从 $[0,1]$ 均匀分布，即 $C(u,v)$ 是一个边际分布服从 $[0,1]$ 上均匀分布的二维分布函数，对于定义域内任意一点 (u,v)，均有 $0\leqslant C(u,v)\leqslant 1$。可见，二维 Copula 函数是边际分布限制在 $[0,1]^2$ 上的均匀分布的二维概率分布函数。如果 $F(x)$，$G(y)$ 是单维随机变量 x，y 的分布函数，那么 $C(F(x),G(y))$ 可以作为 (x, y) 的联合分布函数，并且具有边际分布 $F(x)$，$G(y)$。因此可以利用 Copula 函数来构建多维随机变量的分布函数。

2．二维 Copula 函数的基本性质

根据定义 4.1.3，可以推出二维 Copula 函数 $C(u,v)$ 的一些基本性质：

性质 4.1.1 对 u，$v\in[0,1]$ 中的任一变量，$C(u,v)$ 都是非减的，即若保持一个变量不变，Copula 函数值将随着另一个变量的增大而增大（或不变）。

性质 4.1.2 $C(0,v)=C(u,0)=0$，$C(1,v)=v$，$C(u,1)=u$，即只要有一个变量的取值为 0，相应的 Copula 函数值就为 0；若有一个变量的取值为 1，则 Copula 函数值完全由另一个变量的取值决定。

性质 4.1.3 对 $\forall u_1,u_2,v_1,v_2\in[0,1]$，如果 $u_1<u_2$，$v_1<v_2$，那么

$$C(u_2,v_2)-C(u_2,v_1)-C(u_1,v_2)+C(u_1,v_1)\geqslant 0,$$

即若变量 u，v 的取值同时增大，则相应的 Copula 函数值也增大。

性质 4.1.4 对任意变量 u，$v\in[0,1]$，有 $\max(u+v-1,0)\leqslant C(u,v)\leqslant\min(u,v)$。

性质 4.1.5 对任意的 $u_1,u_2,v_1,v_2\in[0,1]$，有 $|C(u_2,v_2)-C(u_1,v_1)|\leqslant|u_2-u_1|+|v_2-v_1|$。即 C 在 $[0,1]^2$ 上一致连续。

性质 4.1.6 设随机变量 x，y 相互独立，则其对应的 Copula 函数 $C(u,v)=uv$。

3. Sklar 定理

在介绍 Sklar 定理前，先给出伪逆函数的定义。

定义 4.1.4 分布函数 $F(\cdot)$ 的伪逆函数是指定义在区间 $[0,1]$ 上的函数 $F^{[-1]}(\cdot)$，满足：

（1）若 t 在 $F(\cdot)$ 的值域内，则 $F^{[-1]}(t)=x$，$x\in\mathbf{R}$，且 $F(x)=t$，对 $F(\cdot)$ 值域内的任意 t，均有 $F(F^{[-1]}(t))=t$；

（2）若 t 在 $F(\cdot)$ 的值域外，则 $F^{[-1]}(t)=\inf\{x|F(x)\geqslant t\}=\sup\{x|F(x)\leqslant t\}$。

如果函数 $F(\cdot)$ 是严格单调递增的，那么其伪逆函数是唯一的，即为一般意义上的逆函数，通常记为 $F^{-1}(\cdot)$。

定理 4.1.2（Sklar 定理） 设 $H(\cdot,\cdot)$ 是边缘分布为 $F(\cdot)$ 和 $G(\cdot)$ 的联合分布函数，则存在一个 Copula 函数 $C(\cdot,\cdot)$，满足

$$H(x,y)=C(F(x),G(y)) \tag{4.1.1}$$

若$F(\cdot)$，$G(\cdot)$连续，则$C(\cdot,\cdot)$唯一确定；反之，若$F(\cdot)$，$G(\cdot)$为一元分布函数，$C(\cdot,\cdot)$为相应的Copula函数，那么由式（4.1.1）定义的函数$H(\cdot,\cdot)$是具有边缘分布为$F(\cdot)$，$G(\cdot)$的联合分布函数。

Sklar 定理的重要意义在于它提供了如何在已知边际分布的情况下去求联合分布的非常有效的手段与方法，如果已经知道随机变量X和Y的分布函数分别为$F(x)$和$G(y)$，则根据Sklar定理，有$H(x,y)=C(F(x),G(y))=p(X\leqslant x,Y\leqslant y)$，其中$H(x,y)$是随机变量$X$和$Y$的联合分布。

由Sklar定理知，利用Copula理论建立模型时主要分两步：第一步，确定随机变量的边际分布；第二步，确定合适的Copula函数来描述变量间的相依结构。

Sklar 定理容易推广到多维情况：设随机变量$x_1,\cdots,x_n$的联合分布函数为$H(x_1,\cdots,x_n)$，边缘分布函数分别为$F_1,\cdots,F_n$，则存在一个Copula函数C，使对所有的$x_1,\cdots,x_n\in\bar{\mathbf{R}}^n$，有

$$H(x_1,\cdots,x_n)=C(F_1(x_1),\cdots,F_n(x_n)),$$

如果$F_1,\cdots F_n$连续，则C是唯一的。

由$H(x_1,\cdots,x_n)=C(F_1(x_1),\cdots,F_n(x_n))$可知，Copula函数是将联合分布函数$H(x_1,\cdots,x_n)$去掉所包含的边际分布信息后余下的信息，即变量间的相依结构。

Copula函数还有一个非常重要的性质，那就是单调变换的不变性，这个性质使得Copula函数的用途更加广泛。

定理 4.1.3（单调不变性） 令随机变量x_1,x_2的联合分布函数为$H(x_1,x_2)$，其边际分布函数分别为$F(x_1)$，$G(x_2)$，Copula函数为$C(F(x_1),G(x_2))$，若$h_1(x_1),h_2(x_2)$分别是x_1,x_2的严格单调增函数，相应的Copula函数不变。即若$\partial h_i(x)/\partial x>0$，$i=1,2$，则有

$$C(F_1(x_1),G(x_2))=C(F_1(h_1(x_1)),G(h_2(x_2)))。$$

证明：设$h_1(\alpha),h_2(\beta)$的分布函数分别为$F_{h_1(\alpha)}$，$G_{h_2(\beta)}$，因为$h_1(x_1),h_2(x_2)$分别是x_1,x_2的严格单调增函数，则

$$F_{h_1(\alpha)}(x_1)=p(h_1(\alpha)\leqslant x_1)=p(\alpha\leqslant h_1^{-1}(x_1))=F(h_1^{-1}(x_1)),$$

同理
$$G_{h_2(\beta)}(x_2)=G(h_2^{-1}(x_2))。$$

所以
$$\begin{aligned}P(h_1(\alpha)\leqslant x_1,h_2(\alpha)\leqslant x_2)&=p(\alpha\leqslant h_1^{-1}(x_1),\beta\leqslant h_2^{-1}(x_2))=H(h_1^{-1}(x_1),h_2^{-1}(x_2))\\&=C(F(h_1^{-1}(x_1)),G(h_2^{-1}(x_2)))=C(F_{h_1(\alpha)}(x_1),G_{h_2(\beta)}(x_2))。\end{aligned}$$

故(α,β)与$(h_1(\alpha),h_2(\beta))$有相同的Copula函数。

显然，从这个定理可以看出，Copula函数对随机变量的严格单调递增变换是不变的，基于这个定理，在研究变量间的相依关系时可以广泛应用它。

推论 4.1.1 设$H(\cdot,\cdot)$为具有边缘分布为$F(\cdot)$，$G(\cdot)$的联合分布函数，$C(\cdot,\cdot)$为相应的Copula函数，$F^{[-1]}()$，$G^{[-1]}(\cdot)$分别为函数$F(\cdot)$，$G(\cdot)$的伪逆函数，则对于函数$C(\cdot,\cdot)$定义域内的任意(u,v)，均有

$$C(u,v)=H(F^{[-1]}(u),G^{[-1]}(v))。\tag{4.1.2}$$

根据以上定理和推论，不仅可以通过边际分布和一个连接它们的Copula函数构造联合分布函数，而且可以利用分布函数的伪逆函数和联合分布函数，求出相应的Copula函数。

若$F(\cdot)$，$G(\cdot)$连续且联合分布函数已知，通过式（4.1.2）就可以求出相应的Copula函数，

这个 Copula 函数完全描述了变量间的相关结构。

4. Copula 函数与相关性测度

若随机变量 x，y 的边缘分布分别为 $F(x)$，$G(y)$，相应的 Copula 函数为 $C(u,v)$，其中 $u=F(x)$，$v=G(y)$，u，$v\in[0,1]$，则 Kendall 秩相关系数 τ 可由相应的 Copula 函数 $C(u,v)$ 给出，即有 $\tau_{xy}=4\int_0^1\int_0^1 C(u,v)\mathrm{d}C(u,v)-1$。

Spearman 秩相关系数 ρ_s 与相应的 Copula 函数 $C(u,v)$ 的关系是

$$\rho_s(x,y)=12\int_0^1\int_0^1 uv\mathrm{d}C(u,v)-3。$$

而且 Spearman 秩相关系数 ρ_s 等于 $u=F(x)$，$v=G(y)$ 的相关系数 ρ_{uv}。

由于 $\rho_s=12E(uv)-3=\dfrac{E(uv)-1/4}{1/12}$，$E(u)=E(v)=1/2$，$\mathrm{Var}(u)=\mathrm{Var}(v)=1/12$，因此

$$\rho_s=\frac{\mathrm{Cov}(u,v)}{\sqrt{\mathrm{Var}(u)\mathrm{Var}(v)}}=\rho_{uv}。$$

设 $(x_1,y_1),\cdots,(x_n,y_n)$ 是来自总体分布为 $F(x,y)$ 的容量为 n 的样本，定义 x_i 和 y_i 在各自序列中的顺序分别记为 $R_i=\mathrm{rank}(x_i)$，$S_i=\mathrm{rank}(y_i)$。则样本 Spearman 秩相关系数的估计是

$$\rho_s=\frac{\sum_{i=1}^{n}(R_i-\bar{R})(S_i-\bar{S})}{\sqrt{\sum_{i=1}^{n}(R_i-\bar{R})^2\sum_{i=1}^{n}(S_i-\bar{S})^2}}=12\frac{\sum_{i=1}^{n}(R_i-\bar{R})(S_i-\bar{S})}{n(n^2-1)}。$$

因此，Kendall 秩相关测度和 Spearman 秩相关系数为求 Copula 函数中的参数提供了很好的公式，这使得 Copula 函数能在实际应用中更好地发挥其作用。

5. Copula 函数与尾部相关性

在讨论尾部相关性问题之前，先介绍两个特殊的 Copula 函数：函数 $\bar{C}(\cdot,\cdot)$ 和 Copula 生存函数 $\hat{C}(\cdot,\cdot)$。由于函数 $\bar{C}(\cdot,\cdot)$ 为

$$\begin{aligned}\bar{C}(\cdot,\cdot)=p(U>u,V>v)&=1-P[U\leqslant u,V>v]-P[U>u,V\leqslant v]-P[U\leqslant u,V\leqslant v]\\&=1-P[U\leqslant u]-P[V\leqslant v]+P[U\leqslant u,V\leqslant v]=1-u-v+C(u,v)\end{aligned}$$

因此

$$\bar{C}(\cdot,\cdot)=1-u-v+C(u,v)。$$

Copula 生存函数 $\hat{C}(\cdot,\cdot)$ 定义为

$$\hat{C}(\cdot,\cdot)=u+v-1+C(1-u,1-v)。$$

容易求出

$$\hat{C}(1-u,1-v)=1-u-v+C(u,v)=\bar{C}(u,v)=p(U>u,V>v),$$

即函数 $\bar{C}(\cdot,\cdot)$ 与 Copula 生存函数 $\hat{C}(\cdot,\cdot)$ 的关系为

$$\bar{C}(u,v)=\hat{C}(1-u,1-v)。$$

定义 4.1.5 令 $u^*\in[0,1]$，定义 $\lambda(u^*)\equiv P(U>u^*\,|\,V>u^*)=C(u^*,u^*)/(1-u^*)$ 为相关性的分

位数相关测度。

这里重点考虑当 $u^* \to 1$ 时，$\lambda(u^*)$ 的极限值，如果 $\lim_{u^* \to 1} \lambda(u^*)$ 存在，则它反映了尾部相关性的大小，Joe（1997）构造了尾部相关系数。

定义 4.1.6 设 x，y 是连续随机变量，具有边际分布 $F(\cdot)$、$G(\cdot)$ 和 Copula 函数 $C(\cdot,\cdot)$，则变量 x，y 的上尾相关系数和下尾相关系数分别是

$$\lambda^{\text{up}} \equiv \lim_{u^* \to 1} P[Y > G^{-1}(u^*) \big| X > F^{-1}(u^*)] = \lim_{u^* \to 1} \frac{\hat{C}(1-u^*, 1-u^*)}{1-u^*},$$

$$\lambda^{\text{lo}} \equiv \lim_{u^* \to 0} P[Y < G^{-1}(u^*) \big| X < F^{-1}(u^*)] = \lim_{u^* \to 0} \frac{C(u^*, u^*)}{u^*}。$$

若 λ^{up}（或 λ^{lo}）存在且在区间 $(0,1]$ 内，则随机变量 x，y 上尾（或下尾）相关；若 λ^{up}（或 λ^{lo}）等于零，则随机变量 x，y 独立。

可见，利用基于 Copula 函数的尾部相关系数来分析金融市场或金融资产之间的尾部相关性非常方便，例如，它可以直观反映一支股票价格的暴涨是否会引起另一支股票价格的暴涨，或一个股票市场的大波动是否会引起其他股票市场的大波动，这对金融市场的波动溢出分析是极为有用的。

由定理 4.1.2 知 Copula 函数对随机变量的严格单调递增变换是不变的，因此由 Copula 导出的相依性测度 τ、ρ_s、λ^{up} 和 λ^{lo} 在严格单调变换下也具有不变性，它们度量了变量间的非线性相关关系，很好地克服了 Pearson 相关系数中的缺陷，满足理想统计量中的（4）。理论上可以证明，上述的相依性测度与随机变量的边际分布无关，而是它们联合分布相应的连接函数 Copula 的特性（张尧庭，2002（9）），因此 τ、ρ_s、λ^{up} 和 λ^{lo} 比积矩相关系数的应用范围更广，实用性更强。

利用 Copula 函数，可以构造满足理想统计量中 5 条要求的相关性度量。对随机变量 x，y，定义

$$\lambda = 12\int_0^1 \int_0^1 \left| C(u,v) - uv \right| \mathrm{d}u\mathrm{d}v,$$

则相关性度量 λ 满足上述 5 条要求。

事实上，因为 $\lambda = 0 \Leftrightarrow C(u,v) = uv \Leftrightarrow u$，$v$ 相互独立，因此 λ 满足第 5 条要求。

4.2 Copula 函数的分类

记 $\bar{C}$ 为一个 Copula 集合，它包含很多分布族。其中椭圆分布族（例如正态 Copula，t-分布 Copula）和 Archimedean 分布族是两个常见的分布族。下面介绍这几类 Copula 函数。

4.2.1 多变量正态 Copula 函数

定义 4.2.1 设正态随机变量 $x_1,\cdots,x_n$ 的均值分别为 $\mu_1,\cdots,\mu_n$，方差为 $\sigma_1^2,\cdots,\sigma_n^2$，相关系数矩阵为 $\boldsymbol{R}$，则随机变量 $u_i = \varphi((x_i - \mu_i)/\sigma_i)$，$i = 1,\cdots,n$ 的分布函数 $C_R(u_1,\cdots,u_n;\boldsymbol{R})$ 为 Copula 函数，称为相关系数矩阵为 $\boldsymbol{R}$ 的正态 Copula 函数：

$$C(u_1,\cdots,u_n;\boldsymbol{R}) = \varphi_R(\varphi^{-1}(u_1),\cdots,\varphi^{-1}(u_n))。$$

正态 Copula 函数有 $(n-1)(n-2)/2$ 个自由参数，称为 x_i 的成对相关性，这些成对相关性

的关联性不能被确定。正态 Copula 函数的优点在于易于随机取样，自由参数数目适中，正态随机变量及其相关性结构为人熟知。

4.2.2 多变量 t-Copula 函数

t-分布 Copula 函数是正态 Copula 函数的变形。

定义 4.2.2 设随机变量 $x_1,x_2,\cdots,x_n$ 都是均值为 0，方差为 1 的标准正态变量，相关系数矩阵为 $\boldsymbol{R}$。变量 y 服从自由度为 v 的 χ^2 分布，且与 $x_1,x_2,\cdots,x_n$ 相互独立。则随机变量 $u_i=t_v(x_i\sqrt{v}/\sqrt{y})$，$i\in 1,2,\cdots,n$ 的分布函数 $C_{R,v}(u_1,\cdots,u_n;\boldsymbol{R},v)$ 为 Copula 函数，称为自由度为 v，相关系数矩阵为 $\boldsymbol{R}$ 的多维 t-分布 Copula 函数。

多元 t-分布 Copula 函数具有正态 Copula 函数的几乎全部性质。但在正态 Copula 函数模型中，极端事件的发生总是彼此独立的，即 u_i 接近于 0 或 1 的可能性彼此独立。而在 t-分布 Copula 函数中，极端事件是相关的。

4.2.3 Archimedean Copula 函数

Copula 函数经常被用于解决金融问题。在经典 Copula 函数中，Archimedean Copula 是一类很重要的连接函数，具有对称性、可结合性等优良性质。由于 Archimedean Copula 是构造模型方便，计算简单且包含各种各样分布特征的 Copula 函数族，具有良好的统计性质（可以描述资产收益的厚尾分布、对称性、可结合性）等优点，因此已被广泛的应用于金融领域。下面着重介绍 Archimedean 族中几个典型的 Copula 函数。Lindskog（2000）给出如下定义：

定义 4.2.3 设 φ 是 $[0,1]$ 到 $[0,\infty)$ 的严格递减的连续凸函数，即 $\varphi'(t)<0$, $\varphi''(t)>0$，并且满足 $\varphi(1)=0$，φ 的伪逆定义为：

$$\varphi^{[-1]}(t)=\begin{cases}\varphi^{-1}(t), & 0\leqslant t\leqslant\varphi(0)\\ 0, & \varphi(0)\leqslant t\leqslant\infty\end{cases}$$

其中 φ^{-1} 是 φ 的反函数。若 $\varphi(0)=\infty$，则 $\varphi^{[-1]}=\varphi^{-1}$。称 $C(u,v)=\varphi^{[-1]}[\varphi(u)+\varphi(v)]$ 为 Archimedean Copula 函数，$\varphi(t)$ 称为生成元，不同的生成元可以构造不同的 Archimedean Copula 函数。图 4.2.1 是 No.3 Copula 函数的示意图。

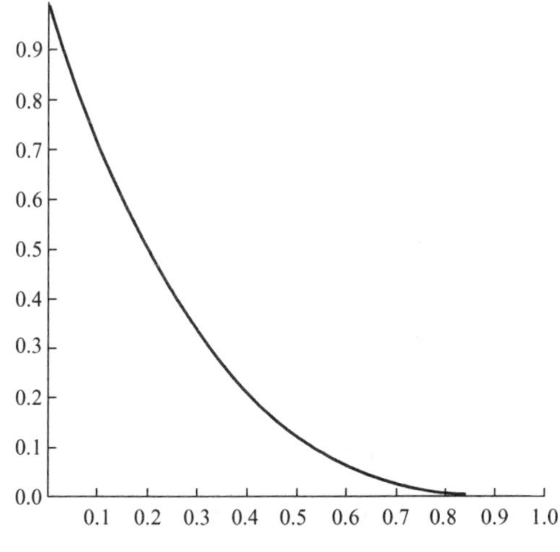

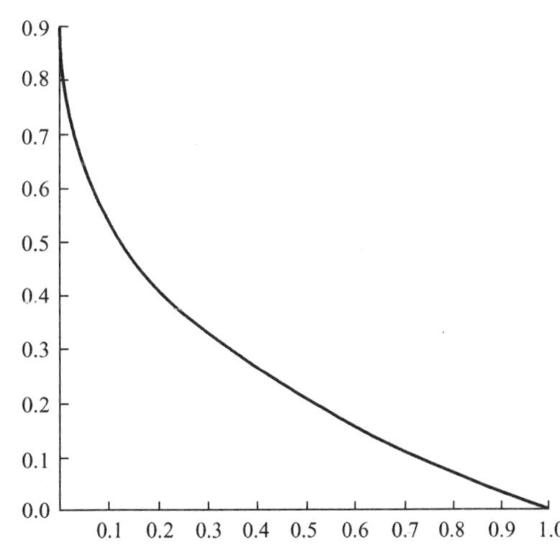

图 4.2.1 No.3 Copula 的生成函数 $\varphi(t)=(1-t)^\theta$ 与 $\varphi^{-1}(t)=1-t^{1/\theta}$ 在 $\theta=3$ 时的函数图

由此可见，Archimedean 族 Copula 函数由它们的生成函数 $\varphi(\cdot)$ 唯一确定。

例 设连续随机变量 x_1,x_2 的联合分布函数为 $H(x_1,x_2)$，边际分布函数分别为 $F(x_1),G(x_2)$。若 x_1,x_2 相互独立，则 $H(x_1,x_2)=F(x_1)G(x_2)$，其中 $x_1,x_2\in(-\infty,\infty)$。

令 $\varphi(t)=-\ln(t),\ \forall t\in[0,1]$，因 $\varphi(0)=\infty$，则 $\varphi^{-1}(t)=\exp(-t)$，故生成的 Copula 函数为 $C(u,v)$

$$C(u,v)=\exp(-[(-\ln u)+(-\ln v)])=uv=\prod(u,v),$$

从而 $H(x_1,x_2)=\prod(F(x_1),G(x_2))$，因此独立 Copula 为 Archimedean Copula 函数。

Gumbel、Frank、Clayton 和 Joe Copula 是 4 种常用的二维单参数 Archimedean Copula 函数，下面简要介绍这 4 种 Copula 函数。

1. Gumbel Copula

当生成元函数 $\varphi(t)=(-\ln t)^{\theta}$ 时，所得的 Copula 称为 Gumbel Copula（Gumbel，1960）：

$$C(u,v,\theta)=\exp\{-((-\ln u)^{\theta}+(-\ln v)^{\theta})^{1/\theta}\},\quad \theta\in[1,\infty),$$

其中 θ 表示 Gumbel Copula 中的参数。

当 $\theta=1$ 时，随机变量 u，v 独立，即 $C_G(u,v,1)=uv$；当 $\theta\to\infty$ 时，随机变量 u，v 完全相依，即 $C_G(u,v,\infty)=\min(u,v)=m$。

另外，Gumbel Copula 函数的相关参数 θ 与传统的相依性测度和一致性测度常常有一一对应关系，如 Kendall 秩相关系数 τ_G 与相关参数 θ 的关系为 $\tau_G=1-1/\theta$。此外其相关性参数 θ 与尾部相关系数的对应关系为

$$\lambda_{C_G}^{\text{up}}=\lim_{u^*\to 1}\frac{\hat{C}_G(1-u^*,1-u^*)}{1-u^*}=\lim_{u^*\to 1}\frac{1-2u^*+C_G(u^*,u^*)}{1-u^*}=2-2^{1/\theta},$$

$$\lambda_{C_G}^{\text{lo}}=0。$$

Gumbel Copula 函数对变量在分布上尾处的变化十分敏感，因此能够快速捕捉到上尾相关的变化，可用于描述具有上尾相关特性的金融市场间的相关关系。对金融市场的收益率序列来说，当收益率为正的极值时，金融市场间表现出更高的相关性。

当 $\theta=4.2828$ 时，Gumbel Copula 函数的等高线图和散点图如图 4.2.2 所示。

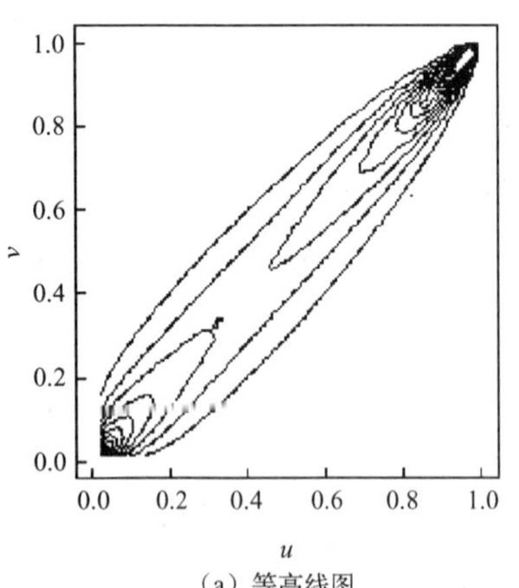

（a）等高线图

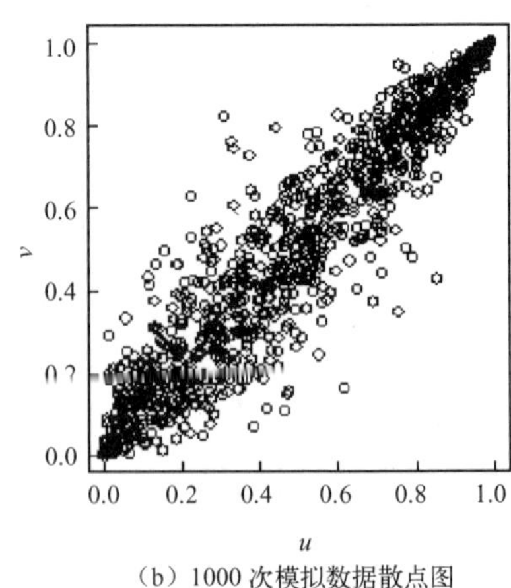

（b）1000 次模拟数据散点图

图 4.2.2 Gumbel Copula 函数 $C(u,v,4.2828)$ 的等高线图和 1000 次模拟数据散点图

2. Frank Copula

当生成元函数为 $\varphi(t)=-\ln\dfrac{e^{-\theta t}-1}{e^{-\theta}-1}$ 时，所得的 Copula 称为 Frank Copula（Frank，1979）：

$$C(u,v,\theta)=-\frac{1}{\theta}\ln(1+\frac{(e^{-\theta u}-1)(e^{-\theta v}-1)}{e^{-\theta}-1}),\ \theta\in(-\infty,0)\cup(0,\infty),$$

其中 θ 表示 Frank Copula 中的相关参数。$\theta>0$，表示随机变量 u, v 正相关，$\theta\to 0$，表示随机变量 u, v 趋向独立，$\theta<0$，表示随机变量 u, v 负相关。

另外，Frank Copula 函数的相关参数 θ 与 Kendall's 秩相关系数 τ_F 的关系为

$$\tau_F=1+(4/\theta)[D_1(\theta)-1],$$

其中 $D_k=\dfrac{k}{x^k}\int_0^x\dfrac{t^k}{e^t-1}dt$, $k=1,2$，称为“Debye”函数。

此外 Frank Copula 的上下尾相关系数均为零，$\lambda_{C_F}^{up}=\lambda_{C_F}^{lo}=0$，说明变量在 Frank Copula 函数的尾部都是渐进独立的。

当 $\theta=16.1635$ 时，Frank Copula 函数的等高线图和散点图如图 4.2.3 所示。

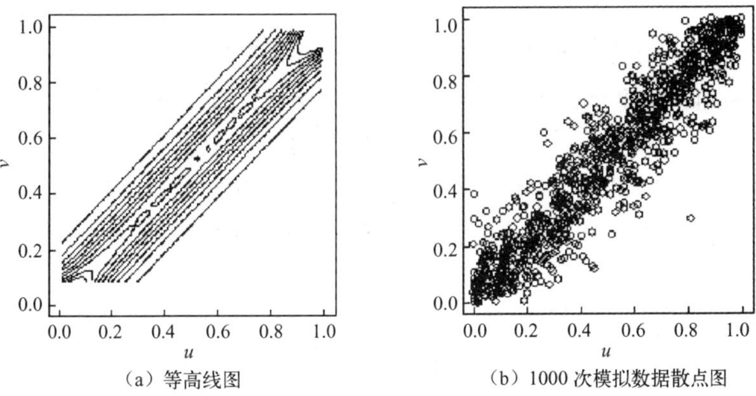

图 4.2.3　Frank Copula 函数 $C(u,v,16.1635)$ 的等高线图和 1000 次模拟数据散点图

Frank Copula 函数具有对称的相关模式，无法捕捉到随机变量间非对称的相关关系。对金融市场的收益率序列来说，无论是正收益还是负收益，只要收益率的绝对值相等，收益率序列之间的相关程度就相同，因此 Frank Copula 函数只适合于描述具有对称相关结构的金融市场间的相关关系。此外由于变量间的尾部是渐进独立的，因此 Frank Copula 函数对上、下尾相关性的变化都不敏感，难以捕捉到尾部相关的变化。

3. Clayton Copula

当生成元函数 $\varphi(t)=(t^{-\theta}-1)/\theta$ 时，所得的 Copula 称为 Clayton Copula（Clayton，1978）：

$$C(u,v,\theta)=\max((u^{-\theta}+v^{-\theta}-1)^{-1/\theta},0),\quad \theta\in[-1,0)\cup(0,\infty),$$

其中 θ 表示 Clayton Copula 中的相关参数。当 $\theta\to 0$ 时，随机变量 u,v 趋向于独立，即 $\lim\limits_{\theta\to 0}C(u,v,\theta)=uv$；当 $\theta\to\infty$ 时，随机变量 u,v 趋向于完全相关，即

$$\lim_{\theta\to\infty}C(u,v,\theta)=\max(u,v)=M。$$

Clayton Copula 函数的相关参数 θ 与 Kendall 秩相关系数 τ_C 的关系为 $\tau_C=\theta/(\theta+2)$。

此外 Clayton Copula 函数的相关参数 θ 与尾部相关系数有对应关系为

$$\lambda_{C_{Cl}}^{\text{up}} = 0,$$

$$\lambda_{C_{Cl}}^{\text{lo}} = \lim_{u^* \to 0} \frac{C(u^*, u^*)}{u^*} = \lim_{u^* \to 0} \frac{1}{(2 - u^{*\theta})^{1/\theta}} = 2^{-1/\theta}。$$

当 $\theta = 4.8453$ 时，Clayton Copula 函数的等高线图和散点图如图 4.2.4 所示。

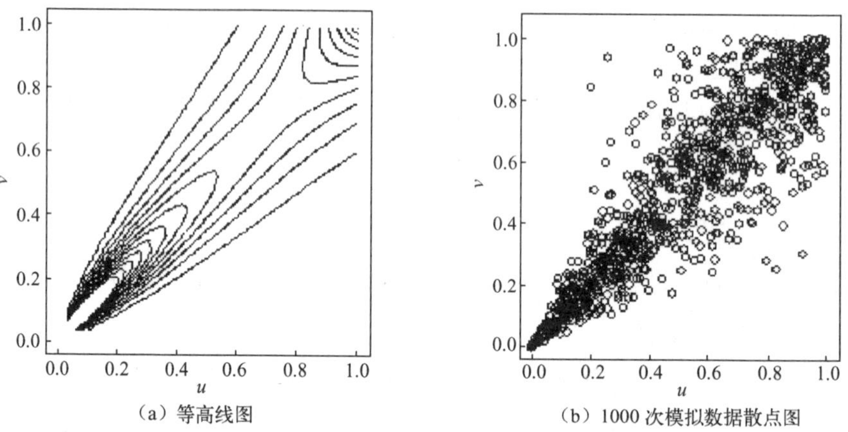

图 4.2.4　Clayton Copula 函数 $C(u,v,4.8453)$ 的等高线图和 1000 次模拟数据散点图

Clayton Copula 函数对变量在分布下尾处十分敏感，因此能够快速捕捉到下尾相关的变化，可用于描述具有下尾相关特性的金融市场之间的相关关系。对金融市场的收益率序列来说，当收益率为负的极值时，金融市场间将表现出更高的相关性。由于在分布的上尾变量是渐进独立的，因此 Clayton Copula 函数对上尾处的变化不敏感，难以捕捉到上尾相关的变化。

4. Joe Copula 函数

当生成元函数 $\varphi(t) = -\ln(1-(1-t)^{\theta})$ 时，所得的 Copula 称为 Joe Copula，其分布函数为

$$C_J(u, v; \theta) = 1 - [(1-u)^{\theta} + (1-v)^{\theta} - (1-u)^{\theta}(1-v)^{\theta}]^{1/\theta},$$

其中 $\theta \in [1, \infty]$ 为相关参数，θ 与尾部相关系数的对应关系为

$$\lambda_{C_J}^{\text{up}} = 2 - 2^{1/\theta}, \qquad \lambda_{C_J}^{\text{lo}} = 0。$$

当 $\theta = 5.2155$ 时，Joe Copula 函数的等高线图和散点图如图 4.2.5 所示。

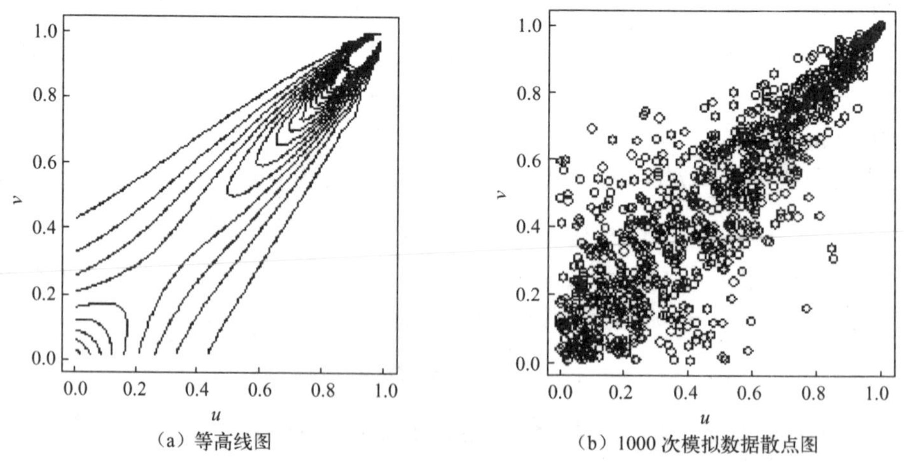

图 4.2.5　Joe Copula 函数 $C(u,v,5.2155)$ 的等高线图和 1000 次模拟数据散点图

5. 相关定理和性质

定理 4.2.1 设C是由生成元φ生成的 Archimedean Copula，$K_C(t)$是集合$\{(u,v)\in I^2 \mid C(u,v)\leqslant t\}$上的$C$–测度，则$K_C(t)=t-\varphi(t)/\varphi'(t)$，$\forall t\in I$。

证明： 令$t\in(0,1)$，并且$w=\varphi(t)$，n是一个给定的正整数，下面考虑区间$[t,1]$和$[0,w]$。把区间$[0,w]$分成n等分，则$\{0,w/n,\cdots,kw/n,\cdots,w\}\subseteq[0,w]$。令$t_{n-k}=\varphi^{[-1]}(kw/n)$，$k=0,1,\cdots,n$，$R'_k$表示$[t_{k-1},t_k]\times[0,t_{n-k+1}]$的矩形区域，且$S'_n=\bigcup_{k=1}^{n}R'_k$。对每个$k$，有

$$V_C(R'_k)=C(t_k,t_{n-k+1})-t=\varphi^{[-1]}(w-w/n)-\varphi^{[-1]}(w),$$

$$V_C(S'_n)=\sum_{k=1}^{n}V_C(R'_k)=-w[\frac{\varphi^{[-1]}(w)-\varphi^{[-1]}(w-w/n)}{w/n}]$$

$$=w[\frac{\varphi^{[-1]}(w+w/n)-\varphi^{[-1]}(w)}{w/n}-\frac{\varphi^{[-1]}(w)-\varphi^{[-1]}(w-w/n)}{w/n}]。$$

由已知条件，可知$K_C(t)=t+\lim\limits_{n\to\infty}V_C(S'_n)=t-\varphi(t)/\varphi'(t)$。

由此可以得到，若令U和V都为均匀分布的随机变量，其联合分布为由$\varphi\in\Omega$生成的 Archimedean Copula，则$K_C(t)$为随机变量$C(U,V)$的分布函数。

设C为由生成元φ生成的 Archimedean Copula，为了产生随机样本(u,v)，使(u,v)的联合分布为C，则具体算法如下：

Step1 生成两个独立的$(0,1)$上均匀分布随机数s，q；

Step2 令$t=K_C^{-1}(q)$，这里K_C^{-1}表示K_C的伪逆；

Step3 令$u=\varphi^{[-1]}(s\varphi(t))$，$v=\varphi^{[-1]}((1-s)\varphi(t))$；

Step4 得到的数据对(u,v)是分布C的一个实现。

这样，可以通过 Monte Carlo 模拟，生成随机样本(u,v)，从而可作出相应 Copula 函数的散点图。

定理 4.2.2 若随机变量x和y的 Copula 函数是由φ生成的 Archimedean Copula，则x和y的 Kendall 秩相关系数τ为$\tau=1+4\int_0^1\varphi(t)/[\varphi'(t)]\mathrm{d}t$。

证明： 假定u和v为$(0,1)$均匀分布的随机变量，其联合分布函数为$C(u,v)$，$K_C(t)$为$C(u,v)$的分布函数，则$\tau=4\int_0^1\int_0^1C(u,v)\mathrm{d}C(u,v)-1=4\int_0^1t\mathrm{d}K_C(t)-1$。

根据分部积分可知$\tau=3-4\int_0^1K_C(t)\mathrm{d}t=1+4\int_0^1\varphi(t)/[\varphi'(t)]\,\mathrm{d}t$。

以上简要介绍常见 Copula 函数的相关定义及定理、4 种 Archimedean Copula 函数的基本特征，下面把上述 4 种 Archimedean Copula 函数的生成元、τ与θ的关系以及$K_C(t)$的表达式归结在表 4.2.1 中。

表 4.2.1 4 种 Archimedean Copula 函数的τ与θ的关系及$K_C(t)$的表达式

名　称	$\varphi_\theta(t)$	τ与θ的关系	$K_C(t)$的表达式	$\theta\in$
Gumbel	$(-\ln t)^\theta$	$\tau=1-1/\theta$	$t-t\ln t/\theta$	$[1,+\infty)$
Clayton	$(t^{-\theta}-1)/\theta$	$\tau=\theta/(\theta+2)$	$t+(t^{-\theta}-1)/(\theta t^{-\theta-1})$	$[1,+\infty)$

（续）

名　称	$\varphi_\theta(t)$	τ 与 θ 的关系	$K_C(t)$ 的表达式	$\theta\in$
Frank	$-\ln\dfrac{e^{-\theta t}-1}{e^{-\theta}-1}$	$\tau=1+\dfrac{4}{\theta}[D_k(\theta)-1]$	$t+\dfrac{\ln\dfrac{e^{-\theta t}-1}{e^{-\theta}-1}}{\theta e^{-\theta t}}(e^{-\theta t}-1)$	$(-\infty,+\infty)\setminus\{0\}$
Joe	$-\ln(1-(1-t)^\theta)$	No closed form	$t-\dfrac{[1-(1-t)^\theta]\ln(1-(1-t)^\theta)}{\theta(1-t)^{\theta-1}}$	$[1,+\infty)$

根据 4 种 Copula 函数的等高线图和散点图，并结合目前金融风险管理中对它们已有的研究成果，下面将上述 4 种 Archimedean Copula 函数的特点与适用范围进行归纳总结，见表 4.2.2。

表 4.2.2　4 种 Copula 函数的特点和适用范围

Copula 函数	Gumbel	Clayton	Frank	Joe
分布函数特点	① 有较厚的上尾部；② 非对称分布	① 有较厚的下尾部；② 非对称分布	① 具有较大的方差，上下尾部都比较厚；② 对称分布	① 有特厚的上尾部；② 非对称分布
在金融风险管理中的适用范围	适合刻画不对称相依性，具有较强上厚尾特征的多维风险因子	适合刻画不对称相依性，具有较强下厚尾特征的多维风险因子	适合刻画对称相依性，在中心和上下厚尾分布均匀的多维风险因子	适合刻画不对称相依性，具有特强上厚尾特征的多维风险因子

定理 4.2.3　设 C 是一个生成函数为 $\varphi(\cdot)$ 的 Archimedean Copula 函数，则有：

（1）C 是对称的：$C(u,v)=C(v,u),\ u,v\in[0,1]$；

（2）C 满足结合率：$C(C(u,v),w)=C(u,C(v,w)),\ u,v,w\in[0,1]$；

（3）对任意的正实数 k，$k\varphi$ 也是 C 的生成函数；

（4）$C(u,1)=u,\ C(1,v)=v,\ u,v\in[0,1]$。

证明：对任意的 $u,v,w\in[0,1]$，则有：

（1）$C(u,v)=\varphi^{-1}(\varphi(u)+\varphi(v))=\varphi^{-1}(\varphi(v)+\varphi(u))=C(v,u)$。

（2）
$$C(C(u,v),w)=\varphi^{-1}(\varphi[\varphi^{-1}(\varphi(u)+\varphi(v))]+\varphi(w))$$
$$=\phi^{-1}(\phi(u)+\phi[\phi^{-1}(\phi(v)+\phi(w))])=C(u,C(v,w))\text{。}$$

（3）令 $y=c\varphi(t)$，则其反函数为 $y=\varphi^{-1}((1/c)t)$，因此有
$$C_{c\varphi}=\varphi^{-1}((1/c)[c\varphi(u)+c\varphi(v)])$$
$$=\varphi^{-1}(\varphi(u)+\varphi(v))=C_\varphi(u,v)\text{。}$$

（4）$C(u,1)=\varphi^{-1}(\varphi(u)+\varphi(1))=\varphi^{-1}(\varphi(u)+0)=u$，同理有 $C(1,v)=v$。

此外，Archimedean Copula 还具有计算方便，其未知参数 α 与 Kendall 秩相关系数 τ 存在一一对应关系等优点，所以其在金融应用中占有很重要的地位。

表 4.2.3 给出了 Archimedean Copula 中单参数 Copula 成员函数。

表 4.2.3　Archimedean Copula 中单参数 Copula 成员函数

No.	$C(u,v,\alpha)$	$\phi(t,\alpha)$	$\alpha\in$
1	$\max\{(u^{-\alpha}+v^{-\alpha}-1)^{-1/\alpha},0\}$	$(t^{-\alpha}-1)/\alpha$	$[-1,0)\cup(0,\infty)$
2	$\max\{1-[(1-u)^\alpha+(1-v)^\alpha]^{1/\alpha},0\}$	$(1-t)^\alpha$	$[1,\infty)$
3	$uv/[1-\alpha(1-u)(1-v)]$	$\ln\{[1-\alpha(1-t)]/t\}$	$[-1,1)$
4	$\exp\{-[(-\ln u)^\alpha+(-\ln v)^\alpha]^{1/\alpha}\}$	$(-\ln t)^\alpha$	$[1,\infty)$

（续）

No.	$C(u,v,\alpha)$	$\phi(t,\alpha)$	$\alpha\in$
5	$-\frac{1}{\alpha}\ln\left(1+\frac{(\mathrm{e}^{-\alpha u}-1)(\mathrm{e}^{-\alpha v}-1)}{\mathrm{e}^{-\alpha}-1}\right)$	$-\ln\frac{\mathrm{e}^{-\alpha t}-1}{\mathrm{e}^{-\alpha}-1}$	$(-\infty,\infty)\setminus\{0\}$
6	$1-[(1-u)^{\alpha}+(1-v)^{\alpha}-(1-u)^{\alpha}(1-v)^{\alpha}]^{1/\alpha}$	$-\ln[1-(1-t)^{\alpha}]$	$[1,\infty)$
7	$\max\{\alpha uv+(1-\alpha)(u+v-1),0\}$	$-\ln[\alpha t+(1-\alpha)]$	$(0,1]$
8	$\max\left\{\frac{\alpha^2 uv-(1-u)(1-v)}{\alpha^2-(\alpha-1)^2(1-u)(1-v)},0\right\}$	$\frac{1-t}{1+(\alpha-1)t}$	$[1,\infty)$
9	$uv\exp(-\alpha\ln u\ln v)$	$\ln(1-\alpha\ln t)$	$(0,1]$
10	$uv/[1+(1-u^{\alpha})(1-v^{\alpha})]^{1/\alpha}$	$\ln(2t^{-\alpha}-1)$	$(0,1]$
11	$\max\{u^{\alpha}v^{\alpha}-2(1-u)^{\alpha}(1-v)^{\alpha},0\}$	$\ln(2-t^{\alpha})$	$(0,1/2]$
12	$\{1+[(u^{-1}-1)^{\alpha}+(v^{-1}-1)^{\alpha}]^{1/\alpha}\}^{-1}$	$(1/t-1)^{\alpha}$	$[1,\infty)$
13	$\exp\{1-[(1-\ln u)^{\alpha}+(1-\ln v)^{\alpha}-1]^{1/\alpha}\}$	$(1-\ln t)^{\alpha}-1$	$(0,\infty)$
14	$\{1+[(u^{-1/\alpha}-1)^{\alpha}+(v^{-1/\alpha}-1)^{\alpha}]^{1/\alpha}\}^{\alpha}$	$(t^{-1/\alpha}-1)^{\alpha}$	$[1,\infty)$
15	$\max(\{1-[(1-u^{1/\varepsilon})^{\alpha}+(1-v^{1/\alpha})^{\alpha}]^{1/\alpha}\}^{\alpha},0)$	$(1-t^{1/\alpha})^{\alpha}$	$[1,\infty)$
16	$(S+\sqrt{S^2+4\alpha})/2,\ \ S=u+v-1-\alpha(1/u+1/v-1)$	$(\alpha/t+1)(1-t)$	$[0,\infty)$
17	$\left\{1+\frac{[(1+u)^{-\alpha}-1][(1+v)^{-\alpha}-1]}{2^{-\alpha}-1}\right\}^{-1/\alpha}-1$	$-\ln\frac{(1+t)^{-\alpha}-1}{2^{-\alpha}-1}$	$(-\infty,\infty)\setminus\{0\}$
18	$\max\{1+\alpha/\ln(\mathrm{e}^{\alpha/(u-1)}+\mathrm{e}^{\alpha/(v-1)}),\ 0\}$	$\mathrm{e}^{\alpha/(t-1)}$	$[2,\infty)$
19	$\alpha/\ln(\mathrm{e}^{\alpha/u}+\mathrm{e}^{\alpha/v}-\mathrm{e}^{\alpha})$	$\mathrm{e}^{\alpha/t}-\mathrm{e}^{\alpha}$	$(0,\infty)$
20	$\{\ln[\exp(u^{-\alpha})+\exp(v^{-\alpha})-\mathrm{e}]\}^{-1/\alpha}$	$\exp(t^{-\alpha})-\mathrm{e}$	$(0,\infty)$

表 4.2.3 中，No.1 是 Clayton Copula；No.2 是 Ali-Mikhail-Haq Copula；No.4 是 Gumbel Copula；No.5 是 Frank Copula；No.9 是 Gumbel-Barnett Copula （即 Gumbel Copula 的生存函数），具体见参考文献[4]。

4.3 Copula 函数的统计推断

4.3.1 Copula 函数的参数估计

Copula 函数的参数估计一般采用极大似然估计和矩估计，其中极大似然估计是最常用的参数估计方法。通过 Copula 函数 $C(\cdot,\cdots,\cdot;\cdot)$ 的密度函数 $c(\cdot,\cdots,\cdot;\cdot)$ 和边际密度函数 $f_i(\cdot;\cdot)$，$i=1,2,\cdots,n$，可以求出联合分布函数的密度函数：

$$f(x_1,x_2,\cdots,x_n;\theta)=c(u_1,u_2,\cdots,u_n;\theta_c)\prod_{i=1}^{n}f_i(x_i;\theta_i),$$

其中 $u_i=F_i(x_i;\theta_i),\ i=1,2,\cdots,n;\ F_i(\cdot;\cdot),\ i=1,2,\cdots,n$ 为 x_i 的边际分布函数；且

$$c(u_1,u_2,\cdots,u_n;\theta_c)=\frac{\partial C(u_1,u_2,\cdots,u_n;\theta_c)}{\partial u_1\partial u_2\cdots\partial u_n};$$

其中 θ_c 为 Copula 函数 $C(\cdot,\cdots,\cdot;\cdot)$ 的 $1\times m_c$ 维参数向量；θ_i 为边际分布函数 $F_i(\cdot;\cdot)$ 的 $1\times m_i$ 维参数向量，$i=1,2,\cdots,n$；$\theta=(\theta_1,\theta_2,\cdots,\theta_n,\theta_c)'$。由此得到样本 $(x_{1t},x_{2t},\cdots,x_{nt})$，$t=1,2,\cdots,T$ 的对

数似然函数是

$$\ln L(x_1,\cdots,x_n;\theta)=\sum_{t=1}^{T}(\sum_{i=1}^{n}\ln f_i(x_{it};\theta_i)+\ln c(F_1(x_1;\theta_1),\cdots,F_n(x_n;\theta_n);\theta_c))\text{。}$$

尽管同时估计所有的参数可以得到最优估计，但考虑到同时估计的参数过多不利于寻优，而且 Copula 函数的特点使得 Copula 模型非常适于采用多阶段估计法，很多学者的实证研究表明采用一步极大似然估计法和两阶段极大似然估计法来估计 Copula 模型，得到的参数估计值差异不显著，所以一般采用两阶段极大似然估计法来估计 Copula 模型的参数。

采用两阶段极大似然估计法可将 Copula 模型的参数估计分解为两步：

第一步：$\hat{\theta}_1=\arg\max\limits_{\theta_1\in\mathbf{R}^{m_1}}\sum_{t=1}^{T}\ln f_1(x_{1t};\theta_1)$， $\hat{\theta}_2=\arg\max\limits_{\theta_2\in\mathbf{R}^{m_2}}\sum_{t=1}^{T}\ln f_2(x_{2t};\theta_2)$， $\cdots$，

$$\hat{\theta}_n=\arg\max_{\theta_n\in\mathbf{R}^{m_n}}\sum_{t=1}^{T}\ln f_n(x_{nt};\theta_n)\text{。}$$

第二步：$\hat{\theta}_c=\arg\max\limits_{\theta_c\in\mathbf{R}^{m_c}}\sum_{t=1}^{T}c(F_1(x_1;\hat{\theta}_1),F_2(x_2;\hat{\theta}_2),\cdots,F_n(x_n;\hat{\theta}_n);\theta_c)$。

即首先估计出边缘分布函数的参数θ_i， $i=1,2,\cdots,n$ ，然后将它们的估计值$\hat{\theta}_i$， $i=1,2,\cdots,n$ 作为已知数代入 Copula 函数中，进而估计得到 Copula 函数中参数θ_c的值。

两阶段极大似然估计使 Copula 模型的参数估计问题大大简化。

由于以上方法都需要事先假定模型的边际分布，事实上，很多时候变量的边际分布是无法准确确定的，因而上述的参数估计方法存在一定的不足。而非参数估计不需要事先知道变量的边际分布，因此，可以利用非参数核密度估计技术来估计 Copula 函数中的参数，从而可以克服上述参数估计方法的不足，这个问题后面再讨论。

设 $f(x,y)$ 是联合分布函数 $H(x,y)$ 的密度函数， $f_x(x,\delta)$， $f_y(y,\beta)$ 是 $f(x,y)$ 的边际密度函数，其中 δ， β 分别是边际密度 $f_x(x,\delta)$， $f_y(y,\beta)$ 中的参数。由 Sklar 定理得 $H(x,y)=C(F_1(x),F_2(y))$，通过对上式两边求偏导数，得

$$f(x,y)=c(F_1(x,\delta),F_2(y,\beta);\alpha)f_1(x,\delta)f_2(y,\beta) \tag{4.3.1}$$

其中 $c(u,v)=\partial^2C(u,v)/\partial u\partial v$ 是 Copula 函数的密度函数， α 是 Copula 函数中的参数。

下面介绍 Copula 函数中参数估计的几种常用方法。

1. 非参数法

Genest 和 Rivest 的非参数法具体方法如下：设 $(x_1,y_1),(x_2,y_2),\cdots,(x_n,y_n)$ 为来自于联合分布为 $H(x,y)$ 的二维样本观测值，利用样本的 Kendall 秩相关系数的无偏估计量 $\hat{\tau}$ 来估计总体的 Kendall 秩相关系数 τ ，这里

$$\hat{\tau}=\frac{2}{n(n-1)}\sum_{1\leqslant i<j\leqslant n}\operatorname{sign}(x_i-x_j)(y_i-y_j)\text{，}$$

其中 n 为样本容量， $(x_i,y_i),(x_j,y_j)$ 为样本观测值； 而 $\tau=4\iint\limits_{0\leqslant u,v\leqslant 1}C(u,v)\mathrm{d}C(u,v)-1$ ，于是得到 Copula 函数中参数 α 的对应关系式，最后通过求解上述方程就可以得到 α 的估计值。

上述方法的优点在于不用假设边际分布，直接利用样本数据的秩相关系数来估计 Copula 函数中参数 α 的非参数法，降低因边际分布假设不当而带来的误差。

2. 极大似然法

由极大似然思想，式（4.3.1）的对数似然函数为

$$L(\boldsymbol{g})=\sum_{i=1}^{n}\ln c(F_1(x_i,\delta),F_2(y_i,\beta);\alpha)+\sum_{i=1}^{n}\ln f_1(x_i,\delta)+\sum_{i=1}^{n}\ln f_2(y_i,\beta),$$

参数向量 $\boldsymbol{g}=(\delta,\beta,\alpha)$ 的 ML 估计为

$$\hat{\boldsymbol{g}}=\arg\max L(\boldsymbol{g}),$$

其中 δ,β 分别是边际密度 $f_1(x,\delta)$，$f_2(y,\beta)$ 中的参数，α 是 Copula 函数中的参数。

3. 边际函数推断法（The Method of Inference of Functions for Margins）

在 ML 参数估计中，边际分布中的参数与 Copula 函数中的参数是放在一起估计的，通过一步就可以完成，但是有时计算非常复杂。而 IFM 估计是将边际分布中的参数与 Copula 函数中的参数分别进行估计，也就是说，该过程由两步完成：

第一步：利用 ML 估计边际分布中的参数 δ，β，即

$$\hat{\delta}=\arg\max\sum_{i=1}^{n}\ln f_1(x_i,\delta),\quad \hat{\beta}=\arg\max\sum_{i=1}^{n}\ln f_2(y_i,\beta);$$

第二步：利用 ML 估计 Copula 中的参数 α，即

$$\hat{\alpha}=\arg\max\sum_{i=1}^{n}\ln c(F_1(x_i,\delta),F_2(y_i,\beta);\alpha)。$$

边际函数推断法计算比较简单，理解起来也比较直观，但是当第一步产生错误时，错误将在第二步中放大，从而导致得到 Copula 函数的参数 α 是有偏估计。

4. 典型极大似然法（The Canonical Maximum Likelihood Method）

在 ML、IFM 参数估计中，必须对变量的边际分布做出假设，才能估计出 Copula 函数中的参数 α，而 CML 方法不同的是，不需要对边际分布作假设。它采用如下两步完成：

第一步：利用经验分布函数把随机序列 (x_t,y_t) 转化为新序列 (u_t,v_t)，其中 $u_t=F_1(x_t)$ $v_t=F_2(y_t)$，$t=1,2,\cdots,T$，其中 $F_1(x)$，$F_2(y)$ 分别为 x，y 的经验分布函数；

第二步：利用 ML 估计 Copula 中的参数 α，即

$$\hat{\alpha}=\arg\max\sum_{i=1}^{n}\ln c(\hat{F}_1(x_i,\delta),\hat{F}_2(y_i,\beta);\alpha);$$

其中 $c(u,v)=\dfrac{\partial^2 C(u,v)}{\partial u\partial v}$ 是 Copula 函数的密度函数，α 是 Copula 函数中的参数。

5. 基于经验函数的 BFGS 法

假定随机样本 $(x_1,y_1),(x_2,y_2),\cdots,(x_n,y_n)$ 来自联合分布 $H(x,y)$，定义随机变量

$$\theta_i=\hat{H}(x_i,y_i)=\frac{1}{n-1}\sum_{j=1}^{n}\text{sign}((x_j<x_i)(y_j<y_i)) \tag{4.3.2}$$

其中 n 为样本容量，则 $\hat{H}$ 为二维分布 H 的经验估计。基于经验函数 BFGS 法的一个基本要求就是所估计的未知参数 α 应使目标函数

$$f(\alpha)=\sum_{i=1}^{n}(C(u_i,v_i,\alpha)-\theta_i)^2 \tag{4.3.3}$$

的值达到最小。求解 $f(\alpha)$ 的最小值是一个非线性的问题，因此利用 BFGS 法进行迭代求解。

下面首先介绍 BFGS 方法。

（1）利用矩阵方程 $\boldsymbol{\alpha}_{k+1}=\boldsymbol{\alpha}_k+tp^k$ 对参数进行迭代，其中，下标 k 定义为迭代次数，t 为最佳搜索步长，p^k 为第 k 次搜索方向。

（2）$p^k=-E_k f'(\boldsymbol{\alpha}_k)$，其中，$f'(\boldsymbol{\alpha}_k)$ 是目标函数 $f(\alpha)$ 对 $\boldsymbol{\alpha}_k$ 的一阶导数，信息矩阵 $\boldsymbol{E}_k$ 由以下方程求得：

$$\boldsymbol{E}_{k+1}=\boldsymbol{E}_k+\frac{\nabla\boldsymbol{\alpha}_k\nabla\boldsymbol{\alpha}_k^{\mathrm{T}}}{\nabla\boldsymbol{\alpha}_k^{\mathrm{T}}\nabla\boldsymbol{g}_k}\left[1+\frac{\nabla\boldsymbol{g}_k^{\mathrm{T}}\boldsymbol{E}_k\nabla\boldsymbol{g}_k}{\nabla\boldsymbol{\alpha}_k^{\mathrm{T}}\nabla\boldsymbol{g}_k}\right]-\frac{1}{\nabla\boldsymbol{\alpha}_k^{\mathrm{T}}\nabla\boldsymbol{g}_k}[\nabla\boldsymbol{\alpha}_k\nabla\boldsymbol{g}_k^{\mathrm{T}}\boldsymbol{E}_k+\boldsymbol{E}_k\nabla\boldsymbol{g}_k\nabla\boldsymbol{\alpha}_k^{\mathrm{T}}],$$

这里，$\nabla\boldsymbol{\alpha}_k=\boldsymbol{\alpha}_{k+1}-\boldsymbol{\alpha}_k$，$\nabla\boldsymbol{g}_k=f'(\boldsymbol{\alpha}_{k+1})-f'(\boldsymbol{\alpha}_k)$，$\boldsymbol{E}_0=\boldsymbol{I}$。在文献中称该方法为 BFGS（Broyden Fletcher Goldfarb Shanno）方法，在数学上它属于一种变度量方法。

基于经验函数的 BFGS 方法的步骤是：

第一步：利用经验分布函数，将随机序列 (x_i,y_i) 转化为新的序列 (u_i,v_i)，这里 $u_i=F_1(x_i)$，$v_i=F_2(y_i)$，$i=1,2,\cdots,n$，其中 $F_1(x),F_2(y)$ 分别为 x，y 的经验分布函数；

第二步：利用式（4.3.2），计算二维分布 H 的经验估计值 $\boldsymbol{\theta}_i$，$i=1,2,\cdots,n$；

第三步：构造目标函数 $f(\alpha)=\sum_{i=1}^{n}(C(u_i,v_i,\alpha)-\theta_i)^2$；

第四步：选取初始数 α_0，初始值 $H_0=1$，给定终止误差 $\varepsilon>0$；

第五步：求初始梯度向量，计算 $f'(\alpha_0)$，若 $|f'(\alpha_0)|\leqslant\varepsilon$，停止迭代，输出 α_0，否则进行第六步；

第六步：构造初始 BFGS 方向，取 $p_0=-H_0 f'(\boldsymbol{\alpha}_0)$，令 $k:=0$，进行第七步；

第七步：求 t_k，使得 $f(\boldsymbol{\alpha}_k+t_k p_k)=\min\limits_{t\geqslant 0} f(\boldsymbol{\alpha}_k+tp_k)$，令 $\boldsymbol{\alpha}_{k+1}=\boldsymbol{\alpha}_k+t_k p_k$，进行第八步；

第八步：求梯度向量，计算 $f'(\boldsymbol{\alpha}_{k+1})$，若 $|f'(\boldsymbol{\alpha}_{k+1})|\leqslant\varepsilon$，停止迭代，输出 $\boldsymbol{\alpha}_{k+1}$，否则进行第九步；

第九步：若 $k+1=n$，令 $\alpha_0=\alpha_n$，转第六步，否则进行第十步；

第十步：构造 BFGS 方向，用 BFGS 公式

$$H_{k+1}=-H_k+\frac{\boldsymbol{\alpha}_{k+1}-\boldsymbol{\alpha}_k}{f'(\boldsymbol{\alpha}_{k+1})-f'(\boldsymbol{\alpha}_k)}\left[1+\frac{(f'(\boldsymbol{\alpha}_{k+1})-f'(\boldsymbol{\alpha}_k))H_k}{\boldsymbol{\alpha}_{k=1}-\boldsymbol{\alpha}_k}\right]$$

计算得 H_{k+1}，取 $p_{k+1}=-H_{k+1}f'(\boldsymbol{\alpha}_{k+1})$，令 $k:=k+1$，转第七步。

利用 BFGS 法得到的参数估计具有精度高、适用性强等优点。

综上，非参数法不涉及变量的边际分布而直接估计 Copula 函数中的参数；ML 和 IFM 两种方法都需要在对变量的边际分布做出假设的条件下，再对 Copula 中的参数进行估计；CML 方法和 BFGS 方法均是基于变量序列的经验分布估计的，但 BFGS 法得到的参数估计值更加准确。在建模过程中，各种估计方法之间并不存在着绝对的优劣。当数据较多时，采用极大似然法或者 BFGS 法可能会比较准确；当样本数据的边际分布很难确定或存在异常点时，采用非参数估计方法比较准确。

4.3.2 Copula 函数的检验

为了确定所选择的 Copula 函数是否合适，能否正确描述变量间的相关结构，这就需要检验 Copula 函数的拟合度，下面介绍 Copula 函数的检验方法。

1. 图形法

（1）利用联合概率分布 $H(x,y)$，在给定 $X=x$ 的条件下确定 Y 的分布函数与 Copula 函数 $C(F(x),G(y))$ 的关系。

根据 Copula 理论，若 $C(u,v)$ 是一个 Copula 函数，其中 $u=F(x),\ v=G(y)$，$F(\cdot)$ 和 $G(\cdot)$ 分别表示随机变量 X 和 Y 的分布函数，那么 $Y|X=x$ 的条件分布为

$$H(Y\leqslant y|X=x)=c_1(F(x),G(y)),$$

其中 $c_1(u,v)=\partial C(u,v)/\partial u$ 服从 $(0,1)$ 均匀分布。根据 Copula 函数的这个性质，可以通过检验 Copula 函数关于其自变量的一阶偏导数即 Copula 函数的条件分布 $C(u|v)$ 和 $C(v|u)$ 是否服从 $(0,1)$ 均匀分布来检验指定 Copula 函数对样本分布的拟合是否充分，因此可以利用“Q-Q 图”检验条件分布 $C(u|v)$ 和 $C(v|u)$ 是否服从 $(0,1)$ 均匀分布，进而检验指定的 Copula 函数对样本的拟合程度（Quesenberry，1986）。

根据 Q-Q 图，若某个 Copula 函数能较好地拟合已知数据，则点 $((C_1(u,v))_{(i)},i/(n+1))$ 应该分布在直线 $y=x$ 附近，其中 $(C_1(u,v))_{(i)}$ 为 $(C_1(u,v))$ 的第 i 个次序统计量，其中 $(u,v)=\{(\hat{u}_i,\hat{v}_i)\}_{i=1}^{n}$。

（2）利用 Archimedean Copula 的分布函数 $K_c(t)=P(C(u,v)\leqslant t)=t-\varphi(t)/\varphi'(t)$，其中 $\varphi(t)$ 为 Copula 的生成函数。由 Q-Q 散点图思想，若某个 Copula 函数 $C(u,v)$ 能较好地拟合一组数据，则 $(K_{C_\alpha}(t),\ i/(n+1))$ 点应分布在 $y=x$ 附近，其中 $(K_{C_\alpha}(t))_{(i)}$ 为 $K_{C_\alpha}(t)$ 的第 i 个顺序统计量，其中 $t=C(\{(u_i,v_i)\}_{i=1}^{n})$。

2. 解析法

K-S 检验的优点在于它是非参数检验，特别对于小样本而言，它揭示了经验分布与理论分布之间的差别，检验统计量定义为 $T=\max\{|\hat{F}(x)-F(x)|\}$，它是累积经验分布函数和理论分布函数之差的最大值。

4.4 Copula 函数的选择

Copula 函数是把一维边际分布联系起来形成多维随机变量联合分布函数的方法。由 Sklar 定理知：通过 Copula 函数可以找出边际分布和与之相关的多维分布函数之间的相关结构，从而把它们联系起来。特别地，如果边际分布函数是连续的，相应的 Copula 函数就是唯一的。因此可以利用此函数研究多维随机变量的边际分布及其相关结构。Bouye，Durrleman 和 Nikeghbali 等人系统地介绍了 Copula 函数在金融领域中的一些应用。目前，Copula 函数在实际应用中的关键问题是函数形式的选择，Embrechts 在 2003 年对使用不同 Copula 函数进行比较研究，发现采用不同形式的 Copula 函数可能导致不同的分析结果。对于一维分布的各种推断已有许多经典的结论，但是除了多维正态分布和多维 t-分布以外，其他的多维分布仍在研究之中。如何选择一个适当的 Copula 函数来拟合数据，并没有统一的方法。在国内外的大多数文献里，往往先确定随机变量的边际分布，然后假定其真正的相关结构属于某个参数族，用不同的 Copula 函数构造变量间的依赖关系。然而在金融市场中往往很难确定金融资产边际分布的具体形式，因此如果边际分布函数选择错误或作不适当的假定，接下来的分析将没有意义。鉴于此，这里采用一种不用假设边际分布，直接利用数据的样

本秩相关系数来估计 Copula 函数中参数 α 的方法，避免因边际分布的假设不当而带来的错误，然后用解析法及图形法来加以选择，最后以上证 A 股指数和上证 B 股指数为例说明该方法的有效性。

在金融市场中，由于难以确定金融资产分布的具体形式，因此常常采用经验分布函数来估计资产的边际分布，这样可以减少因分布函数假设不当所带来的误差，且经验分布具有较好的统计性质也为人们使用该方法提供保证。

4.4.1 经验分布

定义 设 $(H,B,P)_n$ 为重复抽样结构，对每个样本 $(x_1,x_2,\cdots,x_n)\in H^n$，由

$$F_n(x)=\frac{1}{n}\sum_{i=1}^{n}I_{\{x_i\leqslant x\}}, \quad x\in \mathbf{R}$$

所确定的在 (H,B) 上的分布称为样本分布或经验分布。

对任意给定的自然数 n，设 $x_1,x_2,\cdots,x_n$ 是取自总体分布为 $F(x)$ 的一个样本，$F_n(x)$ 为其经验分布函数，记 $D_n=\sup|F_n(x)-F(x)|$，由格里汶科定理知：$P(\lim\limits_{n\to\infty}D_n=0)=1$，因此当样本容量足够大时，$F_n(x)$ 能够很好地拟合总体分布 $F(x)$。

4.4.2 选择 Copula 函数的解析法

Genest 和 Rivest 在 1993 年介绍一种基于经验函数来识别 Copula 函数的方法，它不需要知道边际分布而直接构建 Archimedean Copula 函数，具体方法如下：

设二维 Archimedean Copula 为 $C(\cdot,\cdot)$，相应的生成函数为 φ，则 Copula 函数表达式为

$$C(u,v)=\varphi^{-1}[\varphi(u)+\varphi(v)]。$$

定义在 $[0,1]$ 上的 Archimedean Copula 函数 $C(u,v)$ 的分布函数 $K(t)$ 由其生成函数 φ 唯一确定，即有 $K(t)=P(C(u,v)\leqslant t)=t-\varphi(t)/\varphi'(t),\ \forall t\in(0,1)$，其中生成元函数 $\varphi(t)$ 以 α 为参数，$\varphi'(t)$ 为生成元函数 $\varphi(t)$ 的一阶导数。

假定随机样本 $(x_1,y_1),\cdots,(x_n,y_n)$ 来自于联合分布 $H(x,y)$，设 $H(x,y)$ 有连续的边际分布函数 $F(x),\ G(y)$，对应的 Archimedean Copula 为 $C(u,v)$，由于 $u=F(x),\ v=G(y)$ 是均匀分布，为了得到 Copula 分布函数的估计，有

$$K(t)=P(C(u,v)\leqslant t)=P(H(x,y)\leqslant t),\quad \forall t\in(0,1)。$$

定义随机变量 $\vartheta_i=\hat{H}(x_i,y_i)=\sum\limits_{j=1}^{n}\text{sign}((X_j<x_i)(Y_j<y_i))/(n-1)$，其中 n 为样本容量，则 $\hat{H}$ 为二维分布 H 的经验估计。而 $K(t)$ 的非参数估计量为 $\hat{K}(t)=\sum\limits_{i=1}^{n}\text{sign}(\vartheta_i\leqslant t)/n$，其中 $t\in[0,1]$，n 为样本容量。因此，可利用 $\hat{K}(t)$ 来识别 Archimedean 族的 Copula 函数。若由参数分布函数 $K(t)$ 与非参数分布函数 $\hat{K}(t)$ 各自生成的分位数非常接近，则对应的 Q-Q 图应该是条直线。由于非参数分布函数 $\hat{K}(t)$ 是由经验 Copula 产生的，因而可更好地适应实际数据。此外还可通过比较 $t-K(t)$ 与 $t-\hat{K}(t)$ 的图形来选择 Copula 函数。下面所用方法的思想是：因为 $K(t)$ 是 Copula 的分布函数，若某个 Copula 函数能较好拟合给定的数据，则其分布函数的理论值 $K(t)$ 与估

计值 $\hat{K}(t)$ 应非常接近，这时选 $K(t)$ 与 $\hat{K}(t)$ 距离最小的 Copula 函数为最优的 Copula 函数，从而在定量上给出选择最优 Copula 函数的一种方法。这里距离为：

$$d(K(t),\hat{K}(t))=\int_0^1[K(t)-\hat{K}(t)]^2 dK(t), \quad \forall t\in(0,1)。$$

4.4.3 实例分析

为了考察上海股市的相关结构，我们选取了 2003 年 3 月 3 日至 2007 年 4 月 9 日的上证 A 股指数和上证 B 股指数的每日收盘价来进行实证分析（数据来源 www.stockstar.com），将 p_t 定义为每日的收盘价，将收益率定义为 $R_t = 100\times\ln(p_t/p_{t-1})$，得到 994 组有效数据。

第一步，利用经验分布函数，将沪深股市金融市场间收益率序列 (x_t,y_t) 转化为新的序列 (u_t,v_t)，用 MATLAB 软件画出它们的散点图（图 4.4.1），其中 $u_t=F_x(x_t)$，$v_t=F_y(y_t)$，$t=1,2,\cdots,T$ 分别为 x，y 的经验分布函数；通过散点图发现，沪深股市间具有很强尾部相关性，从而可以选择 Gumbel Copula，Clayton Copula 及 Archimedean 族 No.12 Copula（它可以很好的描述金融市场间的尾部相关结构），即

$$C(u,v)=\{1+[(u^{-1}-1)^\alpha+(v^{-1}-1)^\alpha]^{1/\alpha}\}^{-1}, \quad \alpha\in[1,\infty)。$$

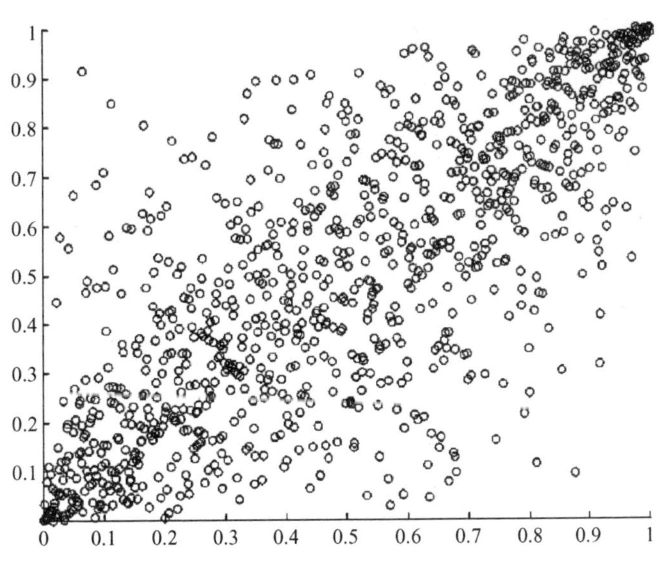

图 4.4.1 上证 A 股和 B 股指数的收益率散点图

第二步，利用非参数法估计表 4.4.1 中 3 种 Copula 函数中的参数 α。

表 4.4.1 3 种 Copula 函数的估计值

Copula	$\varphi(t)$	$\hat{\alpha}$
$C_1=\exp\{-((-\log u)^\alpha+(-\log v)^\alpha)^{1/\alpha}\}$	$(-\ln t)^\alpha$	2.4642
$C_2=[\max(u^{-\alpha}+v^{-\alpha}-1,\ 0)]^{-1/\alpha}$	$(t^{-\alpha}-1)/\alpha$	2.9044
$C_3=\{1+[(u^{-1}-1)^\alpha+(v^{-1}-1)^\alpha]^{1/\alpha}\}^{-1}$	$(1/t-1)^\alpha$	1.6348

第三步，把[0,1]10000 等分，令t分别等于各等分点，根据上述公式计算$K(t)$、$\hat{K}(t)$和$t-K(t)$、$t-\hat{K}(t)$，分别以t为横坐标，$K(t)$、$\hat{K}(t)$及$t-K(t)$、$t-\hat{K}(t)$为纵坐标，利用 MATLAB 软件画出几种 Copula 函数的$t-K(t)$图（图 4.4.2）和它们的分布函数$K(t)$图（图 4.4.3）。通过对图形的观测及与经验估计值相比较可以看出，C_1对数据的拟合较好，C_3次之，C_2最差。但是仅通过图形，还无法得到哪一个更适合于实际数据。通过计算$K(u)$与$\hat{K}(u)$的距离进一步比较，得$d_1=1.4\times10^{-3},d_3=2.7\times10^{-3}$，因此$C_1$是最优的 Copula 函数。为了验证这里所得的结果，下面利用图形法对其进行评价和拟合优度检验。

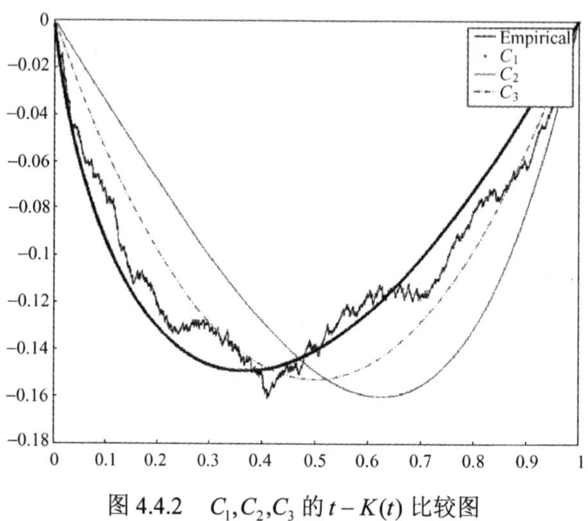

图 4.4.2　C_1,C_2,C_3的$t-K(t)$比较图

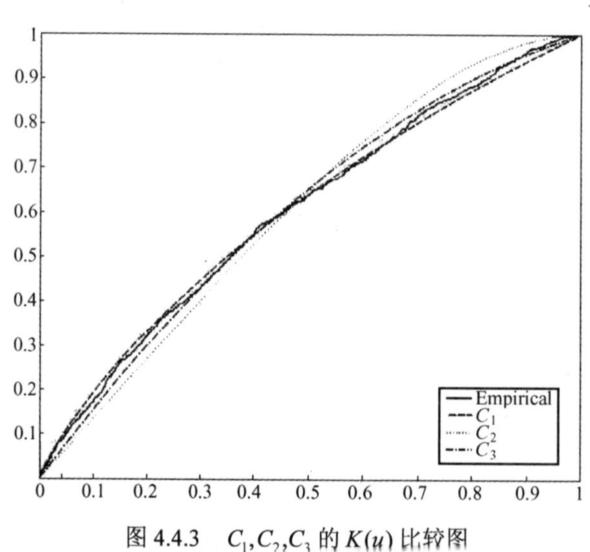

图 4.4.3　C_1,C_2,C_3的$K(u)$比较图

第四步，利用 Archimedean Copula 的分布函数$K_c(t)=P(C(u,v)\leqslant t)=t-\varphi(t)/\varphi'(t)$，$\forall t\in[0,1]$，其中$\varphi(t)$为 Copula 的生成函数。由 Q-Q 散点图思想，若某个 Copula 函数$C(u,v)$能较好地拟合一批数据，则点$(K_{C_\alpha}(t),i/(n+1))$应分布在$y=x$上下，其中$(K_{C_\alpha}(t))_{(i)}$为$K_{C_\alpha}(t)$的第$i$个顺序统计量，$t=C(\{(u_i,v_i)\}_{i=1}^T)$。利用 Q-Q 图可对 3 个函数进行评价，3 个函数的 Q-Q 图分别为图 4.4.4～图 4.4.6。

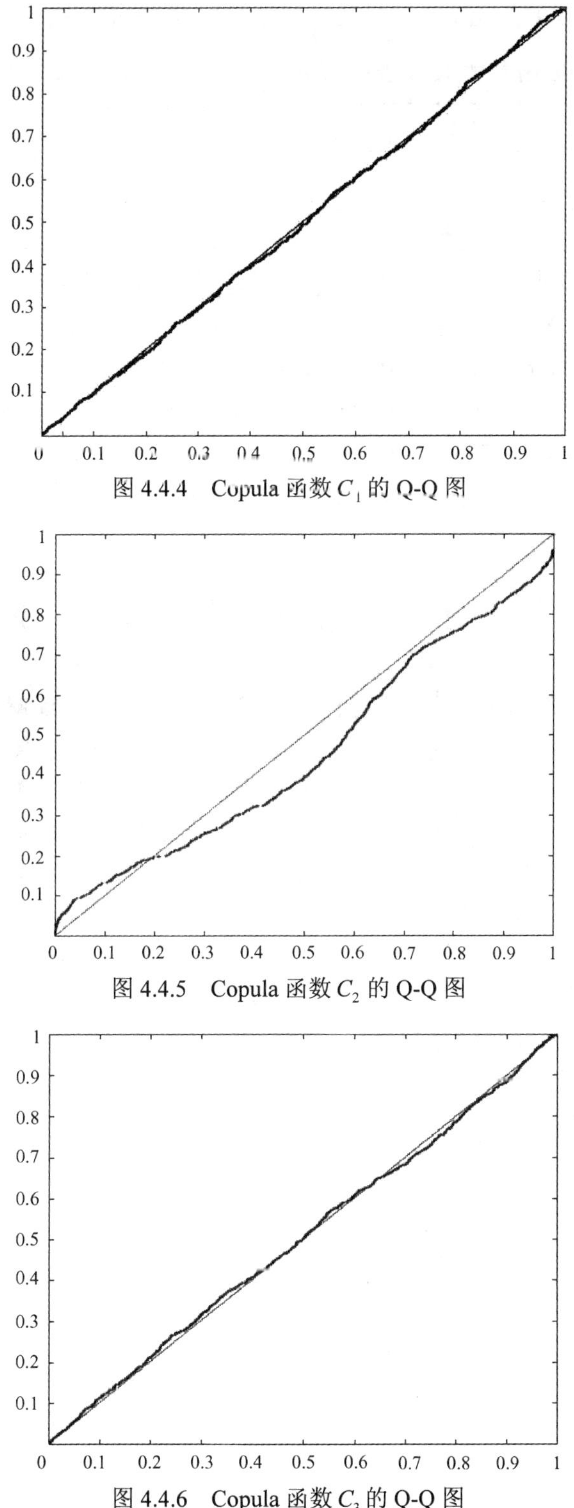

图 4.4.4　Copula 函数 C_1 的 Q-Q 图

图 4.4.5　Copula 函数 C_2 的 Q-Q 图

图 4.4.6　Copula 函数 C_3 的 Q-Q 图

第五步，进行拟合优度检验，计算结果见表 4.4.2。

通过以上对比，可以发现 C_1（即 Gumbel Copula）是最适合数据的，这与上面利用解析法（距离比较法）得到的结论一致。

下面分别考虑 $\alpha = 0.925$, $\alpha = 0.975$, $\alpha = 0.995$ 的正尾部相关性，见表 4.4.3。

表 4.4.2　3 种 Copula 函数的 K-S 检验值

Copula	K-S
C_1	0.0196
C_2	0.0775
C_3	0.0240

表 4.4.3　正尾部相关性

α	$\lambda(\alpha)$
0.925	0.692
0.975	0.681
0.995	0.676

当上证 A 股指数超过 $q_{0.925}$，$q_{0.975}$，$q_{0.995}$ 时，上证 B 股指数超过对应分位数的概率分布是 0.692，0.681 和 0.676，都超过了 0.075，0.025 和 0.005，这说明上证 B 股指数和上证 A 股指数具有很强的正尾部相关性。通过研究正尾部相关性可以得到，当上证 A 股指数发生大幅度变化时，上证 B 股指数发生大幅度变化的概率是可以量化的，这在金融风险管理中具有重大意义，风险管理者可以通过分析股市之间的尾部相关性，进行风险度量，做出合理的决策（对这方面有兴趣的读者可查阅《数理统计与管理》2008 年第 6 期上的文章：Copula 函数的选择方法与应用）。

4.5　可交换分布函数

近年来研究对称分布下的估计越来越多，2002 年，Reza Modarres 对一维分布函数关于某点对称的估计进行研究，提出基于经验分布函数和经验生存函数的对称估计量，并且证明了分布函数的非参数极大似然与给出的对称估计量是一致的。2003 年，Reza Modarres 用同样方法讨论了径向对称分布函数的估计，提出基于二维经验分布函数和二维经验生存分布函数的一种对称估计量，给出该估计量的渐近方差，并且证明此估计量的渐近分布是正态的且与非参数极大似然估计一致。2005 年，Nelsen 给出对称分布和可交换分布的一些定义。

本节对二维可交换分布函数进行讨论，给出二维可交换分布函数的另一种估计，以及估计的均值和方差，并证明此估计量与二维分布函数的非参数极大似然估计量是一致的且具有渐近正态性，利用这种估计可以修正二维可交换分布函数的 K-S 统计量，所得结论适用于所有可交换的 Copula 函数。

4.5.1　二维可交换分布及其估计

定义 4.5.1　设 x, y 是随机变量，$F(x,y)$ 为 x, y 的二维分布函数，如果对 $\forall(x,y)\in\mathbf{R}^2$ 有 $F(x,y)=F(y,x)$，则称 $F(x,y)$ 为二维**可交换分布函数**。

设 $x_1,x_2,\cdots,x_n$ 是来自总体 x 且容量为 n 的样本，x 的分布函数是 $F(x)$，经验分布函数为 $\hat{F}(x)=\sum\limits_{i=1}^{n} I(X_i \leqslant x)/n$，则 $\hat{F}(x)$ 是 $F(x)$ 的无偏估计。若 $(x_1,y_1),(x_2,y_2),\cdots,(x_n,y_n)$ 是来自二维可交换分布函数 $F(x,y)$ 的容量为 n 的一个样本，则 $F(x,y)$ 的直观估计是二维经验分布函数

$$\hat{F}(x,y)=\sum_{i=1}^{n}[I(x_i \leqslant x)I(y_i \leqslant y)]/n 。$$

容易知道 $n\hat{F}(x,y)$ 是服从参数为 n 和 $F(x,y)$ 的二项分布，由于总体分布函数是可交换的，即 $F(x,y)=F(y,x)$，所以 $n\hat{F}(x,y)$ 与 $n\hat{F}(y,x)$ 有相同的分布，于是 $n\hat{F}(x,y)$ 和 $n\hat{F}(y,x)$ 都是 $F(x,y)$ 方差 $F(x,y)(1-F(x,y))/n$ 的无偏估计，因此可以考虑用 $\hat{F}(x,y)$ 和 $\hat{F}(y,x)$ 的均值来估

计 $F(x,y)$，即用 $\tilde{F}(x,y)=(\hat{F}(x,y)+\hat{F}(y,x))/2$ 来估计总体分布 $F(x,y)$。显然 $\tilde{F}(x,y)=(\hat{F}(x,y)+\hat{F}(y,x))/2$ 是总体分布 $F(x,y)$ 的无偏估计，由于该估计量利用总体分布是对称分布的信息，因此用它估计总体分布 $F(x,y)$ 在直观上比用 $\hat{F}(x,y)$ 估计总体分布 $F(x,y)$ 效果更好。下面给出该估计的一些性质，并将此估计与经验分布函数进行比较。

4.5.2 可交换分布下估计量的性质

设 $(x_1,y_1),(x_2,y_2),\cdots,(x_n,y_n)$ 是来自二维可交换分布函数 $F(x,y)$ 的容量为 n 的一个样本，用 $\tilde{F}(x,y)=(\hat{F}(x,y)+\hat{F}(y,x))/2$ 估计总体分布 $F(x,y)$，下面给出主要结果。

引理 4.5.1 若 $(N_1,N_2,\cdots,N_r)$ 服从多项分布 $MN(n,p_1,p_2,\cdots,p_r)$，则

$$\mathrm{Cov}(N_i,N_j)=-np_ip_j,\quad i,j=1,2,\cdots,r,\quad i\neq j。$$

证明： 显然有

$$P(N_i=n_i,N_j=n_j)=\frac{n!}{n_i!n_j!(n-n_i-n_j)!}p_i^{n_i}p_j^{n_j}(1-p_i-p_j)^{n-n_i-n_j},\quad i,j=1,2,\cdots,r,\quad i\neq j,$$

$$P(N_i=n_i)=\frac{n!}{n_i!(n-n_i)!}p_i^{n_i}(1-p_i)^{n-n_i},\quad i=1,2,\cdots,r。$$

由条件概率可知

$$P(N_j=n_j\mid N_i=n_i)=\frac{(n-n_i)!}{n_j!(n-n_i-n_j)!}(\frac{p_j}{1-p_i})^{n_j}(1-\frac{p_j}{1-p_i})^{n-n_i-n_j},\quad i,j=1,2,\cdots,r,\quad i\neq j,$$

从而有

$$E(N_j=n_j\mid N_i=n_i)=(n-n_i)\frac{p_j}{1-p_i},\quad i,j=1,2,\cdots,r,\quad i\neq j。$$

由条件期望定理可知

$$E(N_iN_j)=E\{E(N_iN_j\mid N_i)\}=E\{N_iE(N_j\mid N_i)\}$$

$$=E\{N_i(n-n_i)\frac{p_j}{1-p_i}\}=n(n-1)p_ip_j,\quad i,j=1,2,\cdots,r,\quad i\neq j。$$

从而得

$$\mathrm{Cov}(N_i,N_j)=E(N_iN_j)-E(N_i)E(N_j)=-np_ip_j,\quad i,j=1,2,\cdots,r,\quad i\neq j,$$

$$P(N_i=n_i,N_j=n_j)=\frac{n!}{n_i!n_j!(n-n_i-n_j)!}p_i^{n_i}p_j^{n_j}(1-p_i-p_j)^{n-n_i-n_j},\quad i,j=1,2,\cdots,r,\quad i\neq j,$$

$$P(N_i=n_i)=\frac{n!}{n_i!(n-n_i)!}p_i^{n_i}(1-p_i)^{n-n_i},\quad i=1,2,\cdots,r。$$

引理 4.5.2 设 $(x_1,y_1),(x_2,y_2),\cdots,(x_n,y_n)$ 是来自可交换的二维分布函数为 $F(x,y)$ 的一个样本，则

$$\mathrm{Var}(\tilde{F}(x,y))=[F(x,y)(1-F(x,y))+(p_1-F^2(x,y))]/2n,$$

其中 $p_1=F(t,t),\ t=\min(x,y)$。

证明： 设 n_i 表示随机变量 N_i 以概率 p_i 落入区域 R_i 的概率，$n=\sum_{i=1}^{4}n_i$，R_i 的区域如图 4.5.1 所示。

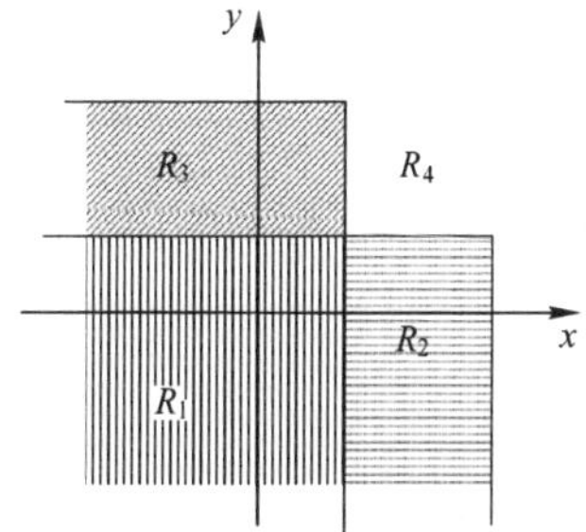

图4.5.1 随机变量的概率区域分布图

由于$(x_1,y_1),(x_2,y_2),\cdots,(x_n,y_n)$是来自二维可交换分布函数为$F(x,y)$的样本，因此得$p_2=p_3$，$F(x,y)=p_1+p_2$，由$\tilde{F}(x,y)$的定义可知

$$\mathrm{Var}(\tilde{F}(x,y))=(\mathrm{Var}(\hat{F}(x,y))+\mathrm{Var}(\hat{F}(y,x)+2C)/4,$$

其中$C=\mathrm{Cov}(\hat{F}(x,y),\hat{F}(y,x))$，$\mathrm{Var}(\hat{F}(x,y))=F(x,y)(1-F(x,y))/n$。于是有

$$C=\mathrm{Cov}(\hat{F}(x,y),\hat{F}(y,x))=\mathrm{Cov}(N_1+N_2,N_1+N_3)/n^2,$$

其中N_1,N_2,N_3,N_4是服从参数为p_1,p_2,p_3,p_4和n的多项分布。由于

$$\mathrm{Var}(N_i)=np_i(1-p_i),\quad \mathrm{Cov}(N_i,N_j)=-np_ip_j,\quad p_2=p_3,$$

因此得

$$\begin{aligned}C&=(\mathrm{Cov}(N_1,N_1)+\mathrm{Cov}(N_1,N_3)+\mathrm{Cov}(N_2,N_1)+\mathrm{Cov}(N_2,N_3))/n^2\\&=(p_1-(p_1+p_2)^2)/n=(p_1-F^2(x,y))/n。\end{aligned}$$

从而有

$$\mathrm{Var}(\tilde{F}(x,y))=[F(x,y)(1-F(x,y))+(p_1-F^2(x,y))]/2n,$$

其中$p_1=F(t,t),\ t=\min(x,y)$。

由以上证明可以发现，当$x=y$时，$\mathrm{Var}(\hat{F}(x,y))-\mathrm{Var}(\tilde{F}(x,y))=0$，当$x\neq y$时，$\mathrm{Var}(\hat{F}(x,y))-\mathrm{Var}(\tilde{F}(x,y))>0$。事实上这也可以由$\tilde{F}(x,y)$的定义得到，当$x=y$时$\tilde{F}(x,y)$就是经验分布函数$\hat{F}(x,y)$，当$x\neq y$时，$\tilde{F}(x,y)$比经验分布函数$\hat{F}(x,y)$要好。但是在实际中，$x=y$几乎是不可能的，所以，用$\tilde{F}(x,y)$去估计分布函数要比用经验分布函数去估计总体分布函数要好。

由于二维经验分布函数使似然函数$L(F)=\prod_{i=1}^{n}F(x_i,y_i)$达到最大值，因此它是$F(x,y)$的非参数极大似然估计量。如果$F(x,y)$是二维可交换分布函数，则可以利用相同的方法得到二维可交换分布函数$F(x,y)$的非参数极大似然估计量。定理 4.5.1 说明给出的估计量与非参数极大似然估计量是一致的。

定理 4.5.1 如果$F(x,y)$是二维可交换分布函数，则$F(x,y)$的极大似然估计量是$\tilde{F}(x,y)$。

证明：如果$F(x,y)$是二维可交换分布函数，$F^*(x,y)$是$F(x,y)$的二维非参数极大似然估计，结合引理 4.5.2 中的图形，要估计$F(x,y)=p_1+p_2$，使$L(F)=\prod_{i=1}^{n}p_i^{n_i}$，在约束条件$\sum_{i=1}^{4}p_i=1$和$p_2=p_3$下达到的最大值就是$F(x,y)$的非参数极大似然估计。于是$p_1,p_2$的极大似然方程是

$$\begin{cases}\dfrac{\partial\log L(F)}{\partial p_1}=\dfrac{n_1}{p_1}-\dfrac{n_4}{1-p_1-2p_2}=0,\\[2ex]\dfrac{\partial\log L(F)}{\partial p_2}=\dfrac{n_3+n_2}{p_2}-\dfrac{2n_4}{1-p_1-2p_2}=0。\end{cases}$$

考虑约束条件，得

$$\begin{cases} \dfrac{\partial \log L(F)}{\partial p_1} = \dfrac{n_1}{p_1} - \dfrac{n_4}{1-p_1-2p_2} = 0; \\ \dfrac{\partial \log L(F)}{\partial p_2} = \dfrac{n_3+n_2}{p_2} - \dfrac{2n_4}{1-p_1-2p_2} = 0; \\ p_1+p_2+p_3+p_4 = 1。 \end{cases}$$

于是得 $\hat{p}_1 = \dfrac{n_1}{n}$，$\hat{p}_2 = \dfrac{n_2+n_3}{2n}$，从而有

$$F^*(x,y) = \hat{p}_1 + \hat{p}_2 = (2n_1+n_2+n_3)/2n = (\hat{F}(x,y)+\hat{F}(x,y))/2 。$$

由此可知二维可交换分布函数 $F(x,y)$ 的非参数极大似然函数是 $\tilde{F}(x,y)$，即

$$F^*(x,y) = \tilde{F}(x,y) 。$$

估计量 $\tilde{F}(x,y)$ 不但与非参数极大似然估计量一致，而且具有渐近正态性。

定理 4.5.2 $\tilde{F}(x,y)$ 是渐近正态分布，均值为 $F(x,y)$，渐近方差为

$$\mathrm{Var}(\tilde{F}(x,y)) = \frac{1}{2n}F(x,y)(1-F(x,y)) + \frac{1}{2n}(p_1 - F^2(x,y)),$$

其中 $p_1 = F(t,t)$，$t = \min(x,y)$。

证明：由定理 4.5.1 知，$F^*(x,y)$ 是 $F(x,y)$ 的极大似然估计，用 $I(p_1,p_2)$ 表示 (p_1,p_2) 的 Fisher's 信息矩阵，则有

$$I(p_1,p_2) = -E\begin{pmatrix} \dfrac{\partial^2 \log L(F)}{\partial p_1^2} & \dfrac{\partial^2 \log L(F)}{\partial p_1 \partial p_2} \\ \dfrac{\partial^2 \log L(F)}{\partial p_1 \partial p_2} & \dfrac{\partial^2 \log L(F)}{\partial p_2^2} \end{pmatrix} = \begin{pmatrix} \dfrac{1}{p_1}+\dfrac{1}{p_4} & \dfrac{2}{p_4} \\ \dfrac{2}{p_4} & \dfrac{2}{p_2}+\dfrac{4}{p_4} \end{pmatrix}。$$

根据极大似然估计的大样本性质：$\tilde{F}(x,y)$ 是渐近正态的，均值为 $F(x,y)$，渐近方差是

$$\mathrm{Var}(F^*(x,y)) = (1,1)I^{-1}(p_1,p_2)(1,1)'/n = [F(x,y)(1-F(x,y)) + p_1 - F^2(x,y)]/2n 。$$

由于 $F^*(x,y) = \tilde{F}(x,y)$，从而可知 $\tilde{F}(x,y)$ 是渐近正态的，均值为 $F(x,y)$，渐近方差是

$$\mathrm{Var}(\tilde{F}(x,y)) = \frac{1}{2n}F(x,y)(1-F(x,y)) + \frac{1}{2n}(p_1 - F^2(x,y)),$$

其中 $p_1 = F(t,t)$，$t = \min(x,y)$。

由于二维 Copula 函数本身就是一个分布函数，故上面结果对可交换的 Copula 函数也成立，二维 Archimedean Copula 函数族是可交换的，因此这些结果都可以应用到 Archimedean Copula 函数族。对于二维正态 Copula 函数，如果它们的边际分布是一致的，即它们的分布函数是可交换的，那么上面的结论也适用于二维正态 Copula 函数。

在实际应用中，如果数据散点图基本上关于直线 $x = y$ 对称，就可以用 $\tilde{F}(x,y)$ 来估计总体分布函数 $F(x,y)$，这样可以有效利用样本信息，节约资源，提高效率。同样，若知道样本来自可交换分布函数的总体，则可借助这种对称信息对二维 K-S 检验统计量进行改进。

4.5.3 一些应用

1. 对 K-S 检验统计量进行改进

从上面结果可知，要使经验分布 $\hat{F}(x,y)$ 和 $\tilde{F}(x,y)$ 达到相同的效果，后者的样本容量只

是经验分布函数$\hat{F}(x,y)$的1/2，这是该估计量的优点之一；优点之二是可以对K-S检验统计量进行修正。对检验问题$H_0: F(x,y)=F_0(x,y)$，$F_0(x,y)$是二维可交换分布函数，用经验分布函数得到的K-S距离为$D_1=\sup\limits_{(x,y)\in\mathbf{R}^2}\left|\hat{F}(x,y)-F(x,y)\right|$，用二维可交换分布函数估计量得到的K-S距离为$D_2=\sup\limits_{(x,y)\in\mathbf{R}^2}\left|\tilde{F}(x,y)-F(x,y)\right|$。由于$\tilde{F}(x,y)$比经验分布函数$\hat{F}(x,y)$更接近总体分布函数$F(x,y)$，因此，在直观上$D_1\geqslant D_2$应该是成立的。由于在理论上证明在$H_0$成立时$D_1\geqslant D_2$有很大困难，下面采用计算机模拟来说明这个结果。

由于二维Archimedean Copula族为二维对称的分布函数族，下面举3个Arichimedean Copula的K-S检验例子来说明$D_1\geqslant D_2$。为了说明问题，利用计算机对下列3个Copula函数分别模拟100个数据进行分析，得到表4.5.1所列结果。

表4.5.1　模拟分析结果

Copula	D_1	D_2	D_1-D_2
$(1+[(u^{-1}-1)^2+(v^{-1}-1)^2]^{1/2})^{-1}$	0.1585	0.1195	0.0390
$\max(1-[(1-u)^3+(1-v)^3]^{1/3},0)$	0.2343	0.1995	0.0348
$-\frac{1}{2}\ln[1+(\exp(-2u)-1)(\exp(-2u)-1)/(\exp(-2)-1)]$	0.1656	0.1244	0.0412

从表4.5.1中可以看出，用$\tilde{F}(x,y)$来估计总体分布函数$F(x,y)$的效果会更好一些。因此在实际应用中，如果H_0成立，总体分布是可交换的，则可以用修正的K-S检验统计量代替原来的K-S检验统计量。

2. 参数估计的新方法

设$(x_1,y_1),(x_2,y_2),\cdots,(x_n,y_n)$为来自Archimedean Copula函数$C(x,y)$的一个容量为$n$的样本，由此可得样本的Kendall秩相关系数$\hat{\tau}$，由于Archimedean Copula函数是可交换的，因此有理由认为$(y_1,x_1),(y_2,x_2),\cdots,(y_n,x_n)$也是来自$C(x,y)$的一个样本，这样就可以用样本$(x_1,y_1),(x_2,y_2),\cdots,(x_n,y_n)$和Archimedean Copula函数是可交换的这一信息去估计总体的Kendall秩相关系数，得

$$\hat{\tau}_1=\frac{1}{n(n-1)}\sum_{1\leqslant i<j\leqslant n}\operatorname{sign}(x_i-x_j)(y_i-y_j)+\frac{1}{n(n-1)}\sum_{1\leqslant k<l\leqslant n}\operatorname{sign}(x_k-y_l)(y_k-x_l)\text{。}$$

显然，$\hat{\tau}_1$和$\hat{\tau}_2$（这是Genest和Rivest在1993年得到的非参数估计）都是总体Kendall秩相关系数τ的无偏估计。由于$\hat{\tau}_1$把Archimedean Copula函数是可交换的这个信息考虑进去，因此在直观上，用$\hat{\tau}_1$估计总体Kendall秩相关系数τ要比用$\hat{\tau}_2$估计τ好。为了说明该方法的有效性，取Archimedean Copula函数中的Gumbel Copula函数进行比较，其中α为参数。利用2003年3月3日至2007年4月9日的上证A股指数和上证B股指数来进行实证分析。从它们的散点图可以看出这些点关于直线$x=y$是对称的，因此有关收益率的Copula函数是可交换的，下面直接用新方法与Genest和Rivest的非参数法对参数进行估计，并比较拟合的效果。为了简单起见，这里只取前20个数据进行分析。用新方法与Genest和Rivest的非参数法得到Kendall秩相关系数分别为0.405和0.474，相应的Gumbel Copula参数分别为1.681和1.900，相应的拟合图如图4.5.2和图4.5.3所示。

$$C(x,y)=\exp\{-((-\log x)^{\alpha}+(-\log y)^{\alpha})^{1/\alpha}\}$$

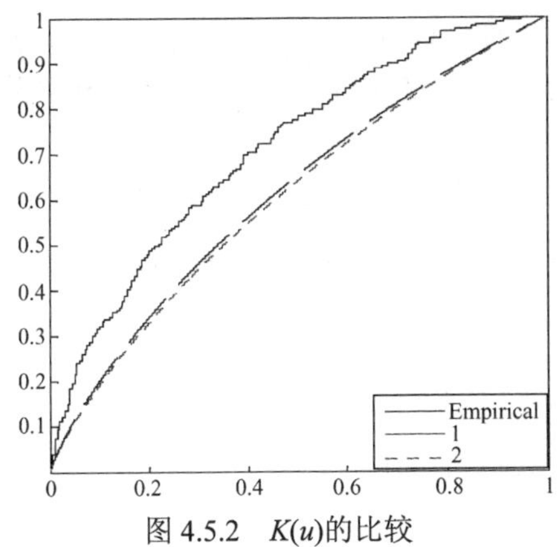

图 4.5.2　$K(u)$的比较

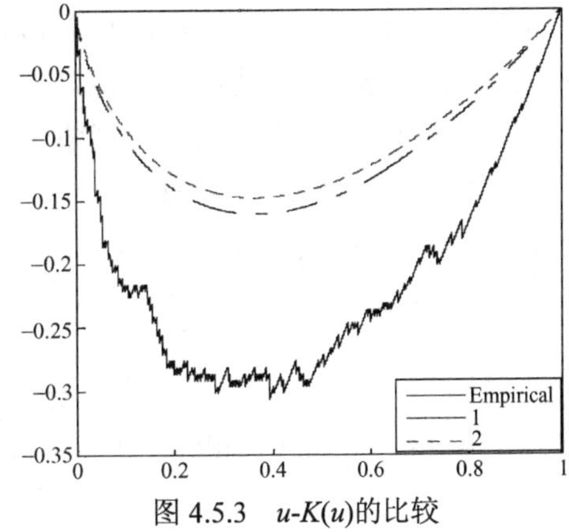

图 4.5.3　u-$K(u)$的比较

在图 4.5.2 和图 4.5.3 中，1 表示新方法得到参数的拟合情况，2 表示 Genest 和 Rivest 的非参数法得到参数的拟合情况。从图上可以看出，新方法要比 Genest 和 Rivest 的非参数法好（对这方面有兴趣的读者可查阅《统计与决策》2008 年第 9 期上的文章：二元可交换分布函数的估计）。

4.6　Copula 函数中参数的 Bootstrap 估计

在实际应用中，大多数数据的相依结构可以用 Archimedean Copula 函数来刻画，因此 Archimedean Copula 函数中的参数估计就显得十分重要。目前，估计 Archimedean Copula 函数的参数大多采用 Genest 和 Rivest 的非参数法和极大似然估计法，但是在一些情况下这两种方法都可能会失效。因为有的 Archimedean Copula 函数的 Kendall 秩相关系数不容易求出来，从而使得 Genest 和 Rivest 的非参数法失效，例如 Frank Copula 和 Joe Copula 函数中的参数就很难用 Genest 和 Rivest 的非参数法求解。如果采用极大似然方法，要对似然方程进行求解，但是有时似然方程的根可能不好求，而且似然方程的解不唯一，求解得到的可能是驻点而不是极值点，更不是最值点；即使求解求出的是最值点，用计算机做也比较费时；还有可能遇到似然方程的根求不出来。为了解决这些问题，本节给出利用 Bootstrap 法估计 Archimedean Copula 函数中参数的估计方法，通过计算机验证，该方法是有效的，把该方法用于上证 A 股和上证 B 股，对它们的相依性进行分析，可以看出 Bootstrap 估计具有实用性和有效性。

4.6.1　自助估计法

要估计 Copula 函数的参数 α，Bootstrap 法就是从原始容量为 n 的随机样本的观测值中有放回地取出 n 个值，也就是说，一些原始随机样本的观测值在“自助样本”中可能出现一次，也可能出现多次，或者根本不出现。通过计算机模拟，可以由原始随机样本的观测值得到成百上千组自助样本，每组自助样本都可以得到 $\hat{\alpha}$ 的一个值，利用成百上千个 $\hat{\alpha}$ 估计值的样本均值，样本标准差就可以估计 α 的总体均值和总体标准差。

若 $(x_1,y_1),(x_2,y_2),\cdots,(x_n,y_n)$ 是来自二维可交换分布函数为 $F(x,y)$ 容量为 n 的一个样本，则 $F(x,y)$ 的简单估计就是二维经验分布函数：

$$\hat{F}(x,y)=[\sum_{i=1}^{n}I(x_i\leqslant x)I(y_i\leqslant y)]/n\text{。}$$

由于 $n\hat{F}(x,y)$ 是服从参数为 n 和 $F(x,y)$ 的二项分布，而 $F(x,y)=F(y,x)$，故 $n\hat{F}(x,y)$ 与 $n\hat{F}(y,x)$ 有相同分布，于是 $n\hat{F}(x,y)$ 和 $n\hat{F}(y,x)$ 都是 $F(x,y)$ 方差 $[F(x,y)(1-F(x,y)]/n$ 的无偏估计。显然 $\tilde{F}(x,y)$ 是 $F(x,y)$ 的无偏估计。

由定理 4.5.1 知，如果 $F(x,y)$ 是二维可交换分布函数，则 $F(x,y)$ 的极大似然估计是 $\tilde{F}(x,y)$。因此，如果 $(x_1,y_1),(x_2,y_2),\cdots,(x_n,y_n)$ 是来自二维 Archimedean Copula 函数 $C(x,y)$ 的一个容量为 n 的样本，则 $C(x,y)$ 的经验分布函数为

$$\hat{C}(x,y)=\sum_{i=1}^{n}[I(x_i\leqslant x)I(y_i\leqslant y)]/n,$$

于是二维 Archimedean Copula 函数 $C(x,y)$ 的非参数极大似然估计量是

$$\tilde{C}(x,y)=(\hat{C}(x,y)+\hat{C}(y,x))/2。$$

下面根据 Archimedean Copula 函数的非参数极大似然估计和 Bootstrap 法给出 Archimedean Copula 函数中参数的一种 Bootstrap 估计。

假如 Archimedean Copula 函数为 $C(u,v)$，$(u_1,v_1),(u_2,v_2),\cdots,(u_n,v_n)$ 是来自总体分布为 Archimedean Copula 函数 $C_\alpha(u,v)$ 容量为 n 的一个样本，其中 α 是要估计的参数，令 $p=C_\alpha(a,b)$，其中 a,b 为 (0,1) 中的任意数，但在一般情况下最好取 0.5 左右的数，这是因为取 0.5 左右的数代表性较高，自助次数较少，虽然取其他数也可以，但对自助次数相对会多一些。取定 a，b 后，这时求出的 p 是参数 α 的方程。再用 Archimedean Copula 函数的非参数极大似然估计 $\tilde{C}(x,y)=(\hat{C}(x,y)+\hat{C}(y,x))/2$ 估计出 $\hat{p}=\tilde{C}(a,b)$，因此 $p=\hat{p}$ 是关于参数 α 的方程。通过解方程 $p=\hat{p}$ 可以得到 $\hat{\alpha}$ 的值，通过 Bootstrap 可以得到参数 α 的很多估计值 $\hat{\alpha}$，取其均值作为真实参数 α 的估计值。下面通过计算机模拟，对由 Bootstrap 估计法所得的参数与 Genest 和 Rivest 的非参数法得到的参数进行了比较。

4.6.2 模拟分析

由于模拟比较费时，为了说明简单起见，下面只选择几个比较有代表性的 Archimedean Copula 函数进行考虑。

$$C_1(u,v)=\{\max(1-[(1-u^{1/\alpha})^\alpha+(1-v^{1/\alpha})^\alpha]^{1/\alpha},\ 0)\}^\alpha，生成元为 (1-t^{1/\alpha})^\alpha； \quad (4.6.1)$$

$$C_2(u,v)=\{\max(u^{-\alpha}+v^{-\alpha}-1)^{-1/\alpha},\ 0)\}，生成元为 (t^{-\alpha}-1)/\alpha； \quad (4.6.2)$$

$$C_3(u,v)=\exp\{-((-\ln u)^\alpha+(-\ln v)^\alpha)^{1/\alpha}\}，生成元为 -(\ln t)^\alpha。 \quad (4.6.3)$$

对上面每个 Archimedean Copula 函数模拟 1000 个数据，为精确起见这里自助次数为 250 次。用 α_0 表示真实参数，α_1 表示用 Bootstrap 估计法得到的参数估计，Bias(α_1) 表示 α_1 与真实参数 α_0 的偏差；α_2 表示用 Genest 和 Rivest 的非参数法得到的参数估计，Bias(α_2) 表示 α_2 与真实参数 α_0 的偏差。表 4.6.1～表 4.6.3 所列是三个函数的模拟数据。

表 4.6.1 Archimedean Copula 函数 C_1 的模拟数据

α_0	α_1	α_2	Bias(α_1)	Bias(α_2)
1.5	1.5298	1.5197	0.0298	0.0197
2.0	1.9071	2.0984	−0.0929	0.0984
2.5	2.3565	2.4213	−0.1435	−0.0787
3.0	2.9164	3.0873	−0.0836	0.0873
3.5	3.4967	3.5312	−0.0033	0.0312
4.0	4.1107	4.1197	0.1107	0.1197

表 4.6.2 Archimedean Copula 函数 C_2 的模拟数据

α_0	α_1	α_2	$\text{Bias}(\alpha_1)$	$\text{Bias}(\alpha_2)$
1.5	1.3951	1.3176	−0.1049	−0.1824
2.0	2.0095	2.1086	0.0095	0.1086
2.5	2.4833	2.7141	−0.0167	0.2141
3.0	2.6438	2.8736	−0.3562	−0.1264
3.5	3.6505	3.5512	0.1505	0.0512
4.0	3.8805	4.0286	−0.1195	0.0286

表 4.6.3 Archimedean Copula 函数 C_3 的模拟数据

α_0	α_1	α_2	$\text{Bias}(\alpha_1)$	$\text{Bias}(\alpha_2)$
1.5	1.5197	1.5070	0.0197	0.0070
2.0	1.9941	1.9570	−0.0059	−0.0430
2.5	2.2791	2.8053	−0.2209	0.3053
3.0	2.9219	3.0635	−0.0781	0.0635
3.5	3.6090	3.4558	0.1090	−0.0442
4.0	4.0746	4.1147	0.0746	0.1147

对一些 Kendall τ 不容易求出的 Archimedean Copula，利用 Bootstrap 估计方法就显得十分有效，例如下面的 Frank Copula 函数式（4.6.4）和 Joe Copula 函数式（4.6.5）：

$C_4(u,v)=-[\ln(1+(\exp(-\alpha u)+\exp(-\alpha v))(\exp(-\alpha)-1)^{-1})]/\alpha$，生成元为 $(-\ln t)^{\alpha}$；（4.6.4）

$C_5(u,v)=1-[(1-u)^{\alpha}+(1-u)^{\alpha}-(1-u)^{\alpha}(1-v)^{\alpha}]^{1/\alpha}$，生成元为 $-\ln[1-(1-t)^{\alpha}]$。（4.6.5）

4.6.3 实例分析

下面选取 2003 年 4 月 2 日到 2008 年 4 月 3 日上证 A 股和上证 B 股的数据进行实证分析。首先，运用 Bootstrap 方法对上述 3 个 Archimedean Copula 函数进行参数估计，估计值见表 4.6.4。这里样本容量为 1213，取自助次数为 2500。为了使问题容易处理，a，b 的值分别取 0.5 和 0.75（当然取其他数值也可以），其中 C_1 为 Frank Copula，C_2 为 Clayton Copula，C_3 为 Joe Copula。由于 Frank Copula 和 Joe Copula 函数的 Kendall τ 不好求，因此很难用 Genest 和 Rivest 的非参数法去估计 Archimedean Copula 函数中的参数。但 Bootstrap 估计方法可以估计出它们的参数，从而体现 Bootstrap 估计方法的实用性。

表 4.6.4 Archimedean Copula 函数参数的估计值

Archimedean Copula	$\varphi(t)$	$\hat{\alpha}$
$C_1=-[\ln(1+(e^{-\alpha u}-1)(e^{-\alpha v}-1)(e^{-\alpha}-1)^{-1})]/\alpha$	$-\ln((e^{-\alpha t}-1)(e^{-\alpha}-1)^{-1})$	5.3046
$C_2=[\max(u^{-\alpha}+v^{-\alpha}-1,\ 0]^{-1/\alpha}$	$(t^{-\alpha}-1)/\alpha$	2.5599
$C_3=1-[(1-u)^{\alpha}+(1-v)^{\alpha}-(1-u)^{\alpha}(1-v)^{\alpha}]^{1/\alpha}$	$-\ln(1-(1-t)^{\alpha})$	2.3618

其次，利用图形分析法选择最优的 Archimedean Copula，上面 3 个 Archimedean Copula 函数的 $K(u)$ 见图 4.6.1，它们的 $u-K(u)$ 的图形见图 4.6.2。

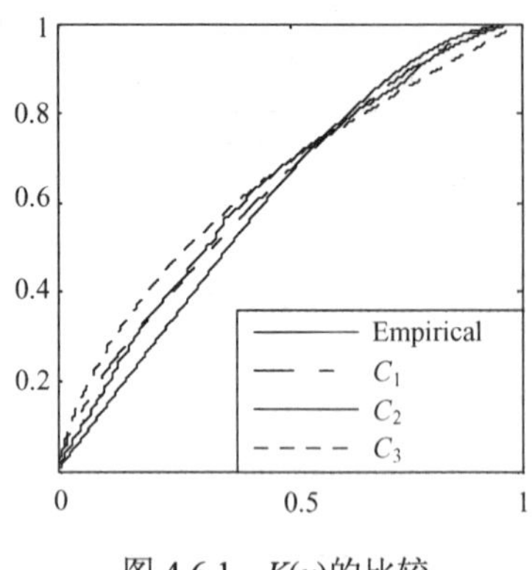

图 4.6.1 $K(u)$的比较

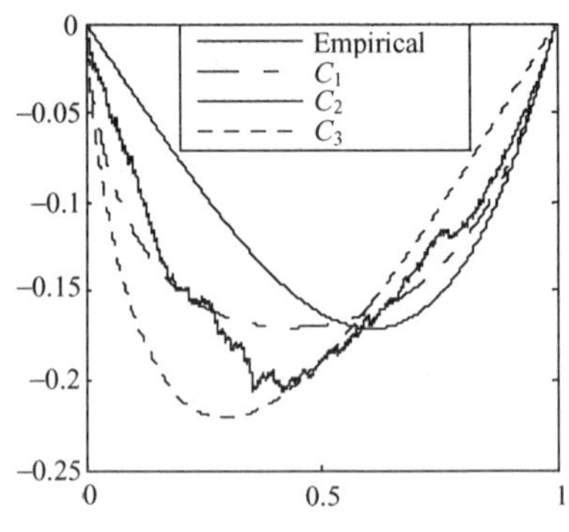

图 4.6.2 $u\text{-}K(u)$的比较

从图4.6.1和图4.6.2可以看出，C_1（即Frank Copula）的曲线拟合得最好，因此Frank Copula能很好描述上证A股和上证B股之间的相依结构。

再次，用所估计出来的密度函数进行分析，由图 4.6.3 所示的散点图可以看出，数据在点(0,0),(1,1)处很集中；从图4.6.4所给出的密度函数来看，Clayton Copula只是在点(0,0)比较集中，因此它和散点图不相符合；从 Frank Copula 的密度函数来看，Frank Copula 在(0,0),(1,1)处比较集中，符合散点图；而 Joe Copula 只在(1,1)处比较集中，因此它与散点图不相符合，因此从图4.6.4的密度函数可以看出Frank Copula函数最适合数据。

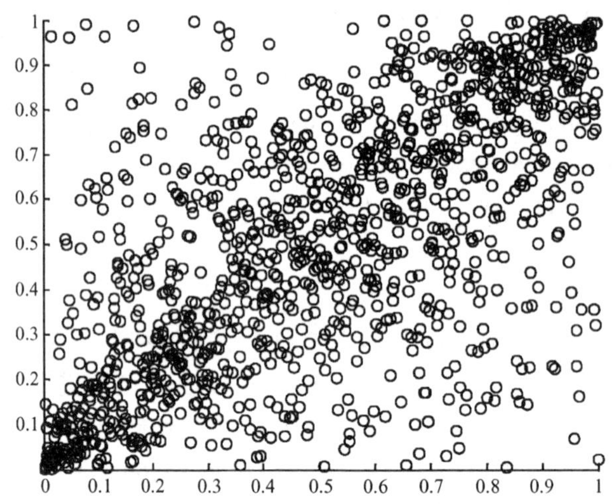

图 4.6.3 三种 Copula 函数的散点图

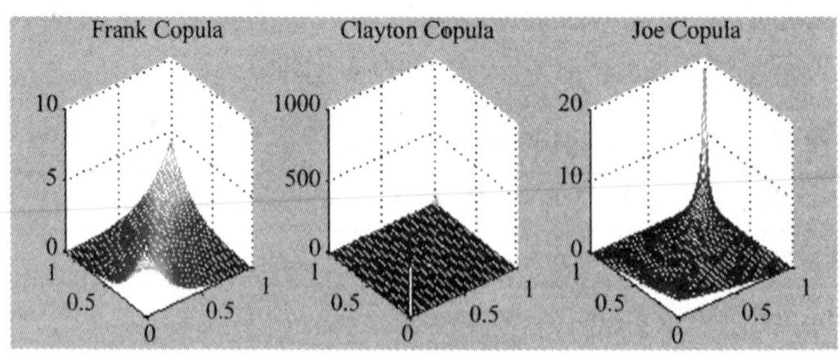

图 4.6.4 三种 Copula 函数的密度函数

另外还可以从估计得出的经验 Copula 函数与估计得出的 Copula 函数的阶层曲线（图 4.6.5）进行比较，由此也可以发现Frank Copula函数拟合得最好。

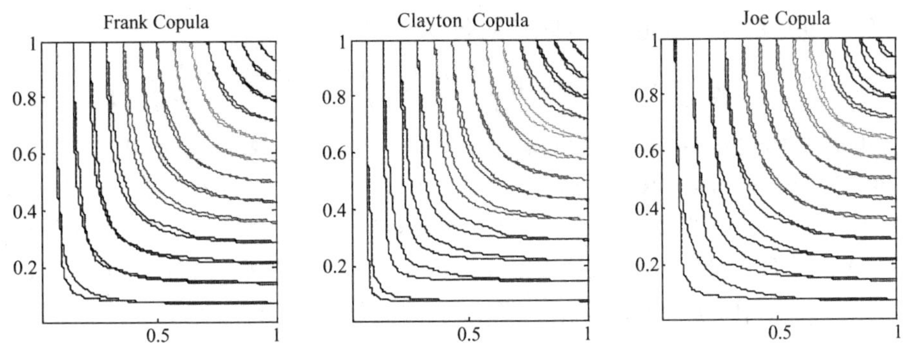

图 4.6.5　三种 Copula 函数的阶层曲线

最后，进行拟合优度检验，因为 $K(u)$ 是 Copula 的分布函数，判断准则是：若 $K(u)$ 与 $\hat{K}(u)$ 的距离 $d(K(u),\hat{K}(u))=\int_0^1[K(u)-\hat{K}(u)]^2\mathrm{d}u$ 最小，则该 Copula 函数的拟合为最优。经计算各个 K-S 值见表 4.6.5，从 K-S 检验值可以再一次得出 C_1 拟合得最好。

表 4.6.5　Copula 函数的 K-S 检验值

Copula	K-S
C_1	0.0014
C_2	0.0070
C_3	0.0061

通过上面各种图形分析和 K-S 检验发现 C_1 拟合得最好，因此认为 Frank Copula 能很好地描述上证 A 股和上证 B 股之间的相依关系（对这方面有兴趣的读者可参考《统计与决策》2009 年第 12 期上的论文：Archimedean Copula 函数中参数的 Bootstrap 估计）。

4.7　对 Copula 函数中参数检验方法的改进

Copula 函数的形式是多种多样的，不同的 Copula 函数代表不同的相依结构。对 Copula 函数的选择将直接影响到一些分析和预测的结果，因此选择正确的 Copula 函数至关重要。在给定一个 d 维样本 $(x_{11},x_{21},\cdots,x_{d1}),(x_{12},x_{22},\cdots,x_{d2}),\cdots,(x_{1n},x_{2n},\cdots,x_{dn})$ 后，可以采取多种方法对 Copula 函数的参数 α 进行估计，如直接估计法、极大似然法、半参数法等，应用这些方法无非是为了得到更合适的 Copula 函数。然而有两个很重要的问题困扰着大家：这些估计所得的 Copula 函数是不是合理？在这么多估计方法下所得的 Copula 函数哪个最好？Roberto De Matteis 等人以及国内一些学者都曾提出一些比较好的拟合检验方法，如 Q-Q 图等。Roberto De Matteis 等人所提出的 Q-Q 图法，虽然给人们以图像的直观感受（图像比较接近时，可以进行放大比较），但是其主要缺点就是理论似乎不够给力，且只运用 Copula 函数的部分信息，如 $\partial C(u,v)/\partial u$ 在[0，1]上服从均匀分布等，但没有使用 Copula 函数中变量 U 与变量 $\partial C(u,v)/\partial u$ 相互独立，且在[0，1]上均服从均匀分布等信息，这些信息的遗漏对选取最优 Copula 函数是不利的。本节针对以上所述缺点进行改进，提出一种新的拟合优度检验方法，称为“两步拟合优度检验法”。下面虽然只对二维 Copula 函数进行讨论，但结论对高维情况也成立。

4.7.1　有关知识

设 x 和 y 是连续型随机变量，其联合分布为 $H(x,y)$，边际分布为 $F_1(x)$ 和 $F_2(y)$。设 $F_1(x)$ 和 $F_2(y)$ 是连续的，则根据 Sklar 定理，存在唯一的 Copula 函数 $C:[0,1]^2\to[0,1]$，满足 $H(x,y)=C(F_1(x),F_2(y))$。C 是随机变量 $U=F_1(x)$ 和 $V=F_2(y)$ 的分布函数，即

$C(u,v)=p(U\leqslant u,V\leqslant v)$，给定$U=u$时$V$的条件分布为

$$C_u(v)=p[V\leqslant v\,|\,U=u]=\lim_{\Delta u\to 0}\frac{C(u+\Delta u,v)-C(u,v)}{\Delta u}=\frac{\partial C(u,v)}{\partial u}\text{。}$$

Rosenblatt 在 1952 年提出 Rosenblatt 积分变换，下面介绍 Rosenblatt 积分变换的概念。

定义 4.7.1（Rosenblatt 积分变换） 令$\boldsymbol{X}=(X_1,\cdots,X_d)$是一随机向量，其边际分布为$F_i(x_i)=P(X_i\leqslant x_i)$，条件分布函数$F(X_i\leqslant x_i\,|\,X_1=x_1,\cdots,X_{i-1}=x_{i-1})$，$i=1,2,\cdots,d$，则$\boldsymbol{X}=(X_1,\cdots,X_d)$的 Rosenblatt 积分变换被定义为$T(\boldsymbol{X})=(T_1(x_1),\cdots,T_d(x_d))$，其中$T_i(x_i)$定义为

$$T_1(x_1)=P(X_1\leqslant x_1)\text{，}\ T_2(x_2)=P(X_2\leqslant x_2\,|\,X_1=x_1)\text{，}$$

$$\vdots$$

$$T_d(x_d)=P(X_d\leqslant x_d\,|\,X_1=x_1,\cdots,X_{d-1}=x_{d-1})\text{。}$$

这里随机变量$Z_i=T_i(x_i)$，$i=1,\cdots,d$在$[0,1]^d$上均匀分布且相互独立。

有关 Rosenblatt 积分变换的更详细情况可参考 Rosenblatt（1952）或 Breymann et al. (2003)的文献。下面介绍两个引理。

引理 4.7.1 设$X\sim F(x)$是连续型分布函数，则$Y=F(x)\sim U(0,1)$；反之，若$Y\sim U(0,1)$，则$X=F^{-1}(Y)\sim F(x)$。

引理 4.7.2 $U=F_1(x)$和$\partial C(u,v)/\partial u$相互独立，且在[0,1]上服从均匀分布。

证明：由 Rosenblatt 积分变换，$U=F_1(x)$与$F_{Y|X}(x,y)=P(Y\leqslant y\,|\,X=x)$相互独立，且在[0，1]上服从均匀分布。

由 Sklar 定理可得，其联合分布函数$H_{XY}(x,y)=C(F_1(x),F_2(y))$，对其两边求关于$x$的偏导数，得$\partial H_{XY}(x,y)/\partial x=f_X(x)\partial C(u,v)/\partial u$。

由概率论知识知，给定$X=x$下Y的条件密度函数为$f_{Y|X}(x,y)=f(x,y)/f_X(x)$，则

$$F_{Y|X}(x,y)=\int_{-\infty}^{y}f_{Y|X}(x,t)\mathrm{d}t=\frac{1}{f_X(x)}\int_{-\infty}^{y}f(x,t)\mathrm{d}t=\frac{1}{f_X(x)}\frac{\partial H_{XY}(x,y)}{\partial x}=\frac{\partial C(u,v)}{\partial u}\text{。}$$

所以，$U=F_1(x)$和$\partial C(u,v)/\partial u$相互独立且在[0,1]上服从均匀分布。

根据引理 4.7.2，Roberto De Matteis(2001)等人针对$\partial C(u,v)/\partial u$在[0,1]上服从均匀分布这一良好性质，提出 Q-Q 图以及$\partial C(u,v)/\partial u\sim U[0,1]$的 K-S 检验法，但该方法只运用 Copula 函数的一部分信息，即$\partial C(u,v)/\partial u$在[0，1]上服从均匀分布，没有使用 Copula 函数中变量U与$\partial C(u,v)/\partial u$这两个变量相互独立，且在[0，1]上均服从均匀分布的信息。在应用 Monte Carlo 法模拟 Copula 函数随机产生u,v时，先利用 MATLAB 自带的随机函数 rand(n,1)随机生成U和$\partial C(u,v)/\partial u$这两个随机量，然后通过这两个随机量再生成$(u,v)$，从而确定 Copula 函数，从这里可以看出，$U$和$\partial C(u,v)/\partial u$这两个随机量是相互独立的。所以，如果单纯地去检验$\partial C(u,v)/\partial u$是否服从均匀分布，势必会忽略某些重要的信息，而这些信息的遗漏对选取最优 Copula 函数是不利的。因此，利用变量U与变量$\partial C(u,v)/\partial u$相互独立，且在[0，1]上均服从均匀分布这个信息，下面提出新的拟合优度检验方法，即应用 K-S 检验法来检验$T=2\lambda(F^{-1}(U))^\alpha+2\lambda(F^{-1}(\partial C(u,v)/\partial u))^\alpha$是否服从$\chi^2(4)$，其中$F^{-1}(x)$为逆 Weibull 累积分布函数，$\lambda$为尺度参数，$\alpha$为形状参数。

定理 4.1 设U、W相互独立且均服从$U(0,1)$，若$X=F^{-1}(U)$，$Z=F^{-1}(W)$，其中F^{-1}为逆 Weibull 累积分布函数，则$T(X,Z)=2\lambda X^\alpha+2\lambda Z^\alpha$服从$\chi^2(4)$，这里$\lambda$为尺度参数，$\alpha$为形状参数，或者$T(U,W)=2\lambda(F^{-1}(U))^\alpha+2\lambda(F^{-1}(W))^\alpha$服从$\chi^2(4)$。

证明：因为U和W均服从$U(0,1)$，且$X=F^{-1}(U)$，$Z=F^{-1}(W)$，所以由引理 4.7.1 知，X和Z均服从 Weibull 分布，其中λ为尺度参数，α为形状参数。令$Y=2\lambda X^{\alpha}$，则

$$p(Y<y)=p(X<(y/(2\lambda))^{1/\alpha})=\int_{-\infty}^{(y/(2\lambda))^{1/\alpha}}\alpha\lambda x^{\alpha-1}\exp\{-\lambda x^{\alpha}\}\cdot I\{x>0\}\mathrm{d}x,$$

$$f(y)=\alpha\lambda(\frac{y}{2\lambda})^{(\alpha-1)/\alpha}\exp\{-\lambda(\frac{y}{2\lambda})\}\cdot I\{y>0\}\frac{1}{\alpha}(\frac{y}{2\lambda})^{(1-\alpha)/\alpha}\frac{1}{2\lambda}=\frac{1}{2}\exp\{-\frac{y}{2}\}\cdot I\{y>0\}。$$

因此$Y=2\lambda X^{\alpha}$服从$\chi^2(2)$。同理，$2\lambda Z^{\alpha}$服从$\chi^2(2)$。又U和W相互独立，故$X=F^{-1}(U)$和$Z=F^{-1}(W)$相互独立。于是得$T(X,Z)=2\lambda X^{\alpha}+2\lambda Z^{\alpha}$服从$\chi^2(4)$，此即

$$T(U,W)=2\lambda(F^{-1}(U))^{\alpha}+2\lambda(F^{-1}(W))^{\alpha}\text{服从}\chi^2(4)。$$

由上面的分析知随机变量$U_i=F(X_i)$与$W_i=\partial C(u_i,v_i)/\partial u$相互独立，且都服从[0,1]上的均匀分布。

令$F(x)$是 Weibull 分布，即$f(x)=\alpha\lambda x^{\alpha-1}\exp\{-\lambda x^{\alpha}\}\cdot I\{x>0\}$，又设

$$X_1=F^{-1}(U_1),\ \cdots,\ X_k=F^{-1}(U_k),\ \cdots,\ X_n=F^{-1}(U_n);$$

$$Z_1=F^{-1}(W_1),\ \cdots,\ Z_k=F^{-1}(W_k),\ \cdots,\ Z_n=F^{-1}(W_n)。$$

根据定理 4.7.1，$T_k=2\lambda(X_k)^{\alpha}+2\lambda(Z_k)^{\alpha}$服从$\chi^2(4)$，为方便计，在下面的计算过程中取$\lambda=2,\ \alpha=3$，该取值在本质上对这里的计算以及分析结果没有影响。

因此，如果$(X_1,Y_1),(X_2,Y_2),\cdots,(X_n,Y_n)$是取自$(X,Y)$的一个容量为$n$的样本，则可以得到另一个容量为$n$的样本$(Y_1,Z_1),(Y_2,Z_2),\cdots,(Y_n,Z_n)$，从而得知$T_1,T_2,\cdots,T_n$是来自$\chi^2(4)$的一个样本。因此要考虑下面的假设检验问题：

（1）$H_0:(X_1,X_2)$的 Copula 为$C(u,v)\leftrightarrow H_1:(X_1,X_2)$的 Copula 不是$C(u,v)$。

在实际问题中，在求得$T(X_1,X_2)$时，可以用经验分布函数$\hat{F}(X_1)$代替$F(X_1)$，用$\hat{F}(X_2)$代替$F(X_2)$。因此只需考虑下面的辅助假设检验。

（2）$H_0^*:T(X_1,X_2)$是$\chi^2(4)$分布$\leftrightarrow H_1^*:T(X_1,X_2)$不是$\chi^2(4)$分布。

这种新的拟合优度检验方法，其优点是含有 Copula 函数的大量信息。在实际模拟过程中我们发现：必须首先保证$W-\partial C(u,v)/\partial u$在[0，1]上服从均匀分布，才能有后面所推得的优良结果。换句话来说，如果$W=\partial C(u,v)/\partial u$在[0，1]上不服从均匀分布，那么所得到的结论是不妥的。因此，下面用“两步拟合优度检验法”来对 Copula 函数进行拟合检验。

第一步，考虑下面的假设检验问题：

$$H_{01}^*:W(X_1,X_2)\text{是}U[0,1]\text{分布}\leftrightarrow H_{11}^*:W(X_1,X_2)\text{不是}U[0,1]\text{分布。}$$

根据这个假设检验计算 K-S 检验的$D_{n,1}$以及p_1。

第二步，考虑下面的假设检验问题：

$$H_{02}^*:T(X_1,X_2)\text{是}\chi^2(4)\text{分布}\leftrightarrow H_{12}^*:T(X_1,X_2)\text{不是}\chi^2(4)\text{分布。}$$

根据这个假设检验计算 K-S 检验的$D_{n,2}$以及p_2。由$D_{n,1}$、p_1、$D_{n,2}$和p_2这 4 个值，选择最大的D_n与最小的p，即$D_n=\max(D_{n,1},D_{n,2})$，$p=\min(p_1,p_2)$。

4.7.2 模拟分析

为了更好地说明问题，选取以下 3 种 Copula 函数族进行模拟分析：

（1）Clayton Copula：

$$C_1(u,v,\theta)=\max\{(u^{-\theta}+v^{-\theta}-1)^{-1/\theta},\ 0\}\ ;$$

（2）Frank Copula：

$$C_2(u,v,\theta)=-\theta^{-1}\log\{[1+(e^{-\theta u}-1)(e^{-\theta v}-1)/(e^{-\theta}-1)]\}\ ;$$

（3）Plackett Copula：

$$C_3(u,v,\theta)=\{1+(\theta-1)(u+v)-[(1+(\theta-1)(u+v))^2-4\theta(\theta-1)uv]^{1/2}\}/[2(\theta-1)]\ 。$$

同时考虑选取以下变换：

$Y=\phi^{-1}(U),\ Z=\phi^{-1}(W)$，其中$\phi$是威布尔分布，$\lambda=2,\ \alpha=3$，$T=2\lambda Y^{\alpha}+2\lambda Z^{\alpha}$。

接下来，随机产生参数分别为$\theta=2$，$\theta=4$，$\theta=6$的上述 3 种 Copula 函数的样本$C(u_1,v_1),C(u_2,v_2),\cdots,C(u_n,v_n)$，样本容量$n=1000$。利用 K-S 检验，当$\alpha=0.05$时，经过计算：$D_{n,\alpha}\approx\lambda_{1-\alpha}/\sqrt{n}=$ 0.0428。所以，当算出的$D_n>D_{n,\alpha}$或者$p<0.05$时，则拒绝原假设H_0；若$D_n\leqslant D_{n,\alpha}$或者$p\geqslant 0.05$，则接受原假设。下面的$\hat{\theta}$是自己给定的估计值，模拟过程如下。

第一步：针对$W(X,Y)$是否服从$U[0,1]$分布进行拟合优度检验，采用 K-S 检验。设三种 Copula 函数θ的真值均为$\theta=4$，而所给的 Copula 的估计值分别为$\hat{\theta}=3.5$，$\hat{\theta}=4$和$\hat{\theta}=4.5$，采用$W(X,Y)$是否服从$U[0,1]$分布假设检验，所得检验结果见表 4.7.1。

表 4.7.1　$\theta=4$时 3 种函数的$W(X,Y)$服从$U[0,1]$分布的检验结果

Copula	$\hat{\theta}=3.5$		$\hat{\theta}=4$		$\hat{\theta}=4.5$	
	p_1	D_n^1	p_1	D_n^1	p_1	D_n^1
Clayton Copula	0.4558	0.0270	0.5369	0.0253	0.0430	0.0436
Frank　Copula	0.1298	0.0368	0.1372	0.0365	0.0488	0.0429
Plackett Copula	0.0940	0.0389	0.0710	0.0407	0.0208	0.0476

第二步：对$T(X,Y)$是否服从$\chi^2(4)$分布进行拟合优度检验。采用 K-S 检验，设 3 种 Copula 函数θ的真值均为$\theta=4$，而所给的 Copula 的估计值分别为$\hat{\theta}=3.5$，$\hat{\theta}=4$和$\hat{\theta}=4.5$，采用$T(X,Y)$是否服从$\chi^2(4)$分布假设检验，所得检验结果见表 4.7.2。

表 4.7.2　$\theta=4$时 3 种函数的$T(X,Y)$服从$\chi^2(4)$分布的检验结果

Copula	$\hat{\theta}=3.5$		$\hat{\theta}=4$		$\hat{\theta}=4.5$	
	p_2	D_n^2	p_2	D_n^2	p_2	D_n^2
Clayton Copula	0.6033	0.0241	0.4192	0.0278	0.0664	0.0411
Frank　Copula	0.0129	0.0500	0.0536	0.0424	0.1618	0.0353
Plackett Copula	0.6362	0.0235	0.6663	0.0229	0.5920	0.0243

最后进行“两步拟合优度检验法”。在综合以上两步的基础上，由$D_n=\max(D_{n,1},D_{n,2})$，$p=\min(p_1,p_2)$得到最终的结果，见表 4.7.3。

表 4.7.3　$\theta=4$时 3 种 Copula 函数的 K-S 检验的最终结果

Copula	$\hat{\theta}=3.5$		$\hat{\theta}=4$		$\hat{\theta}=4.5$	
	p	D_n	p	D_n	p	D_n
Clayton Copula	0.4558	0.0270	0.4192	0.0278	0.0430	0.0436
Frank　Copula	0.0129	0.0500	0.0536	0.0424	0.0488	0.0429
Plackett Copula	0.0940	0.0389	0.0710	0.0407	0.0208	0.0476

从以上分析可以看出：当真实值$\theta=4$，模拟估计值$\hat{\theta}=4.5$时，假如仅采用$T(X,Y)$是否服从$\chi^2(4)$分布这种 K-S 检验，则所得的 3 种 Copula 的检验值分别为$p_{C_1}=0.0664$和$D_{C_1}=0.0411$，$p_{C_2}=0.1618$和$D_{C_2}=0.0353$，$p_{C_3}=0.5920$和$D_{C_3}=0.0243$。对于所采用的$p=0.05$和$D=0.0428$来说，它们是合适的参数估计值。但它们的$W(X,Y)$是否服从$U[0,1]$分布的 K-S 检验值却分别是$p_{C_1}=0.0430$和$D_{C_1}=0.0436$，$p_{C_2}=0.0488$和$D_{C_2}=0.0429$，$p_{C_3}=0.0208$和$D_{C_3}=0.0476$，这时理应拒绝该模拟估计值$\hat{\theta}=4.5$，因为只有在$W(X,Y)$服从$U[0,1]$分布之后才能得出$T(X,Y)$是否服从$\chi^2(4)$分布，所以，自然要拒绝该模拟值。这个结果与前面“两步拟合优度检验法”所得到结果是一致的，从而论证上面所采用“两步拟合优度检验法”的正确性。

4.7.3 实证分析

为了说明所提出方法的可行性，这里选取了 2003 年 3 月 3 日至 2007 年 3 月 16 日的上证 A 股指数和上证 B 股指数的每日收盘价来进行实证分析。将p_t定义为每日的收盘价，将收益率定义为$R_t=100\times\ln(p_t/p_{t-1})$，得到 1000 组有效数据。考查上海股市上证 A 股指数和上证 B 股指数相关结构。

第一步，利用经验分布函数，将沪深股市金融市场间收益率序列(x_t,y_t)转化为新的序列(u_t,v_t)，利用 MATLAB 软件画出它们的散点图见图 4.7.1，其中$u_t=\hat{F}_1(x_t)$，$v_t=\hat{F}_2(y_t)$，$t=1,\cdots,T$，$\hat{F}_1(x),\hat{F}_2(y)$分别是$F_1(x),F_2(y)$的经验分布。这里选择 Frank Copula，Clayton Copula 及 Plackett Copula 这 3 种 Copula 函数进行实证分析。

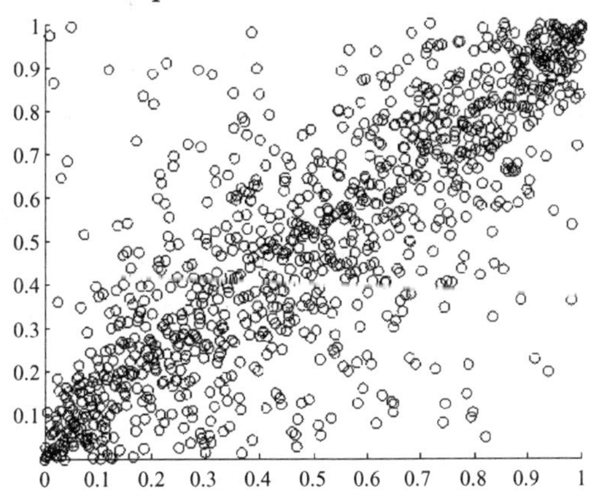

图 4.7.1 上证 A 股和 B 股指数的收益率散点图

第二步，利用经验分布函数$\hat{F}_1(x)$, $\hat{F}_2(y)$代替真实的分布函数$F_1(x)$, $F_2(y)$，采用半参数法对真值θ进行估计，得到结果见表 4.7.4（其中C_1是 Clayton Copula，C_2是 Frank Copula，C_3是 Plackett Copula）。

表 4.7.4 3 种 Copula 函数的参数估计值

Copula	$\hat{\theta}$
$C_1=\{\max(u^{-\theta}+v^{-\theta}-1)^{-1/\theta},0\}$	1.7516
$C_2=-\theta^{-1}\ln\{[1+(e^{-\theta u}-1)(e^{-\theta v}-1)/(e^{-\theta}-1)]\}$	8.1108
$C_3=\{1+(\theta-1)(u+v)-[(1+(\theta-1)(u+v))^2-4\theta(\theta-1)uv]^{1/2}\}/[2(\theta-1)]$	21.688

第三步，根据所得的估计值 $\hat{\theta}$，计算统计量 D_n 以及 p。当 $\alpha = 0.05$ 时，$D_{n,\alpha} \approx \lambda_{1-\alpha} / \sqrt{n} = 0.0428$，当算出的 $D_n \geqslant D_{n,\alpha}$，则拒绝原假设 H_0；若 $D_n \leqslant D_{n,\alpha}$，则接受原假设。3 种 Copula 函数 K-S 检验的最终结果见表 4.7.5。

表 4.7.5　3 种 Copula 函数 K-S 检验的最终结果表

Copula	$\hat{\theta}$	p	D_n
$C_1 = \{\max(u^{-\theta} + v^{-\theta} - 1)^{-1/\theta},\ 0\}$	1.7516	0.0000	0.0814
$C_2 = -\theta^{-1} \ln\{[1 + (e^{-\theta u} - 1)(e^{-\theta v} - 1)/(e^{-\theta} - 1)]\}$	8.1108	0.0740	0.0405
$C_3 = \{1 + (\theta - 1)(u + v) - [(1 + (\theta - 1)(u + v))^2 - 4\theta(\theta - 1)uv]^{1/2}\}/[2(\theta - 1)]$	21.688	0.5228	0.0256

从表 4.7.5 可以看出，Clayton Copula 不符合 K-S 检验，而 Frank Copula 和 Plackett Copula 这两个 Copula 函数都符合 K-S 检验，但对 Plackett Copula 的检验效果比对 Frank Copula 的检验效果好，所以 Plackett Copula 是我们最终的选择结果（对这方面有兴趣的读者请参考《统计与信息论坛》2009 年第 2 期上的论文：对 Copula 函数中参数检验方法的改进）。

4.8　Copula 函数中的非参数核密度估计

本节考虑 Copula 函数中的非参数核密度估计问题。在对某经济现象进行统计分析之前，人们常常假定该模型所含的随机变量来自一定的概率密度函数，所需要的仅仅是在观测样本基础上对概率密度函数中的未知参数进行估计。例如，在对 Copula 函数的参数进行估计时，传统的方法一般都是先假定其边际分布服从正态分布或 t-分布，然后对其参数进行极大似然估计或矩估计。但实际情况是，边际分布并不一定完全服从正态分布或 t-分布，因此，传统方法估计出来的参数值一般都不太准确。

事实上，很多金融模型的边际分布是无法准确确定的，因而传统的参数估计存在一定的局限性。由于非参数估计不需要事先知道金融模型的边际分布，因此，本节运用非参数核密度估计技术来估计 Copula 函数中的参数，从而克服传统参数估计的不足；本节以沪深股市的日收盘价为例，给出非参数核密度估计技术的具体实现过程；最后进行计算机仿真分析，进一步证实此方法的可行性与准确性。

4.8.1　非参数核密度估计

定义　设 $x_1, x_2, \cdots, x_n$ 是从一维总体 x 中抽出的独立同分布样本，x 具有未知的密度函数 $f(x)$，$x \in \mathbf{R}$。如果存在 $\mathbf{R}$ 上有界函数 $K(u) \geqslant 0$，且满足以下条件：

（1）$\int_{-\infty}^{+\infty} |K(u)| \mathrm{d}u < +\infty$；　　（2）$\lim\limits_{|u| \to \infty} uK(u) = 0$；

（3）$K(-u) = K(u)$，　　（4）$\int_{-\infty}^{+\infty} K(u) \mathrm{d}u = 1$。

则 $f(x)$ 的密度核估计为

$$\hat{f}(x) = \frac{1}{nh_n} \sum_{i=1}^{n} K\left(\frac{x - x_i}{h_n}\right),$$

式中 $K(u)$ 为窗或核函数，h_n 为与 n 有关的正光滑参数，满足 $n \to \infty$，$h_n \to 0$，也称带宽或光滑参数或窗宽。

在进行非参数核密度估计时，要解决的问题是如何选择恰当的核函数及如何确定最优的窗宽。下面对这两个问题分别进行讨论。

1. 核函数的选择

核函数的选择可以有多种，一般情况下，核函数的选择取决于根据距离分配各个样本点对密度贡献的不同。通常选择怎样的核函数不是密度估计中最关键的因素，因为选用任何核函数都能保证密度估计具有稳定相合性，最重要的是带宽对估计分布的光滑程度影响很大，因此，如何选择带宽是最重要的问题。

核函数的密度估计之所以能受到欢迎，是因为它在带宽选择上能从数学的角度进行论证带宽最优原则，并且在独立同分布的情况下，核估计量具有逐点渐近无偏性和一致渐近无偏性、均方相合性和一致强相合性等。

2. 带宽最优原则

如何选择合适的带宽，是核函数密度估计能够成功应用的关键。类似于定性数据联合分布的误差平方和分解，理论上选择最优带宽也是从密度估计与真实密度之间的误差开始的，这里由于分布密度函数是连续的，因而通常考虑估计的积分均方误（Mean Integral Square Error，MISE）：

$$MISE = E[\int(\hat{f}(x)-f(x))^2\,\mathrm{d}x]。$$

大样本的渐近积分均方误（Asymptotic Mean Integral Square Error，AMISE）可以分解为两部分：

$$AMISE = \int[\mathrm{Bias}(\hat{f}_n(x))^2+\mathrm{Var}(\hat{f}_n(x))]\mathrm{d}x，$$

等式右边分别为积分偏差平方（以下简称偏差）与方差。

定理 4.8.1 假设 $\hat{f}(x)$ 满足上述定义且是 $f(x)$ 的核估计，令 $\sup p(f)=\{x:f(x)>0\}$ 是密度 $f(x)$ 的支撑。设 $x\in\sup p(f)\subset\mathbf{R}$ 为 $\sup p(f)$ 的内点（非边界点），当 $n\to+\infty$ 时，$h_n\to 0$，$nh_n\to+\infty$，核估计有如下性质：

$$\mathrm{Bias}(\hat{f}(x))=\frac{\mu_2(K)}{2}f''(x)h_n^2+\mathrm{o}(h_n^2)，\quad \mathrm{Var}(\hat{f}(x))=\frac{f(x)}{nh_n}\|K\|_2^2+\mathrm{o}\left(\frac{1}{nh_n}\right)。$$

略去高阶无穷小，得到渐近积分均方误 $AMISE(\hat{f}_n(x))$ 为

$$AMISE(\hat{f}(x))=\frac{1}{nh_n}f(x)\|K\|_2^2+\frac{h_n^4}{4}(f''(x))^2\mu_2^2(K)，$$

其中 $\mu_2(K)=\int_{-\infty}^{+\infty}u^2K(u)\mathrm{d}u$，$\|K\|_2^2=\int_{-\infty}^{+\infty}K^2(u)\mathrm{d}u$。

当 $f(x)$ 固定，核函数 $K(\cdot)$ 选定时，$\hat{f}_n(x)$ 的 $AMSIE$ 只与光滑参数 h_n 有关。我们的目的是选择 h_n，使 $\hat{f}_n(x)$ 的 $AMSIE$ 达到最小，于是可以令

$$\frac{\partial AMISE(\hat{f}_n(x))}{\partial h_n}=\frac{1}{nh_n^2}f(x)\|K\|_2^2+h_n^3\mu_2(K)(f''(x))=0，$$

即 $nh_n^5=[(f''(x))^2\mu_2^2(K)]^{-1}f(x)\|K\|_2^2$。从而可解出最优带宽为

$$h_{AMISE}=\{f(x)\|K\|_2^2(\mu_2^2(K))^{-2}(f(x))^{-2}\}^{1/5}n^{-1/5}。$$

在解决核函数的选择及最优窗宽的确定这两个问题后，下面以沪深股市的日收盘价为

例，说明非参数核密度估计技术在 Copula 函数中的具体应用。

4.8.2 实证研究

记二维 Copula 函数中的边际分布分别为 $F(x)$，$G(y)$，$F'(x)=f(x)$，$G'(y)=g(y)$，其中 $f(x)$，$g(y)$ 为边际密度函数。假设一个资产组合仅包含两个金融资产 A、B，它们的收益率 (r_A,r_B) 的独立样本观测序列为 $\{(r_A^t,r_B^t)\}_{t=1}^T$，具有联合分布函数 $F(x,y)$。r_A 的概率密度和分布函数分别为 $f_A(x)$，$F_A(x)$，r_B 的概率密度和分布函数分别为 $g_B(y)$，$G_B(y)$，它们之间有相关连接 Copula 函数 C_α。由 Sklar 定理，C_α 可表示为

$$C_\alpha(u_t,v_t)=C(F_A(r_A^t),G_B(r_B^t))，$$

而且 $f_A(x)$，$g_B(y)$ 的非参数核密度估计为

$$\hat{f}_A(x)=\frac{1}{Th_A}\sum_{t=1}^{T}K_A\left(\frac{x-r_A^t}{h_A}\right)，\quad \hat{g}_B(y)=\frac{1}{Th_B}\sum_{t=1}^{T}K_B\left(\frac{y-r_B^t}{h_B}\right)。$$

式中 $K_A(\cdot)$，$K_B(\cdot)$ 为核函数；h_A，h_B 为光滑参数。

定理 4.8.2 序列 (r_A,r_B) 在点 (r_A^t,r_B^t) 的分布函数值的估计分别为

$$\hat{u}_t=\hat{F}_A(r_A^t)=\int_{-\infty}^{r_A^t}\hat{f}_A(x)\mathrm{d}x，\quad \hat{v}_t=\hat{F}_B(r_B^t)=\int_{-\infty}^{r_B^t}\hat{g}_B(y)\mathrm{d}y。$$

对得到的序列 $\{\hat{u}_t,\hat{v}_t\}_{t=1}^T$，再利用极大似然估计方法估计 Copula 函数 C_α 中的参数，即

$$\hat{\alpha}=\arg\max\sum_{t=1}^{T}\ln c(\hat{u}_t,\hat{v}_t;\alpha)。\tag{*}$$

下面以中国沪深股市为例，样本选取上证指数日收盘价和深证综合指数日收盘价，选取时间段为 2004 年 1 月 2 日到 2009 年 4 月 3 日共 1274 组数据（数据来源：www.stockstar.com）进行实证分析。日收益率定义为

$$r_t=100(\ln p_{t+1}-\ln p_t)，\quad t=1,2,\cdots,n-1。$$

p_t 为股指在时刻 t 时的收盘价，则可得 1273 组收益率 (r_A^t,r_B^t)，其中 r_A^t 为上证指数第 t 日的收益率，r_B^t 为深证综合指数第 t 日的收益率。

在对金融市场进行相关性分析时，可以使用 Silverman(1986)提出的一个经验法则：假定 $f(x)$ 为正态密度函数 $N(0,\sigma^2)$，核函数取为正态核 $K_G=(2\pi)^{-1/2}\exp(-u^2/2)$，这时，定理 4.8.2 中的 $\hat{u}_t$，$\hat{v}_t$ 可变为

$$\hat{u}_t=\frac{1}{T}\sum_{j=1}^{T}\varPhi\left(\frac{r_A^t-r_A^j}{h_A}\right)，\quad \hat{v}_t=\frac{1}{T}\sum_{j=1}^{T}\varPhi\left(\frac{r_B^t-r_B^j}{h_B}\right)。$$

式中：$\varPhi(x)=(2\pi)^{-1/2}\int_{-\infty}^{x}\mathrm{e}^{-t^2/2}\mathrm{d}t$ 为标准正态分布，$t=1,2,\cdots,T$；而光滑参数 $\hat{h}_{opt}\approx1.06\hat{\sigma}n^{-1/5}$，$\hat{\sigma}$ 为样本方差，n 为样本容量。

下面给出运用非参数核密度估计技术求 Copula 函数中参数的具体步骤：

第一步：给定正态核 $K(u)=(2\pi)^{-1/2}\exp(-u^2/2)$，由经验法则选取光滑参数 h_t，对这里给出的沪深两市收益率序列 r_A^t，r_B^t，可分别得到上证与深证非参数核密度估计的窗宽分布为 $\hat{h}_{opt}^{sh}\approx0.4964$，$\hat{h}_{opt}^{sz}\approx0.5280$，从而可得序列 $\{\hat{u}_t,\hat{v}_t\}_{t=1}^{1273}$。

第二步：对于得到的序列 $\{\hat{u}_t,\hat{v}_t\}_{t=1}^{1273}$，以及给定的 Copula 函数和式（*），即可求出 Copula

函数中的参数 α 值。

在描述沪深股市相依结构的研究中，已有不少学者的研究证实 Gumbel Copula 函数能很好地描述两者的相依结构，因此，这里选取 Gumbel Copula 函数，分布函数为

$$C(u,v)=\exp\{-[(-\ln u)^{\alpha}+(-\ln v)^{\alpha}]^{1/\alpha}\}\text{。}$$

式中 u，v 为 $[0,1]$ 上的均匀分布变量；$\alpha\in[1,+\infty]$ 为相关参数。

运用上述方法，可求得其参数 $\alpha=4.2884$。由于在 Gumbel Copula 函数中，Kendall's τ 与参数 α 之间的关系为 $\tau=1-1/\alpha$，故可得 Kendall's $\tau=0.7668$。而根据 Kendall's τ 的定义，可求得沪深股市日收盘价（2004 年 1 月 2 日—2009 年 4 月 3 日）的 Kendall's $\tau=0.7672$，两者非常接近，误差为 0.52%，可见运用非参数核密度估计技术求得的 Copula 函数参数值是很准确的。为了进一步验证非参数核密度估计技术的可行性与准确性，下面进行计算机仿真分析。

4.8.3 仿真分析

仿真分析的基本思路是：首先利用计算机模拟技术得到具有一定相关结构，如参数为 3 的 Gumbel Copula 相关结构，然后再依次利用第一步和第二步的模拟计算，此过程重复 1000 次。具体过程为：

（1）分别产生 1000 个独立的均匀分布随机数 u_t 和 q_t；

（2）令 $v_t=C_u^{-1}(q_t)$，其中 $C_u=\dfrac{\partial C(u,v)}{\partial u}$，$C(u,v)$ 为参数 $\alpha=3$ 的 Gumbel Copula 函数；

（3）$\{\hat{u}_t,\hat{v}_t\}_{t=1}^{1000}$ 即为服从参数 $\alpha=3$ 的 Gumbel Copula 函数分布随机数；

（4）将得到的 $\{\hat{u}_t,\hat{v}_t\}_{t=1}^{1000}$ 取代定理 2 中的 (r_A^t,r_B^t)，从而可得到一组 $\{\hat{u}_t,\hat{v}_t\}_{t=1}^{1000}$ 序列，再将得到的 $\{\hat{u}_t,\hat{v}_t\}_{t=1}^{1000}$ 代入第（2）步，求得参数 α 的一个模拟估计值。重复上述过程（1）～（4）1000 次，得到参数 α 的 1000 个模拟估计值，这些估计值的基本统计量见下表。

表　参数 α 估计值的基本统计

均　值	标 准 差	最 小 值	最 大 值
3.0856	0.0784	2.7941	3.2563

通过上表可以看出，参数 α 估计值的平均值与实际值的相对误差为 2.9%，由于相对误差较小，可以看出非参数核密度估计技术在 Copula 函数中的应用是可行的，而且估计出来的参数值是准确的。

通过以上分析，可以看出在对 Copula 函数的参数进行估计时，运用非参数核密度估计技术可以不用事先知道金融模型的边际分布，从而克服传统方法中因边际分布假设不当所产生的影响。同时，从仿真分析中可以清楚地看到此方法的可行性与准确性。因此，在对 Copula 函数进行参数估计时，运用非参数核密度估计技术估计出来的参数值会比传统方法估计出来的参数值好（对这方面有兴趣的读者可查阅《统计与决策》2010 年第 14 期上的文章：Copula 函数中的非参数核密度估计方法）。

第 5 章　正态总体的参数检验

5.1　多变量抽样分布

本节将讨论与多变量正态分布有着密切关系的若干重要分布，其中 Wishart（维沙特）分布是单变量统计中 χ^2-分布的自然推广，Hotelling（霍特林）$\boldsymbol{T}^2$-分布是单变量 t-分布的自然推广，而 Wilks（维尔克斯）$\boldsymbol{\varLambda}$ 统计量的分布与单变量 F-分布有密切关系。为了与单变量统计中的诸分布进行比较，先介绍关于二次型分布的一些结论。

5.1.1　二次型分布

设 $\boldsymbol{x}=(x_1,x_2,\cdots,x_p)'\sim \boldsymbol{N}_p(0,\boldsymbol{I})$，即 $x_1,x_2,\cdots,x_p$ 相互独立，且 $x_i\sim \boldsymbol{N}(0,1), i=1,2,\cdots,p$，则随机变量 $\boldsymbol{y}=\boldsymbol{x}'\boldsymbol{x}=x_1^2+x_2^2+\cdots+x_p^2$ 服从中心卡方分布，记为 $\boldsymbol{x}'\boldsymbol{x}\sim\chi^2(p)$，即自由度为 p 的 χ^2-分布。其密度函数是

$$(2^{n/2}\Gamma(n/2))^{-1}\boldsymbol{y}^{n/2-1}\exp\{-\boldsymbol{y}/2\},\ \boldsymbol{y}>0。$$

若 $\boldsymbol{x}=(x_1,x_2,\cdots,x_p)'\sim \boldsymbol{N}_p(\boldsymbol{\mu},\boldsymbol{I})$，则随机变量 $\boldsymbol{x}'\boldsymbol{x}=x_1^2+x_2^2+\cdots+x_p^2$ 的分布服从非中心卡方分布*，记为 $\boldsymbol{x}'\boldsymbol{x}\sim\chi^2(p,\lambda)$，其中 $\lambda=\boldsymbol{\mu}'\boldsymbol{\mu}=\sum_{i=1}^{p}\mu_i^2$ 称为非中心参数。

注：若 $\boldsymbol{x}'\boldsymbol{x}\sim\chi^2(p,\lambda)$，则

$$\boldsymbol{E}(\boldsymbol{x}'\boldsymbol{x})=\boldsymbol{E}[(\boldsymbol{x}'-\boldsymbol{\mu}'+\boldsymbol{\mu}')(\boldsymbol{x}-\boldsymbol{\mu}+\boldsymbol{\mu})]=\boldsymbol{E}(\boldsymbol{x}'-\boldsymbol{\mu}')(\boldsymbol{x}-\boldsymbol{\mu})+\boldsymbol{\mu}'\boldsymbol{\mu}=p+\lambda,$$

$$\mathrm{Var}(\boldsymbol{x}'\boldsymbol{x})=2p+4\lambda。$$

特别地，若 $\boldsymbol{x}'\boldsymbol{x}\sim\chi^2(p)$，则 $\boldsymbol{E}(\boldsymbol{x}'\boldsymbol{x})=p$，$\mathrm{Var}(\boldsymbol{x}'\boldsymbol{x})=2p$。

5.1.2　二次型分布的一些性质

（1）设 $\boldsymbol{x}\sim\boldsymbol{N}_p(0,\boldsymbol{I})$，$\boldsymbol{A}'=\boldsymbol{A}$，则 $\boldsymbol{x}'\boldsymbol{A}\boldsymbol{x}\sim\chi^2(r)$ 的充要条件是 $\mathrm{R}(\boldsymbol{A})=r$，且 $\boldsymbol{A}^2=\boldsymbol{A}$。

（2）设 $\boldsymbol{x}\sim\boldsymbol{N}_p(0,\boldsymbol{I})$，$\boldsymbol{A}_1$，$\boldsymbol{A}_2$ 为对称幂等阵，则 $\boldsymbol{x}'\boldsymbol{A}_1\boldsymbol{x}$ 与 $\boldsymbol{x}'\boldsymbol{A}_2\boldsymbol{x}$ 相互独立的充要条件是 $\boldsymbol{A}_1\boldsymbol{A}_2=\boldsymbol{O}$。

（3）设 $\boldsymbol{x}\sim\boldsymbol{N}_p(\boldsymbol{\mu},\boldsymbol{I})$，$\boldsymbol{A}_i'=\boldsymbol{A}_i,\ q_i=\boldsymbol{x}'\boldsymbol{A}_i\boldsymbol{x},\ i=1,2,\cdots,k$，且 $\sum_{i=1}^{k}\boldsymbol{A}_i=\boldsymbol{I}$，则以下 3 个命题相互等价：① $q_1,q_2,\cdots,q_k$ 相互独立，且均服从非中心卡方分布；② $\sum_{i=1}^{k}\mathrm{R}(\boldsymbol{A}_i)=p$；③ $\boldsymbol{A}_i^2=\boldsymbol{A}_i$，$i=1,2,\cdots,k$，且 $A_iA_j=0,\ 1\leqslant i\neq j\leqslant k$。

性质（3）的一个特例就是下面的 **Cochran 定理**：

设 $\boldsymbol{x} \sim \boldsymbol{N}_p(\boldsymbol{\mu}, \boldsymbol{I})$，$\boldsymbol{A}_i' = \boldsymbol{A}_i$，$q_i = \boldsymbol{x}'\boldsymbol{A}_i\boldsymbol{x}$，$i = 1, 2, \cdots, k$，且 $\sum_{i=1}^{k} q_i = \boldsymbol{x}'\boldsymbol{x}$。则 $q_1, q_2, \cdots, q_k$ 相互独立，且服从非中心卡方分布的充要条件是 $\sum_{i=1}^{k} \mathrm{R}(\boldsymbol{A}_i) = p$。

5.1.3 中心 Wishart 分布

Wishart 分布是与多维正态分布有着密切联系的重要的多维分布，它是 Wishart 于 1928 年提出的，是单变量统计中 χ^2-分布的自然推广，在多变量统计中有重要作用，是多变量统计发展的一个里程碑。这里主要讨论中心 Wishart 分布，非中心 Wishart 分布只作简单介绍。

定义 5.1.1 设 $\boldsymbol{x}_1, \boldsymbol{x}_2, \cdots, \boldsymbol{x}_n$ 相互独立且服从 p 维正态分布 $\boldsymbol{N}_p(0, \boldsymbol{\Sigma})$，其中 $\boldsymbol{\Sigma} > 0$，$n \geqslant p$。若 $\boldsymbol{X} = (\boldsymbol{x}_1, \boldsymbol{x}_2, \cdots, \boldsymbol{x}_n)' \sim \boldsymbol{N}_{n \times p}(\boldsymbol{O}, \boldsymbol{\Sigma} \otimes \boldsymbol{I}_n)$。则称对称随机矩阵 $\boldsymbol{W} = \boldsymbol{X}'\boldsymbol{X} = \sum_{i=1}^{n} \boldsymbol{x}_i \boldsymbol{x}_i'$ 服从自由度为 n 和 p 的中心 Wishart 分布，记为 $\boldsymbol{W} \sim \boldsymbol{W}_p(\boldsymbol{n}, \boldsymbol{\Sigma})$。

称随机矩阵 $\boldsymbol{X} = (\boldsymbol{x}_1, \boldsymbol{x}_2, \cdots, \boldsymbol{x}_n)'$ 服从正态分布 $\boldsymbol{N}_{n \times p}(\boldsymbol{O}, \boldsymbol{\Sigma} \otimes \boldsymbol{I}_n)$，实际上表示 $\boldsymbol{x}_1, \boldsymbol{x}_2, \cdots, \boldsymbol{x}_n$ 相互独立且服从 $\boldsymbol{N}_p(\boldsymbol{0}, \boldsymbol{\Sigma})$，且 $\mathrm{Vec}(\boldsymbol{X}) \sim \boldsymbol{N}_{n \times p}(\boldsymbol{0}, \ \boldsymbol{\Sigma} \otimes \boldsymbol{I}_n)$。

同多维正态分布一样，当 $\boldsymbol{\Sigma} \geqslant 0$ 或 $n < p$ 时，称 $\boldsymbol{W}$ 服从奇异的 Wishart 分布。

定义 5.1.1 可以用文字表述为：服从多维正态随机向量的乘积和服从 Wishart 分布。

Wishart 分布的密度函数： 若 $\boldsymbol{W} \sim \boldsymbol{W}_p(n, \boldsymbol{\Sigma})$ 且 $\boldsymbol{\Sigma} > 0$，$n \geqslant p$，则 $\boldsymbol{W}$ 的密度函数是

$$(2^{np/2} \Gamma_p(n/2))^{-1} \left|\boldsymbol{\Sigma}\right|^{-n/2} \left|\boldsymbol{W}\right|^{(n-p-1)/2} \exp\{-\mathrm{tr}(\boldsymbol{\Sigma}^{-1}\boldsymbol{W})/2\}, \ \boldsymbol{W} > 0,$$

其中 $\Gamma_p(n/2) = \pi^{p(p-1)/4} \prod_{i=1}^{p} \Gamma[(n-i+1)/2]$。

当 $p = 1$ 时，设 $\boldsymbol{\Sigma} = \sigma^2$，则一阶 Wishart 分布的密度函数是

$$(2^{n/2} \Gamma(n/2))^{-1} \sigma^{-n} w^{n/2-1} \exp\{-w/(2\sigma^2)\}, \ w > 0。$$

即 $\boldsymbol{W} \sim \sigma^2 \chi^2(n)$。可见，Wishart 分布确是卡方分布的推广。

Wishart 分布的特征函数： 若 $\boldsymbol{W} \sim \boldsymbol{W}_p(n, \boldsymbol{\Sigma})$，则 $\boldsymbol{W}$ 的特征函数是

$$\boldsymbol{E}(\mathrm{e}^{\mathrm{itr}(\boldsymbol{TW})}) = \left|\boldsymbol{I}_p - 2i\boldsymbol{\Sigma}\boldsymbol{T}\right|^{-n/2},$$

其中 $\boldsymbol{T}$ 为 p 阶实对称矩阵。

非中心 Wishart 分布定义*： 设 $\boldsymbol{x}_1, \boldsymbol{x}_2, \cdots, \boldsymbol{x}_n$ 相互独立且分别服从 $\boldsymbol{N}_p(\boldsymbol{\mu}_i, \ \boldsymbol{\Sigma})$，其中 $\boldsymbol{\Sigma} > 0$，$i = 1, 2, \cdots, n$，$n \geqslant p$。若 $\boldsymbol{X} = (\boldsymbol{x}_1, \boldsymbol{x}_2, \cdots, \boldsymbol{x}_n)' \sim \boldsymbol{N}_{n \times p}(\boldsymbol{M}, \boldsymbol{\Sigma} \otimes \boldsymbol{I}_n)$，$\boldsymbol{M} = (\boldsymbol{\mu}_1, \boldsymbol{\mu}_2, \cdots, \boldsymbol{\mu}_n)'$。则称对称随机矩阵 $\boldsymbol{W} = \boldsymbol{X}'\boldsymbol{X}$ 服从自由度为 n 和 p，非中心参数为 $\boldsymbol{\Omega} = \boldsymbol{M}'\boldsymbol{M}$ 的非中心 Wishart 分布，记为 $\boldsymbol{W} \sim \boldsymbol{W}_p(n, \boldsymbol{\Sigma}, \boldsymbol{\Omega})$。

例 5.1.1 设 $\boldsymbol{x} \sim \boldsymbol{N}_p(\boldsymbol{\mu}, \boldsymbol{\Sigma})$，$\boldsymbol{\Sigma} > 0$，$\boldsymbol{x}_1, \boldsymbol{x}_2, \cdots, \boldsymbol{x}_n$ 是从总体 $\boldsymbol{x}$ 中抽取的简单随机样本，则

（1）$\bar{\boldsymbol{x}} \sim \boldsymbol{N}_p(\boldsymbol{\mu}, \frac{1}{n}\boldsymbol{\Sigma})$；（2）$\bar{\boldsymbol{x}}$ 与 $\boldsymbol{S}$ 相互独立，$\boldsymbol{S} = \frac{1}{n-1}\boldsymbol{A} = \frac{1}{n-1}\sum_{i=1}^{n}(\boldsymbol{x}_i - \bar{\boldsymbol{x}})(\boldsymbol{x}_i - \bar{\boldsymbol{x}})'$；

（3）$(n-1)\boldsymbol{S}$ 服从自由度为 $n-1$ 的 Wishart 分布。

证明：(1) 由于 $\bar{\boldsymbol{x}}=\frac{1}{n}\sum_{i=1}^{n}\boldsymbol{x}_i\sim \boldsymbol{N}_p(\boldsymbol{\nu},\boldsymbol{Z})$， 其中 $\boldsymbol{\nu}=\boldsymbol{E}(\bar{\boldsymbol{x}})=\frac{1}{n}\sum_{i=1}^{n}\boldsymbol{E}(\boldsymbol{x}_i)=\boldsymbol{\mu}$，

$$\boldsymbol{Z}=\boldsymbol{V}(\bar{\boldsymbol{x}})=\frac{1}{n^2}\sum_{i=1}^{n}\boldsymbol{V}(\boldsymbol{x}_i)=\frac{1}{n}\boldsymbol{\Sigma}, \qquad \text{故 } \bar{\boldsymbol{x}}\sim \boldsymbol{N}_p(\boldsymbol{\mu},\frac{1}{n}\boldsymbol{\Sigma})。$$

(2)
$$(n-1)\boldsymbol{S}=\sum_{i=1}^{n}(\boldsymbol{x}_i-\bar{\boldsymbol{x}})(\boldsymbol{x}_i-\bar{\boldsymbol{x}})'=\boldsymbol{A},$$

设 $\boldsymbol{X}=(\boldsymbol{x}_1,\boldsymbol{x}_2,\cdots,\boldsymbol{x}_n)'$，令 $\boldsymbol{Y}=\boldsymbol{QX}$，则 $\boldsymbol{Y}=(\boldsymbol{y}_1,\boldsymbol{y}_2,\cdots,\boldsymbol{y}_n)'$，其中 $\boldsymbol{Q}$ 是如下正交矩阵：

$$\boldsymbol{Q}=\begin{pmatrix} \frac{1}{\sqrt{n}} & \frac{1}{\sqrt{n}} & \frac{1}{\sqrt{n}} & \cdots & \frac{1}{\sqrt{n}} & \frac{1}{\sqrt{n}} \\ \frac{1}{\sqrt{2\cdot 1}} & \frac{-1}{\sqrt{2\cdot 1}} & 0 & \cdots & 0 & 0 \\ \frac{1}{\sqrt{3\cdot 2}} & \frac{1}{\sqrt{3\cdot 2}} & \frac{-2}{\sqrt{3\cdot 2}} & \cdots & 0 & 0 \\ \vdots & \vdots & \vdots & \ddots & \vdots & \vdots \\ \frac{1}{\sqrt{n(n-1)}} & \frac{1}{\sqrt{n(n-1)}} & \frac{1}{\sqrt{n(n-1)}} & \cdots & \frac{1}{\sqrt{n(n-1)}} & \frac{-(n-1)}{\sqrt{n(n-1)}} \end{pmatrix}$$

因此 $\boldsymbol{y}_1=\frac{1}{\sqrt{n}}\sum_{i=1}^{n}\boldsymbol{x}_i=\sqrt{n}\bar{\boldsymbol{x}}$，且 $\boldsymbol{y}_1,\boldsymbol{y}_2,\cdots,\boldsymbol{y}_n$ 也相互独立。

由于 $\boldsymbol{Q}'\boldsymbol{Q}=\boldsymbol{I}_n$，所以 $\sum_{i=1}^{n}\boldsymbol{y}_i\boldsymbol{y}_i'=\boldsymbol{Y}'\boldsymbol{Y}=\boldsymbol{X}'\boldsymbol{Q}'\boldsymbol{Q}\boldsymbol{X}=\sum_{i=1}^{n}\boldsymbol{x}_i\boldsymbol{x}_i'=\boldsymbol{X}'\boldsymbol{X}$。

故
$$\begin{aligned}(n-1)\boldsymbol{S}&=\sum_{i=1}^{n}(\boldsymbol{x}_i-\bar{\boldsymbol{x}})(\boldsymbol{x}_i-\bar{\boldsymbol{x}})'=\sum_{i=1}^{n}\boldsymbol{x}_i\boldsymbol{x}_i'-n\bar{\boldsymbol{x}}\cdot\bar{\boldsymbol{x}}'=\boldsymbol{X}'\boldsymbol{X}-n\bar{\boldsymbol{x}}\cdot\bar{\boldsymbol{x}}'\\&=\sum_{i=1}^{n}\boldsymbol{y}_i\boldsymbol{y}_i'-\boldsymbol{y}_1\boldsymbol{y}_1'=\sum_{i=2}^{n}\boldsymbol{y}_i\boldsymbol{y}_i'。\end{aligned}$$

由于 $\boldsymbol{y}_1$ 与 $\sum_{i=2}^{n}\boldsymbol{y}_i\boldsymbol{y}_i'$ 相互独立，故 $(n-1)\boldsymbol{S}$ 与 $\bar{\boldsymbol{x}}$ 也相互独立。

(3) 由于 $\boldsymbol{y}_i\sim \boldsymbol{N}_p(0,\boldsymbol{\Sigma})$，$\boldsymbol{\Sigma}>0$，$i=2,3,\cdots,n$ 且相互独立，所以 $(n-1)\boldsymbol{S}=\sum_{i=2}^{n}\boldsymbol{y}_i\boldsymbol{y}_i'$ 服从自由度为 $n-1$ 的 Wishart 分布。即 $(n-1)\boldsymbol{S}\sim \boldsymbol{W}_p(n-1,\ \boldsymbol{\Sigma})$，也就是

$$\boldsymbol{A}\sim \boldsymbol{W}_p(n-1,\ \boldsymbol{\Sigma})。$$

5.1.4 Wishart 分布的性质

性质 5.1.1 若 $\boldsymbol{W}\sim \boldsymbol{W}_1(n,\sigma_{11})$，则 $\boldsymbol{W}/\sigma_{11}\sim\chi^2(n)$。若 $\sigma_{11}=1$，则 $\boldsymbol{W}_1(n,1)=\chi^2(n)$。

性质 5.1.2 设 $\boldsymbol{W}_i\sim \boldsymbol{W}_p(n_i,\boldsymbol{\Sigma})$，$i=1,2,\cdots,k$ 且相互独立，则 $\sum_{i=1}^{k}\boldsymbol{W}_i\sim \boldsymbol{W}_p(n,\boldsymbol{\Sigma})$，其中 $n=\sum_{i=1}^{k}n_i$。

证明：由于 $\boldsymbol{W}_i\sim \boldsymbol{W}_p(n_i,\boldsymbol{\Sigma})$，故存在 $\boldsymbol{X}_i\sim \boldsymbol{N}(\boldsymbol{O},\boldsymbol{\Sigma}\otimes\boldsymbol{I}_{n_i})$，使 $\boldsymbol{W}_i=\boldsymbol{X}_i'\boldsymbol{X}_i$，$i=1,2,\cdots,k$，且 $\boldsymbol{X}_1,\boldsymbol{X}_2,\cdots,\boldsymbol{X}_k$ 相互独立。令 $\boldsymbol{X}=(\boldsymbol{X}_1',\boldsymbol{X}_2',\cdots,\boldsymbol{X}_k')'$，则 $\boldsymbol{X}\sim \boldsymbol{N}(\boldsymbol{O},\boldsymbol{\Sigma}\otimes\boldsymbol{I}_n)$，$n=\sum_{i=1}^{k}n_i$，因此

$$W=\sum_{i=1}^{k}W_i=\sum_{i=1}^{k}X_i'X_i\sim W_p(n,\Sigma)\text{。}$$

性质 5.1.3 设$W\sim W_p(n,\Sigma)$，C为$m\times p$阶常数矩阵，且$\mathrm{R}(C)=k$，则

$$CWC'\sim W_k(n,C\Sigma C')\text{。}$$

证明：由于$W\sim W_p(n,\Sigma)$，存在$X\sim N_{n\times p}(O,\Sigma\otimes I_n)$，使$W=X'X$。由性质 3.3.9 知

$$XC'\sim N_{k\times n}(O,C\Sigma C'\otimes I_n)\text{，}$$

因此

$$CWC'=(XC')'(XC')\sim W_k(n,C\Sigma C')\text{。}$$

推论 5.1.1 设$W\sim W_p(n,\Sigma)$，α是p维向量，则$\alpha'W\alpha\sim\sigma_\alpha^2\chi^2(n)$，其中$\sigma_\alpha^2=\alpha'\Sigma\alpha$。

证明：由性质 5.1.3 知，$\alpha'W\alpha\sim W_1(n,\alpha'\Sigma\alpha)=W_1(n,\sigma_\alpha^2)$，由性质 5.1.1 知

$$\alpha'W\alpha\sim\sigma_\alpha^2\chi^2(n)\text{，}$$

其中$\sigma_\alpha^2=\alpha'\Sigma\alpha$。

推论 5.1.2 设$W\sim W_p(n,\Sigma)$，$\Sigma>0$且$\Sigma^{-1}=\Sigma^{-1/2}\Sigma^{-1/2}$，则$\Sigma^{-1/2}W\Sigma^{-1/2}\sim W_p(n,I_p)$。

性质 5.1.4 设$W\sim W_p(n,\Sigma)$，W，$\Sigma>0$分块如下：

$$W=\begin{pmatrix}W_{11}&W_{12}\\W_{21}&W_{22}\end{pmatrix},\qquad\Sigma=\begin{pmatrix}\Sigma_{11}&\Sigma_{12}\\\Sigma_{21}&\Sigma_{22}\end{pmatrix}$$

其中W_{11}，Σ_{11}均为$k\times k$方阵，则有$W_{11}\sim W_k(n,\Sigma_{11})$，$W_{22}\sim W_{p-k}(n,\Sigma_{22})$。若还有$\Sigma_{12}=O$，则$W_{11}$与$W_{22}$相互独立。

证明：分别取$C_1=(I_k\vdots O)_{k\times p}$，$C_2=(O\vdots I_{p-k})_{(p-k)\times p}$，由性质 5.1.3 知

$$W_{11}=C_1WC_1'\sim W_k(n,\Sigma_{11}),\quad W_{22}=C_2WC_2'\sim W_{p-k}(n,\Sigma_{22})\text{。}$$

若还有$\Sigma_{12}=O$，由 Wishart 分布的特征函数知

$$E(\mathrm{e}^{\mathrm{itr}(TW)})=\left|I_p-2\mathrm{i}\Sigma T\right|^{-n/2}=\left|I_k-2\mathrm{i}\Sigma_{11}T_{11}\right|^{-n/2}\left|I_{p-k}-2\mathrm{i}\Sigma_{22}T_{22}\right|^{-n/2}\text{，}$$

其中$T=\begin{pmatrix}T_{11}&O\\O&T_{22}\end{pmatrix}$。上式右边两乘积项正是$W_{11}$和$W_{22}$的特征函数，故$W_{11}$和$W_{22}$相互独立。

由该性质知，Wishart 矩阵W的主对角线上任意子方阵的边际分布仍是 Wishart 分布。

性质 5.1.5 设$W\sim W_p(n,\Sigma)$，W，$\Sigma>0$分块如下：

$$W=\begin{pmatrix}W_{11}&W_{12}\\W_{21}&W_{22}\end{pmatrix},\qquad\Sigma=\begin{pmatrix}\Sigma_{11}&\Sigma_{12}\\\Sigma_{21}&\Sigma_{22}\end{pmatrix}$$

记$W_{1\cdot2}=W_{11}-W_{12}W_{22}^{-1}W_{21}$，$\Sigma_{1\cdot2}=\Sigma_{11}-\Sigma_{12}\Sigma_{22}^{-1}\Sigma_{21}$，则$W_{1\cdot2}\sim W_k(n-p+k,\ \Sigma_{1\cdot2})$，且$W_{1\cdot2}$与$W_{22}$相互独立。特别地，若$\Sigma=I_p$，取$w_{11}$是$W$的第 1 行第 1 列元素，这时$\Sigma_{1\cdot2}=1$，于是有

$$w_{11}-W_{12}W_{22}^{-1}W_{21}\sim W_1(n-p+1,\ 1)=\chi^2(n-p+1)\text{。}$$

证明：取$C=\begin{pmatrix}I_k&-W_{12}W_{22}^{-1}\\O&I_{p-k}\end{pmatrix}$，由性质 5.1.3 知$CWC'\sim W_p(n,C\Sigma C')$，即有

$$\begin{pmatrix}W_{11}-W_{12}W_{22}^{-1}W_{21}&O\\O&W_{22}\end{pmatrix}\sim W_p\left(n,\ \begin{pmatrix}\Sigma_{11}-\Sigma_{12}\Sigma_{22}^{-1}\Sigma_{21}&O\\O&\Sigma_{22}\end{pmatrix}\right)\text{。}$$

于是由性质 5.1.4 知 $\boldsymbol{W}_{1\cdot2} \sim \boldsymbol{W}_k(n-p+k,\ \boldsymbol{\Sigma}_{1\cdot2})$，且 $\boldsymbol{W}_{1\cdot2}$ 与 $\boldsymbol{W}_{22}$ 相互独立。

性质 5.1.6 设 $\boldsymbol{W} \sim \boldsymbol{W}_p(n,\boldsymbol{\Sigma})$，$\boldsymbol{\Sigma}>0$，$n \geqslant p$，$\boldsymbol{C}$ 是 $k\times p$ 矩阵，$\mathrm{R}(\boldsymbol{C})=k$，则

$$(\boldsymbol{C}\boldsymbol{W}^{-1}\boldsymbol{C}')^{-1} \sim \boldsymbol{W}_k(n-p+k,\ (\boldsymbol{C}\boldsymbol{\Sigma}^{-1}\boldsymbol{C}')^{-1})\text{。}$$

特别地，取 $\boldsymbol{C}=(1,0,\cdots,0)$，令 $\boldsymbol{W}^{-1}=\left(w^{ij}\right)$，则 $(w^{11})^{-1} \sim \boldsymbol{W}_1(n-p+1,\ (\sigma^{11})^{-1})$。

证明：因为 $\boldsymbol{W} \sim \boldsymbol{W}_p(n,\boldsymbol{\Sigma})$，$\boldsymbol{\Sigma}>0$，作 $\boldsymbol{A}=\boldsymbol{\Sigma}^{-1/2}\boldsymbol{W}\boldsymbol{\Sigma}^{-1/2}$，则 $\boldsymbol{W}^{-1}=\boldsymbol{\Sigma}^{-1/2}\boldsymbol{A}^{-1}\boldsymbol{\Sigma}^{-1/2}$。由推论 5.1.2 知 $\boldsymbol{A} \sim \boldsymbol{W}_p(n,\boldsymbol{I}_p)$。

令 $\boldsymbol{M}=\boldsymbol{C}\boldsymbol{\Sigma}^{-1/2}$，则 $\mathrm{R}(\boldsymbol{M})=k$， 且 $\boldsymbol{C}\boldsymbol{W}^{-1}\boldsymbol{C}'=\boldsymbol{C}\boldsymbol{\Sigma}^{-1/2}\boldsymbol{A}^{-1}\boldsymbol{\Sigma}^{-1/2}\boldsymbol{C}'=\boldsymbol{M}\boldsymbol{A}^{-1}\boldsymbol{M}'$。

对矩阵 $\boldsymbol{M}$ 作如下分解：$\boldsymbol{M}=\boldsymbol{R}(\boldsymbol{I}_k\vdots\boldsymbol{O})\boldsymbol{T}$，其中，$\boldsymbol{R}$ 是 k 阶满秩矩阵，$\boldsymbol{T}$ 是 p 阶正交矩阵。于是

$$(\boldsymbol{C}\boldsymbol{W}^{-1}\boldsymbol{C}')^{-1}=(\boldsymbol{M}\boldsymbol{A}^{-1}\boldsymbol{M}')^{-1}=(\boldsymbol{R}^{-1})'[(\boldsymbol{I}_k\vdots\boldsymbol{O})\boldsymbol{T}\boldsymbol{A}^{-1}\boldsymbol{T}'\begin{pmatrix}\boldsymbol{I}_k\\ \boldsymbol{O}\end{pmatrix}]^{-1}\boldsymbol{R}^{-1}\text{。}$$

令 $\boldsymbol{B}=\boldsymbol{T}\boldsymbol{A}\boldsymbol{T}'=\begin{pmatrix}\boldsymbol{B}_{11} & \boldsymbol{B}_{12}\\ \boldsymbol{B}_{21} & \boldsymbol{B}_{22}\end{pmatrix}$，则 $\boldsymbol{B}^{-1}=\boldsymbol{T}\boldsymbol{A}^{-1}\boldsymbol{T}'=\begin{pmatrix}\boldsymbol{B}^{11} & \boldsymbol{B}^{12}\\ \boldsymbol{B}^{21} & \boldsymbol{B}^{22}\end{pmatrix}$。于是

$$(\boldsymbol{C}\boldsymbol{W}^{-1}\boldsymbol{C}')^{-1}=(\boldsymbol{R}^{-1})'(\boldsymbol{B}^{11})^{-1}\boldsymbol{R}^{-1}\text{。}$$

由性质 5.1.3 知 $\boldsymbol{B} \sim \boldsymbol{W}_p(n,\boldsymbol{I}_p)$，又由性质 5.1.5 知

$$\boldsymbol{B}_{1\cdot2}=\boldsymbol{B}_{11}-\boldsymbol{B}_{12}\boldsymbol{B}_{22}^{-1}\boldsymbol{B}_{21} \sim \boldsymbol{W}_k(n-p+k,\ \boldsymbol{I}_k)\text{。}$$

由分块矩阵求逆公式知 $\boldsymbol{B}^{11}=\boldsymbol{B}_{1\cdot2}^{-1}$，故 $(\boldsymbol{B}^{11})^{-1}=\boldsymbol{B}_{1\cdot2} \sim \boldsymbol{W}_k(n-p+k,\ \boldsymbol{I}_k)$。再由性质 5.1.5 知

$$(\boldsymbol{C}\boldsymbol{W}^{-1}\boldsymbol{C}')^{-1}=(\boldsymbol{R}^{-1})'(\boldsymbol{B}^{11})^{-1}\boldsymbol{R}^{-1} \sim \boldsymbol{W}_k(n-p+k,\ (\boldsymbol{R}^{-1})'\boldsymbol{R}^{-1})\text{。}$$

由于 $\boldsymbol{C}\boldsymbol{\Sigma}^{-1}\boldsymbol{C}'=\boldsymbol{M}\boldsymbol{M}'=\boldsymbol{R}(\boldsymbol{I}_k\vdots\boldsymbol{O})\boldsymbol{T}\boldsymbol{T}'\begin{pmatrix}\boldsymbol{I}_k\\ \boldsymbol{O}\end{pmatrix}\boldsymbol{R}'=\boldsymbol{R}\boldsymbol{R}'$，故 $(\boldsymbol{C}\boldsymbol{\Sigma}^{-1}\boldsymbol{C}')^{-1}=(\boldsymbol{R}\boldsymbol{R}')^{-1}=(\boldsymbol{R}^{-1})'\boldsymbol{R}^{-1}$，所以得

$$(\boldsymbol{C}\boldsymbol{W}^{-1}\boldsymbol{C}')^{-1} \sim \boldsymbol{W}_k(n-p+k,\ (\boldsymbol{C}\boldsymbol{\Sigma}^{-1}\boldsymbol{C}')^{-1})\text{。}$$

性质 5.1.7 设 $\boldsymbol{W} \sim \boldsymbol{W}_p(n,\boldsymbol{\Sigma})$，$\boldsymbol{\Sigma}>0$，$n \geqslant p$，$\boldsymbol{x}$ 是 $p\times1$ 随机向量，且与 $\boldsymbol{W}$ 独立，则

$$\frac{\boldsymbol{x}'\boldsymbol{\Sigma}^{-1}\boldsymbol{x}}{\boldsymbol{x}'\boldsymbol{W}^{-1}\boldsymbol{x}} \sim \chi^2(n-p+1)\text{。}$$

证明：由性质 5.1.6 知 $(\boldsymbol{x}\boldsymbol{W}^{-1}\boldsymbol{x}')^{-1} \sim \boldsymbol{W}_1(n-p+1,(\boldsymbol{x}\boldsymbol{\Sigma}^{-1}\boldsymbol{x}')^{-1})$，于是由性质 5.1.1 知

$$\frac{\boldsymbol{x}'\boldsymbol{\Sigma}^{-1}\boldsymbol{x}}{\boldsymbol{x}'\boldsymbol{W}^{-1}\boldsymbol{x}}=(\boldsymbol{x}'\boldsymbol{W}^{-1}\boldsymbol{x})^{-1}/(\boldsymbol{x}'\boldsymbol{\Sigma}^{-1}\boldsymbol{x})^{-1} \sim \chi^2(n-p+1)\text{。}$$

本性质在推导 $\boldsymbol{T}^2$ 统计量的分布与 $\boldsymbol{F}$ −分布的关系中起重要作用。

5.1.5 Hotelling T^2 统计量和 Wilks Λ 统计量的分布

定义 5.1.2 设 $\boldsymbol{W} \sim \boldsymbol{W}_p(n,\boldsymbol{\Sigma})$，$\boldsymbol{\Sigma}>0$, $n \geqslant p$, $\boldsymbol{x} \sim N_p(\boldsymbol{0},\boldsymbol{\Sigma})$，且 $\boldsymbol{W}$，$\boldsymbol{x}$ 相互独立，则统计量

$$\boldsymbol{T}^2=n\boldsymbol{x}'\boldsymbol{W}^{-1}\boldsymbol{x}$$

服从自由度为 p 和 n 的中心 Hotelling $\boldsymbol{T}^2$ −分布，记 $\boldsymbol{T}^2 \sim \boldsymbol{T}^2(p,n)$。

注：（1） $\boldsymbol{T}^2=n\boldsymbol{x}'\boldsymbol{W}^{-1}\boldsymbol{x}=n(\boldsymbol{\Sigma}^{-1/2}\boldsymbol{x})'(\boldsymbol{\Sigma}^{-1/2}\boldsymbol{W}\boldsymbol{\Sigma}^{-1/2})^{-1}(\boldsymbol{\Sigma}^{-1/2}\boldsymbol{x})$， 而 $\boldsymbol{\Sigma}^{-1/2}\boldsymbol{x} \sim N_p(0,\boldsymbol{I}_p)$，

$\boldsymbol{\Sigma}^{-1/2}\boldsymbol{W}\boldsymbol{\Sigma}^{-1/2} \sim \boldsymbol{W}_p(n,\boldsymbol{I}_p)$，故$\boldsymbol{T}^2$-分布与$\boldsymbol{\Sigma}$无关；

（2）定义 5.1.2 可以用文字表述为：服从 Wishart 分布的随机矩阵之逆关于服从多维正态分布的随机向量的二次型服从 Hotelling 分布。

非中心 Hotelling T^2-分布*：设$\boldsymbol{W} \sim \boldsymbol{W}_p(n,\boldsymbol{\Sigma})$，$\boldsymbol{\Sigma} > 0$，$n \geqslant p$，$\boldsymbol{X} \sim \boldsymbol{N}_p(\boldsymbol{\mu},\boldsymbol{\Sigma})$，且$\boldsymbol{W}$，$\boldsymbol{X}$相互独立，则统计量$\boldsymbol{T}^2 = n\boldsymbol{X}'\boldsymbol{W}^{-1}\boldsymbol{X}$服从自由度为$p$和$n$的非中心 Hotelling $\boldsymbol{T}^2$-分布，记$\boldsymbol{T}^2 \sim \boldsymbol{T}^2(p,n,\lambda)$，其中$\lambda = \boldsymbol{\mu}'\boldsymbol{\Sigma}^{-1}\boldsymbol{\mu}$。

注：$\boldsymbol{T}^2$统计量首先由 Harold Hotelling 提出。我国著名统计学家许宝禄先生在 1938 年用不同方法也导出$\boldsymbol{T}^2$-分布的密度函数。

定理 5.1.1 设$\boldsymbol{W} \sim \boldsymbol{W}_p(n,\boldsymbol{\Sigma})$，$\boldsymbol{\Sigma} > 0$，$n \geqslant p$，$\boldsymbol{x} \sim \boldsymbol{N}_p(\boldsymbol{0},\boldsymbol{\Sigma})$，且$\boldsymbol{W}$，$\boldsymbol{x}$相互独立，则

$$\frac{n-p+1}{p}\cdot\frac{T^2}{n} = \frac{n-p+1}{p}\boldsymbol{x}'\boldsymbol{W}^{-1}\boldsymbol{x} \sim \boldsymbol{F}(p,n-p+1)。$$

证明：由性质 5.1.7 知，若$\boldsymbol{W} \sim \boldsymbol{W}_p(n,\boldsymbol{\Sigma})$，则$\dfrac{\boldsymbol{x}'\boldsymbol{\Sigma}^{-1}\boldsymbol{x}}{\boldsymbol{x}'\boldsymbol{W}^{-1}\boldsymbol{x}} \sim \chi^2(n-p+1)$。又$\boldsymbol{x}'\boldsymbol{\Sigma}^{-1}\boldsymbol{x} \sim \chi^2(p)$，所以

$$\frac{n-p+1}{p}\boldsymbol{x}'\boldsymbol{W}^{-1}\boldsymbol{x} = \frac{\boldsymbol{x}'\boldsymbol{\Sigma}^{-1}\boldsymbol{x}/p}{\dfrac{\boldsymbol{x}'\boldsymbol{\Sigma}^{-1}\boldsymbol{x}}{\boldsymbol{x}'\boldsymbol{W}^{-1}\boldsymbol{x}}/(n-p+1)} \sim \boldsymbol{F}(p,n-p+1)。$$

注：（1）本定理揭示了$\boldsymbol{T}^2$-统计量和$\boldsymbol{F}$-统计量的关系；

（2）当$p=1$时，$x \sim N(0,\sigma^2)$，$W = W_1(n,\sigma^2) \sim \sigma^2\chi^2(n)$，$t = x/\sqrt{W/n} \sim t(n)$，这时$t^2 = nx^2/W \sim F(1,n)$。故 Hotelling $\boldsymbol{T}^2$-分布实际上是一维t^2-分布的推广。

例 5.1.2 设$\boldsymbol{x} \sim \boldsymbol{N}_p(\boldsymbol{\mu},\boldsymbol{\Sigma})$，$\boldsymbol{x}_1,\boldsymbol{x}_2,\cdots,\boldsymbol{x}_n$为取自总体$\boldsymbol{x}$的一个样本，$\bar{\boldsymbol{x}} = \dfrac{1}{n}\sum_{i=1}^{n}\boldsymbol{x}_i$，$\boldsymbol{S} = \dfrac{1}{n-1}\sum_{i=1}^{n}(\boldsymbol{x}_i-\bar{\boldsymbol{x}})(\boldsymbol{x}_i-\bar{\boldsymbol{x}})' = \dfrac{1}{n-1}\boldsymbol{A}$，则$n(\bar{\boldsymbol{x}}-\boldsymbol{\mu})'\boldsymbol{S}^{-1}(\bar{\boldsymbol{x}}-\boldsymbol{\mu})$是自由度为$p$和$n-1$的 Hotelling $\boldsymbol{T}^2$统计量，这里$n > p$，$\boldsymbol{\Sigma} > 0$。且$\dfrac{n-p}{p(n-1)}\boldsymbol{T}^2 \sim \boldsymbol{F}(p,\ n-p)$。

证明：由例 5.1.1 知，$(n-1)\boldsymbol{S}$服从自由度为$n-1$的 Wishart 分布，即 $\boldsymbol{A} \sim \boldsymbol{W}_p(n-1,\boldsymbol{\Sigma})$。又$\bar{\boldsymbol{x}}-\boldsymbol{\mu} \sim \boldsymbol{N}_p(\boldsymbol{0},\boldsymbol{\Sigma}/n)$，因而 $\sqrt{n}(\bar{\boldsymbol{x}}-\boldsymbol{\mu}) \sim \boldsymbol{N}_p(\boldsymbol{0},\boldsymbol{\Sigma})$。又$\boldsymbol{S}$与$\bar{\boldsymbol{x}}$相互独立，故

$$\boldsymbol{T}^2 = n(n-1)(\bar{\boldsymbol{x}}-\boldsymbol{\mu})'\boldsymbol{A}^{-1}(\bar{\boldsymbol{x}}-\boldsymbol{\mu}) = n(\bar{\boldsymbol{x}}-\boldsymbol{\mu})'\boldsymbol{S}^{-1}(\bar{\boldsymbol{x}}-\boldsymbol{\mu})。$$

服从自由度为p和$n-1$的 Hotelling $\boldsymbol{T}^2$-分布。

由定理 5.1.1 知，$\dfrac{n-p}{p}\cdot\dfrac{\boldsymbol{T}^2}{n-1} \sim \boldsymbol{F}(p,n-p)$，所以$\dfrac{n-p}{p(n-1)}\boldsymbol{T}^2 \sim \boldsymbol{F}(p,\ n-p)$。

在例 5.1.2 中令$p=1$，则$\boldsymbol{T}^2$统计量就是一维统计中t统计量的平方。若$\boldsymbol{x}_1,\boldsymbol{x}_2,\cdots,\boldsymbol{x}_n$是来自总体$\boldsymbol{N}(\boldsymbol{\mu},\sigma^2)$的样本，则统计量$t = \dfrac{\sqrt{n}(\bar{\boldsymbol{x}}-\boldsymbol{\mu})}{\hat{\sigma}} \sim t(n-1)$。其中$\hat{\sigma}^2 = \dfrac{1}{n-1}\sum_{i=1}^{n}(\boldsymbol{x}_i-\bar{\boldsymbol{x}})^2$。显然，有

$$t^2 = \frac{n(\bar{\boldsymbol{x}}-\boldsymbol{\mu})^2}{\hat{\sigma}^2} = n(\bar{\boldsymbol{x}}-\boldsymbol{\mu})'(\hat{\sigma}^2)^{-1}(\bar{\boldsymbol{x}}-\boldsymbol{\mu}) \sim \boldsymbol{F}(1,n-1)。$$

在单变量统计中，方差是刻画随机变量离散程度的一个重要特征，而方差概念在多变量

统计中变为协方差矩阵。如何用一个数量指标来反映协方差矩阵所体现的分散程度呢？有的用行列式，有的用迹等，目前使用最多的是行列式。

定义 5.1.3 设 $\boldsymbol{A}\sim \boldsymbol{W}_p(n,\Sigma)$，$n\geqslant p$，$\Sigma>0$，$\boldsymbol{B}\sim \boldsymbol{W}_p(l,\Sigma)$，且 $\boldsymbol{A}$ 与 $\boldsymbol{B}$ 相互独立，则随机变量 $\Lambda=\dfrac{|\boldsymbol{A}|}{|\boldsymbol{A}+\boldsymbol{B}|}$ 为 Wilks Λ 变量，它服从的分布记为 $\Lambda(p,n,l)$，其中 n,l 为自由度。

注：（1）由于 $\boldsymbol{A}+\boldsymbol{B}\sim \boldsymbol{W}_p(n+l,\Sigma)$，因此，定义 5.1.3 可以用文字表述为：两个服从 Wishart 分布的随机矩阵的行列式之比服从 Wilks 分布；

（2）当 $p=1$ 时，$\boldsymbol{A}\sim \boldsymbol{W}_1(n,\sigma^2)=\sigma^2\chi^2(n)$，$\boldsymbol{B}\sim \boldsymbol{W}_1(l,\sigma^2)=\sigma^2\chi^2(l)$，这时

$$\Lambda=\frac{\boldsymbol{A}}{\boldsymbol{A}+\boldsymbol{B}}=\frac{\frac{n}{l}\boldsymbol{F}(n,l)}{1+\frac{n}{l}F(n,l)}\sim\beta(\frac{n}{2},\frac{l}{2})。$$

故 Wilks Λ -分布实际上是单变量 $\boldsymbol{\beta}$ -分布的推广。

Wilks Λ -分布最早由 Wilks 提出，就如 $\boldsymbol{F}$-分布对于单变量方差分析和回归分析十分有用一样，Λ 统计量对多变量方差分析和回归分析也十分重要。

定义 5.1.4（广义方差） 若 $\boldsymbol{x}\sim \boldsymbol{N}_p(\boldsymbol{\mu},\Sigma)$，则称协方差矩阵 $|\Sigma|$ 为 $\boldsymbol{X}$ 的广义方差，称 $|\boldsymbol{A}/n|$ 为样本的广义方差，其中 $\boldsymbol{A}=\sum\limits_{i=1}^{n}(\boldsymbol{x}_i-\bar{\boldsymbol{x}})(\boldsymbol{x}_i-\bar{\boldsymbol{x}})'$。

在实际应用中，经常把 Λ 统计量化为 $\boldsymbol{T}^2$ 统计量进而化为 $\boldsymbol{F}$ 统计量，利用 $\boldsymbol{F}$ 统计量来解决多维统计分析中有关检验的问题。但当 $p\geqslant 3$ 时，$\Lambda(p,n,l)$ 精确分布的密度表达式是很复杂的。下面只给出 $l=1,2$ 及 $p=1,2$ 时，Λ 统计量转化为 $\boldsymbol{F}$ 统计量的表达式。

（1）当 $l=1$ 时，有

$$\Lambda(p,n,l)=[1+\boldsymbol{T}^2(p,n)/n]^{-1}，\quad n>p。$$

此即

$$\boldsymbol{T}^2=n\cdot\frac{1-\Lambda(p,n,l)}{\Lambda(p,n,l)}。$$

由定理 5.1.1 知，$\dfrac{n-p+1}{np}\boldsymbol{T}^2\sim \boldsymbol{F}(p,n-p+1)$，所以

$$\frac{n-p+1}{p}\cdot\frac{1-\Lambda(p,n,1)}{\Lambda(p,n,1)}\sim \boldsymbol{F}(p,n-p+1)。$$

（2）当 $l=2$ 时，有

$$\frac{n-p}{p}\cdot\frac{1-\sqrt{\Lambda(p,n,l)}}{\sqrt{\Lambda(p,n,l)}}\sim \boldsymbol{F}(2p,2n-2p)。$$

（3）当 $p=1$ 时，有

$$\frac{n}{l}\cdot\frac{1-\Lambda(1,n,l)}{\Lambda(1,n,l)}\sim \boldsymbol{F}(l,n)。$$

（4）当 $p=2$ 时，有

$$\frac{n-1}{l}\cdot\frac{1-\sqrt{\Lambda(2,n,l)}}{\sqrt{\Lambda(2,n,l)}}\sim \boldsymbol{F}(2l,2n-2)。$$

以上几个关系式说明对一些特殊的 Λ 统计量可以转化为 F 统计量，而当 $l>2,\ p>2$ 时，可用 χ^2 统计量或 F 统计量来近似表示。

值得说明的是，在统计软件 SPSS 中，常出现以下 4 种检验统计量：

（1）Hotelling-Lawley 迹统计量，定义为 $\mathrm{tr}[(\boldsymbol{SSE})^{-1}\boldsymbol{SSR}]$。

设 $\lambda_1 \geqslant \lambda_2 \geqslant \cdots \geqslant \lambda_p \geqslant 0$ 是 $(\boldsymbol{SSE})^{-1}\boldsymbol{SSR}$ 的特征值，则有

$$\mathrm{tr}[(\boldsymbol{SSE})^{-1}\boldsymbol{SSR}] = \sum_{i=1}^{p}\lambda_i \text{。}$$

（2）Wilks Λ 统计量，定义为 $\Lambda = |\boldsymbol{SSE}|/|\boldsymbol{SST}|$。

由于 λ_i 是 $(\boldsymbol{SSE})^{-1}\boldsymbol{SSR}$ 的特征值，所以 $1+\lambda_i$ 是 $(\boldsymbol{SSE})^{-1}\boldsymbol{SST}$ 的特征值，于是 $1/(1+\lambda_i)$ 是 $(\boldsymbol{SST})^{-1}\boldsymbol{SSE}$ 的特征值，$i=1,2,\cdots,p$。因此，有

$$\Lambda = \frac{|\boldsymbol{SSE}|}{|\boldsymbol{SST}|} = \prod_{i=1}^{p}\frac{1}{1+\lambda_i} \text{。}$$

（3）Pillai 迹统计量，定义为 $\mathrm{tr}[(\boldsymbol{SST})^{-1}\boldsymbol{SSR}]$。

由于 $1/(1+\lambda_i)$ 是 $(\boldsymbol{SST})^{-1}\boldsymbol{SSE}$ 的特征值，又 $(\boldsymbol{SST})^{-1}\boldsymbol{SSR} = \boldsymbol{I} - (\boldsymbol{SST})^{-1}\boldsymbol{SSE}$，于是，$1-1/(1+\lambda_i) = \lambda_i/(1+\lambda_i)$ 是 $(\boldsymbol{SST})^{-1}\boldsymbol{SSR}$ 的特征值，$i=1,2,\cdots,p$。因此，有

$$\mathrm{tr}[(\boldsymbol{SST})^{-1}\boldsymbol{SSR}] = \prod_{i=1}^{p}\frac{\lambda_i}{1+\lambda_i} \text{。}$$

（4）Roy 统计量，定义是：$\max[(\boldsymbol{x}'\boldsymbol{SSRx})/(\boldsymbol{x}'\boldsymbol{SSEx})]$，其中 $\boldsymbol{x}$ 是 p 维向量。由线性代数的知识可得

$$\max\frac{\boldsymbol{x}'\boldsymbol{SSRx}}{\boldsymbol{x}'\boldsymbol{SSEx}} = \lambda_1 \text{。}$$

由于 F 统计量使用广泛，这四种检验统计量与 F 统计量关系密切，因此在统计软件 SPSS 中，除给出这四种检验统计量具体值的外，也给出 F 统计量相应的值，非常便于实际使用。

5.2 均值向量的假设检验

假设检验的基本思想、计算步骤、错判概率等概念无论在单变量统计分析中还是多变量统计分析中都基本相同。例如，在对两个总体作判别分析时，就需要对两个总体的均值向量作检验，看看它们在统计上是否有显著差异，否则做判别分析就毫无意义；有时还需要对两个总体的协方差矩阵是否相等作检验，这涉及到要采用何种判别函数进行判别的问题。在单变量统计分析中，进行假设检验的基本步骤可归纳为以下 4 步：

第一步，提出待检验的假设 H_0 和备择假设 H_1；

第二步，给出检验统计量及其分布；

第三步，给定显著性水平 α，确定检验的临界值 λ_α，从而给出否定域（或接受域）；

第四步，根据样本观测值计算出统计量的值，看看是落在拒绝域还是接受域，以便对假设检验作出决策（拒绝还是接受）。

由下面的分析可知，在多变量统计分析中，进行假设检验的基本步骤也是如此。

5.2.1 单个正态总体均值向量的检验

设 $\boldsymbol{x}_1,\boldsymbol{x}_2,\cdots,\boldsymbol{x}_n$ 为取自多元正态总体 $\boldsymbol{N}_p(\mu,\Sigma)$ 的一个样本，这里 $\boldsymbol{\Sigma}>0$，$n\geqslant p$。μ_0 是已知的 p 维向量，要检验原假设是

$$H_0:\boldsymbol{\mu}=\boldsymbol{\mu}_0 \leftrightarrow H_1:\boldsymbol{\mu}\neq\boldsymbol{\mu}_0 \text{（备择假设）。}$$

1. 协方差矩阵 Σ 已知时

由于样本均值 $\bar{\boldsymbol{x}}\sim \boldsymbol{N}_p(\mu,\ \Sigma/n)$，故当 H_0 为真时，$\sqrt{n}\Sigma^{-1/2}(\bar{\boldsymbol{x}}-\mu_0)\sim \boldsymbol{N}_p(\boldsymbol{0},\boldsymbol{I}_p)$。于是

$$\boldsymbol{T}^2=n(\bar{\boldsymbol{x}}-\mu_0)'\Sigma^{-1}(\bar{\boldsymbol{x}}-\mu_0)\sim\chi^2(p) \tag{5.2.1}$$

给定显著性水平 α，查表得上 α 分位点 $\chi^2_{1-\alpha}(p)$。由样本算得 $\boldsymbol{T}^2$ 的值，当 $\boldsymbol{T}^2_{值}\geqslant\chi^2_{1-\alpha}(p)$，拒绝 H_0；当 $\boldsymbol{T}^2_{值}<\chi^2_{1-\alpha}(p)$，接受 H_0。

需要说明的是：在统计软件中会直接给出 $p(\chi^2(p)\geqslant\boldsymbol{T}^2_{值})=p$ 值，若 p 值大于 α，说明 $\boldsymbol{T}^2$ 的值落入接受域，因此接受原假设；若 p 值小于等于 α，说明 $\boldsymbol{T}^2$ 的值落入拒绝域，因此拒绝原假设。这样不但免去查表的麻烦，而且还能根据 p 值的大小直接确定显著性水平的级别。

上述检验的合理性可由检验公式直观看出：$\boldsymbol{T}^2$ 中的 $(\bar{\boldsymbol{x}}-\mu_0)'\Sigma^{-1}(\bar{\boldsymbol{x}}-\mu_0)$ 反映的是 $\bar{\boldsymbol{x}}$ 与 μ_0 的接近程度，即马氏距离的平方，这个距离越小，说明 $\bar{\boldsymbol{x}}$ 与 μ_0 越接近，由于 $\bar{\boldsymbol{x}}$ 是 $\boldsymbol{\mu}$ 的无偏估计，故真值 $\boldsymbol{\mu}$ 与 μ_0 也越接近，因此人们越倾向于接受 H_0；反之，人们则倾向拒绝 H_0。

2. 协方差矩阵 Σ 未知时

当 $\boldsymbol{\Sigma}$ 未知时，可以用样本协方差矩阵 $\boldsymbol{S}=\dfrac{1}{n-1}\sum\limits_{i=1}^{n}(\boldsymbol{x}_i-\bar{\boldsymbol{x}})(\boldsymbol{x}_i-\bar{\boldsymbol{x}})'$ 作为 $\boldsymbol{\Sigma}$ 的估计，这时，有

$$\boldsymbol{T}^2=n(\bar{\boldsymbol{x}}-\mu_0)'\boldsymbol{S}^{-1}(\bar{\boldsymbol{x}}-\mu_0)$$

为 Hotelling $\boldsymbol{T}^2$ 统计量。当原假设 H_0 为真时，由定理 5.1.1 知

$$\frac{n-p}{p(n-1)}\boldsymbol{T}^2\sim \boldsymbol{F}(p,n-p) \tag{5.2.2}$$

对给定的显著性水平 α，查表得 $\boldsymbol{F}(p,n-p)$ 的上 α 分位点 $\boldsymbol{F}_{1-\alpha}(p,n-p)$。根据样本算得 $\boldsymbol{T}^2$ 的值，当 $\dfrac{n-p}{p(n-1)}\boldsymbol{T}^2_{值}\geqslant\boldsymbol{F}_{1-\alpha}(p,n-p)$ 时，拒绝 H_0；当 $\dfrac{n-p}{p(n-1)}\boldsymbol{T}^2_{值}<\boldsymbol{F}_{1-\alpha}(p,n-p)$，接受 H_0。这时拒绝域是

$$\boldsymbol{D}=\{\frac{n-p}{p(n-1)}\boldsymbol{T}^2\geqslant\boldsymbol{F}_{1-\alpha}(p,n-p)\}, \tag{5.2.3}$$

接受域是

$$\bar{\boldsymbol{D}}=\{\frac{n-p}{p(n-1)}\boldsymbol{T}^2<\boldsymbol{F}_{1-\alpha}(p,n-p)\}。 \tag{5.2.4}$$

如果使用统计软件，则统计软件会直接给出检验的 p 值（显著性），检验 p 值的计算式如下：

$$p=p(\boldsymbol{T}^2\geqslant\boldsymbol{T}^2_{值}) \text{ 或 } p=p(\boldsymbol{F}\geqslant\boldsymbol{F}_{值})。$$

若 $p\leqslant\alpha$，说明 $\boldsymbol{T}^2$ 值（$\boldsymbol{F}$ 值）落入拒绝域，因此拒绝原假设；若 $p>\alpha$，说明 $\boldsymbol{T}^2$ 值（$\boldsymbol{F}$ 值）落入接受域，因此接受原假设。

例 5.2.1 人的出汗多少与人体内钠和钾的含量有一定关系，现测量 20 名健康成年女性

的出汗量x_1，钠含量x_2，钾含量x_3，其数据列于表 5.2.1，假设$(x_1,x_2x_3)'\sim N_3(\mu,\Sigma)$，$\Sigma>0$。试在$\alpha=0.05$下检验假设$H_0:\mu=\mu_0=(4,50,10)'$是否成立？

表 5.2.1　20 名健康成年女性的体检数据

实验号	出汗量	钠含量	钾含量	实验号	出汗量	钠含量	钾含量
1	3.7	48.5	9.3	11	3.9	36.9	12.7
2	5.7	65.1	8.0	12	4.5	58.8	12.3
3	3.8	47.2	10.9	13	3.5	27.8	9.8
4	3.2	53.2	12.0	14	4.5	40.2	8.4
5	3.1	55.5	9.7	15	1.5	13.5	10.1
6	4.6	36.1	7.9	16	8.5	56.4	7.1
7	2.4	24.8	14.0	17	4.5	71.6	8.2
8	7.2	33.1	7.6	18	6.5	52.8	10.9
9	6.7	47.4	8.5	19	4.1	44.1	11.2
10	5.4	54.1	11.3	20	5.5	40.9	9.4

解：本例要检验的假设是$H_0:\mu=\mu_0=(4,50,10)'\leftrightarrow H_1:\mu\neq\mu_0$。

本例中总体均值μ和协方差阵Σ均未知，因此必须用样本均值$\bar{x}$和协方差阵S作为总体均值和协方差阵的估计，下面利用统计软件 SPSS 计算这 20 名实验者三个指标的均值和协方差矩阵。

注意：这里根据需要直接对统计软件的有关模块进行选择，希望知道有关模块的具体解释和使用请参考本书第 12 章中有关模块的具体说明。

打开由例 5.2.1 建立的数据文件，从“Analyze（分析）”菜单中选择“Classify（分类）”，单击“Discriminant”弹出判别分析主对话框。选择“实验号”进入“Grouping Variable”，这时“Define Range”被激活，单击它弹出对话框，在“Min”和“Max”中分别填入 1 和 20。设置完成后，单击“Continue”按钮返回“Discriminant Analysis”主对话框，同时选择出汗量，钠含量，钾含量送入“Independent”窗口中。

单击“Statistics”出现对话框，选择“Means”及“Matrices”框中的“Total Covariance”（总协方差矩阵）。单击“Continue”按钮返回“Discriminant Analysis”主对话框，单击“Ok”按钮就得实验者这 3 个指标的均值和协方差矩阵如下：

$$\bar{x}=\begin{pmatrix}4.640\\45.400\\9.965\end{pmatrix},\qquad S=\begin{pmatrix}2.879&10.010&-1.809\\10.010&199.788&-5.640\\-1.809&-5.640&3.628\end{pmatrix}。$$

要求协方差矩阵S的逆矩阵，要利用因子分析模块，具体操作如下：

从“Analyze”菜单中选择“Data Reduction（降维）”，单击“Factor”按钮弹出因子分析主对话框，选择出汗量、钠含量和钾含量进入“Variables”窗口中，如图 5.2.1 所示。

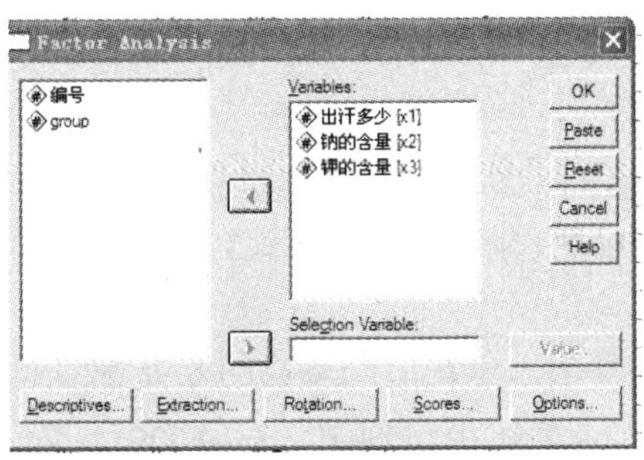

图 5.2.1　因子分析主对话框

单击“Descriptives”按钮弹出对话框，在“Correlation Matrix”选择“Inverse”（逆矩阵），然后返回主对话框；打开“Extraction”对话框，在“Analyze”框中选择“Covariance Matrix”（协方差矩阵），然后返回主对话框，单击“Ok”按钮得体检数据协方差矩阵的逆矩阵为

$$\boldsymbol{S}^{-1}=\begin{pmatrix} 0.586 & -0.022 & 0.258 \\ -0.022 & 0.006 & -0.002 \\ 0.258 & -0.002 & 0.402 \end{pmatrix}。$$

因为 $\bar{\boldsymbol{x}}-\boldsymbol{\mu}_0=(0.640,-4.600,-0.035)'$，所以

$$\boldsymbol{T}_{值}^2=n(\bar{\boldsymbol{x}}-\boldsymbol{\mu}_0)'\boldsymbol{S}^{-1}(\bar{\boldsymbol{x}}-\boldsymbol{\mu}_0)=20\times 0.486=9.717。$$

对给定的 $\alpha=0.05$，查表得上 α 分位点 $\boldsymbol{F}_{0.95}(3,17)=3.20$，于是

$$\boldsymbol{T}_{0.95}^2=\frac{p(n-1)}{n-p}\boldsymbol{F}_{0.95}(3,3)=\frac{3\times 19}{17}\times 3.20=10.729>\boldsymbol{T}_{值}^2。$$

所以在显著性水平 $\alpha=0.05$ 下，接受原假设 H_0。即认为健康成年女性的出汗量、钠含量、钾含量 3 个指标的均值与原先的均值 $\boldsymbol{\mu}_0$=(4,50,10)′ 没有显著差异。

由本例可得对多变量进行假设检验的具体步骤与单变量的假设检验步骤一样：

（1）根据问题提出待检验的假设问题；

（2）构造检验统计量；

（3）根据给定的显著性水平，查表得临界值，构造拒绝域或接收域；

（4）根据样本算出检验统计量的值，若落入拒绝域，则否定 H_0，否则接收 H_0。

注意：本例中向量是三维，在求出 S^{-1} 后可以直接利用公式计算 $\boldsymbol{T}_{值}^2=n(\bar{\boldsymbol{x}}-\boldsymbol{\mu}_0)'S^{-1}(\bar{\boldsymbol{x}}-\boldsymbol{\mu}_0)$，但如果维数更高，直接计算就不可取，这时该怎么办？能否利用统计软件来解决？这个问题留待两总体均值的比较推断介绍后再回答。

5.2.2 置信区域

由假设检验知，拒绝域是 $\boldsymbol{D}=\boldsymbol{P}\{\frac{n-p}{p(n-1)}\boldsymbol{T}^2\geqslant \boldsymbol{F}_{1-\alpha}(p,n-p)\}$，当根据样本算得的值落入拒绝域 $\boldsymbol{D}$，则拒绝 H_0。接受域是 $\bar{\boldsymbol{D}}=\boldsymbol{P}\{\frac{n-p}{p(n-1)}\boldsymbol{T}^2<\boldsymbol{F}_{1-\alpha}(p,n-p)\}$，整理，得

$$\boldsymbol{P}\{n(\bar{x}-\mu_0)'\boldsymbol{S}^{-1}(\bar{x}-\mu_0)<\frac{p(n-1)}{n-p}\boldsymbol{F}_{1-\alpha}(p,n-p)\}=1-\alpha \tag{5.2.5}$$

令 $\boldsymbol{T}_{1-\alpha}^2=\frac{p(n-1)}{n-p}\boldsymbol{F}_{1-\alpha}(p,n-p)$，可得关于 $\boldsymbol{\mu}$ 的置信度为 $1-\alpha$ 的置信区域为

$$\{\boldsymbol{\mu}\,|\,n(\bar{\boldsymbol{x}}-\boldsymbol{\mu})'\boldsymbol{S}^{-1}(\bar{\boldsymbol{x}}-\boldsymbol{\mu})<\boldsymbol{T}_{1-\alpha}^2\}, \tag{5.2.6}$$

$\boldsymbol{\mu}$ 落入这个区域的概率为 $1-\alpha$。

当 $p=1$ 时，它就是一个区间，这是在单变量分析中所熟知的结论；当 $p=2$ 时，它是一个椭圆，这时在平面坐标上可以把它画出来；当 $p=3$ 时，它是空间中的一个椭球；当 $p>3$ 时，它是一个超椭球。

例 5.2.2 在例 5.2.1 的条件下，求均值向量 $\boldsymbol{\mu}$ 的 0.95 置信区域。

解：由于在前面例 5.2.1 的求解中已得 $\boldsymbol{T}_{0.95}^2=10.729$，又 $n=20$，故 $\boldsymbol{\mu}$ 的 0.95 置信区域是

$$\{\boldsymbol{\mu}: n(\bar{\boldsymbol{x}}-\boldsymbol{\mu})'\boldsymbol{S}^{-1}(\bar{\boldsymbol{x}}-\boldsymbol{\mu}) \leqslant 10.729\}。$$

同单变量统计中的置信区间与假设检验的关系一样，在多变量统计中，置信区域与假设检验也有着同样密切的关系。原假设 $H_0: \boldsymbol{\mu}=\boldsymbol{\mu}_0$ 在显著性水平 α 下被接受当且仅当 $\boldsymbol{\mu}_0$ 包含在式（5.2.6）确定的置信区间内，因此可以通过构造 $\boldsymbol{\mu}$ 的置信区域的方法进行假设检验，也可以通过假设检验构造 $\boldsymbol{\mu}$ 的置信区域。

5.2.3 联合置信区间

在实际应用中，人们常对为数不多的置信区间感兴趣。

如果在 $\boldsymbol{T}^2=n(\bar{\boldsymbol{x}}-\boldsymbol{\mu}_0)'\boldsymbol{S}^{-1}(\bar{\boldsymbol{x}}-\boldsymbol{\mu}_0)$ 中以 $\boldsymbol{\mu}$ 代替 $\boldsymbol{\mu}_0$，并利用

$$p\{\boldsymbol{\mu} | n(\bar{\boldsymbol{x}}-\boldsymbol{\mu})'\boldsymbol{S}^{-1}(\bar{\boldsymbol{x}}-\boldsymbol{\mu}) \leqslant \boldsymbol{T}_{1-\alpha}^2\}=1-\alpha,$$

可得

$$\boldsymbol{a}'\bar{\boldsymbol{x}}-\boldsymbol{T}_{1-\alpha}\sqrt{\boldsymbol{a}'\boldsymbol{S}\boldsymbol{a}}/\sqrt{n} \leqslant \boldsymbol{a}'\boldsymbol{\mu} \leqslant \boldsymbol{a}'\bar{\boldsymbol{x}}+\boldsymbol{T}_{1-\alpha}\sqrt{\boldsymbol{a}'\boldsymbol{S}\boldsymbol{a}}/\sqrt{n} \tag{5.2.7}$$

以 $1-\alpha$ 的概率对一切 $\boldsymbol{a}\in\boldsymbol{R}^p$ 成立，称为一切线性组合 $\{\boldsymbol{a}'\boldsymbol{\mu},\ \boldsymbol{a}\in\boldsymbol{R}^p\}$ 的置信度为 $1-\alpha$ 的联合置信区间，文献中常称为 **Scheffe 同时置信区间**。

有时，为了提高置信区间的精确度，也可使用 **Bonferroni（邦弗伦尼）联合置信区间**：

$$\boldsymbol{a}'\bar{\boldsymbol{x}}-t_{1-\alpha/2k}(n-1)\sqrt{\boldsymbol{a}'\boldsymbol{S}\boldsymbol{a}}/\sqrt{n} \leqslant \boldsymbol{a}'\boldsymbol{\mu} \leqslant \boldsymbol{a}'\bar{\boldsymbol{x}}+t_{1-\alpha/2k}(n-1)\sqrt{\boldsymbol{a}'\boldsymbol{S}\boldsymbol{a}}/\sqrt{n} \tag{5.2.8}$$

上式与式（5.2.7）不同之处在于前者用 $t_{1-\alpha/2k}(n-1)$ 代替 $\boldsymbol{T}_{1-\alpha}$。因此，若 $t_{1-\alpha/2k}(n-1)\leqslant\boldsymbol{T}_{1-\alpha}$，则 Bonferroni 区间比 Scheffe 区间要窄，这时用前者作为置信区间更合适；反之，若 $t_{1-\alpha/2k}(n-1)>\boldsymbol{T}_{1-\alpha}$，则用后者作为置信区间更合适。

例 5.2.3 条件与例 5.2.1 相同，在置信度为 0.95 下，求 μ_1,μ_2,μ_3 的 Scheffe 联合置信区间和 Bonferroni 联合置信区间。比较哪一种联合置信区间更优，为什么？

解：在前面例 5.2.1 的求解中已得 $\boldsymbol{T}_{0.95}^2=10.729$，故 $\boldsymbol{T}_{0.95}=3.276$，于是 μ_1 的 Scheffe 区间是

$$4.640-3.276\sqrt{2.879}/\sqrt{20} \leqslant \mu_1 \leqslant 4.640+3.276\sqrt{2.879}/\sqrt{20},$$

整理，得

$$3.397 \leqslant \mu_1 \leqslant 5.883。$$

同理，得

$$35.048 \leqslant \mu_2 \leqslant 55.753, \qquad 8.570 \leqslant \mu_3 \leqslant 11.360。$$

由于 $t_{1-0.05/6}(16)\approx 2.700$，因此 μ_1 的 Bonferroni 置信区间是

$$4.640-2.700\sqrt{2.879}/\sqrt{20} \leqslant \mu_1 \leqslant 4.640+2.700\sqrt{2.879}/\sqrt{20},$$

整理，得

$$3.636 \leqslant \mu_1 \leqslant 5.644。$$

同理，得

$$37.035 \leqslant \mu_2 \leqslant 53.766, \qquad 8.838 \leqslant \mu_3 \leqslant 11.092。$$

比较两种置信区间可以发现，本例中 Bonferroni 联合置信区间要优于 Scheffe 联合置信区间，这是由 $t_{1-0.05/6}(16)<\boldsymbol{T}_{0.95}$ 引起的。

例 5.2.4 设 $\boldsymbol{x}\sim N_p(\boldsymbol{\mu},\boldsymbol{\Sigma})$，$\boldsymbol{\mu}=(\mu_1,\mu_2,\cdots,\mu_p)'$，$\boldsymbol{\Sigma}>0$，$\boldsymbol{x}_1,\boldsymbol{x}_2,\cdots,\boldsymbol{x}_n$ 为取自该总体的一

个样本。若要检验 $H_0:\mu_1=\mu_2=\cdots=\mu_p$ 对 $H_1:\mu_i\neq\mu_j$，至少有一对 $i\neq j$ 成立，这时要使用什么统计量？

这里要检验 p 维向量 $\boldsymbol{x}$ 各分量的均值是否相等，可以考虑检验各分量的均值是否两两相等，即考虑是否有 $\mu_1=\mu_2$，$\mu_2=\mu_3$，…，$\mu_{p-1}=\mu_p$，因此可以考虑做一个矩阵变换，设矩阵

$$\boldsymbol{C}=\begin{pmatrix}1 & -1 & 0 & \cdots & 0\\ 0 & 1 & -1 & \cdots & 0\\ \vdots & \vdots & \vdots & \ddots & \vdots\\ 0 & 0 & 0 & \cdots & -1\end{pmatrix},$$

则所要检验的问题就化为 $H_0:\boldsymbol{C\mu}=0\leftrightarrow H_1:\boldsymbol{C\mu}\neq 0$。由于这时 $\boldsymbol{C}$ 是 $(p-1)\times p$ 矩阵，且 $\mathrm{R}(\boldsymbol{C})=p-1$，由多变量正态分布的性质 3.3.2 知，这时 $\boldsymbol{y}=\boldsymbol{Cx}\sim \boldsymbol{N}_{p-1}(\boldsymbol{C\mu},\boldsymbol{C\Sigma C}')$。因此这时的检验统计量为 $\boldsymbol{T}^2=n\bar{\boldsymbol{x}}'\boldsymbol{C}'(\boldsymbol{CSC}')^{-1}\boldsymbol{C}\bar{\boldsymbol{x}}$。对给定的显著性水平 α，若由样本算出的 $\boldsymbol{T}_{值}^2\geqslant \boldsymbol{T}_{1-\alpha}^2$，则拒绝 H_0；若由样本算出的 $\boldsymbol{T}_{值}^2<\boldsymbol{T}_{1-\alpha}^2$，则接受 H_0。这里

$$\boldsymbol{T}_{1-\alpha}^2=\frac{(p-1)(n-1)}{n-p+1}\boldsymbol{F}_{1-\alpha}(p-1,n-p+1)。$$

本例的问题可以推广为检验均值向量的分量之间是否存在某个线性结构关系，例如要检验假设

$$H_0:\boldsymbol{C\mu}=b\leftrightarrow H_1:\boldsymbol{C\mu}\neq \boldsymbol{b},$$

式中 $\boldsymbol{C}$ 是一个已知的 $k\times p$ 矩阵，$k<p$，且 $\mathrm{R}(\boldsymbol{C})=k$；$\boldsymbol{b}$ 是已知的 k 维向量。

与前面的考虑相似，这时 $\boldsymbol{Cx}\sim \boldsymbol{N}_k(\boldsymbol{C\mu},\boldsymbol{C\Sigma C}')$，因此这时的检验统计量是

$$\boldsymbol{T}^2=n(\boldsymbol{C}\bar{\boldsymbol{x}}-\boldsymbol{b})'(\boldsymbol{CSC}')^{-1}(\boldsymbol{C}\bar{\boldsymbol{x}}-\boldsymbol{b})。\tag{5.2.9}$$

当假设 H_0 为真时，有

$$\frac{n-k}{k(n-1)}\boldsymbol{T}^2\sim \boldsymbol{F}(k,n-k),$$

若令 $\boldsymbol{T}_{1-\alpha}^2=\dfrac{k(n-1)}{(n-k)}\boldsymbol{F}_{1-\alpha}(k,n-k)$，则对给定的显著性水平 α，当由样本算出的 $\boldsymbol{T}_{值}^2\geqslant \boldsymbol{T}_{1-\alpha}^2$，则拒绝 H_0；当由样本算出的 $\boldsymbol{T}_{值}^2<\boldsymbol{T}_{1-\alpha}^2$，则接受 H_0。

5.2.4 两总体均值的比较推断

1. 两独立样本的情况

设有两个正态总体 $\boldsymbol{N}_p(\boldsymbol{\mu}_1,\boldsymbol{\Sigma})$，$\boldsymbol{N}_p(\boldsymbol{\mu}_2,\boldsymbol{\Sigma})$，从中各自独立地抽取一个样本 $\boldsymbol{x}_1,\boldsymbol{x}_2,\cdots,\boldsymbol{x}_{n1}$ 和 $\boldsymbol{y}_1,\boldsymbol{y}_2,\cdots,\boldsymbol{y}_{n_2}$，$\boldsymbol{\Sigma}>0$。如果想判断两个总体的均值是否相等，这时要检验的假设就是

$$H_0:\boldsymbol{\mu}_1=\boldsymbol{\mu}_2\leftrightarrow H_1:\boldsymbol{\mu}_1\neq\boldsymbol{\mu}_2。$$

下面寻找所要的检验统计量。

设 $\bar{\boldsymbol{x}}=\dfrac{1}{n_1}\sum\limits_{i=1}^{n_1}\boldsymbol{x}_i$，$\bar{\boldsymbol{y}}=\dfrac{1}{n_2}\sum\limits_{i=1}^{n_2}\boldsymbol{y}_i$，则 $\bar{\boldsymbol{x}}\sim \boldsymbol{N}_p(\boldsymbol{\mu}_1,\dfrac{1}{n_1}\boldsymbol{\Sigma})$，$\bar{\boldsymbol{y}}\sim \boldsymbol{N}_p(\boldsymbol{\mu}_2,\dfrac{1}{n_2}\boldsymbol{\Sigma})$，

$$\bar{\boldsymbol{x}}-\bar{\boldsymbol{y}}\sim \boldsymbol{N}_p(\boldsymbol{\mu}_1-\boldsymbol{\mu}_2,\ (\frac{1}{n_1}+\frac{1}{n_2})\boldsymbol{\Sigma})。$$

若$\boldsymbol{\Sigma}$未知，可以使用$\boldsymbol{\Sigma}$的联合无偏估计量$\boldsymbol{S}_p=\dfrac{(n_1-1)\boldsymbol{S}_1+(n_2-1)\boldsymbol{S}_2}{n_1+n_2-2}$作为估计，其中

$$(n_1-1)\boldsymbol{S}_1=\sum_{i=1}^{n_1}(\boldsymbol{x}_i-\overline{\boldsymbol{x}})(\boldsymbol{x}_i-\overline{\boldsymbol{x}})',\quad (n_2-1)\boldsymbol{S}_2=\sum_{i=1}^{n_2}(\boldsymbol{y}_i-\overline{\boldsymbol{y}})(\boldsymbol{y}_i-\overline{\boldsymbol{y}})'。$$

令$\boldsymbol{A}=(n_1-1)\boldsymbol{S}_1+(n_2-1)\boldsymbol{S}_2$，则$\boldsymbol{A}\sim \boldsymbol{W}_p(n_1+n_2-2,\ \boldsymbol{\Sigma})$。又

$$\sqrt{\frac{n_1n_2}{n_1+n_2}}(\overline{\boldsymbol{x}}-\overline{\boldsymbol{y}})\sim \boldsymbol{N}_p(\sqrt{\frac{n_1n_2}{n_1+n_2}},\ \boldsymbol{\Sigma}),$$

于是由例 5.1.2 知

$$\begin{aligned}\boldsymbol{T}^2&=\frac{n_1n_2}{n_1+n_2}(n_1+n_2-2)(\overline{\boldsymbol{x}}-\overline{\boldsymbol{y}})'\boldsymbol{A}^{-1}(\overline{\boldsymbol{x}}-\overline{\boldsymbol{y}})\\&=\frac{n_1n_2}{n_1+n_2}(\overline{\boldsymbol{x}}-\overline{\boldsymbol{y}})'\boldsymbol{S}_p^{-1}(\overline{\boldsymbol{x}}-\overline{\boldsymbol{y}})\end{aligned}$$

是自由度为p和n_1+n_2-2的 Hotelling $\boldsymbol{T}^2$统计量。

由定理 5.1.1 知$\dfrac{n_1+n_2-p-1}{p(n_1+n_2-2)}\boldsymbol{T}^2\sim \boldsymbol{F}(p,n_1+n_2-p-1)$，这就是检验所需要的统计量。对给定的$\alpha$，查表得$\boldsymbol{F}_{1-\alpha}(p,n_1+n_2-p-1)$，令

$$\boldsymbol{T}_{1-\alpha}^2=\frac{p(n_1+n_2-2)}{n_1+n_2-p-1}\boldsymbol{F}_{1-\alpha}(p,n_1+n_2-p-1),$$

根据样本算得$\boldsymbol{T}_{\text{值}}^2$，当$\boldsymbol{T}_{\text{值}}^2\geqslant \boldsymbol{T}_{1-\alpha}^2$时，拒绝$H_0$；当$\boldsymbol{T}_{\text{值}}^2<\boldsymbol{T}_{1-\alpha}^2$时，接受$H_0$。

例 5.2.5 对某地区农村两周岁婴儿的身高、胸围、上半臂围进行测量，分别选取 6 名男婴和 9 名女婴测得体格测量数据见表 5.2.2。在多元正态分布假设下，试确定 2 周岁男婴与 2 周岁女婴的均值向量有无显著差异。取$\alpha=0.01$。

表 5.2.2 某地区农村 6 名男婴和 9 名女婴的体格测量数据

男婴体格测量数据				女婴体格测量数据			
编号	身高（cm）	胸围（cm）	上半臂围（cm）	编号	身高（cm）	胸围（cm）	上半臂围（cm）
1	78	60.6	16.5	1	80	58.4	14.0
2	76	58.1	12.5	2	75	59.2	15.0
3	92	63.2	14.5	3	78	60.3	15.0
4	81	59.0	14.0	4	75	57.4	13.0
5	81	60.8	15.5	5	79	59.5	14.0
6	84	59.5	14.0	6	78	58.1	14.5
				7	75	58.0	12.5
				8	64	55.5	11.0
				9	80	59.2	12.5

解： 设$\boldsymbol{x}=(x_1,x_2,x_3)'\sim \boldsymbol{N}_3(\boldsymbol{\mu}_1,\boldsymbol{\Sigma}),\ \boldsymbol{y}=(y_1,y_2,y_3)'\sim \boldsymbol{N}_3(\boldsymbol{\mu}_2,\boldsymbol{\Sigma})$，要检验的原假设是

$$H_0:\boldsymbol{\mu}_1=\boldsymbol{\mu}_2\leftrightarrow H_1:\boldsymbol{\mu}_1\neq\boldsymbol{\mu}_2。$$

下面用 SPSS 求出男婴、女婴各指标间的均值向量和协方差矩阵$\boldsymbol{S}_1$，$\boldsymbol{S}_2$，联合协方差矩

阵 $\boldsymbol{S}_p$。

打开例 5.2.5 的数据文件，从“Analyze”菜单中选择“Classify”，再取“Discriminant”，弹出判别分析主对话框，如图 5.2.2 所示。

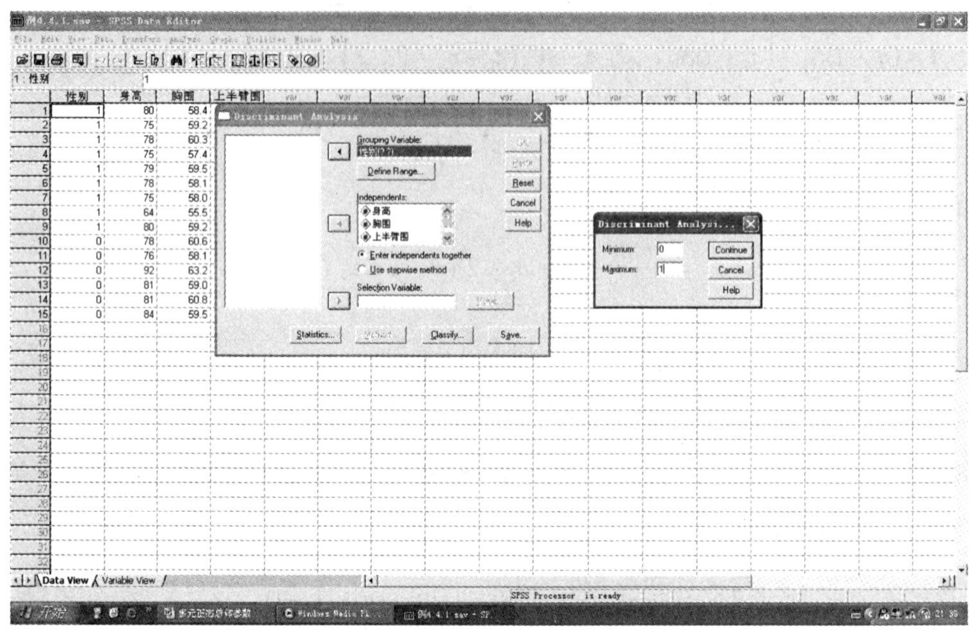

图 5.2.2　判别分析主对话框

选择“性别”进入“Grouping Variable”，这时“Define Range”被激活，单击它弹出对话框，在“Min”和“Max”中分别填入 0 和 1。设置完成后，单击“Continue”按钮返回“Discriminant Analysis”主对话框，同时选中身高、胸围、上半臂围送入“Independent”窗口中。

单击“Statistics”按钮出现对话框，选择“Means”及“Matrices”框中的 Within-Groups Matrices 和 Separate-Groups Matrices 这两项，“Classify”和“Save”子对话框都不动（默认选项），单击“Ok”按钮即可得到表 5.2.3～表 5.2.5。

表 5.2.3　男婴和女婴各指标的描述统计量

性　别		Mean (cm)	Std. Deviation	Valid N (listwise)	
				Unweighted	Weighted
男	身高	76.0000	4.94975	9	9.000
	体重	58.4000	1.40357	9	9.000
	上半臂围	13.5000	1.34629	9	9.000
女	身高	82.0000	5.62139	6	6.000
	体重	60.2000	1.78101	6	6.000
	上半臂围	14.5000	1.37840	6	6.000
Total	身高	78.4000	5.87732	15	15.000
	体重	59.1200	1.75833	15	15.000
	上半臂围	13.9000	1.40408	15	15.000

由此表可得男婴和女婴的均值向量、数据个数分别是

$$\bar{\boldsymbol{x}}=(82.0,60.2,14.5)'，\ \bar{\boldsymbol{y}}=(76.0,58.4,13.5)'，\ n_1=6,\ n_2=9。$$

表 5.2.4　男婴和女婴各指标间的相关系数

性　别		身　高	体　重	上半臂围
男	身高	24.500	5.637	4.313
	体重	5.637	1.970	1.456
	上半臂围	4.313	1.456	1.813
女	身高	31.600	8.040	0.500
	体重	8.040	3.172	1.310
	上半臂围	0.500	1.310	1.900

由上表可得男婴和女婴的协方差矩阵分别是

$$\boldsymbol{S}_1=\begin{pmatrix}31.600 & 8.040 & 0.500\\ 8.040 & 3.172 & 1.310\\ 0.500 & 1.310 & 1.900\end{pmatrix},\quad \boldsymbol{S}_2=\begin{pmatrix}24.500 & 5.637 & 4.313\\ 5.637 & 1.970 & 1.456\\ 4.313 & 1.456 & 1.813\end{pmatrix}。$$

表 5.2.5　男婴和女婴各指标的联合协方差矩阵

	身　高	体　重	上半臂围
身高	27.231	6.562	2.846
体重	6.562	2.432	1.400
上半臂围	2.846	1.400	1.846

由上表可得男婴和女婴的联合协方差矩阵是

$$\boldsymbol{S}_p=\frac{(n_1-1)S_1+(n_2-1)S_2}{n_1+n_2-2}=\begin{pmatrix}27.231 & 6.562 & 2.846\\ 6.562 & 2.432 & 1.400\\ 2.846 & 1.400 & 1.846\end{pmatrix},$$

其自由度为 13。由于 $\bar{\boldsymbol{x}}-\bar{\boldsymbol{y}}=(6.0,1.8,1.0)'$，于是可以算得

$$\boldsymbol{T}_{值}^2=\frac{n_1n_2}{n_1+n_2}(\bar{x}-\bar{y})'S_p^{-1}(\bar{x}-\bar{y})=5.312。$$

对给定的 $\alpha=0.01$，查表得 $\boldsymbol{F}_{0.99}(3,11)=6.22$，

$$\boldsymbol{T}_{0.99}^2=\frac{p(n_1+n_2-2)}{n_1+n_2-p-1}\boldsymbol{F}_{0.99}(p,n_1+n_2-p-1)\quad=\frac{3\times13}{11}\times\boldsymbol{F}_{0.99}(3,11)=22.050>\boldsymbol{T}_{值}^2$$

因此不能拒绝原假设，即认为两个均值向量无显著差异。

这里并没有用软件算出 $\boldsymbol{S}_p$ 的逆矩阵，在矩阵阶数较高时，逆矩阵计算难的问题如何解决？为了解决这个问题，下面避开求逆矩阵这个难题，直接利用 SPSS 解决这个问题。

打开例 5.2.3 的数据文件，从“Analyze”菜单中选择“General Linear Model”，再选“Multivariate”弹出多变量对话框，利用 General Linear Model 也可以求矩阵 $\boldsymbol{S}_p$。

选择“身高、胸围、上半臂围”进入“Dependent Variable（因变量）”窗口，选择“性别”进入“Fixed Factors（固定因素）”窗口。单击打开“Options（选项）”对话框，在“Factor and Factor Interations（因素和因素交互）”中选“OVERALL（所有）”和“性别”进入“Display Means for”，在“Display”复选框中选“Descriptive Statistics”“SSCP Matrixs”“Residual SSCP Matrix”，并选默认的显著性水平为 0.01。

所有设置完成后，输出结果中“Residual SSCP Matrix”中的“Covariance ”即为矩阵 $\boldsymbol{S}_p$：

$$\boldsymbol{S}_p=\begin{pmatrix}27.231 & 6.562 & 2.846\\ 6.562 & 2.432 & 1.400\\ 2.846 & 1.400 & 1.846\end{pmatrix}。$$

表 5.2.6 是软件给出的 Multivariate Tests（多变量检验表）。

表 5.2.6　多变量检验表

	Effect	Value	F	Hypothesis df	Error df	Sig.
Intercept	Pillai's Trace	1.000	12029.165	3.000	11.000	0.000
	Wilks' Lambda	0.000	12029.165	3.000	11.000	0.000
	Hotelling's Trace	3280.631	12029.165	3.000	11.000	0.000
	Roy's Largest Root	3280.681	12029.165	3.000	11.000	0.000
性别	Pillai's Trace	0.290	1.498	3.000	11.000	0.269
	Wilks' Lambda	0.710	1.498	3.000	11.000	0.269
	Hotelling's Trace	0.409	1.498	3.000	11.000	0.269
	Roy's Largest Root	0.409	1.498	3.000	11.000	0.269

从“Multivariate Tests”框中的性别栏发现，“Hotelling's Trace”统计量的值为 0.409，对应的 $\boldsymbol{F}$ 值为 1.498。利用公式

$$\boldsymbol{T}_{\text{值}}^2=\frac{n_1n_2}{n_1+n_2}(\overline{\boldsymbol{x}}-\overline{\boldsymbol{y}})'\boldsymbol{S}_p^{-1}(\overline{\boldsymbol{x}}-\overline{\boldsymbol{y}})=\frac{p(n_1+n_2-2)}{n_1+n_2-p-1}\boldsymbol{F}_{\text{值}},$$

不必算出 $\boldsymbol{S}_p$ 的逆矩阵就可直接算出 $\boldsymbol{T}^2$ 值，即

$$\boldsymbol{T}_{\text{值}}^2=\frac{p(n_1+n_2-2)}{n_1+n_2-p-1}\boldsymbol{F}_{\text{值}}=\frac{39}{11}\times 1.498=5.311。$$

对 $\alpha=0.01$，查表得

$$\boldsymbol{F}_{0.99}(3,11)=6.22,$$

$$\boldsymbol{T}_{0.99}^2=\frac{3\times 13}{11}\times 6.22=22.050>\boldsymbol{T}_{\text{值}}^2。$$

故不能拒绝原假设，即认为该地区农村的两周岁男婴与女婴的均值向量无显著性差异。

实际上，从上面的多变量检验表中可以看出，Hotelling's Trace（霍特林迹统计量）对应的 p 值为 0.269，远大于设置的显著性水平 0.01，因此应接受原假设，即认为该地区农村两周岁男婴与女婴的均值向量无显著差异。

之所以花这么多篇幅来说明解题过程，是因为这样可以让读者更好地理解检验的整个过程：即如何先由样本数据求出男、女各指标间的协方差矩阵 $\boldsymbol{S}_1$，$\boldsymbol{S}_2$ 及联合协方差矩阵 $\boldsymbol{S}_p$，然后算出霍特林检验统计量 $\boldsymbol{T}^2$，最后按照相应检验规则来判定均值向量有无显著性差异。

由于这里使用判别分析模块和线性模型这两个模块，因此就能得到对此题的完整解答，可见在利用 SPSS 解决实际问题时，应该不拘一格，灵活利用有关模块解决相关问题。希望读者认真体会，举一反三。

现在来回答 5.2.1 节末尾提出的问题。由于在 SPSS 中没有关于单个正态总体均值的假设检验模块，因此当时没法利用软件来直接计算统计量 $\boldsymbol{T}^2$ 的值。如果把样本均值和已知均值分别看作两个不同类型的样本，这时后一个样本只含一个观测值。于是可以利用上述方法进行假设检验，关键问题就是解决如何计算统计量 $\boldsymbol{T}^2$ 的值，下面仍用例 5.2.1 给予说明。

为了应用两样本均值的假设检验，把均值向量 $\mu_0=(4,50,10)'$ 当作另一类型数据的一个样本，其作用相当于例 5.2.5 中女婴的数据，这时样本数为 1。也就是 $n_1=20$，$n_2=1$，利用例 5.2.5 中的操作方法，得到表 5.2.7。

表 5.2.7　应用两样本均值检验的多变量检验表

Effect		Value	F	Hypothesis df	Error df	Sig.
Intercept	Pillai's Trace	0.939	86.837	3.000	17.000	0.000
	Wilks' Lambda	0.061	86.837	3.000	17.000	0.000
	Hotelling's Trace	15.324	86.837	3.000	17.000	0.000
	Roy's Largest Root	15.324	86.837	3.000	17.000	0.000
实验号	Pillai's Trace	0.024	0.138	3.000	17.000	0.936
	Wilks' Lambda	0.976	0.138	3.000	17.000	0.936
	Hotelling's Trace	0.024	0.138	3.000	17.000	0.936
	Roy's Largest Root	0.024	0.138	3.000	17.000	0.936

在输出结果“Multivariate Tests”中，“Hotelling's Trace ”对应的 F 值是 0.138，而对于单个总体算得

$$\boldsymbol{T}^2 = n(\bar{\boldsymbol{x}}-\boldsymbol{\mu}_0)'\boldsymbol{S}^{-1}(\bar{\boldsymbol{x}}-\boldsymbol{\mu}_0) = n_1 n_2(\bar{\boldsymbol{x}}-\bar{\boldsymbol{y}})'\boldsymbol{S}_p{}^{-1}(\bar{\boldsymbol{x}}-\bar{\boldsymbol{y}})\text{，注意：} n_2 = 1\text{。}$$

由于此处运用了两总体假设检验的方法，故输出结果实际上应该是

$$\boldsymbol{T}_*^2 = \frac{n_1 n_2}{n_1+n_2}(\bar{\boldsymbol{x}}-\bar{\boldsymbol{y}})'\boldsymbol{S}_p{}^{-1}(\bar{\boldsymbol{x}}-\bar{\boldsymbol{y}})\text{，}$$

对应原题的 $\boldsymbol{T}^2$ 值，两者相差的倍数是 $n_1+n_2=21$，于是原题的 $\boldsymbol{T}^2$ 值是

$$\boldsymbol{T}_{\text{值}}^2 = (n_1+n_2)\times \boldsymbol{T}_*^2 = 21\times \boldsymbol{T}_*^2 = 21\times\frac{3\times 19}{17}\times 0.138 = 9.717\text{。}$$

这样也就避开利用公式 $\boldsymbol{T}_{\text{值}}^2 = n(\bar{\boldsymbol{x}}-\boldsymbol{\mu}_0)'\boldsymbol{S}^{-1}(\bar{\boldsymbol{x}}-\boldsymbol{\mu}_0)$ 计算 $\boldsymbol{T}^2$ 值。对 $\alpha=0.05$，有

$$\boldsymbol{T}_{0.95}^2 = \frac{3\times 19}{17}F_{0.95}(3,17) = 10.729\text{。}$$

因为 $\boldsymbol{T}^2 < \boldsymbol{T}_{0.95}^2$，所以接受原假设，与例 5.2.1 的结果是一样的。

注意：这时候切不可直接利用输出结果“Multivariate Tests”中“Hotelling's Trace”对应的 p 值来进行判断，理由是这里并不是真正的两总体均值检验，这里只是借用此方法来实现避开利用公式来计算 $\boldsymbol{T}^2$ 值的目的，是否显著要根据计算出的 $\boldsymbol{T}^2$ 值与 $\boldsymbol{T}^2$ 临界值的比较来决定（对这方面有兴趣的读者请参考《统计与决策》2008 年第 18 期上的论文：巧用 SPSS 进行均值的假设检验）。

2. 非独立样本的情况

在前面的讨论中，假设两个样本 $\boldsymbol{x}_1,\boldsymbol{x}_2,\cdots,\boldsymbol{x}_{n_1}$ 和 $\boldsymbol{y}_1,\boldsymbol{y}_2,\cdots,\boldsymbol{y}_{n_2}$ 是相互独立的。但是，在许多实际问题中，两个样本可能不相互独立，例如，观测值 $\boldsymbol{x}_1,\boldsymbol{x}_2,\cdots,\boldsymbol{x}_n$ 表示 n 家工业企业上一年的指标向量，而观测值 $\boldsymbol{y}_1,\boldsymbol{y}_2,\cdots,\boldsymbol{y}_n$ 表示这 n 家工业企业今年的相同指标向量。由于 $\boldsymbol{x}_i,\boldsymbol{y}_i$ 是同一家企业去年与今年的某个指标向量，因而显然不相互独立，这时不能使用式（5.2.8）来检验假设 H_0。

设 $(\boldsymbol{x}_i,\boldsymbol{y}_i)$，$i=1,2,\cdots,n(n>p)$ 是成对试验的数据，令 $\boldsymbol{d}_i=\boldsymbol{x}_i-\boldsymbol{y}_i$，$i=1,2,\cdots,n$，又若 $\boldsymbol{d}_1,\boldsymbol{d}_2,\cdots,\boldsymbol{d}_n$ 独立同分布于 $N_p(\boldsymbol{\delta},\boldsymbol{\Sigma})$，其中 $\boldsymbol{\Sigma}>0$，$\boldsymbol{\delta}=\boldsymbol{\mu}_1-\boldsymbol{\mu}_2$，$\boldsymbol{\mu}_1$，$\boldsymbol{\mu}_2$ 分别是总体 $\boldsymbol{x}$ 和 $\boldsymbol{y}$ 的均值向量，要检验的假设是

$$H_0:\boldsymbol{\mu}_1=\boldsymbol{\mu}_2 \leftrightarrow H_1:\boldsymbol{\mu}_1\neq\boldsymbol{\mu}_2\text{。}$$

这时就等价于假设 $H_0:\boldsymbol{\delta}=0 \leftrightarrow H_1:\boldsymbol{\delta}\neq 0$。

这样，两个总体均值的比较检验问题就化为一个总体的检验问题，由于 $\boldsymbol{T}^2 = n\bar{\boldsymbol{d}}'\boldsymbol{S}_d^{-1}\bar{\boldsymbol{d}}$ 是

自由度为 p 和 $n-p$ 的 $\boldsymbol{T}^2$ 统计量，其中 $\overline{\boldsymbol{d}}=\overline{\boldsymbol{x}}-\overline{\boldsymbol{y}}$，$\boldsymbol{S}_d=\frac{1}{n-1}\sum_{i=1}^{n}(\boldsymbol{d}_i-\overline{\boldsymbol{d}})(\boldsymbol{d}_i-\overline{\boldsymbol{d}})'$。这时

$$(n-1)\boldsymbol{S}_d \sim \boldsymbol{W}_p(n-1,\boldsymbol{\Sigma})。$$

当原假设 $H_0:\boldsymbol{\delta}=0$ 为真时，统计量 $\frac{n-p}{p(n-1)}\boldsymbol{T}^2 \sim \boldsymbol{F}(p,n-p)$，对给定的显著性水平 α，查表得 $\boldsymbol{F}_{1-\alpha}(p,n-p)$。令 $\boldsymbol{T}_\alpha^2=\frac{p(n-1)}{n-p}F_{1-\alpha}(p,n-p)$，若根据样本算得的 $\boldsymbol{T}_{值}^2 \geqslant \boldsymbol{T}_\alpha^2$，则拒绝 H_0，若 $\boldsymbol{T}_{值}^2<\boldsymbol{T}_\alpha^2$，则接受 H_0。

例 5.2.6 根据环保局规定，市污水处理监管处要求各企业按规定标准控制排向江河的污水。为了确保企业对污水处理的可靠性，现作如下对比研究：把某企业排放污水的每个样本一分为二，分送市卫生防疫站和厂方设置的实验室进行化验，对 11 个样品，各测两项指标：生化氧（BOD）和悬浮固体（SS）量，数据见表 5.2.8。那么，这两处化验的结果是否一致？若不一致，有何差别？这里取 $\alpha=0.05$。

表 5.2.8 污水化验数据

样品号		1	2	3	4	5	6	7	8	9	10	11
防疫站	x_{11j}（BOD）	25	28	36	35	15	44	42	54	34	29	39
	x_{12j}（SS）	15	13	22	29	31	64	30	64	56	20	21
实验室	x_{21j}（BOD）	6	6	18	8	11	34	28	71	43	33	20
	x_{22j}（SS）	27	23	64	44	30	75	26	124	54	30	14

成对观测值之差见表 5.2.9。

表 5.2.9 成对观测值之差

$d_{1j}=x_{11j}-x_{21j}$	19	22	18	27	4	10	14	−17	−9	−4	19
$d_{2j}=x_{12j}-x_{22j}$	−12	−10	−42	−15	1	−11	4	−60	2	−10	7

打开由上述数据建立的文件，利用 SPSS 软件，与上面的步骤一样，可以得到成对观测值之差的均值、协方差矩阵及其逆矩阵如下：

$$\overline{\boldsymbol{d}}=\begin{pmatrix}\overline{\boldsymbol{d}}_1\\ \overline{\boldsymbol{d}}_2\end{pmatrix}=\begin{pmatrix}9.36\\ -13.27\end{pmatrix},\quad \boldsymbol{S}_d=\begin{pmatrix}199.26 & 88.31\\ 88.31 & 418.62\end{pmatrix},\quad \boldsymbol{S}_d^{-1}=\begin{pmatrix}0.006 & -0.001\\ -0.001 & 0.003\end{pmatrix}。$$

对所要检验的原假设 $H_0:\boldsymbol{\delta}=(\delta_1,\delta_2)'=(0,0)'$，可以算出

$$\boldsymbol{T}_{值}^2=n\overline{\boldsymbol{d}}'\boldsymbol{S}_d^{-1}\overline{\boldsymbol{d}}=11\times(9.36,-13.27)\begin{pmatrix}0.006 & -0.001\\ -0.001 & 0.003\end{pmatrix}\begin{pmatrix}9.36\\ -13.27\end{pmatrix}=13.60。$$

对 $\alpha=0.05$，查表得 $\boldsymbol{F}_{0.95}(2,9)=4.26$，$\boldsymbol{T}_{1-\alpha}^2=\frac{(n-1)p}{n-p}\boldsymbol{F}_{0.95}(2,9)=9.47<\boldsymbol{T}_{值}^2$，于是拒绝 H_0，因此认为两个单位的化验结果有显著差异。对数据的直观检查可以发现厂方化验室比市防疫站测出的生化氧测量值偏低，而悬浮固体测量值却偏高，但是究竟哪个单位的化验结果更可靠，还需进一步的判断分析才可以确定。

5.2.5 多个正态总体均值向量的检验

多变量方差分析是单变量方差分析的推广，为此先简单介绍单变量方差分析的有关概念

和步骤。

1. 单变量方差分析

设有k个正态总体分别为$N(\mu_1,\sigma^2),\cdots,N(\mu_k,\sigma^2)$，从第$i$个总体中抽取$n_i$个独立样本：

$$x_1: x_{11},x_{12},\cdots,x_{1n_1};\qquad \bar{x}_{1\cdot}=\frac{1}{n_1}\sum_{j=1}^{n_1}x_{1j};$$

$$x_2: x_{21},x_{22},\cdots,x_{2n_2};\qquad \bar{x}_{2\cdot}=\frac{1}{n_2}\sum_{j=1}^{n_2}x_{2j};$$

$$\vdots$$

$$x_k: x_{k1},x_{k2},\cdots,x_{kn_k};\qquad \bar{x}_{k\cdot}=\frac{1}{n_k}\sum_{j=1}^{n_k}x_{kj}$$

记$\bar{x}=\frac{1}{n}\sum_{i=1}^{k}n_i\bar{x}_{i\cdot}=\frac{1}{n}\sum_{i=1}^{k}\sum_{j=1}^{n_i}x_{ij}$，$n=\sum_{i=1}^{k}n_i$。下面要检验的原假设和备择假设分别是

$$H_0:\mu_1=\mu_2=\cdots=\mu_k \leftrightarrow H_1:\text{至少有}\,i\neq j\text{，使}\,\mu_i\neq\mu_j$$

在H_0成立时，使用的检验统计量是

$$F=\frac{\boldsymbol{SSA}/(k-1)}{\boldsymbol{SSE}/(n-k)}\sim F(k-1,n-k)$$

其中$\boldsymbol{SSA}=\sum_{i=1}^{k}n_i(\bar{x}_{i\cdot}-\bar{x})^2$是组间平方和，$\frac{\boldsymbol{SSA}}{\sigma^2}\sim\chi^2(k-1)$；$\boldsymbol{SSE}=\sum_{i=1}^{k}\sum_{j=1}^{n_i}(x_{ij}-\bar{x}_{i\cdot})^2$是组内平方和，$\frac{\boldsymbol{SSE}}{\sigma^2}\sim\chi^2(n-k)$；$\boldsymbol{SSA}$与$\boldsymbol{SSE}$相互独立。$\boldsymbol{SST}=\sum_{i=1}^{k}\sum_{j=1}^{n_i}(x_{ij}-\bar{x})^2$是总平方和，则

$$\frac{\boldsymbol{SST}}{\sigma^2}=\frac{\boldsymbol{SSA}}{\sigma^2}+\frac{\boldsymbol{SSE}}{\sigma^2}\sim\chi^2(n-1)\text{。}$$

对给定的显著性水平α，查F分布表，得$F_{1-\alpha}(k-1,n-k)$。根据样本值算得统计量的值$F_{\text{值}}$，若$F_{\text{值}}\geqslant F_{1-\alpha}$，则拒绝原假设$H_0$；若$F_{\text{值}}<F_{1-\alpha}$，则接受原假设$H_0$。

在具体计算时，$\boldsymbol{SSA}$与$\boldsymbol{SSE}$的计算可简化为

$$\boldsymbol{SST}=\sum_{i=1}^{k}\sum_{j=1}^{n_i}x_{ij}^2-n\bar{x}^2,\ f_T=n-1;\quad \boldsymbol{SSA}=\sum_{i=1}^{k}x_{ij}^2/n_i-n\bar{x}^2,\ f_A=k-1;$$

$$\boldsymbol{SSE}=\boldsymbol{SST}-\boldsymbol{SSA},\ f_e=f_T-f_A=n-k\text{。}$$

2. 多个正态总体均值向量的假设检验

设有k个p维正态总体$\boldsymbol{N}_p(\boldsymbol{\mu}_1,\boldsymbol{\Sigma})$，$\boldsymbol{N}_p(\boldsymbol{\mu}_2,\boldsymbol{\Sigma})$，$\cdots$，$\boldsymbol{N}_p(\boldsymbol{\mu}_k,\boldsymbol{\Sigma})$，从每个总体随机抽取独立样品个数分别为$n_1,n_2,\cdots,n_k$，每个总体的$n_i$个样品的观测数据如下：

$$\boldsymbol{x}_1: \boldsymbol{x}_{11},\boldsymbol{x}_{12},\cdots,\boldsymbol{x}_{1n_1};\qquad \bar{\boldsymbol{x}}_{1\cdot}=\frac{1}{n_1}\sum_{j=1}^{n_1}\boldsymbol{x}_{1j};$$

$$\boldsymbol{x}_2: \boldsymbol{x}_{21},\boldsymbol{x}_{22},\cdots,\boldsymbol{x}_{2n_2};\qquad \bar{\boldsymbol{x}}_{2\cdot}=\frac{1}{n_2}\sum_{j=1}^{n_2}\boldsymbol{x}_{2j};$$

$$\vdots$$

$$\boldsymbol{x}_k: \boldsymbol{x}_{k1},\boldsymbol{x}_{k2},\cdots,\boldsymbol{x}_{kn_k};\qquad \bar{\boldsymbol{x}}_{k\cdot}=\frac{1}{n_k}\sum_{j=1}^{n_k}\boldsymbol{x}_{kj}$$

注意：这里每个 $\boldsymbol{x}_{ij}$ 都是 p 维随机向量 $\boldsymbol{x}_{ij}=(x_{ij1},x_{ij2},\cdots,x_{ijp})'$，$\bar{\boldsymbol{x}}=\frac{1}{n}\sum_{i=1}^{k}n_i\bar{\boldsymbol{x}}_{i\cdot}=\frac{1}{n}\sum_{i=1}^{k}\sum_{j=1}^{n_i}\boldsymbol{x}_{ij}$，$n=\sum_{i=1}^{k}n_i$。

下面要检验的原假设 H_0 和备择假设 H_1 分别是

$$H_0:\boldsymbol{\mu}_1=\boldsymbol{\mu}_2=\cdots=\boldsymbol{\mu}_k \leftrightarrow H_1:\text{至少有 } i\neq j\text{，使 }\boldsymbol{\mu}_i\neq\boldsymbol{\mu}_j$$

类似于单变量的情况，这时总离差阵是

$$\boldsymbol{SST}=\sum_{i=1}^{k}\sum_{j=1}^{n_i}(\boldsymbol{x}_{ij}-\bar{\boldsymbol{x}})(\boldsymbol{x}_{ij}-\bar{\boldsymbol{x}})'=\sum_{i=1}^{k}\sum_{j=1}^{n_i}(\boldsymbol{x}_{ij}-\bar{\boldsymbol{x}}_{i\cdot})(\boldsymbol{x}_{ij}-\bar{\boldsymbol{x}}_{i\cdot})'+\sum_{i=1}^{k}n_i(\boldsymbol{x}_{i\cdot}-\bar{\boldsymbol{x}})(\boldsymbol{x}_{i\cdot}-\bar{\boldsymbol{x}})'；$$

$$\boldsymbol{SSA}=\sum_{i=1}^{k}n_i(\boldsymbol{x}_{i\cdot}-\bar{\boldsymbol{x}})(\boldsymbol{x}_{i\cdot}-\bar{\boldsymbol{x}})'；\qquad \boldsymbol{SSE}=\sum_{i=1}^{k}\sum_{j=1}^{n_i}(\boldsymbol{x}_{ij}-\bar{\boldsymbol{x}}_{i\cdot})(\boldsymbol{x}_{ij}-\bar{\boldsymbol{x}}_{i\cdot})'。$$

因此仍有 $\boldsymbol{SST}=\boldsymbol{SSA}+\boldsymbol{SSE}$。称 $\boldsymbol{SST}$ 为总离差阵（总平方和及交叉乘积和），自由度为 $n-1$；$\boldsymbol{SSA}$ 为组间离差阵（处理平方和及交叉乘积和），自由度为 $k-1$；$\boldsymbol{SSE}$ 为组内离差阵（误差平方和及交叉乘积和），自由度为 $n-k$。

为了更好地说明检验的理由，下面先给出多维 Cochran 定理。

多维 Cochran 定理 设 $\boldsymbol{X}\sim N_{n\times p}(\boldsymbol{M},\boldsymbol{I}_p\otimes\boldsymbol{I}_n)$，$n\geqslant p$，$\boldsymbol{A}_i$ 是 n 阶对称矩阵，$\boldsymbol{W}_i=\boldsymbol{X}'\boldsymbol{A}_i\boldsymbol{X}$，$i=1,2,\cdots,k$，且 $\sum_{i=1}^{k}\boldsymbol{W}_i=\boldsymbol{X}'\boldsymbol{X}$，则 $\boldsymbol{W}_1,\boldsymbol{W}_2,\cdots,\boldsymbol{W}_k$ 相互独立，且服从非中心分布的充要条件是 $\sum_{i=1}^{k}\mathrm{R}(\boldsymbol{A}_i)=n$。

由于 $\boldsymbol{SST}\sim\boldsymbol{W}_p(n-1,\boldsymbol{\Sigma})$，$\boldsymbol{SSA}\sim\boldsymbol{W}_p(k-1,\boldsymbol{\Sigma})$，自由度 $f_{\boldsymbol{T}}=f_{\boldsymbol{A}}+f_{\boldsymbol{e}}$，所以，由多维 Cochran 定理，得 $\boldsymbol{SSE}\sim\boldsymbol{W}_p(n-k,\boldsymbol{\Sigma})$，且 $\boldsymbol{SSE}$ 与 $\boldsymbol{SSA}$ 相互独立，故下面的检验统计量是 Wilks 统计量：

$$\Lambda=\frac{|\boldsymbol{SSE}|}{|\boldsymbol{SSE}+\boldsymbol{SSA}|}\sim\Lambda(p,n-k,k-1)。$$

对给定的显著性水平 α，查 Wilks 分布表得 $\Lambda_\alpha(p,n-k,k-1)$，然后根据样本算得 $\Lambda_{\text{值}}$。当 $\Lambda_{\text{值}}\leqslant\Lambda_\alpha(p,n-k,k-1)$，则拒绝 H_0；当 $\Lambda_{\text{值}}>\Lambda_\alpha(p,n-k,k-1)$，则接受 H_0。

在实际应用时，可以利用下面一些性质：

（1）若 $n_2<p$，则有 $\Lambda(p,n_1,n_2)=\Lambda(n_2,n_1+n_2-p,p)$；

（2）设 $\boldsymbol{x}_1,\boldsymbol{x}_2,\cdots,\boldsymbol{x}_p$ 相互独立，$\boldsymbol{x}_i\sim\boldsymbol{B}((n_i-i+1)/2,\ n/2)$，$i=1,2,\cdots,p$，则

$$\prod_{i=1}^{p}\boldsymbol{x}_i\sim\Lambda(p,n_1,n_2)；$$

（3）设 $\boldsymbol{y}_1,\boldsymbol{y}_2,\cdots,\boldsymbol{y}_r$ 相互独立，$\boldsymbol{y}_i\sim\boldsymbol{B}(n_1+1-2i,\ n_2)$，$i=1,2,\cdots,r$，则

$$\prod_{i=1}^{r}\boldsymbol{y}_i\sim\Lambda(2r,n_1,n_2)。$$

若手头没有 Wilks 分布表，也可以转换成 $\boldsymbol{F}$-分布（或 χ^2-分布）表来近似求解。当然，利用统计软件可以很方便地得到所需要的结果。

例 5.2.7 Fisher 于 1936 年研究 3 种鸢尾花：第 1 种是刚毛鸢尾花，第 2 种是变色鸢尾花，第 3 种是弗吉尼亚鸢尾花。现从这 3 种鸢尾花中各抽取容量为 50 的样本，测量其花萼长

x_1、花萼宽 x_2、花瓣长 x_3 和花瓣宽 x_4，单位为 mm，数据见表 5.2.10。假设 3 种不同的鸢尾花的 4 个指标服从多元正态分布。现在想检验 3 种鸢尾花的均值向量 μ_1,μ_2,μ_3 是否相等，即检验假设 $H_0:\mu_1=\mu_2=\mu_3$，取 $\alpha=0.05$。

表 5.2.10　3 种鸢尾花容量各为 50 的样本数据

组别	萼长	萼宽	瓣长	瓣宽	组别	萼长	萼宽	瓣长	瓣宽	组别	萼长	萼宽	瓣长	瓣宽
1	50	33	14	02	3	77	38	67	22	3	67	33	57	21
3	64	28	56	22	2	63	33	47	16	1	50	35	16	06
2	65	28	46	15	3	67	33	57	25	2	58	26	40	12
3	67	31	56	24	3	76	30	66	21	1	44	30	13	02
3	63	28	51	15	3	49	25	45	17	3	77	28	67	20
1	46	34	14	03	1	55	35	13	02	3	63	27	49	18
3	69	31	51	23	3	67	30	52	23	1	47	32	16	02
2	62	22	45	15	2	70	32	47	14	2	55	26	44	12
2	59	32	48	18	2	64	32	45	15	2	50	23	33	10
1	46	36	10	02	2	61	28	40	13	3	72	32	60	18
2	61	30	46	14	1	48	31	16	02	1	48	30	14	03
2	60	27	51	16	3	59	30	51	18	1	51	38	16	02
3	65	30	52	20	2	55	24	38	11	3	61	30	49	18
2	56	25	39	11	3	63	25	50	19	1	48	34	19	02
3	65	30	55	18	3	64	32	53	23	1	50	30	16	02
3	58	27	51	19	1	52	34	14	02	1	50	32	12	02
3	68	32	59	23	1	49	36	14	01	3	61	26	56	14
1	51	33	17	05	2	54	30	45	15	3	64	28	56	21
2	57	28	45	13	3	79	38	64	20	1	43	30	11	01
3	62	34	54	23	1	44	32	13	02	1	58	40	12	02
1	51	38	19	04	3	60	22	50	15	2	51	25	30	11
2	67	31	44	14	1	54	39	17	04	2	57	28	41	13
3	62	28	48	18	2	66	29	46	13	3	65	30	58	22
1	49	30	14	02	2	52	27	39	14	3	69	31	54	21
1	51	35	14	02	2	60	34	45	16	1	54	39	13	04
2	56	30	45	15	1	50	34	15	02	1	51	35	14	03
2	58	27	41	10	1	44	29	14	02	3	72	36	61	25
1	50	34	16	04	2	50	20	35	10	3	65	32	51	20
1	46	32	14	02	2	55	24	37	10	2	61	29	47	14
2	60	29	45	15	2	58	27	39	12	2	56	29	36	13
2	57	26	35	10	1	47	32	13	02	2	69	31	49	15
1	57	44	15	04	1	46	31	15	02	3	64	27	53	19
1	50	36	14	02	3	69	32	57	23	3	68	30	55	21
3	77	30	61	23	2	62	29	43	13	2	55	25	40	13
3	63	34	56	24	3	74	28	61	19	1	48	34	16	02
3	58	27	51	19	2	59	30	42	15	1	48	30	14	01
2	57	29	42	13	1	51	34	15	02	1	45	23	13	03
3	72	30	58	16	1	50	35	13	03	3	57	25	50	20
1	54	34	15	04	3	56	28	49	20	1	57	38	17	03
1	52	41	15	01	2	60	22	40	10	1	51	38	15	03
3	71	30	59	21	3	73	29	63	18	2	55	23	40	13
3	64	31	55	18	3	67	25	58	18	2	66	30	44	14
3	60	30	48	18	1	49	31	15	01	2	68	28	48	14
3	63	29	56	18	2	67	31	47	15	1	54	34	17	02
2	49	24	33	10	2	63	23	44	13	1	51	37	15	04
2	56	27	42	13	1	54	37	15	02	1	52	35	15	02
2	57	30	42	12	2	56	30	41	13	3	58	28	51	24
1	55	42	14	02	2	63	25	49	15	2	67	30	50	17
1	49	31	15	02	2	61	28	47	12	3	63	33	60	25
3	77	26	69	23	2	64	29	43	13	1	53	37	15	02

解：本题要检验的假设是$H_0:\mu_1=\mu_2=\mu_3 \leftrightarrow H_1:\mu_1,\ \mu_2,\ \mu_3$中至少有两个不相等。

因为 3 个总体服从正态分布，现在先假设它们的协方差矩阵相等。下面利用 SPSS 先求出矩阵 $\boldsymbol{SSR}$，$\boldsymbol{SSE}$ 和 $\boldsymbol{SST}$ 中的任意两个，由 $\boldsymbol{SST}=\boldsymbol{SSR}+\boldsymbol{SSE}$ 就可以求出另外一个。另外软件输出结果中也需要给出威尔克斯统计量。具体操作如下：

打开例 5.2.7 数据所建立的文件，在“Analyze（分析）”菜单中选择“General Linear Model（一般线性模型）”，然后打开“Multivariate（多变量）”对话框，把花萼长 $\boldsymbol{x}_1$、花萼宽 $\boldsymbol{x}_2$、花瓣长 $\boldsymbol{x}_3$ 和花瓣宽 $\boldsymbol{x}_4$ 送入“Dependent Variable（自变量）”窗口中，把“组别”送入“Fixed Factors（固定因素）”栏，如图 5.2.3 所示。

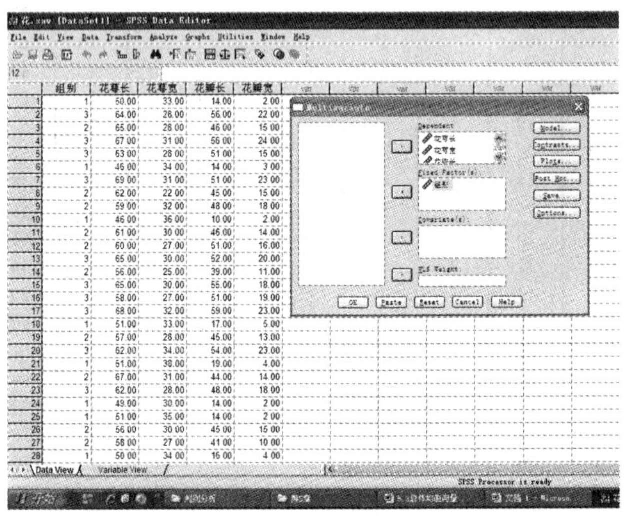

图 5.2.3　一般线性模型对话框

单击“Option”按钮在“Factor and Factor Interations”中选择“Overall”进入“Display Means for”，在“Display（显示）”框中选择“Descriptive Statistics（描述统计量）”“SSCP Matrixs”，并选择默认的显著水平 0.05，如图 5.2.4 所示。

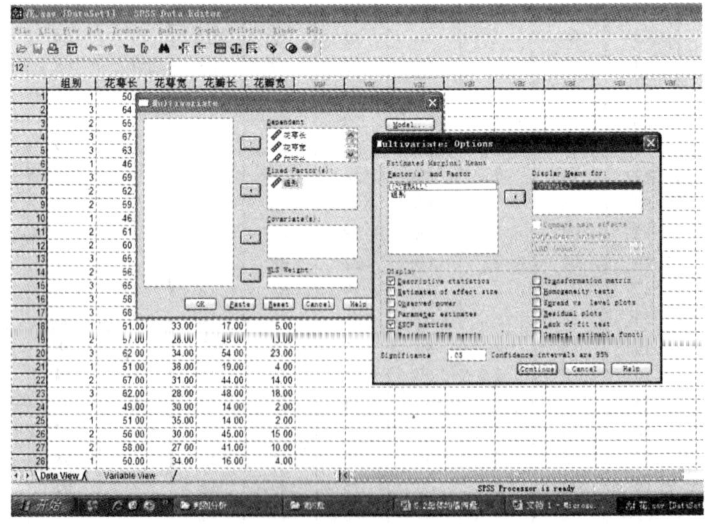

图 5.2.4　选取对话框

所有设置完成后即可得表 5.2.11～表 5.2.13。

表 5.2.11　3 种鸢尾花的描述统计量

	组别	Mean (mm)	Std. Deviation	N
花萼长	1	50.0600	3.52490	50
	2	59.3600	5.16171	50
	3	65.8800	6.35880	50
	Total	58.4333	8.28066	150
花萼宽	1	34.2800	3.79064	50
	2	27.7000	3.13798	50
	3	29.7400	3.22497	50
	Total	30.5733	4.35866	150
花瓣长	1	14.6200	1.73664	50
	2	42.6000	4.69911	50
	3	55.5200	5.51895	50
	Total	37.5800	17.65298	150
花瓣宽	1	2.4600	1.05386	50
	2	13.2600	1.97753	50
	3	20.2600	2.74650	50
	Total	11.9933	7.62238	150

由表 5.2.11 可得 3 种鸢尾花样本的均值向量和总平均向量 $\bar{\boldsymbol{x}}_1,\bar{\boldsymbol{x}}_2,\bar{\boldsymbol{x}}_3,\bar{\boldsymbol{x}}$ 为

$$\bar{\boldsymbol{x}}_1=\begin{pmatrix}50.06\\34.28\\14.62\\2.46\end{pmatrix},\quad \bar{\boldsymbol{x}}_2=\begin{pmatrix}59.36\\27.70\\42.60\\13.26\end{pmatrix},\quad \bar{\boldsymbol{x}}_3=\begin{pmatrix}65.88\\29.74\\55.52\\20.26\end{pmatrix},\quad \bar{\boldsymbol{x}}=\begin{pmatrix}58.43\\30.57\\37.58\\11.99\end{pmatrix}。$$

表 5.2.12　3 种鸢尾花的组间平方和及残差平方和

		化萼长	化萼宽	花瓣长	花瓣宽
	花萼长	512168.17	267975.27	329388.70	105121.57
	花萼宽	267975.27	140209.31	172341.88	55001.427
	花瓣长	329388.70	172341.88	211838.46	67606.420
	花瓣宽	105121.57	55001.427	67606.420	21576.007
组间	花萼长	6321.213	−1995.267	16524.840	7127.933
	花萼宽	−1995.267	1134.493	−5723.960	−2293.267
	花瓣长	16524.840	−5723.960	43710.280	18677.400
	花瓣宽	7127.933	−2293.267	18677.400	8041.333
误差	花萼长	3895.620	1363.000	2462.460	564.500
	花萼宽	1363.000	1696.200	812.080	480.840
	花瓣长	2462.460	812.080	2722.260	627.180
	花瓣宽	564.500	480.840	627.180	615.660

由表“Between-subject SSCP Matrix”可得矩阵 ***SSR*** 和 ***SSE***，由 ***SST=SSR+SSE*** 可以求出 ***SST***。

$$SSR=\begin{pmatrix} 6321.213 & -195.267 & 16524.840 & 7127.933 \\ -1995.267 & 1134.493 & -5723.960 & -2293.267 \\ 16524.840 & -5723.960 & 43719.230 & 18677.400 \\ 7127.933 & -2293.267 & 18677.400 & 8241.333 \end{pmatrix},$$

$$SSE=\begin{pmatrix} 3895.620 & 1363.000 & 2462.460 & 564.500 \\ 1363.000 & 1696.200 & 812.080 & 480.840 \\ 2462.460 & 872.080 & 2722.260 & 627.180 \\ 564.500 & 480.840 & 627.180 & 615.660 \end{pmatrix}。$$

表 5.2.13　3 种鸢尾花的多变量检验

Effect		Value	*F*	Hypothesis df	Error df	Sig.
	Pillai's Trace	.939	5203.883	4.000	144.000	0.000
	Wilks' Lambda	.007	5203.883	4.000	144.000	0.000
	Hotelling's Trace	144.552	5203.883	4.000	144.000	0.000
	Roy's Largest Root	144.552	5203.883	4.000	144.000	0.000
组间	Pillai's Trace	1.192	53.466	8.000	290.000	0.000
	Wilks' Lambda	.023	199.145	8.000	288.000	0.000
	Hotelling's Trace	32.477	580.532	8.000	286.000	0.000
	Roy's Largest Root	32.192	1166.957	4.000	145.000	0.000

由“Multivarite Tests”组间栏中的“Wilks Lambda”读出威尔克斯 Λ 统计量为 0.023，转换为 F 值为 199.145。对应的 p 值是 0.000。于是，得

$$\Lambda=\frac{|SSE|}{|SST|}=0.023,$$

对应的 F 值是

$$F=\frac{(147-4+1)(1-\sqrt{0.023})}{4\sqrt{0.023}}=199.145。$$

对 $\alpha=0.05$，检验的 p 值是 0.000，因此拒绝原假设，即认为 3 种鸢尾花的均值向量有极显著差异。

5.3　协方差矩阵的假设检验

5.3.1　单个正态总体的协方差阵检验

设 $x_1,x_2,\cdots,x_n$ 是来自多元正态总体 $N_p(\mu,\Sigma)$，$n>p$，$\Sigma>0$ 的一个样本，μ,Σ 都是未知的，要检验的假设是

$$H_0:\Sigma=\Sigma_0 \leftrightarrow H_1:\Sigma\neq\Sigma_0 \tag{5.3.1}$$

式中 Σ_0 为给定的正定矩阵。

因为 Σ_0 正定，故存在可逆矩阵 P，使 $P\Sigma_0P'=I$，于是令 $y_i=Px_i$，$i=1,2,\cdots,n$，则

$\boldsymbol{y}_i \sim \boldsymbol{N}_p(\boldsymbol{P\mu},\ \boldsymbol{P\Sigma P'}) = \boldsymbol{N}_p(\boldsymbol{\mu}^*, \boldsymbol{\Sigma}^*)$。这时，要检验的假设（5.3.1）就变为以下假设：

$$H_0 : \boldsymbol{\Sigma}^* = \boldsymbol{I} \leftrightarrow H_1 : \boldsymbol{\Sigma}^* \neq \boldsymbol{I} \tag{5.3.2}$$

为了对式（5.3.1）或式（5.3.2）作检验，需要寻找相应的检验统计量。

定理 5.3.1 设 $\boldsymbol{x}_1, \boldsymbol{x}_2, \cdots, \boldsymbol{x}_n$ 为取自总体 $\boldsymbol{N}_p(\boldsymbol{\mu}, \boldsymbol{\Sigma})$，$n > p$，$\boldsymbol{\Sigma} > 0$ 的样本，检验假设（5.3.1）的似然比统计量为

$$\Lambda = (\mathrm{e}/n)^{np/2} \left|\boldsymbol{\Sigma}_0^{-1}\boldsymbol{A}\right|^{n/2} \exp\{-\frac{1}{2}\mathrm{tr}(\boldsymbol{\Sigma}_0^{-1}\boldsymbol{A})\},$$

其中 $\boldsymbol{A} = \sum_{i=1}^{n}(\boldsymbol{x}_i - \bar{\boldsymbol{x}})(\boldsymbol{x}_i - \bar{\boldsymbol{x}})'$，$\bar{\boldsymbol{x}} = \frac{1}{n}\sum_{i=1}^{n}\boldsymbol{x}_i$。

证明：因为 $\boldsymbol{\Sigma}_0$ 为给定的正定矩阵，作变换 $\boldsymbol{y}_i = \boldsymbol{\Sigma}_0^{-1/2}\boldsymbol{x}_i$，$i = 1, 2, \cdots, n$，则

$$\boldsymbol{y}_i \sim \boldsymbol{N}_p(\boldsymbol{\Sigma}_0^{-1/2}\boldsymbol{\mu},\ \boldsymbol{\Sigma}_0^{-1/2}\boldsymbol{\Sigma}\boldsymbol{\Sigma}_0^{-1/2}) = \boldsymbol{N}_p(\boldsymbol{\mu}^*, \boldsymbol{\Sigma}^*)。$$

要检验的假设

$$H_0 : \boldsymbol{\Sigma} = \boldsymbol{\Sigma}_0 \leftrightarrow H_1 : \boldsymbol{\Sigma} \neq \boldsymbol{\Sigma}_0,$$

就变为检验假设

$$H_0 : \boldsymbol{\Sigma}^* = \boldsymbol{I} \leftrightarrow H_1 : \boldsymbol{\Sigma}^* \neq \boldsymbol{I}。$$

这时样本的似然函数是

$$\boldsymbol{L}(\boldsymbol{\mu}^*, \boldsymbol{\Sigma}^*) = (2\pi)^{-np/2}\left|\boldsymbol{\Sigma}^*\right|^{-n/2} \exp\{-\frac{1}{2}\mathrm{tr}[\boldsymbol{\Sigma}^{*-1}(\Sigma(\boldsymbol{y}_i - \bar{\boldsymbol{y}})(\boldsymbol{y}_i - \bar{\boldsymbol{y}})')]\},$$

参数空间是 $\Theta = \{(\boldsymbol{\mu}^*, \boldsymbol{\Sigma}^*) : \boldsymbol{\mu}^* \in \mathbf{R}^p, \boldsymbol{\Sigma}^* > 0\}$。在 H_0 成立的条件下，有

$$\Theta_0 = \{(\boldsymbol{\mu}^*, \boldsymbol{\Sigma}^*) : \boldsymbol{\mu}^* \in \mathbf{R}^p, \boldsymbol{\Sigma}^* = \boldsymbol{I}\}。$$

于是由定理 3.5.1 知

$$\max_{(\mu^*, \Sigma^*) \in \Theta} \boldsymbol{L}(\boldsymbol{\mu}^*, \boldsymbol{\Sigma}^*) = (2\pi/n)^{-np/2}\left|\boldsymbol{B}\right|^{-n/2}\mathrm{e}^{-np/2},$$

其中 $\boldsymbol{B} = \sum_{i}(\boldsymbol{y}_i - \bar{\boldsymbol{y}})(\boldsymbol{y}_i - \bar{\boldsymbol{y}})'$，$\bar{\boldsymbol{y}} = \sum_{i=1}^{n}\boldsymbol{y}_i / n$。

$$\max_{(\mu^*, \Sigma^*) \in \Theta_0} \boldsymbol{L}(\boldsymbol{\mu}^*, \boldsymbol{\Sigma}^*) = (2\pi)^{-np/2} \exp\{-\frac{1}{2}\mathrm{tr}\boldsymbol{B}\}。$$

因此得似然比统计量

$$\Lambda = \frac{\max_{(\mu^*, \Sigma^*) \in \Theta} \boldsymbol{L}(\boldsymbol{\mu}^*, \boldsymbol{\Sigma}^*)}{\max_{(\mu^*, \Sigma^*) \in \Theta_0} \boldsymbol{L}(\boldsymbol{\mu}^*, \boldsymbol{\Sigma}^*)} = (\mathrm{e}/n)^{np/2}\left|\boldsymbol{B}\right|^{n/2} \exp\{-\frac{1}{2}\mathrm{tr}(\boldsymbol{B})\},$$

由于 $\boldsymbol{B} = \sum_{i=1}^{n}(\boldsymbol{y}_i - \bar{\boldsymbol{y}})(\boldsymbol{y}_i - \bar{\boldsymbol{y}})' = \boldsymbol{\Sigma}_0^{-1/2}\sum_{i=1}^{n}(\boldsymbol{x}_i - \bar{\boldsymbol{x}})(\boldsymbol{x}_i - \bar{\boldsymbol{x}})'\boldsymbol{\Sigma}_0^{-1/2} = \boldsymbol{\Sigma}_0^{-1/2}\boldsymbol{A}\boldsymbol{\Sigma}_0^{-1/2}$，所以

$$\left|\boldsymbol{B}\right| = \left|\boldsymbol{\Sigma}_0^{-1/2}\boldsymbol{A}\boldsymbol{\Sigma}_0^{-1/2}\right| = \left|\boldsymbol{\Sigma}_0^{-1}\boldsymbol{A}\right|,\quad \mathrm{tr}(\boldsymbol{B}) = \mathrm{tr}(\boldsymbol{\Sigma}_0^{-1/2}\boldsymbol{A}\boldsymbol{\Sigma}_0^{-1/2}) = \mathrm{tr}(\boldsymbol{\Sigma}_0^{-1}\boldsymbol{A}),$$

因此

$$\Lambda = (\mathrm{e}/n)^{np/2}\left|\boldsymbol{\Sigma}_0^{-1}\boldsymbol{A}\right|^{n/2} \exp\{-\frac{1}{2}\mathrm{tr}(\boldsymbol{\Sigma}_0^{-1}\boldsymbol{A})\}。$$

注意：以 Λ 为基础的似然比检验不是无偏的，但把 Λ 中的 n 换为 $n-1$ 所得的统计量是无偏的，记为 Λ^*，即 $\Lambda^* = (\mathrm{e}/(n-1))^{(n-1)p/2}\left|\boldsymbol{\Sigma}_0^{-1}\boldsymbol{A}\right|^{(n-1)/2} \exp\{-\frac{1}{2}\mathrm{tr}(\boldsymbol{\Sigma}_0^{-1}\boldsymbol{A})\}$。$\Lambda^*$ 统计量等价于统计

量 $-2\ln\Lambda^*$。$-2\ln\Lambda^*$ 的极限分布是 χ^2-分布。Anderson 给出以下定理：

定理 5.3.2 在 H_0 为真时，$-2\ln\Lambda^*$ 的极限分布是自由度为 $p(p+1)/2$ 的 χ^2-分布。

有了定理 5.3.2，可以给出进行检验的具体步骤：

（1）提出要检验的假设 $H_0:\boldsymbol{\Sigma}=\boldsymbol{\Sigma}_0$；

（2）取 $-2\ln\Lambda^*$ 为检验统计量，在 H_0 为真时，极限分布为 $\chi^2(p(p+1)/2)$-分布；

（3）对给定的显著性水平 α，查表得 χ^2-分布的上 α 分位点 $\chi^2_{1-\alpha}(f)$，$f=p(p+1)/2$；

（4）根据样本算得 Λ^* 值，若 $-2\ln\Lambda^*\geqslant\chi^2_{1-\alpha}(f)$，则拒绝原假设 H_0，否则接受假设。

在利用统计软件时会直接计算 $p(\chi^2(f)\geqslant -2\ln\Lambda^*_{值})=p$ 值，若 p 值大于 α，则接受原假设；若 p 值小于等于 α，则拒绝原假设。

例 5.3.1 在服装标准制定中，协方差阵是重要的参数，从长期的调查中知北京市成年女子的身高 (x_1)，胸围 (x_2)，腰围 (x_3) 的协方差阵为 $\boldsymbol{\Sigma}_0=\begin{pmatrix}29.57 & & \\ 3.92 & 39.05 & \\ 1.76 & 39.19 & 63.07\end{pmatrix}$。最近服装公司又组织人力抽取了北京市的 100 位成年女子，经测量最后算得这三个变量的样本协差矩阵为

$$\boldsymbol{S}=\frac{1}{99}\boldsymbol{A}\begin{pmatrix}22.12 & & \\ 2.98 & 32.72 & \\ 0.46 & 30.39 & 50.98\end{pmatrix}。$$

问近期抽取的样本所来自总体的协方差是否仍然不变？

解：设近期抽取的样本来自总体 $\boldsymbol{x}\sim \boldsymbol{N}_3(\boldsymbol{\mu},\boldsymbol{\Sigma})$，要检验的假设是

$$H_0:\boldsymbol{\Sigma}=\boldsymbol{\Sigma}_0 \leftrightarrow H_1:\boldsymbol{\Sigma}\neq\boldsymbol{\Sigma}_0。$$

因为 $\boldsymbol{A}=(n-1)\boldsymbol{S}$，$\Lambda^*=(\mathrm{e}/(n-1))^{(n-1)p/2}\left|\boldsymbol{\Sigma}_0^{-1}(n-1)\boldsymbol{S}\right|^{(n-1)/2}\exp\{-\frac{1}{2}\mathrm{tr}\boldsymbol{\Sigma}_0^{-1}(n-1)\boldsymbol{S}\}$。

$$-2\ln\Lambda^*=(n-1)[\ln|\Sigma_0|-\ln|\boldsymbol{S}|-p+\mathrm{tr}(\boldsymbol{\Sigma}_0^{-1}\boldsymbol{S})]。$$

故
$$-2\ln\Lambda^*\sim\chi^2(f),\quad f=p(p+1)/2=6。$$

对给定的 $\alpha=0.05$，查表得临界值（上 α 分位点）$\chi^2_{1-\alpha}(6)=12.59$。根据样本计算，得

$$\boldsymbol{\Sigma}_0^{-1}=\begin{pmatrix}0.03450 & & \\ -0.0066 & 0.0693 & \\ 0.00316 & -0.0429 & 0.0424\end{pmatrix}。$$

$\mathrm{tr}(\boldsymbol{\Sigma}_0^{-1}\boldsymbol{S})=2.5474$，$|\boldsymbol{\Sigma}_0|=26862.84$, $\ln|\boldsymbol{\Sigma}_0|=10.198$，$|\boldsymbol{S}|=16092.31$, $\ln|\boldsymbol{S}|=9.686$。所以

$$-2\ln\Lambda^*=99(10.198-9.686-3+2.5474)=5.88<12.59=\chi^2_{1-\alpha}(6)。$$

从而不能拒绝 H_0，即认为近期总体的协方差阵不变。

5.3.2 球形检验

设 $\boldsymbol{x}_1,\boldsymbol{x}_2,\cdots,\boldsymbol{x}_n$ 是来自多维正态总体 $\boldsymbol{N}_p(\boldsymbol{\mu},\boldsymbol{\Sigma})$, $n>p$, $\boldsymbol{\Sigma}>0$ 的一个样本，$\boldsymbol{\mu},\boldsymbol{\Sigma}$ 都是未知的。要检验的假设是

$$H_0:\boldsymbol{\Sigma}=\sigma^2\boldsymbol{\Sigma}_0 \leftrightarrow H_1:\boldsymbol{\Sigma}\neq\sigma^2\boldsymbol{\Sigma}_0 \tag{5.3.3}$$

式中$\boldsymbol{\Sigma}_0$为给定的正定矩阵；σ^2为未知正数。

因为$\boldsymbol{\Sigma}_0$正定，故存在可逆矩阵$\boldsymbol{P}$，使$\boldsymbol{P\Sigma}_0\boldsymbol{P}'=\boldsymbol{I}$，于是令$\boldsymbol{y}_i=\boldsymbol{P}\boldsymbol{x}_i$，$i=1,2,\cdots,n$，则$\boldsymbol{y}_i\sim \boldsymbol{N}_p(\boldsymbol{P\mu},\ \boldsymbol{P\Sigma P}')=\boldsymbol{N}_p(\boldsymbol{\mu}^*,\boldsymbol{\Sigma}^*)$。这时，要检验的假设（5.3.1）就变为以下假设：

$$H_0:\boldsymbol{\Sigma}^*=\sigma^2\boldsymbol{I} \leftrightarrow H_1:\boldsymbol{\Sigma}^*\neq\sigma^2\boldsymbol{I} \tag{5.3.4}$$

当H_0为真时，说明随机向量的各分量之间相互独立，有相同的未知方差σ^2。如果说原来正态密度的等值面是一个椭球面，即$(\boldsymbol{y}-\boldsymbol{\mu}^*)'\boldsymbol{\Sigma}^{*-1}(\boldsymbol{y}-\boldsymbol{\mu}^*)=c$，其中$c$是常数，则在$H_0$为真时，它就转化为球面$(\boldsymbol{y}-\boldsymbol{\mu}^*)'(\boldsymbol{y}-\boldsymbol{\mu}^*)=c\sigma^2$。因此文献中常称此检验为 Bartlett **球形检验**，这是检验数据是否适用于主成分分析或因子分析的一种检验方法。

为了对式（5.3.3）或式（5.3.4）作检验，需要寻找适合的检验统计量。

定理 5.3.3 设$\boldsymbol{x}_1,\boldsymbol{x}_2,\cdots,\boldsymbol{x}_n$为取自总体$\boldsymbol{N}_p(\boldsymbol{\mu},\boldsymbol{\Sigma})$，$n>p$，$\boldsymbol{\Sigma}>0$的样本，$\boldsymbol{\mu},\boldsymbol{\Sigma}$都是未知的。检验假设（5.3.3）的似然比统计量为

$$\Lambda=\left|\boldsymbol{\Sigma}_0^{-1}\boldsymbol{A}\right|^{n/2}/[\mathrm{tr}(\boldsymbol{\Sigma}_0^{-1}\boldsymbol{A})/\boldsymbol{p}]^{np/2}。$$

若令

$$\boldsymbol{W}=\Lambda^{2/n}=p^p\left|\boldsymbol{\Sigma}_0^{-1}\boldsymbol{A}\right|/[\mathrm{tr}(\boldsymbol{\Sigma}_0^{-1}\boldsymbol{A})]^p，$$

则该统计量与原统计量等价。把$\boldsymbol{W}$中的n换为$n-1$所得的统计量是无偏的，Davis 在 1971 年得到如下的结论：

定理 5.3.4 若假设（5.3.3）中的H_0为真时，$-[(n-1)-(2p^2+p+2)/(6p)]\ln W$的极限分布是自由度为$(p+2)(p-1)/2$的$\chi^2$-分布。

5.3.3 多个协方差矩阵相等的检验

设有k个p元正态总体$\boldsymbol{N}_p(\boldsymbol{\mu}_1,\boldsymbol{\Sigma}_1),\cdots,\boldsymbol{N}_p(\boldsymbol{\mu}_k,\boldsymbol{\Sigma}_k)$，$\boldsymbol{x}_{ij}$，$j=1,2,\cdots,n_i$是从第$i$个总体抽出的样本，$i=1,2,\cdots,k$，其中$\boldsymbol{\mu}_1,\boldsymbol{\mu}_2,\cdots,\boldsymbol{\mu}_k$和$\boldsymbol{\Sigma}_1,\boldsymbol{\Sigma}_2,\cdots,\boldsymbol{\Sigma}_k$都未知，$\boldsymbol{\Sigma}_i>0,\ i=1,2,\cdots,k$。

这时要检验的假设是

$$H_0:\boldsymbol{\Sigma}_1=\boldsymbol{\Sigma}_2=\cdots=\boldsymbol{\Sigma}_k=\boldsymbol{\Sigma} \leftrightarrow H_1:\text{至少存在某}\,i\neq j\,\text{使}\,\boldsymbol{\Sigma}_i\neq\boldsymbol{\Sigma}_j \tag{5.3.5}$$

式中$\boldsymbol{\Sigma}$为某个未知的正定矩阵。

记$\overline{\boldsymbol{x}}_{i\cdot}=\dfrac{1}{n_i}\sum\limits_{j=1}^{n_i}\boldsymbol{x}_{ij}$，$\boldsymbol{A}_i=\sum\limits_{j=1}^{n_i}(\boldsymbol{x}_{ij}-\overline{\boldsymbol{x}}_{i\cdot})(\boldsymbol{x}_{ij}-\overline{\boldsymbol{x}}_{i\cdot})$，$\boldsymbol{A}=\sum\limits_{i=1}^{k}\boldsymbol{A}_i$，$n=\sum\limits_{i=1}^{k}n_i$。

定理 5.3.5 设$\boldsymbol{x}_{ij}$，$j=1,2,\cdots,n_i$为取自总体$\boldsymbol{N}_p(\boldsymbol{\mu}_i,\boldsymbol{\Sigma}_i)$的容量为$n_i(>p)$的样本，$i=1,2,\cdots,k$，且这$k$个样本相互独立，则检验假设（5.3.5）的似然比统计量为

$$\Lambda=\frac{\prod\limits_{i=1}^{k}\left|\boldsymbol{A}_i\right|^{n_i/2}}{\left|\boldsymbol{A}\right|^{n/2}}\cdot\frac{\boldsymbol{n}^{np/2}}{\prod\limits_{i=1}^{k}n_i^{n_ip/2}}。$$

证明：在已知条件下，参数空间是

$$\Theta=\{(\mu_1,\mu_2,\cdots\mu_k;\Sigma_1,\Sigma_2,\cdots,\Sigma_k):\mu_i\in\mathbf{R}^p,\ \Sigma_i>0,\ i=1,2,\cdots,k\}。$$

当 H_0 成立时，参数空间是

$$\Theta_0=\{(\mu_1,\mu_2,\cdots\mu_k;\Sigma_1,\Sigma_2,\cdots,\Sigma_k):\mu_i\in\mathbf{R}^p,\ \Sigma_i=\Sigma>0,\ i=1,2,\cdots,k\}。$$

样本的似然函数是

$$\begin{aligned}L(\mu_1,\cdots,\mu_k;\Sigma_1,\cdots,\Sigma_k)&=\prod_{i=1}^{k}L(\mu_i;\Sigma_i)\\&=(2\pi)^{-np/2}\prod_{i=1}^{k}|\Sigma_i|^{-n_ip/2}\exp\{-\frac{1}{2}\mathrm{tr}[\Sigma_i^{-1}(\sum_{j=1}^{n_i}(x_{ij}-\mu_i)(x_{ij}-\mu_i)')]\}。\end{aligned}$$

要使 $L(\mu_1,\cdots,\mu_k;\Sigma_1,\cdots,\Sigma_k)$ 极大化，只要使每个 $L(\mu_i;\Sigma_i)$ 极大化。于是有

$$\max_{\Theta}L(\mu_1,\cdots,\mu_k;\Sigma_1,\cdots,\Sigma_k)=\prod_{i=1}^{k}L(\bar{x}_i;A_i/n_i)$$

$$=\prod_{i=1}^{k}(2\pi)^{-n_ip/2}\prod_{i=1}^{k}|A_i/n_i|^{-n_ip/2}\mathrm{e}^{-n_ip/2}=(2\pi)^{-np/2}\mathrm{e}^{-np/2}\prod_{i=1}^{k}|A_i/n_i|^{-n_ip/2},$$

$$\max_{\Theta_0}L(\mu_1,\cdots,\mu_k;\Sigma_1,\cdots,\Sigma_k)=\prod_{i=1}^{k}L(\bar{x}_i;A/n)=(2\pi)^{-np/2}\mathrm{e}^{-np/2}|A/n|^{-n/2}。$$

于是 $$\Lambda=\frac{\max_{\Theta_0}L(\mu_1,\cdots\mu_k;\Sigma,\cdots,\Sigma)}{\max_{\Theta}L(\mu_1,\cdots\mu_k;\Sigma_1,\cdots,\Sigma_k)}=\frac{|A/n|^{n/2}}{\prod_{i=1}^{k}|A_i/n_i|^{n_i/2}}=\frac{\prod_{i=1}^{k}|A_i|^{n_i/2}}{|A|^{n/2}}\cdot\frac{n^{np/2}}{\prod_{i=1}^{k}n_i^{n_ip/2}}。$$

注意：以 Λ 为基础的似然比检验不是无偏的，如果把 Λ 中的 n_i 修正为 n_i-1，而 n 修正为 $n-k$，记修改后的 Λ 为 Λ^*，即

$$\Lambda^*=\frac{\prod_{i=1}^{k}|A_i|^{(n_i-1)/2}}{|A|^{(n-k)/2}}\cdot\frac{(n-k)^{(n-k)p/2}}{\prod_{i=1}^{k}(n_i-1)^{(n_i-1)p/2}}。\tag{5.3.6}$$

Box 给出当 H_0 为真时，$M=-2\ln\Lambda^*$ 的渐近分布。

定理 5.3.6 在式（5.3.5）中，原假设 H_0 为真时，当 $n\to\infty$，以及 $\lim_{n\to\infty}\frac{n_i}{n}>0$ 时，$aM=-2a\ln\Lambda^*$ 渐近服从 $\chi^2(f)$，其中，自由度 $f=p(p+1)(k-1)/2$，a 如下式所示：

$$a=\begin{cases}1-\dfrac{2p^2+3p-1}{6(p+1)(k-1)}(\sum_{i=1}^{k}\dfrac{1}{n_i-1}-\dfrac{1}{n-k}), & n_i\text{不全相等}\\1-\dfrac{(2p^2+3p-1)(k+1)}{6(p+1)(n-k)}, & n_1=n_2=\cdots=n_k\end{cases}。$$

实际上，M 也近似服从 $qF(f_1,f_2)$，其中

$$f_1=p(p+1)(k-1)/2,\quad q=f_1/(a-f_1/f_2),$$

$$f_2=\frac{f_1+2}{b-(1-a)^2}, \quad b=\begin{cases}\dfrac{(p-1)(p+2)}{6(k-1)}\left(\sum\limits_{i=1}^{k}\dfrac{1}{(n_i-1)^2}-\dfrac{1}{(n-k)^2}\right), & n_i\text{不全相等}\\ \dfrac{(p-1)(p+2)(k^2+k+1)}{6(n-k)^2}, & n_1=n_2=\cdots=n_k\end{cases}。$$

例 5.3.2 Fisher 于 1936 年研究 3 种鸢尾花：第 1 种是刚毛鸢尾花，第 2 组是变色鸢尾花，第 3 种是弗吉尼亚鸢尾花。现从这 3 种鸢尾花中各抽取容量为 50 的样本，测量其花萼长 x_1、花萼宽 x_2、花瓣长 x_3 和花瓣宽 x_4，单位为 mm，数据见表 5.2.5。假设 3 种不同的鸢尾花的 4 个指标服从多元正态分布。现在想检验 3 种鸢尾花的协方差矩阵 $\boldsymbol{\Sigma}_1,\boldsymbol{\Sigma}_2,\boldsymbol{\Sigma}_3$ 是否相等，即检验假设 $H_0:\boldsymbol{\Sigma}_1=\boldsymbol{\Sigma}_2=\boldsymbol{\Sigma}_3$，取 $\alpha=0.05$。

解： 本题要检验的假设是 $H_0:\boldsymbol{\Sigma}_1=\boldsymbol{\Sigma}_2=\boldsymbol{\Sigma}_3 \leftrightarrow H_1:\boldsymbol{\Sigma}_1$，$\boldsymbol{\Sigma}_2$，$\boldsymbol{\Sigma}_3$ 中至少有 2 个不相等。

利用统计软件 SPSS，打开由数据表 5.2.5 建立的数据文件，从“Analyze（分析）”菜单中选择“Classify（分类）”，单击“Discriminant（判别分析）”按钮弹出判别分析主对话框。在左边的列表框中选择组别变量送入“Grouping Variable（组变量）”框内，这时“Define Range（确定范围）”被激活，单击“Define Range”按钮，在“Minimum（最小值）”和“Maximum（最大值）”窗口分别输入 1 和 3，设置完成后，单击“Continue（继续）”按钮返回“Discriminant Analysis” 主对话框，在左边的列表框中把 4 个变量花萼长、花萼宽、花瓣长和花瓣宽送入“Independents（自变量）”对话框。单击“Statistics（统计）”按钮打开“Statistics”对话框如图 5.3.1 所示。

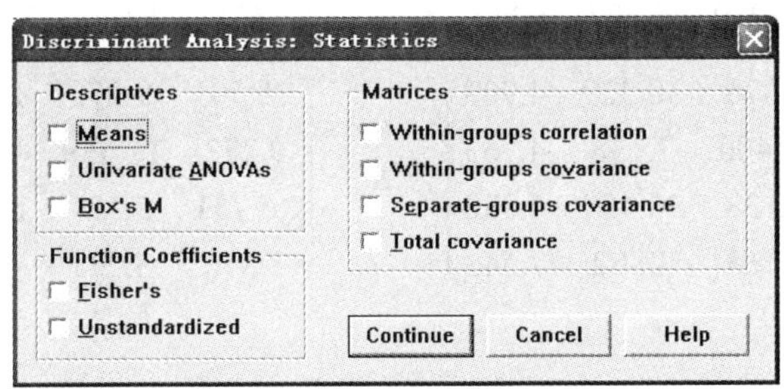

图 5.3.1　判别分析位计量对话框

在“Descriptives（描述统计）”对话框中选择“Means（均值）”得各组的均值、标准差等统计量；由于本例要检验 3 组的协方差矩阵是否相等，故选“Box's M（Box M 检验）”检验 3 组的协方差矩阵是否相等。在“Matrices（矩阵）”对话框中选择“Within-groups covariance（组内协方差矩阵）”和“Separate-groups covariance（分组协方差矩阵）”，其余暂不选，单击“Continue”按钮返回“Discriminant Analysis”。其他选项由系统默认，单击“Ok”按钮即可得到表 5.3.1～表 5.3.4。

表 5.3.1　3 种鸢尾花的联合组间协方差

	花萼长	花萼宽	花瓣长	花瓣宽
花萼长	26.501	9.272	16.751	3.840
花萼宽	9.272	11.539	5.524	3.271
花瓣长	16.751	5.524	18.519	4.267
花瓣宽	3.840	3.271	4.267	4.188

表 5.3.2 3 种鸢尾花各组间的协方差

组别		花萼长	花萼宽	花瓣长	花瓣宽
1 组	花萼长	12.425	9.922	1.636	1.033
	花萼宽	9.922	14.369	1.170	0.930
	花瓣长	1.636	1.170	3.016	0.607
	花瓣宽	1.033	.930	.607	1.111
2 组	花萼长	26.643	8.518	18.290	5.578
	花萼宽	8.518	9.847	8.265	4.120
	花瓣长	18.290	8.265	22.082	7.310
	花瓣宽	5.578	4.120	7.310	3.911
3 组	花萼长	40.434	9.376	30.329	4.909
	花萼宽	9.376	10.400	7.138	4.463
	花瓣长	30.329	7.138	30.459	4.882
	花瓣宽	4.909	4.763	4.882	7.543

由表 5.3.1 和表 5.3.2 可知，3 种不同的鸢尾花样本各自的协方差矩阵和联合协方差矩阵分别是

$$\boldsymbol{S}_1=\begin{pmatrix}12.425 & 9.922 & 1.636 & 1.033\\ 9.922 & 14.369 & 1.170 & 0.930\\ 1.636 & 1.170 & 3.016 & 0.607\\ 1.033 & 0.930 & 0.607 & 1.111\end{pmatrix},\quad \boldsymbol{S}_2=\begin{pmatrix}26.643 & 8.518 & 18.290 & 5.578\\ 8.518 & 9.847 & 8.265 & 4.120\\ 18.290 & 8.265 & 22.082 & 7.310\\ 5.578 & 4.120 & 7.310 & 3.911\end{pmatrix},$$

$$\boldsymbol{S}_3=\begin{pmatrix}40.434 & 9.376 & 30.329 & 4.909\\ 9.376 & 10.400 & 7.138 & 4.763\\ 30.329 & 7.138 & 30.459 & 4.882\\ 4.909 & 4.763 & 4.882 & 7.543\end{pmatrix},\quad \boldsymbol{S}_p=\begin{pmatrix}26.501 & 9.272 & 16.751 & 3.840\\ 9.272 & 11.539 & 5.524 & 3.271\\ 16.751 & 5.524 & 18.519 & 4.267\\ 3.840 & 3.271 & 4.267 & 4.188\end{pmatrix}。$$

根据上表得

$$\ln|\boldsymbol{S}_1|=5.353,\quad \ln|\boldsymbol{S}_2|=7.546,\quad \ln|\boldsymbol{S}_3|=9.494,\quad \ln|\boldsymbol{S}_p|=8.462。$$

于是算得

$$\boldsymbol{M}=-2\ln|\boldsymbol{\Lambda}^*|=147\ln|\boldsymbol{S}_p|-49\sum_{i=1}^{3}\ln|\boldsymbol{S}_i|=146.663。$$

表 5.3.3 3 种鸢尾花各组间协方差矩阵的对数行列式

组别	秩	对数行列式
1	4	5.353
2	4	7.546
3	4	9.494
组内联合矩阵	4	8.462

又

$$a=1-\frac{(2p^2+3p-1)(k+1)}{6(p+1)(n-k)}=0.961,$$

所以，有

$$a\boldsymbol{M}=-2a\ln|\boldsymbol{\Lambda}^*|=0.961\times146.663=140.943。$$

根据定理 5.3.6，$a\boldsymbol{M}$ 的极限分布是 $\chi^2(f)$，其中 $f=p(p+1)(k-1)/2=20$。对 $\alpha=0.05$，查表得 $\chi^2_{0.95}(20)=31.410<a\boldsymbol{M}$，故拒绝原假设，即 3 种鸢尾花的协方差矩阵 $\boldsymbol{\Sigma}_1,\boldsymbol{\Sigma}_2,\boldsymbol{\Sigma}_3$ 不相等。

本例也可以利用 $\boldsymbol{F}$-分布进行检验。实际上，由于 $\boldsymbol{M}$ 近似服从 $q\boldsymbol{F}(f_1,f_2)$，其中，

$f_1 = 20$， $q = f_1/(a - f_1/f_2)$， 由于 $b = \dfrac{(p-1)(p+2)(k^2+k+1)}{6(n-k)^2} = \dfrac{39}{21609} = 0.0018048$， 算得 $f_2 = \dfrac{f_1 + 2}{b-(1-a)^2} = 77546.70$，这与从 SPSS 的检验结果输出表格中给出的值非常接近（由于计算舍入导致些许误差）。从下表可知，此时 $\boldsymbol{F}$-分布的近似值是 7.045，检验的 p 值是 0.000，因此拒绝原假设，可见，利用 $\boldsymbol{F}$ 检验也得出拒绝协方差矩阵相等的假设。

表 5.3.4　协方差矩阵相等的 Box 检验

Box's M	146.663
F Approx	7.045
df1	20
df2	77566.751
Sig.	.000

第6章　聚类分析

6.1　聚类分析的作用和思想

在实际中，人们常常面对研究对象的一大批个体，但不知道要把它们分成几个类别。例如：在教育中，面对学生的各门功课的成绩，如何把它们分为优、良、中、及格、差；在经济研究中，如何根据人均国民收入、人均工农业产值和人均消费水平等多项指标，把世界上各国分为发达国家、发展中国家和落后国家等；在挑选运动员时，如何根据选拔对象的身高、体重、短跑速度、弹跳高度、长跑耐力、臂力、肺活量等一系列身体素质和生理功能指标进行分类，以便扬长避短，充分发挥个人的潜力。这些都是如何分类的问题，它们构成了一门古老的学科——分类学。但前人进行分类主要是依靠经验和专业知识，很少利用数学知识，随着科学技术的发展，特别是近代计算机的发展和普及，数学、统计学这些有力的工具逐渐被利用，于是形成数值分类学。后来随着多变量分析理论和方法的发展，聚类分析又逐渐从数值分类学中分离出来形成一个相对独立的分支，成为现代统计分析中的一种重要方法。

聚类分析是在不知道类型的个数或者对各种类型的结构未作假设的情况下开展工作，它要根据数据的特性，按一定的法则先把数据分成若干类，使同一类里的那些对象在某种意义下表现出彼此相似的特征，不同类里的对象表现出彼此不相似的特征，体现出"物以类聚、人以群分"这种朴素的统计思想。假设数据矩阵见表 6.1.1。

表　n 个样品 p 个变量（指标）的数据表

样品＼变量	x_1	x_2	$\cdots$	x_p
1	x_{11}	x_{12}	$\cdots$	x_{1p}
2	x_{21}	x_{22}	$\cdots$	x_{2p}
$\vdots$	$\vdots$	$\vdots$	$\ddots$	$\vdots$
n	x_{n1}	x_{n2}	$\cdots$	x_{np}

在上表中，共有 n 个样品，每个样品有 p 个指标（变量），如果把每个样品看作 $\mathbf{R}^p$ 空间中的一个点，则每一个样品就是 p 维空间的一个点，n 个样品就是 $\mathbf{R}^p$ 空间中的 n 个点。在该空间可以定义距离，人们把距离较近的点归为一类，把距离较远的点归为不同的类，对 n 个样品进行聚类就称为 Q 型聚类分析。也可以把每个变量看作 $\mathbf{R}^n$ 空间中的一个点，则 p 个变量就是 $\mathbf{R}^n$ 空间中的 p 个点，在该空间也可以定义距离，把距离较近的点归为一类，把距离较远的点归为不同的类，对这 p 个变量进行分类就称为 R 型聚类分析。在实际问题中，对样品分类常用距离，一些常用距离已在 2.5.4 节中介绍；对变量（或指标）进行分类的方法常用相似系数，性质越接近的样品，它们相似系数的绝对值越接近于 1，而彼此无关的样品，它们相似系数的绝对值越接近于 0。比较相似的指标归为一类，不怎么相似的指标归为不同的类，一些常用的相似系数也已在 2.5.5 节中介绍过。

聚类分析的内容非常丰富，有系统聚类法、有序样品聚类法、动态聚类法、模糊聚类法和图论聚类法等，下面主要讨论系统聚类法和动态聚类法。

6.2 系统聚类法

系统聚类法是目前应用较为广泛的一种聚类方法，有关它的研究极为丰富。在古老的植物分类学中分类的顺序依次是门、纲、目、科、属、种。种是分类的基本单位，分类单位越小，它所包含的植物就越少，它们的共同特征就越多。系统聚类法就是根据这一思想聚类：一开始让每个个体自成一类，然后把最相似的个体首先聚成小类，再把已聚合的小类按相似性再聚合，随着相似性的减弱，最后把所有个体都聚合成一个大类，得到一个按相似性大小连接起来的谱系图。

在进行聚类分析之前，通常要对变量进行适当的变换，因为在样品中各个变量的观测值可能具有不同的数量级和不同的测量单位，如果不进行处理，就会影响分析的客观性，所以有必要进行变换，或者进行适当调整，得到无量纲数据，以消除其中的不合理现象，提高分类效果。常用的数据变换有标准化变换、正规化变换等，具体方法可以参考 2.5.3 节。

在系统聚类法的合并过程中还涉及样品与样品之间，类与类之间的距离或相似性度量的问题，它们也有许多不同的定义方法，不同的距离或相似性度量有不同的性质和适用场合，具体讨论见 2.5.4 节。类与类之间的距离也有许多定义方法，不同的定义法就产生不同的系统聚类方法，下面讨论的 8 种系统聚类法，它们之间的区别就在于类与类之间距离的计算方法不同。这 8 种系统聚类方法是最短距离法、最长距离法、中间距离法、重心法、类平均法、可变类平均法、可变法和离差平方和法。尽管系统聚类分析的方法很多，但归类的步骤基本上是一样的，所不同的仅是类与类之间的距离有不同的定义方法，以及合并后新类与其他类别距离的计算公式，从而得到不同的计算距离的公式。这些公式在形式上虽然不大一样，但它们也有内在的联系，它们最后被合并到一个统一的公式中，这对上机计算很有好处。

若用 d_{ij} 表示第 i 个样品与第 j 个样品之间的距离，其值越小表示两个样品接近程度越大，d_{ij} 值越大表示两个样品接近程度越小。用 G_1，G_2，…，G_k 表示类，D_{ij} 表示类 G_i 与 G_j 的距离。由于本节讨论的方法开始时均把每个样品各看作一类，因而刚开始时 $D_{ij}=d_{ij}$，即类与类的距离与样品与样品之间的距离相同（离差平方和法除外）。如果把所有的样品距离都算出来后，就得到初始距离阵 $\boldsymbol{D}(0)$：

$$\boldsymbol{D}(0)=\begin{bmatrix} d_{11} & d_{12} & \cdots & d_{1n} \\ d_{21} & d_{22} & \cdots & d_{2n} \\ \vdots & \vdots & \ddots & \vdots \\ d_{n1} & d_{n2} & \cdots & d_{nn} \end{bmatrix},$$

其中 $d_{ii}=0,\ d_{ij}=d_{ji},\ i,j=1,2,\cdots,n$。由于 $\boldsymbol{D}(0)$ 是一个对称矩阵，所以只须考虑上三角或下三角矩阵即可。若某对样品的距离 d_{ij} 最小，则先把第 i 个样品和第 j 个样品归为一类。下面给出 8 种系统聚类方法的具体操作方法。

6.2.1 最短距离法

所谓最短距离法就是把类 G_i 中样品与类 G_j 中样品之间距离的最小值定义为两类之间的距离，故称为最短距离法。这时有

$$D_{ij} = \min_{x_i \in G_i, x_j \in G_j} \{d_{ij}\} \tag{6.2.1}$$

若 G_p 与 G_q 合并成一个新类记为 G_r，则任一类 G_k 与 G_r 的距离是

$$\begin{aligned} D_{kr} &= \min_{x_i \in G_k,\ x_j \in G_r} \{d_{ij}\} = \min\{\min_{x_i \in G_p,\ x_j \in G_k} \{d_{ij}\},\ \min_{x_i \in G_q,\ x_j \in G_k} \{d_{ij}\}\} \\ &= \min\{D_{pk},\ D_{qk}\} = \frac{1}{2}D_{pk} + \frac{1}{2}D_{qk} - \frac{1}{2}\left|D_{pk} - D_{qk}\right| \end{aligned} \tag{6.2.2}$$

用最短距离法聚类的步骤如下：

（1）选择度量样品之间的距离公式，然后算出所有样品之间的距离，得到样品初始距离阵 $\boldsymbol{D}(0)$。由于开始时每个样品自成一类，故有 $\boldsymbol{D}(0) = (d_{ij})$，它是一个对称矩阵。

（2）找出 $\boldsymbol{D}(0)$ 中除对角线之外（下同）的最小元素，设为 D_{pq}，则把类 G_p 与 G_q 合并成一个新类，记为 G_r，即 $G_r = \{G_p,\ G_q\}$。

（3）计算新类 G_r 与其他类 G_k 的距离：

$$D_{kr} = \min\{D_{pk},\ D_{qk}\}$$

把 $\boldsymbol{D}(0)$ 中第 p，q 行及 p，q 列合并成一个新行新列，新行新列对应于 G_r。该行列上新的距离由式（6.2.2）求得，其余行列上的距离值不变，这样得到的距离矩阵记为 $\boldsymbol{D}(1)$。

（4）对 $\boldsymbol{D}(1)$ 重复上述步骤（2）、（3），得 $\boldsymbol{D}(2)$；如此下去，直到所有的元素都并成一类为止。

注意：如果某一步 $\boldsymbol{D}(k)$ 中最小的元素不止一个，称此现象为结（tie），对应这些最小元素的类可以同时合并，也可以任选一对合并。下面用一个简单的数字例子来说明这种方法。

例 6.2.1 设从某总体中抽取 5 个样品，每个样品只测一个指标，它们分别是 1、2、3.5、7、9。试用最短距离法对 5 个样品进行分类。

解：（1）本题中计算样品间距离选用绝对值距离，得 $\boldsymbol{D}(0)$，见表 6.2.1。

表 6.2.1　5 个样品两两之间的距离阵

	$G_1=\{x_1\}$	$G_2=\{x_2\}$	$G_3=\{x_3\}$	$G_4=\{x_4\}$	$G_5=\{x_5\}$
$G_1=\{x_1\}$	0				
$G_2=\{x_2\}$	1	0			
$G_3=\{x_3\}$	2.5	1.5	0		
$G_4=\{x_4\}$	6	5	3.5	0	
$G_5=\{x_5\}$	8	7	5.5	2	0

（2）$\boldsymbol{D}(0)$ 中非对角线元素最小者为 1，即 $D_{12} = d_{12} = 1$，把 G_1 与 G_2 合并成一个新类记为 G_6，即 $G_6 = \{x_1,\ x_2\}$。

（3）计算新类 G_6 与其他类的距离：

$$D_{i6} = \min\{D_{i1},\ D_{i2}\},\quad i = 3,4,5,$$

得 $\boldsymbol{D}(1)$，见表 6.2.2。

表 6.2.2　4 个类别两两之间的距离阵

	$G_6=\{x_1,x_2\}$	$G_3=\{x_3\}$	$G_4=\{x_4\}$	$G_5=\{x_5\}$
$G_6=\{x_1,x_2\}$	0			
$G_3=\{x_3\}$	1.5	0		
$G_4=\{x_4\}$	5	3.5	0	
$G_5=\{x_5\}$	7	5.5	2	0

（4）$\boldsymbol{D}(1)$ 中非对角线元素最小者为 1.5，因此把相应的两类 G_6 和 G_3 合并为 $G_7=\{x_1,x_2,x_3\}$。再按公式计算其他各类与 G_7 的距离，得 $\boldsymbol{D}(2)$，见表 6.2.3。

（5）找出 $\boldsymbol{D}(2)$ 中最小元素为 2，因此把相应两类 G_4 和 G_5 合并为 $G_8=\{x_4,\ x_5\}$。再按公式计算 G_7 与 G_8 的距离得 $\boldsymbol{D}(3)$，见表 6.2.4。

表 6.2.3　3 个类别两两之间的距离阵

	$G_7=\{x_1,x_2,x_3\}$	$G_4=\{x_4\}$	$G_5=\{x_5\}$
$G_7=\{x_1,x_2,x_3\}$	0		
$G_4=\{x_4\}$	3.5	0	
$G_5=\{x_5\}$	5.5	2	0

表 6.2.4　2 个类别两两之间的距离阵

	$G_7=\{x_1,x_2,x_3\}$	$G_8=\{x_4,x_5\}$
$G_7=\{x_1,x_2,x_3\}$	0	
$G_8=\{x_4,x_5\}$	3.5	0

最后把 G_7 与 G_8 合并为 G_9。至此，所有的元素都归并为一类。

上述并类过程可用聚类图表示，如图 6.2.1 所示，这种图常称为树形图或谱系图。

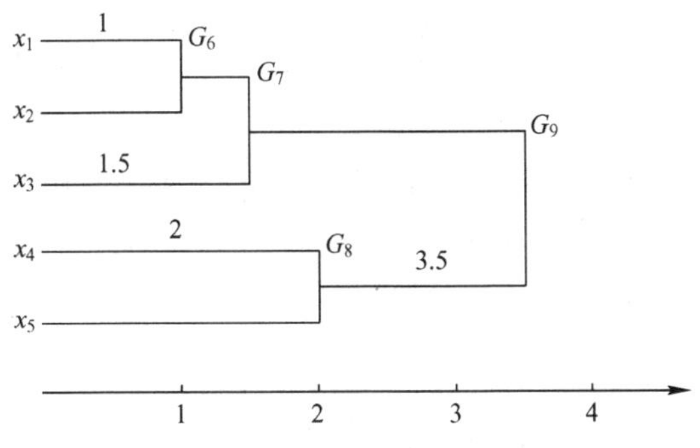

图 6.2.1　最短距离法的树形图（谱系图）

图 6.2.1 中横坐标的刻度表示并类的距离。从图上看出，5 个样本分为两类 $\{x_1,x_2,x_3\}$ 和 $\{x_4,x_5\}$ 较合适。

在实际问题中常常需要给出一个阈值 T（本例可取 $T=3$），然后按这个阈值进行归类，看这些样品可以归成几类（本例归为两类）。

最短距离法也可用于对指标（变量）分类，分类时可以用距离，也可以用相似系数。但用相似系数时应找相似系数最大的元素并类，即把公式 $D_{ik}=\min\{D_{ip},\ D_{iq}\}$ 中的 min 换成 max。

6.2.2　最长距离法

所谓最长距离法就是把类 G_i 中样品与类 G_j 中样品之间距离的最大值定义为类之间的距离，故称最长距离法。这时有 $D_{pq}=\max\limits_{x_i\in G_p,\ x_j\in G_q}\{d_{ij}\}$。

最长距离法与最短距离法的并类步骤完全一样，也是先让各样品自成一类，计算初始距离矩阵 $\boldsymbol{D}(0)$，然后把非对角线上最小元素对应的两类合并，设这时把类 G_p 与 G_q 合并为 G_r，则新类 G_r 与任一类 G_k 的距离用最长距离公式计算为

$$\begin{aligned} D_{kr} &= \max_{x_i\in G_k,\ x_j\in G_r}\{d_{ij}\}=\max\{\max_{x_i\in G_k,\ x_j\in G_p}\{d_{ij}\},\ \max_{x_i\in G_k,\ x_j\in G_q}\{d_{ij}\}\} \\ &= \max\{D_{kp},\ D_{kq}\}=\frac{1}{2}D_{pk}+\frac{1}{2}D_{qk}-\frac{1}{2}\left|D_{pk}-D_{qk}\right| 。\end{aligned} \tag{6.2.3}$$

再找非对角线最小元素所对应的两类合并，直至所有的样品全归为一类为止。

由此可见，最长距离法与最短距离法有两个不同和一个相同。两个不同是计算类与类之间距离的定义不同，计算新类与其他类距离的递推公式不同；一个相同是并类思想和步骤完全一样。因此，在讨论下面的其他系统聚类方法时，要注意计算类与类之间距离方法的不同。

例 6.2.2 在葡萄酒的质量评比中，由品酒专家分别对每种酒的色、香、味、甜度等 10 项指标进行评分（10 分为满分），现有 12 种酒，对每种酒取 25 次样，分别进行打分，然后取平均值，得到 12 种酒的每项指标的平均得分数据，见表 6.2.5。

表 6.2.5 12 种葡萄酒在 10 项指标上的平均得分数据

酒别	指标 1	指标 2	指标 3	指标 4	指标 5	指标 6	指标 7	指标 8	指标 9	指标 10	总平均
1	4.58	4.96	6.02	5.43	5.39	4.66	4.23	4.22	4.14	4.39	4.80
2	4.56	5.13	6.68	7.15	6.45	3.32	3.64	4.22	4.28	3.59	4.90
3	6.13	6.29	7.05	6.76	6.63	6.52	6.81	7.21	6.83	7.35	6.76
4	6.08	6.73	6.56	5.80	5.48	5.77	6.00	5.96	5.68	5.75	5.98
5	6.20	6.75	6.23	6.59	5.49	5.02	6.31	6.28	6.18	5.76	6.08
6	7.40	7.27	6.75	6.70	6.82	6.27	6.25	5.04	6.38	5.16	6.40
7	8.05	6.84	6.72	6.34	5.90	7.82	7.02	6.29	6.73	6.11	6.78
8	7.80	6.59	6.42	6.18	5.78	7.60	6.57	5.94	5.91	5.21	6.40
9	6.97	5.31	5.25	4.83	4.21	6.73	5.06	4.73	4.16	4.25	5.15
10	6.87	6.86	6.23	5.56	4.96	5.60	5.77	4.49	3.87	3.34	5.35
11	7.60	6.60	5.80	5.32	5.33	6.90	6.35	5.51	5.49	5.67	6.06
12	6.96	5.61	4.34	4.28	4.15	6.46	5.70	5.31	4.77	4.19	5.17

解：由于本例数据很多，不能使用简单的计算进行聚类，因此这里使用统计软件 SPSS 中的聚类分析模块进行处理。打开由表 6.2.5 建立的数据文件，单击“Analysis”→“Classify”→“Hierarchical cluster”，打开“Hierarchical Cluster Analysis（系统聚类分析）”主对话框。从左侧源变量列表中找出需进行聚类分析的变量输入到“Variable(s)（变量）”窗口中，本例输入指标 1 到指标 10，其他地方选择默认，默认项“Cases（样品）”表示对样品进行聚类。在主对话框最下面有 4 个按钮：“Statistics（统计量）”“Plots（图形）”“Method（方法）”和“Save（保存）”。单击面板上的“Statistics”按钮，打开“Hierarchical Cluster Statistics（系统聚类统计量）”对话框，选择“Agglomeration schedule（合并进程表）”选项，结果会输出一张概述聚类进程的表格，反映聚类过程中每一步样品或变量的合并情况。在“Cluster membership（聚类成员）”方框下选择“Single solution（单一解）”选项，并在下面的“Number of Cluster（分类数）”窗口中输入一个确定的分类数，本例填 3（此数系由多次试验确定的），结果会输出各类别中所包含的样品。单击“Plots（图形）”按钮，打开“Hierarchical Cluster Plots（系统聚类图形）”对话框，选择“Dendrogram（谱系图）”选项，结果就会输出反映聚类结果的谱系图。在“Icicle（冰柱图）”方框下选择“None（不）”选项，表示不需要输出冰柱图。单击“Method（方法）”按钮，打开“Hierarchical Cluster Method（聚类分析方法）”对话框，在“Cluster Method（聚类方法）”窗口中有许多方法可供选择，本例选择“Furthest Neighbor（最远相邻法）”选项，也就是最长距离法，选择此项，定义类与类之间的距离为两类之间最远样品之间的距离。相应地，在“Measure

（度量）”方框下选择“Euclidean distance（欧几里得距离）”选项，选择此项，就是用欧几里得距离确定样品的相似性。在“Transform Value（数值转换）”方框下选择对数据进行变换的方法，这时在“Standardize（标准化）”下选择“Z Scores（Z 得分）”选项，表示对数据进行标准化变换。这时默认选择的是“By Variable（对变量）”选项，表示对变量进行标准化。单击“Save（保存）”对话框，打开“Hierarchical Cluster Analysis：Save New Variable（保存新变量）”对话框，在“Cluster Membership（聚类成员）”方框下选择“Single Solution（单一解）”选项，同时在下边的“Number of Cluster（聚类数）”窗口中输入具体数字 3，这样在进行聚类分析后会在数据文件中给出各样品所属的实际类别。如此选择完之后单击“Ok”按钮，软件会输出以下三个重要的表和图，即表 6.2.6、表 6.2.7、图 6.2.2，据此就可以对聚类的过程和结果了解得一清二楚。

在表 6.2.6 中，第 1 列表示聚类步骤；第 2、3 列表示是哪两个样品或小类聚成一类；第 4 列表示它们之间的距离；第 5、6 列表示在本步骤中参与的是样品还是小类，0 表示样品，非 0 数字表示在哪一步形成的小类参加此步聚类；第 7 列的数字表示本步的聚类结果在下面的哪一步用到。例如，聚类分析的第 1 步把第 4 号酒和第 5 号酒聚成一类，它们之间的距离为 1.347，它们聚成的小类将在聚类分析的第 5 步用到，其他依次类推。此表表示，经过 11 步聚类，12 种酒最后聚成一个大类。如果取阈值 $T=5$，则聚类分析的最后两步就不能进行，这时 12 种酒就被归为 3 类：{1，2}；{3，4，5，6，7，8，11}；{9，10，12}。

在表 6.2.7 中，第 2 列数字表示 12 种酒共聚成 3 类，每一类所包含的样品是哪几个。这里第 1 类由第 1、2 号酒组成，第 2 类由第 3、4、5、6、7、8、11 号酒组成，第 3 类由第 9、10、12 号酒组成。

表 6.2.6 聚类进程表

Stage	Cluster Combined		Coefficients	Stage Cluster First Appears		Next Stage
	Cluster 1	Cluster 2		Cluster 1	Cluster 2	
1	4	5	1.347	0	0	5
2	7	8	1.381	0	0	4
3	9	12	1.777	0	0	8
4	6	7	2.564	0	2	7
5	4	11	2.709	1	0	7
6	1	2	2.880	0	0	10
7	4	6	3.063	5	4	9
8	9	10	3.801	3	0	10
9	3	4	4.115	0	7	11
10	1	9	6.692	6	8	11
11	1	3	7.313	10	9	0

表 6.2.7 聚类成员表

Case	3 Clusters
Case 1	1
Case 2	1
Case 3	2
Case 4	2
Case 5	2
Case 6	2
Case 7	2
Case 8	2
Case 9	3
Case 10	3
Case 11	2
Case 12	3

图 6.2.2 是最长距离法的树形图，它实际上是聚类进程表的直观体现，例如从图上可以看出，第 4 号酒和第 5 号酒首先聚类，然后是第 7 和第 8 号酒在第 2 步聚类，依次类推，最后 12 种酒聚成一大类。取一个适当的阈值（如 5），则 12 种酒最终被分为 3 类：{1，2}；{3，4，5，6，7，8，11}；{9，10，12}。树形图在显示上比聚类进程表直观是其优点，但树形图在分类距离的显示上没有聚类进程表精确是其缺点。

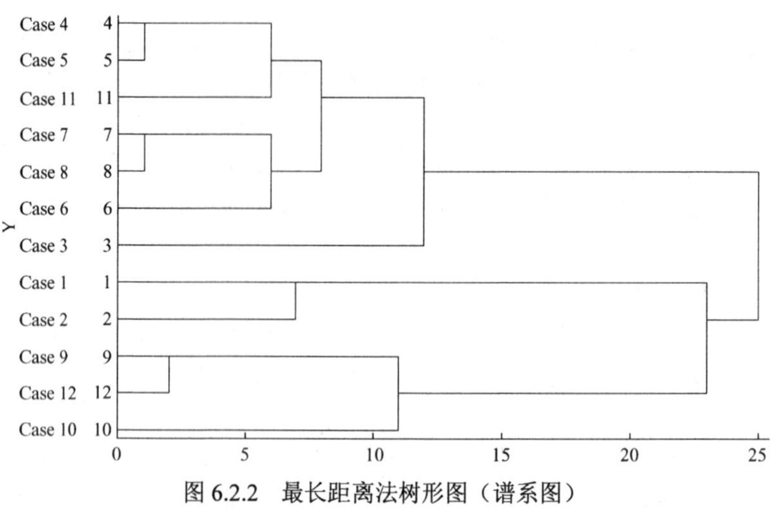

图 6.2.2 最长距离法树形图（谱系图）

6.2.3 中间距离法

该法定义类与类之间的距离既不用两类样品之间最短的距离，也不用两类样品之间最长的距离，而是采用介于两者之间的距离，故称为中间距离法。

如果在某一步把类 G_p 与 G_q 合并为新类 G_r，则新类 G_r 与任一类 G_k 的距离公式为

$$D_{kr}^2=\frac{1}{2}D_{kp}^2+\frac{1}{2}D_{kq}^2+\beta D_{pq}^2,\quad -\frac{1}{4}\leqslant\beta\leqslant 0\text{。}$$

当 $\beta=-1/4$ 时，由初等几何知识知 D_{kr} 实际上是类 G_p、G_q 和 G_r 所形成三角形底边 $G_p\ G_q$ 上的中线。如果用最短距离法，则 $D_{kr}=D_{kp}$，若用最长距离法，则 $D_{kr}=D_{kq}$，取夹在这两边的中线作为 D_{kr}，得 $D_{kr}=(\frac{1}{2}D_{kp}^2+\frac{1}{2}D_{kq}^2-\frac{1}{4}D_{pq}^2)^{1/2}$。由于距离公式中的量都是距离的平方，为了上机计算方便，可将 $D(0)$, $D(1)$ 等表中的元素都用相应元素的平方代替而得表 $D^2(0)$, $D^2(1)$ 等。

6.2.4 重心法

所谓重心法就是指两类之间的距离是两类重心之间的距离。设 G_p 和 G_q 的重心（即该类样品的均值）分别是 $\overline{x}_p$ 和 $\overline{x}_q$（它们一般是 P 维向量），则 G_p 和 G_q 之间的距离是 $D_{pq}=d_{\overline{x}_p,\overline{x}_q}$。

设聚类到某一步，G_p 和 G_q 分别有 n_p 和 n_q 个样品，把 G_p 和 G_q 合并为 G_r，则 G_r 内样品个数为 $n_r=n_p+n_q$，它的重心是 $\overline{x}_r=(n_p\overline{x}_p+n_q\overline{x}_q)/n_r$。设某一类 G_k 的重心是 $\overline{x}_k$，它与新类 G_r 的距离（如果最初样品之间的距离采用欧几里得距离平方）为

$$\begin{aligned}D_{kr}^2&=d_{\overline{x}_k,\overline{x}_r}^2=(\overline{x}_k-\overline{x}_r)'(\overline{x}_k-\overline{x}_r)\\&=[\overline{x}_k-\frac{1}{n_r}(n_p\overline{x}_p+n_q\overline{x}_q)]'[\overline{x}_k-\frac{1}{n_r}(n_p\overline{x}_p+n_q\overline{x}_q)]\\&=\overline{x}_k'\overline{x}_k-2\frac{n_p}{n_r}\overline{x}_k'\overline{x}_p-2\frac{n_q}{n_r}\overline{x}_k'\overline{x}_q+\frac{1}{n_r^2}(n_p^2\overline{x}_p'\overline{x}_p+2n_pn_q\overline{x}_p'\overline{x}_q+n_q^2\overline{x}_q'\overline{x}_q),\end{aligned}$$

把 $\overline{x}_k'\overline{x}_k=\frac{1}{n_r}(n_p\overline{x}_k'\overline{x}_k+n_q\overline{x}_k'\overline{x}_k)$ 代入上式，得

$$D_{kr}^2 = \frac{n_p}{n_r}(\bar{x}_k'\bar{x}_k - 2\bar{x}_k'\bar{x}_p + \bar{x}_p'\bar{x}_p) + \frac{n_q}{n_r}(\bar{x}_k'\bar{x}_k - 2\bar{x}_k'\bar{x}_q + \bar{x}_q'\bar{x}_q) - \frac{n_p n_q}{n_r^2}(\bar{x}_p'\bar{x}_p - 2\bar{x}_p'\bar{x}_q + \bar{x}_q'\bar{x}_q)$$

即

$$D_{kr}^2 = \frac{n_p}{n_r}D_{kp}^2 + \frac{n_q}{n_r}D_{kq}^2 - \frac{n_p}{n_r}\frac{n_q}{n_r}D_{pq}^2 。 \tag{6.2.4}$$

当 $n_p = n_q$ 时，重心法就变为中间距离法。

如果样品之间的距离不是欧几里得距离，可根据不同情况给出不同的距离公式，重心法的归类步骤与以上 3 种方法基本一样，所不同的是每合并一次类别，就要重新计算新类的重心及各类与新类的距离。

6.2.5 类平均法

重心法虽有很好的代表性，但它并未充分利用各样品的信息，为了克服它的缺点，本小节给出类平均法。它定义两类之间距离的平方为这两类中的元素两两之间距离平方的平均，即

$$D_{pq}^2 = \frac{1}{n_p n_q}\sum_{x_i \in G_p,\ x_j \in G_q}\{d_{ij}^2\} 。$$

设聚类到某一步把 G_p 和 G_q 合并为 G_r，则新类 G_r 与任一类 G_k 的距离为

$$D_{kr}^2 = \frac{1}{n_k n_r}\sum_{x_i \in G_k,\ x_j \in G_r} d_{ij}^2 = \frac{1}{n_k n_r}\left(\sum_{x_i \in G_k,\ x_j \in G_p} d_{ij}^2 + \sum_{x_i \in G_k,\ x_j \in G_q} d_{ij}^2\right) 。$$

即

$$D_{kr}^2 = \frac{n_p}{n_r}D_{kp}^2 + \frac{n_q}{n_r}D_{kq}^2 。 \tag{6.2.5}$$

类平均法的聚类步骤与上面所述得几种方法完全类似。

6.2.6 可变类平均法

在类平均法公式中，当把 G_p 和 G_q 合并为 G_r，再计算任一类 G_k 与 G_r 的距离时，其公式没有反映 G_p 和 G_q 之间的距离 D_{pq} 的影响。为了反映距离 D_{pq} 的影响，把任一类 G_k 与新类 G_r 的距离改写为

$$D_{kr}^2 = \frac{n_p}{n_r}(1-\beta)D_{kp}^2 + \frac{n_q}{n_r}(1-\beta)D_{kq}^2 + \beta D_{pq}^2 , \tag{6.2.6}$$

其中 β 可根据需要选取，$\beta < 1$。

6.2.7 可变法

在可变类平均法中，如果取 $\frac{n_p}{n_r} = \frac{n_q}{n_r} = \frac{1}{2}$，则得计算新类 G_r 与任一类 G_k 的距离公式为

$$D_{kr}^2 = \frac{1-\beta}{2}(D_{kp}^2 + D_{kq}^2) + \beta D_{pq}^2 , \tag{6.2.7}$$

其中 β 是可变的，$\beta < 1$，因此把这种方法称为可变法。

可变类平均法与可变法的分类效果与 β 的选择关系很大，在实际应用中，β 常取负值。β 越接近 1，分类效果越不好。

6.2.8 离差平方和法

设把n个样品分为k类，即$G_1,G_2,\cdots,G_k$，用$\boldsymbol{x}_{ti}$表示类G_t中的第i个样品，$\boldsymbol{x}_{ti}$是一个P维向量，n_t表示G_t中样品的个数，$\overline{x}_{t.}$是G_t的重心（平均值），则G_t中样品的离差平方和为

$$A_t=\sum_{i=1}^{n_t}(\boldsymbol{x}_{ti}-\overline{x}_{t.})'(\boldsymbol{x}_{ti}-\overline{x}_{t.}),\ t=1,\cdots,k。$$

它们反映各个类内样品的离散程度。

设类G_p和G_q合并为新类G_r，则G_p、G_q和G_r的离差平方和分别是

$$A_p=\sum_{i\in G_p}(x_{pi}-\overline{x}_{p.})'(x_{pi}-\overline{x}_{p.}),$$

$$A_q=\sum_{i\in G_q}(x_{qi}-\overline{x}_{q.})'(x_{qi}-\overline{x}_{q.}),\ A_r=\sum_{i\in G_r}(x_{ri}-\overline{x}_{r.})'(x_{ri}-\overline{x}_{r.})。$$

如果G_p和G_q这两类相距较近，则合并后所增加的离差平方和$A_r-(A_p+A_q)$应较小，否则就越大。于是可以定义G_p和G_q之间的平方距离为

$$D_{pq}^2=A_r-(A_p+A_q) \tag{6.2.8}$$

这种方法是 Ward 提出来的，故称为 Ward 法。Ward 法的基本思想来自于方差分析，即认为：如果分类正确，则同类样品的离差平方和应当较小，类与类的离差平方和应当较大。其具体做法：先把n个样品各分成一类，然后每次缩小一类，每缩小一类离差平方和就要增大，选择使A增加最小的两类合并，直到所有样品归为一类为止。

有意思的是，从 Ward 法的思想看，似乎该法与前面 7 种方法没有什么联系，但从距离公式（6.2.8）可以推得，在把G_p与G_q合并为G_r后，G_r与任一类G_k的距离公式为

$$D_{kr}^2=\frac{n_p+n_k}{n_r+n_k}D_{kp}^2+\frac{n_q+n_k}{n_r+n_k}D_{kq}^2-\frac{n_k}{n_r+n_k}D_{pq}^2。 \tag{6.2.9}$$

例 6.2.3 用 Ward 法把例 6.2.1 的数据进行分类。

解：（1）把 5 个样品各自分为一类，这时类内离差平方和$S=0$。

（2）把一切可能的任意两类合并，计算所增加的离差平方和，然后取其中最小的S所对应的类进行合并，算出一切可能的两类合并的离差平方和矩阵$\boldsymbol{D}^2(0)$见表 6.2.8。

表 6.2.8 两类合并的离差平方和矩阵 $\boldsymbol{D}^2(0)$

	G_1	G_2	G_3	G_4	G_5
$G_1=\{x_1\}$	0				
$G_2=\{x_2\}$	0.5	0			
$G_3=\{x_3\}$	3.125	1.125	0		
$G_4=\{x_4\}$	18	12.50	6.125	0	
$G_5=\{x_5\}$	32	24.50	15.125	2	0

把G_1、G_2合并的离差平方和是

$$S=(1-1.5)^2+(2-1.5)^2=0.5。$$

把G_1、G_3合并的离差平方和是

$$S=(1-2.25)^2+(3.5-2.25)^2=3.125。$$

（3） $\boldsymbol{D}^2(0)$ 中非对角线元素最小为 0.5，说明把 G_1 与 G_2 合并成 G_6 后增加的 S 最小，计算 G_6 与其他类的距离可得 $\boldsymbol{D}^2(1)$ 表，见表 6.2.9。其中

$$D_{k6}^2=\frac{n_1+n_k}{n_6+n_k}D_{k1}^2+\frac{n_2+n_k}{n_6+n_k}D_{k2}^2-\frac{n_k}{n_6+n_k}D_{12}^2,\ k=3,4,5。$$

例如
$$D_{46}^2=\frac{2}{3}\times 18+\frac{2}{3}\times 12.50-\frac{1}{3}\times 0.5=20.167。$$

（4） $\boldsymbol{D}^2(1)$ 中非对角线最小元素为 2，把 G_4 与 G_5 合并成 G_7，计算 G_7 与其他类的距离可得 $\boldsymbol{D}^2(2)$ 表，见表 6.2.10。其中

表 6.2.9　矩阵 $\boldsymbol{D}^2(1)$

	G_6	G_3	G_4	G_5
$G_6=\{x_1,x_2\}$	0			
$G_3=\{x_3\}$	2.677	0		
$G_4=\{x_4\}$	20.167	6.125	0	
$G_5=\{x_5\}$	37.5	15.125	2	0

表 6.2.10　矩阵 $\boldsymbol{D}^2(2)$

	G_6	G_3	G_7
$G_6=\{x_1,x_2\}$	0		
$G_3=\{x_3\}$	2.677	0	
$G_7=\{x_4,x_5\}$	42.250	13.5	0

$$D_{k7}^2=\frac{n_4+n_k}{n_7+n_k}D_{k4}^2+\frac{n_5+n_k}{n_7+n_k}D_{k5}^2-\frac{n_k}{n_7+n_k}D_{45}^2,\qquad k=3,6。$$

例如
$$D_{67}^2=\frac{n_4+n_6}{n_7+n_6}D_{k4}^2+\frac{n_5+n_6}{n_7+n_6}D_{k5}^2-\frac{n_6}{n_7+n_6}D_{45}^2=42.25。$$

（5） $\boldsymbol{D}^2(2)$ 中非对角线最小元素为 2.667, 把 G_3 与 G_6 合并成 G_8，计算 G_8 与 G_7 的距离可得 $\boldsymbol{D}^2(3)$ 表，见表 6.2.11。其中

$$D_{78}^2=\frac{n_7+n_3}{n_7+n_8}D_{73}^2+\frac{n_7+n_6}{n_7+n_8}D_{76}^2-\frac{n_7}{n_7+n_8}D_{36}^2=40.83。$$

最后把 G_7 与 G_8 合并成 G_9，把分类过程列表，见表 6.2.12。

表 6.2.11　矩阵 $\boldsymbol{D}^2(3)$

	G_8	G_7
$G_8=\{x_1,x_2,x_3\}$	0	
$G_7=\{x_4,x_5\}$	40.83	0

表 6.2.12　分类过程

分类数目	类	并类最小的距离平方
5	{1},{2},{3.5},{7},{9}	0
4	{1,2},{3.5},{7},{9}	0.5
3	{1,2},{3.5},{7,9}	2
2	{1,2,3.5},{7,9}	2.667
1	{1,2,3.5,7,9}	40.83

用增加最小的离差平方和代替合并的平方距离得分类的树形图如图 6.2.3 所示。

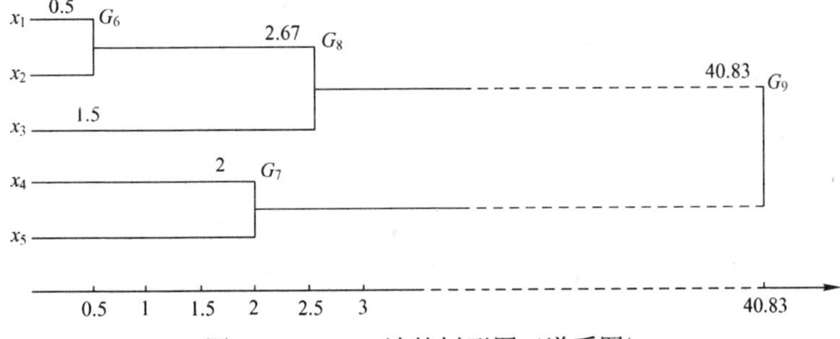

图 6.2.3　Ward 法的树形图（谱系图）

与例 6.2.2 一样，利用 SPSS 也可以对上面介绍的其他各种系统聚类方法进行分析，这里给出用 Ward 法对例 6.2.2 的数据进行分析的结果。这时只要在“Cluster Method（聚类方法）”窗口中选择“Ward's Method（Ward 方法）”选项，相应地，在“Measure（度量）”方框下选择“Squared Euclidean distance（欧几里得距离平方）”选项，其他与例 6.2.2 分析中的选择一样，最后单击“Ok”按钮就得到表 6.2.13、表 6.2.14、图 6.2.4。

表 6.2.13　聚类进程表

Stage	Cluster Combined		Coefficients	Stage Cluster First Appears		Next Stage
	Cluster 1	Cluster 2		Cluster 1	Cluster 2	
1	4	5	0.908	0	0	7
2	7	8	1.861	0	0	4
3	9	12	3.440	0	0	8
4	7	11	6.306	2	0	6
5	1	2	10.455	0	0	10
6	6	7	14.798	0	4	9
7	3	4	20.446	0	1	9
8	9	10	27.790	3	0	10
9	3	6	35.466	7	6	11
10	1	9	58.554	5	8	11
11	1	3	110.000	10	9	0

表 6.2.14　聚类成员表

Case	3 Clusters
Case 1	1
Case 2	1
Case 3	2
Case 4	2
Case 5	2
Case 6	2
Case 7	2
Case 8	2
Case 9	3
Case 10	3
Case 11	2
Case 12	3

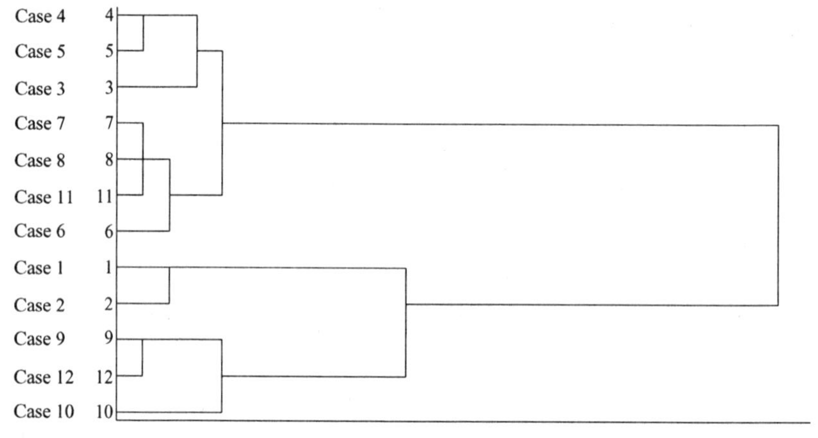

图 6.2.4　Ward 方法的树形图（谱系图）

从以上表图可以看出，利用 Ward 方法对例 6.2.2 的数据进行聚类，第 1 步也是把第 4 号酒和第 5 号酒聚成一类，它们之间的距离为 0.908，它们聚成的小类将在聚类分析的第 7 步用到，其他依次类推。此表表示，经过 11 步聚类，12 种酒最后聚成一个大类。如果取阈值 $T=40$，则聚类分析的最后两步就不能进行，这时 12 种酒就被归为 3 类：{1，2}；{3，4，5，6，7，8，11}；{9，10，12}。这个结果与使用最长距离法进行聚类的结果一致。实际上，用上述 8 种方法对例 6.2.2 的数据进行聚类，如果聚成的类别数一样，则聚类结果也是一样的，有兴趣的读者可以试试。出现这种情况并不奇怪，算出表 6.2.5 中每种酒在 10 种指标下的总平均（见表中最后 1 列）就会发现：第 1 类中的 2 种酒的总平均在 5.0 以下；第 3 类中的 3 种酒的总平均为 5.2～5.4；第 2 类中的 7 种酒的总平均在 6.0 以上。因此，通过聚类分析可以把 3 类酒的差异区分开：第 2 类酒是好酒，第 3 类是较差的酒，而第 1 类酒是差酒。

上面介绍的系统聚类方法，其聚类步骤完全一样，所不同的是类与类之间的距离采用不同的定义。依此所给出的新类与任一类的距离公式也不同，1976 年，Lance（兰斯）和 Williams（威廉姆斯）把这些公式统一起来，在使用欧几里得距离时，8 种方法的统一递推公式如下：

$$D_{kr}^2=\alpha_p D_{kp}^2+\alpha_q D_{kq}^2+\beta D_{pq}^2+r\left|D_{kp}^2-D_{kq}^2\right|。\tag{6.2.10}$$

对不同的系统聚类法，上式中的参数 $\alpha_p,\alpha_q,\beta,\gamma$ 取不同的值，见表 6.2.15。

表 6.2.15　统一递推公式中不同系统聚类法的参数取值

系统聚类法	α_p	α_q	β	γ
最短距离法	1/2	1/2	0	−1/2
最长距离法	1/2	1/2	0	1/2
中间距离法	1/2	1/2	$-1/4\leqslant\beta\leqslant 0$	0
重心法	n_p/n_r	n_q/n_r	$-n_p n_q/n_r^2$	0
类平均法	n_p/n_r	n_q/n_r	0	0
可变类平均法	$(1-\beta)n_p/n_r$	$(1-\beta)n_q/n_r$	<1	0
可变法	$(1-\beta)/2$	$(1-\beta)/2$	<1	0
离差平方和法	$(n_p+n_k)/(n_r+n_k)$	$(n_q+n_k)/(n_r+n_k)$	$-n_k/(n_r+n_k)$	0

6.3　若干问题的讨论

6.3.1　不同聚类法的优劣比较

虽然对例 6.2.1 和例 6.2.2 的数据进行聚类，用 8 种系统聚类法归类的结果都是一致的，但是对其他数据，用 8 种系统聚类法并类的结果并不见得一致，这就涉及如何判断 8 种系统聚类法中哪一种方法更好、有没有一个标准作为衡量的问题。遗憾的是，迄今为止还没有提出为大家接受的合适的评价标准，因此各种方法的比较仍是目前值得研究的一个课题，下面给出判断的几个标准。

（1）标准之一：在系统聚类法中先合并的类别其相似性应该较大（或距离较小），后合并的类别其相似性应该较小（或距离较大）。

这个标准符合系统聚类法的思想：先合并较相似（距离较小）的类，后合并较疏远（距离较大）的类。在 8 种聚类法中，只有最短距离法、最长距离法、可变法、类平均法、可变类平均法和离差平方和法满足这个标准，而中间距离法和重心法不具有这个标准。

（2）标准之二：R^2 统计量越大，聚类效果越好。

设样品总个数为 n，聚类时把所有样品合并成 k 个类，即 $G_1,G_2,\cdots,G_k$，类 G_t 的样品数和重心分别是 n_t 和 $\overline{x}_{t.}$，$t=1,\cdots,k$，则 $\sum\limits_{t=1}^{k}n_t=n$，所有样品的总平均和总离差平方和分别是

$$\overline{x}=\frac{1}{n}\sum_{t=1}^{k}n_t\overline{x}_{t.}\,,\qquad A=\sum_{j=1}^{n}(x_j-\overline{x})'(x_j-\overline{x})。$$

各类 G_t 中样品的类内离差平方和为

$$A_t=\sum_{j=1}^{n_t}(x_{tj}-\overline{x}_{t.})'(x_{tj}-\overline{x}_{t.})\text{，}\quad t=1,\cdots,k\text{ 。}$$

令 $P=\sum_{t=1}^{k}A_t$ 为 k 个类的类内离差平方和之和，把 A 分解为

$$A=P+\sum_{t=1}^{k}n_t(\overline{x}_{t.}-\overline{x})'(\overline{x}_{t.}-\overline{x})\text{，}$$

式中 $\sum_{t=1}^{k}n_t(\overline{x}_{t.}-\overline{x})'(\overline{x}_{t.}-\overline{x})$ 为类间离差平方和之和。

令 $R^2=1-P/A=\sum_{t=1}^{k}n_t(\overline{x}_{t.}-\overline{x})'(\overline{x}_{t.}-\overline{x})/A$，由于 $0\leqslant P\leqslant A$，所以 $0\leqslant R^2\leqslant 1$。因此，当 R^2 越接近于 1，即 P/A 越接近于 0 时，所有类内离差平方和的总和在总离差平方和中所占的比例越小，因此 k 个类别分得越理想，即聚类效果越好。

（3）标准之三：用多种方法进行分类，如果多种方法所得的结果（或某些结果）一致，则说明这些结果反映了事物的本质特征，把结果中的共性提取出来，对有争议的样品或指标用其他方法进一步判断。

（4）标准之四：根据分类问题本身的专业知识，选择能反映实际情况或反映人们感性认识的归类结果，然后结合实际需要来选择分类方法，并确定分类个数。

6.3.2 分类个数的确定问题

在聚类过程中类的个数如何确定才是适宜的呢？对这个问题，至今仍未找到令人满意的方法，但这又是一个不可回避的问题。如果一批样品能够分成若干个很分散的类，这时分类个数的确定就比较困难。下面给出确定分类个数的几种常用方法。

1．给定一个阈值 *T*

通过对谱系图的观察，给出一个认为适当的数值 T，要求类与类之间的距离要小于 T，这样有些样品就可能因此归不了类或只能自成一类。例如在图 6.2.1 中，若取 T=3，则 5 个样品被分成两类：$\{x_1,x_2,x_3\}$；$\{x_4,x_5\}$。

2．观察样本的散点图

如果样品只有 2 个变量，则可描出样品的散点图，通过对散点图的观察常可直观地分辨出分类的个数；如果样品有 3 个变量，可用统计软件，通过旋转三维坐标轴从各个角度来观测散点图以便确定类的个数；如果变量个数超过 3 个，可以先利用主成分分析等方法把原始变量综合成 2 个或 3 个综合变量，然后再观测这些综合变量的散点图。通过对散点图的观察，一方面可以直观地确定分类的个数；另一方面若已经用某方法分类，则可从直观上判别所用方法是否合理。

3．使用统计量

1）利用 R^2 统计量

前面说过，$R^2=1-P/A=\sum_{t=1}^{k}n_t(\overline{x}_{t.}-\overline{x})'(\overline{x}_{t.}-\overline{x})/A$，故 $0\leqslant R^2\leqslant 1$。$R^2$ 总是随着分类个数的减少而变小。当聚类刚开始时，n 个样品各自成一类，这时 $R^2=1$；而当 n 个样品最后合并为一类时，$R^2=0$。聚类分析的目的就是使聚类的个数尽可能少，但 R^2 值又尽可能大。这两点要同时达到是不现实的，因此在聚类过程中要时刻观察 R^2 值的变化过程，当某个步骤后随着分

类个数的减少时引起 R^2 值锐减时，就应该终止分类过程，把锐减前的分类作为最终的分类。

2）利用半偏 R^2 统计量

这里 $R^2 = D_{pq}^2 / A$，其中 $D_{pq}^2 = A_r - (A_p + A_q)$，半偏 R^2 值反映了上一步 R^2 值与该步 R^2 值之差。因此半偏 R^2 值越大，说明上一次聚类的效果越好。

3）利用伪 F 统计量

这里 $F = \dfrac{(A-P)/(k-1)}{P/(n-k)} = \dfrac{(n-k)R^2}{(k-1)(1-R^2)}$，这里 $\dfrac{R^2}{1-R^2}$ 的作用与 R^2 一样，它随着分类个数 k 的减少而变小。$\dfrac{n-k}{k-1}$ 可看作一个调整系数，能够使得伪 F 值不随 k 的减少而变小，并且可以直接根据伪 F 值的大小作出分几类为合适的判断。伪 F 值越大，表明此时的分类效果越好。

4）利用伪 t^2 统计量

这里 $t^2 = \dfrac{D_{pq}^2}{(A_p + A_q)/(n_p + n_q - 2)}$，伪 t^2 值大表示 G_p 和 G_q 合并为新类 G_r 后，类内离差平方和的增量 D_{pq}^2 相对于原 G_p 和 G_q 两类的类内平方和是大的，这说明被合并的两类 G_p, G_q 其实是分开的，故上一次聚类的效果是好的。伪 t^2 统计量在确定类个数时是有用的指标。

6.4 动态聚类法

系统聚类法是一种比较成功的聚类方法。然而当样本点数量十分庞大时，使用系统聚类法的工作量就十分繁重，且计算速度也比较慢。例如在市场抽样调查中，有 4 万人对衣着偏好作出回答，希望能迅速将他们分类。如果采用系统聚类法就很困难，因此需要使用新的聚类方法，这时使用快速聚类法就显得方便。快速聚类解决的对象是：面对海量样本点，把它们分类，使得每一类元素都聚合较紧密，且类与类之间还能很好地区别开。因此，动态聚类法适用于大型数据。

6.4.1 动态聚类法的思想

动态聚类法又称逐步聚类法，其基本思想是：先选择一批凝聚点，让样品按某种原则向凝聚点凝聚，给出初始分类。对凝聚点进行不断修改，判别分类是否合理，若不合理，则进行修改，直到分类比较合理、稳定为止，形成最终的分类。这种过程可用框架图表示，如图 6.4.1 所示。

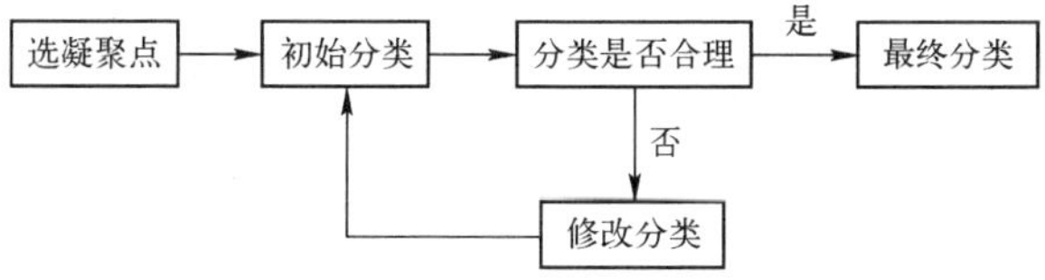

图 6.4.1 动态聚类法的分类过程

从图 6.4.1 可以看出，动态聚类步骤是：

（1）选择若干个观测值点为“凝聚点”（如何选择下面再讨论）。

（2）每个凝聚点自成一类，将样品依次归入其距离最近的凝聚点所在的类，并重新计算该类的重心，以代替原来的凝聚点，再考虑下一个样品的归类，直至所有样品都归类为止。

（3）以新的凝聚点为核心，再次对每个样品进行归类，该步骤可以一直进行直到"凝聚点"的改变很小时为止。

凝聚点就是一批有代表性的点，是初始分类的中心。凝聚点的选择直接决定初始分类，对分类结果也有很大的影响，由于凝聚点的不同选择，其最终分类结果也将不同，故选择时要慎重。选择凝聚点的方法通常有：

（1）凭经验选择，当人们对所欲分类的问题有一定了解时，根据经验，预先确定分类个数和初始分类，并从每一类中选择一个有代表性的样品作为凝聚点。

（2）将所有样品人为地分为 k 类，计算每一类的重心，就将这些重心作为凝聚点。

（3）用密度法选择凝聚点：以某个正数 d 为半径，以每个样品为球心，落在这个球内的样品数（不包括作为球心的样品）就称为这个样品的密度。计算所有样品点的密度后，首先选择密度最大的样品作为第一凝聚点，并且人为地确定一个正数 D（一般 $D>d$，常取 $D=2d$）。然后选出次大密度的样品点，若它与第一个凝聚点的距离大于 D，则将其作为第二个凝聚点；否则舍去这点，再选密度次于它的样品。这样，按密度大小依次考查，直至全部样品考查完毕为止。此方法中，d 要给的合适，太大了使凝聚点个数太少，太小了使凝聚点个数太多。

（4）人为地选择一正数 d，首先以所有样品的均值作为第一凝聚点。然后依次考察每个样品，若某样品与已选定的凝聚点的距离均大于 d，则该样品作为新的凝聚点，否则考察下一个样品。

（5）随机地选择，如果对样品的性质毫无所知，可采用随机数表来选择，打算分几类就选几个凝聚点。或者就用前 k 个样品作为凝聚点（假设分 k 类）。

（6）设准备将 n 个样品分成 k 类，先选择所有样品中相距最远的两个样品为凝聚点，即选择 x_{i_1},x_{i_2}，使得 $d(x_{i_1},x_{i_2})=d_{i_1i_2}=\max(d_{ij})$；然后选择第三个凝聚点 x_{i_3}，使得其与前两个凝聚点的距离最小者等于所有其余的与 x_{i_1},x_{i_2} 的较小距离中最大者的，用公式表示为 $\min\{d(x_{i_3},x_{i_k}),k=1,2\}=\max\{\min[d(x_j,x_{i_k}),k=1,2],j\neq i_1,i_2\}$，然后按相同的原则选取 x_{i_4}，依次下去，直至选定 k 个凝聚点。

6.4.2 k 均值法

在图 6.4.1 中，每一部分均有许多种不同的处理方法，把这些方法按框架图组合就会得到各种动态的聚类方法。MacQueen（麦奎因）在 1967 年提出一种现在比较流行的动态聚类法——k 均值法。k 均值法的分类步骤如下：

（1）先选择 k 个样品作为初始凝聚点，或者把所有样品分成 k 个初始类，然后把这 k 个类的重心（均值）作为初始凝聚点。

（2）对除凝聚点之外的所有样品逐个归类，把每个样品归入到离凝聚点最近的那个类（通常用欧几里得距离），把该类的凝聚点更新为这一类当前的均值，直至所有样品都归了类。

（3）重复步骤（2），直至所有的样品都不能再分配为止。

这种方法的最终聚类结果在一定程度上依赖于初始凝聚点或初始分类的选择，经验表明，聚类过程中的绝大多数重要变化均发生在第一次再分配中。

6.4.3 应用实例

例 6.4.1 用 K−均值法对例 6.2.2 中的品酒数据进行聚类。

解：打开由表 6.2.5 中数据建立的数据文件，单击“Analysis”→“Classify”→“K-means Cluster”命令，打开“K-means Cluster Analysis（K−均值聚类分析）”对话框。从源变量列表中把需进行聚类分析的变量送入“Variable(s)（变量）”窗口，这里把指标 1 到指标 10 输入变量窗口；在“Number of Cluster（聚类数）”右边的窗口中输入数字 3，这是根据上面分析得到的信息；在“Method（方法）”方框下选择默认，即“Iterate and classify（迭代和分类）”选项，这表示在迭代过程中不断地更新聚类中心；对“Cluster Centers（聚类中心）”方框下的两个选项不予处理。

在主对话框最下面有 3 个按钮：“Iterate（迭代）”，“Save（保存）”和“Options（选项）”。首先单击“Iterate（迭代）”按钮，打开设置迭代参数的对话框，选择默认选项，即“Maximum Iterations（最大迭代数）”为 10，在“Convergence Criterion（收敛准则）”后的窗口中输入数字 0.01。选择“Use running means（使用变动平均值）”选项，这表示在迭代过程中，当每个样品或变量被分配到一类后，随即计算新类的聚心，再进行下一步运算。

单击“Options（选项）”按钮，打开“Options”对话框，在“Statistics（统计量）”方框下选择“Initial cluster centers（初始聚类中心）”（这是系统默认选项，选择此项，会输出初始聚类中心表）和“Cluster information for each case（每个个案的聚类信息）”选项（选择此项，会输出每个个案的聚类信息，包括各个案最终所属的类别，各个案与最终聚心之间的欧几里得距离和最终各类聚心之间的欧几里得距离）。其他选项选择默认，各项选定后返回主对话框，单击“Ok”按钮就会得到输出聚类成员表 6.4.1。

表 6.4.1 聚类成员表

Case Number	Cluster	Distance
1	2	1.372
2	2	1.339
3	3	2.498
4	3	1.552
5	3	1.882
6	3	1.778
7	3	1.852
8	3	1.492
9	1	0.993
10	1	1.914
11	3	1.712
12	1	1.424

从表 6.4.1 可以看出，经过 4 次迭代，12 种酒被分成 3 类：第 1 类是{9,10,12}；第 2 类是{1,2}；第 3 类是{3,4,5,6,7,8,11}。与前面系统聚类法所得的分类结果一样，虽然类别的编号有点差异。

聚类分析的内容是很丰富的，其方法也是多种多样的，除了前面介绍的系统聚类法和动态聚类法外，还有有序样品聚类法、模糊聚类法等。

使用系统聚类法时，那些被分类的样品是相互独立的，分类时是彼此平等的。而有序样品分类法要求样品按一定的顺序排列，分类时不能打乱次序，即同一类样品必须是相互邻接的。有序样品的分类实质上是找一些分点，把有序样品划分为几个分段，每个分段看作一个类，所以分类也称为分割。分点取在不同位置就可以得到不同的分割，通常寻找最好分割的一个依据就是使各段内部样品之间的差异最小，而各段样品之间的差异较大，有序样品聚类法就是这种最优分割法。模糊聚类法是把模糊集的概念用到聚类分析中所产生的一种聚类方法，它是根据研究对象本身的属性而构造的一个模糊矩阵，在此基础上根据一定的隶属度来确定其分类关系。对这些聚类法有兴趣的读者可以阅读其他相关的文献。

第7章 判别分析

7.1 判别分析的作用和思想

在科研和应用中经常会遇到根据观测到的数据资料，对所研究对象进行分类的问题。例如：在经济研究中要根据人均国民收入、人均工农业产值、人均消费水平等多项指标判别一个国家经济发展所属类别（发达国家、中等发达、发展中国家等）；在地质勘探中，根据岩石标本的多种特征来判别地层的地质年代，由采样分析出的多种成分来判别此地是有矿还是无矿，是铜矿还是铁矿；在医疗实践中，要根据就疹者的多种体验指标（如体温、血压、脉搏、白血球等）来判别此人有病还是无病，是这种病还是那种病；等等。这时就需要使用判别分析。虽然判别分析与聚类分析都是研究有关对象的分类问题，但它们的出发点和归宿是不同的。聚类分析是在不知道类型的个数或者对各种类型的结构未作假设的情况下开展工作，它要根据数据的特性，按一定的法则先把数据分成若干类，使同一类里的那些对象在某种意义下表现出彼此相似的特征，不同类里的对象表现出彼此不相似的特征。而判别分析的思想是：首先需要对类（或组）有基本的了解，要求对每一类都有一个样本，然后根据判别要求建立判别函数和判别准则，最后对待判样品的归属作出判别。因此，判别分析是一种主要的、常用的多变量统计分析方法。下面介绍判别分析的 3 种常用方法：距离判别法、Bayes 判别法和 Fisher 判别法。

7.2 距离判别法

7.2.1 两总体的距离判别

基本思想：首先根据已知分类的数据分别计算各类的重心（各类的均值），对任给的一次观测，若它与第 i 类的重心距离最近，则判它来自第 i 类。在距离判别法中，主要使用马氏距离。设有两个 p 维类别（总体）π_1、π_2 的均值分别为 μ_1、μ_2，协方差分别为 $\Sigma_1>0$、$\Sigma_2>0$。x 是一个待判的 p 维样品，如何根据距离判断 x 是属于哪一类别的样品？

1．当 $\boldsymbol{\Sigma}_1=\boldsymbol{\Sigma}_2=\boldsymbol{\Sigma}$ 时的判别

（1）判别规则 1：先计算 x 与两类别的马氏距离 $d(x,\pi_1)$ 和 $d(x,\pi_2)$，然后根据以下规定进行判别：

$$\begin{cases} x\in\pi_1,\ d(x,\pi_1)\leqslant d(x,\pi_2), \\ x\in\pi_2,\ d(x,\pi_1)>d(x,\pi_2)。\end{cases} \tag{7.2.1}$$

这个判别规则称为最小距离判别，即 x 与哪个类别的马氏距离小，就判 x 归属于那个类别。当 $d(x,\pi_1)=d(x,\pi_2)$ 时，实际上 x 可判给任一类或作为待判，下面不再加以说明。

（2）判别规则 2：令 $W(x)=a'(x-\bar{\mu})$，其中 $\bar{\mu}=(\mu_1+\mu_2)/2$，$a=\boldsymbol{\Sigma}^{-1}(\mu_1-\mu_2)$，这时判别规则如下：

$$\begin{cases} x \in \pi_1, & W(x) \geqslant 0, \\ x \in \pi_2, & W(x) < 0。\end{cases} \quad (7.2.2)$$

称$W(x)$为距离判别函数。由于它是x的线性函数，又称为线性判别函数，a称为判别系数。

判别规则2实际上是判别规则1的变形，因为

$$d^2(x,\pi_2) - d^2(x,\pi_1) = 2(\mu_1 - \mu_2)'\boldsymbol{\Sigma}^{-1}(x - (\mu_1 + \mu_2)/2)。$$

令$\bar{\mu} = (\mu_1 + \mu_2)/2$，$a = \boldsymbol{\Sigma}^{-1}(\mu_1 - \mu_2)$，故距离判别法的规则是

$$d^2(x,\pi_1) \leqslant d^2(x,\pi_2) \Leftrightarrow W(x) \geqslant 0。$$

评注：（1）按最小距离规则进行判别可能产生误判。为说明问题方便，不妨设$p=1$，令$\pi_1 \sim N(\mu_1, \sigma^2)$，$\pi_2 \sim N(\mu_2, \sigma^2)$，且$\mu_2 > \mu_1$，如图7.2.1所示。

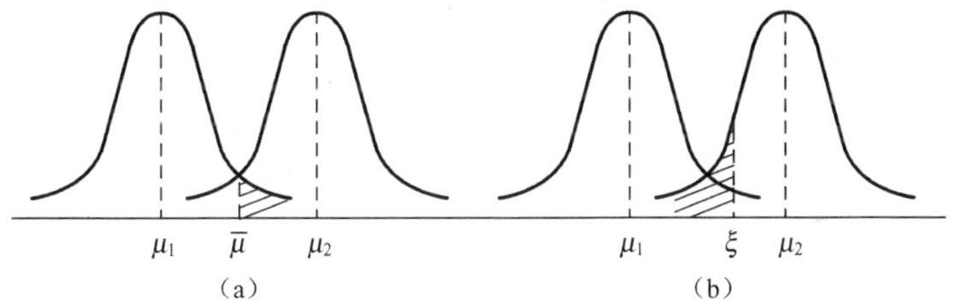

图 7.2.1　产生误判的示意图

设样品x取自总体π_1，但它的观测值却落在$\bar{\mu} = (\mu_1 + \mu_2)/2$的右边，按上述规则应把$x$判为属于$\pi_2$，此时发生误判，误判的概率正好是图中阴影部分的面积。当然，可以选择不同的判别限（或称阈值），例如我们不以$\bar{\mu}$为判别限而以ξ为判别限（图7.2.1（b）），这时虽然把π_1中的样品判决为π_2的概率是减少了，但把π_2中的样品误判为π_1的概率却增大了，因此一般来说这样做是不可取的。

（2）从图7.2.1还可以看出，当两个总体π_1、π_2十分接近时，即有$\mu_1 \approx \mu_2$，这时无论用什么方法进行判别，误判概率都很大，这时进行判别就没有什么意义。因此在判别之前须对两总体均值是否有显著性差异进行检验。

（3）由于落在$\bar{\mu}$附近的点误判概率比较大，为了使判别更有效，有时可划出一个待判区域。例如，可取$[b,\ c] = [\bar{\mu} - |\mu_1 - \mu_2|/5,\ \bar{\mu} + |\mu_1 - \mu_2|/5]$作为待判区域，这时就有判别规则：

$$\begin{cases} x \in \pi_1, & x \leqslant b; \\ x \in \pi_2, & x \geqslant c; \\ \text{待判}, & b < x < c。\end{cases}$$

（4）在距离判别中并没有涉及具体的分布类型，只要变量存在二阶矩就可以了。但若要估计误判概率，就要假定分布是正态分布。对于正态总体来说，如最小距离判别的判别限为$\bar{\mu}$时，两个误判概率是相同的。

事实上，设用$p(2|1)$表示x来自π_1而误判给π_2的概率，$p(1|2)$表示x来自π_2而误判给π_1的概率，即有

$$p(2|1) = p(W(x) < 0 | x \in \pi_1),\ \ p(1|2) = p(W(x) \geqslant 0 | x \in \pi_2) \quad (7.2.3)$$

若π_1、π_2分别为正态分布$N_p(\mu_1, \boldsymbol{\Sigma})$和$N_p(\mu_2, \boldsymbol{\Sigma})$，则当$\boldsymbol{x} \in \pi_1$，$\boldsymbol{x} \sim N_p(\mu_1, \boldsymbol{\Sigma})$，由于$W(\boldsymbol{x}) = \boldsymbol{a}'(\boldsymbol{x} - \bar{\mu})$，故$W(\boldsymbol{x}) \sim N(a'(\mu_1 - \mu_2)/2,\ a'\boldsymbol{\Sigma}a)$。

令

$$\Delta^2=(\mu_1-\mu_2)'\Sigma^{-1}(\mu_1-\mu_2),$$

于是

$$\boldsymbol{a}'(\mu_1-\mu_2)=(\mu_1-\mu_2)'\Sigma^{-1}(\mu_1-\mu_2)=\Delta^2=\boldsymbol{a}'\Sigma\boldsymbol{a},$$

因此

$$W(\boldsymbol{x})\sim N(\Delta^2/2,\ \Delta^2),$$

$$p(W(\boldsymbol{x})<0|\boldsymbol{x}\in\pi_1)=p(\frac{W(\boldsymbol{x})-\Delta^2/2}{\Delta}<-\frac{\Delta}{2})=\Phi(-\frac{\Delta}{2})。\tag{7.2.4}$$

同理，当 $\boldsymbol{x}\in\pi_2$ 时，有

$$p(W(\boldsymbol{x})\geqslant 0|\boldsymbol{x}\in\pi_2)=\Phi(-\Delta/2)。$$

故两个误判概率相同，即有

$$p(2|1)=p(1|2)=\Phi(-\Delta/2)。$$

$\Delta=[(\mu_1-\mu_2)'\Sigma^{-1}(\mu_1-\mu_2)]^{1/2}$ 正是 π_1 与 π_2 这两个类别的马氏距离，这两类越分开，即 Δ 越大，则误判概率越小；当两类越接近，即 Δ 越小，则误判概率越大，这从理论上说明了评注（2）中的结论。

例 7.2.1 设 $p=1$，π_1、π_2 分别为 $N(\mu_1,\sigma^2)$ 和 $N(\mu_2,\sigma^2)$，$\mu_1<\mu_2$，这时判别系数 $a=(\mu_1-\mu_2)/\sigma^2<0$，判别函数 $W(x)=a(x-\bar{\mu})$。判别规则为

$$\begin{cases}x\in\pi_1, & x\leqslant\bar{\mu}\\ x\in\pi_2, & x>\bar{\mu}\end{cases}。$$

由于 $\Delta^2=(\mu_1-\mu_2)^2/\sigma^2$，故 $\Delta=(\mu_2-\mu_1)/\sigma$。于是

$$p(2|1)=p(1|2)=\Phi(-\frac{\Delta}{2})=\Phi(\frac{\mu_1-\mu_2}{2\sigma})。$$

在实际应用中，由于各类的均值和协方差一般都是未知的，这时要用样本均值和协方差矩阵分别进行估计。设 $x_{11},x_{12},\cdots,x_{1n_1}$ 和 $x_{21},x_{22},\cdots,x_{2n_2}$ 分别是来自 π_1 和 π_2 的样本，$n_1+n_2-2\geqslant p$，则 μ_1和μ_2 的无偏估计分别是

$$\bar{x}_1=\frac{1}{n_1}\sum_{j=1}^{n_1}x_{1j},\quad \bar{x}_2=\frac{1}{n_2}\sum_{j=1}^{n_2}x_{2j}。$$

$\boldsymbol{\Sigma}$ 的一个联合无偏估计是

$$\hat{\Sigma}=\frac{1}{n_1+n_2-2}(A_1+A_2)。$$

其中 $A_i=\sum_{j=1}^{n_i}(x_{ij}-\bar{x}_i)(x_{ij}-\bar{x}_i)'$，$i=1,2$。此时，判别函数是

$$\hat{W}(x)=\hat{a}'(x-\bar{x})。$$

这里 $\bar{x}=(\bar{x}_1+\bar{x}_2)/2$，$\hat{a}=\hat{\Sigma}^{-1}(\bar{x}_1-\bar{x}_2)$。判别规则是

$$\begin{cases}x\in\pi_1, & \hat{W}(x)\geqslant 0\\ x\in\pi_2, & \hat{W}(x)<0\end{cases}。\tag{7.2.5}$$

（1）若 π_1 和 π_2 都是正态分布，则两个误判概率 $p(2|1)$ 和 $p(1|2)$ 可用

$$\hat{\Delta}^2=(\bar{x}_1-\bar{x}_2)'\hat{\Sigma}^{-1}(\bar{x}_1-\bar{x}_2)$$

作为 Δ^2 的估计而得，这些估计都是有偏的，但大样本时偏差可以忽略。

（2）若 π_1 和 π_2 不能假定为正态分布，则 $p(2|1)$ 和 $p(1|2)$ 只能用样品的误判比例来估计，这类方法不依赖于总体的分布形式，通常有以下 3 种估计方法。

回代法： 把原来的数据分别代入所建立的判别函数，按判别法则确定它们的归属。令 $n(2|1)$ 为样本中来自 π_1 而误判为 π_2 的个数，$n(1|2)$ 为样本中来自 π_2 而误判为 π_1 的个数，则 $p(2|1)$ 和 $p(1|2)$ 的估计是

$$\hat{p}(2|1)=n(2|1)/n_1,\quad \hat{p}(1|2)=n(1|2)/n_2。\tag{7.2.6}$$

该方法简单、直观、易于计算，但它给出的估计值通常偏低。

把样本一分为二： 一部分作为训练样本，用于构造判别函数；另一部分用作验证样本，对判别函数进行评估。误判概率用验证样本的被误判比例来估计，这样得到的估计是无偏的。但这种方法有两个缺陷：一是需要大样本；二是在构造判别函数时只用部分样本，从而丢失了一些有价值的信息。

刀切法或交叉验证法： 从类别 π_1 中剔除 x_{1j}，用余下的 n_1-1 个观测值和类别 π_2 中的 n_2 个观测值构造判别函数，然后对 x_{1j} 进行判别，$j=1,2,\cdots,n_1$。同样，从类别 π_2 中取出 x_{2j}，用余下的 n_2-1 个观测值和类别 π_1 中的 n_1 个观测值构造判别函数，再对 x_{2j} 进行判别，$j=1,2,\cdots,n_2$。令 $n^*(2|1)$ 为样本中来自 π_1 而误判为 π_2 的个数，$n^*(1|2)$ 的意思相仿，则两个误判概率 $p(2|1)$ 和 $p(1|2)$ 的估计分别是

$$\hat{p}(2|1)=n^*(2|1)/n_1,\quad \hat{p}(1|2)=n^*(1|2)/n_2。$$

它们都是接近无偏的估计量。

2．当 $\boldsymbol{\Sigma}_1\neq\boldsymbol{\Sigma}_2$ 时的判别

（1）先计算 $d(x,\pi_1)=[(x-\mu_1)'\boldsymbol{\Sigma}_1^{-1}(x-\mu_1)]^{1/2}$，$d(x,\pi_2)=[(x-\mu_2)'\boldsymbol{\Sigma}_2^{-1}(x-\mu_2)]^{1/2}$，判别准则是

$$\begin{cases}x\in\pi_1, & 若 d(x,\pi_1)\leqslant d(x,\pi_2)\\ x\in\pi_2, & 若 d(x,\pi_1)>d(x,\pi_2)\end{cases}\tag{7.2.7}$$

（2）若令

$$\begin{aligned}W(x)&=d^2(x,\pi_2)-d^2(x,\pi_1)\\&=(x-\mu_2)'\boldsymbol{\Sigma}_2^{-1}(x-\mu_2)-(x-\mu_1)'\boldsymbol{\Sigma}_1^{-1}(x-\mu_1)\end{aligned}$$

则判别准则是

$$\begin{cases}x\in\pi_1, & 若 W(x)\geqslant 0\\ x\in\pi_2, & 若 W(x)<0\end{cases}\tag{7.2.8}$$

这时，$W(x)$ 不再是 x 的线性函数，而是 x 的二次函数。

判别分析是在假定两个总体均值不同的情况下作出的，若两个总体均值向量在统计上差异不显著，则判别分析意义就不大，因此要检验原假设 $H_0:\mu_1=\mu_2\leftrightarrow H_1:\mu_1\neq\mu_2$。又两个总体协方差是否相等关乎判别准则的选取，因此还要检验协方差相等的假设 $H_0:\boldsymbol{\Sigma}_1=\boldsymbol{\Sigma}_2\leftrightarrow H_1:\boldsymbol{\Sigma}_1\neq\boldsymbol{\Sigma}_2$。

如果结论需要假定判别变量服从多变量正态分布，则还要进行正态性检验。

例 7.2.2 根据经验，今天与昨天的湿度差 x_1 与今天的压温差 x_2 是预报明天是否下雨的两个重要的因素。现收集到一批样本数据见表 7.2.1。又测得今天的湿度差与压温差分别是

$x_1 = 0.6$，$x_2 = 3.0$。试用距离判别法预报明天是否会下雨，并用回代法和刀切法分别估计误判概率（取 $\alpha = 0.01$）。

表 7.2.1 湿度差与压温差数据

π_1（雨天）		π_2（非雨天）	
x_1 湿度差	x_2 压温差	x_1 湿度差	x_2 压温差
−1.9	3.2	0.2	6.2
−6.9	10.4	−0.1	7.5
5.2	2.0	0.4	14.6
5.0	2.5	2.7	8.3
7.3	0.0	2.1	0.8
6.8	12.7	−4.6	4.3
0.9	−15.4	−1.7	10.9
−12.5	−2.5	−2.6	13.1
1.5	1.3	2.6	12.8
3.8	6.8	−2.8	10.0

下面用统计软件 SPSS 中的判别分析模块来求解，这里只给出有关对话框的具体操作步骤，模块其他对话框的具体解释可参见第 12 章中有关章节的具体说明。

解：先检验两总体均值向量是否相等。打开由表 7.2.1 所建立的数据文件，从“Analyze”菜单中选择“General Linear Model”，再选择“Multivariate”弹出多变量主对话框。选择“湿度差和压温差”进入“Dependent Variable（因变量）”窗口，选择“类别”进入“Fixed Factors（固定因素）”。单击打开“Options（选项）”对话框，在“Factor and Factor Interations”中选“OVERALL”和“组别”进入“Display Means for”，显著性水平修改为 0.01。其他选项不选或默认，所有设置完成后，单击“Ok”按钮输出结果。这里主要考察多变量检验表 7.2.2。

表 7.2.2 多变量检验表

Effect		Value	F	Hypothesis df	Error df	Sig.
Intercept	Pillai' s Trace	0.460	7.247	2.000	17.000	0.005
	Wilks' Lambda	0.540	7.247	2.000	17.000	0.005
	Hotelling' s Trace	0.853	7.247	2.000	17.000	0.005
	Roy' s Largest Root	0.853	7.247	2.000	17.000	0.005
类别	Pillai' s Trace	0.266	3.086	2.000	17.000	0.072
	Wilks' Lambda	0.734	3.086	2.000	17.000	0.072
	Hotelling' s Trace	0.363	3.086	2.000	17.000	0.072
	Roy' s Largest Root	0.363	3.086	2.000	17.000	0.072

从类别的“Hotelling' s Trace”这行可以看出：Hotelling 迹统计量的值为 0.363，对应的 F 值为 3.086，p 值为 0.072，大于显著性水平 0.01，所以接受原假设，即不能拒绝两组均值相等，这预示，本判别结果的错判概率会较大。

再打开由表 7.2.1 建立的数据文件，从“Analyze（分析）”菜单中选择“Classify（分类）”，单击“Discriminant（判别分析）”弹出判别分析主对话框。在左边的列表框中选择组别变量送入“Grouping Variable（组变量）”框内，这时“Define Range（确定范围）”被激活，单击

“Define Range” 按钮，在 “Minimum（最小值）” 和 “Maximum（最大值）” 窗口分别输入 1 和 2，设置完成后，单击 “Continue（继续）” 按钮返回 “Discriminant Analysis” 主对话框，在左边的列表框中把变量湿度差与压温差送入“Independents(自变量)”对话框。单击“Statistics（统计）” 按钮打开 “Statistics” 对话框，如图 7.2.2 所示。

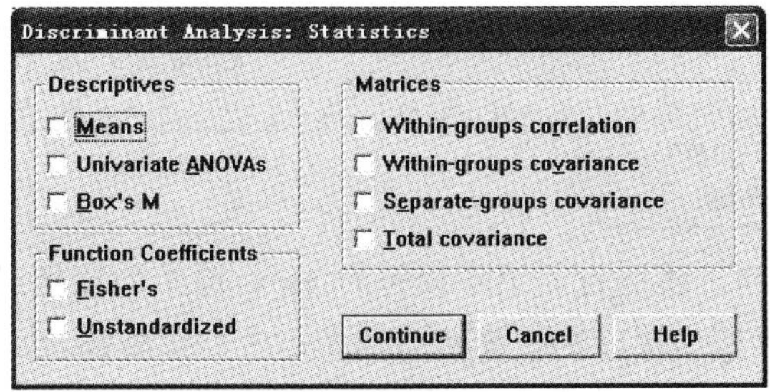

图 7.2.2　判别分析统计量对话框

在 “Descriptives（描述统计）” 对话框中选择 “Means（均值）” 得各组的均值、标准差等统计量；选择 “Univariate ANOVAs（单变量方差分析）” 以检验两类的均值分量是否相等；选择 “Box’s M（Box 的 M 检验）” 检验两类的协方差矩阵是否相等。在 “Matrices（矩阵）” 对话框中选择 “Within- Groups Matrices（组内协方差矩阵）”，其余暂不选，单击 “Continue” 按钮返回 “Discriminant Analysis”。打开 “Classify（分类）” 对话框，选择 “Summary table（回代法）” 和 “Leave-one-out classification（交叉验证）” 这两项，得到用回代法和刀切法计算的判别结果。其他选项由系统默认，单击 “Continue” 按钮返回主对话框。单击 “Ok” 按钮即可得到表 7.2.3～表 7.2.7，下面就利用这些表格进行解题。

表 7.2.3　雨天和非雨天的统计量

		Mean	Std.Deviation	Valid N (listwise)	
				Unweighted	Weighted
雨天	x_1	0.9200	6.39510	10	10.000
	x_2	2.1000	7.72571	10	10.000
非雨天	x_1	−0.3800	2.49168	10	10.000
	x_2	8.8500	4.30639	10	10.000
Total	x_1	0.2700	4.77053	20	20.000
	x_2	5.4750	7.00337	20	20.000

由表 7.2.3 可得雨天和非雨天的均值向量分别是

$$\bar{\boldsymbol{x}}_1=(0.920,\ 2.100)',\ \bar{\boldsymbol{x}}_2=(-0.380,\ 8.850)',$$

总平均向量是

$$\bar{\boldsymbol{x}}=(\bar{x}_1+\bar{x}_2)/2=(0.270,\ 5.475)'。$$

表 7.2.4　两总体均值相等的检验

	Wilks’ Lambda	F	df1	df2	Sig.
湿度差	0.980	0.359	1	18	0.557
压温差	0.756	5.824	1	18	0.027

由表 7.2.4 可知，两个均值分量相等检验的 p 值分别是 0.557 和 0.027，在显著性水平

$\alpha = 0.01$ 下，不能拒绝均值分量相等的假设。

两总体协方差矩阵相等的 Box 检验见表 7.2.5。

表 7.2.5　两总体协方差矩阵相等的 Box 检验

Box's M	9.929
F Approx.	2.912
df1	3
df2	58320.000
Sig.	0.033

表 7.2.6　两总体的联合协方差矩阵

		x_1	x_2
Covariance	x_1	23.553	3.013
	x_2	3.013	39.116
Correlation	x_1	1.000	0.099
	x_2	0.099	1.000

由表 7.2.5 可知，两总体协方差矩阵相等的 Box 检验的 p 值是 0.033，在显著性水平 $\alpha = 0.01$ 的条件下应接受原假设，即认为两总体的协方差矩阵相等，因此选择两总体协方差矩阵相等的距离判别。

由表 7.2.6 得协方差矩阵为

$$\boldsymbol{S}_p = \begin{pmatrix} 23.553 & 3.013 \\ 3.013 & 39.116 \end{pmatrix},$$

据此算出

$$\boldsymbol{S}_p^{-1} = \begin{pmatrix} 0.043 & -0.003 \\ -0.003 & 0.026 \end{pmatrix}。$$

由于

$$\boldsymbol{a} = S_p^{-1}(\bar{\boldsymbol{x}}_1 - \bar{\boldsymbol{x}}_2) = (0.079,\ \ -0.179)',$$

于是得距离判别函数是

$$W(x) = \boldsymbol{a}'(\boldsymbol{x} - \bar{\boldsymbol{x}}) = 0.079x_1 - 0.179x_2 + 0.956。$$

把 $x_1 = 0.6,\ \ x_2 = 3.0$ 代入，得

$$W(x_1 = 0.6, x_2 = 3.0) = 0.466 > 0,$$

根据距离判别法知，$(x_1 = 0.6,\ \ x_2 = 3.0)' \in \pi_1$，故判断明天会下雨。

错判概率可以由回代法和交叉验证法分别估计出来，具体结果见分类结果表 7.2.7。

表 7.2.7　错判概率的回代法和交叉验证法估计

			Predicted Group Membership		Total
			雨天	非雨天	
回代法	Count	雨天	8	2	10
		非雨天	1	9	10
	%	雨天	80.0	20.0	100.0
		非雨天	10.0	90.0	100.0
交叉验证法	Count	雨天	6	4	10
		非雨天	2	8	10
	%	雨天	60.0	40.0	100.0
		非雨天	20.0	80.0	100.0

由表 7.2.7 的第 2、3 行可知，用回代法所得的误判概率分别是

$$\hat{p}(2|1) = n(2|1)/n_1 = 2/10 = 0.2,$$

$$\hat{p}(1|2)=n(1|2)/n_2=1/10=0.1\text{ 。}$$

即把“雨天”判给“非雨天”的误判概率是 0.2，把“非雨天”判给“雨天”的误判概率是 0.1，总误判概率是 0.15。

由表 7.2.7 的第 4、5 行可知，用刀切法所得的误判概率分别是

$$\hat{p}(2|1)=n^*(2|1)/n_1=4/10=0.4\text{ ，}$$

$$\hat{p}(1|2)=n^*(1|2)/n_2=2/10=0.2\text{ 。}$$

即把“雨天”判给“非雨天”的误判概率是 0.4，把“非雨天”判给“雨天”的误判概率是 0.2，总误判概率是 0.3。本次误判概率较大，是因为在作均值相等的检验时不能拒绝两组均值相等的假设。

7.2.2 多总体的距离判别

设有 $k(k\geqslant 3)$ 个 p 维总体 $\boldsymbol{\pi}_1,\boldsymbol{\pi}_2,\cdots,\boldsymbol{\pi}_k$，它们的均值分别是 $\boldsymbol{\mu}_1,\boldsymbol{\mu}_2,\cdots,\boldsymbol{\mu}_k$，协方差矩阵分别是 $\boldsymbol{\Sigma}_1>0,\boldsymbol{\Sigma}_2>0,\cdots,\boldsymbol{\Sigma}_k>0$，现有样品 $\boldsymbol{x}$，应该如何判别样品 $\boldsymbol{x}$ 的归属？

判别的方法还是前面的思路：

（1）先计算样品 $\boldsymbol{x}$ 到每个总体的马氏距离：

$$d(\boldsymbol{x},\boldsymbol{\pi}_i)=[(\boldsymbol{x}-\boldsymbol{\mu}_i)'\boldsymbol{\Sigma}_i^{-1}(\boldsymbol{x}-\boldsymbol{\mu}_i)]^{1/2},\ i=1,2,\cdots,k\text{ 。}$$

（2）哪个距离最小，就把样品 $\boldsymbol{x}$ 判给那个总体。即

$$\boldsymbol{x}\in\boldsymbol{\pi}_j,\ \text{若}d(\boldsymbol{x},\boldsymbol{\pi}_j)=\min_{1\leqslant i\leqslant k}d(\boldsymbol{x},\boldsymbol{\pi}_i)\tag{7.2.9}$$

考虑 k 个协方差矩阵是否相等，在协方差矩阵相等的情况下，具体判别法则可以简化。

若 $\boldsymbol{\Sigma}_1=\boldsymbol{\Sigma}_2=\cdots=\boldsymbol{\Sigma}_k=\boldsymbol{\Sigma}$，此时考虑用距离平方比较方便：

$$d^2(x,\pi_i)=(x-\mu_i)'\boldsymbol{\Sigma}^{-1}(x-\mu_i)=x'\boldsymbol{\Sigma}^{-1}x-2\mu_i'\boldsymbol{\Sigma}^{-1}(x-\mu_i/2)\text{ ，}\ i=1,2,\cdots,k\text{ 。}$$

由于各距离中首项都一样，因此只要比较 $\mu_i'\boldsymbol{\Sigma}^{-1}(x-\mu_i/2)$ 的大小即可，这时判别规则是

$$x\in\pi_j,\ \text{若}\mu_j'\boldsymbol{\Sigma}^{-1}(x-\mu_j/2)=\max_{1\leqslant i\leqslant k}(\mu_i'\boldsymbol{\Sigma}^{-1}(x-\mu_i/2))\text{ 。}\tag{7.2.10}$$

设 $\boldsymbol{g}_i=\boldsymbol{\Sigma}^{-1}\mu_i$，$c_i=-\mu_i'\boldsymbol{\Sigma}^{-1}\mu_i/2$，则 $\mu_i'\boldsymbol{\Sigma}^{-1}(x-\mu_i/2)=g_i'x+c_i$ 为 x 的线性函数。

在实际应用中，$\mu_1,\mu_2,\cdots,\mu_k$ 和 $\boldsymbol{\Sigma}_1,\boldsymbol{\Sigma}_2,\cdots,\boldsymbol{\Sigma}_k$ 通常都是未知的，这时要用相应的样本均值和样本协方差来估计它们。设 $x_{i1},x_{i2},\cdots,x_{in_i}$ 是从总体 π_i 中抽取的一个样本，则 μ_i 的无偏估计是

$$\overline{x}_i=\frac{1}{n_i}\sum_{j=1}^{n_i}x_{ij},\ i=1,2,\cdots,k\text{ 。}$$

对 $\boldsymbol{\Sigma}_1,\boldsymbol{\Sigma}_2,\cdots,\boldsymbol{\Sigma}_k$ 的估计分两种情况：

（1）当 $\boldsymbol{\Sigma}_1=\boldsymbol{\Sigma}_2=\cdots=\boldsymbol{\Sigma}_k=\boldsymbol{\Sigma}$ 时，$\boldsymbol{\Sigma}$ 的估计是：

$$\hat{\boldsymbol{\Sigma}}=\frac{1}{n-k}\sum_{i=1}^{k}A_i\text{ ，}$$

其中 $A_i=\sum_{j=1}^{n_i}(x_{ij}-\overline{x}_i)(x_{ij}-\overline{x}_i)'$，$i=1,2,\cdots,k$ 。这时判别规则为

$$x\in\pi_j,\ \text{若}\ \overline{x}_j'\hat{\boldsymbol{\Sigma}}^{-1}(x-\overline{x}_j/2)=\max_{1\leqslant i\leqslant k}[\overline{x}_i'\ \hat{\boldsymbol{\Sigma}}^{-1}(x-\overline{x}_i/2)]\tag{7.2.11}$$

（2）当 $\boldsymbol{\Sigma}_1,\boldsymbol{\Sigma}_2,\cdots,\boldsymbol{\Sigma}_k$ 不全相等时，用 $S_i=A_i/(n_i-1)$ 作为 $\boldsymbol{\Sigma}_i$ 的估计，判别规则为

$$x \in \pi_j，若\ \hat{d}^2(x,\pi_j) = \min_{1 \leqslant i \leqslant k} \hat{d}^2(x,\pi_i) \tag{7.2.12}$$

其中 $\hat{d}^2(x,\pi_i) = (x - \bar{x}_i)' S_i^{-1} (x - \bar{x}_i),\ i = 1,2,\cdots,k$。

由于 $\boldsymbol{\Sigma}_1, \boldsymbol{\Sigma}_2, \cdots, \boldsymbol{\Sigma}_k$ 是否相等关系到判别函数是使用二次函数还是线性函数的问题，因此除了要检验各组均值是否相等外，还要检验各组协方差是否相等，即检验 $H_0 : \boldsymbol{\Sigma}_1 = \boldsymbol{\Sigma}_2 = \cdots = \boldsymbol{\Sigma}_k = \boldsymbol{\Sigma}$。

例 7.2.3 为研究销售方式对商品销售额的影响，选择甲、乙、丙和丁 4 种商品按 3 种不同的销售方式进行销售。这 4 种商品的销售额是 (x_1, x_2, x_3, x_4)，其数据见表 7.2.8。现有某商店对这四种商品的销售额是 $x = (102, 65, 410, 215)$，试判定该商店的销售方式是哪一种？

表 7.2.8 4 种商品在 3 种不同的销售方式下的销售额

编号	销售方式 1				销售方式 2				销售方式 3			
	x_1	x_2	x_3	x_4	x_1	x_2	x_3	x_4	x_1	x_2	x_3	x_4
1	125	60	338	210	66	54	455	310	65	33	480	260
2	119	80	233	330	82	45	403	210	100	34	468	295
3	63	51	260	203	65	65	312	280	65	63	416	265
4	65	51	429	150	40	51	477	280	117	48	468	250
5	130	65	403	206	67	54	481	293	114	63	395	380
6	69	45	350	190	38	50	468	210	55	30	546	235
7	46	60	585	200	42	45	351	190	64	51	507	320
8	146	66	273	250	113	40	390	310	110	90	442	225
9	87	54	584	240	80	55	520	200	60	62	440	248
10	110	77	507	270	76	60	507	189	110	69	377	260
11	107	60	364	200	94	33	260	280	88	78	299	360
12	130	61	391	200	60	51	429	190	73	63	390	320
13	80	45	429	270	55	40	390	295	114	55	494	240
14	60	50	442	190	65	48	481	177	103	54	416	310
15	81	54	260	280	69	48	442	225	100	33	273	312
16	135	87	507	260	125	63	312	270	140	61	312	345
17	57	48	400	285	120	56	416	280	80	36	286	250
18	75	52	520	260	70	45	468	370	135	54	468	345
19	76	65	403	250	62	66	416	224	130	69	325	360
20	55	42	411	170	69	60	377	280	60	57	273	260

解： 先检验三总体均值向量是否相等，打开由表 7.2.8 所建立的数据文件，从“Analyze”菜单中选择“General Linear Model”，再选择“Multivariate”弹出多变量主对话框。选择销售额的 4 个变量进入“Dependent Variable（因变量）”窗口，选择“销售方式”进入“Fixed Factors（固定因素）”。单击打开“Options（选项）”对话框，在“Factor and Factor Interations”中选“OVERALL”和“销售方式”进入“Display Means for”，显著性水平默认为 0.01。其他选项不

选或默认，所有设置完成后，单击“Ok”按钮输出结果。这里主要考察多变量检验表7.2.9。

表 7.2.9　多变量检验统计表

Effect		Value	F	Hypothesis df	Error df	Sig.
Intercept	Pillai's Trace	0.988	1137.064	4.000	54.000	0.000
	Wilks'Lambda	0.012	1137.064	4.000	54.000	0.000
	Hotelling's Trace	84.227	1137.064	4.000	54.000	0.000
	Roy's Largest Root	84.227	1137.064	4.000	54.000	0.000
销售方式	Pillai's Trace	0.361	3.031	8.000	110.000	0.004
	Wilks'Lambda	0.666	3.038	8.000	108.000	0.004
	Hotelling's Trace	0.459	3.043	8.000	106.000	0.004
	Roy's Largest Root	0.336	4.621	4.000	55.000	0.003

从销售方式的“Wilks Lambda”这一行可以看出：Wilks Λ 统计量的值为0.666，对应的F值为3.038，p值为0.004，小于显著性水平0.01，所以拒绝三总体均值向量相等的假设。

再打开由表7.2.8建立的数据文件，从“Analyze（分析）”菜单中选择“Classify（分类）”，单击“Discriminant（判别分析）”按钮弹出判别分析主对话框。在左边的列表框中选择销售方式送入“Grouping Variable（组变量）”框内，这时“Define Range（定义范围）”被激活，单击“Define Range”按钮，在“Minimum（最小值）”和“Maximum（最大值）”窗口分别输入1和3，设置完成后，单击“Continue（继续）”按钮返回“Discriminant Analysis”主对话框，在左边的列表框中把变量1到变量4送入“Independents（自变量）”对话框。单击“Statistics（统计）”按钮打开“Statistics”对话框，在“Descriptives（描述统计）”对话框中选择“Means（均值）”得各组的均值、标准差等统计量；选择“Univariate ANOVAs（单变量方差分析）”检验三种销售方式的均值分量是否相等；选择“Box's M（Box M检验）”检验三种销售方式的协方差矩阵是否相等。在“Matrices（矩阵）”对话框中选择“Within- Groups Matrices（组内协方差矩阵）”，在“Function Coefficient（函数系数）”方框下选择“Fisher's（费歇判别）”，显示费歇判别函数的系数。单击“Continue”按钮返回“Discriminant Analysis”主对话框。打开“Classify（分类）”对话框，选择“Summary table（概述表）”和“Leave-one-out classification（交叉验证）”这两项，得到用回代法和刀切法计算的判别结果。其他选项由系统默认，单击“Continue”按钮返回主对话框。单击“Ok”按钮即可得到表7.2.10～表7.2.13，下面就利用这些表格进行解题。

表 7.2.10　3 种销售方式的统计量

销售方式		Mean	Std.Deviation	Valid N（listwise）	
				Unweighted	Weighted
1	甲商品销售额	90.80	31.338	20	20.000
	乙商品销售额	58.65	12.106	20	20.000
	丙商品销售额	404.50	102.564	20	20.000
	丁商品销售额	230.65	45.347	20	20.000
2	甲商品销售额	72.90	24.318	20	20.000
	乙商品销售额	51.45	8.811	20	20.000
	丙商品销售额	417.75	69.667	20	20.000
	丁商品销售额	253.15	53.028	20	20.000

（续）

销售方式		Mean	Std.Deviation	Valid N（listwise）	
				Unweighted	Weighted
3	甲商品销售额	94.15	27.314	20	20.000
	乙商品销售额	55.15	16.040	20	20.000
	丙商品销售额	403.75	84.276	20	20.000
	丁商品销售额	292.00	48.459	20	20.000
Total	甲商品销售额	85.95	28.904	60	60.000
	乙商品销售额	55.08	12.800	60	60.000
	丙商品销售额	408.67	85.322	60	60.000
	丁商品销售额	258.60	54.562	60	60.000

由表 7.2.10 可知，三种销售方式的均值向量和总平均分别是

$$\bar{\boldsymbol{x}}_1=(90.80,58.65,404.50,230.65)',\ \ \bar{\boldsymbol{x}}_2=(72.90,51.45,417.75,253.15)',$$

$$\bar{\boldsymbol{x}}_3=(94.15,55.15,403.75,292.00)';\quad \bar{\boldsymbol{x}}=(85.95,55.08,408.67,258.60)'。$$

由表 7.2.11 可知，在显著性水平 $\alpha=0.01$ 下，只能拒绝丁商品销售额组均值相等的假设，另外 3 个分量不能拒绝组均值相等的假设。

三总体协方差矩阵相等的 Box 检验见表 7.2.12。

表 7.2.11　组均值相等的检验表

	Wilks'Lambda	F	df1	df2	Sig.
甲商品销售额	0.894	3.377	2	57	0.041
乙商品销售额	0.946	1.615	2	57	0.208
丙商品销售额	0.994	0.166	2	57	0.848
丁商品销售额	0.781	8.008	2	57	0.001

表 7.2.12　协方差矩阵相等的 Box 检验

Box's M		25.587
F	Approx.	1.148
	df1	20
	df2	11662.473
	Sig.	0.291

由表 7.2.12 知 Box 检验的 p 值为 0.291，在显著性水平 $\alpha=0.01$ 下，接受三总体协方差矩阵相等的假设，因此选择三总体协方差矩阵相等的距离判别。

表 7.2.13　协方差矩阵的联合估计表

	甲商品销售额	乙商品销售额	丙商品销售额	丁商品销售额
甲商品销售额	773.150	134.861	−576.539	433.647
乙商品销售额	134.861	160.492	−64.816	112.495
丙商品销售额	−576.539	−64.816	7491.728	−985.417
丁商品销售额	433.647	112.495	−985.417	2405.528

由表 7.2.13 知，总体协方差矩阵的联合估计是

$$\boldsymbol{S}_p=\begin{pmatrix}773.15 & 134.86 & -576.54 & 433.65\\ 134.86 & 160.49 & -64.82 & 112.50\\ -576.54 & -64.82 & 7491.73 & -985.42\\ 433.65 & 112.50 & -985.42 & 2405.53\end{pmatrix}。$$

虽然直接计算该矩阵的逆矩阵不易，但可以绕过这个难点，利用 SPSS 输出的 Fisher 线

性判别函数系数直接给出 $\bar{\boldsymbol{x}}_i'\hat{\boldsymbol{\Sigma}}^{-1}(\boldsymbol{x}-\bar{\boldsymbol{x}}_i/2)=\boldsymbol{l}_i'\boldsymbol{x}+c_i$，$i=1,2,3$（具体理由后面给出），然后根据判别准则给出距离判别函数的有关系数，见表 7.2.14。

表 7.2.14　距离判别函数的有关系数

	销售方式		
	1	2	3
甲商品销售额	0.070	0.045	0.067
乙商品销售额	0.266	0.231	0.227
丙商品销售额	0.075	0.077	0.078
丁商品销售额	0.102	0.118	0.131
常量	−38.962	−39.615	−45.397

根据表 7.2.14 中的数据，得 3 个距离判别函数如下：

$$\bar{\boldsymbol{x}}_1'\hat{\boldsymbol{\Sigma}}^{-1}(\boldsymbol{x}-\bar{\boldsymbol{x}}_1/2)=0.070x_1+0.266x_2+0.075x_3+0.102x_4-38.962-\ln 0.333\,,$$

$$\bar{\boldsymbol{x}}_2'\hat{\boldsymbol{\Sigma}}^{-1}(\boldsymbol{x}-\bar{\boldsymbol{x}}_2/2)=0.045x_1+0.231x_2+0.077x_3+0.118x_4-39.615-\ln 0.333\,,$$

$$\bar{\boldsymbol{x}}_3'\hat{\boldsymbol{\Sigma}}^{-1}(\boldsymbol{x}-\bar{\boldsymbol{x}}_3/2)=0.067x_1+0.227x_2+0.078x_3+0.131x_4-45.397-\ln 0.333\,。$$

把某商店对这 4 种商品的销售额 $\boldsymbol{x}=(102,65,410,215)$ 分别代入这 3 个判别函数，得

$$\bar{\boldsymbol{x}}_1'\hat{\boldsymbol{\Sigma}}^{-1}(\boldsymbol{x}-\bar{\boldsymbol{x}}_1/2)=39.352\,,\quad \bar{\boldsymbol{x}}_2'\hat{\boldsymbol{\Sigma}}^{-1}(\boldsymbol{x}-\bar{\boldsymbol{x}}_2/2)=38.134\,,\quad \bar{\boldsymbol{x}}_3'\hat{\boldsymbol{\Sigma}}^{-1}(\boldsymbol{x}-\bar{\boldsymbol{x}}_3/2)=37.541\,。$$

由于 $\bar{\boldsymbol{x}}_1'\hat{\boldsymbol{\Sigma}}^{-1}(\boldsymbol{x}-\bar{\boldsymbol{x}}_1/2)=\max\limits_{1\leqslant i\leqslant 3}\bar{\boldsymbol{x}}_i'\hat{\boldsymbol{\Sigma}}^{-1}(\boldsymbol{x}-\bar{\boldsymbol{x}}_i/2)$，根据多总体距离判别法知应把该商店的销售方式判为第一种销售方式。

由回代法算出本例的误判率见表 7.2.15。

表 7.2.15　由回代法算出的误判率

销售方式			Predicted Group Membership			Total
			1	2	3	
回代法	Count	1	13	6	1	20
		2	7	7	6	20
		3	3	6	11	20
	%	1	65.0	30.0	5.0	100.0
		2	35.0	35.0	30.0	100.0
		3	15.0	30.0	55.0	100.0

从表 7.2.15 可以看出，本例的误判率较高，达 48.3%，具体原因后面再讨论。

7.3　Bayes 判别法

7.3.1　Bayes 判别法的基本思想

Bayes 判别法的基本思想是先假定对所研究的对象已有一定的认识，用先验分布（概率）描述这种认识。设有 k 个总体 $\pi_1,\pi_2,\cdots,\pi_k$，样品 x 来自它们的先验概率分别为 $p_1,p_2,\cdots,p_k$（可以由经验得到或估计出），各总体的密度函数分别为 $f_1(x),f_2(x),\cdots,f_k(x)$（在离散情况下是概率函数）。已知新样品为 x，由 Bayes 公式可算得它来自第 i 个总体的概率是

$$p(\pi_i|x)=\frac{p_i f_i(x)}{\sum_{i=1}^{n} p_i f_i(x)}, \quad i=1,2,\cdots,k \tag{7.3.1}$$

称 $p(\pi_i|x),\ i=1,2,\cdots,k$ 为后验概率。

根据不同的判别准则，可以得到不同的判别方法。下面介绍最大后验概率判别准则和最小平均误判代价准则。

7.3.2 最大后验概率判别准则

比较式（7.3.1）中 k 个后验概率的大小，把新样品 x 归判为后验概率最大的总体：

$$x\in\pi_j，\ 若\ \ p(\pi_j|x)=\max_{1\leqslant i\leqslant k} p(\pi_i|x)。 \tag{7.3.2}$$

此即最大后验概率判别准则。

例 7.3.1 有 3 个总体 π_1,π_2,π_3，已知样品来自它们的先验概率分别是 $p_1=0.55, p_2=0.15$，$p_3=0.30$。现有新样品 x_0，$f_1(x_0)=0.46,\ \ f_2(x_0)=1.50,\ \ f_3(x_0)=0.70$，按照 Bayes 判别法，新样品 x_0 应判给哪个总体？

解：因为

$$\sum_{i=1}^{3} p_i f_i(x_0)=0.46\times 0.55+0.15\times 1.50+0.30\times 0.70=0.688,$$

所以，新样品 x_0 属于各类别的后验概率分别是

$$p(\pi_1|x_0)=\frac{p_1 f_1(x_0)}{\sum_{i=1}^{3} p_i f_i(x_0)}=\frac{0.46\times 0.55}{0.688}=0.368,$$

$$p(\pi_2|x_0)=\frac{p_2 f_2(x_0)}{\sum_{i=1}^{3} p_i f_i(x_0)}=\frac{0.15\times 1.50}{0.688}=0.327,$$

$$p(\pi_3|x_0)=\frac{p_3 f_3(x_0)}{\sum_{i=1}^{3} p_i f_i(x_0)}=\frac{0.30\times 0.70}{0.688}=0.305,$$

由于 $\max_{1\leqslant i\leqslant 3} p(\pi_i|x_0)=p(\pi_1|x_0)$，所以 $x_0\in\pi_1$。

（1）正态总体下的最大后验概率判别准则。

如果 k 个类别都是正态的，即 $\boldsymbol{\pi}_i\sim N_p(\boldsymbol{\mu}_i,\boldsymbol{\Sigma}_i),\ \ \boldsymbol{\Sigma}_i>0$，$i=1,2,\cdots,k$，由于这时

$$f_i(\boldsymbol{x})=(2\pi)^{-p/2}\left|\boldsymbol{\Sigma}_i\right|^{-1/2}\exp[-d^2(\boldsymbol{x},\pi_i)/2],$$

其中 $d^2(\boldsymbol{x},\boldsymbol{\pi}_i)=(\boldsymbol{x}-\boldsymbol{\mu}_i)'\boldsymbol{\Sigma}_i^{-1}(\boldsymbol{x}-\boldsymbol{\mu}_i)$ 是 $\boldsymbol{x}$ 到 $\boldsymbol{\pi}_i$ 的马氏距离的平方。代入后验概率公式，得

$$p(\pi_i|\boldsymbol{x})=\frac{p_i\left|\boldsymbol{\Sigma}_i\right|^{-1/2}\exp[-d^2(\boldsymbol{x},\pi_i)/2]}{\sum_{i=1}^{k} p_i\left|\boldsymbol{\Sigma}_i\right|^{-1/2}\exp[-d^2(\boldsymbol{x},\pi_i)/2]}$$

$$=\frac{\exp[-d^2(\boldsymbol{x},\pi_i)/2+\ln p_i-(\ln\left|\boldsymbol{\Sigma}_i\right|)/2]}{\sum_{i=1}^{k}\exp[-d^2(\boldsymbol{x},\pi_i)/2+\ln p_i-(\ln\left|\boldsymbol{\Sigma}_i\right|)/2]}。$$

令 $D^2(\boldsymbol{x},\pi_i)=d^2(\boldsymbol{x},\pi_i)+b_i+h_i$，其中 $h_i=-2\ln p_i,\ \ b_i=\ln\left|\boldsymbol{\Sigma}_i\right|,\ \ i=1,2,\cdots,k$。

$$p(\pi_i|\boldsymbol{x})=\frac{\exp[-D^2(\boldsymbol{x},\pi_i)/2]}{\sum_{i=1}^{k}\exp[-D^2(\boldsymbol{x},\pi_i)/2]}，\ i=1,2,\cdots,k，\tag{7.3.3}$$

$D^2(\boldsymbol{x},\pi_i)$ 为 $\boldsymbol{x}$ 到 π_i 的广义平方距离。由式（7.3.3）知，在正态总体下的判别准则是

$$\boldsymbol{x}\in\pi_j，\text{若}D^2(\boldsymbol{x},\pi_j)=\min_{1\leqslant i\leqslant k}D^2(\boldsymbol{x},\pi_i)。\tag{7.3.4}$$

（2）在正态总体且等协方差下的最大后验概率判别准则。

若在正态总体下还有 $\boldsymbol{\Sigma}_1=\boldsymbol{\Sigma}_2=\cdots=\boldsymbol{\Sigma}_k=\boldsymbol{\Sigma}$，式（7.3.3）可进一步简化。由式（7.2.10）知

$$d^2(\boldsymbol{x},\boldsymbol{\pi}_i)=\boldsymbol{x}'\boldsymbol{\Sigma}^{-1}\boldsymbol{x}-2[\boldsymbol{\mu}_i'\boldsymbol{\Sigma}^{-1}(\boldsymbol{x}-\boldsymbol{\mu}_i/2)]，$$

$$p(\pi_i|x)=\frac{\exp[-d^2(x,\pi_i)/2+\ln p_i]}{\sum_{i=1}^{k}\exp[-d^2(x,\pi_i)/2+\ln p_i]}$$

$$=\frac{\exp[\mu_i'\boldsymbol{\Sigma}^{-1}(x-\mu_i/2)+\ln p_i]}{\sum_{i=1}^{k}\exp[\mu_i'\boldsymbol{\Sigma}^{-1}(x-\mu_i/2)+\ln p_i]}，\ i=1,2,\cdots,k。$$

由于此时后验概率的分母都相等，因此只要比较分子的大小即可。这时判别准则是

$$x\in\pi_j，\text{若}\mu_j'\boldsymbol{\Sigma}^{-1}(x-\mu_j/2)+\ln p_j=\max_{1\leqslant i\leqslant k}[\mu_i'\boldsymbol{\Sigma}^{-1}(x-\mu_i/2)+\ln p_i]。\tag{7.3.5}$$

记 $d_i(x)=g_i'x+c_i+\ln p_i$，其中 $g_i=\boldsymbol{\Sigma}^{-1}\mu_i$，$c_i=-\mu_i'\boldsymbol{\Sigma}^{-1}\mu_i/2$。在条件 $\boldsymbol{\Sigma}_1=\boldsymbol{\Sigma}_2=\cdots=\boldsymbol{\Sigma}_k=\boldsymbol{\Sigma}$ 下，判别准则是

$$x\in\pi_j，\text{若}\ d_j(x)=\max_{1\leqslant i\leqslant k}d_i(x)。$$

（3）若在上述条件下还有 $p_1=p_2=\cdots=p_k=1/k$，这意味着我们对 x 来自哪一类的先验信息一无所知，这时，判别准则就变为判别准则式（7.2.11）

$$\boldsymbol{x}\in\boldsymbol{\pi}_j，\text{若}\boldsymbol{\mu}_j'\boldsymbol{\Sigma}^{-1}(\boldsymbol{x}-\boldsymbol{\mu}_j/2)=\max_{1\leqslant i\leqslant k}[\boldsymbol{\mu}_i'\boldsymbol{\Sigma}^{-1}(\boldsymbol{x}-\boldsymbol{\mu}_i/2)]。$$

在这种情况下，Bayes 判别准则与距离判别准则一样。

7.3.3 最小平均误判代价准则

在进行判别分析的过程中会发生误判，各种误判所产生的后果可能是不一样的。例如在药品检验中把有毒的样品判为无毒的后果要比把无毒的样品判为有毒的后果严重得多；把不合格的样品判为合格的后果要比把合格的样品判为不合格的后果严重。一个好的判别准则应该使误判损失为最小，误判代价是误判后果的数据表示。由于最大后验概率准则没有涉及误判的代价，在各种误判代价明显不同的场合下，该准则就不合适。

1．两总体最小平均误判代价准则

设有两个总体 π_1 和 π_2，其概率密度分别为 $f_1(\boldsymbol{x})$ 和 $f_2(\boldsymbol{x})$，$\boldsymbol{x}$ 是 p 维向量，记 Ω 为所有可能观测值 $\boldsymbol{x}$ 的全体，称 Ω 为样本空间。R_1 为根据准则要判为 π_1 的那些 $\boldsymbol{x}$ 的全体，$R_2=\Omega-R_1$ 是要判为 π_2 的那些 $\boldsymbol{x}$ 的全体，$R_1\cap R_2=\varnothing$，$R_1\cup R_2=\Omega$。用 $p(i|j)$ 表示某个体实际来自 π_j 而被判为 π_i 的概率，则

$$p(2|1)=p(\boldsymbol{x}\in R_2|\pi_1)=\int_{R_2}\cdots\int f_1(\boldsymbol{x})\mathrm{d}\boldsymbol{x}，\tag{7.3.6}$$

$$p(1|1)=p(\boldsymbol{x}\in R_1|\pi_1)=\int_{R_1}\cdots\int f_1(\boldsymbol{x})\mathrm{d}\boldsymbol{x}。\tag{7.3.7}$$

类似地，有
$$p(1|2)=p(\boldsymbol{x}\in R_1|\pi_2)=\int_{R_1}\cdots\int f_2(\boldsymbol{x})\mathrm{d}\boldsymbol{x}，\tag{7.3.8}$$
$$p(2|2)=p(\boldsymbol{x}\in R_2|\pi_2)=\int_{R_2}\cdots\int f_2(\boldsymbol{x})\mathrm{d}\boldsymbol{x}。\tag{7.3.9}$$

又设 p_1 和 p_2 分别表示 $\boldsymbol{x}$ 来自总体 π_1 和 π_2 的先验概率，且 $p_1+p_2=1$，于是
$$\begin{aligned}p(\text{正判为}\pi_1)&=p(\text{来自}\pi_1,\text{被判为}\pi_1)\\&=p(\boldsymbol{x}\in R_1|\pi_1)\cdot p(\pi_1)=p(1|1)\cdot p_1,\\p(\text{误判为}\pi_1)&=p(\text{来自}\pi_2,\text{但被判为}\pi_1)\\&=p(\boldsymbol{x}\in R_1|\pi_2)\cdot p(\pi_2)=p(1|2)\cdot p_2。\end{aligned}\tag{7.3.10}$$
类似地，有
$$\begin{aligned}p(\text{正判为}\pi_2)&=p(2|2)\cdot p_2,\\p(\text{误判为}\pi_2)&=p(2|1)\cdot p_1。\end{aligned}\tag{7.3.11}$$

用 $C(i|j)$ 表示 $\boldsymbol{x}$ 来自 π_j 而判为 π_i 引起的损失，则 $C(1|1)=C(2|2)=0$。

把上述的误判概率与误判损失结合起来就可以定义平均误判损失（Expected Cost of Misclassification，ECM），即
$$\mathrm{ECM}(R_1,R_2)=C(2|1)p(2|1)p_1+C(1|2)p(1|2)p_2\tag{7.3.12}$$
最小平均误判损失就是要选择样本空间 Ω 的一个划分 R_1 和 $R_2=\Omega-R_1$，使得平均误判损失式（7.3.12）达到最小。

定理 7.3.1 最小化平均误判损失式（7.3.12）的区域 R_1 和 R_2 为
$$R_1=\{f_1(\boldsymbol{x})C(2|1)p_1\geqslant f_2(\boldsymbol{x})C(1|2)p_2\},\tag{7.3.13}$$
$$R_2=\{f_1(\boldsymbol{x})C(2|1)p_1<f_2(\boldsymbol{x})C(1|2)p_2\},\tag{7.3.14}$$
当 $f_1(\boldsymbol{x})C(2|1)p_1=f_2(\boldsymbol{x})C(1|2)p_2$ 时，即 $\boldsymbol{x}$ 为边界点时，它可归入 R_1 和 R_2 中的任何一个。

证明：把 $p(2|1)$ 与 $p(1|2)$ 的公式代入式（7.3.12），得
$$\mathrm{ECM}(R_1,R_2)=C(2|1)\cdot p_1\cdot\int_{R_2}\cdots\int f_1(\boldsymbol{x})\mathrm{d}\boldsymbol{x}+C(1|2)\cdot p_2\cdot\int_{R_1}\cdots\int f_2(\boldsymbol{x})\mathrm{d}\boldsymbol{x}。$$

由于
$$\int_{\Omega}\cdots\int f_1(\boldsymbol{x})\mathrm{d}\boldsymbol{x}=\int_{R_1}\cdots\int f_1(\boldsymbol{x})\mathrm{d}\boldsymbol{x}+\int_{R_2}\cdots\int f_1(\boldsymbol{x})\mathrm{d}\boldsymbol{x}=1,$$
故
$$\mathrm{ECM}(R_1,R_2)=C(2|1)p_1+\int_{R_1}\cdots\int[C(1|2)p_2f_2(\boldsymbol{x})-C(2|1)p_1f_1(\boldsymbol{x})]\mathrm{d}\boldsymbol{x}。$$
要使 ECM 达到极小，仅当 R_1 中包含点 $\boldsymbol{x}$ 满足不等式
$$f_2(\boldsymbol{x})C(1|2)p_2-f_1(\boldsymbol{x})C(2|1)p_1\leqslant 0。$$
这就证得式（7.3.13），同理可证式（7.3.14）。

由此定理可得两总体最小平均误判代价准则如下：
$$\begin{cases}\boldsymbol{x}\in\pi_1, & f_1(\boldsymbol{x})C(2|1)p_1\geqslant f_2(\boldsymbol{x})C(1|2)p_2,\\\boldsymbol{x}\in\pi_2, & f_1(\boldsymbol{x})C(2|1)p_1<f_2(\boldsymbol{x})C(1|2)p_2。\end{cases}\tag{7.3.15}$$
实际上，设待判样本点为 $\boldsymbol{x}_0=(x_{01},x_{02},\cdots,x_{0p})'$，应用此准则仅需计算：

① 密度比：$f_1(\boldsymbol{x}_0)/f_2(\boldsymbol{x}_0)$；

② 损失比：$C(1|2)/C(2|1)$；

③ 先验概率比：p_2/p_1。

损失和先验概率以比值的形式出现是很好用的，因为确定两种损失或两总体先验概率的比要比确定损失本身或先验概率本身来得容易。式（7.3.15）有以下 3 种特例：

① 当 $p_2/p_1=1$ 时，式（7.3.15）简化为

$$\begin{cases}\boldsymbol{x}\in\pi_1, & f_1(\boldsymbol{x})C(2|1)\geqslant f_2(\boldsymbol{x})C(1|2),\\ \boldsymbol{x}\in\pi_2, & f_1(\boldsymbol{x})C(2|1)<f_2(\boldsymbol{x})C(1|2)。\end{cases} \tag{7.3.16}$$

在实际应用中，如果先验概率未知，则它们常被取为相等。

② 当 $C(1|2)/C(2|1)=1$ 时，式（7.3.15）简化为

$$\begin{cases}\boldsymbol{x}\in\pi_1, & p_1f_1(\boldsymbol{x})\geqslant p_2f_2(\boldsymbol{x}),\\ \boldsymbol{x}\in\pi_2, & p_1f_1(\boldsymbol{x})<p_2f_2(\boldsymbol{x})。\end{cases} \tag{7.3.17}$$

③ 当 $p_2/p_1=C(1|2)/C(2|1)$ 时，式（7.3.15）简化为

$$\begin{cases}\boldsymbol{x}\in\pi_1, & f_1(\boldsymbol{x})\geqslant f_2(\boldsymbol{x}),\\ \boldsymbol{x}\in\pi_2, & f_1(\boldsymbol{x})<f_2(\boldsymbol{x})。\end{cases} \tag{7.3.18}$$

如果两总体服从正态分布，则最小平均误判代价准则有更为方便的形式如下：

设 $\boldsymbol{\pi}_i\sim N_p(\boldsymbol{\mu}_i,\boldsymbol{\Sigma}_i)$，$\boldsymbol{\Sigma}_i>0$，$i=1,2$。这时 $\boldsymbol{\pi}_i$ 的密度函数为

$$f_i(\boldsymbol{x})=(2\pi)^{-p/2}|\boldsymbol{\Sigma}_i|^{-1/2}\exp[-\frac{1}{2}(\boldsymbol{x}-\boldsymbol{\mu}_i)'\boldsymbol{\Sigma}_i^{-1}(\boldsymbol{x}-\boldsymbol{\mu}_i)],\ i=1,2。$$

① 当 $\boldsymbol{\Sigma}_1=\boldsymbol{\Sigma}_2=\boldsymbol{\Sigma}$ 时。

定理 7.3.2 设总体 $\boldsymbol{\pi}_i\sim N_p(\boldsymbol{\mu}_i,\boldsymbol{\Sigma})$，$i=1,2$，$\boldsymbol{\Sigma}>0$，则平均误判损失极小的准则为

$$\begin{cases}\boldsymbol{x}\in\pi_1, & W(\boldsymbol{x})\geqslant\beta,\\ \boldsymbol{x}\in\pi_2, & W(\boldsymbol{x})<\beta。\end{cases} \tag{7.3.19}$$

其中 $W(\boldsymbol{x})=(\boldsymbol{\mu}_1-\boldsymbol{\mu}_2)'\boldsymbol{\Sigma}^{-1}(\boldsymbol{x}-\bar{\boldsymbol{\mu}})$，$\bar{\boldsymbol{\mu}}=(\boldsymbol{\mu}_1+\boldsymbol{\mu}_2)/2$，$\beta=\ln\{[C(1|2)p_2]/[C(2|1)p_1]\}$。

证明：把密度函数分别代入式（7.3.13）和式（7.3.14），得

$$R_1=\left\{\boldsymbol{x}\left|\exp\left[-\frac{1}{2}(\boldsymbol{x}-\boldsymbol{\mu}_1)'\boldsymbol{\Sigma}^{-1}(\boldsymbol{x}-\boldsymbol{\mu}_1)+\frac{1}{2}(\boldsymbol{x}-\boldsymbol{\mu}_2)'\boldsymbol{\Sigma}^{-1}(\boldsymbol{x}-\boldsymbol{\mu}_2)\right]\geqslant\frac{C(1|2)p_2}{C(2|1)p_1}\right.\right\},$$

$$R_2=\left\{\boldsymbol{x}\left|\exp\left[-\frac{1}{2}(\boldsymbol{x}-\boldsymbol{\mu}_1)'\boldsymbol{\Sigma}^{-1}(\boldsymbol{x}-\boldsymbol{\mu}_1)+\frac{1}{2}(\boldsymbol{x}-\boldsymbol{\mu}_2)'\boldsymbol{\Sigma}^{-1}(\boldsymbol{x}-\boldsymbol{\mu}_2)\right]<\frac{C(1|2)p_2}{C(2|1)p_1}\right.\right\}。$$

由于 $$-\frac{1}{2}(\boldsymbol{x}-\boldsymbol{\mu}_1)'\boldsymbol{\Sigma}^{-1}(\boldsymbol{x}-\boldsymbol{\mu}_1)+\frac{1}{2}(\boldsymbol{x}-\boldsymbol{\mu}_2)'\boldsymbol{\Sigma}^{-1}(\boldsymbol{x}-\boldsymbol{\mu}_2)=(\boldsymbol{\mu}_1-\boldsymbol{\mu}_2)'\boldsymbol{\Sigma}^{-1}(\boldsymbol{x}-\bar{\boldsymbol{\mu}}),$$

注意到指数函数的单调性，令 $W(\boldsymbol{x})=(\boldsymbol{\mu}_1-\boldsymbol{\mu}_2)'\boldsymbol{\Sigma}^{-1}(\boldsymbol{x}-\bar{\boldsymbol{\mu}})$，极小化平均损失（7.3.12）的区域为

$$R_1=\{\boldsymbol{x}|W(\boldsymbol{x})\geqslant\beta\},\quad R_2=\{\boldsymbol{x}|W(\boldsymbol{x})<\beta\}。$$

从而得平均误判损失极小的准则是式（7.3.19）。

不难发现，式（7.3.19）中的 $W(\boldsymbol{x})$ 与最小距离判别的线性判别函数（7.2.6）是一致的，不同的是判别限不一样，一个是 β，另一个是 0。当 $C(1|2)p_2/[C(2|1)p_1]=1$ 时，两者就完全一致。

若 $\boldsymbol{\mu}_1$，$\boldsymbol{\mu}_2$ 和 $\boldsymbol{\Sigma}$ 未知，则用来自总体的样本算出 $\bar{x}_1$，$\bar{x}_2$ 和 $\hat{\boldsymbol{\Sigma}}=(A_1+A_2)/(n_1+n_2-2)$ 作为 $\boldsymbol{\mu}_1$，$\boldsymbol{\mu}_2$ 和 $\boldsymbol{\Sigma}$ 的估计，这时判别函数 $W(\boldsymbol{x})$ 就变为

$$\hat{W}(\boldsymbol{x})=(\bar{\boldsymbol{x}}_1-\bar{\boldsymbol{x}}_2)'\hat{\boldsymbol{\Sigma}}^{-1}(\boldsymbol{x}-\bar{\boldsymbol{x}}/2) \tag{7.3.20}$$

其中 $\bar{\boldsymbol{x}}=(\bar{\boldsymbol{x}}_1+\bar{\boldsymbol{x}}_2)/2$。

式（7.3.20）就称为 Anderson 线性判别函数，判别规则为

$$\begin{cases}\boldsymbol{x}\in\pi_1,\ \hat{W}(\boldsymbol{x})\geqslant\beta\\ \boldsymbol{x}\in\pi_2,\ \hat{W}(\boldsymbol{x})<\beta\end{cases};\quad \beta=\ln[\frac{C(1|2)p_2}{C(2|1)p_1}]。 \tag{7.3.21}$$

② 当 $\boldsymbol{\Sigma}_1\neq\boldsymbol{\Sigma}_2(\boldsymbol{\Sigma}_1>0,\ \boldsymbol{\Sigma}_2>0)$ 时。由于误判损失极小化的划分依赖于密度函数之比 $f_1(\boldsymbol{x})/f_2(\boldsymbol{x})$ 或等价于它的对数 $\ln(f_1(\boldsymbol{x})/f_2(\boldsymbol{x}))$，把协方差阵代入多维正态密度函数后，包含 $|\boldsymbol{\Sigma}_i|^{-1/2}$ 的因子不能约去，且 $f_i(\boldsymbol{x})$ 的指数部分也不能组合成简单表达式，因此这时判别区域为

$$R_1=\{\boldsymbol{x}|W^*(\boldsymbol{x})\geqslant k\},\ R_2=\{\boldsymbol{x}|W^*(\boldsymbol{x})<k\},$$

其中 $W^*(\boldsymbol{x})=-[\boldsymbol{x}'(\boldsymbol{\Sigma}_1^{-1}-\boldsymbol{\Sigma}_2^{-1})\boldsymbol{x}]/2+(\boldsymbol{\mu}_1'\boldsymbol{\Sigma}_1^{-1}-\boldsymbol{\mu}_2'\boldsymbol{\Sigma}_2^{-1})\boldsymbol{x}$，

$$k=\ln(\frac{C(1|2)p_2}{C(2|1)p_1})+\frac{1}{2}\ln(\frac{|\boldsymbol{\Sigma}_1|}{|\boldsymbol{\Sigma}_2|})+\frac{1}{2}(\boldsymbol{\mu}_1'\boldsymbol{\Sigma}_1^{-1}\boldsymbol{\mu}_1-\boldsymbol{\mu}_2'\boldsymbol{\Sigma}_2^{-1}\boldsymbol{\mu}_2)。$$

这时，判别函数 $W^*(\boldsymbol{x})$ 是二次函数，情况显然比 $\boldsymbol{\Sigma}_1=\boldsymbol{\Sigma}_2$ 时更复杂。

例 7.3.2 在例 7.2.2 的条件和数据下，如果还有两总体的 $\boldsymbol{x}=(x_1,x_2)'$ 均服从二维正态分布，且根据其他信息及经验给出样品出现在总体 π_1，π_2 的先验概率分别是 $p_1=0.3,\ p_2=0.7$。

（1）试用贝叶斯判别法预报明天是否会下雨；

（2）进一步，若考虑为明天安排一项活动，但该活动在时间上有紧迫性，而且该活动不太适合在雨天进行，并认为 $C(2|1)=3C(1|2)$，那么明天是否应该安排这项活动？

解：（1）在例 7.2.2 中利用 SPSS 已得雨天和非雨天的均值向量分别是

$$\bar{\boldsymbol{x}}_1=(0.920,\ 2.100)',\ \bar{\boldsymbol{x}}_2=(-0.380,\ 8.850)',$$

平均向量为

$$\bar{\boldsymbol{x}}=(\bar{\boldsymbol{x}}_1+\bar{\boldsymbol{x}}_2)/2=(0.270,\ 5.475)'。$$

联合协方差矩阵之逆是

$$\boldsymbol{S}_p^{-1}=\begin{pmatrix}0.043 & -0.003\\ -0.003 & 0.026\end{pmatrix}。$$

于是，有

$$\hat{\boldsymbol{g}}_1=\boldsymbol{S}_p^{-1}\bar{\boldsymbol{x}}_1=(0.033,0.051)',\quad \hat{\boldsymbol{g}}_2=\boldsymbol{S}_p^{-1}\bar{\boldsymbol{x}}_2=(-0.046,0.230)',$$

$$\hat{c}_1=-\bar{\boldsymbol{x}}_1'\boldsymbol{S}_p^{-1}\bar{\boldsymbol{x}}_1/2=-0.069,\quad \hat{c}_2=-\bar{\boldsymbol{x}}_2'\boldsymbol{S}_p^{-1}\bar{\boldsymbol{x}}_2/2=-1.026。$$

由于

$$d_1(\boldsymbol{x})=\hat{\boldsymbol{g}}_1'\boldsymbol{x}+\hat{c}_1+\ln p_1=0.033x_1+0.051x_2-1.273,$$

$$d_2(\boldsymbol{x})=\hat{\boldsymbol{g}}_2'\boldsymbol{x}+\hat{c}_2+\ln p_2=-0.046x_1+0.230x_2-1.383。$$

把 $x_1=0.6$，$x_2=3.0$ 代入上式，得

$$\hat{d}_1(0.6,3.0)=-1.100,\qquad \hat{d}_2(0.6,3.0)=-0.721。$$

由于 $\hat{d}_2(\boldsymbol{x})>\hat{d}_1(\boldsymbol{x})$，根据 Bayes 判别准则知 $\boldsymbol{x}\in\pi_2$，即明天会下雨。

（2）在先验概率为 $p_1=0.3,\ p_2=0.7$，若误判损失是 $C(2|1)=3C(1|2)$，则判别准则是

$$\begin{cases}\boldsymbol{x}\in\pi_1,\ W(\boldsymbol{x})\geqslant\beta,\\ \boldsymbol{x}\in\pi_2,\ W(\boldsymbol{x})<\beta。\end{cases}$$

其中，$\beta=\ln\left[\dfrac{C(1|2)p_2}{C(2|1)p_1}\right]$。由于在题设条件下 $\beta=\ln\left[\dfrac{C(1|2)p_2}{C(2|1)p_1}\right]=\ln\dfrac{7}{9}=-0.251$。

$$W(\boldsymbol{x})=0.079x_1-0.179x_2+0.956,$$

$$W(x_1=0.6,x_2=3.0)=0.466>-0.251。$$

由 Bayes 判别准则知，将 $\boldsymbol{x}$ 判给 π_1，即明天会下雨。由于该活动不太适合在雨天进行，因此认为不应该安排这项活动。

2．多总体的最小平均误判代价准则

设有 k 个总体 $\pi_1,\pi_2,\cdots,\pi_k$，π_i 的密度函数为 $f_i(\boldsymbol{x})$，先验概率为 p_i，$i=1,2,\cdots,k$。用 $C(j|i)$ 表示来自 π_i 的个体而被误判为 π_j 产生的损失，这时 $C(i|i)=0$，$i=1,2,\cdots,k$。又记 R_i 是根据规则被判为 π_i 的那些 x 组成的集合，$i=1,2,\cdots,k$，诸 R_i 互斥完备。

$$p(j|i)=p(\boldsymbol{x}\in R_j|\pi_i)=\int_{R_j}\cdots\int f_i(\boldsymbol{x})\mathrm{d}\boldsymbol{x}，\quad i,j=1,2,\cdots,k，$$

$$p(j|i)=1-\sum_{\substack{j\neq i\\ j=1}}^{k}p(j|i)。$$

来自 π_i 的个体被误判的平均损失为

$$\mathrm{ECM}(R_i)=\sum_{\substack{j\neq i\\ j=1}}^{k}p(j|i)C(j|i)。$$

于是总平均误判损失为

$$\mathrm{ECM}(R_1,R_2,\cdots,R_k)=\sum_{i=1}^{k}[p_i\sum_{\substack{j\neq i\\ j=1}}^{k}p(j|i)C(j|i)] \tag{7.3.22}$$

对于多总体情况，合理的判别规则应使式（7.3.22）达到最小，使 ECM 达到最小的判别规则是

$$\boldsymbol{x}\in\pi_l，若\sum_{\substack{i\neq l\\ i=1}}^{k}p_if_i(\boldsymbol{x})C(l|i)=\min_{1\leqslant j\leqslant k}\sum_{\substack{i\neq j\\ i=1}}^{k}p_if_i(\boldsymbol{x})C(j|i)。 \tag{7.3.23}$$

例 7.3.3 若在例 7.3.1 的条件下还要考虑误判代价（表 7.3.1），这时应把 x_0 判给哪个总体？

表 7.3.1 误判代价

	来自 π_1	来自 π_2	来自 π_3
判给 π_1	$C(1\|1)=0$	$C(1\|2)=400$	$C(1\|3)=100$
判给 π_2	$C(2\|1)=20$	$C(2\|2)=0$	$C(2\|3)=50$
判给 π_3	$C(3\|1)=80$	$C(3\|2)=200$	$C(3\|3)=0$

解： 由式（7.3.1）可以算出：

$l=1$ 时，$f_2(x_0)C(1|2)p_2+f_3(x_0)C(1|3)p_3=0.15\times1.50\times400+0.30\times0.70\times100=111$；

$l=2$ 时，$f_1(x_0)C(2|1)p_1+f_3(x_0)C(2|3)p_3=0.55\times0.46\times20+0.30\times0.70\times50=13.56$；

$l=3$ 时，$f_1(x_0)C(3|1)p_1+f_2(x_0)C(3|2)p_2=0.55\times0.46\times80+0.15\times1.50\times200=65.24$。

由于 $f_1(x_0)C(2|1)p_1+f_3(x_0)C(2|3)p_3=\min\limits_{1\leqslant l\leqslant k}\sum\limits_{i\neq l}f_i(\boldsymbol{x})C(l|i)p_i$，所以 $x_0\in\pi_2$。

7.4 Fisher 判别法

Fisher 判别法是 Fisher 在 1936 年提出的一种分类方法，这种方法对总体的分布没有提出什么特殊的要求，下面先对两总体情况进行分析。

7.4.1 两总体 Fisher 判别法

设有两个 p 维总体 π_1 和 π_2，它们的二阶矩均存在。Fisher 判别法的基本思想是降维，先把多维观测量 $\boldsymbol{x}$ 通过线性变换 $\boldsymbol{y}=\boldsymbol{l}'\boldsymbol{x}$ 化为一维观测量 $\boldsymbol{y}$。在降维的过程中要注意变换的选择，一方面要尽量减少信息的损失，另一方面要使得总体 π_1 和 π_2 通过线性变换尽可能地分离开。为简单计，设 π_1 和 π_2 都是二维总体，如图 7.4.1（a）所示，打"×"的点表示属于 π_1 的点，打"Δ"的点表示属于 π_2 的点，若把它们分别投影到 x_1 轴和 x_2 轴上，两个总体的点就混合在一起而难以分辨，故要用原变量 x_1，x_2 的取值把 π_1，π_2 分离开是困难的。作变换 $y=c_1x_1+c_2x_2$，它是三维空间中的一个平面（图 7.4.1（b）），在选择适当的 c_1，c_2 后，π_1 的 5 个点和 π_2 的 5 个点在 y 轴上就完全分离开了。

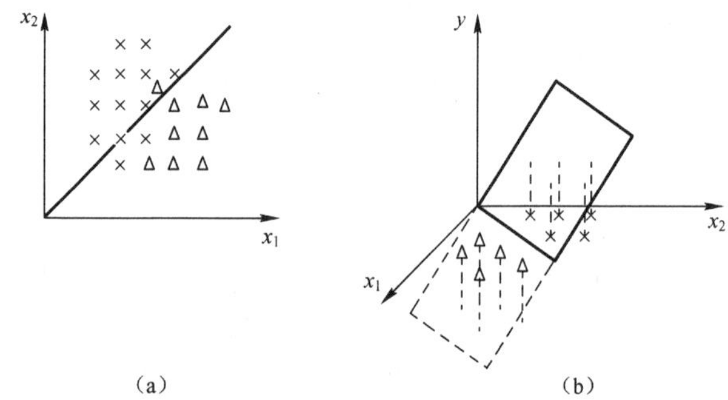

图 7.4.1 两个二维总体在线性变换前后的对比

现考虑 p 维的情况，这时 p 维变量 $\boldsymbol{x}$ 的线性组合为

$$\boldsymbol{y}=\boldsymbol{l}'\boldsymbol{x} \tag{7.4.1}$$

其中 $\boldsymbol{l}$ 是 p 维列向量，设 π_1、π_2 的均值向量分别为 $\boldsymbol{\mu}_1=E(\boldsymbol{x}|\pi_1)$，$\boldsymbol{\mu}_2=E(\boldsymbol{x}|\pi_2)$，设它们的协方差矩阵 $\boldsymbol{\Sigma}_i=E(\boldsymbol{x}-\boldsymbol{\mu}_i)(\boldsymbol{x}-\boldsymbol{\mu}_i)'$，$i=1,2$ 相同，为 $\boldsymbol{\Sigma}(\boldsymbol{\Sigma}>0)$，则线性组合 $\boldsymbol{y}=\boldsymbol{l}'\boldsymbol{x}$ 的均值为

$$\mu_{1y}=E(\boldsymbol{y}|\boldsymbol{x}\in\pi_1)=\boldsymbol{l}'\boldsymbol{\mu}_1 \tag{7.4.2}$$

$$\mu_{2y}=E(\boldsymbol{y}|\boldsymbol{x}\in\pi_2)=\boldsymbol{l}'\boldsymbol{\mu}_2 \tag{7.4.3}$$

它们的方差是

$$\mathrm{Var}(\boldsymbol{y})=\mathrm{Var}(\boldsymbol{l}'\boldsymbol{x})=\boldsymbol{l}'\boldsymbol{\Sigma}\boldsymbol{l} \tag{7.4.4}$$

μ_{1y} 和 μ_{2y} 的距离平方相对于 $\boldsymbol{y}$ 的方差之比是

$$\frac{(\mu_{1y}-\mu_{2y})^2}{V(y)}=\frac{[\boldsymbol{l}'(\boldsymbol{\mu}_1-\boldsymbol{\mu}_2)]^2}{\boldsymbol{l}'\boldsymbol{\Sigma}\boldsymbol{l}}=\frac{(\boldsymbol{l}'\boldsymbol{\delta})^2}{\boldsymbol{l}'\boldsymbol{\Sigma}\boldsymbol{l}} \tag{7.4.5}$$

其中 $\boldsymbol{\delta}=\boldsymbol{\mu}_1-\boldsymbol{\mu}_2$ 表示变换后两个类别中心的距离。根据 Fisher 的思想，要选择这样的列向量 $\boldsymbol{l}$，使式（7.4.5）达到最大。下面的定理解决了这个问题。

定理 7.4.1 设两总体 π_1、π_2 的均值向量分别为 $\boldsymbol{\mu}_1$，$\boldsymbol{\mu}_2$，它们的协方差矩阵相同设为 $\boldsymbol{\Sigma}>0$，$\boldsymbol{x}$ 是 p 维随机向量，$\boldsymbol{y}=\boldsymbol{l}'\boldsymbol{x}$，当选取 $\boldsymbol{l}=c\boldsymbol{\Sigma}^{-1}\boldsymbol{\delta}=c\boldsymbol{\Sigma}^{-1}(\boldsymbol{\mu}_1-\boldsymbol{\mu}_2)$，其中 $c\neq 0$ 为常数，

式（7.4.5）达到最大。特别地，当$c=1$时，线性函数

$$y = l'x = (\mu_1 - \mu_2)'\Sigma^{-1}x \tag{7.4.6}$$

是 Fisher 线性判别函数。

证明：由于Σ是p阶正定矩阵，由定理 1.8.3 知

$$(l'\delta)^2 \leqslant (l'\Sigma l)(\delta'\Sigma^{-1}\delta),$$

等号当且仅当$l = c\Sigma^{-1}\delta$时成立，$c \neq 0$为常数。因此有

$$\frac{(l'\delta)^2}{l'\Sigma l} \leqslant \delta'\Sigma^{-1}\delta。$$

当选取$l = c\Sigma^{-1}\delta = c\Sigma^{-1}(\mu_1 - \mu_2)$时，式（7.3.5）达到最大，最大值是

$$\delta'\Sigma^{-1}\delta = (\mu_1 - \mu_2)'\Sigma^{-1}(\mu_1 - \mu_2) = D^2。$$

称$D^2 = (\mu_1 - \mu_2)'\Sigma^{-1}(\mu_1 - \mu_2)$为两个总体的马氏距离的平方。

令

$$L = (\mu_{1y} + \mu_{2y})/2 = (l'\mu_1 + l'\mu_2)/2 = (\mu_1 - \mu_2)'\Sigma^{-1}(\mu_1 + \mu_2)/2 \tag{7.4.7}$$

则L是 Fisher 判别准则中的一个判别限（两个总体均值的中点）。

上面其他记号不变，取$l' = (\mu_1 - \mu_2)'\Sigma^{-1}$，则有以下不等式：

$$\mu_{1y} > L > \mu_{2y}。 \tag{7.4.8}$$

事实上，当$x \in \pi_1$时，$\mu_{1y} = l'\mu_1 = (\mu_1 - \mu_2)'\Sigma^{-1}\mu_1$，注意$\Sigma^{-1} > 0$，且

$$\mu_{1y} - L = \frac{1}{2}[(\mu_1 - \mu_2)'\Sigma^{-1}(\mu_1 - \mu_2)] > 0。$$

而当$x \in \pi_2$时，$\mu_{2y} = l'\mu_2 = (\mu_1 - \mu_2)'\Sigma^{-1}\mu_2$，

$$\mu_{2y} - L = \frac{1}{2}[(\mu_1 - \mu_2)'\Sigma^{-1}(\mu_1 - \mu_2)] < 0。$$

由此可得如下的两总体 Fisher 判别准则：

$$\begin{cases} x \in \pi_1, & (\mu_1 - \mu_2)'\Sigma^{-1}x \geqslant L, \\ x \in \pi_2, & (\mu_1 - \mu_2)'\Sigma^{-1}x < L。 \end{cases} \tag{7.4.9}$$

在实际中若出现$(\mu_1 - \mu_2)'\Sigma^{-1}x = L$时，则可把$x$判给$\pi_1$也可判给$\pi_2$，这里为了方便把它判给$\pi_1$。

令$W(x) = (\mu_1 - \mu_2)'\Sigma^{-1}x - L = (\mu_1 - \mu_2)'\Sigma^{-1}x - (\mu_1 + \mu_2)'\Sigma^{-1}(\mu_1 - \mu_2)/2$，

故

$$W(x) = (\mu_1 - \mu_2)'\Sigma^{-1}[x - (\mu_1 + \mu_2)/2]。 \tag{7.4.10}$$

$W(x)$是 Fisher 关于两总体的线性判别函数。利用$W(x)$，Fisher 判别准则（7.3.9）变成

$$\begin{cases} x \in \pi_1, & W(x) \geqslant 0, \\ x \in \pi_2, & W(x) < 0。 \end{cases} \tag{7.4.11}$$

比较距离判别准则（7.2.2），Bayes 判别准则（7.3.19）中的$W(x)$和 Fisher 判别准则（7.4.11）中的$W(x)$是完全相同的。如果在 Bayes 判别时两总体是正态总体，且先验概率、误判损失都相等时，则三种判别准则中不但$W(x)$是相同的，而且判别限均为 0。

当总体参数μ_1，μ_2及Σ未知时，仍然需要利用样本对μ_1，μ_2和Σ进行估计，要注意的是，在进行 Fisher 判别之前，必须对两总体的均值向量差异是否显著进行检验，否则判别误差大。在总体为正态时，假设从总体π_1和π_2分别抽取n_1和n_2个观测值$(n_1 + n_2 - 2 > p)$：

$$\boldsymbol{x}_{11},\boldsymbol{x}_{12},\cdots,\boldsymbol{x}_{1n_1}\text{；}\qquad \boldsymbol{x}_{21},\boldsymbol{x}_{22},\cdots,\boldsymbol{x}_{2n_2}$$

由此可以算得样本均值向量和协方差阵是

$$\underset{(p\times1)}{\overline{\boldsymbol{x}}_1}=\frac{1}{n_1}\sum_{j=1}^{n_1}\boldsymbol{x}_{1j}\text{，}\quad \underset{(p\times p)}{\boldsymbol{S}_1}=\frac{1}{n_1-1}\sum_{j=1}^{n_1}(\boldsymbol{x}_{1j}-\overline{\boldsymbol{x}}_1)(\boldsymbol{x}_{1j}-\overline{\boldsymbol{x}}_1)'\text{，}$$

$$\underset{(p\times1)}{\overline{\boldsymbol{x}}_2}=\frac{1}{n_2}\sum_{j=1}^{n_2}\boldsymbol{x}_{2j}\text{，}\quad \underset{(p\times p)}{\boldsymbol{S}_2}=\frac{1}{n_2-1}\sum_{j=1}^{n_2}(\boldsymbol{x}_{2j}-\overline{\boldsymbol{x}}_2)(\boldsymbol{x}_{2j}-\overline{\boldsymbol{x}}_2)'\text{。}$$

用以下 $\hat{\boldsymbol{\Sigma}}$ 作为协方差阵 $\boldsymbol{\Sigma}$ 的估计：

$$\hat{\boldsymbol{\Sigma}}=\frac{1}{n_1+n_2-2}(A_1+A_2)$$

$\boldsymbol{A}_i=(n_i-1)S_i$，$i=1,2$。用 $\overline{\boldsymbol{x}}_1$，$\overline{\boldsymbol{x}}_2$ 和 $\hat{\boldsymbol{\Sigma}}$ 代替式（7.4.9）中的 $\boldsymbol{\mu}_1$，$\boldsymbol{\mu}_2$ 和 $\boldsymbol{\Sigma}$，得 Fisher 判别准则：

$$\begin{cases}\boldsymbol{x}\in\pi_1,\ (\overline{\boldsymbol{x}}_1-\overline{\boldsymbol{x}}_2)'\hat{\boldsymbol{\Sigma}}^{-1}\boldsymbol{x}\geqslant\hat{L}\\ \boldsymbol{x}\in\pi_2,\ (\overline{\boldsymbol{x}}_1-\overline{\boldsymbol{x}}_2)'\hat{\boldsymbol{\Sigma}}^{-1}\boldsymbol{x}<\hat{L}\end{cases}\tag{7.4.12}$$

其中 $\hat{L}=(\overline{\boldsymbol{x}}_1+\overline{\boldsymbol{x}}_2)'\hat{\boldsymbol{\Sigma}}^{-1}(\overline{\boldsymbol{x}}_1-\overline{\boldsymbol{x}}_2)$。把它们代入式（7.4.11）得判别准则为

$$\begin{cases}\boldsymbol{x}\in\pi_1,\ \hat{W}(\boldsymbol{x})\geqslant 0\\ \boldsymbol{x}\in\pi_2,\ \hat{W}(\boldsymbol{x})<0\end{cases}\tag{7.4.13}$$

这里 $\hat{W}(\boldsymbol{x})=(\overline{\boldsymbol{x}}_1-\overline{\boldsymbol{x}}_2)'\hat{\boldsymbol{\Sigma}}^{-1}[\boldsymbol{x}-(\overline{\boldsymbol{x}}_1+\overline{\boldsymbol{x}}_2)/2]$。式（7.4.5）的最大值

$$\max\frac{(\hat{\boldsymbol{l}}'\hat{S})^2}{\hat{\boldsymbol{l}}'\hat{\boldsymbol{\Sigma}}\hat{\boldsymbol{l}}}=(\overline{\boldsymbol{x}}_1-\overline{\boldsymbol{x}}_2)'\hat{\boldsymbol{\Sigma}}^{-1}(\overline{\boldsymbol{x}}_1-\overline{\boldsymbol{x}}_2)=\hat{D}^2\tag{7.4.14}$$

称为样本的马氏距离平方。

D^2 可用来检验两总体均值 $\boldsymbol{\mu}_1$ 和 $\boldsymbol{\mu}_2$ 差异的显著性。假设总体 π_1 和 π_2 分别服从正态分布 $N_p(\boldsymbol{\mu}_1,\boldsymbol{\Sigma})$ 和 $N_p(\boldsymbol{\mu}_2,\boldsymbol{\Sigma})$，由于

$$\frac{n_1+n_2-p-1}{(n_1+n_2-2)p}\bullet\frac{n_1n_2}{n_1+n_2}D^2\sim F(p,\ n_1+n_2-p-1)\text{，}$$

利用此分布可检验 $H_0:\boldsymbol{\mu}_1=\boldsymbol{\mu}_2$ 和 $H_1:\boldsymbol{\mu}_1\neq\boldsymbol{\mu}_2$。若 H_0 被拒绝，则可推断总体 π_1 和 π_2 的差异是显著的。

例 7.4.1 在例 7.2.1 的条件和数据下，试用 Fisher 判别法预报明天是否会下雨。

解：打开由表 7.2.1 建立的数据文件，从“Analyze”菜单中选择“Classify”，单击“Discriminant”按钮弹出判别分析对话框。前面的操作与例 7.2.1 一样，在“Grouping Variable”对话框中，选择组别变量送入“Grouping Variable”框内，这时“Define Range”被激活，单击“Define Range”按钮，在“Minimum”和“Maximum”窗口分别输入 1 和 2。设置完成后，单击“Continue”按钮返回“Discriminant Analysis”对话框，把变量湿度差与压温差送入“Independents”对话框。

单击“Statistics”按钮出现相应的对话框，选择“Means”及“Matrices”框中的“Within-Groups Matrices”项，在“Function Coefficients”选择“Unstanderdized”项，单击“Continue”按钮返回“Discriminant Analysis”。“Classify”和“Save”都不动（默认选项），单击“Ok”按钮即可得到表 7.4.1 和表 7.4.2。其中表 7.4.1 为 Fisher 判别函数系数表。

表 7.4.1　典型判别函数的系数

	Function
	1
湿度差	−0.068
压温差	0.156
(Constant)	−0.837

表 7.4.2　典型判别函数的组中心

类别	Function
	1
1	−0.572
2	0.572

由表 7.4.1 可得非标准化典型判别函数为

$$y=-0.068x_1+0.156x_2-0.837 \text{。}$$

表 7.4.2 为非标准化典型判别函数的组中心。把 $x_1=0.6$，$x_2=3.0$ 代入非标准化典型判别函数，得

$$y(0.6,3.0)=-0.410 \text{。}$$

该值与两总体中心的距离分别是

$$|y-\bar{y}_1|=|-0.410-(-0.572)|=0.162 \text{，}$$

$$|y-\bar{y}_2|=|-0.410-0.572|=0.982 \text{。}$$

根据 Fisher 判别准则知 $x\in\pi_1$，故知明天会下雨。

7.4.2　多总体的 Fisher 判别法

假设有 k 个总体 $\pi_1,\pi_2,\cdots,\pi_k$，它们的均值向量分别是 $\boldsymbol{\mu}_1,\boldsymbol{\mu}_2,\cdots,\boldsymbol{\mu}_k$，而协方差矩阵都相等，即 $\boldsymbol{\Sigma}_1=\boldsymbol{\Sigma}_2=\cdots=\boldsymbol{\Sigma}_k=\boldsymbol{\Sigma}>0$。记

$$\bar{\boldsymbol{\mu}}=\frac{1}{k}\sum_{i=1}^{k}\boldsymbol{\mu}_i,\quad \boldsymbol{B}=\Sigma(\boldsymbol{\mu}_i-\bar{\boldsymbol{\mu}})(\boldsymbol{\mu}_i-\bar{\boldsymbol{\mu}})' \text{。} \tag{7.4.15}$$

考虑线性组合 $y=\boldsymbol{l}'\boldsymbol{x}$，$\boldsymbol{l}$ 为 p 维实数列向量，对于总体 π_i，相对于 y 的均值和方差为

$$\mu_{iy}=E(y|\boldsymbol{x}\in\pi_i)=E(\boldsymbol{l}'\boldsymbol{x}|\boldsymbol{x}\in\pi_i)=\boldsymbol{l}'\boldsymbol{\mu}_i,\quad i=1,2,\cdots,k \text{，} \tag{7.4.16}$$

$$\mathrm{Var}(y)=\boldsymbol{l}'\mathrm{Var}(\boldsymbol{x})\boldsymbol{l}=\boldsymbol{l}'\boldsymbol{\Sigma}\boldsymbol{l} \text{。} \tag{7.4.17}$$

$$\bar{\mu}_y=\frac{1}{k}\sum_{i=1}^{k}\mu_{iy}=\frac{1}{k}\sum_{i=1}^{k}\boldsymbol{l}'\boldsymbol{\mu}_i=\boldsymbol{l}'\bar{\boldsymbol{\mu}} \text{，} \tag{7.4.18}$$

考虑比值

$$\frac{\sum_{i=1}^{k}(\mu_{iy}-\bar{\mu}_y)^2}{\mathrm{Var}(y)}=\frac{\sum_{i=1}^{k}(\boldsymbol{l}'\boldsymbol{\mu}_i-\boldsymbol{l}'\bar{\boldsymbol{\mu}})^2}{\boldsymbol{l}'\boldsymbol{\Sigma}\boldsymbol{l}}=\frac{\boldsymbol{l}'\boldsymbol{B}\boldsymbol{l}}{\boldsymbol{l}'\boldsymbol{\Sigma}\boldsymbol{l}} \text{，} \tag{7.4.19}$$

式（7.4.19）是式（7.4.5）的推广，它度量 y 值的组间变异与总变异之比。类似于两总体的情况，需要选择适当的 $\boldsymbol{l}$，使式（7.4.19）达到最大。由于 $\boldsymbol{l}$ 的变化不改变式（7.4.19）的值，为方便起见，约定 $\boldsymbol{l}'\boldsymbol{\Sigma}\boldsymbol{l}=1$。

定理 7.4.2　设 $\lambda_1\geqslant\lambda_2\geqslant\cdots\geqslant\lambda_m>0$ 为 $\boldsymbol{\Sigma}^{-1}\boldsymbol{B}$ 的 m 个非零特征根，这里 $m\leqslant\min(k-1,p)$，$\boldsymbol{l}_i=\boldsymbol{\Sigma}^{-1/2}\boldsymbol{t}_i^*$ 为 λ_i 的满足 $\boldsymbol{l}_i'\boldsymbol{\Sigma}\boldsymbol{l}_i=1$ 的特征向量，$i=1,2,\cdots,m$，其中 $\boldsymbol{t}_i^*$ 是 $\boldsymbol{\Sigma}^{-1/2}\boldsymbol{B}\boldsymbol{\Sigma}^{-1/2}$ 属于 λ_i 的标准正交的特征向量。取 $\boldsymbol{l}_1=\boldsymbol{\Sigma}^{-1/2}\boldsymbol{t}_1^*$ 可使 $\boldsymbol{l}'\boldsymbol{B}\boldsymbol{l}/\boldsymbol{l}'\boldsymbol{\Sigma}\boldsymbol{l}$ 达到最大，则线性组合 $\boldsymbol{y}_1=\boldsymbol{l}_1'\boldsymbol{x}$ 称为第一判别函数。除去 $\boldsymbol{l}_1'\boldsymbol{x}$，则 $\boldsymbol{l}_2=\boldsymbol{\Sigma}^{-1/2}\boldsymbol{t}_2^*$ 是在约束条件 $\mathrm{Cov}(\boldsymbol{l}_1'\boldsymbol{x},\boldsymbol{l}'\boldsymbol{x})=0$ 下使 $\boldsymbol{l}'\boldsymbol{B}\boldsymbol{l}/\boldsymbol{l}'\boldsymbol{\Sigma}\boldsymbol{l}$ 达到最大的向量，称 $\boldsymbol{y}_2=\boldsymbol{l}_2'\boldsymbol{x}$ 为第二判别函数。以此类推，在除去 $\boldsymbol{l}_1'\boldsymbol{x},\boldsymbol{l}_2'\boldsymbol{x},\cdots,\boldsymbol{l}_{s-1}'\boldsymbol{x}$ 之后，则 $\boldsymbol{l}_s=\boldsymbol{\Sigma}^{-1/2}\boldsymbol{t}_s^*$ 是在约束条件 $\mathrm{Cov}(\boldsymbol{l}_i'\boldsymbol{x},\boldsymbol{l}'\boldsymbol{x})=0$，$i<s$ 下使 $\boldsymbol{l}'\boldsymbol{B}\boldsymbol{l}/\boldsymbol{l}'\boldsymbol{\Sigma}\boldsymbol{l}$ 达到最大的解，称 $\boldsymbol{y}_s=\boldsymbol{l}_s'\boldsymbol{x}$ 为第 s 个判别函数。同时

有 $\mathrm{Var}(\boldsymbol{l}_i'\boldsymbol{x})=1,\ i=1,2,\cdots,m$。

证明：因为 $\lambda_1\geqslant\lambda_2\geqslant\cdots\geqslant\lambda_m>0$ 为 $\boldsymbol{\Sigma}^{-1}\boldsymbol{B}$ 的 m 个非零特征根，故它们是 $\boldsymbol{\Sigma}^{-1/2}\boldsymbol{B}\boldsymbol{\Sigma}^{-1/2}$ 的 m 个非零特征根。设 $\boldsymbol{t}_1^*,\boldsymbol{t}_2^*,\cdots,\boldsymbol{t}_m^*$ 是 $\boldsymbol{\Sigma}^{-1/2}\boldsymbol{B}\boldsymbol{\Sigma}^{-1/2}$ 相应标准正交的特征向量，则 $\boldsymbol{l}_i=\boldsymbol{\Sigma}^{-1/2}\boldsymbol{t}_i^*$ 是 $\boldsymbol{\Sigma}^{-1}\boldsymbol{B}$ 相应的特征向量，且 $\boldsymbol{l}_i'\boldsymbol{\Sigma}\boldsymbol{l}_i=\boldsymbol{t}_i^{*\prime}\boldsymbol{\Sigma}^{-1/2}\boldsymbol{\Sigma}\boldsymbol{\Sigma}^{-1/2}\boldsymbol{t}_i^*=\boldsymbol{t}_i^{*\prime}\boldsymbol{t}_i^*=1$，$i=1,2,\cdots,m$。令 $\boldsymbol{l}=\boldsymbol{\Sigma}^{-1/2}\boldsymbol{z}$，则

$$\frac{\boldsymbol{l}'\boldsymbol{B}\boldsymbol{l}}{\boldsymbol{l}'\boldsymbol{\Sigma}\boldsymbol{l}}=\frac{\boldsymbol{z}'\boldsymbol{\Sigma}^{-1/2}\boldsymbol{B}\boldsymbol{\Sigma}^{-1/2}\boldsymbol{z}}{\boldsymbol{z}'\boldsymbol{z}}\text{。}$$

由定理 1.8.1 知

$$\max_{z\neq0}\frac{\boldsymbol{z}'\boldsymbol{\Sigma}^{-1/2}\boldsymbol{B}\boldsymbol{\Sigma}^{-1/2}\boldsymbol{z}}{\boldsymbol{z}'\boldsymbol{z}}\leqslant\lambda_1,$$

当 $\boldsymbol{l}_1=\boldsymbol{\Sigma}^{-1/2}\boldsymbol{t}_1^*$ 时，$\boldsymbol{l}'\boldsymbol{B}\boldsymbol{l}/\boldsymbol{l}'\boldsymbol{\Sigma}\boldsymbol{l}$ 达到最大值 λ_1，且 $\mathrm{Var}(\boldsymbol{l}_1'\boldsymbol{x})=\boldsymbol{t}_1^{*\prime}\boldsymbol{\Sigma}^{-1/2}\boldsymbol{\Sigma}\boldsymbol{\Sigma}^{-1/2}\boldsymbol{t}_1^*=\boldsymbol{t}_1^{*\prime}\boldsymbol{t}_1^*=1$。

在约束条件 $\mathrm{Cov}(\boldsymbol{l}_i'\boldsymbol{x},\boldsymbol{l}'\boldsymbol{x})=0,\ i<s$ 下，要求使得 $\boldsymbol{l}'\boldsymbol{B}\boldsymbol{l}/\boldsymbol{l}'\boldsymbol{\Sigma}\boldsymbol{l}$ 达到最大的向量，实际上就是在限制 $\boldsymbol{l}_i'\boldsymbol{\Sigma}\boldsymbol{l}=0,\ i<s$ 下求使得 $\boldsymbol{l}'\boldsymbol{B}\boldsymbol{l}/\boldsymbol{l}'\boldsymbol{\Sigma}\boldsymbol{l}$ 达到最大的向量。在变换下就是在限制 $\boldsymbol{z}_i'\boldsymbol{z}=0,\ i<s$ 下求 $\boldsymbol{z}'\boldsymbol{\Sigma}^{-1/2}\boldsymbol{B}\boldsymbol{\Sigma}^{-1/2}\boldsymbol{z}/(\boldsymbol{z}'\boldsymbol{z})$ 达到最大的向量。由定理 1.8.1 知，当取 $\boldsymbol{l}_s=\boldsymbol{\Sigma}^{-1/2}\boldsymbol{t}_s^*$ 时，$\boldsymbol{l}'\boldsymbol{B}\boldsymbol{l}/\boldsymbol{l}'\boldsymbol{\Sigma}\boldsymbol{l}$ 达到最大为 λ_s，且 $\mathrm{Var}(\boldsymbol{l}_s'\boldsymbol{x})=\boldsymbol{t}_s^{*\prime}\boldsymbol{\Sigma}^{-1/2}\boldsymbol{\Sigma}\boldsymbol{\Sigma}^{-1/2}\boldsymbol{t}_s^*=\boldsymbol{t}_s^{*\prime}\boldsymbol{t}_s^*=1$。

建立判别函数 $y_i=\boldsymbol{l}_i'\boldsymbol{x},\ i=1,2,\cdots,m$ 后，它们组成判别向量 $\boldsymbol{y}=(y_1,y_2,\cdots,y_m)'$，对总体 π_i 来说，其中心（条件均值）是

$$\boldsymbol{\mu}_{iy}=E(\boldsymbol{y}|\boldsymbol{x}\in\pi_i)=(\mu_{i1},\mu_{i2},\cdots,\mu_{im})'=(\boldsymbol{l}_1'\boldsymbol{\mu}_i,\boldsymbol{l}_2'\boldsymbol{\mu}_i,\cdots,\boldsymbol{l}_m'\boldsymbol{\mu}_i)',\ i=1,2,\cdots,k\text{。}$$

对新样品 $\boldsymbol{x}_0$，根据判别函数，它对应于 $\boldsymbol{y}_0=(y_{01},y_{02},\cdots,y_{0m})'$，它与 μ_{iy} 的欧几里得距离平方为

$$D^2(\boldsymbol{y}_0,\boldsymbol{\mu}_{iy})=(\boldsymbol{y}_0-\boldsymbol{\mu}_{iy})'(\boldsymbol{y}_0-\boldsymbol{\mu}_{iy})=\sum_{t=1}^{m}(y_{0t}-\mu_{it})^2,\ i=1,2,\cdots,k\text{。}$$

注意：因为 $y_1,y_2,\cdots,y_m$ 互不相关，因此这里使用欧几里得距离。

因此，对新样品 $\boldsymbol{x}_0$，在 Fisher 线性判别函数下对应于 $\boldsymbol{y}_0=(y_{01},y_{02},\cdots,y_{0m})'$，于是新样品 $\boldsymbol{x}_0$ 的判别准则是

$$\boldsymbol{x}_0\in\pi_j,\ 若D^2(\boldsymbol{y}_0,\boldsymbol{\mu}_{jy})=\min_{1\leqslant i\leqslant k}D^2(\boldsymbol{y}_0,\boldsymbol{\mu}_{iy})\text{。}\qquad(7.4.20)$$

若满足式（7.4.20）的标号有 $j_1,j_2,\cdots,j_r(1\leqslant r\leqslant k)$，则 $\boldsymbol{x}_0$ 可判给其中任一个。

上面已讨论在多总体下如何求 Fisher 的线性判别函数，但求得判别函数的个数与 $\boldsymbol{\Sigma}^{-1}\boldsymbol{B}$ 非零特征根的个数相同，因为 Fisher 判别的思想是降维，因此判别函数的个数应尽量减少。

因此，如果前 $r(r<m)$ 个判别函数已能足够反映 p 个原始变量的变化，即有效判别率（前 r 个特征根之和与所有特征根之和的比）在 85%以上，则只须利用前 r 个判别函数进行判别。于是对于样品 $\boldsymbol{x}_0$，这时判别规则是

$$\boldsymbol{x}_0\in\pi_j,\ 若\sum_{s=1}^{r}(y_{0s}-\mu_{js})^2=\min_{1\leqslant i\leqslant k}\sum_{s=1}^{r}(y_{0s}-\mu_{is})^2\text{。}\qquad(7.4.21)$$

当各总体的均值向量 $\boldsymbol{\mu}_i$，$i=1,\cdots,k$，$\boldsymbol{\Sigma}$ 均未知时，与前面一样，需利用从各总体抽出的样本来估计，设 $\boldsymbol{x}_{i1},\boldsymbol{x}_{i2},\cdots,\boldsymbol{x}_{in_i}$ 为取自总体 π_i 的容量为 n_i 的样本，$i=1,2,\cdots,k$，则样本的均值向量和协方差阵分别是

$$\overline{\boldsymbol{x}}_i=\frac{1}{n_i}\sum_{j=1}^{n_i}\boldsymbol{x}_{ij},\ i=1,2,\cdots,k,$$

$$S_i=\frac{1}{n_i-1}\sum_{j=1}^{n_i}(x_{ij}-\bar{x}_i)(x_{ij}-\bar{x}_i)' \quad , \quad i=1,2,\cdots,k \text{。} \tag{7.4.22}$$

所有样本的均值向量是

$$\bar{x}=\frac{1}{n}\sum_{i=1}^{k}n_i\bar{x}_i=\frac{1}{n}\sum_{i=1}^{k}\sum_{j=1}^{n_i}x_{ij} \quad , \quad n=\sum_{i=1}^{k}n_i \text{,}$$

$$\hat{B}=\sum_{i=1}^{k}n_i(\bar{x}_i-\bar{x})(\bar{x}_i-\bar{x})' \text{,} \tag{7.4.23}$$

$$\hat{\Sigma}=\frac{1}{n-k}\sum_{i=1}^{k}(n_i-1)S_i=\frac{1}{n-k}A \tag{7.4.24}$$

这里 $A=\sum_{i=1}^{k}(n_i-1)S_i$ 为组内平方和及交叉乘积和，$\hat{B}$ 为组间平方和及交叉乘积和。

用 $\bar{x}_i$，$\bar{x}$，$\hat{B}$，$\hat{\Sigma}$ 分别代替 μ_i，$\bar{\mu}$，B 和 Σ。注意到式（7.4.22）中 A 与 $\hat{\Sigma}$ 相差一个常数倍。因此，$\max\limits_{l}\frac{l'\hat{B}l}{l'\hat{\Sigma}l}$ 与 $\max\limits_{l}\frac{l'\hat{B}l}{l'Al}$ 有相同的解，且若 $A^{-1}\hat{B}\hat{l}=\hat{\lambda}\hat{l}$，则 $\hat{\Sigma}^{-1}\hat{B}\hat{l}=(n-k)\hat{\lambda}\hat{l}$，即 $A^{-1}\hat{B}$ 与 $\hat{\Sigma}^{-1}\hat{B}$ 有相同的特征向量 $\hat{l}$。于是可以用 $A^{-1}\hat{B}$ 的特征向量 $\hat{l}_i$ 来表示极值问题的解，这样就可以得到多个总体的第 i 个 Fisher 样本判别函数：

$$y_i=\hat{l}_i x, \quad i=1,2,\cdots,m \tag{7.4.25}$$

其中 $\hat{l}_i$ 是 $A^{-1}\hat{B}$ 的第 i 个大的特征根所对应的特征向量，且满足 $\hat{l}_i'\hat{\Sigma}\hat{l}_i=1$，$\hat{l}_i'\hat{\Sigma}\hat{l}_j=0,\ i\neq j$。这时，相应的判别准则与上面相仿，即有

$$x_0\in\pi_j, \text{ 若}\sum_{s=1}^{m}[(\hat{l}_s'x_0-\hat{l}_s'\bar{x})-(\hat{l}_s'\bar{x}_j-\hat{l}_s'\bar{x})]^2=\min_{1\leqslant i\leqslant k}\sum_{s=1}^{m}[(\hat{l}_s'x_0-\hat{l}_s'\bar{x})-(\hat{l}_s'\bar{x}_i-\hat{l}_s'\bar{x})]^2 \text{。}$$

7.5 三种判别法的关系和 SPSS 的使用

前面介绍了最常见的判别分析方法——距离判别法、Bayes 判别法和 Fisher 判别法，这三种方法产生的背景是不同的，使用的条件也是不同的。它们的共同特点是计算量很大，若样品的个数或变量的个数较多时，要想用手算或计算器均难以进行。SPSS 是一种最常用的统计分析软件，但前面并没有全面使用统计软件进行判别分析，而只是根据内容需要适当加以应用。下面要介绍如何更好地利用统计软件 SPSS 进行判别分析，同时讨论三种判别方法相互之间的联系。在 SPSS 中，判别分析方法的选项中只给出 Fisher 线性判别函数和非标准化函数这两种方法，那么这两种方法分别对应上面所说的哪两种或哪几种方法？如果对此不加以认真研究，就不能正确使用这个统计模块。作者查阅了很多介绍多变量统计和介绍 SPSS 使用的文献资料，均难以得到明确的答案；同时发现因为对这两种方法对应的判别表达式不清楚而导致了使用不当，因此有必要对此进行研究和梳理，以便能正确使用这些方法。下面先给出距离判别法、Bayes 判别法和 Fisher 判别法三者之间的内在联系；然后再给出 SPSS 中的 Fisher 判别和非标准化判别对应的判别函数，它们与三种判别法的关系；最后通过例子说明利用 SPSS 中的判别分析模块进行距离判别分析、Bayes 判别分析和 Fisher 判别分析的具体过程。

7.5.1 三种判别法的内在联系

设有 k 个 p 维总体 $\pi_1,\pi_2,\cdots,\pi_k$，它们的均值分别为 $\boldsymbol{\mu}_1,\boldsymbol{\mu}_2,\cdots,\boldsymbol{\mu}_k$，协方差矩阵分别是 $\boldsymbol{\Sigma}_1=\boldsymbol{\Sigma}_2=\cdots=\boldsymbol{\Sigma}_k=\boldsymbol{\Sigma}>0$。现有 p 维样品 $\boldsymbol{x}$，该样品 $\boldsymbol{x}$ 应归于哪个类别？下面先简要回顾一下三种判别方法的判别法则。

1．多总体距离判别法

先计算 x 与各总体的马氏距离平方：

$$d^2(\boldsymbol{x},\pi_i)=(\boldsymbol{x}-\boldsymbol{\mu}_i)'\boldsymbol{\Sigma}^{-1}(\boldsymbol{x}-\boldsymbol{\mu}_i)=\boldsymbol{x}'\boldsymbol{\Sigma}^{-1}\boldsymbol{x}-2\boldsymbol{\mu}_i'\boldsymbol{\Sigma}^{-1}\boldsymbol{x}+\boldsymbol{\mu}_i'\boldsymbol{\Sigma}^{-1}\boldsymbol{\mu}_i,\quad i=1,2,\cdots,k$$

距离判别法的判别规则是

$$\boldsymbol{x}\in\pi_j,\text{ 若 }\ \boldsymbol{\mu}_j'\boldsymbol{\Sigma}^{-1}(\boldsymbol{x}-\frac{1}{2}\boldsymbol{\mu}_j)=\max_{1\leqslant i\leqslant k}(\boldsymbol{\mu}_i'\boldsymbol{\Sigma}^{-1}(\boldsymbol{x}-\frac{1}{2}\boldsymbol{\mu}_i))。\tag{7.5.1}$$

这里 $\boldsymbol{\mu}_i'\boldsymbol{\Sigma}^{-1}(\boldsymbol{x}-\frac{1}{2}\boldsymbol{\mu}_i)=\boldsymbol{\mu}_i'\boldsymbol{\Sigma}^{-1}\boldsymbol{x}-\frac{1}{2}\boldsymbol{\mu}_i'\boldsymbol{\Sigma}^{-1}\boldsymbol{\mu}_i=\boldsymbol{g}_i'\boldsymbol{x}+c_i$ 是 $\boldsymbol{x}$ 的线性函数。

2．多总体 Bayes 判别法

设样品 $\boldsymbol{x}$ 来自 k 个总体 $\pi_1,\pi_2,\cdots,\pi_k$ 的先验概率分别为 $p_1,p_2,\cdots,p_k$，各总体的密度函数分别为 $f_1(\boldsymbol{x}),f_2(\boldsymbol{x}),\cdots,f_k(\boldsymbol{x})$。若 $\pi_i\sim N_p(\boldsymbol{\mu}_i,\boldsymbol{\Sigma}),i=1,2,\cdots,k$。则 Bayes 判别准则是

$$\boldsymbol{x}\in\pi_j,\text{ 若 }\ \boldsymbol{\mu}_j'\boldsymbol{\Sigma}^{-1}(\boldsymbol{x}-\frac{1}{2}\boldsymbol{\mu}_j)+\ln p_j=\max_{1\leqslant i\leqslant k}[\boldsymbol{\mu}_i'\boldsymbol{\Sigma}^{-1}(\boldsymbol{x}-\frac{1}{2}\boldsymbol{\mu}_i)+\ln p_i]。\tag{7.5.2}$$

若还有 $p_1=p_2=\cdots=p_k$，这意味着我们对 $\boldsymbol{x}$ 来自哪一类的先验信息一无所知，这时贝叶斯判别准则（7.5.2）就变为距离判别准则（7.5.1）。

3．多总体 Fisher 判别法

设 $\bar{\boldsymbol{\mu}}=\frac{1}{k}\sum_{i=1}^{k}\boldsymbol{\mu}_i$，$\boldsymbol{B}=\sum_{i=1}^{k}(\boldsymbol{\mu}_i-\bar{\boldsymbol{\mu}})(\boldsymbol{\mu}_i-\bar{\boldsymbol{\mu}})'$。$\lambda_1\geqslant\lambda_2\geqslant\cdots\geqslant\lambda_m>0$ 是 $\boldsymbol{\Sigma}^{-1}\boldsymbol{B}$ 的 m 个非零特征根，$m\leqslant\min(k-1,p)$，$\boldsymbol{l}_i=\boldsymbol{\Sigma}^{-1/2}\boldsymbol{t}_i^*$ 为 λ_i 的满足 $\boldsymbol{l}_i'\boldsymbol{\Sigma}\boldsymbol{l}_i=1$ 的特征向量，$i=1,2,\cdots,m$，其中 $\boldsymbol{t}_i^*$ 是 $\boldsymbol{\Sigma}^{-1/2}\boldsymbol{B}\boldsymbol{\Sigma}^{-1/2}$ 属于 λ_i 的标准正交的特征向量。则称线性组合 $y_1=\boldsymbol{l}_1'\boldsymbol{x}$ 为第 1 个判别函数，$y_2=\boldsymbol{l}_2'\boldsymbol{x}$ 为第 2 个判别函数，…，$y_m(\boldsymbol{x})=\boldsymbol{t}_m'\boldsymbol{x}$ 为第 m 个判别函数，且 $\mathrm{Var}(\boldsymbol{l}_i'\boldsymbol{x})=1$，$i=1,2,\cdots,m$。

在建立判别函数 $y_i=\boldsymbol{l}_i'\boldsymbol{x}$，$i=1,2,\cdots,m$ 后，它们组成判别向量 $\boldsymbol{y}=(y_1,y_2,\cdots,y_m)'$，对总体 π_i 来说，其中心（条件均值）是

$$\mu_{iy}=E(\boldsymbol{y}|\boldsymbol{x}\in\pi_i)=(\mu_{i1},\mu_{i2},\cdots,\mu_{im})'=(\boldsymbol{l}_1'\boldsymbol{\mu}_i,\boldsymbol{l}_2'\boldsymbol{\mu}_i,\cdots,\boldsymbol{l}_m'\boldsymbol{\mu}_i)',\quad i=1,2,\cdots,k。$$

对新样品 $\boldsymbol{x}_0$，由判别函数它对应 $\boldsymbol{y}_0=(y_{01},y_{02},\cdots,y_{0m})'$，它与 μ_{iy} 的欧几里得距离平方为

$$D^2(\boldsymbol{y}_0,\boldsymbol{\mu}_{iy})=(\boldsymbol{y}_0-\boldsymbol{\mu}_{iy})'(\boldsymbol{y}_0-\boldsymbol{\mu}_{iy})=\sum_{s=1}^{m}(y_{0s}-\mu_{is})^2,\quad i=1,2,\cdots,k。$$

因此，若用 $\bar{y}_{is}=\boldsymbol{l}_i'\bar{\boldsymbol{x}}$ 估计 μ_{is}，$i=1,2,\cdots,k$，则多总体的 Fisher 判别准则是

$$\boldsymbol{x}_0\in\pi_j,\text{ 若 }\ \sum_{s=1}^{m}(y_{0s}-\bar{y}_{js})^2=\min_{1\leqslant i\leqslant k}\sum_{s=1}^{m}(y_{0s}-\bar{y}_{is})^2。\tag{7.5.3}$$

$$\text{或 }\boldsymbol{x}_0\in\pi_j,\text{ 若 }\ \sum_{t=1}^{m}[(\boldsymbol{l}_t'\boldsymbol{x}_0-\boldsymbol{l}_t'\bar{\boldsymbol{x}})-(\boldsymbol{l}_t'\bar{\boldsymbol{x}}_j-\boldsymbol{l}_t'\bar{\boldsymbol{x}})]^2=\min_{1\leqslant i\leqslant k}\sum_{t=1}^{m}[(\boldsymbol{l}_t'\boldsymbol{x}_0-\boldsymbol{l}_t'\bar{\boldsymbol{x}})-(\boldsymbol{l}_t'\bar{\boldsymbol{x}}_i-\boldsymbol{l}_t'\bar{\boldsymbol{x}})]^2。\tag{7.5.4}$$

若前 r 个判别函数 $(r<m)$ 已足够反映 m 个原始变量的变化（例如有效判别率在 85%以上），则只须利用前 r 个判别函数进行判别。对于样品 $\boldsymbol{x}_0$，这时判别规则是

$$x_0 \in \pi_j，若 \sum_{s=1}^{r}(y_{0s}-\bar{y}_{js})^2=\min_{1\leqslant i\leqslant k}\sum_{s=1}^{r}(y_{0s}-\bar{y}_{is})^2 。\tag{7.5.5}$$

式（7.5.4）给出对应于 SPSS 中线性判别的一种方法：非标准化法。

结论 7.5.1 在 SPSS 中选“非标准化函数”后所得表格是判别式（7.5.4）中 $\boldsymbol{y}_i^*=\boldsymbol{l}_i'\boldsymbol{x}-\boldsymbol{l}_i'\bar{\boldsymbol{x}}$ 的系数列向量 $\boldsymbol{l}_i$ 和常数 $-\boldsymbol{l}_i'\bar{\boldsymbol{x}}$，$i=1,2,\cdots,m$。由于这时变量 $\boldsymbol{x}$ 是非标准化的，故得其名。SPSS 中给出各组的中心是 $\bar{y}_{ij}^*=\boldsymbol{l}_j'\bar{\boldsymbol{x}}_i-\boldsymbol{l}_j'\bar{\boldsymbol{x}}$，$i=1,\cdots,k$，$j=1,\cdots,m$，这在 $m=1$ 时使用特别方便。

下面讨论 Fisher 线性判别法与距离判别法和 Bayes 判别法的关系。

定理 7.5.1 设 $\lambda_1\geqslant\lambda_2\geqslant\cdots\geqslant\lambda_m>0$ 是 $\boldsymbol{\Sigma}^{-1}\boldsymbol{B}$ 的 m 个非零特征根，$m\leqslant\min(k-1,p)$，$\boldsymbol{l}_i=\boldsymbol{\Sigma}^{-1/2}\boldsymbol{t}_i^*$ 为 λ_i 的满足 $\boldsymbol{l}_i'\boldsymbol{\Sigma}\boldsymbol{l}_i=1$ 的特征向量，$i=1,2,\cdots,m$，其中 $\boldsymbol{t}_i^*$ 是 $\boldsymbol{\Sigma}^{-1/2}\boldsymbol{B}\boldsymbol{\Sigma}^{-1/2}$ 属于 λ_i 的标准正交的特征向量。令 $y_i=\boldsymbol{l}_i'\boldsymbol{x}$，$i=1,2,\cdots,m$。若先验概率相等，则 Fisher 线性判别准则是

$$\boldsymbol{x}\in\pi_j，若 d_j(\boldsymbol{x})=\max_{1\leqslant i\leqslant m} d_i(\boldsymbol{x}) 。\tag{7.5.6}$$

其中 $d_i(\boldsymbol{x})-\boldsymbol{g}_i'\boldsymbol{x}+c_i+\ln p_i$，$\boldsymbol{g}_i=\boldsymbol{\Sigma}^{-1}\boldsymbol{\mu}_i, c_i=-\dfrac{1}{2}\boldsymbol{\mu}_i'\boldsymbol{\Sigma}^{-1}\boldsymbol{\mu}_i$。

证明：在 Fisher 线性判别准则中，有

$$\sum_{s=1}^{m}(y_s-\mu_{is})^2=\sum_{s=1}^{m}[\boldsymbol{l}_s'(\boldsymbol{x}-\boldsymbol{\mu}_i)]^2=2[-d_i(\boldsymbol{x})+\frac{1}{2}\boldsymbol{x}'\boldsymbol{\Sigma}^{-1}\boldsymbol{x}+\ln p_i],\ i=1,2,\cdots,k 。$$

其中，$\boldsymbol{x}'\boldsymbol{\Sigma}^{-1}\boldsymbol{x}/2$ 是共同的，在先验概率相等，即 $p_1=p_2=\cdots=p_m$ 时，只要比较 $d_i(x)$ 的大小即可，因此得 Fisher 线性判别准则是

$$\boldsymbol{x}\in\pi_j，若 d_j(\boldsymbol{x})=\max_{1\leqslant i\leqslant m} d_i(\boldsymbol{x}) 。$$

这个定理给出 Fisher 判别的另一种方法，因此在 SPSS 中把它命名为 Fisher 判别法。**注意**：这里的 $d_i(\boldsymbol{x})$ 与 Bayes 判别法的表达式（7.5.2）一样，因此可以直接用于 Bayes 判别；如果除去其中的先验概率项 $\ln p_i$，$d_i(\boldsymbol{x})$ 与距离判别法的表达式（7.5.1）一样，因此也可以用于距离判别。这说明在一定的条件下，三种判别法是相通的。

结论 7.5.2 在 SPSS 中选择 Fisher 判别法后所得表格是线性函数

$$d_i(\boldsymbol{x})=\boldsymbol{g}_i'\boldsymbol{x}+c_i+\ln p_i$$

中系数列向量 $\boldsymbol{g}_i$ 和常数 $c_i+\ln p_i$，$i=1,2,\cdots,m$，这里 $\boldsymbol{g}_i=\boldsymbol{\Sigma}^{-1}\boldsymbol{\mu}_i, c_i=-\dfrac{1}{2}\boldsymbol{\mu}_i'\boldsymbol{\Sigma}^{-1}\boldsymbol{\mu}_i$，$p_i$ 由 SPSS 中先验概率的选择确定：要么相等；要么与组容量成比例。

（1）若先验概率 $p_1=p_2=\cdots=p_k$，则多总体的 Fisher 判别准则是

$$\boldsymbol{x}\in\pi_j，若 d_j(\boldsymbol{x})=\max_{1\leqslant i\leqslant k} d_i(\boldsymbol{x}) 。$$

它也可以直接用于距离判别法和 Bayes 判别法。值得注意的是，在用于距离判别法和 Fisher 判别法时，若想与前面给出的判别公式计算结果保持一致，则必须对每个线性表达式都减去相同的 $\ln p_i$。

（2）在先验概率不相等时且每个总体的先验概率与组容量成比例，则在先验概率中选由组容量计算先验概率，由 Fisher 判别法所得的线性函数可直接用于 Bayes 判别法；在使用 Fisher 判别法和距离判别法时，均须把每个线性表达式都减去不同的 $\ln p_i$ 再判别。

（3）在先验概率不相等且与组容量不成比例时，设为 $p_1',p_2',\cdots,p_k'$，则在第 i 个线性表达式加上 $(\ln p_i'-\ln p_i)$，$i=1,2,\cdots,k$ 后可进行 Bayes 判别法；在使用 Fisher 判别法和距离判别法时，均须把每个线性表达式都减去 $\ln p_i$ 再判别。

7.5.2 SPSS 的使用说明

1．两总体下 SPSS 的使用

在例 7.2.2 中已说明 SPSS 在判别方法中的部分应用，但是并没有说明如何利用 Fisher 线性判别函数和非标准化函数这两种方法，而是在得到协方差矩阵之后直接计算逆矩阵等，显得很麻烦，如果变量的维数较高，直接计算就难以进行。下面全面利用 SPSS 重新解决例 7.2.2 中的以下问题，体会使用 SPSS 带来的便利：

（1）用距离判别法预报明天是否会下雨。

（2）假定两组的 $\boldsymbol{x}=(x_1,x_2)'$ 均服从二元正态分布，且根据其他信息及经验给出先验概率 $p_1=0.3,p_2=0.7$，用 Bayes 判别法预报明天是否会下雨。

（3）假如你现在考虑是否为明天安排一项活动，该活动在时间上有紧迫性，但又不太适合在雨天进行，并认为错判损失为 $c(2|1)=3c(1|2)$，那么你认为今天是否应该安排这项活动？

（4）利用 Fisher 判别法预报明天是否会下雨。

解：打开由表 7.2.1 建立的数据文件，从“Analyze”菜单中选择“Classify”，单击“Discriminant”按钮弹出判别分析主对话框。变量的选择、两组均值向量和协方差矩阵是否相等的检验等问题前面已经说过，此处不再重复。这里主要介绍选择 Fisher 线性判别函数和非标准化函数这两种函数的作用。

如果在“Function Coefficient（函数系数）”方框下选择“Fisher's（费歇判别）”，这时显示的是分类判别函数 $d_i(\boldsymbol{x})$ 的系数，即 Fisher 线性判别函数的系数，见表 7.5.1。

表 7.5.1 Fisher 线性判别函数的系数

	π_1：雨天	π_2：非雨天
湿度差	0.033	−0.046
压温差	0.051	0.230
常数	−0.762	−1.718

因此得到对应的判别函数是

$$d_1(\boldsymbol{x})=0.033\boldsymbol{x}_1+0.051\boldsymbol{x}_2-0.762,\ \ d_2(\boldsymbol{x})=-0.046\boldsymbol{x}_1+0.230\boldsymbol{x}_2-1.718\ 。$$

（1）由于 $\ln 0.5=-0.693$，故得距离判别函数是

$$d_1^*(\boldsymbol{x})=\hat{\boldsymbol{l}}_1'\boldsymbol{x}+\hat{c}_1=0.033x_1+0.051x_2-0.762-\ln 0.5=0.033x_1+0.051x_2-0.069\ ,$$

$$d_2^*(\boldsymbol{x})=\hat{\boldsymbol{l}}_2'\boldsymbol{x}+\hat{c}_2=-0.046x_1+0.230x_2-1.718-\ln 0.5=-0.046x_1+0.230x_2-1.025\ 。$$

把 $x_1=0.6$，$x_2=3.0$ 代入，得

$$d_1^*(0.6,3.0)=0.1038>d_2^*(0.6,3.0)=-0.3626\ ,$$

故判定明天下雨。

也可转化为两总体线性判别函数：

$$W(\boldsymbol{x})=d_1(\boldsymbol{x})-d_2(\boldsymbol{x})=0.079x_1-0.179x_2+0.956\ ,$$

因为 $W(0.6,3.0)=0.466>0$，故判定明天下雨。

（2）由于先验概率 $p_1=0.3,p_2=0.7$，故先计算 Bayes 线性判别函数：

$$d_1^*(\boldsymbol{x})=d_1(\boldsymbol{x})-\ln 0.5+\ln 0.3=0.033x_1+0.051x_2-1.273\ ,$$

$$d_2^*(\boldsymbol{x})=d_2(\boldsymbol{x})-\ln 0.5+\ln 0.7=-0.046x_1+0.230x_2-1.382\ 。$$

因 $d_1^*(0.6,3.0)=-1.100<d_2^*(0.6,3.0)=0.720$，故由 Bayes 判别法则知明天不下雨。

（3）由于在（1）中已得线性判别函数 $W(\boldsymbol{x})=0.079x_1-0.179x_2+0.956$。此时的判别法则是

$$\begin{cases}\boldsymbol{x}\in\pi_1，若 W(\boldsymbol{x})>\ln[\dfrac{c(1|2)p_2}{c(2|1)p_1}],\\ \boldsymbol{x}\in\pi_2，若 W(\boldsymbol{x})<\ln[\dfrac{c(1|2)p_2}{c(2|1)p_1}]。\end{cases}$$

由于 $W(0.6,3.0)=0.466$，而 $\ln[\dfrac{c(1|2)p_2}{c(2|1)p_1}]=\ln\dfrac{7}{9}\approx-0.251<0.466=W(0.6,3.0)$，故判定明天下雨，这说明今天不应该安排这项活动。

与前面的解题过程相比较可以发现，若能有效掌握判别分析各种方法之间的联系，又能充分掌握和利用 SPSS 中判别分析模块的有关知识，用 SPSS 来解决实际问题是很方便的。

（4）本小题要求利用 Fisher 判别法预报明天是否会下雨，这里利用非标准化函数来解决更方便。在"Function Coefficient（函数系数）"方框下选非标准化函数，可得表 7.5.2 和表 7.5.3。

表 7.5.2　非标准化典型判别函数系数

	典型判别函数系数
湿度差	−0.068
压温差	0.156
常量	−0.837

表 7.5.3　典型判别函数下的组中心

组别	组中心坐标
1	−0.572
2	0.572

由此知 Fisher 判别函数只有一个：

$$y^*=-0.068\boldsymbol{x}_1+0.156\boldsymbol{x}_2-0.837,$$

$$y^*(0.6,3.0)=-0.410。$$

在 $r=1$ 时，判别法则是

$$\boldsymbol{x}\in\pi_j，若\left|y^*-\bar{y}_j^*\right|=\min_{1\leqslant i\leqslant m}\left|y^*-\bar{y}_i^*\right|。$$

由于 $\left|y^*-\bar{y}_1^*\right|=0.162<\left|y^*-\bar{y}_2^*\right|=0.982$，故 $\boldsymbol{x}\in\pi_1$，因此判定明天会下雨。

2．多总体下 SPSS 的使用

例 7.5.1　Fisher 1936 年曾对 3 种鸢尾花各抽取容量为 50 的样本，测量其花萼长 x_1、花萼宽 x_2、花瓣长 x_3 和花瓣宽 x_4，单位为 mm，数据见表 5.2.5。现在利用 SPSS 对这些数据进行 Fisher 判别分析。

解：在例 5.2.7 中曾在假设 3 种不同鸢尾花的 4 个指标服从多元正态分布的情况下，利用 SPSS 对 3 种鸢尾花的均值向量 $\boldsymbol{\mu}_1,\boldsymbol{\mu}_2,\boldsymbol{\mu}_3$ 是否相等进行检验，检验的 p 值是 0.000，因此拒绝原假设，即认为 3 种鸢尾花的均值向量有极显著差异；在例 5.3.2 中对 3 种鸢尾花的协方差矩阵是否相等进行 Box M 检验，检验的 p 值是 0.000，因此拒绝协方差矩阵相等的假设。虽然协方差矩阵相等的假设被拒绝，但由于 3 种鸢尾花的均值向量有极显著差异，且每个均值分量也有极显著差异，因此本例虽使用等方差的判别法，但判别效果还是相当好的。

现打开由表 5.2.5 建立的数据文件，从"Analyze（分析）"菜单中选择"Classify（分类）"，单击"Discriminant（判别分析）"按钮弹出判别分析主对话框。在左边的列表框中选择组别

送入“Grouping Variable（组变量）”框内，这时“Define Range（确定范围）”被激活，单击“Define Range”按钮，在“Minimum（最小值）”和“Maximum（最大值）”窗口分别输入 1 和 3，设置完成后，单击“Continue（继续）”按钮返回“Discriminant Analysis”主对话框。在左边的列表框中把变量 1 到变量 4 送入“Independents（自变量）”对话框。单击“Statistics（统计）”按钮打开“Statistics”对话框，在“Descriptives（描述统计）”对话框中选择“Means（均值）”得各组的均值、标准差等统计量；选择“Univariate ANOVAs（单变量方差分析）”检验 3 个组别的均值分量是否相等；选择“Box's M（Box M 检验）”检验 3 个组别的协方差矩阵是否相等。在“Matrices（矩阵）”对话框中选择“Within- Groups Matrices（组内协方差矩阵）”，在“Function Coefficient（函数系数）”方框下选择非标准化函数。单击“Continue”按钮返回“Discriminant Analysis”主对话框。打开“Classify（分类）”对话框，选择“Casewise results（个案结果）”“Summary table（回代法）”和“Leave-one-out classification（交叉验证）”，得到每个样品的判别函数得分和预报值，用回代法和刀切法计算的判别结果。其他选项由系统默认，单击“Continue”按钮返回主点击对话框。单击“Ok”按钮即可得到表 7.5.4～表 7.5.6。

由这些表格可知，3 种鸢尾花样本的均值向量和总平均向量（例 5.2.7）是

$$\bar{\boldsymbol{x}}_1=\begin{pmatrix}50.06\\34.28\\14.62\\2.46\end{pmatrix},\quad \bar{\boldsymbol{x}}_2=\begin{pmatrix}59.36\\27.70\\42.60\\13.26\end{pmatrix},\quad \bar{\boldsymbol{x}}_3=\begin{pmatrix}65.88\\29.74\\55.52\\20.26\end{pmatrix},\quad \bar{\boldsymbol{x}}=\begin{pmatrix}58.43\\30.57\\37.58\\11.99\end{pmatrix}。$$

由表 5.2.7 可得矩阵 $\boldsymbol{SSR}$ 和 $\boldsymbol{SSE}$：

$$\boldsymbol{SSR}=\begin{pmatrix}6321.213 & -195.267 & 16524.840 & 7127.933\\ -1995.267 & 1134.493 & -5723.960 & -2293.267\\ 16524.840 & -5723.960 & 43719.230 & 18677.400\\ 7127.933 & -2293.267 & 18677.400 & 8241.333\end{pmatrix},$$

$$\boldsymbol{SSE}=\begin{pmatrix}3895.620 & 1363.000 & 2462.460 & 564.500\\ 1363.000 & 1696.200 & 812.080 & 480.840\\ 2462.460 & 872.080 & 2722.260 & 627.180\\ 564.500 & 480.840 & 627.180 & 615.660\end{pmatrix}。$$

表 7.5.4 矩阵的特征值及贡献率和累积贡献率

函数	特征值	贡献率/%	累积贡献率/%	典型相关
1	32.192	99.1	99.1	0.985
2	0.285	0.9	100.0	0.471

由表 7.5.4 知矩阵 $(\boldsymbol{SSE})^{-1}(\boldsymbol{SSR})$ 的两个非零特征值分别是 $\lambda_1=32.192$，$\lambda_2=0.285$。

选择非标准化函数后得到表 7.5.5。

由表 7.5.5 得两个判别函数是

$$\boldsymbol{y}_1^*=-0.083\boldsymbol{x}_1-0.153\boldsymbol{x}_2+0.220\boldsymbol{x}_3+0.281\boldsymbol{x}_4-2.105,$$

$$\boldsymbol{y}_2^*=0.002\boldsymbol{x}_1+0.216\boldsymbol{x}_2-0.093\boldsymbol{x}_3+0.284\boldsymbol{x}_4-6.661。$$

表 7.5.5 非标准化典型判别函数系数

	典型判别函数系数	
	1	2
x_1	−0.083	0.002
x_2	−0.153	0.216
x_3	0.220	−0.093
x_4	0.281	0.284
常量	−2.105	−6.661

表 7.5.6 典型判别函数下的组中心

组别	组中心坐标	
	1	2
1	−7.608	0.215
2	1.825	−0.728
3	5.783	0.513

由表 7.5.6 可知，第 1 组的组中心坐标是 $\overline{y}_{11}^{*}=-7.608$, $\overline{y}_{12}^{*}=0.215$；第 2 组的组中心坐标是 $\overline{y}_{21}^{*}=1.825$, $\overline{y}_{12}^{*}=-0.728$；第 3 组的组中心坐标是 $\overline{y}_{31}^{*}=5.783$, $\overline{y}_{32}^{*}=0.513$。对于任意样品 $\boldsymbol{x}$，这时判别规则是

$$\boldsymbol{x}\in\pi_j,\ \text{若}\ \sum_{s=1}^{2}(y_s-\overline{y}_{js})^2=\min_{1\leqslant i\leqslant k}\sum_{s=1}^{2}(y_s-\overline{y}_{is})^2\text{。}$$

根据判别函数和各组的中心坐标，SPSS 给出各样品的判别函数得分和归属。下面先给出用回代法和交叉验证法算出的错判概率表。

表 7.5.7 回代法和交叉验证法算出的错判概率表

真实组		判别组		
		1	2	3
回代法	1	50	0	0
	2	0	48	2
	3	0	1	49
交叉验证法	1	50	0	0
	2	0	48	2
	3	0	1	49

由表 7.5.7 可知，用回代法和交叉验证法估计错判概率，错判概率都只有 2.0%，说明本例数据用 Fisher 判别法进行判别效果还是相当好的。

在本例中，150 个样品中只有 3 个样品被错判，即本属第 3 组的第 5 号被判归第 2 组，本属第 2 组的第 9 号和第 12 号被判归于第 3 组。这个结果能否得到改善，下面会给出答案。

7.6 判别分析中若干问题的讨论

7.6.1 均值向量与协方差矩阵检验对判别的影响问题

在判别分析检验中，均值向量的检验比协方差矩阵的检验更重要。例如，在例 7.2.2 中，不能拒绝均值向量相等的假设，但接受协方差矩阵相等的假设，用回代法和交叉验证法得到的误判率分别是 15%和 30%；在例 7.5.1 中，拒绝均值向量相等的假设，不能接受协方差矩阵相等的假设，用回代法和交叉验证法得到的误判率是 2%。这说明拒绝均值向量相等比接受协方差矩阵相等对误判结果更重要。出现这种情况不难理解，因为拒绝或接受均值向量相等，直接关系到进行判别分析后误判率的大小；而拒绝或接受协方差矩阵相等，主要涉及的是选取线性判别函数还是非线性判别函数的问题。另外，虽然拒绝均值向量相等，但不能拒绝每个均值分

量相等，其判别结果也不如既拒绝均值向量相等又拒绝每个均值分量相等来得好，而且也与拒绝的显著性水平有关。例如，在例 7.2.3 中，拒绝均值向量相等，但不能拒绝每个均值分量相等，这时用回代法和交叉验证法得到的误判率分别是 56.7%和 48.3%；而在例 7.5.2 中，既拒绝均值向量相等又拒绝每个均值分量相等，用回代法和交叉验证法得到的误判率是 2%。由例 7.5.2 还可得知，在既拒绝均值向量相等又拒绝每个均值分量相等的情况下，虽然协方差矩阵相等的假设没通过，但在例中用线性判别函数代替二次判别函数，判别效果还是很不错的。

7.6.2 判别函数个数选取的问题

Fisher 判别的思想是降维，因此我们希望判别函数的个数尽量减少，如果前 $r(r<m)$ 个判别函数已能足够反映 p 个原始变量的变化，例如前 r 个特征根之和与所有特征根之和的比在 85%以上，这时只须利用前 r 个判别函数进行判别，而且判别效果可能更好。

例如在例 7.5.1 中得到两个非零特征值分别是 $\lambda_1 = 32.192,\ \lambda_2 = 0.285$，这时取第 1 个特征值的贡献率达 99.1%，因此只要取第 1 个判别函数即可：

$$y_1^* = -0.083x_1 - 0.153x_2 + 0.220x_3 + 0.281x_4 - 2.105\ 。$$

这时判别函数得分只需与组中心的第一个坐标进行比较即可。在 SPSS 输出的个案结果表中，可以得到每个样品在第 1 个判别函数和第 2 个判别函数的得分（此表很大，这里略去），着重考察三个错判样品：本属第 3 组的第 5 号被判属于第 2 组，本属第 2 组的第 9 号和第 12 号被判属于第 3 组。在第 1 个判别函数上第 5 号、第 9 号和第 12 号的得分分别是

$$y_1^*(5) = 3.815\ ,\quad y_1^*(9) = 3.716\ ,\quad y_1^*(12) = 4.498\ 。$$

相应地，各组组中心的第一个坐标分别是

$$\overline{y}_{11}^* = -7.608\ ,\quad \overline{y}_{21}^* = 1.825\ ,\quad \overline{y}_{31}^* = 5.783\ 。$$

根据判别准则，由于

$$\left|y_1^*(5) - \overline{y}_{11}^*\right| = 11.423\ ,\quad \left|y_1^*(5) - \overline{y}_{21}^*\right| = 1.992\ ,\quad \left|y_1^*(5) - \overline{y}_{31}^*\right| = 1.972\ 。$$

由 Fisher 判别规则，本属第 3 组的第 5 号改判为第 3 组，属正判。同理，本属第 2 组的第 9 号改判为第 2 组，属正判，但本属第 2 组的第 12 号仍判为第 3 组，属误判。而对其他 147 个样品的判别都是正判。也就是说，如果本例只取第 1 个判别函数进行判别，只有一个样品误判，正判率几乎 100%。

7.6.3 变量个数选取的问题

在对多变量进行判别时，各变量的作用是不一样的，有的变量作用大，有的变量作用小。例如，在例 7.5.1 中，已知既拒绝均值向量相等又拒绝每个均值分量相等，现在依次用每个变量进行判别，可以得到以下有趣的结论。如果只用第 1 个变量 x_1 进行判别，利用 SPSS 判别分析进行判别，正判率为 74.7%；如果只用第 2 个变量 x_2 进行判别，正判率为 55.3%；如果只用第 3 个变量 x_3 进行判别，正判率为 94.7%；如果只用第 4 个变量 x_4 进行判别，正判率为 96.0%。由此可以看出，各变量的判别效果相差很大，而用第 4 个变量 x_4 进行判别，正判率已经相当高了，非常接近使用所有变量的正判率 98.0%了。而且给变量 x_4 进一步增加其他变量，所得的正判率也没有多少改善：例如，用 x_1,x_4；x_3,x_4，正判率都是 96.0%；用 x_2,x_4，正判率提高不多，为 96.7%。这说明选择较少变量也可以得到很好的判别效果。

第 8 章　主成分分析

8.1　主成分分析的思想和方法

主成分概念由 Karl Pearson 在 1901 年引入到统计分析中，起先是用于对非随机变量的讨论，1933 年被 Hotelling 推广到随机变量的分析上。1964 年，Rao 给出基本原理及一些扩展和应用。在实际问题中，常常会遇到对多个变量（指标）的处理问题，如果变量之间是相互独立的，则可以分别处理这些变量，但在实际中，这些变量往往彼此之间存在一定程度，有时甚至是相当高的相关性，这就使包含在观测数据中的信息在一定程度上有所重叠，因此增加分析这类问题的复杂性。例如，在市场调查中经常遇到多个指标的问题，多指标一方面为分析与解决问题提供了大量的信息，另一方面也增加了处理问题的复杂性。另外，在研究由多个变量描述事物总体或样本时，通常希望把多个变量描述转化为少数变量的描述，这样有利于掌握事物的本质特征。

主成分分析是一种处理多指标问题的统计方法，**主成分分析的思想是**：用少数几个彼此无关的综合指标来代替原来较多的彼此相关的指标，使较少的这些综合指标既能尽可能多地反映原来较多指标所含的信息，又可以使问题的处理得到简化。

8.1.1　研究案例

服装的定型分类问题：裁缝师傅在为用户订做服装时要测量很多尺寸，如身长、袖长、胸围、腰围、领子围、肩宽、肩厚、坐高、头高、裤长、下裆、前胸、后背、手长、肋围、腿肚等 16 项指标（变量），但服装厂要生产一批服装就不可能按这么细的要求来生产。这将使服装型号太多，生产成本增加，而且还吃力不讨好。为了较好地满足市场的需要，服装生产厂商要了解所生产服装究竟需要设计几种型号合适，这些型号的服装应按怎样的比例分配生产计划才能达到较好的经济效益。

例如，对 128 个成年男子的上述 16 项指标进行测量，就会得到128×16阶的数据矩阵，要对这些数据进行直接处理，难度可想而知。如何化解这个难题？按照主成分分析的思想就是设法把原来的多个变量重新组合成少数几个彼此无关的综合变量，用这些综合变量来分析问题既不会导致信息的极大损失，又可以使问题的处理得到简化。服装厂利用主成分分析方法对以上数据进行分析，把上面 16 项指标综合为 3 项指标（综合变量）：一是反映长短（身高）的指标（称为号）；二是反映胖瘦（胸围、腰围）的指标（称为型）；三是反映特殊体型的指标（常用 A,B,C 表示）。这样一来，生产出来的服装虽然不能对每个人都很合体，但却基本上能满足大多数人的需求，从而降低企业的生产成本，提高企业的经济效益。可见，主成分分析实际上是一种对多个变量进行降维的方法，其作用就在于把比较复杂的问题转化为比较简单的问题，通过对少数几个综合变量的分析，得到对原问题比较合理的解决方法。

如何用少数几个相互无关的综合变量来代替原来多个存在彼此相关的原始变量？

8.1.2 主成分分析的方法

主成分分析的方法就是设法把众多（如 p 个）具有一定相关性的变量，重新组合成少数几个新的彼此无关的综合变量。一种简单且直观的处理方法就是对原来的 p 个变量作线性组合。这时可以有多种组合，如何选择少数几个综合变量，才能使之反映数据中尽可能多的信息？

假设对 p 个变量 $x_1, x_2, \cdots, x_p$ 作线性组合，于是得综合变量 y_i 如下：

$$y_i = a_{1i}x_1 + a_{2i}x_2 + \cdots + a_{pi}x_p,\ \ i = 1, 2, \cdots, p 。$$

当然，综合变量的个数 m 应尽可能少，且 y_i 能包含尽可能多的原始数据所包含的信息。这就需要研究如何确定组合系数 $(a_{1i}, a_{2i}, \cdots, a_{pi})$。数据中的“信息”用什么统计量来表示？变量信息量的大小，实际是变量变化差异的大小，传统的度量方法是用 y_i 的方差来确定，$V(y_i)$ 越大，表示 y_i 包含的信息越多，反之也一样。因此要选择组合系数 $(a_{11}, a_{21}, \cdots, a_{p1})$，使 y_1 的方差最大，这时就称 y_1 为第 1 主成分。如果 y_1 包含原信息量的绝大多数（如85%以上），则用 y_1 来代替原来的 p 个变量进行分析就无损于原来的问题。假如 y_1 所包含的信息还不足于代表原来 p 个变量所包含的信息，这时就要考虑选取第二个线性组合 y_2。为了有效地反映原来的信息，这时要求 y_1 中包含的信息不能出现在 y_2 中，在统计上就是要求 y_1, y_2 不相关，即用 $\mathrm{Cov}(y_1, y_2) = 0$ 来实现，在满足 $\mathrm{Cov}(y_1, y_2) = 0$ 的前提下，选择组合系数 $(a_{12}, a_{22}, \cdots\cdots, a_{p2})$，使 y_2 的方差最大，称 y_2 为第 2 主成分。以此类推就可以求出第 3 主成分，……，第 p 主成分。人们希望求得的主成分个数比原变量个数少得多，否则意义不大，虽然这样做会丢失一部分信息，但由于抓住了主要矛盾，简化了变量结构，因此在实际问题的研究中人们的得益要比损失大，从综合变量出发就能更好地解决问题和处理问题。

8.2 主成分分析的模型及性质

8.2.1 总体主成分的求法

上面介绍了主成分的作用、基本思想和基本方法，下面给出实现这种思想的数学模型。

设 p 维随机向量 $\boldsymbol{x} = (x_1, x_2, \cdots, x_p)'$，其均值向量 $\boldsymbol{E}(\boldsymbol{x}) = \boldsymbol{\mu} = (\mu_1, \mu_2, \cdots, \mu_p)'$，协方差矩阵 $\boldsymbol{V}(\boldsymbol{x}) = \boldsymbol{\Sigma} = \left(\sigma_{ij}\right)_{p\times p}$，考虑 $\boldsymbol{x}$ 的线性组合如下：

$$\begin{cases} y_1 = a_{11}x_1 + a_{21}x_2 + \cdots + a_{p1}x_p = \alpha_1' x \\ y_2 = a_{12}x_1 + a_{22}x_2 + \cdots + a_{p2}x_p = \alpha_2' x \\ \qquad \vdots \\ y_p = a_{1p}x_1 + a_{2p}x_2 + \cdots + a_{pp}x_p = \alpha_p' x \end{cases} \tag{8.2.1}$$

要求组合系数满足以下条件：

$$\begin{cases} a_{1i}^2 + a_{2i}^2 + \cdots + a_{pi}^2 = 1,\ \ i = 1, 2, \cdots, p, \\ \mathrm{Cov}(y_i, y_j) = 0,\ \ i \neq j,\ \ i, j = 1, 2, \cdots, p, \\ \mathrm{Var}(y_1) \geqslant \mathrm{Var}(y_2) \geqslant \cdots \geqslant \mathrm{Var}(y_p)。 \end{cases} \tag{8.2.2}$$

下面寻找满足上述约束条件中（8.2.2）的解向量 $\boldsymbol{\alpha}_i=(a_{1i},a_{2i},\cdots,a_{pi})'$，$i=1,2,\cdots,p$。

之所以要使用变量的线性组合，是因为线性组合在数学上容易处理，在实践中效果不错；为什么要限制 $a_{1i}^2+a_{2i}^2+\cdots+a_{pi}^2=1$，$i=1,2,\cdots,p$ 呢？因为如果不对系数加以限制，在考虑 y_i 的变换 ky_i 的方差时，就有可能使 $\mathrm{Var}(ky_i)=k^2\mathrm{Var}(y_i)\to\infty$，$k\to\infty$，于是问题会变得毫无意义。因此这里不但要用线性组合，而且还要求 $\boldsymbol{\alpha}_i'\boldsymbol{\alpha}_i=1$，$i=1,2,\cdots,p$。

考虑 $\boldsymbol{\alpha}_1'\boldsymbol{x}$ 的方差 $\boldsymbol{V}(\boldsymbol{\alpha}_1'\boldsymbol{x})$，这里 $\boldsymbol{\alpha}_1$ 是 p 维列向量，$\boldsymbol{\alpha}_1'\boldsymbol{\alpha}_1=1$。

$$\boldsymbol{V}(\boldsymbol{\alpha}_1'\boldsymbol{x})=\boldsymbol{\alpha}_1'\boldsymbol{V}(\boldsymbol{x})\boldsymbol{\alpha}_1=\boldsymbol{\alpha}_1'\boldsymbol{\Sigma}\boldsymbol{\alpha}_1 \tag{8.2.3}$$

设 $\lambda_1\geqslant\lambda_2\geqslant\cdots\geqslant\lambda_{\mathrm{p}}\geqslant 0$ 是协方差矩阵 $\boldsymbol{\Sigma}$ 的特征值，$\boldsymbol{e}_i=(e_{1i},e_{2i},\cdots,e_{pi})'$，$i=1,2,\cdots,p$ 为相应的标准正交的特征向量，令 $\boldsymbol{T}=(\boldsymbol{e}_1,\boldsymbol{e}_2,\cdots,\boldsymbol{e}_p)$，$\boldsymbol{\Lambda}=\mathrm{diag}(\lambda_1,\lambda_2,\cdots,\lambda_p)$，则

$$\boldsymbol{\Sigma}=\boldsymbol{T}\boldsymbol{\Lambda}\boldsymbol{T}'=\sum_{i=1}^{p}\lambda_i\boldsymbol{e}_i\boldsymbol{e}_i', \tag{8.2.4}$$

$$\boldsymbol{\alpha}_1'\boldsymbol{\Sigma}\boldsymbol{\alpha}_1=\sum_{i=1}^{p}\lambda_i(\boldsymbol{\alpha}_1'\boldsymbol{e}_i)^2\leqslant\lambda_1\sum_{i=1}^{p}(\boldsymbol{\alpha}_1'\boldsymbol{e}_i)^2=\lambda_1\boldsymbol{\alpha}'\boldsymbol{\alpha}_1=\lambda_1,$$

于是得
$$\boldsymbol{\alpha}_1'\boldsymbol{\Sigma}\boldsymbol{\alpha}_1\leqslant\lambda_1。$$

取 $\boldsymbol{\alpha}_1=\boldsymbol{e}_1$，则有 $\boldsymbol{e}_1'\boldsymbol{\Sigma}\boldsymbol{e}_1=\boldsymbol{e}_1'\lambda_1\boldsymbol{e}_1=\lambda_1$。故 $\boldsymbol{y}_1=\boldsymbol{e}_1'\boldsymbol{x}$ 是满足约束条件（8.2.2）的第 1 主成分，它具有最大的方差为 λ_1。若第 1 主成分 $y_1=\boldsymbol{e}_1'\boldsymbol{x}$ 所含信息不够多，不足以代表原变量所含信息，则需考虑选取第 2 主成分。这时须在约束条件（8.2.2）下寻找列向量 $\boldsymbol{\alpha}_2$，使 $\boldsymbol{V}(y_2)=\boldsymbol{\alpha}_2'\boldsymbol{\Sigma}\boldsymbol{\alpha}_2$ 达到最大。

由于 $\mathrm{Cov}(y_1,y_2)=\boldsymbol{\alpha}_2'\boldsymbol{\Sigma}\boldsymbol{e}_1=\lambda_1\boldsymbol{\alpha}_2'\boldsymbol{e}_1=0$，于是满足条件 $\mathrm{Cov}(y_1,y_2)=0$ 即变为满足条件 $\boldsymbol{\alpha}_2'\boldsymbol{e}_1=0$。下面寻找在条件 $\boldsymbol{\alpha}_2'\boldsymbol{e}_1=0$ 且 $\boldsymbol{\alpha}_2'\boldsymbol{\alpha}_2=1$ 下，使 $\boldsymbol{V}(y_2)$ 达到最大的向量 $\boldsymbol{\alpha}_2$。

$$\boldsymbol{V}(y_2)=\boldsymbol{\alpha}_2'\boldsymbol{\Sigma}\boldsymbol{\alpha}_2=\sum_{i=2}^{p}\lambda_{\mathrm{i}}(\boldsymbol{\alpha}_2'\boldsymbol{e}_i')^2\leqslant\lambda_2\sum_{i=2}^{p}(\boldsymbol{\alpha}_2'\boldsymbol{e}_i)^2=\lambda_2\boldsymbol{\alpha}_2'\boldsymbol{\alpha}_2=\lambda_2,$$

因此
$$\boldsymbol{V}(y_2)\leqslant\lambda_2。$$

取 $\boldsymbol{\alpha}_2=\boldsymbol{e}_2$ 时，则 $\boldsymbol{e}_2'\boldsymbol{\Sigma}\boldsymbol{e}_2=\boldsymbol{e}_2'\lambda_2\boldsymbol{e}_2=\lambda_2$。于是求得满足条件 $\mathrm{Cov}(y_1,y_2)=0$，且 $\boldsymbol{\alpha}_2'\boldsymbol{\alpha}_2=1$ 的第 2 主成分 $y_2=\boldsymbol{e}_2'\boldsymbol{x}$，以此类推，可以求得第 3 主成分，……，第 p 主成分。由此可知，第 $\boldsymbol{i}$ 主成分 $y_i=\boldsymbol{\alpha}_i'\boldsymbol{x}$ 是在约束条件 $\boldsymbol{\alpha}_i'\boldsymbol{\alpha}_{\mathrm{i}}=1$ 且满足 $\mathrm{Cov}(\boldsymbol{y}_k,\boldsymbol{y}_i)=0$，$k=1,2,\cdots,i-1$，使 $\boldsymbol{V}(y_i)=\boldsymbol{V}(\boldsymbol{\alpha}_i'\boldsymbol{x})$ 达到最大的 $\boldsymbol{\alpha}_i$。这里 $\boldsymbol{\alpha}_i$ 恰好就是 $\boldsymbol{\Sigma}$ 的第 i 个特征值所对应的标准正交的特征向量 $\boldsymbol{e}_i$。因此，得定理 8.2.1。

定理 8.2.1 设 $\lambda_1\geqslant\lambda_2\geqslant\cdots\geqslant\lambda_p\geqslant 0$ 是向量 $\boldsymbol{x}=(x_1,x_2,\cdots,x_p)'$ 的协方差矩阵 $\boldsymbol{\Sigma}=\boldsymbol{V}(\boldsymbol{x})$ 的特征值，$\boldsymbol{e}_1,\boldsymbol{e}_2,\cdots,\boldsymbol{e}_p$ 是分别属于 $\lambda_1,\lambda_2,\cdots,\lambda_p$ 的标准正交的特征向量。则 $\boldsymbol{x}$ 的第 i 个主成分是

$$y_i=\boldsymbol{e}_i'\boldsymbol{x}=e_{1i}x_1+e_{2i}x_2+\cdots+e_{pi}x_p,\quad i=1,2,\cdots,p。$$

这个结论说明，要求 x 的主成分，只要求协方差阵 $\boldsymbol{\Sigma}$ 的特征值和相应的标准正交的特征向量，就可把所求的主成分构造出来。那么在实际应用中，究竟要取几个主成分为宜？

8.2.2 主成分个数的确定

要确定主成分的个数 m，首先要确定 m 个主成分的累计贡献率。

定理 8.2.2 设 $\lambda_1\geqslant\lambda_2\geqslant\cdots\geqslant\lambda_p\geqslant 0$ 是向量 $\boldsymbol{x}=(x_1,x_2,\cdots,x_p)'$ 的协方差矩阵 $\boldsymbol{\Sigma}=\boldsymbol{V}(\boldsymbol{x})$ 的特

征值，$\boldsymbol{e}_1,\boldsymbol{e}_2,\cdots,\boldsymbol{e}_p$ 是分别属于 $\lambda_1,\lambda_2,\cdots,\lambda_p$ 的标准正交的特征向量。则 $\boldsymbol{x}$ 的第 i 主成分 $y_i=\boldsymbol{e}_i'\boldsymbol{x}$ 的贡献率为 $\lambda_i/\sum_{i=1}^{p}\lambda_i$，$i=1,2,\cdots,p$，前 m 个主成分的累计贡献率为 $\sum_{i=1}^{m}\lambda_i/\sum_{i=1}^{p}\lambda_i$。

根据前面的讨论，通常取这样的 m，使前 m 个主成分的累计贡献率达 85%以上。这时用 $y_1,y_2,\cdots,y_m$ 代替 $x_1,x_2,\cdots,x_p$ 既能达到降维的目的，又简化了变量的结构，所造成的信息损失也不大，因而有利于问题的解决。下面给出推导过程：

设 $\boldsymbol{y}=(y_1,y_2,\cdots,y_p)'$，$y_i=\boldsymbol{e}_i'\boldsymbol{x}$，$i=1,2,\cdots,p$，$\boldsymbol{\Lambda}=\mathrm{diag}(\lambda_1,\lambda_2,\cdots,\lambda_p)$，则 $\boldsymbol{y}=\boldsymbol{T}'\boldsymbol{x}$，

$$\boldsymbol{V}(\boldsymbol{y})=\boldsymbol{V}(\boldsymbol{T}'\boldsymbol{x})=\boldsymbol{T}'\boldsymbol{V}(\boldsymbol{x})\boldsymbol{T}=\boldsymbol{T}'\boldsymbol{\Sigma}\boldsymbol{T}=\boldsymbol{\Lambda}。$$

于是 p 个主成分的方差和是

$$\sum_{i=1}^{p}\boldsymbol{V}(y_i)=\mathrm{tr}(\boldsymbol{\Lambda})=\mathrm{tr}(\boldsymbol{T}'\boldsymbol{\Sigma}\boldsymbol{T})=\mathrm{tr}(\boldsymbol{\Sigma}\boldsymbol{T}'\boldsymbol{T})=\mathrm{tr}(\boldsymbol{\Sigma})=\sum_{i=1}^{p}\sigma_{ii}=\sum_{i=1}^{p}\boldsymbol{V}(x_i)。$$

又 $\mathrm{tr}(\boldsymbol{\Lambda})=\sum_{i=1}^{p}\lambda_i$，所以 $\sum_{i=1}^{p}\boldsymbol{V}(y_i)=\sum_{i=1}^{p}\boldsymbol{V}(x_i)=\sum_{i=1}^{p}\lambda_i$。

由此可以看出，主成分分析把 p 个原始变量 $x_1,x_2,\cdots,x_p$ 的方差之和分解成 p 个互不相关变量 $y_1,y_2,\cdots,y_p$ 的方差之和 $\sum_{i=1}^{p}\lambda_i$。故第 i 主成分 $\boldsymbol{y}_i$ 的方差占总方差的比例

$$\lambda_i/\sum_{i=1}^{p}\lambda_i,\ i=1,2,\cdots,p。$$

它表明第 i 主成分 y_i 解释了总方差的比例，因而称为第 i 主成分的贡献率，故前 m 个主成分的累计贡献率就是 $\sum_{i=1}^{m}\lambda_i/\sum_{i=1}^{p}\lambda_i$。

下面是提取主成分个数的几个法则：

（1）若前 m 个主成分的累计贡献率 $\sum_{i=1}^{m}\lambda_i/\sum_{i=1}^{p}\lambda_i\geqslant 85\%$，则提取的主成分是 $y_1,y_2,\cdots,y_m$。

（2）Kaiser 建议，有几个特征值大于 1，就提取几个主成分。

（3）设 p 个特征值的平均值是 $\bar{\lambda}$，有几个特征值大于 $\bar{\lambda}$，就提取几个主成分。

根据累计贡献率的大小还是根据特征根的大小来提取主成分的个数都是经验方法，实践表明，当变量个数 $p<20$ 时，用第一个标准取的主成分个数偏多，而用第二个标准取的主成分偏少，因此要将两者结合起来使用，多试几次。还要考虑 m 个主成分对变量 x_i 的贡献率，不要机械照搬使用，个数选择是否合理主要是看所得的主成分解释是否符合实际情况，只有当主成分的解释符合实际情况时才说明主成分分析是成功的。在解释主成分时，既要考察主成分在原始变量上的载荷，也要考察主成分与原始变量的相关系数，当然前者的考察更重要。如果主成分是从相关矩阵 $\boldsymbol{R}$ 出发求出的，则前者和后者的考察是等价的。

成功的主成分分析具有两个特征：① 维数大大减少，但所取的主成分仍保留着原始变量的绝大部分信息；② 能够对主成分作出符合实际背景和意义的解释。需要说明的是：如果所求主成分是用于进一步的研究时，不一定要对主成分作出合理的解释。主成分能否得到合理解释与数据的结构密切相关，如果主成分不能得到合理的解释，则主成分分析就失败了，也说明数据的结构不适合使用主成分分析。

8.2.3 主成分的性质

设 $\boldsymbol{y}=(\boldsymbol{y}_1,\boldsymbol{y}_2,\cdots,\boldsymbol{y}_p)'$，$\boldsymbol{y}_i=\boldsymbol{e}_i'\boldsymbol{x}$，$i=1,2,\cdots,p$ 是 p 维随机向量 $\boldsymbol{x}=(x_1,x_2,\cdots,x_p)'$ 的主成分，则主成分具有如下一些性质：

（1）主成分的协方差矩阵是对角阵 $\boldsymbol{\Lambda}=\mathrm{diag}(\lambda_1,\lambda_2,\cdots,\lambda_p)$，即有 $\boldsymbol{V}(\boldsymbol{y})=\boldsymbol{\Lambda}$。

（2）各主成分的方差和与原变量的方差和相等，即有 $\sum_{i=1}^{p}\boldsymbol{V}(y_i)=\sum_{i=1}^{p}\boldsymbol{V}(x_i)=\sum_{i=1}^{p}\lambda_i$。

（3）原始变量 x_j 与第 i 主成分 y_i 的相关系数与 $\sqrt{\lambda_i}$ 、e_{ji} 成正比，与 $\sqrt{\sigma_{jj}}$ 成反比，即有

$$\rho(x_j,y_i)=\sqrt{\lambda_i}e_{ji}/\sqrt{\sigma_{jj}}\text{。}$$

事实上，由于 $\boldsymbol{x}=\boldsymbol{T}\boldsymbol{y}=\begin{pmatrix}e_{11}&e_{12}&\cdots&e_{1p}\\e_{21}&e_{22}&\cdots&e_{2p}\\\vdots&\vdots&\ddots&\vdots\\e_{p1}&e_{p2}&\cdots&e_{pp}\end{pmatrix}\begin{pmatrix}y_1\\y_2\\\vdots\\y_p\end{pmatrix}$，于是

$$x_j=e_{j1}y_1+e_{j2}y_2+\cdots+e_{jp}y_p\text{，}\tag{8.2.5}$$

故 $\rho(x_j,y_i)=\dfrac{\mathrm{Cov}(x_j,y_i)}{\sqrt{\boldsymbol{V}(x_j)}\sqrt{\boldsymbol{V}(y_i)}}=\dfrac{\sqrt{\lambda_i}}{\sqrt{\sigma_{jj}}}e_{ji}$，$j,i=1,2,\cdots,p$。$\sqrt{\lambda_i}e_{ji}/\sqrt{\sigma_{jj}}$ 是原始变量 x_j 与综合变量 y_i 的相关系数，它与 $\sqrt{\lambda_i}$ 、e_{ji} 成正比，与 $\sqrt{\sigma_{jj}}$ 成反比。

（4）前 m 个主成分对变量 x_j 的贡献率是 $\sum_{i=1}^{m}\lambda_i e_{ji}^2/\sigma_{jj}$。

累计贡献率 $\sum_{i=1}^{m}\lambda_i/\sum_{i=1}^{p}\lambda_i$ 度量了 m 个主成分 $y_1,y_2,\cdots,y_m$ 提取原始变量 $x_1,x_2,\cdots,x_p$ 中信息量的比例。那么，单个变量 x_j 中的信息被 $y_1,y_2,\cdots,y_m$ 提取的量有多少，要用什么指标来度量？回顾复相关系数的定义可知，这个信息量可以用 x_j 与 $y_1,y_2,\cdots,y_m$ 的复相关系数的平方 $\rho_{j\cdot12\cdots m}^2$ 来度量，考虑向量 $(x_j,y_1,y_2,\cdots,y_m)'$，$x_j$ 与 $y_1,y_2,\cdots,y_m$ 的复相关系数的平方是

$$\rho_{j\cdot12\cdots m}^2=(\rho(x_j,y_1),\cdots,\rho(x_j,y_m))\begin{pmatrix}\rho(x_j,y_1)\\\vdots\\\rho(x_j,y_m)\end{pmatrix}=\sum_{i=1}^{m}\rho^2(x_j,y_i)=\sum_{i=1}^{m}\lambda_i e_{ji}^2/\sigma_{jj}\text{。}$$

称这个量为 m 个主成分 $y_1,y_2,\cdots,y_m$ 对原始变量 x_j 的贡献率，它是 x_j 与 $y_i(i=1,2,\cdots,m)$ 相关系数的平方和。由式（8.2.5）知

$$\sigma_{jj}=\sum_{i=1}^{p}e_{ji}^2\boldsymbol{V}(\boldsymbol{y}_i)=\sum_{i=1}^{p}e_{ji}^2\lambda_i\text{，}\tag{8.2.6}$$

于是，有

$$\sum_{i=1}^{p}\rho^2(x_j,y_i)=\sum_{i=1}^{p}e_{ji}^2\lambda_i/\sigma_{jj}=1\text{。}$$

由于 $e_{j1}^2+e_{j2}^2+\cdots+e_{jp}^2=1$，式(8.2.6)说明，$\sigma_{jj}$ 实际上是 $\lambda_1,\lambda_2,\cdots,\lambda_p$ 的加权平均。

（5）主成分的解释。考虑第 i 主成分 $y_i=e_{1i}x_1+e_{2i}x_2+\cdots+e_{pi}x_p$，称 e_{ji} 为第 i 主成分 y_i 在

第 j 个原始变量 x_j 上的载荷，它度量了 x_j 对 y_i 的相对重要性，在主成分的解释上有重要的作用：若 e_{ji} 较大，说明 x_j 对 y_i 有较大的影响；若 e_{ji} 较小，说明 x_j 对 y_i 的影响较小；若 e_{ji} 为正，说明 x_j 对 y_i 的影响是正向的，若 e_{ji} 为负，说明 x_j 对 y_i 的影响是反向的。由于 $e_{ji}=\sigma_j\rho(x_j,y_i)/\sqrt{\lambda_i}$，其中 $\sigma_j=\sqrt{\sigma_{jj}}$，因此 e_{ji} 的大小与变量的标准差 σ_j 和相关系数 $\rho(x_j,y_i)$ 的大小有关，但在原变量未标准化时，主要是受到标准差 σ_j 的影响。如果某个变量 x_j 的标准差特别大，则该变量对 y_i 的影响也特别大。

例 8.2.1 设随机向量 $\boldsymbol{x}=(x_1,x_2)'$ 的协方差阵为 $\boldsymbol{\Sigma}=\begin{pmatrix}1 & 4\\ 4 & 100\end{pmatrix}$，试求 $\boldsymbol{\Sigma}$ 的主成分。根据方差累计贡献率应达 85%以上，确定应提取几个主成分并计算它们与原变量的相关系数。

解：由 $|\lambda\boldsymbol{I}-\boldsymbol{\Sigma}|=(\lambda-1)(\lambda-100)-16\overset{令}{=}0$，得 $\lambda_1=100.16$，$\lambda_2=0.84$。

它们相应的标准正交的特征向量是

$$\boldsymbol{e}_1=(0.044,0.999)',\quad \boldsymbol{e}_2=(0.999,-0.044)',$$

因此 $\boldsymbol{x}=(x_1,x_2)'$ 的两个主成分分别为

$$y_1=0.044x_1+0.999x_2,$$
$$y_2=0.999x_1-0.044x_2。$$

由于原始变量 x_2 的方差（100）特别大，因此算得 x_2 的系数（0.999）也很大，它几乎完全决定从 $\boldsymbol{\Sigma}$ 算出的第 1 主成分，该主成分的方差贡献率为 $100.16/101=99.2\%$，因此只需提取第 1 主成分就可以了。第 1 主成分 y_1 与 x_1，x_2 的相关系数分别为

$$\rho(y_1,x_1)=\sqrt{\lambda_1}e_{11}/\sigma_1=0.4404,\qquad \rho(y_1,x_2)=\sqrt{\lambda_1}e_{21}/\sigma_2=0.9998。$$

可见，第 1 主成分与 x_2 关系最密切。原始变量 x_1 的方差很小，它与第 2 主成分关系密切，由于 $\boldsymbol{V}(y_2)=0.84$ 相对很小，因此可以把 y_2 近似看作常数 c，于是得近似关系式：

$$0.999x_1-0.044x_2\approx c,$$

这说明 x_1，x_2 存在一个近似的线性关系。可见，在求原变量协方差矩阵的特征值时，要特别注意特别大和特别小的特征值，大的特征值预示所对应的主成分有大的方差；特别小的特征值预示原变量之间近似存在线性关系。由上面的分析和例子可以看出，若变量之间的方差差异很大，这时不宜直接从协方差矩阵 $\boldsymbol{\Sigma}$ 出发进行主成分分析，应该先对变量进行标准化，然后从标准化变量的协方差矩阵（即原变量的相关系数矩阵）出发进行主成分分析。

8.2.4 从相关矩阵出发进行主成分分析

由上面的讨论可知，当各变量的单位不全相同，或虽单位相同，但变量间的数值大小相差较大时，直接从协方差矩阵 $\boldsymbol{\Sigma}$ 出发进行主成分分析就显得不妥。为了消除由于单位不同而可能带来的一些不合理的影响，常常把各原始变量进行标准化处理。即令

$$x_i^*=\frac{x_i-\mu_i}{\sqrt{\sigma_{ii}}},\quad i=1,2,\cdots,p,$$

则 $\boldsymbol{x}^*=(x_1^*,x_2^*,\cdots,x_p^*)'$ 的协方差矩阵就是原变量 $\boldsymbol{x}$ 的相关系数矩阵 $\boldsymbol{R}$。

从 $\boldsymbol{R}$ 出发求主成分的方法与从 $\boldsymbol{\Sigma}$ 出发是完全类似的，且主成分的一些性质具有更简洁的

数学形式。设$\lambda_1^*\geqslant\lambda_2^*\geqslant\cdots\geqslant\lambda_p^*\geqslant0$是$\boldsymbol{R}$的 p 个特征值，$\boldsymbol{e}_1^*,\boldsymbol{e}_2^*,\cdots,\boldsymbol{e}_p^*$为相应的标准正交的特征向量，则$p$个主成分依次为

$$y_1^*=\boldsymbol{e}_1^{*\prime}\boldsymbol{x}^*,\ y_2^*=\boldsymbol{e}_2^{*\prime}\boldsymbol{x}^*,\cdots,\ y_p^*=\boldsymbol{e}_p^{*\prime}\boldsymbol{x}^*。$$

记 $\boldsymbol{y}^*=(y_1^*,y_2^*,\cdots,y_p^*)'$，$\boldsymbol{T}^*=(\boldsymbol{e}_1^*,\boldsymbol{e}_2^*,\cdots,\boldsymbol{e}_p^*)=\left(e_{ji}^*\right)$，则$\boldsymbol{y}^*=\boldsymbol{T}^{*\prime}\boldsymbol{x}^*$。由此求得的主成分具有如下性质：

（1）$\boldsymbol{E}(\boldsymbol{y}^*)=0$，$\boldsymbol{V}(\boldsymbol{y}^*)=\boldsymbol{\Lambda}^*=\mathrm{diag}(\lambda_1^*,\lambda_2^*,\cdots,\lambda_p^*)$。

（2）$\sum\limits_{i=1}^{p}\lambda_i^*=p$。

（3）变量x_j^*与主成分y_i^*之间的相关系数是

$$\rho(x_j^*,y_i^*)=\sqrt{\lambda_i^*}e_{ji}^*,\quad j,i=1,2,\quad ,p。$$

（4） 主成分$y_1^*,y_2^*,\cdots,y_m^*$对变量x_j^*的贡献率为

$$\rho_{j\cdot12\cdots m}^2=\sum_{i=1}^{m}\rho^2(x_j^*,y_i^*)=\sum_{i=1}^{m}\lambda_i^*e_{ji}^{*2},$$

$$\sum_{i=1}^{p}\rho^2(x_j^*,y_i^*)=\sum_{i=1}^{p}\lambda_i^*e_{ji}^{*2}=1。$$

（5）主成分的解释更简单。考虑第i主成分$y_i^*=e_{1i}^*x_1^*+e_{2i}^*x_2^*+\cdots+e_{pi}^*x_p^*$，称$e_{ji}^*$为第$i$主成分$y_i^*$在第$j$个变量$x_j^*$上的载荷，若$e_{ji}^*$较大，说明$x_j^*$对$y_i^*$有较大的影响，若$e_{ji}^*$较小，说明$x_j^*$对$y_i^*$的影响较小；若$e_{ji}^*$为正，说明$x_j^*$对$y_i^*$的影响是正向的，若$e_{ji}^*$为负，说明$x_j^*$对$y_i^*$的影响是负向的。由于$e_{ji}^*=\rho(x_j^*,y_i^*)/\sqrt{\lambda_i}$，因此在此情况下，$e_{ji}^*$的大小只与相关系数的大小有关。如果变量$x_j^*$与$y_i^*$的相关系数越大，则该变量对$y_i^*$的影响就越大。

例 8.2.2 设随机向量$\boldsymbol{x}=(x_1,x_2)'$的协方差阵为$\boldsymbol{\Sigma}=\begin{pmatrix}1&4\\4&100\end{pmatrix}$，由$\boldsymbol{\Sigma}$算出向量$\boldsymbol{x}$的相关系数矩阵$\boldsymbol{R}$，再求$\boldsymbol{R}$的主成分。与例 8.2.1 的结论进行比较，说明了什么问题？

解：由$\boldsymbol{\Sigma}$可算出$\boldsymbol{x}$的相关系数矩阵为

$$\boldsymbol{R}=\begin{pmatrix}1&0\\0&1/10\end{pmatrix}\begin{pmatrix}1&4\\4&100\end{pmatrix}\begin{pmatrix}1&0\\0&1/10\end{pmatrix}=\begin{pmatrix}1&0.4\\0.4&1\end{pmatrix}。$$

由$|\lambda\boldsymbol{I}-\boldsymbol{R}|=(\lambda-1)^2-0.4^2$，得

$$\lambda_1^*=1.4,\quad \lambda_2^*=0.6。$$

它们相应的标准正交的特征向量是

$$\boldsymbol{e}_1^*=(0.707,0.707)',\ \boldsymbol{e}_2^*=(0.707,-0.707)'。$$

对应标准化变量$\boldsymbol{x}^*=(x_1^*,x_2^*)'$的主成分为

$$y_1^*=0.707x_1^*+0.707x_2^*,\ y_2^*=0.707x_1^*-0.707x_2^*。$$

在标准化的情况下，x_1^*与x_2^*的方差一样都是 1。与例 8.2.1 相比，它的第 1 主成分的方差贡献率下降为$1.4/2=70\%$。由$\boldsymbol{R}$算出的主成分y_1^*与x_1^*，x_2^*的相关系数为

$$\rho(y_1^*, x_1^*) = \rho(y_1^*, x_2^*) = 0.837 \text{。}$$

即第 1 主成分与 x_1^*，x_2^* 一样密切。把原变量回代后得

$$y_1^* = 0.707(x_1 - \mu_1) + 0.071(x_2 - \mu_2)\text{，}\qquad y_2^* = 0.707(x_1 - \mu_1) - 0.071(x_2 - \mu_2)\text{。}$$

原变量对主成分的重要性受到标准化的影响有极大的变化，x_1 对第 1 主成分有显著的影响。

从这个例子可以看出，变量的标准化对主成分分析的影响巨大，当变量取值范围彼此差异很大或者变量的量纲不同时，应该考虑标准化，或直接从原变量的相关系数矩阵出发进行主成分分析。

8.2.5 几何意义

从代数学的观点来看，主成分分析就是寻找 p 个变量 $x_1, x_2, \cdots, x_p$ 的一些特殊的线性组合 $y_1 = \boldsymbol{\alpha}_1'\boldsymbol{x}, \cdots$，$y_p = \boldsymbol{\alpha}_p'\boldsymbol{x}$。而在几何上看，这些线性组合正是把 $x_1, x_2, \cdots, x_p$ 构成的坐标系进行旋转而产生的新坐标系，新坐标轴是使样品方差达到最大的方向。下面用最简单的二维正态变量来说明主成分的几何意义。

设有 n 个样品，每个样品有 p 个变量（指标），记为 $x_1, x_2, \cdots, x_p$，它们组成的综合变量记为 $y_1, y_2, \cdots, y_p$。当 $p = 2$ 时，原变量是 x_1, x_2。设 $\boldsymbol{x} = (x_1, x_2)' \sim N_2(\boldsymbol{\mu}, \boldsymbol{\Sigma})$。假设其散点图如图 8.2.1 所示，$n$ 个点的散布大概为一个椭圆，若取椭圆长轴为坐标轴 y_1，短轴方向取为坐标轴 y_2，由解析几何知，这相当于在平面上作一个旋转变换。即有

$$\begin{cases} y_1 = x_1 \cos\theta + x_2 \sin\theta, \\ y_2 = -x_1 \sin\theta + x_2 \cos\theta\text{。} \end{cases}$$

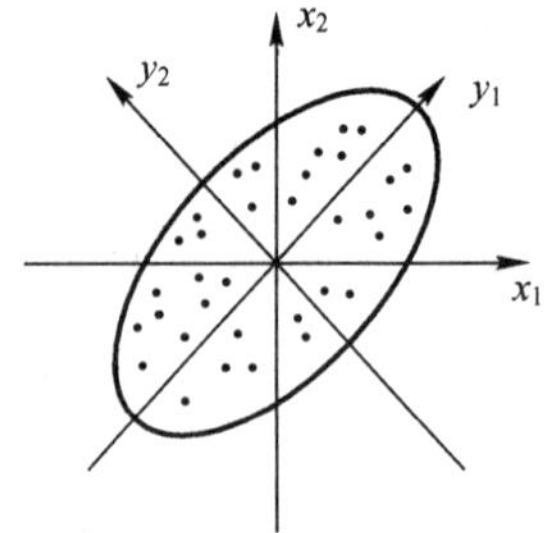

图 8.2.1　二维变量的正交变换图

y_1，y_2 是原变量 x_1, x_2 的线性组合。由图 8.2.1 可以看出，y_1 的方差比 y_2 的方差大，因而 y_1 是 x_1, x_2 的第 1 主成分，y_2 是 x_1, x_2 的第 2 主成分。若图形显示的椭圆足够扁平，则主要考虑数据在 y_1 上的波动而忽略其在 y_2 上的波动，这样就可以只提取第 1 主成分进行分析。

一般情况，p 个变量组成 p 维空间，n 个样品就是 p 维空间的 n 个点，对 p 元正态分布变量来说，主成分分析就是寻找 p 维空间中椭圆球体的主轴问题。

8.3 样本主成分

8.3.1 样本主成分的求法

前面的讨论是在总体协方差矩阵 $\boldsymbol{\Sigma}$ 或相关系数矩阵 $\boldsymbol{R}$ 已知的情况下进行的，但在实际问题中，常常不知道总体的协方差矩阵 $\boldsymbol{\Sigma}$ 和相关系数矩阵 $\boldsymbol{R}$，这时需要利用样本对 $\boldsymbol{\Sigma}$ 和 $\boldsymbol{R}$ 进行

估计。设对 n 个样品的 p 个指标进行观测所得的数据矩阵是

$$\boldsymbol{X}=(\boldsymbol{x}_1,\boldsymbol{x}_2,\cdots,\boldsymbol{x}_p)=\begin{pmatrix} x_{11} & x_{12} & \cdots & x_{1p} \\ x_{21} & x_{22} & \cdots & x_{2p} \\ \vdots & \vdots & \ddots & \vdots \\ x_{n1} & x_{n2} & \cdots & x_{np} \end{pmatrix}=\begin{pmatrix} \boldsymbol{x}_{(1)} \\ \boldsymbol{x}_{(2)} \\ \vdots \\ \boldsymbol{x}_{(n)} \end{pmatrix},$$

这时，样本协方差矩阵及样本相关矩阵分别为

$$\boldsymbol{S}=\left(s_{ij}\right)_{p\times p}=\frac{1}{n-1}\boldsymbol{A}，\quad \hat{\boldsymbol{R}}=\left(r_{ij}\right)_{p\times p}=\left(s_{ij}/\sqrt{s_{ii}s_{jj}}\right)_{p\times p},$$

其中 $\boldsymbol{A}=\sum_{k=1}^{n}(\boldsymbol{x}_{(k)}-\overline{\boldsymbol{x}})(\boldsymbol{x}_{(k)}-\overline{\boldsymbol{x}})'$，$\overline{\boldsymbol{x}}=(\overline{x}_1,\overline{x}_2,\cdots,\overline{x}_p)'$，$\overline{x}_j=\frac{1}{n}\sum_{k=1}^{n}x_{kj}$，$j=1,2,\cdots,p$，

$$s_{ij}=\frac{1}{n-1}\sum_{k=1}^{n}(x_{ki}-\overline{x}_i)(x_{kj}-\overline{x}_j),\ i,j=1,2,\cdots,p。$$

分别用 $\boldsymbol{S}$ 和 $\hat{\boldsymbol{R}}$ 作为 $\boldsymbol{\Sigma}$ 和 $\boldsymbol{R}$ 的估计，从 $\boldsymbol{S}$ 或 $\hat{\boldsymbol{R}}$ 出发用类似于 8.2 节的方法可得样本主成分。

定理 8.3.1 设 $\boldsymbol{S}=\left(s_{ij}\right)_{p\times p}$ 是样本协方差矩阵，其特征值为 $\hat{\lambda}_1\geqslant\hat{\lambda}_2\geqslant\cdots\hat{\lambda}_p\geqslant 0$，相应的标准正交化特征向量为 $\hat{\boldsymbol{e}}_1,\hat{\boldsymbol{e}}_2,\cdots,\hat{\boldsymbol{e}}_p$，这里 $\hat{\boldsymbol{e}}_i=(\hat{e}_{1i},\hat{e}_{2i},\cdots,\hat{e}_{pi})'$。则第 i 样本主成分是

$$\hat{y}_i=\hat{\boldsymbol{e}}_i'\boldsymbol{x}=\hat{e}_{1i}x_1+\hat{e}_{2i}x_2+\cdots+\hat{e}_{pi}x_p,\ i=1,2,\cdots,p。$$

其中 $\boldsymbol{x}=(x_1,x_2,\cdots,x_p)'$ 是 $\boldsymbol{x}$ 的观测值。

依次代入 $\boldsymbol{x}$ 的 n 个观测值 $\boldsymbol{x}_{(k)}=(x_{k1},x_{k2},\cdots,x_{kp})$，$k=1,2,\cdots,n$，便得到第 i 样本主成分 $\hat{y}_i$ 的 n 个观测值 $\hat{y}_{ki}$，$k=1,2,\cdots,n$，称为第 i 主成分得分。$\hat{y}_i$ 的样本方差是 $\hat{\boldsymbol{e}}_i'\boldsymbol{S}\hat{\boldsymbol{e}}_i=\hat{\lambda}_i$，$i=1,2,\cdots,p$；$\hat{y}_i$ 与 $\hat{y}_j$ 的样本协方差是 $\hat{\boldsymbol{e}}_i'\boldsymbol{S}\hat{\boldsymbol{e}}_j=0,\ i\neq j$，因此，$\hat{\boldsymbol{y}}=(\hat{y}_1,\hat{y}_2,\cdots,\hat{y}_p)'$ 的样本方差和是 $\sum_{i=1}^{p}s_{ii}=\sum_{i=1}^{p}\hat{\lambda}_i$。

第 i 样本主成分 $\hat{y}_i$ 的贡献率定义为 $\hat{\lambda}_i/\sum_{k=1}^{p}\hat{\lambda}_k$，$i=1,2,\cdots,p$，前 m 个样本主成分的累计贡献率为 $\sum_{i=1}^{m}\hat{\lambda}_i/\sum_{i=1}^{p}\hat{\lambda}_i$。

8.3.2 样本主成分的合理性

用样本协方差矩阵 $\boldsymbol{S}$ 代替 $\boldsymbol{\Sigma}$ 来求特征值和特征向量，这样求出的特征值和特征向量是否为总体协方差矩阵 $\boldsymbol{\Sigma}$ 的特征值和特征向量的估计？定理 8.3.2 回答了这个问题。

定理 8.3.2 设 $\boldsymbol{x}_{(1)},\boldsymbol{x}_{(2)},\cdots,\boldsymbol{x}_{(n)}$ 是 $\boldsymbol{x}\sim N_p(\boldsymbol{\mu},\boldsymbol{\Sigma})$ 的样本，$n>p$，且 $\boldsymbol{\Sigma}>0$ 的特征值互不相同，即有 $\lambda_1>\lambda_2>\cdots>\lambda_p>0$，$\boldsymbol{e}_1,\boldsymbol{e}_2,\cdots,\boldsymbol{e}_p$ 是相应的标准正交的特征向量，且它们第一个非零的分量为正。则 $\hat{\boldsymbol{\Sigma}}=\boldsymbol{A}/n$ 的特征值 $\hat{\lambda}_1\geqslant\hat{\lambda}_2\geqslant\cdots\geqslant\hat{\lambda}_p$ 和相应的标准正交的特特征向量 $\hat{\boldsymbol{e}}_1,\hat{\boldsymbol{e}}_2,\cdots,\hat{\boldsymbol{e}}_p$ 是 $\lambda_1>\lambda_2>\cdots>\lambda_p$ 和 $\boldsymbol{e}_1,\boldsymbol{e}_2,\cdots,\boldsymbol{e}_p$ 的极大似然估计。

事实上，由于 $\boldsymbol{\Sigma}>0$ 的特征值互不相同，相应的标准正交的特征向量 $\boldsymbol{e}_1,\boldsymbol{e}_2,\cdots,\boldsymbol{e}_p$ 的第一个非零分量为正，因此它们由 $\boldsymbol{\Sigma}$ 唯一确定，即 $\boldsymbol{D}=\mathrm{diag}(\lambda_1,\lambda_2,\cdots,\lambda_p)$ 和 $\boldsymbol{T}=(\boldsymbol{e}_1,\boldsymbol{e}_2,\cdots,\boldsymbol{e}_p)$ 是 $\boldsymbol{\Sigma}$ 的单值函数。由于 $\hat{\boldsymbol{\Sigma}}$ 是 $\boldsymbol{\Sigma}$ 的极大似然估计，由极大似然估计的不变性知 $\hat{\boldsymbol{\Sigma}}=\boldsymbol{A}/n$ 的特征值和相应的标准正交的特特征向量是 $\boldsymbol{\Sigma}$ 的特征值和相应的标准正交的特特征向量的极大似然估计。

由于 $\hat{\boldsymbol{\Sigma}}$ 不是 $\boldsymbol{\Sigma}$ 的无偏估计，因此在实用中常用 $\boldsymbol{S}$ 的特征值和特征向量作为 $\boldsymbol{\Sigma}$ 的特征值和特征向量的估计。同样，为了消除量纲的影响，可以对样本进行标准化，即令

$$\boldsymbol{x}_i^* = (\frac{x_{i1}-\overline{x}_1}{\sqrt{s_{11}}}, \frac{x_{i2}-\overline{x}_2}{\sqrt{s_{22}}}, \cdots, \frac{x_{ip}-\overline{x}_p}{\sqrt{s_{pp}}}),\ \ i=1,2,\cdots,n \text{。}$$

则标准化数据的样本协方差矩阵即为原数据的样本相关矩阵 $\hat{\boldsymbol{R}}$。由 $\hat{\boldsymbol{R}}$ 出发所求得的样本主成分称为标准化样本主成分。只要求出 $\hat{\boldsymbol{R}}$ 的特征值及相应的标准正交的特征向量，类似上述结果可求得标准化样本主成分。这时标准化样本的样本总方差为 p。选取前 $m(m<p)$ 个样本主成分，使其累计贡献率达到一定的要求，如 85%以上，用前 m 个样本主成分的得分代替原始变量作分析，这样便可达到降低原始数据维数的目的。

8.4 主成分分析的检验

主成分分析就是设法把众多（如 p 个）具有一定相关性的变量，变成少数利用线性组合方式组成的相互无关的综合变量。是否所有的多变量数据都适用主成分分析方法？答案当然是否定的。那么，究竟满足什么样条件的数据可以使用主成分分析？数据要进行哪些统计检验？如何进行这些统计检验？

主成分分析的目的是在互为相关的许多变量中寻找能反映它们之间内在联系以及起主导作用的、数目较少的主成分，利用这些主成分对原变量进行分析和解释。因此，要想使用主成分分析方法，原始数据中多个变量之间应有较强的线性相关关系。如果各个变量之间相互独立，这时多变量的协方差矩阵是对角阵，或者原始变量之间的线性相关程度太小，这样的数据是不适合用主成分进行分析的。所以，在进行主成分分析时，首先要判断数据是否适宜使用主成分分析，也就是要进行主成分分析的适用性检验，主成分分析的适用性检验就是检验原始变量之间是否存在着较强的线性相关，这可以通过变量的协方差矩阵进行检验。在进行主成分的检验时，需要假定随机向量 $\boldsymbol{x}$ 服从均值为 $\boldsymbol{\mu}$、协方差矩阵为 $\boldsymbol{\Sigma}$ 的 p 维正态分布，即 $\boldsymbol{x} \sim N_p(\boldsymbol{\mu}, \boldsymbol{\Sigma})$。

8.4.1 Bartlett 球性检验

Bartlett 球性检验（Bartlett test of sphercity）就是对数据的协方差矩阵是否是数量矩阵的一种检验。若数据的协方差矩阵是数量矩阵，说明各变量之间互不相关，这时进行主成分分析只会得到和原始变量个数一样多的主成分，当然不适合进行主成分分析。该检验原假设是：协方差矩阵为数量矩阵，即检验原假设为

$$H_0: \boldsymbol{\Sigma} = \sigma^2 \boldsymbol{I} \leftrightarrow H_1: \boldsymbol{\Sigma} \neq \sigma^2 \boldsymbol{I} \text{。}$$

这个检验的似然比统计量是

$$\Lambda = |\boldsymbol{S}|^{n/2} / [\mathrm{tr}(\boldsymbol{S})/p]^{np/2} = [\prod_{l=1}^{p} \hat{\lambda}_i / (\sum_{i=1}^{p} \hat{\lambda}_i / p)^p]^{n/2},$$

其中 $\boldsymbol{S}$ 是样本协方差矩阵，$\boldsymbol{S} = \boldsymbol{A}/(n-1)$，$\hat{\lambda}_1, \hat{\lambda}_2, \cdots, \hat{\lambda}_p$ 是样本协方差矩阵 $\boldsymbol{S}$ 的 p 个特征值，p 是变量个数，n 表示样本容量。

在 H_0 成立时，统计量 $-2\alpha \ln \Lambda$ 近似服从 $\chi^2(f)$，这里 $\alpha = 1-(2p^2+p+2)/[6p(n-1)]$，$f=(p+2)(p-1)/2$。因此，该检验的上 α 分位点为 $\chi^2_{1-\alpha}((p+2)(p-1)/2)$。在利用统计软件

进行检验时，根据检验统计量公式计算给出 p 值，若 p 值小于 0.05，则在显著性水平 0.05 下拒绝原假设，认为可以使用主成分分析；若 p 值大于 0.05，则接受原假设，表明数据不适合使用主成分分析。由于当 $\boldsymbol{\Sigma}=\sigma^2\boldsymbol{I}$ 时，常数密度的轮廓线是球面，因此该检验又被称为 Bartlett 球形检验。

8.4.2 主成分个数的检验

在讨论要取多少个主成分合适时，常用的方法是按累计贡献率来决定所取的主成分个数，这时选取的个数是否恰当可以用以下方法进行检验。假设只取前 m 个主成分，它是否合适的问题就相当于检验假设 $H_0:\lambda_{m+1}=\cdots=\lambda_p=0$ 是否成立的问题。

定理 8.4.1 设 $\boldsymbol{x}_{(1)},\boldsymbol{x}_{(2)},\cdots,\boldsymbol{x}_{(n)}$ 是来自 $\boldsymbol{x}\sim N_p(\boldsymbol{\mu},\boldsymbol{\Sigma})$ 的样本，$n>p$，且 $\boldsymbol{\Sigma}>0$，$\boldsymbol{\mu}$，$\boldsymbol{\Sigma}$ 未知。$\lambda_1\geqslant\lambda_2\geqslant\cdots\geqslant\lambda_p$ 是 $\boldsymbol{\Sigma}$ 的特征值，$\hat{\lambda}_1\geqslant\hat{\lambda}_2\geqslant\cdots\geqslant\hat{\lambda}_p$ 是 $\boldsymbol{S}=\boldsymbol{A}/(n-1)$ 的特征值。则检验假设 $H_0:\lambda_{m+1}=\cdots=\lambda_p=0$ 的似然比统计量是

$$\boldsymbol{Q}=[\prod_{i=m+1}^{p}\hat{\lambda}_i/(\prod_{i=m+1}^{p}\hat{\lambda}_i/(p-m))^{p-m}]^{n/2}\text{。}$$

令

$$\tilde{\boldsymbol{Q}}=-\{n-m-1-[2(p-m)+1+2(p-m)^{-1}]/6+\tilde{\lambda}^2\sum_{i=1}^{m}(\hat{\lambda}_i-\tilde{\lambda})^{-2}\}\ln\boldsymbol{Q}\text{，}$$

其中 $\tilde{\lambda}=\sum\limits_{i=m+1}^{p}\hat{\lambda}_i/(p-m)$。James1969 年导出这个似然比统计量的渐近分布，当 H_0 成立时，$\tilde{\boldsymbol{Q}}$ 渐近服从自由度为 $f=(p-m)(p-m+1)/2-1$ 的 χ^2 分布。

根据给定的检验水平 α，该检验的上 α 分位点为 $\chi^2_{1-\alpha}((p-m)(p-m+1)/2-1)$。当统计量 $\tilde{\boldsymbol{Q}}>\chi^2_{1-\alpha}((p-m)(p-m+1)/2-1)$ 就拒绝原假设。

8.5 主成分分析在实际中的应用

例 8.5.1 某公司要招聘新员工，现对 48 名应聘者进行 15 个指标的面试，这些指标是：x_1（申请书形式）；x_2（外貌）；x_3（专业能力）；x_4（讨人喜欢）；x_5（自信心）；x_6（精明）；x_7（诚实）；x_8（推销能力）；x_9（经验）；x_{10}（积极性）；x_{11}（抱负）；x_{12}（理解能力）；x_{13}（潜力）；x_{14}（交际能力）；x_{15}（适应性）。这 48 名应聘者在这 15 个指标的面试得分见表 8.5.1。试根据该表：

（1）检验该数据是否可以用主成分法进行分析；

（2）在累积贡献达 85%基础上确定主成分个数，写出所求的主成分；

（3）对所求出的主成分进行恰当解释。

表 8.5.1 48 名应聘者在 15 个指标的面试得分表

应聘者	申请书形式	外貌	专业能力	讨人喜欢	自信心	精明	诚实	推销能力	经验	积极性	抱负	理解能力	潜力	交际能力	适应性
1	6	7	2	5	8	7	8	8	3	8	9	7	5	7	10
2	9	10	5	8	10	9	9	10	5	9	9	8	8	8	10

（续）

应聘者	申请书形式	外貌	专业能力	讨人喜欢	自信心	精明	诚实	推销能力	经验	积极性	抱负	理解能力	潜力	交际能力	适应性
3	7	8	3	6	9	8	9	7	4	9	9	8	6	8	10
4	5	6	8	5	6	5	9	2	8	4	5	8	7	6	5
5	6	8	8	8	4	4	9	2	8	5	5	8	8	7	7
6	7	7	7	6	8	7	10	5	9	6	5	8	6	6	6
7	9	9	8	8	8	8	8	8	10	8	10	8	9	8	10
8	9	9	9	8	9	9	8	8	10	9	10	9	9	9	10
9	9	9	7	8	8	8	8	5	9	8	9	8	8	8	10
10	4	7	10	2	10	10	7	10	3	10	10	10	9	3	10
11	4	7	10	0	10	8	3	9	5	9	10	8	10	2	5
12	4	7	10	4	10	10	7	8	2	8	8	10	10	3	7
13	6	9	8	10	5	4	9	4	4	4	5	4	7	6	8
14	8	9	8	9	6	3	8	2	5	2	6	6	7	5	6
15	4	8	8	7	5	4	10	2	7	5	3	6	6	4	6
16	6	9	6	7	8	9	8	9	8	8	7	6	8	6	10
17	8	7	7	7	9	5	8	6	6	7	8	6	6	7	8
18	6	8	8	4	8	8	6	4	3	3	6	7	2	6	4
19	6	7	8	4	7	8	5	4	4	2	6	8	3	5	4
20	4	8	7	8	8	9	10	5	2	6	7	9	8	8	9
21	3	8	6	8	8	8	10	5	3	6	7	8	8	5	8
22	9	8	7	8	9	10	10	10	3	10	8	10	8	10	8
23	7	10	7	9	9	9	10	10	3	9	9	10	9	10	8
24	9	8	7	10	8	10	10	10	2	9	7	9	9	10	8
25	6	9	7	7	4	5	9	3	2	4	4	4	4	5	4
26	7	8	7	8	5	4	8	2	3	4	5	6	5	5	6
27	2	10	7	9	8	9	10	5	3	5	6	7	6	4	5
28	6	3	5	3	5	3	5	0	0	3	3	0	0	5	0
29	4	3	4	3	3	0	0	0	0	4	4	0	0	5	0
30	4	6	5	6	9	4	10	3	1	3	3	2	2	7	3
31	5	5	4	7	8	4	10	3	2	5	5	3	4	8	3
32	3	3	5	7	7	9	10	3	2	5	3	7	5	5	2
33	2	3	5	7	7	9	10	3	2	2	3	6	4	5	2
34	3	4	6	4	3	3	8	1	1	3	3	3	2	5	2
35	6	7	4	3	3	0	9	0	1	0	2	3	1	5	3
36	9	8	5	5	6	6	8	2	2	2	4	5	6	6	3
37	4	9	6	4	10	8	8	9	1	3	9	7	5	3	2

（续）

应聘者	申请书形式	外貌	专业能力	讨人喜欢	自信心	精明	诚实	推销能力	经验	积极性	抱负	理解能力	潜力	交际能力	适应性
38	4	9	6	6	9	9	7	9	1	2	10	8	5	5	2
39	10	6	9	10	9	10	10	10	10	10	8	10	10	10	10
40	10	6	9	10	9	10	10	10	10	10	10	10	10	10	10
41	10	7	8	0	2	1	2	0	10	2	0	3	0	0	10
42	10	3	8	0	1	1	0	0	10	0	0	0	0	0	10
43	3	4	9	8	2	4	5	3	6	2	1	3	3	3	8
44	7	7	7	6	9	8	8	6	8	8	10	8	8	6	5
45	9	6	10	9	7	7	10	2	1	5	5	7	8	4	5
46	9	8	10	10	7	9	10	3	1	5	7	9	9	4	4
47	0	7	10	3	5	0	10	0	0	2	2	0	0	0	0
48	0	6	10	1	5	0	10	0	0	2	2	0	0	0	0

解：本题要在累积贡献达 85%基础上确定主成分个数，求初始载荷矩阵，计算共同度和特殊方差，下面用统计软件 SPSS 来实现，具体模块使用可参考第 12 章 SPSS 使用的有关内容。

打开由表 8.5.1 建立的数据表，执行“Analyze”→“Data Reduction”→“Factor（因子）”命令，弹出“Factor Analysis（因子分析）”主对话框，将左边方框中的变量 x_1 至 x_{15} 送到右边“Variables”的矩形框中。

单击“Descriptives（描述）”按钮，打开“Factor Analysis：Descriptives”对话框，在“Statistics（统计量）”栏下选择“Initial Solution（初始解）”，在“Correlation Matrix（相关矩阵）”方框下选择“Coefficients（系数）”“Significance levels（显著性水平）”和“KMO and Bartlett’s test of sphericity”，单击“Continue”按钮返回主对话框。

单击“Extraction（选取）”按钮，打开“Factor Analysis：Extraction”对话框，在“Method（方法）”下拉菜单中选择“Principal Components（主成分）”选项，在“Analyze”栏下选择“Correlation Matrix”选项，在“Display（显示）”栏下选择“Unrotated factor solution（未旋转因子解）”选项，在“Extract”栏下保持默认值，单击“Continue”按钮返回主对话框。

表 8.5.2　KMO 和巴特莱特球形检验

Kaiser-Meyer-Olkin Measure of Sampling Adequacy.		0.783
Bartlett’s Test of Sphericity	Approx.Chi-Square	648.400
	df	105
	Sig.	0.000

其他各选项保持默认值，单击“Ok”按钮提交运行，得到表 8.5.2～表 8.5.5。

由表 8.5.2 可知，KMO 值为 0.783，巴特莱特球形检验的 p 值为 0.000，说明本数据适合做主成分分析。

表 8.5.3　特征值及其方差贡献率和累积贡献率

Component	Initial Eigenvalues			Extraction Sums of Squared Loadings		
	Total	% of Variance	Cumulative %	Total	% of Variance	Cumulative %
1	7.499	49.996	49.996	7.499	49.996	49.996
2	2.058	13.717	63.713	2.058	13.717	63.713
3	1.462	9.750	73.462	1.462	9.750	73.462
4	1.207	8.049	81.511	1.207	8.049	81.511
5	0.739	4.928	86.439	0.739	4.928	86.439
6	0.493	3.285	89.724			
7	0.351	2.342	92.066			
8	0.310	2.066	94.132			
9	0.256	1.706	95.838			
10	0.198	1.322	97.159			
11	0.149	0.995	98.154			
12	0.093	0.620	98.775			
13	0.085	0.564	99.338			
14	0.064	0.429	99.768			
15	0.035	0.232	100.000			

根据表 8.5.3，在累积贡献达 85%基础上应选取 5 个主成分，其累积贡献达 86.439%，符合要求。

表 8.5.4　初始载荷矩阵

	Component				
	1	2	3	4	5
申请书的	0.445	0.618	0.372	−0.199	0.100
外貌	0.583	−0.048	−0.017	0.289	0.748
专业能力	0.109	0.340	−0.500	0.710	−0.182
讨人喜欢	0.616	−0.180	0.575	0.361	−0.110
自信心	0.799	−0.358	−0.295	−0.178	0.004
精明	0.865	−0.188	−0.182	−0.070	−0.177
诚实	0.433	−0.576	0.361	0.448	−0.054
推销能力	0.881	−0.056	−0.245	−0.230	0.031
经验	0.365	0.795	0.099	0.070	−0.089
积极性	0.864	0.067	−0.100	−0.165	−0.173
抱负	0.873	−0.098	−0.256	−0.206	0.140
理解能力	0.908	−0.031	−0.135	0.092	−0.071
潜力	0.912	0.035	−0.078	0.213	−0.110
交际能力	0.710	−0.144	0.560	−0.234	−0.096
适应性	0.646	0.605	0.103	−0.028	0.070

表 8.5.5　各变量的共同度

	Initial	Extraction
申请书的形式	1.000	0.742
外貌	1.000	0.986
专业能力	1.000	0.915
讨人喜欢	1.000	0.885
自信心	1.000	0.886
精明	1.000	0.853
诚实	1.000	0.854
推销能力	1.000	0.894
经验	1.000	0.788
积极性	1.000	0.818
抱负	1.000	0.899
理解能力	1.000	0.856
潜力	1.000	0.897
交际能力	1.000	0.894
适应性	1.000	0.799

由表 8.5.4 和表 8.5.5 可得初始载荷矩阵、共同度和特殊方差，见表 8.5.6。

表 8.5.6　主成分解下的因子载荷矩阵

变量	因子载荷矩阵					共同度 h_i^2	特殊方差 d_i^2
	f_1	f_2	f_3	f_4	f_5		
申请书形式	0.445	0.618	0.372	−0.119	0.100	0.742	0.258
外貌	0.583	−0.048	−0.017	0.289	0.748	0.986	0.014
专业能力	0.109	0.340	−0.500	0.710	−0.182	0.915	0.085
讨人喜欢	0.616	−0.180	0.575	0.361	−0.110	0.885	0.115
自信心	0.799	−0.358	−0.295	−0.178	0.004	0.886	0.114
精明	0.865	−0.188	−0.182	−0.070	−0.177	0.853	0.147
诚实	0.433	−0.576	0.361	0.448	−0.054	0.854	0.146
推销能力	0.881	−0.056	−0.245	−0.230	0.031	0.894	0.106
经验	0.365	0.795	0.099	0.070	−0.089	0.788	0.212
积极性	0.864	0.067	−0.100	−0.165	−0.173	0.818	0.182
抱负	0.873	−0.098	−0.256	−0.206	0.140	0.899	0.101
理解能力	0.908	−0.031	−0.135	0.092	−0.071	0.856	0.144
潜力	0.912	0.035	−0.078	0.213	−0.110	0.897	0.103
交际能力	0.710	−0.114	0.560	−0.234	−0.096	0.894	0.106
适应性	0.646	0.605	0.103	−0.028	0.070	0.799	0.201

由于因子载荷阵中第 j 列向量 $\boldsymbol{a}_j$ 与第 j 个特征值 λ_j 的特征向量 $\boldsymbol{e}_j$ 恰好有关系式 $\boldsymbol{a}_j=\sqrt{\lambda_j}\boldsymbol{e}_j$（见 9.4.1 节主成分法中的推导），因此 $\boldsymbol{e}_j$ 可以由载荷阵中第 j 列向量 $\boldsymbol{a}_j$ 除以 $\sqrt{\lambda_j}$ 而得到，据此可得前 5 个主成分如下：

$$\begin{aligned}
y_1^* = {} & 0.163x_1^*+0.213x_2^*+0.040x_3^*+0.225x_4^*+0.292x_5^*+0.316x_6^*+0.158x_7^*+0.322x_8^* \\
& +0.133x_9^*+0.316x_{10}^*+0.319x_{11}^*+0.332x_{12}^*+0.333x_{13}^*+0.259x_{14}^*+0.236x_{15}^*, \\
y_2^* = {} & 0.431x_1^*-0.033x_2^*+0.237x_3^*-0.125x_4^*-0.250x_5^*-0.131x_6^*-0.401x_7^*-0.039x_8^* \\
& +0.554x_9^*+0.047x_{10}^*-0.068x_{11}^*-0.022x_{12}^*+0.024x_{13}^*-0.079x_{14}^*+0.422x_{15}^*, \\
y_3^* = {} & 0.308x_1^*-0.014x_2^*-0.414x_3^*+0.476x_4^*-0.244x_5^*-0.151x_6^*+0.299x_7^*-0.203x_8^* \\
& +0.082x_9^*-0.083x_{10}^*-0.212x_{11}^*-0.112x_{12}^*-0.065x_{13}^*+0.463x_{14}^*+0.085x_{15}^*, \\
y_4^* = {} & -0.108x_1^*+0.263x_2^*+0.646x_3^*+0.328x_4^*-0.162x_5^*-0.064x_6^*+0.408x_7^*-0.209x_8^* \\
& +0.064x_9^*-0.150x_{10}^*-0.187x_{11}^*+0.084x_{12}^*+0.194x_{13}^*-0.213x_{14}^*-0.025x_{15}^*, \\
y_5^* = {} & 0.116x_1^*+0.870x_2^*-0.212x_3^*-0.128x_4^*+0.005x_5^*-0.206x_6^*-0.063x_7^*+0.036x_8^* \\
& -0.103x_9^*-0.201x_{10}^*+0.163x_{11}^*-0.083x_{12}^*-0.128x_{13}^*-0.112x_{14}^*+0.081x_{15}^*。
\end{aligned}$$

由于自信心、精明、推销能力、积极性、抱负、理解力、潜力等变量在第 1 主成分中具有较大的正载荷，因而第 1 主成分可称为应聘者的自我推销能力；又由于申请书形式、经验、适应性等变量在第 2 主成分中具有较大的正载荷，而诚实变量在第 2 主成分中具有较大的负载荷，因而第 2 主成分可称为应聘者的表达能力；由于讨人喜欢、交际能力等变量在第 3 主成分中具有较大的正载荷，而专业能力变量在第 3 主成分中具有较大的负载荷，因而第 3 主成分可称为应聘者的交际能力；由于专业能力在第 4 主成分中具有很大的正载荷因子，而诚实变量有较大的负载荷，因而第 4 主成分可称为应聘者的专业能力；由于外貌变量在第 5 主成分中具有压倒性的正载荷，其余变量的载荷都很小，故称第 5 主成分为应聘者的外貌因素。

当主成分用于回归或聚类时，可不必对主成分作出解释。对主成分（特别是前两个主成分）作散点图，能从直觉上反映出样品的大量信息，甚至绝大部分信息。主成分散点图在探索性数据分析中尤其有用，它可以有效地检测出异常值。主成分的实际意义要结合具体问题和有关专业知识才能给出合理的解释。虽然利用主成分本身可对所研究的问题在一定程度上作分析，但主成分分析本身往往并不是最终目的，更重要的是利用主成分综合原始变量的信息，达到降低原始变量维数的目的，进而利用前几个主成分得分的低维数据作进一步分析，如主成分回归、聚类分析等。

多变量所描述事物的差异性，是由各变量综合提供的，由于变量间可能存在相关性，单个变量的方差并不能说明该变量提供的差异性大小，只有当变量间不存在相关关系，单个变量对事物差异性的贡献才可用其方差来衡量。

8.6 主成分回归

在进行多变量线性回归时，经常会遇到自变量之间存在近似线性关系的现象，这种现象称为复共线性关系。当复共线性严重时，用最小二乘法建立的回归模型将会增加参数的方差，使得回归方程变得很不稳定，有些自变量对因变量影响的显著性被隐藏起来，某些回归系数的符号与实际意义不符，回归方程或回归系数通不过显著性检验。处理复共线性的常用方法有岭回归法和主成分回归法等，岭回归主要从减少参数估计的均方误差这一角度出发来改进最小二乘估计；而主成分回归是从消除自变量之间存在复共线性关系来改进最小二乘估计。这里主要讨论主成分回归，即如何在主成分分析的基础上进行回归的方法。主成份分析的核心思想就是通过降维，把多个指标化为少数几个互不相关的综合指标，而尽量不改变指标体系对因变量的解释程度。W. F. Massy 于 1965 年根据主成份分析的思想提出主成份回归，如今主成份回归方法已经被广泛采用，成为回归分析中解决复共线性比较有效的方法。

设有 p 个自变量 $x_1,x_2,\cdots,x_p$，它们之间存在复共线性关系，y 是因变量，由于自变量之间存在多重共线性关系，直接建立 y 对自变量 $x_1,x_2,\cdots,x_p$ 的回归关系效果不理想，那要如何进行主成分回归法呢？

8.6.1 主成分回归的思想

主成分回归的思想是：先对自变量 $x_1,x_2,\cdots,x_p$ 进行主成分分析，在累积贡献率达到要求（如累积贡献率达 85%以上）的情况下确定 m 个主成分 $y_1,y_2,\cdots,y_m$；然后算出 m 个主成分的得分，它们就是 m 个主成分的观测值，建立因变量 y 对 m 个主成分的回归方程；最后把 m 个主成分的表达式代入，就得到因变量 y 对原自变量 $x_1,x_2,\cdots,x_p$ 的回归方程，这就是主成分回归。

8.6.2 变量复共线性的判定

对自变量 $x_1,x_2,\cdots,x_p$，如何确定它们是否存在复共线性关系？对变量的复共线性关系的判别通常是对自变量观测数据构成的矩阵 $\boldsymbol{X'X}$ 进行分析，使用有关指标反映自变量间的相关性。进行复共线性诊断的方法有很多种，目前较为常用的诊断方法有条件数(Condition index)、方差扩大因子（VIF）和特征值（Eigen value）分解法等。

（1）条件数：是指 $\boldsymbol{X'X}$ 的最大特征值与最小特征值之比 $k=\lambda_1/\lambda_p$，它刻画了特征值差异的大小。一般情况下，$k<100$，则认为复共线性很小；$100\leqslant k\leqslant 1000$，则认为存在中等程度的复共线性；$k>1000$，则认为存在严重的复共线性。

（2）容忍度（方差扩大因子）：用 R_i^2 表示自变量 x_i 与其余 $p-1$ 个自变量的线性相关程度，这种相关程度越强，说明自变量之间复共线性越严重，称 $T_i=1-R_i^2$ 为容忍度，T_i 越小说明复共线性越重，若 $T_i<0.1$ 时复共线性非常严重。方差扩大因子定义为 $VIF_i=1/T_i$，VIF_i 越大，说明复共线性越严重。

（3）特征值分解：对自变量进行主成分分析，有几个特征值近似为 0，就有几个复共线性。

如果自变量之间有较严重的复共线性，人们就应该试用主成分回归来进行处理。

8.6.3 主成分回归的 SPSS 实现

由于很多人只熟悉 SPSS 操作，但 SPSS 没有提供直接进行主成分回归的模块，因此，使用 SPSS 进行主成分回归就具有实际意义。下面结合主成分分析和线性回归分析的原理，利用 SPSS 中一些模块如 Descriptives、Factor、Linear Regression、Compute Variable 的功能，把主成分回归的每一步计算过程用 SPSS 展现出来，从而得到正确结果。通过这个过程既能让读者掌握主成分回归的知识，又能培养读者对统计软件的灵活使用。下面就用文献[52]中的数据进行说明。

现有外贸数据如下：因变量 y 为进口总额，自变量 x_1 为国内总产值，x_2 为存储量，x_3 为总消费。为了建立 y 对自变量 x_1，x_2 和 x_3 之间的依赖关系，收集了 11 组数据，见表 8.6.1。先算出变量 x_1,x_2,x_3 的相关系数矩阵：

$$\boldsymbol{R}=\begin{pmatrix}1.000 & 0.026 & 0.997\\ 0.026 & 1.000 & 0.036\\ 0.997 & 0.036 & 1.000\end{pmatrix}$$

表 8.6.1　11 组外贸数据

序号	x_1	x_2	x_3	y
1	149.3	4.2	108.1	15.9
2	161.2	4.1	114.8	16.4
3	171.5	3.1	123.2	19.0
4	175.5	3.1	126.9	19.1
5	180.8	1.1	132.1	18.8
6	190.7	2.2	137.7	20.4
7	202.1	2.1	146.0	22.7
8	212.4	5.6	154.1	26.5
9	226.1	5.0	162.3	28.1
10	231.9	5.1	164.3	27.6
11	239.0	0.7	167.6	26.3

由变量的相关系数矩阵可以看出，x_1 与 x_3 的相关高达 0.997，因此怀疑变量之间存在复共线性，需要对数据进行复共线性诊断。

1. 数据标准化

由于本例中变量之间的单位不一样，数据之间的差异也较大，因此首先把数据标准化。单击“Analyze”→“Descriptives Statistics”→“Descriptives”，将变量 y,x_1,x_2,x_3 选入“Variables”对话框中，选定“Save standardized values as variables”，单击“Ok”按钮，得自变量和因变量的均值和标准差，见表 8.6.2；而标准化后的数据被作为变量保存在原数据表上，分别为 z_y,z_{x1},z_{x2},z_{x3}。

表 8.6.2　变量的均值和标准差

	n	均值	标准差
国内总产值 x_1	11	194.591	30.000
存储量 x_2	11	3.300	1.649
总消费量 x_3	11	139.736	20.634
进口总额 y	11	21.891	4.544

表 8.6.2 显示了各变量的样本数、均数和标准差，它还可以用于在利用主成分分析建立

回归方程后还原为原变量之间的关系。

2. 复共线性诊断

复共线性就是对自变量观测数据构成的矩阵 $\boldsymbol{X'X}$ 进行分析，在变量标准化后 $\boldsymbol{X'X}$ 就是变量之间的相关系数矩阵 $\boldsymbol{R}$。单击“Analyze”→“Regression”→“Linear”，打开线性回归对话框，在“Dependent”中导入 z_y，在“Independent”中导入 z_{x1},z_{x2},z_{x3}，在“Statistics”中选“Colinearity statistics”，其他选项默认，得表 8.6.3。

表 8.6.3　自变量的共线性统计量

模型	标准化系数	t	Sig.	共线性统计量	
				容忍度	VIF
常量		0.000	1.000		
z_{x1}	−0.339	−0.731	0.488	0.005	185.997
z_{x2}	0.213	6.203	0.000	0.981	1.019
z_{x3}	1.303	2.807	0.026	0.005	186.110

表 8.6.3 给出了线性回归方程中回归系数的估计值和复共线性统计量，表中 z_{x1} 和 z_{x3} 容忍度都为 0.005 < 0.1，对应的方差扩大因子 VIF 也都很大，说明它们之间存在较严重的复共线性。由相关系数矩阵 $\boldsymbol{R}$ 的 3 个特征值分别是 1.999，0.998 和 0.003，得条件数为 $1.999/0.003 \approx 666.33$，可见原变量确实存在中等程度的复共线性。

3. 主成分分析

为解决原变量较严重的复共线性问题，这里使用主成分分析。单击“Analyze”→“Data Reduction”→“Factor”，打开因子分析对话框，将标准化后的变量 z_{x1},z_{x2},z_{x3} 输入“Variables”窗口中；在“Extraction”对话框中，在“Method”中选用“Principal components”，在“Analyze”中选用“Covariance matrix”；在提取主成分的“Extract”中选用“Number of factor”并在后面的空格中填入 3，即提取 3 个主成分；在“Rotation”对话框中选择“None”，即不进行旋转；在“Scores”对话框中选择“Save as variables”后，下面的“Method”被激活，在其中选择“Regression”。最后单击“Ok”按钮，输出结果见表 8.6.4 和表 8.6.5。

表 8.6.4 显示 3 个特征值分别为 $\lambda_1 = 1.999$，$\lambda_2 = 0.998$，$\lambda_3 = 0.003$，前两个特征值的累计贡献率达到 99.91%，因此剔除第 3 个主成分，相应的因子载荷矩阵见表 8.6.5

表 8.6.4　主成分的特征值、贡献率和累积贡献率

主成分	特征值	方差贡献/%	累积贡献/%
1	1.999	66.638	66.638
2	0.998	33.272	99.910
3	0.003	0.090	100.000

表 8.6.5　初始因子载荷矩阵

	初始载荷		
	1	2	3
Z_{x1}	0.999	−0.036	0.037
Z_{x2}	0.062	0.998	0.000
Z_{x3}	0.999	−0.026	−0.037

前两个特征值 $\lambda_1 = 1.999$，$\lambda_2 = 0.998$ 所对应的标准正交化特征向量分别为

$$\boldsymbol{e}_1 = (0.999/\sqrt{\lambda_1}, 0.062/\sqrt{\lambda_1}, 0.999/\sqrt{\lambda_1})' = (0.706, 0.044, 0.706)',$$

$$\boldsymbol{e}_2 = (-0.036/\sqrt{\lambda_2}, 0.998/\sqrt{\lambda_2}, -0.026/\sqrt{\lambda_2})' = (-0.036, 0.999, -0.026)'。$$

于是得第 1 和第 2 主成分分别是

$$y_1 = 0.706z_{x1} + 0.044z_{x2} + 0.706z_{x3}，\quad y_2 = -0.036z_{x1} + 0.999z_{x2} - 0.026z_{x3}。\tag{8.6.1}$$

由数据表可得前两个公因子的得分，见表 8.6.6。

表 8.6.6　未旋转第 1、2 公因子的得分表

FAC1-1	−1.50355	−1.14500	−0.78871	…	1.10284	1.24972	1.36578
FAC2-1	0.63925	0.55605	−0.07305	…	0.96494	1.01616	−1.66420

根据主成分得分与未旋转因子得分之间的关系（具体推导见第 9 章），得

$$y_1 = FAC1\_1 \times \sqrt{1.999}，\quad y_2 = FAC2\_1 \times \sqrt{0.998}。$$

下面使用“Compute Variable”模块计算第 1 和第 2 主成分得分。

单击“Transform”→“Compute Variable”，在“Target Variable”中输入 y_1，在“Numeric Expression”中输入计算公式 $y_1 = FAC1\_1 \times \sqrt{1.999}$；同样方法可输入 $y_2 = FAC2\_1 \times \sqrt{0.998}$。单击“Ok”按钮产生第 1 和第 2 主成分得分，见表 8.6.7。

表 8.6.7　第 1 和第 2 主成分得分表

y_1	−2.126	−1.618	−1.115	−0.894	−0.644	−0.191	0.360	0.972	1.559	1.767	1.931
y_2	0.639	0.555	−0.073	−0.082	−1.307	−0.659	−0.744	1.354	0.964	1.015	−1.662

4. 主成分回归

先对标准化因变量 z_y 与第 1 主成分 y_1 和第 2 主成分 y_2 建立回归方程。单击“Analyze”→“Regression”→“Linear”，将 z_y 导入“Dependent”，将 y_1 和 y_2 导入“Independent”；在“Statistics”中选“Colinearity statistics”，其他选项默认，得表 8.6.8。

表 8.6.8　主成分回归系数

	非标准化系数		标准化系数	t	Sig.	共线性统计量	
	B	标准差				容忍度	VIF
常量	6.061E-17	0.036		0.000	1.000		
y_1	0.690	0.027	0.976	25.486	0.000	1.000	1.000
y_2	0.191	0.038	0.191	4.993	0.001	1.000	1.000

由表 8.6.8 可知，第 1、2 主成分的回归系数估计值为 $\hat{\beta}_1 = 0.690$，$\hat{\beta}_2 = 0.191$，常数项近似为 0，可忽略不计。主成分变量不存在复共线性，于是得主成分回归方程为

$$z_y = 0.690y_1 + 0.191y_2。$$

把第 1、第 2 主成分的表达式（8.6.1）代入，得

$$z_y = 0.480z_{x_1} + 0.221z_{x_2} + 0.483z_{x_3}。\tag{8.6.2}$$

根据表 8.6.2 知标准化变量的具体表达式为

$$z_{x1} = \frac{x_1 - 194.591}{30.000}，\quad z_{x2} = \frac{x_2 - 3.300}{1.649}，\quad z_{x3} = \frac{x_3 - 139.736}{20.634}，\quad z_y = \frac{y - 21.891}{4.544}$$

把它们代入式（8.6.2），整理得原始变量的回归方程为

$$y = -9.106 + 0.073x_1 + 0.609x_2 + 0.106x_3。$$

第 3 个主成分对应的特征值为 0.003，从表 8.6.5 可以得到自变量之间的近似线性关系为

$$0.675z_{x1} + 0.000z_{x2} - 0.675z_{x3} \approx 0 。$$

5. 利用 SAS 相互验证

使用SAS的REG过程，对上述数据做主成分分析，SAS程序如下：

```
Proc reg data = a outset = out1;
Model y = x1-x3/pcomit = 1,2 outvif;
Proc print data = out1;
```

Run 后的输出结果如下：

0bs	_MODEL_	_TYPE_	_DEPVAR_	_RIDGE_	_PCOMIT_	_RMSE_	Intercept	x1	x2	x3	y
1	MODEL1	PARMS	y	.	.	0.48887	−10.1280 -	0.05140	0.58695	0.28685	−1
2	MODEL1	IPCVIF	y	.	1	.	.	0.25088	1.00085	0.25038	−1
3	MODEL1	IPC	y	.	1	0.55001	−9.1301	0.07278	0.60922	0.10626	−1
4	MODEL1	IPCVIF	y	.	2	.	.	0.24956	0.00095	0.24971	−1
5	MODEL1	IPC	y	.	2	1.05206	−7.7458	0.07381	0.08269	0.10735	−1

由 SAS 运行结果可以看出，这个主成分回归中回归系数的符号都是有意义的；各个回归系数的方差扩大因子均小于 1.1；主成分回归的均方根误差是 RMSE = 0.55001，虽然比最小二乘均方根误差（RMSE = 0.48887）有所增加，但增加很小。删去第 3 个主成分（PCOMIT = 1）后的主成分回归方程为

$$y = -9.130 + 0.073x_1 + 0.609x_2 + 0.106x_3 ,$$

这个结果与使用 SPSS 的处理结果基本一致，从而相互验证了彼此的正确性。

8.6.4 启示

本例和 5.2.5 节中巧用 SPSS 进行均值的假设检验的例子都说明，利用现代统计方法解决实际问题，一定要注意开动脑筋，灵活使用，对实际问题的解决可能需要几种统计方法的联合使用，因此读者不但要掌握有关方面的理论和方法，而且要能根据需要融会贯通、合理使用。这些应用还说明，在利用 SPSS 处理实际问题时，其计算结果的实现也不一定只限定使用某一个模块，有时问题的解决需要多个模块的配合使用。例如本例使用 SPSS 中的“Descriptives”“Factor”“Linear Regression”“Compute Variable”等多个模块的功能，最后实现了对问题的解决，因此对统计软件 SPSS 的使用要求也要上升到熟练且灵活运用的高度（对这方面有兴趣的读者请参阅《统计与决策》2011 年第 5 期上的论文：主成分回归的 SPSS 实现）。

第9章 因子分析

9.1 因子分析的应用和思想

9.1.1 因子分析的发展简史

何谓人的智力？如何客观测量人的智力？智力服从什么分布？英国心理学家C. Spearman于1904年在美国心理学杂志上发表专题论文“客观地确定和测量一般智力（*General Intelligence, Objectively Determined and Measured*）”，提出智力是由一个一般因素和众多特殊因素构成的，即假定智力活动的各个测验都包含一个所有测验所共有的共性成分 g 和一个各测验自身特有的独特成分 ε_i，他研究了某校33个学生在6门功课（古典语、法语、英语、数学、判别、音乐）上的学习成绩，得到6门课程的相关系数矩阵为

古典语 法语 英语 数学 判别 音乐

$$\boldsymbol{R}=\begin{pmatrix} 1.00 & & & & & \\ 0.83 & 1.00 & & & & \\ 0.78 & 0.67 & 1.00 & & & \\ 0.70 & 0.67 & 0.64 & 1.00 & & \\ 0.66 & 0.65 & 0.54 & 0.54 & 1.00 & \\ 0.63 & 0.57 & 0.51 & 0.51 & 0.40 & 1.00 \end{pmatrix}$$

根据进一步的分析，Spearman指出，第 i 门课程上的分数 x_i 由两因子组成，即

$$x_i = a_i g + \varepsilon_i$$

式中 g 为对所有变量都起作用的公因子（称为一般智力因子）；a_i 为其系数；ε_i 为一个特殊因子，只与相应课程（变量 x_i）有关。

根据Spearman的一般智力理论以及他所提出的数学模型，开创了因子分析研究的先河。1940年，Lawley在多维正态假定下对模型作进一步发展；1950年，Rao给出没有任何分布假设的因子分析模型，称为典型因子分析。经过几代心理学、教育测量学家以及统计学家的共同努力，因子分析从原先解决心理测量学上的问题发展成为解决社会学、教育学、心理学、经济学、生物学、医学、地质学、体育学等各个领域许多问题的统计模型，在自然科学和社会科学中都有许多优秀的应用。早先的两因子“幼苗”已成为历史，借助计算机软件的支持，现在，因子分析方法在实际工作中的应用已是“枝繁叶茂，硕果累累”。

9.1.2 因子分析的应用案例

在体育上，1977年，Linden（林登）对第二次世界大战以来的奥林匹克十项全能的运动员得分进行因子分析。这十项全能项目是百米跑、跳远、铅球、跳高、400米跑、110米跨栏、铁饼、撑杆跳高、标枪和1500米跑。研究者希望，通过定量分析确定到底是哪些因素决定十项全能的成绩，这对运动员的选拔和训练都很重要。他收集了160组数据，通过对变量施行

标准化后的因子分析得知：10 项得分基本上可由 4 个因子确定。这 4 个因子分别是爆发臂力、爆发腿力、短跑速度和长跑耐力，这种分析结果与传统的田径运动分类基本一致。

在医学上，考虑人的 5 个生理指标：收缩压、舒张压、心跳间隔、呼吸间隔和舌下温度。通过对这 5 个指标的因子分析可知，这 5 个指标至少受到两个共同因子的作用，而从生理学知识可知：这 5 个指标受植物神经的交感神经和副交感神经这两个因子共同影响。

在教育上，需要研究如下一些问题：①高考科目知识能力结构和高考改革的关系；②高中课程应如何设置；③数学专业课程应如何设置；④高考数学试卷的能力结构等。1988 年，笔者把当时高考理科 7 门课程（政治、语文、数学、物理、化学、外语、生物）分别看作一个变量，对它们进行因子分析，得知这 7 门课程实际上考核中学生的 3 种能力因子：①社会适应能力因子（分析和解释社会现实以及本人思想实际的能力）；②数理化能力因子（抽象思维、逻辑推理及运算能力）；③语外生能力因子（表达、叙述、想象与记忆能力）。据此，笔者提出了高考改革和科目设置的建议。

因子分析是如何对有关数据进行分析的呢？

9.1.3 因子分析的基本思想

因子分析有这么广泛的应用，它的原理是什么？又是如何对数据进行分析的呢？

因子分析可以看做主成分分析的推广和发展，它是在互为相关的许多变量（指标）中寻找能反映它们内在联系以及起主导作用的、数目较少的因子，通过对这些因子的研究，既无损于原来多个变量的信息，又便于对它们进行分类和解释。因此，因子分析也是用于降维的一种统计分析方法。

因子分析的基本思想是：通过对变量（或样品）的协方差矩阵（或相关系数矩阵）内部结构的研究，找出能控制所有变量（或样品）的少数几个随机变量去描述多个变量（或样品）之间的相关（相似）关系。在因子分析中，这少数几个变量是不可观测的，通常称为因子。

因子分析的内容十分丰富，常用的两种类型是：R 型因子分析，就是对变量作因子分析；Q 型因子分析，就是对样品作因子分析。

设有 p 个变量 $\boldsymbol{x}=(x_1,x_2,\cdots,x_p)'$，它们受到 $m\leqslant p$ 个公因子 $\boldsymbol{f}=(f_1,f_2,\cdots,f_m)'$ 的共同影响，且各变量还单独受到一个特殊因子 ε_i，$i=1,2,\cdots,p$ 的影响。设这些影响是线性的，得

$$\begin{cases} x_1=a_{11}f_1+a_{12}f_2+\cdots+a_{1m}f_m+\varepsilon_1 \\ x_2=a_{21}f_1+a_{22}f_2+\cdots+a_{2m}f_m+\varepsilon_2 \\ \qquad\vdots \\ x_p=a_{p1}f_1+a_{p2}f_2+\cdots+a_{pm}f_m+\varepsilon_p \end{cases} \tag{9.1.1}$$

写成矩阵形式为

$$\boldsymbol{x}=\boldsymbol{Af}+\boldsymbol{\varepsilon} \tag{9.1.2}$$

式中

$$\boldsymbol{x}=\begin{pmatrix} x_1 \\ x_2 \\ \vdots \\ x_p \end{pmatrix},\quad \boldsymbol{A}=\begin{pmatrix} a_{11} & a_{12} & \cdots & a_{1m} \\ a_{21} & a_{22} & \cdots & a_{2m} \\ \vdots & \vdots & & \vdots \\ a_{p1} & a_{p2} & \cdots & a_{pm} \end{pmatrix},\quad \boldsymbol{f}=\begin{pmatrix} f_1 \\ f_2 \\ \vdots \\ f_m \end{pmatrix},\quad \boldsymbol{\varepsilon}=\begin{pmatrix} \varepsilon_1 \\ \varepsilon_2 \\ \vdots \\ \varepsilon_p \end{pmatrix}。$$

其中 $\boldsymbol{A}$ 为载荷矩阵，其中 $a_{ij}(i=1,\cdots,p;j=1,\cdots,m)$ 称为第 i 个变量在第 j 个公因子上的载荷。

式（9.1.1）是针对 p 个变量内部之间的相关关系进行分析，因此称为 R 型因子模型。

因子分析虽然可以看作主成分分析的一种推广，但它与主成分分析不同，主成分分析是从协方差矩阵（相关系数矩阵）出发直接求得一组互不相关的主成分，它们是原来变量的线性组合，并选取前 m 个主成分来代替原始变量。但因子分析则是用假设的公因子来解释协方差矩阵（相关矩阵）的内部相依结构，它们的数学表达式不同，而且在以后的分析中还会发现两者的其他不同之处。

如果把 p 个变量换成 n 个样品，同样可以得到 Q 型因子模型：

$$\begin{cases} x_1 = a_{11}f_1 + a_{12}f_2 + \cdots + a_{1m}f_m + \varepsilon_1 \\ x_2 = a_{21}f_1 + a_{22}f_2 + \cdots + a_{2m}f_m + \varepsilon_2 \\ \qquad\vdots \\ x_n = a_{n1}f_1 + a_{n2}f_2 + \cdots + a_{nm}f_m + \varepsilon_n \end{cases} \tag{9.1.3}$$

其中 $f_j(j=1,2,\cdots,m)$ 是对每个样品都有影响的公因子，而 ε_i 只对样品 $x_i(i=1,2,\cdots,n)$ 起作用。

由于 R 型因子分析与 Q 型因子分析的道理是一样的，只不过出发点不同，因此下面的分析主要针对 R 型因子分析展开，Q 型因子分析与其相似。

9.2 正交因子模型及其解

9.2.1 正交因子模型

设 p 维随机向量 $\boldsymbol{x}=(x_1,x_2,\cdots,x_p)'$ 的均值向量为 $\boldsymbol{\mu}=(\mu_1,\mu_2,\cdots,\mu_p)'$，协方差矩阵为 $\boldsymbol{\Sigma}$。不妨把 $\boldsymbol{x}$ 中心化，此时 R 型因子模型可写为

$$\boldsymbol{x}-\boldsymbol{\mu}=\boldsymbol{Af}+\boldsymbol{\varepsilon} \tag{9.2.1}$$

其中 $\boldsymbol{A}$、$\boldsymbol{f}$ 和 $\boldsymbol{\varepsilon}$ 的意义同 9.1 节。在式（9.2.1）中，不可观测随机变量有 $p+m$ 个，即 $f_1,f_2,\cdots,f_m$ 和 $\varepsilon_1,\varepsilon_2,\cdots,\varepsilon_p$。用 $p+m$ 个不可观测的变量来表示 p 个可观测变量 $x_1,x_2,\cdots,x_p$，这正是 R 型因子分析模型与回归分析模型的区别所在，在回归模型中，自变量是可观测的变量。对式（9.2.1）所示模型，想用回归分析的方法来确定载荷矩阵 $\boldsymbol{A}$ 是行不通的，因此必须对 $\boldsymbol{f}$，$\boldsymbol{\varepsilon}$ 作一些假设，使该模型具有特定的且能够验证的协方差关系。通常假定

$$\begin{cases} \boldsymbol{E}(\boldsymbol{f})=\boldsymbol{0},\ \boldsymbol{V}(\boldsymbol{f})=\boldsymbol{I}, \\ \boldsymbol{E}(\boldsymbol{\varepsilon})=\boldsymbol{0},\ \boldsymbol{V}(\boldsymbol{\varepsilon})=\boldsymbol{D}=\mathrm{diag}(d_1^2,d_2^2,\cdots,d_p^2), \\ \mathrm{Cov}(\boldsymbol{f},\boldsymbol{\varepsilon})=\boldsymbol{E}(\boldsymbol{f}\boldsymbol{\varepsilon}')=\boldsymbol{O}。 \end{cases} \tag{9.2.2}$$

把式（9.2.1）和式（9.2.2）合在一起就称为 R 型正交因子模型。当 $\boldsymbol{f}$ 的各个分量相关时，$\boldsymbol{V}(\boldsymbol{f})$ 不再是单位矩阵，相应的模型称为斜交因了模型，这里不讨论斜父因子模型。

1. 协方差矩阵 $\boldsymbol{\Sigma}$ 的分解

在正交因子模型下

$$\boldsymbol{\Sigma}=\boldsymbol{V}(\boldsymbol{x})=\boldsymbol{E}[(\boldsymbol{x}-\boldsymbol{\mu})(\boldsymbol{x}-\boldsymbol{\mu})']=\boldsymbol{AV}(\boldsymbol{f})\boldsymbol{A}'+\boldsymbol{V}(\boldsymbol{\varepsilon})=\boldsymbol{AA}'+\boldsymbol{D},$$

故有

$$\boldsymbol{\Sigma}=\boldsymbol{AA}'+\boldsymbol{D} \tag{9.2.3}$$

式（9.2.3）正是 $\boldsymbol{\Sigma}$ 的一个分解。若 $\boldsymbol{x}$ 为各分量均已标准化的随机向量，则 $\boldsymbol{\Sigma}$ 就是相关矩阵 $\boldsymbol{R}=\left(\rho_{ij}\right)$，这时有

$$R = AA' + D \tag{9.2.4}$$

当$m = p$时，任何协方差矩阵$\boldsymbol{\Sigma}$均可按式（9.2.3）进行分解，例如可取$A = \Sigma^{1/2}$，$D = O$，但这种分解无多大意义；而当$m < p$时,$\boldsymbol{\Sigma}$未必能作式（9.2.3）的分解。在因子分析的成功应用中，m应比p要小得多,$\boldsymbol{\Sigma}$一般难以准确地作式（9.2.3）的分解，通常这种分解是近似的，近似程度越好，则因子模型就越成功。

2. 因子模型在变量的线性变换下不变

对变量$\boldsymbol{x}$作变换，设$\boldsymbol{y} = \boldsymbol{C}\boldsymbol{x}$，$\boldsymbol{C} = \mathrm{diag}(c_1, c_2, \cdots, c_p)$，$c_i > 0$，$i = 1, 2, \cdots, p$，于是

$$\boldsymbol{y} - \boldsymbol{C}\boldsymbol{\mu} = \boldsymbol{C}\boldsymbol{A}\boldsymbol{f} + \boldsymbol{C}\boldsymbol{\varepsilon}。$$

令$\boldsymbol{\mu}^* = \boldsymbol{C}\boldsymbol{\mu}$，$\boldsymbol{A}^* = \boldsymbol{C}\boldsymbol{A}$，$\boldsymbol{\varepsilon}^* = \boldsymbol{C}\boldsymbol{\varepsilon}$，则有

$$\boldsymbol{y} - \boldsymbol{\mu}^* = \boldsymbol{A}^*\boldsymbol{f} + \boldsymbol{\varepsilon}^*,$$

且$\boldsymbol{E}(\boldsymbol{\varepsilon}^*) = \boldsymbol{0}$，$\boldsymbol{V}(\boldsymbol{\varepsilon}^*) = \boldsymbol{D}^* = \mathrm{diag}(c_1^2 d_1^2, c_2^2 d_2^2, \cdots, c_p^2 d_p^2)$，$\mathrm{Cov}(f, \varepsilon^*) = \boldsymbol{0}$。

可见，变换后的新模型仍为正交因子模型。

3. 因子载荷矩阵是不唯一的

设$\boldsymbol{T}$为一$m \times m$阶正交矩阵，令$\boldsymbol{A}^* = \boldsymbol{A}\boldsymbol{T}$，$\boldsymbol{f}^* = \boldsymbol{T}'\boldsymbol{f}$，则模型（9.2.1）可表为

$$\boldsymbol{x} - \boldsymbol{\mu} = \boldsymbol{A}^*\boldsymbol{f}^* + \boldsymbol{\varepsilon},$$

且$\boldsymbol{E}(\boldsymbol{f}^*) = \boldsymbol{T}'\boldsymbol{E}(\boldsymbol{f}) = \boldsymbol{0}$，$\boldsymbol{V}(\boldsymbol{f}^*) = \boldsymbol{T}'\boldsymbol{V}(\boldsymbol{f})\boldsymbol{T} = \boldsymbol{I}$，$\mathrm{Cov}(\boldsymbol{f}^*, \boldsymbol{\varepsilon}) = \boldsymbol{E}(\boldsymbol{f}^*\boldsymbol{\varepsilon}) = \boldsymbol{0}$。

于是由$\boldsymbol{x}$的协方差阵$\boldsymbol{\Sigma}$的分解过程可以看出，$\boldsymbol{\Sigma}$也可分解为

$$\boldsymbol{\Sigma} = \boldsymbol{A}^*(\boldsymbol{A}^*)' + \boldsymbol{D} \tag{9.2.5}$$

因子载荷阵的不唯一性在实际应用中具有重要意义。因为初始载荷阵通常都不好解释，而通过因子旋转，实际上就是作正交变换，新的因子结构可以更好地得到解释。

9.2.2 因子载荷矩阵的统计意义

1. a_{ij}是变量x_i与公因子f_j的相关系数

由于

$$\mathrm{Cov}(\boldsymbol{x}, \boldsymbol{f}) = \boldsymbol{A}\boldsymbol{E}(\boldsymbol{f}\boldsymbol{f}') + \boldsymbol{E}(\boldsymbol{\varepsilon}\boldsymbol{f}') = \boldsymbol{A}, \tag{9.2.6}$$

故

$$\mathrm{Cov}(x_i, f_j) = a_{ij}, \quad i = 1, \cdots, p, \quad j = 1, \cdots, m \tag{9.2.7}$$

当$\boldsymbol{x}$的各分量已标准化时，有

$$\rho(x_i, f_j) = \frac{\mathrm{Cov}(x_i, f_j)}{\sqrt{\boldsymbol{V}(x_i)\boldsymbol{V}(f_j)}} = a_{ij}, \quad i = 1, \cdots, p, \quad j = 1, \cdots, m。$$

故此时变量x_i与公因子f_j的相关系数是a_{ij}。因此，a_{ij}的大小为实际研究工作中解释公因子真实含义提供参考依据。

2. 变量的共同度$h_i^2 = a_{i1}^2 + \cdots + a_{im}^2$

由式（9.2.3）知

$$\sigma_{ii} = \boldsymbol{V}(x_i) = a_{i1}^2 + a_{i2}^2 + \cdots + a_{im}^2 + d_i^2, \quad i = 1, \cdots, p。 \tag{9.2.8}$$

令$h_i^2 = a_{i1}^2 + a_{i2}^2 + \cdots + a_{im}^2$，$h_i^2$恰好是载荷矩阵$\boldsymbol{A}$的第$i$行元素的平方和，于是有

$$\sigma_{ii} = h_i^2 + d_i^2, \quad i = 1, \cdots, p \tag{9.2.9}$$

h_i^2 反映了 m 个公因子对 x_i 的共同影响程度，因此称为共同度。也可以说，h_i^2 度量了变量 x_i 对 m 个公因子的依赖程度，是 m 个公因子对变量 x_i 方差的贡献大小，h_i^2 越大，说明公因子对变量 x_i 的信息提取得越多，其贡献越大。而 d_i^2 称为特殊方差，它是特殊因子 ε_i 对 x_i 方差的贡献，也是公因子无法解释的部分。当 x 的各分量已标准化时，$\sigma_{ii}=1$。此时，有

$$h_i^2+d_i^2=1,\ i=1,\cdots,p\text{。} \tag{9.2.10}$$

因子载荷阵的正交变换不改变变量的共同度。由式（9.2.3）和式（9.2.5）可知

$$\boldsymbol{\Sigma}=\boldsymbol{A}\boldsymbol{A}'+\boldsymbol{D}=\boldsymbol{A}^*(\boldsymbol{A}^*)'+\boldsymbol{D}$$

于是

$$\sigma_{ii}=\boldsymbol{V}(x_i)=a_{i1}^2+a_{i2}^2+\cdots+a_{im}^2+d_i^2=a_{i1}^{*2}+a_{i2}^{*2}+\cdots+a_{im}^{*2}+d_i^2\text{，}$$

所以

$$h_i^2=a_{i1}^2+a_{i2}^2+\cdots+a_{im}^2=a_{i1}^{*2}+a_{i2}^{*2}+\cdots+a_{im}^{*2}\text{。}$$

评注：正交变换后变量的共同度是不变的，这一点在实际应用时很重要。

3. 公因子 $\boldsymbol{f_j}$ 对所有变量的贡献方差 $\boldsymbol{g_j^2=a_{1j}^2+a_{2j}^2+\cdots+a_{pj}^2}$

由式（9.2.8）知，p 个变量的方差和可以组合如下：

$$\sum_{i=1}^{p}V(x_i)=\sum_{i=1}^{p}a_{i1}^2+\sum_{i=1}^{p}a_{i2}^2+\cdots+\sum_{i=1}^{p}a_{im}^2+\sum_{i=1}^{p}d_i^2=g_1^2+g_2^2+\cdots+g_m^2+\sum_{i=1}^{p}d_i^2\text{，}$$

其中 $g_j^2=a_{1j}^2+a_{2j}^2+\cdots+a_{pj}^2,\ j=1,2,\cdots,m$。

g_j^2 恰好是载荷矩阵 $\boldsymbol{A}$ 的第 j 列元素的平方和，它是衡量公因子 f_j 相对重要性的一个指标，因此称 g_j^2 为第 j 个公因子 f_j 对所有变量的贡献方差。其贡献率为 $g_j^2/\sum_{i=1}^{p}V(x_i)$，贡献率越大，说明 f_j 越重要。

9.3 因子分析的统计检验

因子分析已被人们广泛应用于各种数据，但应用的效果相差极大。有的应用效果很好，有的应用效果很差。使用因子分析的方法、步骤大同小异，为什么结果会如此不同？这就提出一个问题：是否所有的多变量数据都可以用因子分析进行分析？答案当然是否定的。那么，究竟满足什么条件的数据可以使用因子分析？数据要进行哪些统计检验？如何进行这些统计检验？

前面说过，因子分析的目的是在互为相关的许多变量中寻找能反映它们之间内在联系以及起主导作用的、数目较少的因子，通过对这些因子的研究，既无损于原来多个变量的信息，又便于对它们进行分类和解释。因此，要想使用因子分析方法，其前提是：原始数据中多个变量之间应有较强的线性相关关系。如果原始变量之间的线性相关程度太小，它们之间就不存在具有说服力的公因子，这时进行因子分析就没有实际意义；如果各个变量之间相互独立，这时多变量的协方差矩阵是对角阵，显然这样的数据是不适合用因子分析进行分析。所以，在应用因子分析时，首先要判断数据是否适宜使用因子分析，也就是要进行因子分析的适用性检验，根据分析可知：因子分析的适用性检验就是假设原始变量之间存在着较强的线性相关，这可以对变量的相关系数矩阵进行检验。

9.3.1 Bartlett 球性检验

Bartlett 球性检验就是对数据的相关系数矩阵进行的一种检验。若数据的协方差矩阵是单

位矩阵，说明各变量之间互不相关，这时显然不适合进行因子分析。该检验原假设是：协方差矩阵为单位矩阵，即检验原假设为

$$H_0 : \boldsymbol{\Sigma} = \sigma^2 \boldsymbol{I} \leftrightarrow H_1 : \boldsymbol{\Sigma} \neq \sigma^2 \boldsymbol{I} \text{。}$$

所以检验的似然比统计量是

$$\Lambda = |\boldsymbol{S}|^{n/2} / [\mathrm{tr}(\boldsymbol{S}) / p]^{np/2} = [\prod_{i=1}^{p} \lambda_i / (\sum_{i=1}^{p} \lambda_i / p)^p]^{n/2} ,$$

式中 $\boldsymbol{S}$ 为样本协方差矩阵，$\boldsymbol{S} = \boldsymbol{A}/(n-1)$；$\lambda_1, \lambda_2, \cdots, \lambda_p$ 为样本协方差矩阵 $\boldsymbol{S}$ 的 p 个特征值；p 为变量个数；n 为样本容量。

在 H_0 成立时，统计量 $-2\alpha \ln \Lambda$ 近似服从 $\chi^2(f)$，这里 $\alpha = 1 - (2p^2 + p + 2)/[6p(n-1)]$，$f = (p+2)(p-1)/2$。因此，该检验的上 α 分位点为 $\chi^2_{1-\alpha}((p+2)(p-1)/2)$。在利用统计软件进行检验时，根据检验统计量公式计算给出 p 值，若 p 值小于 0.05，则在显著性水平 0.05 下拒绝原假设，认为可以使用因子分析；若 p 值大于 0.05，则接受原假设，表明数据不适合使用因子分析。由于当 $\boldsymbol{\Sigma} = \sigma^2 \boldsymbol{I}$ 时，常数密度的轮廓线是球面，因此该检验被称为 Bartlett 球形检验。

9.3.2 *KMO* 检验

KMO 检验是 Kaiser，Meyer 和 Olkin 提出的抽样适合性检验（Measure of Sampling Adequacy）。该检验是对原始变量之间的简相关系数和偏相关系数的相对大小进行检验。计算公式为

$$KMO = \frac{\sum\sum_{i \neq j} r_{ij}^2}{\sum\sum_{i \neq j} r_{ij}^2 + \sum\sum_{i \neq j} r_{ij \cdot 12 \cdots k}^2}$$

式中：r_{ij} 为简相关系数；$r_{ij \cdot 12 \cdots k}$ 为偏相关系数。

检验的原理：如果原始数据中确实存在公共因子，则各变量之间的偏相关系数应该很小，这时，*KMO* 的值接近于 1，因此，原数据适用于因子分析。*KMO* 的取值介于 0 和 1 之间，Kaiser 给出 *KMO* 的度量标准如下：

KMO = 0. 90～1. 00，说明数据非常适用于因子分析；

KMO = 0. 80～0. 89，说明数据适用于因子分析；

KMO = 0. 70～0. 79，说明数据较适用于因子分析；

KMO = 0. 60～0. 69，说明数据勉强适用于因子分析；

KMO = 0. 50～0. 59，说明数据不适用于因子分析；

KMO < 0. 50，说明数据不能用于因子分析。

9.3.3 反映像相关矩阵的检验

反映像相关矩阵检验是通过偏相关系数矩阵进行的检验，反映像相关矩阵中非对角线元素是变量偏相关系数的相反数。如果原始变量中确实存在起作用的公因子，则各变量之间的偏相关系数应该很小，因为它与其他变量重叠的影响因素被扣除掉了，所以，如果反映像相关矩阵中的很多元素值比较大时，说明该原始变量不适合进行因子分析。

反映像矩阵中对角线元素是与 *KMO* 类似的指标 *MSA*（Measures of Sampling Adequacy），*MSA* 值计算结果显示在反映像相关矩阵的主对角线上。第 i 个变量 *MSA* 值的计算公式是

$$MSA_i = \frac{\sum_{i \neq j} r_{ij}^2}{\sum_{i \neq j} r_{ij}^2 + \sum_{i \neq j} r_{ij \cdot 12 \cdots k}^2}, \quad i = 1, 2, \cdots, p ,$$

式中：p 为自变量个数，其他符号的意思同上。

MSA 值的求和项中只包含互不相同的变量之间的相关系数和偏相关系数。即每个变量与其他变量的相关系数和偏相关系数就可以算出一个 *MSA* 值，因此共有 p 个 *MSA* 值。因此 *MSA* 值可以反映每个变量的抽样合适度，*MSA* 值的使用标准同 *KMO* 值一样，越接近 1，说明原始变量越适合做因子分析，一般应在 0.60 以上。

9.3.4 提取公因子个数是否恰当的检验

根据因子分析的思想，当然希望提取的公因子尽量少一点，这样便于对原变量进行解释；但从减少信息损失的角度来看，又希望多选取一些公因子，这是一对矛盾。究竟应该提取多少个公因子，没有理论依据，只有一些建议。设 $\lambda_1 \geqslant \lambda_2 \geqslant \cdots \geqslant \lambda_p > 0$ 是协方差矩阵 $\boldsymbol{\Sigma}$ 或相关系数矩阵 $\boldsymbol{R}$ 的特征根，目前提出的一些方法是：

（1）Kaiser 建议，有几个特征根大于 1，就提取几个公因子。

（2）设 p 个特征根的平均值是 $\bar{\lambda}$，有几个特征根大于 $\bar{\lambda}$，就提取几个公因子。

（3）若 $\sum_{i=1}^{m} \lambda_i / \sum_{i=1}^{p} \lambda_i \geqslant 85\%$，则提取 m 个公因子。

（4）对碎石图进行观测，碎石图就是连接各特征值所形成的折线图，若图上有一个明显的分界点，则它左边陡峭的斜坡有几个特征值就表示应提取几个公因子。

提取的个数是否恰当，可以从以下几方面来判断：

（1）共同度的大小。共同度反映的是变量在各因子上载荷量平方值的总和，刻画的是全部公因子对这个变量的总方差所做的贡献，共同度越接近 1，说明该变量原始信息几乎全部都被所选取的公因子所提取，所以变量的共同度越大，说明所选取的公因子对原变量的信息提取越多。

（2）残差矩阵非对角线元素的大小。再生相关系数矩阵 $\boldsymbol{R}_p$ 是确定载荷矩阵 $\boldsymbol{A}$ 后算出的相关系数矩阵，即有 $\boldsymbol{R}_p = \boldsymbol{A}\boldsymbol{A}'$。设特殊方差矩阵为 $\boldsymbol{D}$，原始变量算出的相关系数矩阵与再生相关系数矩阵和特殊方差矩阵之差就是残差矩阵 $\boldsymbol{E}$，即有 $\boldsymbol{E} = \boldsymbol{R} - (\boldsymbol{A}\boldsymbol{A}' + \boldsymbol{D})$。所以残差矩阵的对角线元素为 0，其他元素越小，说明所选的因子模型对原数据的拟合越好。

9.4 因子载荷矩阵的估计

要建立有关实际问题的因子模型，关键是根据样本数据矩阵估计因子载荷矩阵 $\boldsymbol{A}$。对 $\boldsymbol{A}$ 的估计方法通常有主成分法、主轴因子法和极大似然法。

9.4.1 主成分法

设随机向量 $\boldsymbol{x} = (x_1, x_2, \cdots, x_p)'$ 的协方差阵为 $\boldsymbol{\Sigma} > 0$，$\lambda_1 \geqslant \lambda_2 \geqslant \cdots \geqslant \lambda_p > 0$ 为 $\boldsymbol{\Sigma}$ 的特征值，$\boldsymbol{e}_1, \boldsymbol{e}_2, \cdots, \boldsymbol{e}_p$ 为对应的标准正交的特征向量。令 $\boldsymbol{T} = (\boldsymbol{e}_1, \boldsymbol{e}_2, \cdots, \boldsymbol{e}_p)$，由线性代数知识知，$\boldsymbol{\Sigma}$ 可分解为

$$\boldsymbol{\Sigma} = \boldsymbol{T}\boldsymbol{\Lambda}\boldsymbol{T}' = \sum_{i=1}^{p} \lambda_i \boldsymbol{e}_i \boldsymbol{e}_i' = (\sqrt{\lambda_1}\boldsymbol{e}_1, \cdots, \sqrt{\lambda_p}\boldsymbol{e}_p) \begin{pmatrix} \sqrt{\lambda_1}\boldsymbol{e}_1' \\ \vdots \\ \sqrt{\lambda_p}\boldsymbol{e}_p' \end{pmatrix} = \boldsymbol{A}\boldsymbol{A}'。 \quad (9.4.1)$$

分解式（9.4.1）中的公因子个数恰好与变量个数一样多，且当特殊因子的方差为O时，因子模型中协方差矩阵的结构是$\boldsymbol{\Sigma}=\boldsymbol{AA}'$。这时因子模型是

$$\boldsymbol{x}-\boldsymbol{\mu}=\boldsymbol{Af},$$

于是$\boldsymbol{V}(\boldsymbol{x})=\boldsymbol{AV}(\boldsymbol{f})\boldsymbol{A}'=\boldsymbol{AA}'$。由分解式（9.4.1）知，这时因子载荷阵$\boldsymbol{A}$的第$j$列$\boldsymbol{a}_j$恰好是$\sqrt{\lambda_j}\boldsymbol{e}_j$，即有$\boldsymbol{a}_j=\sqrt{\lambda_j}\boldsymbol{e}_j$，由于$\boldsymbol{e}_j$恰是第$j$个主成分的系数，故称此法为主成分法。反之，如果知道因子载荷阵$\boldsymbol{A}$，则第j个主成分的系数$\boldsymbol{e}_j$就可以用$\sqrt{\lambda_j}$除以因子载荷阵$\boldsymbol{A}$的第j列$\boldsymbol{a}_j$而得到，这就是例8.5.1中用SPSS的因子分析模块求主成分系数的依据。

上面给出$\boldsymbol{\Sigma}$的分解式是精确的，但在实际应用时总是希望公因子的个数m小于变量的个数p。当最后$p-m$个特征值很小时，略去最后$p-m$项$\lambda_{m+1}\boldsymbol{e}_{m+1}\boldsymbol{e}'_{m+1}+\cdots+\lambda_p\boldsymbol{e}_p\boldsymbol{e}'_p$对信息的损失不是太大，这时$\boldsymbol{A}$由前$m$列构成，即有$\boldsymbol{A}=(\sqrt{\lambda_1}\boldsymbol{e}_1,\sqrt{\lambda_2}\boldsymbol{e}_2,\cdots,\sqrt{\lambda_m}\boldsymbol{e}_m)=\left(a_{ij}\right)_{p\times m}$，于是得

$$\boldsymbol{\Sigma}\approx\boldsymbol{AA}'。$$

上面的推导是在忽略特殊因子的方差后求得的，如果考虑特殊因子的方差，这时，有

$$\boldsymbol{\Sigma}\approx\boldsymbol{AA}'+\boldsymbol{D},$$

其中$\boldsymbol{D}=\operatorname{diag}(d_1^2,d_2^2,\cdots,d_p^2)$，$d_i^2=\sigma_{ii}-\sum_{j=1}^{m}a_{ij}^2$，$i=1,2,\cdots,p$。

当$\boldsymbol{\Sigma}$未知时，可用样本的协方差矩阵$\boldsymbol{S}$作为$\boldsymbol{\Sigma}$的估计。设$\hat{\lambda}_1\geqslant\hat{\lambda}_2\geqslant\cdots\geqslant\hat{\lambda}_p>0$为$\boldsymbol{S}$的特征值，$\hat{\boldsymbol{e}}_1,\hat{\boldsymbol{e}}_2,\cdots,\hat{\boldsymbol{e}}_p$为对应的标准正交的特征向量。令$\hat{\boldsymbol{T}}=(\hat{\boldsymbol{e}}_1,\hat{\boldsymbol{e}}_2,\cdots,\hat{\boldsymbol{e}}_p)$，当最后$p-m$个特征值$\hat{\lambda}_{m+1},\hat{\lambda}_{m+2},\cdots,\hat{\lambda}_p$很小时，略去它们对信息的损失不是太大，于是可得因子载荷阵的估计为

$$\hat{\boldsymbol{A}}=(\sqrt{\hat{\lambda}_1}\hat{\boldsymbol{e}}_1,\sqrt{\hat{\lambda}_2}\hat{\boldsymbol{e}}_2,\cdots,\sqrt{\hat{\lambda}_m}\hat{\boldsymbol{e}}_m)=\left(\hat{a}_{ij}\right)_{p\times m}。$$

于是

$$\boldsymbol{S}\approx\hat{\boldsymbol{A}}\hat{\boldsymbol{A}}'+\hat{\boldsymbol{D}},$$

其中$\hat{\boldsymbol{D}}=diag(\hat{d}_1^2,\hat{d}_2^2,\cdots,\hat{d}_p^2)$，$\hat{d}_i^2=s_{ii}-\sum_{j=1}^{m}\hat{a}_{ij}^2$，$i=1,2,\cdots,p$。在SPSS中称$\hat{\boldsymbol{A}}\hat{\boldsymbol{A}}'+\hat{\boldsymbol{D}}$为再生矩阵，称$\boldsymbol{S}-(\hat{\boldsymbol{A}}\hat{\boldsymbol{A}}'+\hat{\boldsymbol{D}})$为残差阵，它的对角线元素为0，当其他非对角线元素都很小时，可以认为选取m个因子的模型很好地拟合原始数据。根据1.6.3的性质（5）：矩阵$\boldsymbol{B}$中各元素的平方和等于$\operatorname{tr}(\boldsymbol{BB}')$。设$\boldsymbol{B}=\boldsymbol{S}-\hat{\boldsymbol{A}}\hat{\boldsymbol{A}}'=\sum_{i=m+1}^{p}\lambda_i\boldsymbol{e}_i\boldsymbol{e}'_i$，则$\operatorname{tr}(\boldsymbol{BB}')=\operatorname{tr}(\sum_{i=m+1}^{p}\lambda_i^2\boldsymbol{e}_i\boldsymbol{e}'_i)=\sum_{i=m+1}^{p}\lambda_i^2$。由于主成分解$\boldsymbol{S}-(\hat{\boldsymbol{A}}\hat{\boldsymbol{A}}'+\hat{\boldsymbol{D}})$中各元素的平方和不大于$\boldsymbol{S}-\hat{\boldsymbol{A}}\hat{\boldsymbol{A}}'$中各元素的平方和，因此$\boldsymbol{S}-(\hat{\boldsymbol{A}}\hat{\boldsymbol{A}}'+\hat{\boldsymbol{D}})$中各元素的平方和小于$\hat{\lambda}_{m+1}^2+\hat{\lambda}_{m+2}^2+\cdots+\hat{\lambda}_p^2$，可见，当被略去的特征值很小时，$\hat{\boldsymbol{A}}\hat{\boldsymbol{A}}'+\hat{\boldsymbol{D}}$与$\boldsymbol{S}$相差不大，说明因子模型拟合较好。

例9.4.1 表9.4.1是1998年奥林匹克运动会十项全能34名运动员的得分情况。十项全能的项目是百米跑x_1、跳远x_2、铅球x_3、跳高x_4、400米x_5、110跨栏x_6、铁饼x_7、撑杆跳高x_8、标枪x_9、1500米跑x_{10}。试根据该表：

（1）检验该数据是否可以用因子分析法进行分析；

（2）在累积贡献达85%基础上确定公因子个数，应用主成分法求初始载荷矩阵，给出变量的共同度和特殊方差，公因子的贡献率和累积贡献率；

（3）写出所求的主成分因子解。

表 9.4.1　1998 年奥林匹克运动会十项全能 34 名运动员的得分表

运动员	100 米跑	跳远	铅球	跳高	400 米跑	110 米跨栏	铁饼	撑杆跳高	标枪	1500 米跑	总分
1	11.25	7.43	15.48	2.27	48.90	15.13	49.28	4.70	61.32	268.95	8488
2	10.87	7.45	14.97	1.97	47.71	14.46	44.36	5.10	61.76	273.02	8399
3	11.18	7.44	14.20	1.97	48.29	14.81	43.66	5.20	64.16	263.20	8328
4	10.62	7.38	15.02	2.03	49.06	14.72	44.80	4.90	64.04	285.11	8306
5	11.02	7.43	12.92	1.97	47.44	14.40	41.20	5.20	57.46	256.64	8286
6	10.83	7.72	13.58	2.12	48.34	14.18	43.06	4.90	52.18	274.07	8272
7	11.18	7.05	14.12	2.06	49.34	14.39	41.68	5.70	61.60	291.20	8216
8	11.05	6.95	15.34	2.00	48.21	14.36	41.32	4.80	63.00	265.86	8189
9	11.15	7.12	14.52	2.03	49.15	14.66	42.36	4.90	66.46	269.62	8180
10	11.23	7.28	15.25	1.97	48.60	14.76	48.02	5.20	59.48	292.24	8167
11	10.94	7.45	15.34	1.97	49.94	14.25	41.86	4.80	66.64	295.89	8143
12	11.18	7.34	14.48	1.94	49.02	15.11	42.76	4.70	65.84	256.74	8114
13	11.02	7.29	12.92	2.06	48.23	14.94	39.54	5.00	56.80	257.85	8093
14	10.99	7.37	13.61	1.97	47.83	14.70	43.88	4.30	66.54	268.97	8083
15	11.03	7.45	14.20	1.97	48.94	15.44	41.66	4.70	64.00	267.48	8036
16	11.09	7.08	14.51	2.03	49.89	14.78	43.20	4.90	57.18	268.54	8021
17	11.46	6.75	16.07	2.00	51.28	16.06	50.66	4.80	72.60	302.42	7869
18	11.57	7.00	16.60	1.94	49.84	15.00	46.66	4.90	60.20	286.04	7860
19	11.07	7.04	13.41	1.94	47.97	14.96	40.38	4.50	51.50	262.41	7859
20	10.89	7.07	15.84	1.79	49.68	15.38	45.32	4.90	60.48	277.84	7781
21	11.52	7.36	13.93	1.94	49.99	15.64	38.82	4.60	67.04	266.42	7753
22	11.49	7.02	13.80	2.03	50.60	15.22	39.08	4.70	60.92	262.93	7745
23	11.38	7.08	14.31	2.00	50.24	14.97	46.34	4.40	55.68	272.68	7743
24	11.30	6.97	13.23	2.15	49.98	15.38	38.72	4.60	54.34	277.84	7623
25	11.00	7.23	13.15	2.03	49.73	14.96	38.06	4.50	52.82	285.57	7579
26	11.33	6.83	11.63	2.06	48.37	15.39	37.52	4.60	55.42	270.07	7517
27	11.10	6.98	12.69	1.82	48.63	15.13	38.04	4.70	49.52	261.90	7505
28	11.51	7.01	14.17	1.94	51.16	15.18	45.84	4.60	56.28	303.17	7422
29	11.26	6.90	12.41	1.88	48.24	15.61	38.02	4.40	52.68	272.06	7310
30	11.50	7.09	12.94	1.82	49.27	15.56	42.32	4.50	53.50	293.85	7237
31	11.43	6.22	13.98	1.91	51.25	15.88	46.18	4.60	57.84	294.99	7231
32	11.47	6.43	12.33	1.94	50.30	15.00	38.72	4.00	57.26	293.72	7016
33	11.57	7.19	10.27	1.91	50.71	16.20	34.36	4.10	54.94	269.98	6907
34	12.12	5.83	9.71	1.70	52.32	17.05	27.10	2.60	39.10	281.24	5339

解：本题要在累积贡献达 85%基础上确定公因子个数，求初始载荷矩阵，计算共同度和特殊方差，下面用统计软件 SPSS 来实现。

打开由表 9.4.1 建立的数据表，执行“Analyze”→“Data Reduction”→“Factor（因子）”命令，弹出“Factor Analysis（因子分析）”主对话框，将左边方框中变量 x_1 至 x_{10} 输入右边“Variables（变量）”矩形框中。

单击“Descriptives（描述）”按钮，打开“Factor Analysis：Descriptives（因子分析：描述）”对话框，在“Statistics（统计量）”栏下选择“Initial Solution（初始解）”，在“Correlation Matrix（相关矩阵）”方框下选择“Coefficients（系数）”选项、“Reproduced（再生）”选项、“Significance levels（显著性水平）”和“KMO and Bartlett's test of sphericity（KMO 和巴特莱特球形检验）”，单击“Continue”按钮返回主对话框。

单击“Extraction（选取）”按钮，打开“Factor Analysis：Extraction（因子分析：选取）”对话框，在“Method（方法）”下拉菜单中选择“Principal Components（主成分）”选项，在“Analyze”栏下选择“Correlation Matrix（相关系数矩阵）”选项，在“Display（显示）”栏下选择“Unrotated factor solution（未旋转因子解）”和“Scree plot（碎石图）”选项，在“Extract（提取）”栏下选择“Number of factors（因子个数）”选项，在后面的窗口中输入提取公因子的个数 4（这是因为要求累积贡献达 85%以上而确定的）。

其他各选项保持默认值，单击“Ok”按钮提交运行，得到表 9.4.2～表 9.4.6。

表 9.4.2　KMO 和巴特莱特球形检验

Kaiser-Meyer-Olkin Measure of Sampling Adequacy		0.788
Bartlett's Test of Sphericity	Approx.Chi-Square	211.586
	df	45
	Sig.	0.000

由表 9.4.2 可知，*KMO* 值为 0.788，巴特莱特球形检验的 p 值为 0.000，说明本数据适合做因子分析。

表 9.4.3　特征值及其贡献率和累积贡献率

Component	Initial Eigenvalues			Extraction Sums of Squared Loadings		
	Total	% of Variance	Cumulative %	Total	% of Variance	Cumulative %
1	5.024	50.235	50.235	5.024	50.235	50.235
2	2.080	20.799	71.034	2.080	20.799	71.034
3	0.735	7.355	78.389	0.735	7.355	78.389
4	0.686	6.857	85.246	0.686	6.857	85.246
5	0.376	3.763	89.009			
6	0.302	3.021	92.030			
7	0.286	2.855	94.885			
8	0.224	2.238	97.123			
9	0.205	2.047	99.170			
10	0.083	0.830	100.000			

根据表 9.4.3，在累积贡献达 85%的基础上应提取 4 个公因子，其累积贡献达 85.246%，符合要求。在 $m=4$ 时的残差矩阵如下，其非对角线元素均很小，说明提取 4 个因子的模型对原数据的拟合不错。

表 9.4.4 主成分解下的残差矩阵

Residual											
	r100 米		0.13	0.003	−0.025	−0.063	−0.057	0.028	0.072	−0.041	−0.009
	跳远	0.013		−0.042	−0.037	0.063	0.038	−0.011	−0.038	−0.015	0.078
	铅球	0.003	−0.042		0.012	0.010	−0.021	0.006	−0.040	−0.074	−0.063
	跳高	−0.025	−0.037	0.012		−0.024	0.018	0.009	−0.019	0.001	−0.004
	r400 米	−0.063	0.063	0.010	−0.024		−0.035	−0.063	0.011	0.002	−0.021
	h110 栏	−0.057	0.038	−0.021	0.018	−0.035		0.052	0.030	−0.047	0.026
	铁饼	0.028	−0.011	0.006	0.009	−0.063	0.052		−0.034	−0.104	−0.047
	撑 杆 跳	0.072	−0.038	−0.040	−0.019	0.011	0.030	−0.034		−0.024	−0.016
	标枪	−0.041	−0.015	−0.074	0.001	0.002	−0.047	−0.104	−0.021		0.073
	r1500 米	−0.009	0.078	−0.063	−0.004	−0.021	0.026	−0.047	−0.016	0.073	

主成分解的初始载荷矩阵和共同度见表 9.4.5 和表 9.4.6。

表 9.4.5 主成分解下的初始载荷矩阵

	Component			
	1	2	3	4
r100 米	−0.804	0.294	0.258	0.146
跳远	0.810	−0.285	0.066	0.095
铅球	0.726	0.569	−0.107	0.144
跳高	0.600	−0.011	0.734	−0.295
r400 米	−0.660	0.616	0.199	−0.014
h110 栏	−0.837	0.189	0.128	0.321
铁饼	0.687	0.601	−0.039	0.034
撑杆跳高	0.872	0.089	−0.065	−0.055
标枪	0.657	0.430	0.117	0.469
r1500 米	−0.187	0.787	−0.198	−0.470

表 9.4.6 主成分解下各变量的共同度

	Initial	Extraction
r100 米	1.000	0.820
跳远	1.000	0.750
铅球	1.000	0.883
跳高	1.000	0.985
r400 米	1.000	0.855
h110 栏	1.000	0.855
铁饼	1.000	0.836
撑杆跳高	1.000	0.775
标枪	1.000	0.850
r1500 米	1.000	0.914

由上面两个表可得初始载荷矩阵，变量的共同度和特殊方差，公因子的贡献率和累积贡献率见表 9.4.7。

表 9.4.7 主成分解下的因子载荷矩阵

变量	因子载荷矩阵				共同度 h_i^2	特殊方差 d_i^2
	f_1	f_2	f_3	f_4		
100 米	−0.804	0.294	0.258	0.146	0.820	0.180
跳远	0.810	−0.285	0.066	0.095	0.750	0.250
铅球	0.726	0.569	0.107	0.144	0.883	0.117
跳高	0.600	−0.011	0.734	−0.295	0.985	0.015
400 米	−0.660	0.616	0.199	−0.014	0.855	0.145
110 跨栏	−0.837	0.189	0.128	0.321	0.855	0.145
铁饼	0.687	0.601	−0.039	0.034	0.836	0.164
撑杆跳高	0.872	0.089	−0.065	−0.055	0.775	0.225
标枪	0.657	0.430	0.117	0.469	0.850	0.150
1500 米跑	−0.187	0.787	−0.198	−0.470	0.914	0.086
贡献率/%	50.235	20.799	7.355	6.857		
累积贡献率/%	50.235	71.034	78.389	85.246		

由表 9.4.7 可知，变量的共同度大部分都在 0.85 以上，说明 4 个公因子提取原变量的大部分信息，效果不错。由此表可得主成分因子解如下：

$$x_1 = -0.804f_1 + 0.294f_2 + 0.258f_3 + 0.146f_4 + \varepsilon_1,$$
$$x_2 = 0.810f_1 - 0.285f_2 + 0.066f_3 + 0.095f_4 + \varepsilon_2,$$
$$\vdots$$
$$x_{10} = -0.187f_1 + 0.787f_2 - 0.198f_3 - 0.470f_4 + \varepsilon_{10}。$$

从因子载荷矩阵可以看出，除最后一个变量外，其余变量在第 1 个公因子上都有较大的正载荷，可以把第 1 个公因子称为一般运动因子（这样命名实际很无奈），其贡献率为 50.235%；由于变量跳高在第 3 个公因子上的载荷很大，可以称为弹跳因子，其贡献率为 7.355%；其他公因子似乎就不太容易解释，第 2 个公因子好像是跑和掷的能力，其贡献率为 20.799%，第 4 个公因子似乎是长跑耐力和投掷能力的对比，其贡献率为 6.857%。人们对公因子的上述命名和解释并不满意，解决公因子命名和解释这个问题，需要对因子载荷矩阵进行正交旋转。

9.4.2 主轴因子法

主轴因子法是对主成分方法的修正，这里假定原始向量 $\boldsymbol{x}$ 的各分量已经标准化。设 $\boldsymbol{R}$ 是 $\boldsymbol{x}$ 的相关系数矩阵，则

$$\boldsymbol{R} = \boldsymbol{A}\boldsymbol{A}' + \boldsymbol{D}。$$

令 $\boldsymbol{R}^* = \boldsymbol{R} - \boldsymbol{D} = \boldsymbol{A}\boldsymbol{A}'$，称 $\boldsymbol{R}^*$ 为 $\boldsymbol{x}$ 的约相关矩阵。这时 $\boldsymbol{R}^*$ 中的对角线元素是 $h_i^2(i=1,2,\cdots,p)$ 而不是 1，非对角线元素和 $\boldsymbol{R}$ 中相应元素一样，$\boldsymbol{R}^*$ 是一个非负定矩阵。

设 $\hat{d}_{i0}^2$ 是特殊方差 d_i^2 的一个初始估计，则约相关矩阵的估计是

$$\hat{\boldsymbol{R}}^* = \boldsymbol{R} - \hat{\boldsymbol{D}} = \begin{pmatrix} \hat{h}_{10}^2 & \rho_{12} & \cdots & \rho_{1p} \\ \rho_{21} & \hat{h}_{20}^2 & \cdots & \rho_{2p} \\ \vdots & \vdots & \ddots & \vdots \\ \rho_{p1} & \rho_{p2} & \cdots & \hat{h}_{p0}^2 \end{pmatrix} \tag{9.4.2}$$

这里 $\boldsymbol{R} = (\rho_{ij})$，$\hat{\boldsymbol{D}}_0 = \mathrm{diag}(\hat{d}_{10}^2, \hat{d}_{20}^2, \cdots, \hat{d}_{p0}^2)$，$\hat{h}_{i0}^2 = 1 - \hat{d}_{i0}^2$ 是 h_{i0}^2 的初始估计。设 $\boldsymbol{R}^*$ 的前 m 个特征值依次是 $\hat{\lambda}_1^* \geqslant \hat{\lambda}_2^* \geqslant \cdots \geqslant \hat{\lambda}_m^* > 0$，相应的标准正交的特征向量为 $\hat{\boldsymbol{e}}_1^*, \hat{\boldsymbol{e}}_2^*, \cdots, \hat{\boldsymbol{e}}_m^*$，则 $\boldsymbol{A}$ 的主因子解为

$$\hat{\boldsymbol{A}} = (\sqrt{\hat{\lambda}_1^*}\hat{\boldsymbol{e}}_1^*, \sqrt{\hat{\lambda}_2^*}\hat{\boldsymbol{e}}_2^*, \cdots, \sqrt{\hat{\lambda}_m^*}\hat{\boldsymbol{e}}_m^*),$$

由此可以重新估计特殊方差 d_{i1}^2：

$$\hat{d}_{i1}^2 = 1 - \sum_{j=1}^m \hat{a}_{ij}^2, \quad i = 1,2,\cdots,p,$$

把 $\hat{d}_{i1}^2$，$i=1,2,\cdots,p$ 代入式（9.4.2）中又得约相关矩阵的估计。重复上述步骤，直到所得的解稳定为止，这是求主轴因子解的迭代法。从上述过程可知，求主轴因子解的关键在于对特殊方差 d_i^2 或共同度 h_i^2 的初始估计，常用的估计方法有以下几种：

（1）取 $\hat{d}_i^2 = 1/r_i$，其中 r_i 是 $\boldsymbol{R}^{-1}$ 的第 i 个对角线元素。此时共性方差的估计为 $\hat{h}_i^2 = 1 - \hat{d}_i^2$，它是 x_i 和其他 $p-1$ 个变量间复相关系数的平方，该法最常用。

（2）取 $\hat{h}_i^2 = \max\limits_{j \neq i} |\rho_{ij}|$，此时 $\hat{d}_i^2 = 1 - \hat{h}_i^2$。

（3）取 $\hat{h}_i^2=1$，此时 $\hat{d}_i^2=0$，这时 $\hat{A}$ 就是主成分解。可见主成分法是主轴因子法的一个特例。

例 9.4.2 续例 9.4.1，利用 1998 年奥林匹克运动会十项全能 34 名运动员的得分数据表 9.4.1，在累积贡献达 85%基础上确定公因子个数应为 4，现用主轴因子法求初始载荷矩阵，比较主轴因子法和主成分法的优劣。

解： 本题数据与例 9.4.1 一样，使用 SPSS 求解的方法也与上例基本一样，不同的是在打开“Factor Analysis: Extraction”对话框时，在“Method（方法）”下拉菜单中选择“Principal axis factoring（主轴因子）”选项，其他不变。单击“Ok”按钮提交运行，就得到表 9.4.8～表 9.4.11。

表 9.4.8　主轴因子法下的特征值及其贡献率和累积贡献率

Factor	Initial Eigenvalues			Extraction Sums of Squared Loadings		
	Total	% of Variance	Cumulative %	Total	% of Variance	Cumulative %
1	5.024	50.235	50.235	4.770	47.704	47.704
2	2.080	20.799	71.034	1.858	18.584	66.288
3	0.735	7.355	78.389	0.413	4.126	70.413
4	0.686	6.857	85.246	0.306	3.060	73.474
5	0.376	3.763	89.009			
6	0.302	3.021	92.030			
7	0.286	2.855	94.885			
8	0.224	2.238	97.123			
9	0.205	2.047	99.170			
10	0.083	0.830	100.000			

主轴因子法的初始载荷矩阵和共同度见表 9.4.9 和表 9.4.10。

表 9.4.9　主轴因子法下的载荷矩阵

	Factor			
	1	2	3	4
r100 米	−0.781	0.275	0.184	0.107
跳远	0.778	−0.261	0.099	0.077
铅球	0.736	0.578	0.110	−0.186
跳高	0.554	−0.012	0.072	0.455
r400 米	−0.654	0.601	0.053	0.191
h110 栏	−0.830	0.187	0.311	−0.076
铁饼	0.677	0.568	0.043	−0.047
撑杆跳高	−0.846	0.078	0.043	0.023
标枪	0.620	0.366	0.276	−0.014
r1500 米	−0.180	0.722	−0.415	0.046

表 9.4.10　主轴因子法下各变量的共同度

	Initial	Extraction
r100 米	0.686	0.731
跳远	0.645	0.690
铅球	0.832	0.922
跳高	0.381	0.519
r400 米	0.749	0.828
h110 栏	0.745	0.826
铁饼	0.805	0.785
撑杆跳高	0.691	0.724
标枪	0.562	0.595
r1500 米	0.554	0.728

主轴因子法的残差矩阵见表 9.4.11。

比较主轴因子法和主成分法的共同度可以看出，两种方法各有优劣。用主成分法得到的共同度要比用主轴因子法得到的共同度更大，说明用主成分法所选取的公因子对原变量的信息提取更多；比较主轴因子法和主成分法的残差矩阵可以看出，用主轴因子法得到残差矩阵的大多数元素比用主成分法得到残差矩阵的相应元素要小，说明用主轴因子法所得的因子模型对原数据的拟合更好。

表 9.4.11　主轴因子法下的残差矩阵

Residual	r100 米		−0.037	−0.005	0.010	−0.008	0.003	0.017	0.018	−0.009	−0.014
	跳远	−0.037		−0.028	−0.005	0.011	0.015	−0.004	−0.003	0.033	0.010
	铅球	−0.005	−0.028		−0.004	0.021	−0.035	0.017	−0.015	0.002	−0.029
	跳高	0.010	−0.005	−0.004		0.003	−0.013	0.026	−0.004	−0.015	−0.014
	r400 米	−0.008	0.011	0.021	0.003		−0.002	−0.047	−0.017	0.024	0.016
	h110 栏	0.003	0.015	−0.035	−0.013	−0.002		0.034	−0.006	0.009	0.004
	铁饼	0.017	−0.004	0.017	0.026	−0.047	0.034		0.006	−0.022	0.020
	撑杆跳高	0.018	−0.003	−0.015	−0.004	−0.017	−0.006	0.006		0.016	0.007
	标枪	−0.009	0.033	0.002	−0.015	0.024	0.009	−0.022	0.016		0.007
	r1500 米	−0.014	0.010	−0.029	−0.014	0.016	0.004	0.020	0.007	0.007	

9.4.3　极大似然法

设公因子 $\boldsymbol{f} \sim N_m(\boldsymbol{0},\boldsymbol{I})$，特殊因子 $\boldsymbol{\varepsilon} \sim N_p(\boldsymbol{0},\boldsymbol{D})$，$\boldsymbol{f},\boldsymbol{\varepsilon}$ 相互独立，则有 $\boldsymbol{x} \sim N_p(\boldsymbol{\mu},\boldsymbol{\Sigma})$，由样本 $x_1,x_2,\cdots,x_n$ 可得似然函数 $\boldsymbol{L}(\boldsymbol{\mu},\boldsymbol{\Sigma})$，它是 $\boldsymbol{\mu}$ 和 $\boldsymbol{\Sigma}$ 的函数。由于 $\boldsymbol{\Sigma} = \boldsymbol{AA}' + \boldsymbol{D}$，故似然函数可更清楚地表示为 $\boldsymbol{L}(\boldsymbol{\mu},\boldsymbol{A},\boldsymbol{D})$。记 $\boldsymbol{\mu},\boldsymbol{A},\boldsymbol{D}$ 的极大似然估计为 $\hat{\boldsymbol{\mu}},\hat{\boldsymbol{A}},\hat{\boldsymbol{D}}$，即有

$$\boldsymbol{L}(\hat{\boldsymbol{\mu}},\hat{\boldsymbol{A}},\hat{\boldsymbol{D}}) = \max \boldsymbol{L}(\boldsymbol{\mu},\boldsymbol{A},\boldsymbol{D})。$$

这里 $\hat{\boldsymbol{\mu}} = \bar{\boldsymbol{X}}$，而 $\hat{\boldsymbol{A}}$ 和 $\hat{\boldsymbol{D}}$ 是方程组

$$\begin{cases} \hat{\boldsymbol{\Sigma}}\hat{\boldsymbol{D}}^{-1}\hat{\boldsymbol{A}} = \hat{\boldsymbol{A}}(\boldsymbol{I}_m + \hat{\boldsymbol{A}}'\hat{\boldsymbol{D}}^{-1}\hat{\boldsymbol{A}}) \\ \hat{\boldsymbol{D}} = \mathrm{diag}(\hat{\boldsymbol{\Sigma}} - \hat{\boldsymbol{A}}\hat{\boldsymbol{A}}') \end{cases} \tag{9.4.3}$$

的解，其中 $\hat{\boldsymbol{\Sigma}} = \dfrac{1}{n}\sum_{i=1}^{n}(\boldsymbol{x}_i - \bar{\boldsymbol{x}})(\boldsymbol{x}_i - \bar{\boldsymbol{x}})'$。为了使所得的解是唯一的，可附上使计算方便的条件：$\hat{\boldsymbol{A}}'\hat{\boldsymbol{D}}^{-1}\hat{\boldsymbol{A}}$ 是对角矩阵。式（9.4.3）中的 $\hat{\boldsymbol{A}}$ 和 $\hat{\boldsymbol{D}}$ 可用迭代方法求解，这可由计算机来完成。

对极大似然解，当因子数增加时，原来因子的估计载荷及对 $\boldsymbol{x}$ 的贡献将发生变化，这与主成分解及主因子解不同。

例 9.4.3　续例 9.4.1，利用 1998 年奥林匹克运动会十项全能 34 名运动员的得分数据表 9.4.1，在累积贡献达 85%基础上确定公因子个数为 4，现用极大似然法求初始载荷矩阵，比较极大似然法与主成分法的优劣。

解：本题数据与上例一样，使用 SPSS 求解的方法也与上例基本一样，不同的是在打开“Factor Analysis：Extraction”对话框时，在“Method（方法）”下拉菜单中选择“Maximun Likelihood（极大似然）”选项，其他不变。单击“Ok”按钮提交运行，得到表 9.4.12～表 9.4.15。

表 9.4.12　极大似然法下的特征值及其贡献率和累积贡献率

Factor	Initial Eigenvalues			Extraction Sums of Squared Loadings		
	Total	% of Variance	Cumulative %	Total	% of Variance	Cumulative %
1	5.024	50.235	50.235	3.880	38.804	38.804
2	2.080	20.799	71.034	1.051	10.512	49.316
3	0.735	7.355	78.389	1.941	19.407	68.723
4	0.686	6.857	85.246	0.493	4.993	73.656
5	0.376	3.763	89.009			
6	0.302	3.021	92.030			
7	0.286	2.855	94.885			
8	0.224	2.238	97.123			
9	0.205	2.047	99.170			
10	0.083	0.830	100.000			

极大似然法的初始载荷矩阵和共同度见表 9.4.13 和表 9.4.14。

表 9.4.13　极大似然法下的初始载荷矩阵

	Factor			
	1	2	3	4
r100 米	0.798	−0.065	−0.132	−0.131
跳远	−0.711	0.025	0.211	0.385
铅球	−0.351	0.429	0.738	0.018
跳高	−0.421	0.256	0.175	0.234
r400 米	0.909	0.417	−0.004	0.001
h110 栏	0.910	−0.413	0.011	0.001
铁饼	−0.310	0.314	0.831	−0.117
撑杆跳高	−0.679	0.232	0.422	0.124
标枪	−0.278	0.252	0.616	0.319
r1500 米	0.389	0.486	0.236	−0.378

表 9.4.14　极大似然法下各变量的共同度

	Initial	Extraction
r100 米	0.686	0.675
跳远	0.645	0.698
铅球	0.832	0.853
跳高	0.381	0.328
r400 米	0.749	0.999
h110 栏	0.745	0.999
铁饼	0.805	0.899
撑杆跳高	0.691	0.708
标枪	0.562	0.622
r1500 米	0.554	0.586

极大似然法的残差矩阵见表 9.4.15。

表 9.4.15　极大似然法的残差矩阵

残差	r100 米		−0.044	−0.013	0.042	0.000	−0.000	0.010	0.001	0.017	−0.043
	跳远	−0.044		−0.032	0.039	0.000	0.000	0.016	0.008	−0.010	0.004
	铅球	−0.013	−0.032		−0.071	0.000	−0.000	0.001	−0.009	0.037	−0.038
	跳高	0.042	0.039	−0.0071		0.000	0.000	0.046	0.024	−0.026	−0.046
	r400 米	0.000	0.000	0.000	0.000		0.000	−0.000	−0.000	−0.000	0.000
	h110 栏	−0.000	0.000	−0.000	0.000	0.000		0.000	0.000	0.000	0.000
	铁饼	0.010	0.016	0.001	0.046	−0.000	0.000		−0.000	−0.022	0.016
	撑杆跳高	0.001	0.008	−0.009	0.024	−0.000	0.000	0.000		0.010	0.028
	标枪	0.017	−0.010	0.037	−0.026	−0.000	0.000	−0.022	0.010		0.006
	r1500 米	−0.043	0.004	−0.038	−0.046	0.000	0.000	0.016	0.028	0.006	

比较极大似然法与主成分法的共同度可以看出，用主成分法得到的共同度要比用极大似然法得到的共同度更大，说明用主成分法所选取的公因子对原变量的信息提取更多；比较极大似然法和主成分法的残差矩阵可以看出，用极大似然法得到残差矩阵的大多数元素比用主成分法得到残差矩阵的相应元素要小，说明用极大似然法所得的因子模型对原数据的拟合更好。两种方法各有所长。

9.5 因子旋转及其作用

建立因子分析模型的目的不仅要找出公因子以及对变量进行分组，更重要的是要知道每个公因子的意义，以便对实际问题作出科学的分析和合理的解释。如果每个公因子的涵义不清，就不能对问题作出有意义的解释。为了使每个公因子的涵义明确，就要对因子载荷矩阵进行正交旋转，即用一个正交矩阵右乘 $\boldsymbol{A}$，使旋转后的因子载荷阵结构简化，以便于对公共因子进行解释。所谓结构简化就是使每个变量仅在一个公因子上有较大的载荷，而在其余公因子上的载荷都比较小，至多只能是中等大小。这种变换因子载荷阵的方法就称为因子旋转。因子旋转的方法有多种，如正交旋转、斜交旋转等。本节只介绍常用的方差最大正交旋转。先考虑 $m=2$ 的情形。

设因子载荷阵为 $\boldsymbol{A}'=\begin{pmatrix} a_{11} & a_{21} & \cdots & a_{p1} \\ a_{12} & a_{22} & \cdots & a_{p2} \end{pmatrix}$，先按行计算共同度 $h_i^2=\sum\limits_{j=1}^{2}a_{ij}^2$，$i=1,\cdots,p$，考虑到各个变量 x_i 的共同度之间的差异所造成的不平衡，需对 $\boldsymbol{A}$ 中的元素进行规格化处理，即每行的元素用每行的共同度的算术根除之。

为书写方便，对规格化后的矩阵仍记为 $\boldsymbol{A}$，施行方差最大正交旋转。设有正交阵

$$\boldsymbol{T}=\begin{pmatrix} \cos\varphi & -\sin\varphi \\ \sin\varphi & \cos\varphi \end{pmatrix} \text{（逆时针）或 } \boldsymbol{T}=\begin{pmatrix} \cos\varphi & \sin\varphi \\ -\sin\varphi & \cos\varphi \end{pmatrix} \text{（顺时针）。}$$

记

$$\boldsymbol{B}=\boldsymbol{AT}=\begin{pmatrix} a_{11}\cos\varphi+a_{12}\sin\varphi & -a_{11}\sin\varphi+a_{12}\cos\varphi \\ a_{21}\cos\varphi+a_{22}\sin\varphi & -a_{21}\sin\varphi+a_{22}\cos\varphi \\ \vdots & \vdots \\ a_{p1}\cos\varphi+a_{p2}\sin\varphi & -a_{p1}\sin\varphi+a_{p2}\cos\varphi \end{pmatrix}\stackrel{\Delta}{=}\begin{pmatrix} b_{11} & b_{12} \\ b_{21} & b_{22} \\ \vdots & \vdots \\ b_{p1} & b_{p2} \end{pmatrix}。$$

这样做的目的是使因子载荷阵 $\boldsymbol{A}$ 的结构简化，即使载荷阵的每一列元素的平方值向 0 或 1 两极分化，这样就可以把变量 $x_1,x_2,\cdots,x_p$ 分成两部分：一部分主要与第 1 个公因子有关，即在 f_1 上有大的载荷；另一部分与第 2 个公共因子有关，即在 f_2 上有大的载荷。因此，这实际上要求 $(b_{11}^2,\cdots,b_{p1}^2)$ 和 $(b_{12}^2,\cdots,b_{p2}^2)$ 两组数据的方差 V_1 和 V_2 要尽可能大。这时，取正交旋转的角度 φ，使得旋转后所得的因子载荷阵的总方差 V_1+V_2 达到最大值，即使

$$V=V_1+V_2=\sum_{i=1}^{2}\left[\frac{1}{p}\sum_{i=1}^{p}(b_{ij}^2)^2-\left(\frac{1}{p}\sum_{i=1}^{p}b_{ij}^2\right)^2\right]$$

达到最大，其中 $V_j=\frac{1}{p}\sum\limits_{i=1}^{p}(b_{ij}^2-\frac{1}{p}\sum\limits_{i=1}^{p}b_{ij}^2)^2=\frac{1}{p}\sum\limits_{i=1}^{p}(b_{ij}^2)^2-(\frac{1}{p}\sum\limits_{i=1}^{p}b_{ij}^2)^2$，$j=1,2$。

根据求极值的方法，先求 V 关于 φ 的导数，再令其为零，即有

$$\frac{\mathrm{d}V}{\mathrm{d}\varphi}\stackrel{令}{=}0。$$

经计算，其旋转角度φ可按下面公式求得：

$$\tan 4\varphi = \frac{d - 2ab/p}{c - (a^2 - b^2)/p},$$

其中$a = \sum_{i=1}^{p} u_i$，$b = \sum_{i=1}^{p} v_i$，$c = \sum_{i=1}^{p}(u_i^2 - v_i^2)$，$d = 2\sum_{i=1}^{p} u_i v_i$，$u_i = (a_{i1}/h_i)^2 - (a_{i2}/h_i)^2$，$v_i = 2(a_{i1}/h_i)(a_{i2}/h_i)$。

根据$\tan 4\varphi$的分子、分母取值的正负号确定角φ的取值范围见表 9.5.1。

表 9.5.1　φ的取值范围

分子取值范围	分母取值范围	4φ取值范围	φ取值范围
+	+	$0 \sim \pi/2$	$0 \sim \pi/8$
+	−	$\pi/2 \sim \pi$	$\pi/8 \sim \pi/4$
−	−	$-\pi \sim -\pi/2$	$-\pi/4 \sim -\pi/8$
−	+	$-\pi/2 \sim 0$	$-\pi/8 \sim 0$

如果公因子有m个，则需逐次对每两个公因子进行上述旋转，这里略去具体过程。

例 9.5.1　续例 9.4.1，利用 1998 年奥林匹克运动会十项全能 34 名运动员的得分数据表 9.4.1，在累积贡献达 85%基础上确定公因子个数为 4，现对主成分法所得的初始载荷矩阵进行方差极大正交旋转，求正交旋转后的载荷矩阵，给出变量的共同度和特殊方差，公因子的贡献率和累积贡献率；根据正交旋转后的载荷矩阵对公因子进行解释和命名。

在例 9.4.1 操作的基础上再单击“Rotation（旋转）”按钮，弹出“Factor Analysis:Rotation（因子分析：旋转）”对话框，在“Method（方法）”方框选择“Varimax（方差最大）”选项，表示对初始载荷矩阵进行方差最大正交旋转。在“Display（显示）”方框下选择“Rotated Solution（旋转解）”。其他各选项保持默认，单击“Ok”按钮提交运行，就得正交旋转后的因子载荷矩阵和旋转后因子的贡献和累积贡献表，见表 9.5.2 和表 9.5.3。

表 9.5.2　正交旋转下的载荷矩阵

	Component			
	1	2	3	4
r100 米	0.867	−0.227	0.105	−0.078
跳远	−0.653	0.348	−0.360	0.271
铅球	−0.278	0.871	0.202	0.075
跳高	−0.244	0.209	−0.062	0.937
r400 米	0.822	−0.009	0.423	−0.025
h110 栏	0.853	−0.231	−0.048	−0.267
铁饼	−0.246	0.816	0.287	0.164
撑杆跳高	−0.641	0.556	0.013	0.233
标枪	−0.084	0.893	−0.170	0.127
r1500 米	0.233	−0.172	0.910	−0.053

表 9.5.3 正交旋转下的贡献率和累积贡献率

Extraction Sums of squared Loadings			Rotation Sums of Squared Loadings		
Total	% of Variance	Cumulative %	Total	% of Variance	Cumulative %
5.024	50.235	50.235	3.251	32.515	32.515
2.080	20.799	71.034	2.832	28.320	60.834
.735	7.355	78.389	1.306	13.058	73.892
.686	6.857	85.246	1.135	11.354	85.246

由表 9.5.2 和表 9.5.3 可以给出旋转后的载荷矩阵，各变量的共同度和特殊方差，各因子的贡献率和累积贡献率，见表 9.5.4。

表 9.5.4 正交旋转后的因子载荷矩阵

变量	旋转后的因子载荷矩阵				共同度 h_i^2	特殊方差 d_i^2
	f_1^*	f_2^*	f_3^*	f_4^*		
100 米	0.867	−0.277	0.105	−0.078	0.820	0.180
跳远	−0.653	0.348	−0.360	0.271	0.750	0.250
铅球	-0.278	0.871	0.202	0.075	0.883	0.117
跳高	−0.244	0.209	−0.062	0.937	0.985	0.015
400 米	0.822	−0.009	0.423	−0.025	0.855	0.145
110 跨栏	0.853	−0.231	−0.048	−0.267	0.855	0.145
铁饼	−0.246	0.816	0.287	0.164	0.836	0.164
撑杆跳高	−0.641	0.556	0.013	0.233	0.775	0.225
标枪	−0.084	0.893	−0.170	0.127	0.850	0.150
1500 米跑	0.233	0.172	0.910	−0.053	0.914	0.086
贡献率%	32.515	28.320	13.058	11.354		
累积贡献率%	32.515	60.834	73.892	85.246		

通过旋转可以看出，公因子有较为明确的含义：由于 100 米跑、400 米跑、110 米跨栏在第 1 个公因子上有大的正载荷，跳远和撑杆跳高在第 1 个公因子上有较大的负载荷，因此可以称第 1 个公因子为短跑速度（与爆发腿力对比）因子，其贡献率为 32.515%；铅球、铁饼和标枪在第 2 个公因子上有大的正载荷，因此称第 2 个公因子为爆发臂力因子，其贡献率为 28.320%；1500 米跑在第 3 个公因子上有大的正载荷，因此称第 3 个公因子为长跑耐力因子，其贡献率为 13.058%；跳高在第 4 个公因子上有压倒性的大载荷，因此，称第 4 个公因子为弹跳力因子，其贡献率为 11.354%。

通过对初始载荷矩阵进行方差最大的正交旋转后可知，十项全能项目的得分基本上可由 4 个因子确定，这 4 个因子是短跑速度（与爆发腿力对比）因子、爆发臂力因子、弹跳力因子和长跑耐力因子，这种分析结果与传统的田径运动分类基本一致。值得注意的是，由于这里使用的数据与林登 1977 年使用的数据是不同的，因此分析结果与林登对第二次世界大战以来十项全能项目的分析结果既有一些共同点，也存在一些差异。

9.6 因子得分及其作用

因子分析的数学模型是把变量（或样品）表示为公共因子的线性组合：

$$x_i = \mu_i + a_{i1}f_1 + a_{i2}f_2 + \cdots + a_{im}f_m,\quad i=1,2,\cdots,p。$$

反过来，若把公因子表为变量（或样品）的线性组合，即有

$$f_j = b_{j1}x_1 + b_{j2}x_2 + \cdots + b_{jp}x_p,\quad j=1,2,\cdots,m。$$

则称 f_j 为因子得分函数。f_j 是一个综合指标，它把原始变量中对于公因子 f_j 的信息集中起来。把每个变量值代入计算，就得到相应的 f_j 值，称为因子得分。因子得分的计算并不是通常意义下的参数估计，而是对不可观测的随机变量 $f_1,f_2,\cdots,f_m$ 作出估计。计算因子得分的方法有以下两种。

9.6.1 加权最小二乘法

把因子模型（9.2.1）写为

$$\begin{cases} x_1-\mu_1 = a_{11}f_1 + a_{12}f_2 + +a_{1m}f_m + \varepsilon_1 \\ x_2-\mu_2 = a_{21}f_1 + a_{22}f_2 + +a_{2m}f_m + \varepsilon_2 \\ \qquad\vdots \\ x_p-\mu_p = a_{p1}f_1 + a_{p2}f_2 + +a_{pm}f_m + \varepsilon_p \end{cases} \tag{9.6.1}$$

其中 $V(\varepsilon_i)=d_i^2$，$i=1,2,\cdots,p$。利用与求解线性回归模型相类似的方法可得 $f_1,f_2,\cdots,f_m$ 的近似解。由于 p 个特殊方差未必相等，这时可采用加权最小二乘估计法，即寻找 $f_1,f_2,\cdots,f_m$ 的一组值 $\hat f_1,\hat f_2,\cdots,\hat f_m$，使得加权“残差”平方和：

$$\sum_{i=1}^{p}[(x_i-\mu_i)-(a_{11}\hat f_1 + a_{12}\hat f_2 + +a_{1m}\hat f_m)]^2/d_i^2 \tag{9.6.2}$$

达到最小，这样求得的解 $\hat f_1,\hat f_2,\cdots,\hat f_m$ 就是加权最小二乘法得到的因子得分，有时称为 Bartlett（1937）因子得分。

式（9.6.1）用矩阵表示为

$$\boldsymbol{x}-\boldsymbol{\mu} = \boldsymbol{Af}+\boldsymbol{\varepsilon} \tag{9.6.3}$$

式（9.6.2）用矩阵表示为

$$(\boldsymbol{x}-\boldsymbol{\mu}-\boldsymbol{A}\hat{\boldsymbol{f}})'\boldsymbol{D}^{-1}(\boldsymbol{x}-\boldsymbol{\mu}-\boldsymbol{A}\hat{\boldsymbol{f}}) \tag{9.6.4}$$

其中 $\hat{\boldsymbol{f}}=(\hat f_1,\hat f_2,\cdots,\hat f_m)'$，$\boldsymbol{D}=\mathrm{diag}(d_1^2,d_2^2,\cdots,d_p^2)$。用微分学中求极值的方法可以解得因子得分是

$$\hat{\boldsymbol{f}}=(\boldsymbol{A}'\boldsymbol{D}^{-1}\boldsymbol{A})^{-1}\boldsymbol{A}'\boldsymbol{D}^{-1}(\boldsymbol{x}-\boldsymbol{\mu}) \tag{9.6.5}$$

在实际应用中，用 $\bar{\boldsymbol{x}}$，$\hat{\boldsymbol{A}}$ 和 $\hat{\boldsymbol{D}}$ 分别代替上述公式中的 $\boldsymbol{\mu}$，$\boldsymbol{A}$ 和 $\boldsymbol{D}$，并把每个样品的数据 $\boldsymbol{x}_{(i)}$ 代入，可得相应的因子得分为

$$\hat{\boldsymbol{f}}_i=(\hat{\boldsymbol{A}}'\hat{\boldsymbol{D}}^{-1}\hat{\boldsymbol{A}})^{-1}\hat{\boldsymbol{A}}'\hat{\boldsymbol{D}}^{-1}(\boldsymbol{x}_{(i)}-\bar{\boldsymbol{x}}) \tag{9.6.6}$$

若把 $\boldsymbol{f}$ 和 $\boldsymbol{\varepsilon}$ 不相关的假定加强为相互独立，则在 $\boldsymbol{f}$ 值已知的条件下，由式（9.6.5）和式（9.6.3）可得因子得分 $\hat f$ 的条件数学期望是

$$\boldsymbol{E}(\hat{\boldsymbol{f}}|\boldsymbol{f})=(\boldsymbol{A}'\boldsymbol{D}^{-1}\boldsymbol{A})^{-1}\boldsymbol{A}'\boldsymbol{D}^{-1}\boldsymbol{E}(\boldsymbol{Af}+\boldsymbol{\varepsilon}|\boldsymbol{f})=(\boldsymbol{A}'\boldsymbol{D}^{-1}\boldsymbol{A})^{-1}\boldsymbol{A}'\boldsymbol{D}^{-1}\boldsymbol{Af}=\boldsymbol{f} \tag{9.6.7}$$

由此可知，从条件意义上来说，加权最小二乘法的因子得分 $\hat{\boldsymbol{f}}$ 是无偏的。由于

$$\hat{\boldsymbol{f}}-\boldsymbol{f}=(\boldsymbol{A}'\boldsymbol{D}^{-1}\boldsymbol{A})^{-1}\boldsymbol{A}'\boldsymbol{D}^{-1}(\boldsymbol{A}\boldsymbol{f}+\boldsymbol{\varepsilon})-\boldsymbol{f}=(\boldsymbol{A}'\boldsymbol{D}^{-1}\boldsymbol{A})^{-1}\boldsymbol{A}'\boldsymbol{D}^{-1}\boldsymbol{\varepsilon}，$$

故

$$\boldsymbol{E}[(\hat{\boldsymbol{f}}-\boldsymbol{f})(\hat{\boldsymbol{f}}-\boldsymbol{f})']=(\boldsymbol{A}'\boldsymbol{D}^{-1}\boldsymbol{A})^{-1}。 \tag{9.6.8}$$

因此，用 $\hat{\boldsymbol{f}}$ 估计 $\boldsymbol{f}$ 的估计精度的平均预报误差是

$$\boldsymbol{E}[(\hat{\boldsymbol{f}}-\boldsymbol{f})(\hat{\boldsymbol{f}}-\boldsymbol{f})']=(\boldsymbol{A}'\boldsymbol{D}^{-1}\boldsymbol{A})^{-1}。$$

用加权最小二乘估计法求因子得分与主成分得分有密切的联系，为方便起见，假设变量已经标准化。由式（9.2.1）知 $\boldsymbol{x}=\boldsymbol{A}\boldsymbol{f}+\boldsymbol{\varepsilon}$，利用最小二乘法，得

$$\boldsymbol{f}=(\boldsymbol{A}'\boldsymbol{A})^{-1}\boldsymbol{A}'\boldsymbol{x}=\begin{pmatrix}\lambda_1 & & & \\ & \lambda_2 & & \\ & & \ddots & \\ & & & \lambda_p\end{pmatrix}^{-1}\begin{pmatrix}\sqrt{\lambda_1}\boldsymbol{e}_1' \\ \sqrt{\lambda_2}\boldsymbol{e}_2' \\ \vdots \\ \sqrt{\lambda_p}\boldsymbol{e}_p'\end{pmatrix}x=\begin{pmatrix}\boldsymbol{e}_1'x/\sqrt{\lambda_1} \\ \boldsymbol{e}_2'x/\sqrt{\lambda_2} \\ \vdots \\ \boldsymbol{e}_p'x/\sqrt{\lambda_p}\end{pmatrix}。$$

由于第 i 主成分的表达式是 $\boldsymbol{y}_i=\boldsymbol{e}_i'\boldsymbol{x},\ i=1,2,\cdots,p$，因此第 i 主成分与第 i 个因子得分的关系

$$\boldsymbol{y}_i=\boldsymbol{f}_i\sqrt{\lambda_i},\ i=1,2,\cdots,p。$$

由此关系式，可以利用 SPSS 中的因子模块中的因子得分求主成分得分，这时要注意两点：因子载荷矩阵是初始矩阵，不能旋转；求因子得分的方法是加权最小二乘法。

9.6.2 回归法

在因子模型（9.2.1）中，假设 $\begin{pmatrix}\boldsymbol{f}\\ \boldsymbol{\varepsilon}\end{pmatrix}$ 服从 $(m+p)$ 维正态分布，由式（9.2.2）得

$$\boldsymbol{E}\begin{pmatrix}\boldsymbol{f}\\ \boldsymbol{x}\end{pmatrix}=\begin{pmatrix}\boldsymbol{E}\boldsymbol{f}\\ \boldsymbol{E}\boldsymbol{x}\end{pmatrix}=\begin{pmatrix}\boldsymbol{0}\\ \boldsymbol{\mu}\end{pmatrix}， \tag{9.6.9}$$

$$\boldsymbol{V}\begin{pmatrix}\boldsymbol{f}\\ \boldsymbol{x}\end{pmatrix}=\boldsymbol{E}\left[\begin{pmatrix}\boldsymbol{f}\\ \boldsymbol{x}-\boldsymbol{\mu}\end{pmatrix}(\boldsymbol{f}',(\boldsymbol{x}-\boldsymbol{\mu})')\right]=\begin{pmatrix}\boldsymbol{I} & \boldsymbol{A}'\\ \boldsymbol{A} & \boldsymbol{\Sigma}\end{pmatrix}。 \tag{9.6.10}$$

根据定理 3.3.2 可知，在 $\boldsymbol{x}$ 给定的条件下，$\boldsymbol{f}$ 的条件期望是

$$\tilde{\boldsymbol{f}}=\boldsymbol{E}(\boldsymbol{f}|\boldsymbol{x})=\boldsymbol{A}'\boldsymbol{\Sigma}^{-1}(\boldsymbol{x}-\boldsymbol{\mu})。 \tag{9.6.11}$$

由式（9.2.3）知，$\boldsymbol{\Sigma}=\boldsymbol{A}\boldsymbol{A}'+\boldsymbol{D}$。因此式（9.6.11）可表为

$$\tilde{\boldsymbol{f}}=\boldsymbol{A}'(\boldsymbol{A}\boldsymbol{A}'+\boldsymbol{D})^{-1}(\boldsymbol{x}-\boldsymbol{\mu})。 \tag{9.6.12}$$

由于
$$(\boldsymbol{I}+\boldsymbol{A}'\boldsymbol{D}^{-1}\boldsymbol{A})\boldsymbol{A}'=\boldsymbol{A}'+\boldsymbol{A}'\boldsymbol{D}^{-1}\boldsymbol{A}\boldsymbol{A}'=\boldsymbol{A}'\boldsymbol{D}^{-1}(\boldsymbol{A}\boldsymbol{A}'+\boldsymbol{D})，$$

故有
$$\boldsymbol{A}'(\boldsymbol{A}\boldsymbol{A}'+\boldsymbol{D})^{-1}=(\boldsymbol{I}+\boldsymbol{A}'\boldsymbol{D}^{-1}\boldsymbol{A})^{-1}\boldsymbol{A}'\boldsymbol{D}^{-1}，$$

因此，有
$$\tilde{\boldsymbol{f}}=(\boldsymbol{I}+\boldsymbol{A}'\boldsymbol{D}^{-1}\boldsymbol{A})^{-1}\boldsymbol{A}'\boldsymbol{D}^{-1}(\boldsymbol{x}-\boldsymbol{\mu})。 \tag{9.6.13}$$

$\tilde{\boldsymbol{f}}$ 就是用回归法得到的因子得分，也称为 Thompson（1951）的因子得分。

在实际应用中，可用 $\bar{\boldsymbol{x}}$，$\hat{\boldsymbol{A}}$ 和 $\hat{\boldsymbol{D}}$ 分别代替式（9.6.12）或式（9.6.13）中的 $\boldsymbol{\mu}$，$\boldsymbol{A}$ 和 $\boldsymbol{D}$ 来得到因子得分。用 $\bar{\boldsymbol{x}}$，$\hat{\boldsymbol{A}}$ 和 $\boldsymbol{S}$ 代替式（9.6.11）中的 $\boldsymbol{\mu}$，$\boldsymbol{A}$ 和 $\boldsymbol{\Sigma}$ 可求得因子得分，这样可减少估计的误差（因为 $\hat{\boldsymbol{A}}$ 和 $\hat{\boldsymbol{D}}$ 是从 $\boldsymbol{S}$ 出发近似得到的）。样品 $\boldsymbol{x}_{(i)}$ 的因子得分为

$$\tilde{f}_i = \hat{A}'S^{-1}x_{(i)}。 \tag{9.6.14}$$

假定 f 和 ε 相互独立，则由式（9.6.13）和式（9.6.3），得

$$\begin{aligned} E(\tilde{f}|f) &= (I + A'D^{-1}A)^{-1}A'D^{-1}E(Af+\varepsilon|f) \\ &= (I + A'D^{-1}A)^{-1}(A'D^{-1}A + I - I)f = f - (I + A'D^{-1}A)^{-1}f。 \end{aligned} \tag{9.6.15}$$

可见用回归法得到的因子得分 $\tilde{f}$ 从条件意义上说是有偏的。

$$\begin{aligned} \tilde{f} - f &= (I + A'D^{-1}A)^{-1}A'D^{-1}(Af+\varepsilon) - f \\ &= (I + A'D^{-1}A)^{-1}A'D^{-1}\varepsilon - (I + A'D^{-1}A)^{-1}f。 \end{aligned}$$

故 $\tilde{f}$ 的平均预报误差是

$$\begin{aligned} E[(\tilde{f}-f)(\tilde{f}-f)'] &= (I + A'D^{-1}A)^{-1}(I + A'D^{-1}A)(I + A'D^{-1}A)^{-1} \\ &= (I + A'D^{-1}A)^{-1}。 \end{aligned} \tag{9.6.16}$$

比较式（9.6.16）与式（9.6.8）可以看出，$(A'D^{-1}A)^{-1}$ 和 $(I + A'D^{-1}A)^{-1}$ 都是正定矩阵，设 λ_i 是 $A'D^{-1}A$ 的特征值，则 $1+\lambda_i$ 是 $I + A'D^{-1}A$ 的特征值，$1/\lambda_i$ 是 $(A'D^{-1}A)^{-1}$ 的特征值，$1/(1+\lambda_i)$ 是 $(I + A'D^{-1}A)^{-1}$ 的特征值，故 $1/(\lambda_i+\lambda_i^2)$，$i=1,2,\cdots,p$ 是 $(A'D^{-1}A)^{-1} - (I + A'D^{-1}A)^{-1}$ 的特征值，故 $(A'D^{-1}A)^{-1} - (I + A'D^{-1}A)^{-1}$ 是正定矩阵，因此用回归法得到的因子得分比用加权最小二乘法得到的因子得分有更小的平均预报误差。

例 9.6.1 续例 9.4.1，利用 1998 年奥林匹克运动会十项全能 34 名运动员的得分数据表 9.4.1，在累积贡献达 85%基础上确定公因子个数为 4，写出用回归法求出的因子得分函数。

在例 9.4.1 操作的基础上再单击“Scores（得分）”按钮，弹出“Factor Analysis：Scores（因子得分）”对话框，在“Method（方法）”方框下选择“Regression（回归）”选项，表示用回归法建立因子得分函数，同时选择“Display factor score coefficient matrix（显示因子得分的系数矩阵）”，其他各选项保持默认值，单击“Ok”按钮提交运行，就得到因子得分的系数矩阵，见表 9.6.1。

表 9.6.1 因子得分的系数矩阵

	Component			
	1	2	3	4
r100 米	0.393	0.093	−0.138	0.176
跳远	−0.092	0.074	−0.229	0.076
铅球	0.026	0.363	0.046	−0.162
跳高	0.168	−0.142	0.023	1.071
r400 米	0.326	0.100	0.144	0.203
h110 栏	0.393	0.179	−0.305	−0.076
铁饼	0.020	0.292	0.146	−0.024
撑杆跳高	−0.171	0.095	0.088	0.007
标枪	0.294	0.535	−0.416	−0.080
r1500 米	−0.156	−0.102	0.807	0.012

根据表 9.6.1 可以得到因子得分函数，即

$$\begin{aligned} f_1^* = {} & 0.393x_1^* - 0.092x_2^* + 0.026x_3^* + 0.168x_4^* + 0.326x_5^* \\ & + 0.393x_6^* + 0.020x_7^* - 0.171x_8^* + 0.294x_9^* - 0.156x_{10}^*, \end{aligned}$$

$$f_2^* = 0.093x_1^* + 0.074x_2^* + 0.363x_3^* - 0.142x_4^* + 0.100x_5^*$$
$$+ 0.179x_6^* + 0.292x_7^* + 0.095x_8^* + 0.535x_9^* - 0.102x_{10}^*,$$
$$f_3^* = -0.138x_1^* - 0.229x_2^* + 0.046x_3^* + 0.023x_4^* + 0.144x_5^*$$
$$- 0.305x_6^* + 0.146x_7^* + 0.088x_8^* - 0.416x_9^* + 0.807x_{10}^*,$$
$$f_4^* = 0.176x_1^* + 0.076x_2^* - 0.162x_3^* + 1.071x_4^* + 0.203x_5^*$$
$$- 0.076x_6^* - 0.024x_7^* + 0.007x_8^* - 0.080x_9^* + 0.012x_{10}^*。$$

其中 $x_1^*, x_2^*, \cdots, x_{10}^*$ 是原变量的标准化。利用因子得分函数，可以根据每个样品在各个公因子上的得分来分析、确定样品的优劣和位置。

9.7 因子分析在实际中的应用

因子分析在实际中有很大的应用，上面对十项全能数据的分析虽然是一个成功的应用，但由于其分析与因子分析的内容和软件的应用结合在一起，因此显得不够系统。下面用一个实例加以说明。

高考改革前，理科学生要考政治、语文、数学、物理、化学、外语、生物。高考理科究竟考查了学生的哪些能力？如果能够知道考试科目与考生能力的关系，就可以在考查同样能力的情况下减少考试科目。1988 年，陈希镇在理科考生中抽取 90 名考生的成绩作为因子分析的样本，把当时高考理科 7 门课程（语文、数学、政治、物理、化学、外语、生物）分别看作一个变量，利用统计软件得到这 7 个变量的相关系数矩阵 $\boldsymbol{R}$ 如下：

$$\boldsymbol{R} = \begin{pmatrix} 1.00 & & & & & & \\ 0.35 & 1.00 & & & & & \\ 0.15 & 0.34 & 1.00 & & & & \\ 0.29 & 0.39 & 0.49 & 1.00 & & & \\ 0.43 & 0.34 & 0.55 & 0.54 & 1.00 & & \\ 0.40 & 0.43 & 0.25 & 0.34 & 0.35 & 1.00 & \\ 0.49 & 0.56 & 0.42 & 0.49 & 0.49 & 0.20 & 1.00 \end{pmatrix}$$

从相关系数矩阵 $\boldsymbol{R}$ 可以看出，如果按相关系数大小分类，使同类变量的相关系数大于 0.5，则可以得到 3 个类别：①数、理、化；②语、外、生；③政治。因此，可以期望因子模型可以取出 3 个公因子。$\boldsymbol{R}$ 的特征根由大到小排列如下:

$\lambda_1 = 3.51,\ \lambda_2 = 1.03,\ \lambda_3 = 0.72,\ \lambda_4 = 0.56, \lambda_5 = 0.50,\ \lambda_6 = 0.36,\ \lambda_7 = 0.32$ 。

相应的标准正交特征向量如下：

$\boldsymbol{t}_1 = (0.33, 0.37, 0.34, 0.38, 0.40, 0.37, 0.45)'$,

$\boldsymbol{t}_2 = (-0.44, -0.20, 0.59, 0.35, 0.31, -0.41, -0.20)'$,

$\boldsymbol{t}_3 = (-0.66, 0.54, 0.13, 0.00, -0.43, 0.23, 0.14)'$,

$\boldsymbol{t}_4 = (-0.30, -0.65, 0.00, 0.08, 0.04, 0.69, 0.09)'$,

$\boldsymbol{t}_5 = (0.04, 0.00, 0.52, -0.83, 0.17, 0.09, 0.06)'$,

$\boldsymbol{t}_6 = (0.32, -0.29, 0.43, 0.14, -0.70, -0.15, 0.31)'$,

$\boldsymbol{t}_7 = (-0.27, -0.17, -0.27, -0.13, 0.19, -0.38, 0.79)'$ 。

以公因子对样本方差的累积贡献应达到 75%为原则（这里之所以选取 75%而不是 85%，

是因为选取 75%的实际解释效果更好）确定应提取的公因子个数，知应该提取 3 个公因子，得初始载荷矩阵见表 9.7.1。

表 9.7.1　7 个变量的初始载荷矩阵

变量	初始载荷矩阵			共同度	特殊方差
	f_1	f_2	f_3	h_i^2	d_i^2
政治 x1	0.62	−0.44	−0.56	0.88	0.12
语文 x2	0.69	−0.20	0.46	0.73	0.27
数学 x3	0.64	0.60	0.11	0.78	0.22
物理 x4	0.71	0.35	0.00	0.62	0.38
化学 x5	0.65	0.31	−0.37	0.71	0.29
外语 x6	0.69	−0.41	0.20	0.69	0.31
生物 x7	0.84	−0.20	0.12	0.75	0.25
方差贡献率	50%	15%	10%		
方差累积贡献	50%	65%	75%		

从初始载荷阵可以看出，所有变量在 f_1 上都有大的正载荷，所以把这个公因子称为中学生一般智力因子，这个公因子对样本方差的贡献达 50%，可见对理科学生来说，学好政治、语文、数学、物理、化学、外语、生物对中学生智力的形成和发展都是重要的。因子 f_2 似乎是数、理、化与政、外的对比因子，因子 f_3 似乎是语、外与政、化的对比，这两个因子不好解释，因此需要把初始载荷矩阵进行方差最大正交旋转。表 9.7.2 为经方差最大正交因子旋转后的载荷矩阵。

表 9.7.2　方差最大正交旋转因子载荷阵

变量	旋转载荷矩阵			共同度	特殊方差
	f_1^*	f_2^*	f_3^*	h_i^2	d_i^2
政治 x_1	0.87	−0.17	0.35	0.88	0.12
语文 x_2	−0.03	0.18	0.84	0.73	0.27
数学 x_3	0.03	0.84	0.29	0.78	0.22
物理 x_4	0.22	0.66	0.38	0.62	0.38
化学 x_5	0.48	0.65	0.24	0.71	0.29
外语 x_6	0.24	−0.01	0.80	0.69	0.31
生物 x_7	0.32	0.25	0.78	0.75	0.25
方差贡献率	17%	24%	34%		
方差累积贡献	17%	41%	75%		

由正交因子旋转后的载荷矩阵可以看出，经过旋转之后，一般智力因子已分别渗透到各个因子中去。考察因子旋转载荷阵，7 门课程实际上考核中学生的 3 种能力因子：

（1）社会适应能力因子。在公因子 f_1^* 中，政治有压倒多数的正载荷，其方差占该因子方差的 63%，故公因子 f_1^* 可命名为中学生的社会适应能力因子（分析和解释社会现实以及本人思想实际的能力）。该公因子对样本方差的贡献达 17%，可见对中学生来说，学好政治对该能力的形成起关键作用。

（2）数理化能力因子。在公因子 f_2^* 中，数、理、化 3 科的载荷都很大，这 3 科的方差和占总方差的 95%，故公因子 f_2^* 可命名为数理化能力因子（抽象思维、逻辑推理及运算能力）。该因子对样本方差的贡献达 24%，可见对中学生来说，学好数理化确实是很重要的。人们常说，“学好数理化，走遍天下都不怕”，从统计分析来看也有一定的道理。

（3）语外生能力因子。在公因子 f_3^* 中，语文、外语和生物在该因子上的载荷都很大，这 3 科的方差占该因子总方差的 85%，故公因子 f_3^* 可命名为语外生能力因子（表达、叙述、想象与记忆能力）。该因子对样本方差的贡献达 34%，可见对中学生来说，学好语、外、生同样是很重要的，对理科学生也是如此。从统计角度来看，语、外、生的重要性并不亚于数、理、化。

由上面的分析可以看出，因子分析得出的知识与能力结构同中学的传统分类基本吻合。这 3 个公因子对样本方差的贡献累积达 75%，也就是说这 3 个因子包含了样本中 75%的信息。又由于各变量的共同度都比较大，说明 3 个公因子基本解释了每个变量方差的绝大部分。有些变量的特殊方差比较大，如物理（0.38）、外语（0.31），这说明物理、外语与其他科目比起来需要学生具备一些特殊素质，如实验能力（理、化），语言习惯（外语）。总的来说，上面的统计分析基本可信。据此可以提出高考改革和科目设置的建议，有兴趣的读者可以参阅《数理统计与管理》1988 年第 6 期发表的论文：现行高考知识与能力结构与高考改革。

9.8 多种统计方法的综合应用

对实际问题的分析研究，不能只用一种统计分析方法进行分析考量，那样只能得到某个侧面的看法，多少有点片面。因此常常需要把几种统计分析方法结合起来进行综合考量，才能比较全面地反映实际情况，取得更好的效果。本节就是把因子分析（包括主成分分析）与聚类分析结合起来，对浙江省各地区的经济结构进行分析，这样不但可以使问题得到简化，而且也能取得更全面的分析结果。对本例有兴趣的读者可参阅《数理统计与管理》2010 年第 6 期上的论文：用多元统计方法分析浙江省各地区的经济结构。

9.8.1 研究背景

改革开放已经进行了 30 多年，温州以“温州模式”成为改革开放的领头兵，深受世人关注。于是，有许多学者提倡模仿温州发展模式，但他们却忽略了一点，任何事物的发展都有它一定的背景和基础，不能盲目模仿。下面首先利用因子分析，通过对浙江省 11 个地级市各个经济指标进行因子分析，在提取 90%以上信息的基础上，得出主因子。然后利用主因子进行聚类分析，对各个地级市进行分类，从而得到哪几个地级市的基础相似，可以互相模仿借鉴先进发展经验，从而能使它们更好地相互促进发展，取长补短，加快发展步伐。

在聚类分析的使用上，有些学者曾利用聚类分析直接对大量指标进行分析，得出一些结果，但是有时分类的结果不太理想，与实际情况也有所偏离（在下面的分析中会给出部分原因）。1990 年，张尧庭与张璋[30]指出，在聚类分析中应考虑是否能减少指标，选择有代表性的指标，如果指标变量过多，相互关联，容易使聚类分析难以把握重点，反而有可能造成分类不精确。因此，这里使用因子分析（或主成分分析）与聚类分析相结合的方法进行分析：首先进行因子分析降低维数，把握重点，选取具有代表性的几个指标，然后进行聚类分析，从而在保证 90%以上信息的基础上进行聚类分析，从而得到更好的分类。

9.8.2 因子分析的过程与结果

1. 数据选取很重要

这里选取的数据来自 2007 年浙江省统计年鉴中浙江省 11 个地级市的 13 个国民经济主要指标进行因子分析。具体指标如下：x_1 为第一产业产值；x_2 为第二产业产值；x_3 为第三产业产值；x_4 为全社会从业人员数（万人）；x_5 为社会消费品零售总额（亿元）；x_6 为全社会固定资产投资（亿元）；x_7 为出口总额（亿美元）；x_8 为财政总收入（亿元）；x_9 为地方财政收入（亿元）；x_{10} 为地方财政支出（亿元）；x_{11} 为城乡居民储蓄存款年末余额（亿元）；x_{12} 为城镇居民人均可支配收入（元）；x_{13} 为农村居民人均纯收入（元）。为了消除量纲，此处对原始数据进行了标准化，见表 9.8.1。

表 9.8.1　2006 年浙江省各市国民经济主要指标

城 市	x_1	x_2	x_3	x_4	x_5	x_6	x_7	x_8	x_9	x_{10}	x_{11}	x_{12}	x_{13}
杭州市	1.89	1.77	2.20	1.42	1.94	1.75	1.76	2.06	2.11	1.79	2.12	0.46	0.65
宁波市	1.48	1.49	1.30	0.89	1.23	1.85	2.02	1.74	1.64	2.00	1.12	0.73	0.85
嘉兴市	0.11	0.06	−0.27	−0.10	−0.17	0.27	0.00	−0.23	−0.25	−0.35	−0.14	−0.08	0.91
湖州市	−0.49	−0.63	−0.69	−0.83	−0.65	−0.46	−0.67	−0.59	−0.59	−0.69	−0.79	−0.23	0.54
绍兴市	0.36	0.44	−0.01	0.02	−0.13	0.19	0.14	−0.13	−0.11	−0.25	0.13	0.66	0.71
舟山市	−1.12	−1.17	−0.93	−1.50	−1.14	−1.04	−0.78	−0.86	−0.87	−0.86	−1.04	−0.22	0.54
温州市	−0.49	0.43	0.44	1.40	0.91	−0.08	−0.11	0.15	0.26	0.31	0.73	1.66	0.06
金华市	−0.43	−0.20	−0.15	0.17	−0.01	−0.39	−0.35	−0.29	−0.26	−0.26	−0.02	−0.09	−0.79
衢州市	−0.87	−1.08	−0.95	−1.04	−1.02	−0.92	−0.90	−0.86	−0.87	−0.83	−1.01	−1.55	−1.26
台州市	0.59	0.01	0.01	0.51	0.08	−0.13	−0.22	−0.17	−0.20	−0.15	−0.13	0.46	−0.05
丽水市	−1.03	−1.13	−0.95	−0.94	−1.04	−1.04	−0.89	−0.83	−0.86	−0.70	−0.97	−1.82	−2.17

资料来源：2007 年《浙江省统计年鉴》

要对这些变量进行因子分析，就希望这些变量之间具有一定程度的相关，如果变量之间相关太高或太低，就不利于进行因子分析，因为：若变量之间的相关太低，就难以抽取一组稳定的因子，不适于进行因子分析；而若变量之间的相关太高，又会使变量间的多重共线性明显，使所获得的因子结构不稳，也不适於进行因子分析。因此，首先进行 *KMO* 和 Bartlett 检验来判断这些变量是否适合进行因子分析，结果表明，数据的 *KMO* 值不高，因此利用所有数据进行因子分析不合适。

下面要筛选出适合进行因子分析的那些变量（指标），因此利用 SPSS 对 13 个指标计算出相关系数矩阵（矩阵较大，这里省略），从中可以看出，一些变量之间的相关系数过高，因此不太适合进行因子分析。为了选取适当的指标，经过比较、筛选和计算，最终确定了适合进行因子分析的 9 个指标：x_1 为第一产业产值；x_2 为全社会从业人员数（万人）；x_3 为社会消费品零售总额（亿元）；x_4 为全社会固定资产投资（亿元）；x_5 为出口总额（亿美元）；x_6 为地方财政支出（亿元）；x_7 为城乡居民储蓄存款年末余额（亿元）；x_8 为城镇居民人均可支配收入（元）；x_9 为农村居民人均纯收入（元）。所得数据矩阵见表 9.8.2。

表 9.8.2　2006 年浙江省各市国民经济主要指标（筛选后）

城市	x_1	x_2	x_3	x_4	x_5	x_6	x_7	x_8	x_9
杭州市	1.89	1.42	1.94	1.75	1.76	1.79	2.12	0.46	0.65
宁波市	1.48	0.89	1.23	1.85	2.02	2.00	1.12	0.73	0.85
嘉兴市	0.11	−0.10	−0.17	0.27	0.00	−0.35	−0.14	−0.08	0.91
湖州市	−0.49	−0.83	−0.65	−0.46	−0.67	−0.69	−0.79	−0.23	0.54
绍兴市	0.36	0.02	−0.13	0.19	0.14	−0.25	0.13	0.66	0.71
舟山市	−1.12	−1.50	−1.14	−1.04	−0.78	−0.86	−1.04	−0.22	0.54
温州市	−0.49	1.40	0.91	−0.08	−0.11	0.31	0.73	1.66	0.06
金华市	−0.43	0.17	−0.01	−0.39	−0.35	−0.26	−0.02	−0.09	−0.79
衢州市	−0.87	−1.04	−1.02	−0.92	−0.90	−0.83	−1.01	−1.55	−1.26
台州市	0.59	0.51	0.08	−0.13	−0.22	−0.15	−0.13	0.46	−0.05
丽水市	−1.03	−0.94	−1.04	−1.04	−0.89	−0.70	−0.97	−1.82	−2.17

再对数据进行 *KMO* 检验，从表 9.8.3 可以看出，筛选后的 9 个变量的 *KMO* 值达到 0.639，同时也通过了 Bartlett 检验，说明这些变量适合进行因子分析。

表 9.8.3　*KMO* 和 Bartlett's 检验表

KMO 检验	*KMO* 值	0.639
Bartlett 球体检验	自由度	36
	临界置信水平	0.000

2. 因子选取要调试

对上述选取的 9 个指标，利用因子分析中的主成分法对原始数据矩阵进行初始因子求解，为了使得到的信息具有 90%以上的原信息，经过不断的调试最终提取 2 个公因子。为了使因子具有更为直观的经济意义，又对初始因子进行了各种正交旋转与斜交旋转，最终采用对初始因子进行方差最大正交旋转得到了明确的因子解释。按照提取 90%以上信息的原则，共提取两个公因子，其累计方差贡献率为 90.344%，表明 2 个公因子已经包含了原始 9 个指标的大部分信息，具有代表性。第 1 和第 2 公因子的特征值及方差贡献率见表 9.8.4。

表 9.8.4　前 2 个公因子的特征值及方差贡献率

公因子	因子旋转前			因子旋转后		
	特征值	方差贡献率/%	累计方差贡献率/%	特征值	方差贡献率/%	累计方差贡献率/%
1	7.188	79.863	79.863	5.890	65.439	65.439
2	0.943	10.480	90.344	2.241	24.904	90.344

从初始因子载荷矩阵表 9.8.5 可以看出，指标 x_9 在公因子 f_1 和 f_2 上均有较高的载荷值，这说明 x_9 的变化对 f_1 和 f_2 的影响比较高，不利于因子解释。为了给予明确的因子解释，对初始因子进行了方差极大正交旋转，得到了表 9.8.6 所列的因子载荷阵。

根据各指标的实际经济意义，可以给各个公因子取一个适当的经济名称。从表 9.8.6 可以看出，公因子 f_1 在 x_1、x_2、x_3、x_4、x_5、x_6 和 x_7 有较高的载荷，负载值均高于 0.817，集中反映了社会生产、经济贸易以及地方政府财政水平等情况，于是把 f_1 命名为城市经济发展因子；在公因子 f_2 上，x_8 和 x_9 有较高的载荷，反映了居民就业与收入、生活水平等情况，于是把 f_2 命名为城乡居民收入因子。

表 9.8.5　初始因子载荷矩阵

	公因子 f_1	公因子 f_2
x_1:第一产业	0.926	−0.123
x_2:全社会从业人员数/万人	0.892	−0.049
x_3:社会消费品零售总额/亿元	0.972	−0.100
x_4:全社会固定资产投资/亿元	0.964	−0.101
x_5:出口总额/亿美元	0.951	−0.156
x_6:地方财政支出/亿元	0.947	−0.241
x_7:城乡居民储蓄存款年末余额/亿元	0.968	−0.121
x_8:城镇居民人均可支配收入/元	0.737	0.564
x_9:农村居民人均纯收入/元	0.614	0.701

表 9.8.6　正交旋转后的因子载荷矩阵

	公因子 f_1	公因子 f_2
x_1:第一产业	0.880	0.312
x_2:全社会从业人员数/万人	0.817	0.363
x_3:社会消费品零售总额/亿元	0.910	0.354
x_4:全社会固定资产投资/亿元	0.904	0.350
x_5:出口总额/亿美元	0.918	0.295
x_6:地方财政支出/亿元	0.953	0.218
x_7:城乡居民储蓄存款年末余额/亿元	0.917	0.334
x_8:城镇居民人均可支配收入/元	0.399	0.838
x_9:农村居民人均纯收入/元	0.227	0.903

根据回归法可算出因子得分函数的系数见表 9.8.7，根据表 9.8.7 可得以下因子得分函数：

$$f_1 = 0.174x_1 + 0.134x_2 + \cdots - 0.263x_9,$$

$$f_2 = -0.057x_1 + 0.010x_2 + \cdots + 0.700x_9。$$

表 9.8.7　因子得分函数的系数

	公因子 f_1	公因子 f_2
x_1:第一产业	0.174	−0.057
x_2:全社会从业人员数/万人	0.134	0.010
x_3:社会消费品零售总额/亿元	0.169	−0.033
x_4:全社会固定资产投资/亿元	0.168	−0.034
x_5:出口总额/亿美元	0.193	−0.087
x_6:地方财政支出/亿元	0.234	0.167
x_7:城乡居民储蓄存款年末余额/亿元	0.178	−0.052
x_8:城镇居民人均可支配收入/元	−0.181	0.579
x_9:农村居民人均纯收入/元	−0.263	0.700

在因子模型中，利用公因子及其贡献率，可以得到综合评分函数为

$$F = 72.44f_1 + 27.56f_2。$$

再利用得分函数系数表，可以求得 11 个地级市前 2 个因子得分、综合得分及名次，见表 9.8.8。

表 9.8.8　浙江省 11 个市的 2 个公因子得分矩阵、综合得分及名次

城市＼指标	公因子 f_1	公因子 f_2	综合得分 F	名次
杭州市	2.03	−0.06	145.05	1
宁波市	1.60	0.27	123.10	2
嘉兴市	−0.31	0.65	−4.63	6
湖州市	−0.91	0.52	−51.94	8
绍兴市	−0.24	0.88	6.84	4
舟山市	−1.40	0.64	−84.11	11
温州市	0.10	0.94	33.54	3
金华市	−0.03	−0.49	−15.42	7
衢州市	−0.55	−1.41	−78.85	9
台州市	−0.01	0.26	6.52	5
丽水市	−0.27	−2.20	−80.10	10

由表 9.8.8，可以得到浙江省各个城市的综合排名，据考察非常符合浙江省的实际排名。同时也得到了两个公因子得分矩阵，于是可以利用公因子 f_1 和公因子 f_2 对其进行聚类分析，并且把其结果与传统的聚类分析进行比较，以体现前者的优越性。

9.8.3　聚类分析的过程和结果

聚类分析是根据观测值或者变量之间的亲疏程度，把最相似的对象结合在一起，以逐次聚合的方法将样品分类，直到最后所有样品都聚成一类。这里将前 2 个公因子 f_1, f_2 作为指标对浙江省的各个地市进行聚类分析，采用系统聚类法中比较优良的聚类法——离差平方和进行聚类（使用欧几里得距离的平方），利用 SPSS 对 11 个地级市进行聚类分析，得到聚类谱系图，根据图形实际，取阈值为 3，可以把样品分成 4 类，而且分类谱系图比较理想，该图形比未进行因子分析而直接对原始数据采用聚类分析的谱系图 9.8.1 更简洁明了，更易分类且符合实际。下面对此进行详细说明。

1. 对原始数据的聚类

先用离差平方法对 2007 年浙江省 11 个地级市 9 个指标的原始数据进行聚类，得到谱系图 9.8.1。当选择分类阈值为 3 时，从图 9.8.1 可以看出，这 11 个地级市被分为 8 类：衢州市与丽水市为一类；嘉兴市与绍兴市为一类；湖州市与舟山市为一类；杭州市、宁波市、温州市、金华市、台州市各成一类。这种分类显然不妥当，与实际情况也不相吻合。

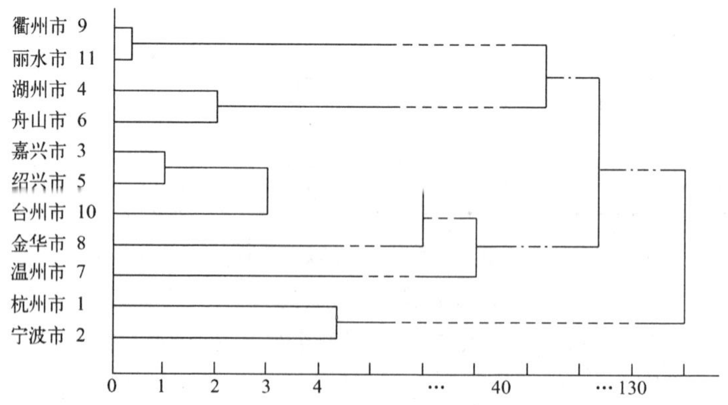

图 9.8.1　用离差平方和法的聚类谱系图（使用所有原始数据）

从统计分析的角度来看，任何统计分析包括聚类分析，样品数应该比指标数多得多，这样统计分析的准确度才高，但结合到所分析数据的实际，不可能寻找大量的样品即浙江省的地级市，因此只能从指标数的角度来考虑问题。当运用因子分析以后，在保证信息量没有大量减少的情况下，这里的指标从 9 个合理地减少为 2 个，从而使分析所需要的条件得到满足。

其次，从指标的角度来考虑，在大量指标相关情况下，如果对某几个指标变化必引起相关指标的变换，但如果有些样品的这些指标本身数据就比较低（或高），那么就有可能将由于变换引起的样品与实际就比较低（或高）的样品归为一类，引起误判。张尧庭和张璋[30]指出，在聚类分析中采用极小广义方差法、主成分法等方法，实际上是在选取几个不相关的标量代表，作为聚类分析的指标进行分析，由因子分析法所得的公因子非常符合这样的要求。

2. 利用因子得分数据的聚类

我们利用先前的因子分析，在保存大量信息的条件下，得到 2 个互不相关的公因子，再利用这 2 个公因子作为指标，克服传统聚类分析在实际问题中碰到的样品数与指标相差无几，甚至小的缺点，同时由于因子分析后做聚类分析的指标各不相关，使得分析的结果针对性强，又能保证所得的信息损失小，从而一举两得。

利用公因子 f_1 和 f_2 作为指标，对其因子得分数据进行聚类分析，并且把其结果与传统的聚类分析进行比较以体现前者的优越性。仍然使用离差平方和法，对 11 个地级市进行聚类分析，得到聚类谱系图 9.8.2。选择分类阈值为 3。从图 9.8.2 可见，11 个地级市被分为 4 类，分别为：嘉兴、绍兴、金华、温州和台州分为一类；杭州、宁波分为一类；衢州、丽水分为一类；舟山和湖州分为一类。这样的分类是符合实际情况的。

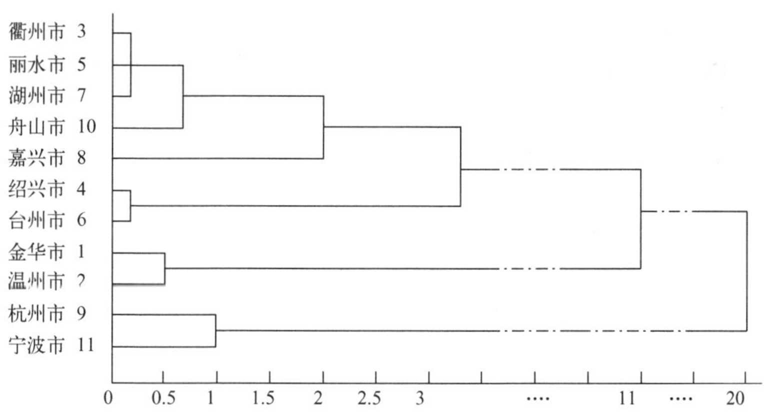

图 9.8.2　用离差平方和法的聚类谱系图（使用因子得分数据）

杭州、宁波作为传统意义上的中心城市，存量优势明显，区位优越，开放程度高，融资能力强，创新水平突出，产业分布广，结构竞争力强。杭州与宁波的实力历年来在浙江省排名第一与第二，其生产总值、人均生产总值、全社会从业人员数等大部分指标均名列前茅。因此，将杭州、宁波归为一类的结果合理客观。

金华地理位置优越，邻近杭州，经济较发展，城市和农村居民水平较好，特别是金华永康五金制造业和金华火腿闻名全国，金华义乌是中国小商品城，闻名全国，已成为国际性市场。温州民营企业是温州发展的一大特色，温州是开拓意识最强的城市，温州有着很强的创新和开拓精神，创造了享誉海内外的温州模式，其经济规模虽不是很大，但其长期经济增长率较高，是全国富得最快的城市之一。台州和温州地理位置较接近，台州是块状经济快速发展的城市，台州山地阻隔、腹地狭小，经济基础较差，但通过其灵活的经济体制，块状经济得以迅速发展，产业集群明显，市场化程度高。特别是近年来，台州市政府把努力搞好台州放在首要位置，发展步伐比较大，使台州椒江发展很快。台州经济的走强，其一得益于宁波、温州的经济影响力和辐射力，更主要的是汲取了温州的思想观念，创造了“温台模式”。绍兴毗邻宁波与杭州，文化竞争力强，产业特色明显，开放程度较高，有较强的资本实力，发展较快，城市竞争力提升迅速。嘉兴临近上海和长江三角洲，有较好的区位条件，交通发达，有一定经济基础，发展潜力大，但在基础设施、创新能力、资本存量和经济开放程度上均有待加强。同时，温州、绍兴、台州、嘉兴和金华的生产总值分别以 1837.5（亿元）、1677.63（亿元）、1463.31（亿元）、1346.65（亿元）和 1234.7（亿元），分别位列第 3～7 位。因此，将嘉兴、绍兴、金华、台州和温州归为一类也合理客观。

湖州地处浙北，临近上海和长江三角洲，近年来在省政府和市政府的领导下，利用地理优势，发展较快。舟山地处舟山群岛，渔业资源丰富，依托渔业发展渔业加工，产品远销韩国、日本等临近国家以及东欧，人民生活水平较好，经济基础较好。湖州和舟山均处在浙东北，地理特征具有一定相似性，湖州和舟山指标结构相似及数据值接近。因此，将湖州和舟山归为一类也显得合理。

衢州、丽水因受地域限制，城市基础设施发展滞后，结构竞争能力较弱，人才质量不具优势，科技水平不高，开放程度不够，缺乏规模优势，总体相对落后，不可盲目向温州或宁波看齐，需要慢慢发展自己的经济，兄弟市可以给予一定的帮助。同时，衢州、丽水的城乡居民储蓄存款年末余额、农村居民人均纯收入等指标均位于末列。因此，将衢州、丽水归为一类的结果也是合理客观的。

通过以上各个地级市特点分析可知，该归类结果与浙江省的实际情况比较吻合，因此这里把因子分析和聚类分析等多种统计方法综合起来处理实际问题是成功的。

9.8.4 对研究问题的几点建议

由于各个城市地理位置不同，应该根据自己的长处，加大步伐，努力发展。

1. 不可生硬照搬“温州模式”

何为温州模式？原温州市委书记陈一新（现任中央全面深化改革领导小组办公室专职副主任）在 2015 年 5 月接受媒体采访时这样定义“温州模式”：以民本经济为本质、以市场经济为精髓、以实体经济为基石、以有限有为有效为政府治理内核的区域经济发展模式。坚持和发展“温州模式”完全符合中央全面深化改革的要求，完全符合温州全面深化改革的前进方向。创新发展“温州模式”，根本途径是全面深化改革。但由于有些城市基础薄弱，不能生硬地照搬经济发展好的城市的模式，否则，将会适得其反。在图 9.8.2 中可以看到，衢州和丽水归为一类，而且类间距比较大，说明了这两个地区与温州地区类差距比较大，同时也说明丽水与衢州不适合发展温州模式，对于这两个地方，就应该在兄弟市的帮助下，建立需求导向、内联外引、尽施地方特色的“区域块状经济”发展模式，使社会经济得到全面地发展。

2. 努力加快农村城镇化速度

在对数据的因子分析过程中，只用前 2 个公因子，即公因子 f_1（城市经济发展因子）和公因子 f_2（居民创收因子）。其中 f_2 因子中 x_8（城镇居民人均可支配收入）、x_9（农村居民人均纯收入）对其有较高的载荷，影响比较大。努力发展农村城镇化道路，发展乡镇企业，逐步走出一条有浙江特色的农村城镇化的道路，必然会提高因子值，从而提高浙江省的综合竞争力，发展浙江。

3. 加强政府宏观调控

在公因子 f_1 上，政府管理因素（x_6：地方财政支出（亿元））这个变量有很高的载荷，说明这个变量的增大（或减小）对公因子 f_1 的影响很大，而 f_1 与综合经济实力（x_2 全社会从业人员数，x_3 社会消费品零售总额，x_4 全社会固定资产投资，x_7 城乡居民储蓄存款年末余额）的关系非常密切，所以加强政府的宏观调控，在一定的情况下可以加快经济的发展，这与我国的国情以及历史（20 世纪五六十年代曾实行计划经济）发展是相吻合的。总之，政府在总体决策上的作用是不可以忽视的，如果能很好地发挥作用，则能更好地促进经济的发展。

4. 提高政府部门的办事效率

通过经济改革和行政体制改革，完善政府的经济调节、市场监管、社会管理和公共服务的职能，减少和规范行政审批，要建立科学的管理、决策体系，克服官僚主义，提高办事效率，营造良好的竞争环境与秩序，为城市的发展提供制度保证。

5. 加大对外开放的力度，提高利用外资的水平

在对 f_1 的影响指标中，x_5 出口总额的影响作用也不应小视，如果搞好出口与利用外资这个环节，不仅可以为人民增加收入，还可以提高经济实力。为了适应经济全球化和入世的新要求，要特别重视国内外城市间的经济、科技、社会、文化等领域的交流与合作，坚持“引进来”与“走出去”相结合，全面提高对外开放水平，鼓励城市内外机构和人士的各种非正式交往，取消地方保护壁垒，在更大程度上发挥市场在资源配置中的基础性作用，建立健全、开放、竞争、有序的现代市场体系，开放各类市场，发展产权、土地、劳动力和技术等市场，加大招商引资力度，提高地区的经济活力。

第10章 典型相关分析

10.1 典型相关分析的作用和思想

对于两个随机变量，它们的相互关系程度可用它们的相关系数来衡量，当它们之间有显著的相关时可以建立回归方程。对于一个变量与一组随机变量来说，度量两者之间的相互关系时，可使用复相关系数来衡量，也可以用多元线性回归方程来研究。研究一组随机变量与另一组随机变量之间的线性关系时，可以用多重多元线性回归方程来研究；也可以利用主成分思想把两组变量之间的相关性研究化为少数几对变量之间的相关研究，这时，同组变量组合之间是不相关的，但不同组之间的少数几对变量组合要按照相关最大的原则依次提取。这样既能把两组变量之间的复杂关系简化，又能充分提取两组变量之间蕴含的信息。利用主成分思想来研究两组变量之间的相关性是 Hotelling 于 1936 提出的，并在此后的研究实践中得到验证和发展。下面先叙述该方法的思想：

设 $x_1,x_2,\cdots,x_p$ 和 $y_1,y_2,\cdots,y_q$ 是两组随机变量，要研究这两组变量之间的相关关系。根据主成分的思想，在第 1 组变量中找 p 个变量的线性组合：

$$\boldsymbol{u}=a_1x_1+a_2x_2+\cdots+a_px_p,$$

在第 2 组变量中找 q 个变量的线性组合：

$$\boldsymbol{v}=b_1y_1+b_2y_2+\cdots+b_qy_q,$$

选择变量组合的系数 a_i，b_j，使 $\boldsymbol{u}$, $\boldsymbol{v}$ 之间的相关达到最大。如果这一对综合变量还不能完全反映两组变量之间的相关性，那么可以继续在每组变量中找出第 2 对线性组合，使得第 2 对组合与第 1 对组合互不相关，但它们之间的相关达到最大。如此进行下去，就可把两组变量之间的相关提取完毕，这种分析方法就是典型相关分析。

这种研究两组变量之间的相关关系在实际中是非常有用的。例如在生物学中，要研究生物群（可用一组随机变量来刻画）与生活环境（可用另一组随机变量来刻画）之间的关系，这对于保持生态平衡是很有意义的；在经济研究中，要研究投资性变量（如劳动者人数、货物周转量、生产建设投资等）与国民收入变量（如工农业国民收入、运输业国民收入、建筑业国民收入等）之间的关系；在医学科学中，要研究患某种疾病病人的各种症状（如心绞痛、眩晕、头疼等）与生化检验的结果（如胆固醇、血脂、血糖等）之间的相互关系；在体育科学中要研究运动员的体力测试指标（如反复横向跳、纵跳、背力、握力等）与运动能力测试指标（如耐力跳、跳远、投球等）之间的相关关系等，都可以使用典型相关分析。

10.2 总体典型相关

10.2.1 典型相关系数

设 $\boldsymbol{x}=(x_1,x_2,\cdots,x_p)'$，$\boldsymbol{y}=(y_1,y_2,\cdots,y_q)'$ 是两个随机向量，且 $\mathrm{Var}(\boldsymbol{x})=\boldsymbol{\Sigma}_{11}>0$，

$\mathrm{Var}(\boldsymbol{y})=\boldsymbol{\Sigma}_{22}>0,\ \mathrm{Cov}(\boldsymbol{x},\boldsymbol{y})=\boldsymbol{\Sigma}_{12}$。于是 $\mathrm{Var}\begin{pmatrix}\boldsymbol{x}\\ \boldsymbol{y}\end{pmatrix}=\begin{pmatrix}\boldsymbol{\Sigma}_{11} & \boldsymbol{\Sigma}_{12}\\ \boldsymbol{\Sigma}_{21} & \boldsymbol{\Sigma}_{22}\end{pmatrix}$，其中 $\boldsymbol{\Sigma}_{21}=\boldsymbol{\Sigma}_{12}'$。又设 $\boldsymbol{u}=\boldsymbol{a}'\boldsymbol{x}=a_1x_1+a_2x_2+\cdots+a_px_p$，$\boldsymbol{v}=\boldsymbol{b}'\boldsymbol{y}=b_1y_1+b_2y_2+\cdots+b_qy_q$，$\boldsymbol{u}$，$\boldsymbol{v}$ 之间的相关系数是

$$\mathrm{Cov}(\boldsymbol{u},\boldsymbol{v})=\mathrm{Cov}(\boldsymbol{a}'\boldsymbol{x},\boldsymbol{b}'\boldsymbol{y})=\boldsymbol{a}'\mathrm{Cov}(\boldsymbol{x},\boldsymbol{y})\boldsymbol{b}=\boldsymbol{a}'\boldsymbol{\Sigma}_{12}\boldsymbol{b},$$

$$\boldsymbol{V}(\boldsymbol{u})=\boldsymbol{V}(\boldsymbol{a}'\boldsymbol{x})=\boldsymbol{a}'\boldsymbol{V}(\boldsymbol{x})\boldsymbol{a}=\boldsymbol{a}'\boldsymbol{\Sigma}_{11}\boldsymbol{a},$$

$$\boldsymbol{V}(\boldsymbol{v})=\boldsymbol{V}(\boldsymbol{b}'\boldsymbol{y})=\boldsymbol{b}'\boldsymbol{V}(\boldsymbol{y})\boldsymbol{b}=\boldsymbol{b}'\boldsymbol{\Sigma}_{22}\boldsymbol{b}。$$

于是 $\boldsymbol{u}$ 与 $\boldsymbol{v}$ 之间的相关系数是

$$\rho(\boldsymbol{u},\boldsymbol{v})=\frac{\mathrm{Cov}(\boldsymbol{u},\boldsymbol{v})}{\sqrt{\boldsymbol{V}(\boldsymbol{u})\cdot\boldsymbol{V}(\boldsymbol{v})}}=\frac{\boldsymbol{a}'\boldsymbol{\Sigma}_{12}\boldsymbol{b}}{\sqrt{\boldsymbol{a}'\boldsymbol{\Sigma}_{11}\boldsymbol{a}\cdot\boldsymbol{b}'\boldsymbol{\Sigma}_{22}\boldsymbol{b}}}。\tag{10.2.1}$$

由于对任意非零常数 k_1，k_2，有 $\rho(k_1\boldsymbol{u},k_2\boldsymbol{v})=\rho(\boldsymbol{u},\boldsymbol{v})$，因此不妨限定 $\boldsymbol{u}$，$\boldsymbol{v}$ 均为单位化后的变量，即有

$$\boldsymbol{V}(\boldsymbol{u})=\boldsymbol{a}'\boldsymbol{\Sigma}_{11}\boldsymbol{a}=1,\quad \boldsymbol{V}(\boldsymbol{v})=\boldsymbol{b}'\boldsymbol{\Sigma}_{22}\boldsymbol{b}=1。\tag{10.2.2}$$

于是，这里考虑的问题是：在约束条件（10.2.2）下，要求 $\hat{\boldsymbol{a}}\in\mathbf{R}^p$，$\hat{\boldsymbol{b}}\in\mathbf{R}^q$，使

$$\hat{\boldsymbol{a}}'\boldsymbol{\Sigma}_{12}\hat{\boldsymbol{b}}=\max\rho(\boldsymbol{u},\boldsymbol{v})=\max(\boldsymbol{a}'\boldsymbol{\Sigma}_{12}\boldsymbol{b})。\tag{10.2.3}$$

令 $\boldsymbol{\alpha}=\boldsymbol{\Sigma}_{11}^{1/2}\boldsymbol{a}$，$\boldsymbol{\beta}=\boldsymbol{\Sigma}_{22}^{1/2}\boldsymbol{b}$，于是 $\boldsymbol{\alpha}'\boldsymbol{\alpha}=1$，$\boldsymbol{\beta}'\boldsymbol{\beta}=1$。由柯西不等式，得

$$\begin{aligned}(\boldsymbol{a}'\boldsymbol{\Sigma}_{12}\boldsymbol{b})^2&=(\boldsymbol{\alpha}\boldsymbol{\Sigma}_{11}^{-1/2}\boldsymbol{\Sigma}_{12}\boldsymbol{\Sigma}_{22}^{-1/2}\boldsymbol{\beta})^2\\&\leqslant(\boldsymbol{\alpha}'\boldsymbol{\alpha})[(\boldsymbol{\Sigma}_{11}^{-1/2}\boldsymbol{\Sigma}_{12}\boldsymbol{\Sigma}_{22}^{-1/2}\boldsymbol{\beta})'(\boldsymbol{\Sigma}_{11}^{-1/2}\boldsymbol{\Sigma}_{12}\boldsymbol{\Sigma}_{22}^{-1/2}\boldsymbol{\beta})]=\boldsymbol{\beta}'(\boldsymbol{\Sigma}_{22}^{-1/2}\boldsymbol{\Sigma}_{21}\boldsymbol{\Sigma}_{11}^{-1}\boldsymbol{\Sigma}_{12}\boldsymbol{\Sigma}_{22}^{-1/2})\boldsymbol{\beta}。\end{aligned}$$

设 $\mathrm{R}(\boldsymbol{\Sigma}_{12})=m$，显然有 $m\leqslant\min(p,q)$，则 $\mathrm{R}(\boldsymbol{\Sigma}_{22}^{-1/2}\boldsymbol{\Sigma}_{21}\boldsymbol{\Sigma}_{11}^{-1}\boldsymbol{\Sigma}_{12}\boldsymbol{\Sigma}_{22}^{-1/2})=\mathrm{R}(\boldsymbol{\Sigma}_{11}^{-1/2}\boldsymbol{\Sigma}_{12}\boldsymbol{\Sigma}_{22}^{-1/2})=\mathrm{R}(\boldsymbol{\Sigma}_{12})=m$，因此非负定矩阵 $\boldsymbol{\Sigma}_{22}^{-1/2}\boldsymbol{\Sigma}_{21}\boldsymbol{\Sigma}_{11}^{-1}\boldsymbol{\Sigma}_{12}\boldsymbol{\Sigma}_{22}^{-1/2}$ 有 m 个正的特征值，设为 $\lambda_1^2\geqslant\lambda_2^2\geqslant\cdots\geqslant\lambda_m^2>0$，它们对应的标准正交特征向量分别是 $\boldsymbol{t}_1,\boldsymbol{t}_2,\cdots,\boldsymbol{t}_m$，又设其余 $q-m$ 个零特征值的标准正交特征向量分别是 $\boldsymbol{t}_{m+1},\cdots,\boldsymbol{t}_q$。令 $\boldsymbol{T}=(\boldsymbol{t}_1,\boldsymbol{t}_2,\cdots,\boldsymbol{t}_m,\boldsymbol{t}_{m+1},\cdots,\boldsymbol{t}_q)$，则 $\boldsymbol{T}$ 是正交矩阵。利用谱分解定理，有

$$\boldsymbol{\Sigma}_{22}^{-1/2}\boldsymbol{\Sigma}_{21}\boldsymbol{\Sigma}_{11}^{-1}\boldsymbol{\Sigma}_{12}\boldsymbol{\Sigma}_{22}^{-1/2}=\sum_{i=1}^{m}\lambda_i^2\boldsymbol{t}_i\boldsymbol{t}_i'=\boldsymbol{T}\boldsymbol{\Lambda}\boldsymbol{T}',$$

其中 $\boldsymbol{\Lambda}=\mathrm{diag}\{\lambda_1^2,\lambda_2^2,\cdots,\lambda_m^2,0,\cdots,0\}$。于是，有

$$\begin{aligned}(\boldsymbol{a}'\boldsymbol{\Sigma}_{12}\boldsymbol{b})^2&\leqslant\boldsymbol{\beta}'(\boldsymbol{\Sigma}_{22}^{-1/2}\boldsymbol{\Sigma}_{21}\boldsymbol{\Sigma}_{11}^{-1}\boldsymbol{\Sigma}_{12}\boldsymbol{\Sigma}_{22}^{-1/2})\boldsymbol{\beta}=\sum_{i=1}^{m}\lambda_i^2(\boldsymbol{t}_i'\boldsymbol{\beta})^2\\&\leqslant\lambda_1^2\sum_{i=1}^{q}(\boldsymbol{t}_i'\boldsymbol{\beta})^2=\lambda_1^2\boldsymbol{\beta}'(\sum_{i=1}^{q}\boldsymbol{t}_i\boldsymbol{t}_i')\boldsymbol{\beta}=\lambda_1^2。\end{aligned}$$

因此推得

$$\boldsymbol{a}'\boldsymbol{\Sigma}_{12}\boldsymbol{b}\leqslant\lambda_1。\tag{10.2.4}$$

若取 $\boldsymbol{\alpha}=\boldsymbol{\Sigma}_{11}^{-1/2}\boldsymbol{\Sigma}_{12}\boldsymbol{\Sigma}_{22}^{-1/2}\boldsymbol{t}_1/\lambda_1$，$\boldsymbol{\beta}=\boldsymbol{t}_1$，则 $\hat{\boldsymbol{a}}=\boldsymbol{\Sigma}_{11}^{-1/2}\boldsymbol{\alpha}$，$\hat{\boldsymbol{b}}=\boldsymbol{\Sigma}_{22}^{-1/2}\boldsymbol{t}_1$，于是有

$$\hat{\boldsymbol{a}}'\boldsymbol{\Sigma}_{12}\hat{\boldsymbol{b}}=(\boldsymbol{t}_1'\boldsymbol{\Sigma}_{22}^{-1/2}\boldsymbol{\Sigma}_{21}\boldsymbol{\Sigma}_{11}^{-1}\boldsymbol{\Sigma}_{12}\boldsymbol{\Sigma}_{22}^{-1/2}\boldsymbol{t}_1)/\lambda_1=(\boldsymbol{t}_1'\lambda_1^2\boldsymbol{t}_1)/\lambda_1=\lambda_1。$$

由此可知，取 $\boldsymbol{a}_1=\hat{\boldsymbol{a}}=\boldsymbol{\Sigma}_{11}^{-1}\boldsymbol{\Sigma}_{12}\boldsymbol{\Sigma}_{22}^{-1/2}\boldsymbol{t}_1/\lambda_1$，$\boldsymbol{b}_1=\hat{\boldsymbol{b}}=\boldsymbol{\Sigma}_{22}^{-1/2}\boldsymbol{t}_1$，则

$$\boldsymbol{a}_1'\boldsymbol{\Sigma}_{12}\boldsymbol{b}_1=\lambda_1=\max(\boldsymbol{a}'\boldsymbol{\Sigma}_{12}\boldsymbol{b})。\tag{10.2.5}$$

称 $\boldsymbol{u}_1=\boldsymbol{a}_1'\boldsymbol{x}$，$\boldsymbol{v}_1=\boldsymbol{b}_1'\boldsymbol{y}$ 为第一对典型相关变量，λ_1 是第 1 个典型相关系数，$\boldsymbol{a}_1$，$\boldsymbol{b}_1$ 是第 1 对典

型系数。

定理 10.2.1 设非负定矩阵$\boldsymbol{\Sigma}_{22}^{-1/2}\boldsymbol{\Sigma}_{21}\boldsymbol{\Sigma}_{11}^{-1}\boldsymbol{\Sigma}_{12}\boldsymbol{\Sigma}_{22}^{-1/2}$的 m 个正特征值$\lambda_1^2 \geqslant \lambda_2^2 \geqslant \cdots \geqslant \lambda_m^2 > 0$，它们相应的标准正交的特征向量分别是$\boldsymbol{t}_1, \boldsymbol{t}_2, \cdots, \boldsymbol{t}_m$，令

$$\boldsymbol{\alpha}_i = \boldsymbol{\Sigma}_{11}^{-1/2}\boldsymbol{\Sigma}_{12}\boldsymbol{\Sigma}_{22}^{-1/2}\boldsymbol{t}_i / \lambda_i,\ \boldsymbol{a}_i = \boldsymbol{\Sigma}_{11}^{-1/2}\boldsymbol{\alpha}_i,\ \boldsymbol{b}_i = \boldsymbol{\Sigma}_{22}^{-1/2}\boldsymbol{t}_i,\ i = 1,2,\cdots,m,$$

又设 $\boldsymbol{u}_i = \boldsymbol{a}_i'\boldsymbol{x},\ \boldsymbol{v}_i = \boldsymbol{b}_i'\boldsymbol{y},\ i = 1,2,\cdots,m$，则

（1）在限制条件$\boldsymbol{V}(\boldsymbol{u}) = \boldsymbol{V}(\boldsymbol{v}) = 1$下，$\rho(\boldsymbol{u}_1, \boldsymbol{v}_1) = \max \rho(\boldsymbol{u}, \boldsymbol{v})$；

（2）向量$\boldsymbol{\alpha}_1, \boldsymbol{\alpha}_2, \cdots, \boldsymbol{\alpha}_m$是$\boldsymbol{\Sigma}_{11}^{-1/2}\boldsymbol{\Sigma}_{12}\boldsymbol{\Sigma}_{22}^{-1}\boldsymbol{\Sigma}_{21}\boldsymbol{\Sigma}_{11}^{-1/2}$的对应于$\lambda_1^2, \lambda_2^2, \cdots, \lambda_m^2$的标准正交的特征向量；$\boldsymbol{a}_1, \boldsymbol{a}_2, \cdots, \boldsymbol{a}_m$是$\boldsymbol{\Sigma}_{11}^{-1}\boldsymbol{\Sigma}_{12}\boldsymbol{\Sigma}_{22}^{-1}\boldsymbol{\Sigma}_{21}$的对应于$\lambda_1^2, \lambda_2^2, \cdots, \lambda_m^2$的特征向量；$\boldsymbol{b}_1, \boldsymbol{b}_2, \cdots, \boldsymbol{b}_m$是$\boldsymbol{\Sigma}_{22}^{-1}\boldsymbol{\Sigma}_{21}\boldsymbol{\Sigma}_{11}^{-1}\boldsymbol{\Sigma}_{12}$的对应于$\lambda_1^2, \lambda_2^2, \cdots, \lambda_m^2$的特征向量。

证明：（1）上面已证。

（2）由于 $\boldsymbol{AB}$ 和 $\boldsymbol{BA}$ 有相同的非零特征值，因此，$\boldsymbol{\Sigma}_{22}^{-1}\boldsymbol{\Sigma}_{21}\boldsymbol{\Sigma}_{11}^{-1}\boldsymbol{\Sigma}_{12}$，$\boldsymbol{\Sigma}_{11}^{-1}\boldsymbol{\Sigma}_{12}\boldsymbol{\Sigma}_{22}^{-1}\boldsymbol{\Sigma}_{21}$，$\boldsymbol{\Sigma}_{11}^{-1/2}\boldsymbol{\Sigma}_{12}\boldsymbol{\Sigma}_{22}^{-1}\boldsymbol{\Sigma}_{21}\boldsymbol{\Sigma}_{11}^{-1/2}$与$\boldsymbol{\Sigma}_{22}^{-1/2}\boldsymbol{\Sigma}_{21}\boldsymbol{\Sigma}_{11}^{-1}\boldsymbol{\Sigma}_{12}\boldsymbol{\Sigma}_{22}^{-1/2}$有相同的非零特征值$\lambda_1^2 \geqslant \lambda_2^2 \geqslant \cdots \geqslant \lambda_m^2$，其对应的标准正交特征向量分别是$\boldsymbol{t}_1, \boldsymbol{t}_2, \cdots, \boldsymbol{t}_m$，由于

$$\boldsymbol{\alpha}_i'\boldsymbol{\alpha}_j = \frac{1}{\lambda_i\lambda_j}\boldsymbol{t}_i'\boldsymbol{\Sigma}_{22}^{-1/2}\boldsymbol{\Sigma}_{21}\boldsymbol{\Sigma}_{11}^{-1}\boldsymbol{\Sigma}_{12}\boldsymbol{\Sigma}_{22}^{-1/2}\boldsymbol{t}_j = \frac{1}{\lambda_i\lambda_j}\lambda_j^2\boldsymbol{t}_i'\boldsymbol{t}_j == \begin{cases} 1, & i = j \\ 0, & i \neq j \end{cases},$$

$$(\boldsymbol{\Sigma}_{11}^{-1/2}\boldsymbol{\Sigma}_{12}\boldsymbol{\Sigma}_{22}^{-1}\boldsymbol{\Sigma}_{21}\boldsymbol{\Sigma}_{11}^{-1/2})\boldsymbol{\alpha}_i = \frac{1}{\lambda_i}\boldsymbol{\Sigma}_{11}^{-1/2}\boldsymbol{\Sigma}_{12}(\boldsymbol{\Sigma}_{22}^{-1}\boldsymbol{\Sigma}_{21}\boldsymbol{\Sigma}_{11}^{-1}\boldsymbol{\Sigma}_{12}\boldsymbol{\Sigma}_{22}^{-1/2})\boldsymbol{t}_i$$

$$= \frac{\lambda_i^2}{\lambda_i}\boldsymbol{\Sigma}_{11}^{-1/2}\ \boldsymbol{\Sigma}_{12}\ \boldsymbol{\Sigma}_{22}^{-1/2}\ \boldsymbol{t}_i = \lambda_i^2\boldsymbol{\alpha}_i,\ i = 1,2,\cdots,m,$$

$$(\boldsymbol{\Sigma}_{11}^{-1}\ \boldsymbol{\Sigma}_{11}\ \boldsymbol{\Sigma}_{22}^{-1}\ \boldsymbol{\Sigma}_{21})\boldsymbol{a}_i = (\boldsymbol{\Sigma}_{11}^{-1}\ \boldsymbol{\Sigma}_{12}\ \boldsymbol{\Sigma}_{22}^{-1}\ \boldsymbol{\Sigma}_{21}\ \boldsymbol{\Sigma}_{11}^{-1/2})\boldsymbol{a}_i = \boldsymbol{\Sigma}_{11}^{-\frac{1}{2}}(\lambda_i^2\boldsymbol{\alpha}_i) = \lambda_i^2\boldsymbol{a}_i,\ i = 1,2,\cdots,m,$$

$$(\boldsymbol{\Sigma}_{22}^{-1}\ \boldsymbol{\Sigma}_{21}\ \boldsymbol{\Sigma}_{11}^{-1}\ \boldsymbol{\Sigma}_{12})\boldsymbol{b}_i = \boldsymbol{\Sigma}_{22}^{-1/2}(\boldsymbol{\Sigma}_{22}^{-1/2}\ \boldsymbol{\Sigma}_{21}\ \boldsymbol{\Sigma}_{11}^{-1}\ \boldsymbol{\Sigma}_{12}\ \boldsymbol{\Sigma}_{22}^{-1/2})\boldsymbol{t}_i = \boldsymbol{\Sigma}_{22}^{-1/2}(\lambda_i^2\boldsymbol{t}_i) = \lambda_i^2\boldsymbol{b}_i,\ i = 1,2,\cdots,m,$$

故（2）的结论成立。

第 1 对典型相关变量$\boldsymbol{u}_1$，$\boldsymbol{v}_1$提取了原始向量组 $\boldsymbol{x}$ 和 $\boldsymbol{y}$ 之间相关的主要部分，如果两组变量的相关信息没有被提取够，则可在剩余相关变量中再求第 2 对典型相关变量$u_2 = \boldsymbol{a}_2'\boldsymbol{x}$，$v_2 = \boldsymbol{b}_2'\boldsymbol{y}$，这时$\boldsymbol{a}$，$\boldsymbol{b}$仍应满足约束条件$\boldsymbol{V}(\boldsymbol{u}_2) = \boldsymbol{V}(\boldsymbol{v}_2) = 1$，且应使第 2 对典型相关变量不包含第 1 对典型相关变量所含的信息，即有

$$\rho(\boldsymbol{u}_2, \boldsymbol{u}_1) = \rho(\boldsymbol{a}'\boldsymbol{x}, \boldsymbol{a}_1'\boldsymbol{x}) = \mathrm{Cov}(\boldsymbol{a}'\boldsymbol{x}, \boldsymbol{a}_1'\boldsymbol{x}) = \boldsymbol{a}'\boldsymbol{\Sigma}_{11}\boldsymbol{a}_1 = 0,$$

$$\rho(\boldsymbol{v}_2, \boldsymbol{v}_1) = \rho(\boldsymbol{b}'\boldsymbol{y}, \boldsymbol{b}_1'\boldsymbol{y}) = \mathrm{Cov}(\boldsymbol{b}'\boldsymbol{y}, \boldsymbol{b}_1'\boldsymbol{y}) = \boldsymbol{b}'\boldsymbol{\Sigma}_{22}\boldsymbol{b}_1 = 0。$$

在这些约束条件下，求$\boldsymbol{a}_2 \in \mathbf{R}^p$，$\boldsymbol{b}_2 \in \mathbf{R}^q$，使

$$\rho(\boldsymbol{u}_2, \boldsymbol{v}_2) = \rho(\boldsymbol{a}_2'\boldsymbol{x}, \boldsymbol{b}_2'\boldsymbol{y}) = \boldsymbol{a}_2'\boldsymbol{\Sigma}_{12}\boldsymbol{b}_2$$

达到最大。

定理 10.2.2 若在定理 10.2.1 的条件下还有以下约束条件：

$$\boldsymbol{a}'\boldsymbol{\Sigma}_{11}\boldsymbol{a} = \boldsymbol{b}'\boldsymbol{\Sigma}_{22}\boldsymbol{b} = 1;\quad \boldsymbol{a}'\boldsymbol{\Sigma}_{11}\boldsymbol{a}_i = 0,\ \boldsymbol{b}'\boldsymbol{\Sigma}_{22}\boldsymbol{b}_i = 0,\ i = 1,2,\cdots,k-1。\tag{10.2.6}$$

取$\boldsymbol{a}_k = \boldsymbol{\Sigma}_{11}^{-1/2}\boldsymbol{\alpha}_k$，$\boldsymbol{b}_k = \boldsymbol{\Sigma}_{22}^{-1/2}\boldsymbol{t}_k$，令$\boldsymbol{u}_k = \boldsymbol{a}_k'\boldsymbol{x}$，$\boldsymbol{v}_k = \boldsymbol{b}_k'\boldsymbol{y}$，则$\rho(\boldsymbol{u}_k, \boldsymbol{v}_k) = \max \rho(\boldsymbol{u}, \boldsymbol{v})$。

证明：令$\boldsymbol{\alpha} = \boldsymbol{\Sigma}_{11}^{1/2}\boldsymbol{a}$，$\boldsymbol{\beta} = \boldsymbol{\Sigma}_{22}^{1/2}\boldsymbol{b}$，则约束条件（10.2.6）等价于以下约束条件：

（1）$\boldsymbol{\alpha}'\boldsymbol{\alpha} = 1,\ \boldsymbol{\beta}'\boldsymbol{\beta} = 1$；（2）$\boldsymbol{\alpha}'\boldsymbol{\alpha}_i = 0,\ \boldsymbol{\beta}'\boldsymbol{t}_i = 0,\ i = 1,2,\cdots,k-1$。

于是 $$(\boldsymbol{a}'\Sigma_{12}\boldsymbol{b})^2=(\boldsymbol{\alpha}'\Sigma_{11}^{-1/2}\Sigma_{12}\Sigma_{22}^{-1/2}\boldsymbol{\beta})^2\leqslant(\boldsymbol{\alpha}'\boldsymbol{\alpha})(\boldsymbol{\beta}'\Sigma_{22}^{-1/2}\Sigma_{21}\Sigma_{11}^{-1}\Sigma_{12}\Sigma_{22}^{-1/2}\boldsymbol{\beta})$$

$$=\sum_{i=1}^{m}\lambda_i^2(\boldsymbol{t}_i'\boldsymbol{\beta})^2\leqslant\lambda_k^2\sum_{i=k}^{m}(\boldsymbol{t}_i'\boldsymbol{\beta})^2\leqslant\lambda_k^2\sum_{i=1}^{q}(\boldsymbol{t}_i'\boldsymbol{\beta})^2=\lambda_k^2\boldsymbol{\beta}'\boldsymbol{\beta}=\lambda_k^2,$$

即有

$$(\boldsymbol{a}'\Sigma_{12}\boldsymbol{b})\leqslant\lambda_k。$$

取 $\boldsymbol{a}_k=\Sigma_{11}^{-1/2}\boldsymbol{\alpha}_k$，$\boldsymbol{b}_k=\Sigma_{22}^{-1/2}\boldsymbol{t}_k$，则

$$\boldsymbol{a}_k'\Sigma_{12}\boldsymbol{b}_k=\boldsymbol{\alpha}_k'\Sigma_{11}^{-1/2}\Sigma_{12}\Sigma_{22}^{-1/2}\boldsymbol{t}_k=(\boldsymbol{t}_k'\Sigma_{22}^{-1/2}\Sigma_{21}\Sigma_{11}^{-1}\Sigma_{12}\Sigma_{22}^{-1/2}\boldsymbol{t}_k)/\lambda_k=\lambda_k。$$

因此

$$\rho(\boldsymbol{u}_k,\boldsymbol{v}_k)=\max\rho(\boldsymbol{u},\boldsymbol{v})。$$

称 $\boldsymbol{u}_k=\boldsymbol{a}_k'\boldsymbol{x}$，$\boldsymbol{v}_k=\boldsymbol{b}_k'\boldsymbol{y}$ 为第 k 对典型相关变量，$\rho(\boldsymbol{u}_k,\boldsymbol{v}_k)$ 为第 k 个典型相关系数。$\boldsymbol{a}_k,\boldsymbol{b}_k$ 为第 k 对典型系数。

10.2.2 典型相关变量的性质

性质 10.2.1 同组典型变量互不相关，即 $u_1,u_2,\cdots,u_m$ 互不相关，$v_1,v_2,\cdots,v_m$ 互不相关。

证明：设 $\boldsymbol{x}$，$\boldsymbol{y}$ 的第 i 对典型变量为

$$\boldsymbol{u}_i=\boldsymbol{a}_i'\boldsymbol{x},\ \ \boldsymbol{v}_i=\boldsymbol{b}_i'\boldsymbol{y},\ \ i=1,2,\cdots,m \tag{10.2.7}$$

则有 $$\boldsymbol{V}(\boldsymbol{u}_i)=\boldsymbol{a}_i'\Sigma_{11}\boldsymbol{a}_i=1,\ \ \boldsymbol{V}(\boldsymbol{v}_i)=\boldsymbol{b}_i'\Sigma_{22}\boldsymbol{b}_i=1,\ \ i=1,2,\cdots,m;$$

$$\rho(\boldsymbol{u}_i,\boldsymbol{u}_j)=\mathrm{Cov}(\boldsymbol{u}_i,\boldsymbol{u}_j)=\boldsymbol{a}_i'\Sigma_{11}\boldsymbol{a}_j=0,\ \ 1\leqslant i\neq j\leqslant m;$$

$$\rho(\boldsymbol{v}_i,\boldsymbol{v}_j)=\mathrm{Cov}(\boldsymbol{v}_i,\boldsymbol{v}_j)=\boldsymbol{b}_i'\Sigma_{22}\boldsymbol{b}_j=0,\ \ 1\leqslant i\neq j\leqslant m。$$

这表明，由 $\boldsymbol{x}$ 组成的第 1 组典型变量 $u_1,u_2,\cdots,u_m$ 互不相关，且有相同的方差 1；同样，由 $\boldsymbol{y}$ 组成的第 2 组典型变量 $v_1,v_2,\cdots,v_m$ 也互不相关，且方差均为 1。

性质 10.2.2 不同组的典型变量之间有关系：

$$\rho(\boldsymbol{u}_i,\boldsymbol{v}_j)=\begin{cases}\lambda_i, & i=j\\ 0, & i\neq j\end{cases}。$$

证明：根据以上证明可知，$\rho(\boldsymbol{u}_i,\boldsymbol{v}_i)=\lambda_i$，$i=1,2,\cdots,m$。又

$$\rho(\boldsymbol{u}_i,\boldsymbol{v}_j)=\boldsymbol{a}_i'\mathrm{Cov}(\boldsymbol{x},\boldsymbol{y})\boldsymbol{b}_j=\boldsymbol{a}_i'\Sigma_{11}^{-1/2}\Sigma_{12}\Sigma_{22}^{-1/2}\boldsymbol{t}_j$$

$$=(\boldsymbol{t}_i'\Sigma_{22}^{-1/2}\Sigma_{21}\Sigma_{11}^{-1}\Sigma_{12}\Sigma_{22}^{-1/2}\boldsymbol{t}_j)/\lambda_i=(\lambda_j^2\boldsymbol{t}_i'\boldsymbol{t}_j)/\lambda_i=0,\ \ i\neq j。$$

综上得

$$\rho(\boldsymbol{u}_i,\boldsymbol{v}_j)=\begin{cases}\lambda_i, & i=j\\ 0, & i\neq j\end{cases}。$$

性质 10.2.3 记 $\boldsymbol{u}=(u_1,u_2,\cdots,u_m)'$，$\boldsymbol{v}=(v_1,v_2,\cdots,v_m)'$，则有

$$\mathrm{Var}(\boldsymbol{u})=\boldsymbol{I}_m,\ \ \mathrm{Var}(\boldsymbol{v})=\boldsymbol{I}_m,$$

$$\mathrm{Cov}(\boldsymbol{u},\boldsymbol{v})=\boldsymbol{\Lambda}=\mathbf{diag}(\lambda_1,\lambda_2,\cdots,\lambda_m)。$$

下面考虑原始变量 $\boldsymbol{x}$，$\boldsymbol{y}$ 与典型变量 $\boldsymbol{u}$，$\boldsymbol{v}$ 之间的相关系数。

设 $\boldsymbol{A}=(a_1,a_2,\cdots,a_m)=\left(a_{ij}\right)_{p\times m}$，$\boldsymbol{u}=\boldsymbol{A}'\boldsymbol{x}$；$\boldsymbol{B}=(b_1,b_2,\cdots,b_m)=\left(b_{ij}\right)_{q\times m}$，$\boldsymbol{v}=\boldsymbol{B}'\boldsymbol{y}$，

$$\Sigma=\begin{pmatrix}\Sigma_{11} & \Sigma_{12}\\ \Sigma_{21} & \Sigma_{22}\end{pmatrix}=\begin{pmatrix}\sigma_{11} & \cdots & \sigma_{1p} & \sigma_{1,p+1} & \cdots & \sigma_{1,p+q}\\ \vdots & \ddots & \vdots & \vdots & \ddots & \vdots\\ \sigma_{p1} & \cdots & \sigma_{pp} & \sigma_{p,p+1} & \cdots & \sigma_{p,p+q}\\ \sigma_{p+1,1} & \cdots & \sigma_{p+1,p} & \sigma_{p+1,p+1} & \cdots & \sigma_{p+1,p+q}\\ \vdots & \ddots & \vdots & \vdots & \ddots & \vdots\\ \sigma_{p+q,1} & \cdots & \sigma_{p+q,p} & \sigma_{p+q,p+1} & \cdots & \sigma_{p+q,p+q}\end{pmatrix}。$$

性质 10.2.4 在上面的假定和符号下，原始变量 $\boldsymbol{x}$，$\boldsymbol{y}$ 与典型变量 $\boldsymbol{u}$，$\boldsymbol{v}$ 之间的协方差是 $\mathrm{Cov}(\boldsymbol{x},\boldsymbol{u})=\boldsymbol{\Sigma}_{11}\boldsymbol{A}$，$\mathrm{Cov}(\boldsymbol{x},\boldsymbol{v})=\boldsymbol{\Sigma}_{12}\boldsymbol{B}$，$\mathrm{Cov}(\boldsymbol{y},\boldsymbol{u})=\boldsymbol{\Sigma}_{21}\boldsymbol{A}$，$\mathrm{Cov}(\boldsymbol{y},\boldsymbol{v})=\boldsymbol{\Sigma}_{22}\boldsymbol{B}$。

事实上，$\mathrm{Cov}(\boldsymbol{x},\boldsymbol{u})=\mathrm{Cov}(\boldsymbol{x},\boldsymbol{A}'\boldsymbol{x})=\boldsymbol{\Sigma}_{11}\boldsymbol{A}$，$\mathrm{Cov}(\boldsymbol{x},\boldsymbol{v})=\mathrm{Cov}(\boldsymbol{x},\boldsymbol{B}'\boldsymbol{y})=\boldsymbol{\Sigma}_{12}\boldsymbol{B}$；

$$\mathrm{Cov}(\boldsymbol{y},\boldsymbol{u})=\mathrm{Cov}(\boldsymbol{y},\boldsymbol{A}'\boldsymbol{x})=\boldsymbol{\Sigma}_{21}\boldsymbol{A}，\quad \mathrm{Cov}(\boldsymbol{y},\boldsymbol{v})=\mathrm{Cov}(\boldsymbol{y},\boldsymbol{B}'\boldsymbol{y})=\boldsymbol{\Sigma}_{22}\boldsymbol{B}。$$

原始变量 x_i，y_i 与典型变量 u_j，v_j 之间的相关系数是

$$\mathrm{Cov}(x_i,u_j)=\mathrm{Cov}(x_i,\boldsymbol{a}_j'x)=\mathrm{Cov}(x_i,a_{1j}x_1)+\cdots+\mathrm{Cov}(x_i,a_{pj}x_p)$$

$$=\sigma_{i1}a_{1j}+\sigma_{i2}a_{2j}+\cdots+\sigma_{ip}a_{pj}=\sum_{k=1}^{p}\sigma_{ik}a_{kj}，\quad i=1,\cdots,p;\ j=1,\cdots,m，$$

$$\mathrm{Cov}(x_i,v_j)=\sum_{k=1}^{q}\sigma_{ip+k}b_{kj}，\ i=1,2,\cdots,p，\ j=1,2,\cdots,m。$$

$$\mathrm{Cov}(y_i,u_j)=(\sigma_{p+i,1},\cdots,\sigma_{p+i,p})\begin{pmatrix}a_{1j}\\ \vdots\\ a_{pj}\end{pmatrix}=\sum_{k=1}^{p}\sigma_{p+i,k}a_{kj}，$$

$$\mathrm{Cov}(y_i,v_j)=(\sigma_{p+i,p+1},\cdots,\sigma_{p+i,p+q})\begin{pmatrix}b_{1j}\\ \vdots\\ b_{qj}\end{pmatrix}=\sum_{k=1}^{q}\sigma_{p+i,p+k}b_{kj}，\quad i=1,2,\cdots,q，\ j=1,2,\cdots,m。$$

原始变量 x_i，y_i 与典型变量 u_j，v_j 之间的相关系数是衡量原始变量与典型变量相关性尺度，若 x_i 与第 1 组典型变量 u_1 的相关系数最大，则表明变量 x_i 与第 1 组典型变量 u_1 关系密切，反之则不密切。原始变量与典型变量之间的相关系数又称为典型负载系数或结构相关系数。

简单相关、复变相关是典型相关的特例：

（1）当 $p=q=1$ 时，x 与 y 之间的典型相关（唯一）是这两个变量之间的简单相关。

（2）当 $p=1$ 或 $q=1$ 时，x 与 y 之间的典型相关是它们的复相关。可见，复相关和简单相关均为典型相关的一个特例。简单相关也可以看作复相关的一个特例。

10.2.3 从相关矩阵出发计算典型相关

当 $\boldsymbol{x}$，$\boldsymbol{y}$ 各分量的单位不全相同时，首先要对各分量作标准化变换。记 $\boldsymbol{\mu}_1=\boldsymbol{E}(\boldsymbol{x})$，

$$\boldsymbol{\mu}_2=\boldsymbol{E}(\boldsymbol{y})，\quad \boldsymbol{D}_1=\mathbf{diag}(\sqrt{\sigma_{11}},\cdots,\sqrt{\sigma_{pp}})，\quad \boldsymbol{D}_2=\mathbf{diag}(\sqrt{\sigma_{p+1,p+1}},\cdots,\sqrt{\sigma_{p+q,p+q}})。$$

对 $\boldsymbol{x}$，$\boldsymbol{y}$ 的各分量作标准化变换，即令

$$\boldsymbol{x}^*=\boldsymbol{D}_1^{-1}(\boldsymbol{x}-\boldsymbol{\mu}_1)，\quad \boldsymbol{y}^*=\boldsymbol{D}_2^{-1}(\boldsymbol{y}-\boldsymbol{\mu}_2)。$$

下面求 $\boldsymbol{x}^*$ 和 $\boldsymbol{y}^*$ 的典型相关变量 $\boldsymbol{a}_i^{*\prime}\boldsymbol{x}^*,\boldsymbol{b}_i^{*\prime}\boldsymbol{y}^*$，$i=1,2,\cdots,m$。

设 $\boldsymbol{R}=\begin{pmatrix}\boldsymbol{R}_{11} & \boldsymbol{R}_{12}\\ \boldsymbol{R}_{21} & \boldsymbol{R}_{22}\end{pmatrix}$ 为 $\begin{pmatrix}\boldsymbol{x}\\ \boldsymbol{y}\end{pmatrix}$ 的相关系数矩阵，则

$$\mathrm{Var}(\boldsymbol{x}^*) = \boldsymbol{D}_1^{-1}\boldsymbol{V}(\boldsymbol{x})\boldsymbol{D}_1^{-1} = \boldsymbol{D}_1^{-1}\boldsymbol{\Sigma}_{22}\boldsymbol{D}_1^{-1} = \boldsymbol{R}_{11},$$
$$\mathrm{Var}(\boldsymbol{y}^*) = \boldsymbol{D}_2^{-1}\boldsymbol{V}(\boldsymbol{y})\boldsymbol{D}_2^{-1} = \boldsymbol{D}_2^{-1}\boldsymbol{\Sigma}_{22}\boldsymbol{D}_2^{-1} = \boldsymbol{R}_{22},$$
$$\mathrm{Cov}(\boldsymbol{x}^*,\boldsymbol{y}^*) = \boldsymbol{D}_1^{-1}\mathrm{Cov}(\boldsymbol{x},\boldsymbol{y})\boldsymbol{D}_2^{-1} = \boldsymbol{D}_1^{-1}\boldsymbol{\Sigma}_{12}\boldsymbol{D}_2^{-1} = \boldsymbol{R}_{12},$$
$$\mathrm{Cov}(\boldsymbol{y}^*,\boldsymbol{x}^*) = \boldsymbol{D}_2^{-1}\mathrm{Cov}(\boldsymbol{x},\boldsymbol{y})\boldsymbol{D}_1^{-1} = \boldsymbol{D}_2^{-1}\boldsymbol{\Sigma}_{21}\boldsymbol{D}_1^{-1} = \boldsymbol{R}_{21}。$$

于是 $\boldsymbol{R}_{11}^{-1}\boldsymbol{R}_{12}\boldsymbol{R}_{22}^{-1}\boldsymbol{R}_{21} = \boldsymbol{D}_1\boldsymbol{\Sigma}_{11}^{-1}\boldsymbol{\Sigma}_{12}\boldsymbol{\Sigma}_{22}^{-1}\boldsymbol{\Sigma}_{21}\boldsymbol{D}_1^{-1}$。

因为
$$\boldsymbol{\Sigma}_{11}^{-1}\boldsymbol{\Sigma}_{12}\boldsymbol{\Sigma}_{22}^{-1}\boldsymbol{\Sigma}_{21}\boldsymbol{a}_i = \lambda_i^2\boldsymbol{a}_i,$$
两边左乘 $\boldsymbol{D}_1$，得

$$\boldsymbol{D}_1\boldsymbol{\Sigma}_{11}^{-1}\boldsymbol{\Sigma}_{12}\boldsymbol{\Sigma}_{22}^{-1}\boldsymbol{\Sigma}_{21}\boldsymbol{D}_1^{-1}(\boldsymbol{D}_1\boldsymbol{a}_i) = \lambda_i^2(\boldsymbol{D}_1\boldsymbol{a}_i),\text{令 } \boldsymbol{a}_i^* = \boldsymbol{D}_1\boldsymbol{a}_i,\ \text{则 } \boldsymbol{R}_{11}^{-1}\boldsymbol{R}_{12}\boldsymbol{R}_{22}^{-1}\boldsymbol{R}_{21}\boldsymbol{a}_i^* = \lambda_i^2\boldsymbol{a}_i^*,$$

于是
$$\boldsymbol{a}_i^{*\prime}\boldsymbol{R}_{11}\boldsymbol{a}_i^* = \boldsymbol{a}_i'\boldsymbol{D}_1\boldsymbol{R}_{11}\boldsymbol{D}_1\boldsymbol{a}_i = \boldsymbol{a}_i'\boldsymbol{\Sigma}_{11}\boldsymbol{a}_i = 1,\ i=1,2,\cdots,m。$$

同理
$$\boldsymbol{R}_{22}^{-1}\boldsymbol{R}_{21}\boldsymbol{R}_{11}^{-1}\boldsymbol{R}_{12}\boldsymbol{b}_i^* = \lambda_i^2\boldsymbol{b}_i^*,$$

其中 $\boldsymbol{b}_i^* = \boldsymbol{D}_2\boldsymbol{b}_i$， $\boldsymbol{b}_i^{*\prime}\boldsymbol{R}_{22}\boldsymbol{b}_i^* = \boldsymbol{b}_i'\boldsymbol{D}_2\boldsymbol{R}_{22}\boldsymbol{D}_2\boldsymbol{b}_i = \boldsymbol{b}_i'\boldsymbol{\Sigma}_{22}\boldsymbol{b}_i = 1,\ i=1,2,\cdots,m$

由此可知，$\boldsymbol{a}_i^*$，$\boldsymbol{b}_i^*$ 为 $\boldsymbol{x}^*$ 和 $\boldsymbol{y}^*$ 的第 i 个典型系数，其第 i 个典型相关系数为 λ_i。

设 $\boldsymbol{u}_i^* = \boldsymbol{a}_i^{*\prime}\boldsymbol{x}^*$，$\boldsymbol{v}_i^* = \boldsymbol{b}_i^{*\prime}\boldsymbol{y}^*$，则（1）$\boldsymbol{u}_i^*$ 与 $\boldsymbol{v}_i^*$ 的均值为零;（2）$\boldsymbol{u}_i^*$，$\boldsymbol{v}_i^*$ 与 $\boldsymbol{u}_i$，$\boldsymbol{v}_i$ 相差一个常数。

事实上，对于（1），有 $\boldsymbol{E}(\boldsymbol{u}_i^*) = \boldsymbol{a}_i^{*\prime}\boldsymbol{E}(\boldsymbol{x}^*) = \boldsymbol{a}_i^{*\prime}0 = 0$，$\boldsymbol{E}(\boldsymbol{v}_i^*) = \boldsymbol{b}_i^{*\prime}\boldsymbol{E}(\boldsymbol{y}^*) = \boldsymbol{b}_i^{*\prime}0 = 0$。

对于（2），因为 $\boldsymbol{u}_i^* = \boldsymbol{a}_i^{*\prime}\boldsymbol{x}^* = \boldsymbol{a}_i'\boldsymbol{D}_1\boldsymbol{D}_1^{-1}(\boldsymbol{x}-\boldsymbol{\mu}_1) = \boldsymbol{a}_i'\boldsymbol{x} - \boldsymbol{a}_i'\boldsymbol{\mu}_1 = \boldsymbol{u}_i - \boldsymbol{a}_i'\boldsymbol{\mu}_1$，$\boldsymbol{v}_i^* = \boldsymbol{b}_i^{*\prime}\boldsymbol{y}^* = \boldsymbol{b}_i'\boldsymbol{D}_2\boldsymbol{D}_2^{-1}(\boldsymbol{y}-\boldsymbol{\mu}_2) = \boldsymbol{b}_i'\boldsymbol{y} - \boldsymbol{b}_i'\boldsymbol{\mu}_2 = \boldsymbol{v}_i - \boldsymbol{b}_i'\boldsymbol{\mu}_2$。

所以 $\boldsymbol{u}_i^*$，$\boldsymbol{v}_i^*$ 与 $\boldsymbol{u}_i$，$\boldsymbol{v}_i$ 相差一个常数。

10.3 样本典型相关

在实际应用中，$\begin{pmatrix}\boldsymbol{x}\\ \boldsymbol{y}\end{pmatrix}$ 的协方差矩阵 $\boldsymbol{\Sigma} = \begin{pmatrix}\boldsymbol{\Sigma}_{11} & \boldsymbol{\Sigma}_{12}\\ \boldsymbol{\Sigma}_{21} & \boldsymbol{\Sigma}_{22}\end{pmatrix}$ 或相关系数矩阵 $\boldsymbol{R} = \begin{pmatrix}\boldsymbol{R}_{11} & \boldsymbol{R}_{12}\\ \boldsymbol{R}_{11} & \boldsymbol{R}_{22}\end{pmatrix}$ 一般都是未知的。因此要根据样本对它们进行估计，设数据矩阵为

$$(\boldsymbol{x} \vdots\ \boldsymbol{y}) = \begin{pmatrix}\boldsymbol{x}_1' & \vdots & \boldsymbol{y}_1'\\ \vdots & \vdots & \vdots\\ \boldsymbol{x}_n' & \vdots & \boldsymbol{y}_n'\end{pmatrix} = \begin{pmatrix} x_{11} & x_{12} & \cdots & x_{1p} & \vdots & y_{11} & y_{12} & \cdots & y_{1q}\\ \vdots & \vdots & \ddots & \vdots & \vdots & \vdots & \vdots & \ddots & \vdots\\ x_{n1} & x_{n2} & \cdots & x_{np} & \vdots & y_{n1} & y_{n2} & \cdots & y_{nq}\end{pmatrix},$$

则样本协方差矩阵为：

$$\boldsymbol{S} = \begin{pmatrix}\boldsymbol{S}_{11} & \boldsymbol{S}_{12}\\ \boldsymbol{S}_{21} & \boldsymbol{S}_{22}\end{pmatrix},$$

其中 $\boldsymbol{S}_{11} = \dfrac{1}{n-1}\sum_{i=1}^{n}(\boldsymbol{x}_i-\overline{\boldsymbol{x}})(\boldsymbol{x}_i-\overline{\boldsymbol{x}})'$，$\boldsymbol{S}_{22} = \dfrac{1}{n-1}\sum_{i=1}^{n}(\boldsymbol{y}_i-\overline{\boldsymbol{y}})(\boldsymbol{y}_i-\overline{\boldsymbol{y}})'$，

$$\boldsymbol{S}_{12} = \frac{1}{n-1}\sum_{i=1}^{n}(\boldsymbol{x}_i-\overline{\boldsymbol{x}})(\boldsymbol{y}_i-\overline{\boldsymbol{y}})' = \boldsymbol{S}_{21}'。$$

用 $\boldsymbol{S}$ 作为 $\boldsymbol{\Sigma}$ 的估计，且当 $n > p+q$ 时，通常 $\boldsymbol{S}$ 是正定矩阵，因此 $\boldsymbol{S}_{11}^{-1}$，$\boldsymbol{S}_{22}^{-1}$ 存在。用 $\boldsymbol{S}_{11}^{-1}\boldsymbol{S}_{12}\boldsymbol{S}_{22}^{-1}\boldsymbol{S}_{21}$ 和 $\boldsymbol{S}_{22}^{-1}\boldsymbol{S}_{21}\boldsymbol{S}_{11}^{-1}\boldsymbol{S}_{12}$ 分别作为 $\boldsymbol{\Sigma}_{11}^{-1}\boldsymbol{\Sigma}_{12}\boldsymbol{\Sigma}_{22}^{-1}\boldsymbol{\Sigma}_{21}$ 和 $\boldsymbol{\Sigma}_{22}^{-1}\boldsymbol{\Sigma}_{21}\boldsymbol{\Sigma}_{11}^{-1}\boldsymbol{\Sigma}_{12}$ 的估计；用它们的非零特征值 $r_1^2 \geqslant r_2^2 \geqslant \cdots \geqslant r_m^2$ 作为 $\lambda_1^2 \geqslant \lambda_2^2 \geqslant \cdots \geqslant \lambda_m^2$ 的估计；用相应的特征向量 $\hat{\boldsymbol{a}}_1,\hat{\boldsymbol{a}}_2,\cdots,\hat{\boldsymbol{a}}_m$ 作为 $\boldsymbol{a}_1,\boldsymbol{a}_2,\cdots,\boldsymbol{a}_m$ 的估计；$\hat{\boldsymbol{b}}_1,\hat{\boldsymbol{b}}_2,\cdots,\hat{\boldsymbol{b}}_m$ 作为 $\boldsymbol{b}_1,\boldsymbol{b}_2,\cdots,\boldsymbol{b}_m$ 的估计。用 r_j^2 的算术根 r_j 作为样本的第 j 个

典型相关系数。$\hat{\boldsymbol{a}}_j'\boldsymbol{x}$ 和 $\hat{\boldsymbol{b}}_j'\boldsymbol{y}$ 称为样本的第 j 对典型变量。记

$$\hat{u}_{ij} = \hat{\boldsymbol{a}}_j'(\boldsymbol{x}_i - \bar{\boldsymbol{x}}), \quad \hat{v}_{ij} = \hat{\boldsymbol{b}}_j'(\boldsymbol{x}_i - \bar{\boldsymbol{x}}), \quad i = 1,2,\cdots,n, \quad j = 1,2,\cdots,n。$$

称 $\hat{u}_{ij}$ 为第 i 个变量 $\boldsymbol{x}_i$ 的第 j 个样本的典型变量值，$\hat{v}_{ij}$ 为第 i 个变量 $\boldsymbol{y}_i$ 的第 j 个样本的典型变量值，由约束条件 $\hat{\boldsymbol{a}}_j'\boldsymbol{S}_{11}\hat{\boldsymbol{a}}_j = 1$，得

$$\frac{1}{n-1}\sum_{i=1}^{n}\hat{u}_{ij}^2 = \frac{1}{n-1}\hat{\boldsymbol{a}}_j'\sum(\boldsymbol{x}_i - \bar{\boldsymbol{x}})(\boldsymbol{x}_i - \bar{\boldsymbol{x}})'\hat{\boldsymbol{a}}_j = \hat{\boldsymbol{a}}_j'\boldsymbol{S}_{11}\hat{\boldsymbol{a}}_j = 1, \quad j = 1,2,\cdots,m。$$

同理，有

$$\frac{1}{n-1}\sum_{i=1}^{n}\hat{v}_{ij}^2 = 1, \qquad j = 1,2,\cdots,m。$$

对每个 j，画出点 (u_{ij}, v_{ij})，$i = 1,2,\cdots,m$ 的散点图，该图可用来检查样本是否有异常值出现。

10.4 典型相关系数的检验

典型相关系数的显著性检验是典型相关分析中极为重要的内容，因为并不是所有求出的典型相关系数都是显著相关的，因此有必要对典型相关系数的显著性进行检验。典型相关系数具有多维度，因此典型相关系数检验采取的是维度递减检验，先从第一个典型相关系数的显著性检验开始。

设 $\begin{pmatrix}\boldsymbol{x}\\ \boldsymbol{y}\end{pmatrix} \sim N_{p+q}(\boldsymbol{\mu}, \boldsymbol{\Sigma}),\ \boldsymbol{\Sigma} > 0,\ \boldsymbol{\Sigma} = \begin{pmatrix}\boldsymbol{\Sigma}_{11} & \boldsymbol{\Sigma}_{12}\\ \boldsymbol{\Sigma}_{21} & \boldsymbol{\Sigma}_{22}\end{pmatrix}$。$\boldsymbol{S}$ 为样本协方差矩阵，且 $n > p + q$，考虑假设检验问题：

$$H_0:\ \lambda_1 = \lambda_2 = \cdots = \lambda_m = 0 \leftrightarrow H_1:\ \lambda_1, \lambda_2, \cdots, \lambda_m \text{ 中至少有一个不为 } 0 \tag{10.4.1}$$

其中 $m = \min(p, q)$。式(10.4.1)实际上等价于检验以下问题：

$$H_0: \boldsymbol{\Sigma}_{12} = 0 \leftrightarrow H_1: \boldsymbol{\Sigma}_{12} \neq 0 \tag{10.4.2}$$

H_0 成立表明 $\boldsymbol{x}$ 与 $\boldsymbol{y}$ 互不相关。

检验统计量为以下似然比检验统计量：

$$\Lambda_1 = \prod_{i=1}^{m}(1 - r_i^2)。 \tag{10.4.3}$$

若接受假设 H_0，则认为所讨论的两组变量之间的相关性没有实际意义；若拒绝假设 H_0，则认为第 1 对典型变量是显著的。对两组变量 $\boldsymbol{x}$, $\boldsymbol{y}$ 进行典型相关分析，使用的是降维思想，也就是希望使用尽可能少的典型变量。若第 1 对典型变量还不足以提取足够的信息，可能需考虑提取第 2 对典型变量乃至更多的典型变量，为此还需进行检验假设：

$H_0: \lambda_2 = \lambda_3 = \cdots = \lambda_m = 0 \leftrightarrow H_1: \lambda_2, \lambda_3, \cdots, \lambda_m$ 中至少有一个不为零

检验的统计量为

$$\Lambda_2 = \prod_{i=2}^{m}(1 - r_i^2)。 \tag{10.4.4}$$

若原假设 H_0 被拒绝，则认为第 2 对典型变量也是可用的。如此进行下去，直至对某个 k，若假设 H_0： $\lambda_k = \cdots = \lambda_m = 0$ 被接受，这时可认为只有前 k−1 对典型变量是显著的。

在实际应用中，由于似然比统计量 Λ 的精确分布很复杂，因此常用它的近似统计量来检验。由统计量 Λ 出发给出检验 H_0 的近似统计量有两种：一是使用近似的 χ^2 检验，二是使用近似的 F 检验。

10.4.1 近似的χ^2检验

一般来说，对于假设检验问题：

$$H_0:\lambda_k=\cdots=\lambda_m=0 \leftrightarrow H_1:\lambda_k,\cdots,\lambda_m \text{中至少有一个不为零} \tag{10.4.5}$$

其检验统计量为

$$\Lambda_k=\prod_{i=k}^{m}(1-r_i^2)。\tag{10.4.6}$$

对于充分大的 n，当 H_0 为真时，统计量

$$Q_k=-[n-k-(p+q+1)/2]\ln \Lambda_k \tag{10.4.7}$$

近似服从自由度为 $(p-k+1)(q-k+1)$ 的 χ^2 分布。对给定显著性水平 α，若

$$Q_k \geqslant x_{1-\alpha}^2((p-k+1)(q-k+1)),$$

则拒绝原假设 H_0，即认为第 k 对典型变量 $\boldsymbol{u}_k,\boldsymbol{v}_k$ 显著相关，这时第 k 对典型变量的相关系数是 λ_k；否则，就认为第 k 对典型变量 u_k,v_k 相关系数不显著。

10.4.2 近似的 *F* 检验

由统计量 Λ 出发检验 H_0 也可以使用近似的 F 检验，在软件 SPSS 中使用的就是近似的 F 检验。对于假设检验问题：

$$H_0:\lambda_k=\cdots=\lambda_m=0 \leftrightarrow H_1:\lambda_k,\cdots,\lambda_m \text{中至少有一个不为零}$$

其检验统计量为

$$\Lambda_k=\prod_{i=k}^{m}(1-r_i^2)。$$

对充分大的 n，当 H_0 为真时，统计量

$$F=(1-\Lambda_k^{1/t})f_2/[\Lambda_k^{1/t}f_1]$$

近似服从自由度为 f_1,f_2 的 F 分布，其中

$$f_2=gt+1-(p-k+1)(q-k+1)/2,\quad f_1=(p-k+1)(q-k+1),$$

这里，$g-n-(p+q+3)/2$，$t=\{[(p-k+1)^2(q-k+1)^2-4]/[(p-k+1)^2+(q-k+1)^2-5]\}^{1/2}$。

对给定显著性水平 α，若

$$F \geqslant F_{1-\alpha}(f_1,\ f_2),$$

则拒绝原假设 H_0，即认为第 k 对典型变量显著相关，这时第 k 对典型变量相关系数是 λ_k。

在统计软件中会直接给出检验的 p 值，使用起来特别方便。

以上一系列检验实际上是序贯检验，检验直到对某个 k 值，H_0 未被拒绝为止。事实上，这时检验的总显著性水平已不是 α，且难以确定。另外检验的结果也受样本容量大小的影响，因此，检验的结果只作为确定典型变量个数的重要依据，而不是唯一依据。

10.5 典型相关在实际中的应用

例 10.5.1 考虑某大学数学专业 30 名同学 8 门主要课程（数学分析 x_1、高等代数 x_2、常微分方程 x_3、复变函数 x_4、泛函分析 x_5、离散数学 x_6、概率论与数理统计 x_7、数学模型 x_8）的成绩见表 10.5.1。试求基础课数学分析、高等代数、常微分方程和专业课复变函数、泛函分析、离散数学、概率论与数理统计、数学模型的典型相关并给出适当解释。

表 10.5.1　某大学数学专业 30 名同学在 8 门主要课程的成绩表

学生	数学分析	高等代数	常微分方程	复变函数	泛函分析	离散数学	概率论与数理统计	数学模型
1	88.0	86.5	93.0	86.0	92.0	92.0	68.0	83.0
2	85.0	91.5	93.0	100.0	87.0	91.0	75.0	79.0
3	85.0	93.5	94.0	96.0	93.0	95.0	76.0	83.0
4	84.0	93.0	90.0	77.0	94.0	84.0	79.0	78.0
5	71.0	73.0	66.0	60.0	92.0	82.0	65.0	72.0
6	85.0	83.5	91.0	95.0	96.0	90.0	88.0	77.0
7	77.0	73.0	84.0	94.0	88.0	92.0	78.0	77.0
8	80.0	90.0	88.0	79.0	60.0	80.0	69.0	67.0
9	68.0	62.5	80.0	91.0	87.0	89.0	64.0	73.0
10	68.0	88.5	81.0	60.0	93.0	77.0	71.0	84.0
11	40.0	58.5	76.0	61.0	52.0	41.0	3930	82.0
12	92.0	92.0	90.0	97.0	66.0	85.0	60.0	80.0
13	70.0	80.0	69.0	63.0	55.0	77.0	73.0	67.0
14	57.0	63.5	60.0	63.0	72.0	48.0	39.0	66.0
15	65.0	80.5	89.0	72.0	81.0	81.0	86.0	70.0
16	93.0	98.5	88.0	96.0	82.0	84.0	89.0	83.0
17	84.0	89.0	78.0	77.0	74.0	71.0	70.0	75.0
18	77.0	69.0	75.0	27.0	80.0	60.0	45.0	81.0
19	69.0	68.0	64.0	75.0	85.0	60.0	62.0	78.0
20	80.0	81.0	85.0	87.0	84.0	82.0	82.0	75.0
21	73.0	71.5	80.0	67.0	53.0	71.0	64.0	72.0
22	55.0	52.5	69.0	60.0	68.0	88.0	68.0	80.0
23	55.0	58.5	62.0	20.0	46.0	48.0	66.0	80.0
24	77.0	83.0	86.0	82.0	88.0	85.0	72.0	77.0
25	88.0	90.5	93.0	67.0	78.0	89.0	77.0	80.0
26	73.0	86.5	85.0	90.0	80.0	69.0	52.0	79.0
27	64.0	75.0	64.0	63.0	60.0	65.0	68.0	68.0
282	77.0	71.0	75.0	96.0	66.0	78.0	51.0	72.0
29	49.0	47.5	39.0	61.0	60.0	52.0	44.0	75.0
30	73.0	81.0	72.0	49.0	48.0	81.0	68.0	81.0

解：打开根据表 10.5.1 建立的数据文件，先利用软件 SPSS 中的因子分析模块求出数据的 KMO 为 0.792，球形检验的 p 值为 0.000，两组变量的相关系数矩阵和协方差矩阵如下：

$$\hat{\boldsymbol{R}}_{11}=\begin{pmatrix}1.000 & 0.848 & 0.737\\ 0.848 & 1.000 & 0.789\\ 0.737 & 0.789 & 1.000\end{pmatrix},\quad \hat{\boldsymbol{R}}_{12}=\begin{pmatrix}0.572 & 0.480 & 0.723 & 0.572 & 0.215\\ 0.513 & 0.419 & 0.601 & 0.606 & 0.209\\ 0.588 & 0.488 & 0.704 & 0.582 & 0.325\end{pmatrix},$$

$$\hat{\boldsymbol{R}}_{22}=\begin{pmatrix}1.000 & 0.500 & 0.620 & 0.367 & 0.009\\ 0.500 & 1.000 & 0.546 & 0.426 & 0.244\\ 0.620 & 0.546 & 1.000 & 0.723 & 0.167\\ 0.367 & 0.426 & 0.723 & 1.000 & 0.102\\ 0.009 & 0.244 & 0.167 & 0.102 & 1.000\end{pmatrix}。$$

由此可知，两组变量各自的相关较密切，两组变量之间也有一定的相关，适合使用典型相关进行分析。

经计算，得 $\hat{\boldsymbol{R}}_{11}^{-1}\hat{\boldsymbol{R}}_{12}\hat{\boldsymbol{R}}_{22}^{-1}\hat{\boldsymbol{R}}_{21}$ 的特征值分别是 $r_1^2=0.686$，$r_2^2=0.157$，$r_3^2=0.029$。

在 SPSS 中没有专门的模块对有关数据进行典型相关分析，这时可以直接写出语法程序进行分析。在语法程序栏中写入：

MANOVA 数学分析 高等代数 常微分方程 WITH 复变函数 泛函分析 离散数学 概率统计 数学模型 /DISCRIM ALL ALPHA(1) /PRINT=SIG(EIGEN DIM)

单击“Run”按钮可得表 10.5.2～表 10.5.5。

表 10.5.2　3 对典型变量的相关系数

Root No.	Eigenvalue	Pct.	Cum. Pct.	Canon Cor.	Sq. Cor
1	2.178	90.995	90.995	0.828	0.685
2	0.186	7.776	98.771	0.396	0.157
3	0.029	1.229	100.000	0.169	0.029

根据表 10.5.2，3 对典型变量的相关系数分别是：$r_1=0.828$，$r_2=0.396$，$r_3=0.169$。

表 10.5.3　标准化自变量的典型系数

Variable	1	2	3
数学分析	0.641	−1.420	1.139
高等代数	−0.278	2.059	0.420
常微分方程	0.684	−0.389	−1.466

表 10.5.4　标准化协变量的典型系数

COVARIATE	1	2	3
复变函数	0.331	0.446	−0.382
泛函分析	0.037	−0.097	0.147
离散数学	0.565	−1.434	0.468
概率统计	0.150	1.432	0.159
数学模型	0.243	0.107	−0.978

根据表 10.5.3 和表 10.5.4，3 对样本典型变量 $u_i^*=\hat{\boldsymbol{a}}_i^{*\prime}\boldsymbol{x}^*$，$v_i^*=\hat{\boldsymbol{b}}_i^{*\prime}\boldsymbol{y}^*$，$i=1,2,3$ 的系数是

$$\hat{\boldsymbol{a}}_1^*=\begin{pmatrix}0.641\\-0.278\\0.684\end{pmatrix},\quad \hat{\boldsymbol{a}}_2^*=\begin{pmatrix}-1.420\\2.059\\-0.389\end{pmatrix},\quad \hat{\boldsymbol{a}}_3^*=\begin{pmatrix}1.139\\0.420\\-1.466\end{pmatrix};$$

$$\hat{\boldsymbol{b}}_1^* = \begin{pmatrix} 0.331 \\ 0.037 \\ 0.565 \\ 0.150 \\ 0.243 \end{pmatrix},\ \hat{\boldsymbol{b}}_2^* = \begin{pmatrix} 0.446 \\ -0.097 \\ -1.434 \\ 1.432 \\ 0.107 \end{pmatrix},\ \hat{\boldsymbol{b}}_3^* = \begin{pmatrix} -0.382 \\ 0.147 \\ 0.468 \\ 0.159 \\ -0.978 \end{pmatrix}。$$

表 10.5.5　3 对典型变量的相关性检验

Roots	Wilks L	F	Hypoth. DF	Error DF	Sig. of F
1 TO 3	0.258	2.585	15.000	61.130	0.005
2 TO 3	0.819	0.604	8.000	46.000	0.770
3 TO 3	0.971	0.235	3.000	24.000	0.871

假设数据服从多元正态分布，要检验的问题是

$$H_0: r_1 = r_2 = r_3 = 0 \leftrightarrow H_1: r_1 \neq 0。$$

于是根据表 10.5.5 可知，它的似然比统计量为

$$\varLambda_1 = (1-r_1^2)(1-r_2^2)(1-r_3^2) = 0.258,$$

其对应的近似 F 值是

$$F = (1-\varLambda_k^{1/t})f_2/[\varLambda_k^{1/t}f_1] = 2.585,$$

其中 $t = 2.76$，自由度 $f_1 = 15,\ f_2 = 61.13$。由于检验的 p 值是 0.005，因此在 $\alpha = 0.05$ 的显著性水平下拒绝原假设，即认为第 1 对典型变量的相关是很显著的。

进一步检验 $H_0: r_2 = r_3 = 0 \leftrightarrow H_1: r_2 \neq 0$，检验的统计量是

$$\varLambda_2 = (1-r_2^2)(1-r_3^2) = 0.819,$$

其对应的近似 F 值是

$$F = (1-\varLambda_k^{1/t})f_2/[\varLambda_k^{1/t}f_1] = 0.604,$$

其中自由度 $f_1 = 8,\ f_2 = 46$，检验的 p 值是 0.770，因此在 $\alpha = 0.05$ 的显著性水平下接受原假设，即认为第 2 对典型变量的相关是不显著的。

同理可知，对假设 $H_0: r_3 = 0 \leftrightarrow H_1: r_3 \neq 0$，检验的 p 值是 0.871，因此在 $\alpha = 0.05$ 的显著性水平下接受原假设，即认为第 3 对典型变量的相关是不显著的。因此，只有一个典型相关是显著的。于是这里只选取第 1 对样本典型变量为

$$u_1^* = 0.641x_1^* - 0.278x_2^* + 0.684x_3^*,$$

$$v_1^* = 0.331y_1^* + 0.037y_2^* + 0.565y_3^* + 0.150y_4^* + 0.243y_5^*。$$

由于第 1 对典型变量 u_1^* 和 v_1^* 的样本相关系数 $r_1 = 0.828$，可见数学基础课与数学专业课之间的相关性程度是相当高的。

由于数学分析和常微分方程在第 1 对样本典型变量 u_1^* 上有较大的正载荷，而高等代数在 u_1^* 上有一定的负载荷，因此根据典型系数可知，典型变量 u_1^* 以反映分析的作用为主，代数的作用为辅，且它们的作用正好相反；又由于复变函数、离散数学和数学模型在第 1 对样本典型变量 v_1^* 上有较大的正载荷，因此典型变量 v_1^* 主要代表函数论和离散数学变量。可见，数学基础课学习的好坏直接影响学生在函数论和离散数学上的学习效果。

下面利用原始变量与典型变量之间的相关系数来解释典型变量，原始变量与典型变量之间的相关系数见表 10.5.6。

表 10.5.6　自变量和典型变量函数的相关

Variable	1	2	3
数学分析	0.909	0.039	0.414
高等代数	0.804	0.548	0.230
常微分方	0.937	0.187	0.295

由表 10.5.6 可知，数学分析、高等代数和常微分方程与第一典型变量 u_1^* 有极高的相关，故 u_1^* 可解释为基础数学变量。这与前面基于典型系数的解释略有不同，这里更加强调数学基础课的整体作用。

由表 10.5.7 可知，复变函数、泛函分析、离散数学和概率统计与第一典型变量 v_1^* 有很高的相关，故 v_1^* 可解释为专业数学变量。这与前面基于典型系数的解释也略有差异，这里的整体性也更强，更好地说明数学基础课对数学专业课的影响力。

表 10.5.7　协变量和典型变量函数的相关

Covariate	1	2	3
复变函数	0.756	0.035	0.031
泛函分析	0.634	−0.020	0.039
离散数学	0.939	−0.157	0.262
概率统计	0.719	0.529	0.319
数学模型	0.365	−0.006	−0.851

虽然第 2 对典型变量之间的相关没有通过检验，但是从中可以发现另一个有趣的关系。先看第 2 对典型变量：

$$u_2^* = -1.420x_1^* + 2.059x_2^* - 0.389x_3^*,$$

$$v_2^* = 0.446y_1^* - 0.097y_2^* - 1.434y_3^* + 1.432y_4^* + 0.107y_5^*。$$

从这对典型变量的系数可以看出，高等代数在第二典型变量 u_2^* 有极高的正负荷，因此 u_2^* 可称为代数变量，而概率统计在第二典型变量 v_2^* 有很高的正负荷，因此 v_2^* 可称为概率统计变量，从而说明高等代数学习的好坏对概率统计学习的好坏有显著的影响。再从原始变量与典型变量之间的相关系数来看，高等代数与第二典型变量 u_2^* 有压倒性的相关 0.548，概率统计与第二典型变量 v_2^* 也有压倒性的相关 0.529，因此这两者都说明高等代数学习的好坏对概率统计的学习有很大的影响。

第11章 对应分析

11.1 对应分析的作用和思想

对应分析又称为相应分析，是法国统计学家 J. P. Beozecri(贝尔则克利）于 1970 年提出的一种统计分析方法，它是在 R 型和 Q 型因子分析的基础上发展起来的。Greenacre 在 1984 年的专著里介绍了对应分析理论及其在列联表中的应用。

在因子分析中，人们通常用少数几个公因子来提取研究对象的绝大部分信息，这样做既减少了变量的个数，又把握住了对象之间的相互关系，这是其好的一面。但因子分析根据研究对象的不同分为 R 型因子分析（对变量作因子分析）和 Q 型因子分析（对样品进行分析)，这样做往往会漏掉一些变量与样品之间相关的一些信息。另外，在处理实际问题时，样品的个数常常远大于变量的个数。例如有 100 个样品，每个样品测试 10 个指标（即有 10 个变量)，这时要作 Q 型因子分析，就要计算 100×100 阶相关系数矩阵的特征值和特征向量，这对于一般小型计算机容量和速度是难以胜任的。

能不能把R型因子分析和Q型因子分析结合起来进行统计分析呢？如果能从R型因子分析出发，直接获得 Q 型因子分析的结果，这样就可以克服因子分析的第 1 个不足，即变量与样品之间的关系被分离；又能克服因子分析的第 2 个不足，即避免在进行 Q 型分析时带来计算上的问题。对应分析就是朝这个目标进行努力：它从 R 型因子分析出发，同时获得 Q 型因子分析的结果；然后根据 R 型分析和 Q 型分析的内在联系，在同一张图上显示变量和样品的关系，即把变量（指标）和样品同时反映到相同的因子轴上，以便于对问题的分析。例如在图形上，相邻的一些样品点则表明它们的关系密切，因而可归于一类；同样相邻近的一些变量点也表明它们的关系密切，也归为同一类；而属于同一类型的样品点，可用邻近的变量点来表示和解释，反之也一样。因此，对应分析可提供以下 3 方面的信息：变量之间的关系；样品之间的关系；变量与样品之间的关系。

由于R型因子分析和Q型因子分析是反映同一个问题的两个不同侧面，因此它们之间必定存在或多或少的内在联系，对应分析的想法就是：寻找一个既能反映这两者之间内在联系，又能反映各自内部之间联系的矩阵 $\boldsymbol{Z}$，称为**联系矩阵**，它把二者之间的联系有机地结合起来。这种矩阵 $\boldsymbol{Z}$ 应满足以下要求：计算变量点之间的协方差矩阵是 $\boldsymbol{A}=\boldsymbol{Z}'\boldsymbol{Z}$，计算样品点之间的协方差矩阵是 $\boldsymbol{B}=\boldsymbol{Z}\boldsymbol{Z}'$，由于 $\boldsymbol{Z}'\boldsymbol{Z}$ 与 $\boldsymbol{Z}\boldsymbol{Z}'$ 有相同的非零特征值，设为 $\lambda_1 \geqslant \lambda_2 \geqslant \cdots \geqslant \lambda_m \geqslant 0$，$0<m\leqslant \min(p,n)$。若 $\boldsymbol{A}=\boldsymbol{Z}'\boldsymbol{Z}$ 的特征值 λ_i 对应的特征向量为 $\boldsymbol{t}_i$，记 $\boldsymbol{t}_i=(t_{1i},t_{2i},\cdots,t_{pi})'$，$i=1,2,\cdots,m$，这时有关系式 $\boldsymbol{Z}'\boldsymbol{Z}\boldsymbol{t}_i=\lambda_i\boldsymbol{t}_i$。于是 $\boldsymbol{Z}\boldsymbol{Z}'(\boldsymbol{Z}\boldsymbol{t}_i)=\lambda_i(\boldsymbol{Z}\boldsymbol{t}_i)$，因此 $\boldsymbol{B}=\boldsymbol{Z}\boldsymbol{Z}'$ 的特征值 λ_i 对应的特征向量就是 $\boldsymbol{Z}\boldsymbol{t}_i=\boldsymbol{s}_i$，记 $\boldsymbol{s}_i=(s_{1i},s_{2i},\cdots,s_{ni})'$，$i=1,2,\cdots,m$。由此关系式就可以方便地借用 R 型因子分析而得到 Q 型因子分析研究的结果，在求出 $\boldsymbol{A}$ 的特征值和特征向量后，若记变量的协方差矩阵对应的因子载荷阵为 $\boldsymbol{H}$，则

$$
\boldsymbol{H}=\begin{pmatrix} t_{11}\sqrt{\lambda_1} & t_{12}\sqrt{\lambda_2} & \cdots & t_{1m}\sqrt{\lambda_m} \\ t_{21}\sqrt{\lambda_1} & t_{22}\sqrt{\lambda_2} & \cdots & t_{2m}\sqrt{\lambda_m} \\ \vdots & \vdots & \ddots & \vdots \\ t_{p1}\sqrt{\lambda_1} & t_{p2}\sqrt{\lambda_2} & \cdots & t_{pm}\sqrt{\lambda_m} \end{pmatrix}。
$$

这时，若记样品点的协方差矩阵对应的因子载荷矩阵为 $\boldsymbol{G}$，则

$$
\boldsymbol{G}=\begin{pmatrix} s_{11}\sqrt{\lambda_1} & s_{12}\sqrt{\lambda_2} & \cdots & s_{1m}\sqrt{\lambda_m} \\ s_{21}\sqrt{\lambda_1} & s_{22}\sqrt{\lambda_2} & \cdots & s_{2m}\sqrt{\lambda_m} \\ \vdots & \vdots & \ddots & \vdots \\ s_{n1}\sqrt{\lambda_1} & s_{n2}\sqrt{\lambda_2} & \cdots & s_{nm}\sqrt{\lambda_m} \end{pmatrix}。
$$

由于 $\boldsymbol{A}$ 和 $\boldsymbol{B}$ 具有相同的非零特征值，而这些特征值又正好是各个公因子的方差，因此可以用相同的因子轴同时表示变量点和样品点，即把变量点和样品点同时反映在具有相同坐标轴的因子平面上，从而可以把变量点和样品点一起考虑进行分类。

因此，解决问题的关键在于寻找能把变量与样品联系在一起的联系矩阵 $\boldsymbol{Z}$，那么满足这种要求的联系矩阵又该如何构造？

11.2 联系矩阵的构造

在处理实际问题时，如果变量的量纲不同或者数量级相差很大时，通常先把变量作标准化处理，但是标准化处理对样品就不好进行了，也就是说，标准化处理对变量和样品是不对等的。为了把 R 型分析与 Q 型分析联系起来，就要在把原始数据矩阵 $\boldsymbol{X}=\left(x_{ij}\right)_{n\times p}$ 变换为联系矩阵 $\boldsymbol{Z}=\left(z_{ij}\right)_{n\times p}$ 时，即把 x_{ij} 变换为 z_{ij} 之后，使 z_{ij} 对变量和样品具有对等性，这是问题的困难之所在。现假设原始数据矩阵是

$$
\boldsymbol{X}=\begin{pmatrix} x_{11} & x_{12} & \cdots & x_{1p} \\ x_{21} & x_{22} & \cdots & x_{2p} \\ \vdots & \vdots & \ddots & \vdots \\ x_{n1} & x_{n2} & \cdots & x_{np} \end{pmatrix},
$$

这里有 n 个样品 $(x_{i1},x_{i2},\cdots,x_{ip})$，$i=1,2,\cdots,n$，每个样品测量 p 个指标，因此有 p 个变量 $x_1,x_2,\cdots,x_p$。不妨假定原始数据矩阵 $\boldsymbol{X}$ 的各元素 $x_{ij}>0$，否则可把所有的数据都加上一个适当的正数即可满足此要求。

可以把 n 个样品看作是 p 维空间的 n 个点，先计算 $\boldsymbol{X}$ 的行和、列和和总和，分别记为 $x_{i\cdot}=\sum_{j=1}^{p}x_{ij}$，$x_{\cdot j}=\sum_{i=1}^{n}x_{ij}$ 和 $x_{\cdot\cdot}=\Sigma\Sigma x_{ij}$。用 $x_{\cdot\cdot}$ 去除数据矩阵 $\boldsymbol{X}$ 中的每个元素 x_{ij}，这样做只改变测量尺度，得 $p_{ij}=x_{ij}/x_{\cdot\cdot}$。显然有：$0<p_{ij}<1$，$\boldsymbol{\Sigma\Sigma p}_{ij}=1$。因此 p_{ij} 可解释为“概率”，于是得**对应矩阵** $\boldsymbol{P}$ 为

$$
\boldsymbol{P}=\begin{pmatrix} p_{11} & p_{12} & \cdots & p_{1p} \\ p_{21} & p_{22} & \cdots & p_{2p} \\ \vdots & \vdots & \ddots & \vdots \\ p_{n1} & p_{n2} & \cdots & p_{np} \end{pmatrix}。
$$

再求对应矩阵 $\boldsymbol{P}$ 的行和 $p_{i\cdot}=\sum_{j=1}^{p}p_{ij}$，$i=1,2,\cdots,n$，称 $(p_{1\cdot},p_{2\cdot},\cdots,p_{n\cdot})'$ 为**行密度**。由于 $\sum_{i=1}^{n}p_{i\cdot}=1$，因此 $p_{i\cdot}$ 可以看作矩阵 $\boldsymbol{P}$ 中第 i 行出现的概率。同样可得列和 $(p_{\cdot 1},p_{\cdot 2},\cdots,p_{\cdot p})$，称之为**列密度**，$p_{\cdot j}$ 可以看作矩阵 $\boldsymbol{P}$ 第 j 列出现的概率。用 $p_{i\cdot}$ 去除对应矩阵 $\boldsymbol{P}$ 的第 i 行，得归一化的**行轮廓矩阵**如下：

$$
\begin{pmatrix} p_{11}/p_{1\cdot} & p_{12}/p_{1\cdot} & \cdots & p_{1p}/p_{1\cdot} \\ p_{21}/p_{2\cdot} & p_{22}/p_{2\cdot} & \cdots & p_{2p}/p_{2\cdot} \\ \vdots & \vdots & \ddots & \vdots \\ p_{n1}/p_{n\cdot} & p_{n2}/p_{n\cdot} & \cdots & p_{np}/p_{n\cdot} \end{pmatrix},
$$

这时行轮廓矩阵中每一行元素之和为 1。考虑到各变量可能存在数量级差别，为了清除数量级差别对变量的影响，可以用 $\sqrt{p_{\cdot j}}$ 去除第 j 个变量所在的列，于是得**标准化行轮廓矩阵**：

$$
\begin{pmatrix} \dfrac{p_{11}}{p_{1\cdot}\sqrt{p_{\cdot 1}}} & \dfrac{p_{12}}{p_{1\cdot}\sqrt{p_{\cdot 2}}} & \cdots & \dfrac{p_{1p}}{p_{1\cdot}\sqrt{p_{\cdot p}}} \\ \dfrac{p_{21}}{p_{2\cdot}\sqrt{p_{\cdot 1}}} & \dfrac{p_{22}}{p_{2\cdot}\sqrt{p_{\cdot 2}}} & \cdots & \dfrac{p_{2p}}{p_{2\cdot}\sqrt{p_{\cdot p}}} \\ \vdots & \vdots & \ddots & \vdots \\ \dfrac{p_{n1}}{p_{n\cdot}\sqrt{p_{\cdot 1}}} & \dfrac{p_{n2}}{p_{n\cdot}\sqrt{p_{\cdot 2}}} & \cdots & \dfrac{p_{np}}{p_{n\cdot}\sqrt{p_{\cdot p}}} \end{pmatrix}。
$$

这时标准化行轮廓矩阵第 j 个变量的加权平均是

$$
\sum_{i=1}^{n}\frac{p_{ij}}{p_{i\cdot}\sqrt{p_{\cdot j}}}p_{i\cdot}=\sqrt{p_{\cdot j}}，\quad j=1,2,\cdots,p。
$$

因此，$\sqrt{p_{\cdot j}}$ 可以看作标准化行轮廓矩阵第 j 个变量的均值，$j=1,2,\cdots,p$，由此可求得样品空间中变量点的协方差矩阵，也就是标准化行轮廓矩阵的协方差矩阵 $\boldsymbol{A}=\left(a_{ij}\right)_{p\times p}$，其中

$$
a_{ij}=\sum_{k=1}^{n}\left(\frac{p_{ki}}{p_{k\cdot}\sqrt{p_{\cdot i}}}-\sqrt{p_{\cdot i}}\right)\left(\frac{p_{kj}}{p_{k\cdot}\sqrt{p_{\cdot j}}}-\sqrt{p_{\cdot j}}\right)p_{k\cdot}
$$

$$=\sum_{k=1}^{n}(\frac{p_{ki}}{\sqrt{p_{k\cdot}p_{\cdot i}}}-\sqrt{p_{\cdot i}}\sqrt{p_{k\cdot}})(\frac{p_{kj}}{\sqrt{p_{k\cdot}p_{\cdot j}}}-\sqrt{p_{\cdot j}}\sqrt{p_{k\cdot}})$$

$$=\sum_{k=1}^{n}(\frac{p_{ki}-p_{\cdot i}p_{k\cdot}}{\sqrt{p_{\cdot i}p_{k\cdot}}})(\frac{p_{kj}-p_{\cdot j}p_{k\cdot}}{\sqrt{p_{\cdot j}p_{k\cdot}}})$$

$$=\sum_{k=1}^{n}z_{ki}z_{kj}\text{，}$$

其中 $z_{ki}==\frac{p_{ki}-p_{\cdot i}p_{k\cdot}}{\sqrt{p_{\cdot i}p_{k\cdot}}}$，$k=1,2,\cdots,n$，$i=1,2,\cdots,p$。令 $\boldsymbol{Z}=\left(z_{ij}\right)_{n\times p}$，则有 $\boldsymbol{A}=\boldsymbol{Z}'\boldsymbol{Z}$。即变量点的协方差矩阵可表成 $\boldsymbol{Z}'\boldsymbol{Z}$ 的形式。

同样，把 p 个变量看作 n 维空间的 p 个点，用 $p_{\cdot j}$ 去除对应矩阵 $\boldsymbol{P}$ 的第 j 列，得归一化的**列轮廓矩阵**如下：

$$\begin{pmatrix} p_{11}/p_{\cdot 1} & p_{12}/p_{\cdot 2} & \cdots & p_{1p}/p_{\cdot p} \\ p_{21}/p_{\cdot 1} & p_{22}/p_{\cdot 2} & \cdots & p_{2p}/p_{\cdot p} \\ \vdots & \vdots & \ddots & \vdots \\ p_{n1}/p_{\cdot 1} & p_{n2}/p_{\cdot 2} & \cdots & p_{np}/p_{\cdot p} \end{pmatrix},$$

即列轮廓矩阵中每一列元素之和为 1。基于前面相同的考虑，这里也用 $\sqrt{p_{i\cdot}}$ 去除第 i 个样品所在的行，于是得**标准化列轮廓矩阵**：

$$\begin{pmatrix} \frac{p_{11}}{p_{\cdot 1}\sqrt{p_{1\cdot}}} & \frac{p_{12}}{p_{\cdot 2}\sqrt{p_{1\cdot}}} & \cdots & \frac{p_{1p}}{p_{\cdot p}\sqrt{p_{1\cdot}}} \\ \frac{p_{21}}{p_{\cdot 1}\sqrt{p_{2\cdot}}} & \frac{p_{22}}{p_{\cdot 2}\sqrt{p_{2\cdot}}} & \cdots & \frac{p_{2p}}{p_{\cdot p}\sqrt{p_{2\cdot}}} \\ \vdots & \vdots & \ddots & \vdots \\ \frac{p_{n1}}{p_{\cdot 1}\sqrt{p_{n\cdot}}} & \frac{p_{n2}}{p_{\cdot 2}\sqrt{p_{n\cdot}}} & \cdots & \frac{p_{np}}{p_{\cdot p}\sqrt{p_{n\cdot}}} \end{pmatrix}\text{。}$$

这时标准化列轮廓矩阵的第 i 行各元素的加权平均是

$$\sum_{j=1}^{p}\frac{p_{ij}}{p_{\cdot j}\sqrt{p_{i\cdot}}}p_{\cdot j}=\sqrt{p_{i\cdot}}\text{，}$$

因此 $\sqrt{p_{i\cdot}}$ 可以看作标准化行轮廓矩阵第 i 个样品的均值，$i=1,2,\cdots,n$。于是，可求得样品点的协方差矩阵，也就是标准化列轮廓矩阵的协方差矩阵 $\boldsymbol{B}=\left(b_{kl}\right)_{n\times n}$，其中

$$b_{kl}=\sum_{i=1}^{p}(\frac{p_{ki}}{p_{\cdot i}\sqrt{p_{k\cdot}}}-\sqrt{p_{k\cdot}})(\frac{p_{li}}{p_{\cdot i}\sqrt{p_{l\cdot}}}-\sqrt{p_{l\cdot}})p_{\cdot i}$$

$$=\sum_{i=1}^{p}(\frac{p_{ki}}{\sqrt{p_{\cdot i}p_{k\cdot}}}-\sqrt{p_{\cdot i}p_{k\cdot}})(\frac{p_{li}}{\sqrt{p_{\cdot i}p_{l\cdot}}}-\sqrt{p_{\cdot i}p_{l\cdot}})$$

$$=\sum_{i=1}^{p}(\frac{p_{ki}-p_{\cdot i}p_{k\cdot}}{\sqrt{p_{\cdot i}p_{k\cdot}}})(\frac{p_{li}-p_{\cdot i}p_{l\cdot}}{\sqrt{p_{\cdot i}p_{l\cdot}}})$$

$$=\sum_{i=1}^{p}z_{ki}z_{li}\ ,$$

其中 $z_{ki}=\dfrac{p_{ki}-p_{\cdot i}p_{k\cdot}}{\sqrt{p_{\cdot i}p_{k\cdot}}}$，$k=1,2,\cdots,n$，$i=1,2,\cdots,p$。从而有 $\boldsymbol{B}=\boldsymbol{ZZ}'$。

由于 $z_{ki}=(x_{ki}-\dfrac{x_{\cdot i}x_{k\cdot}}{x_{\cdot\cdot}})/\sqrt{x_{\cdot i}x_{k\cdot}}$，$k=1,2,\cdots,n$，$i=1,2,\cdots,p$。因此，在把原始数据矩阵 $\boldsymbol{X}$ 变换成矩阵 $\boldsymbol{Z}$ 后，变量点和样本点的协方差矩阵分别是 $\boldsymbol{A}=\boldsymbol{Z}'\boldsymbol{Z}$ 和 $\boldsymbol{B}=\boldsymbol{ZZ}'$，矩阵 $\boldsymbol{A},\boldsymbol{B}$ 有明显的对应关系。而且在把原始数据 x_{ij} 变换成 z_{ij} 后，z_{ij} 对于 i，j 是对等的，即 z_{ij} 对变量和样品具有对等性。由第 1 章的知识可得以下定理。

定理 11.2.1 若 $\boldsymbol{t}_i$ 是 $\boldsymbol{Z}'\boldsymbol{Z}$ 中 λ_i 的特征向量，则 $\boldsymbol{Zt}_i=\boldsymbol{s}_i$ 是 $\boldsymbol{ZZ}'$ 中属于 λ_i 的特征向量；反之，若 $\boldsymbol{s}_i$ 是 $\boldsymbol{ZZ}'$ 中属于 λ_i 的特征向量，则 $\boldsymbol{Z}'\boldsymbol{s}_i=\boldsymbol{t}_i$ 是 $\boldsymbol{Z}'\boldsymbol{Z}$ 中属于 λ_i 的特征向量。

事实上，若 $\boldsymbol{t}_i$ 是 $\boldsymbol{Z}'\boldsymbol{Z}$ 中属于 λ_i 的特征向量，则有 $\boldsymbol{Z}'\boldsymbol{Zt}_i=\lambda_i\boldsymbol{t}_i$，两边左乘 $\boldsymbol{Z}$，得

$$(\boldsymbol{ZZ}')\boldsymbol{Zt}_i=\lambda_i(\boldsymbol{Zt}_i)。$$

故 $\boldsymbol{s}_i=\boldsymbol{Zt}_i$ 是 $\boldsymbol{ZZ}'$ 的属于 λ_i 的特征向量。

由这个结论可知，从 R 型因子分析出发可以直接获得 Q 型因子分析的结果，又由于 $\boldsymbol{A}$、$\boldsymbol{B}$ 有相同的非零特征值，而这些特征值又表示各个公因子所代表的方差。因此变量空间 $\mathbf{R}^P$ 中的第 1 公因子，第 2 公因子，……，直到第 m 个公因子与样品空间 $\mathbf{R}^n$ 中对应的各个因子在总方差中所占的百分比全相同。从几何意义来看，$\mathbf{R}^P$ 中各样品点与 $\mathbf{R}^P$ 中各因子轴的距离和 $\mathbf{R}^n$ 中各变量点与 $\mathbf{R}^n$ 中相对应的因子轴的距离完全相同，因此可把变量点和样品点同时反映在同一个因子轴所确定的平面上（即可取同一个坐标系），然后根据它们接近的程度，把变量点和样品点一起考虑进行分类。

11.3 对应分析的计算步骤

（1）由原始数据矩阵 $\boldsymbol{X}$ 出发，计算规格化的对应矩阵 $\boldsymbol{P}$：

$$\boldsymbol{P}=\left(p_{ij}\right)=\left(x_{ij}/x_{\cdot\cdot}\right)。$$

（2）计算联系矩阵 $\boldsymbol{Z}=\left(z_{ij}\right)_{n\times p}$，其中 $z_{ij}=(x_{ij}-x_{i\cdot}x_{\cdot j}/x_{\cdot\cdot})/\sqrt{x_{i\cdot}x_{\cdot j}}$，$i=1,2,\cdots,n$，$j=1,2,\cdots,p$。

（3）进行对应分析。

① 作 R 型因子分析。设协方差矩阵 $\boldsymbol{A}=\boldsymbol{Z}'\boldsymbol{Z}$ 的特征值 $\lambda_1\geqslant\lambda_2\geqslant\cdots\geqslant\lambda_p$，按累计贡献率

$\sum_{k=1}^{m}\lambda_k/\sum_{k=1}^{p}\lambda_k \geqslant 85\%$的原则，提取前 m 个特征值$\lambda_1,\lambda_2,\cdots,\lambda_m$，计算相应的标准正交的特征向量$\boldsymbol{t}_1,\boldsymbol{t}_2,\cdots,\boldsymbol{t}_m$，从而得因子载荷矩阵

$$\boldsymbol{H}=\begin{pmatrix} t_{11}\sqrt{\lambda_1} & t_{12}\sqrt{\lambda_2} & \cdots & t_{1m}\sqrt{\lambda_m} \\ t_{21}\sqrt{\lambda_1} & t_{22}\sqrt{\lambda_2} & \cdots & t_{2m}\sqrt{\lambda_m} \\ \vdots & \vdots & \ddots & \vdots \\ t_{p1}\sqrt{\lambda_1} & t_{p2}\sqrt{\lambda_2} & \cdots & t_{pm}\sqrt{\lambda_m} \end{pmatrix}。$$

然后，在两两因子轴H_1-H_2平面上作变量点图。

② 作Q型因子分析。对上述所求的 m 个特征值$\lambda_1\geqslant\lambda_2\geqslant\cdots\geqslant\lambda_m$计算相应于矩阵$\boldsymbol{B}=\boldsymbol{ZZ}'$的标准正交的特征向量$\boldsymbol{s}_1=\boldsymbol{Zt}_1,\boldsymbol{s}_2=\boldsymbol{Zt}_2,\cdots,\boldsymbol{s}_m=\boldsymbol{Zt}_m$，从而得 Q 型因子载荷矩阵

$$\boldsymbol{G}=\begin{pmatrix} s_{11}\sqrt{\lambda_1} & s_{12}\sqrt{\lambda_2} & \cdots & s_{1m}\sqrt{\lambda_m} \\ s_{21}\sqrt{\lambda_1} & s_{22}\sqrt{\lambda_2} & \cdots & s_{2m}\sqrt{\lambda_m} \\ \vdots & \vdots & \ddots & \vdots \\ s_{n1}\sqrt{\lambda_1} & s_{n2}\sqrt{\lambda_2} & \cdots & s_{nm}\sqrt{\lambda_m} \end{pmatrix}。$$

然后，在相应的因子轴G_1-G_2平面上作样品点图。

由于在H_1-H_2因子平面上与在G_1-G_2因子平面上的两条直角坐标是重合的，因此，在同一个平面上同时显示了变量和样品间的相互关系，要注意的是，H_1-H_2与G_1-G_2因子平面上的指标点和样品点，实际上是两个多维空间的二维投影。在某些特殊情况下，两个相隔很远的点，在二维平面上的投影可能靠得很近，为了防止这种情况产生，可以计算每一个体对于某个因子的贡献。

11.4 对应分析在实际中的应用

例 11.4.1 利用 1998 年奥林匹克运动会十项全能 34 名运动员的得分情况，见表 9.4.1。十项全能的项目是百米跑x_1、跳远x_2、铅球x_3、跳高x_4、400 米x_5、110 跨栏x_6、铁饼x_7、撑杆跳高x_8、标枪x_9、1500 米跑x_{10}。试对该数据进行对应分析，画出变量和样品的对应二维图，并把对应分析结果与因子分析结果进行比较。

解：打开根据表 9.4.1 建立的数据文件，先利用软件 SPSS 中的因子分析模块求出数据的 *KMO* 值为 0.788，巴特莱特球形检验的 p 值为 0.000，说明本数据适合做因子分析，从而也适合做对应分析。

在 SPSS 中专门的对应分析模块是适合对列联表数据进行对应分析，对变量数据可以直接写出语法程序进行分析。在语法程序栏中写入：

```
Anacor /table   all(34,10) /plot joint
```

单击“Run”按钮可得表 11.4.1。

表 11.4.1　34 名十项全能运动员得分数据的奇异值、惯量、百分比和累积百分比

Dimension	Singular Value	Inertia	Proportion Explained	Cumulative Proportion
1	0.04359	0.00190	0.67900	0.67900
2	0.02229	0.00050	0.17700	0.85700
3	0.01463	0.00021	0.07600	0.93300
4	0.00915	0.00008	0.03000	0.96300
5	0.00783	0.00006	0.02200	0.98500
6	0.00444	0.00002	0.00400	0.99200
7	0.00345	0.00001	0.00200	0.99600
8	0.00244	0.00001	0.00200	0.99800
9	0.00216	0.00000	0.00700	1.00000
Total	0.14165	0.00280	1.00000	

由表 11.4.1 可知，第 1 惯量和第 2 惯量分别是 0.0019 和 0.0005，其贡献率分别是 67.9% 和 17.7%，累积贡献率达 85.7%。这表明，只要选取两个维度就可以反映原始数据 86%左右的信息，其中第 1 维度反映原数据 68%的信息，第 2 维度反映原数据 18%的信息。根据行得分和列得分，描出变量和样品的二维分布图如图 11.4.1 所示。

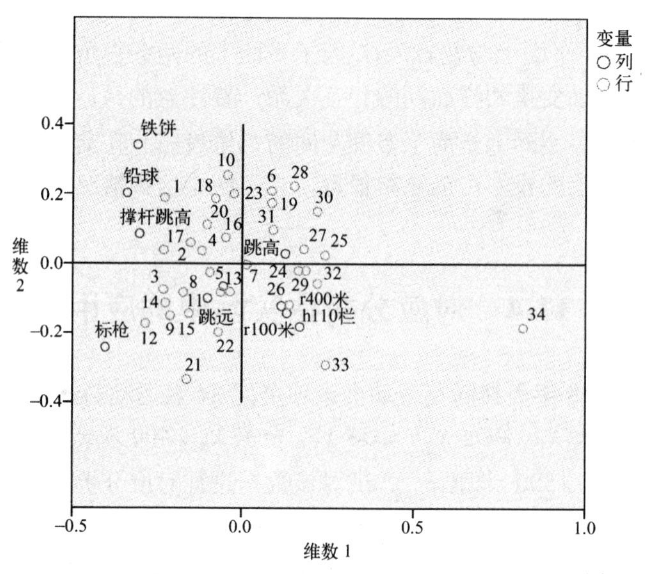

图 11.4.1　十项全能数据变量和样品的二维分布图

由图 11.4.1 可知，若从第 1 维度看，百米跑、400 米跑、110 米跨栏这 3 个变量明显地聚合在一起，这与因子分析的结果一样，是短跑速度因子，主要与腿力密切相关；跳高、跳远也是聚集在一起的，主要反映弹跳能力；撑杆跳高和铅球、铁饼、标枪聚合在一起，主要反映爆发臂力，因此第 1 维度主要反映爆发臂力和爆发腿力的对比。从第 2 维度看，跳远、标枪可以和百米跑、400 米跑、110 米跨栏聚合在一起，主要反映的是速度，而 1500 米长跑反映的是耐力，因此第 2 维度是速度和耐力的对比。这些结果与 R 型因子分析的结果基本相似，但也有所不同，这里可以得到更多的信息。从分布图不仅可以看出与 R 型因子分析相似的一些分析结果，而且可以看出 R

型因子分析没能得出的结果，例如：7 号、13 号、24 号、26 号、29 号和 32 号运动员在短跑速度方面能力较强；1 号、3 号、12 号、14 号和 17 号运动员在爆发臂力方面能力较强。因此，对应分析不仅可以得到 R 型因子分析的结果和 Q 型因子分析的结果，也可以得到两者之间的相互关系。

11.5　对应分析在列联表上的应用

在实际研究工作中，人们常常用列联表的形式来描述定性变量（定类变量或定序变量）的各种状态或者相关关系，这在调查研究项目中的运用尤为普遍。列联表是一个交叉分类的表格，它是根据两个或两个以上可识别的特征，同时对两个或两个以上变量的观测值进行交叉分类，或对样本观察数据进行交叉分类所形成的表格，它直观地描述两个或两个以上值得关注的定性变量以及它们之间的关系。例如，公司经营管理者为了了解消费者对本公司产品的满意情况，需要针对不同职业的消费者进行调查，而调查数据很自然地以列联表的形式呈现出来，见表 11.5.1。

表 11.5.1　调查数据列联表

职业	评价程度				
	非常满意	满意	一般	不太满意	不满意
管理者					
工人					
教师					
商人					
等等					

横栏与纵栏交叉位置呈现的数字是相应的频数，这样从表中数据就可以清楚地看到不同职业的人对该公司产品的评价，以及所有被调查者对该公司产品的整体评价，还有被调查者的职业构成情况等信息。通过列联表，可以看出职业分布与各种评价之间的相关关系，如果管理者与比较满意交叉单元格的数字较大，则说明职业栏的管理者部分与评价栏的比较满意部分有较强的相关性。通过对列联表中的数据进行分析，可以得到很多有价值的信息。

由于列联表中出现的数据是频数，因此可以使用对应分析对其进行分析，但由于列联表中出现的变量是定性变量，因此与前面对定量变量的分析又有所不同。下面通过一个实例说明如何对列联表进行对应分析。

例 11.5.1　某公司对其内部 193 名不同职业类型人员的吸烟行为进行调查的数据见表 11.5.2。其中被调查人员的职业类型分为 5 个档次，分别为高层管理者、低层管理者、高级职员、低级职员和文秘，表中分别用数字 1～5 表示；吸烟行为分为 4 个档次，分别为不吸烟、轻微、中等和严重，用数字 1～4 表示。试利用对应分析研究职业类型和吸烟行为之间的关系。

表 11.5.2　193 名不同职业人员的吸烟调查表

职业类型	吸烟程度			
	不吸烟	轻微	中等	严重
高层管理者	4	2	3	2
低层管理者	4	3	7	4
高级职员	25	10	12	4
低级职员	18	24	33	13
文秘	10	6	7	2

解：打开由表 11.5.1 建立的数据文件，单击“Data”→“Weight Cases”命令，在“Weight Cases”（个案加权）对话框中选中“Weight Cases by”（对个案加权）单选按钮，将变量“人数”移入到“Frequency Variable”（频数变量）列表框，单击“Ok”按钮，执行加权。

单击“Analyze”→“Data Reduction”→“Correspondence Analysis”命令，打开对应分

析主对话框。在主对话框左边的矩形框中选择定类变量“职业类型”，单击上方右向箭头送入“Row（行）”变量窗口中，这时下边的“Define Range（定义范围）”按钮被激活。单击“Define Range”进入“Correspondence Analysis：Define Row Range（定义行范围）”子对话框确定变量范围，本例在“Minimum（最小值）”和“Maximum（最大值）”窗口中分别输入 1 和 5，单击“Update（更新）”按钮进行确认。在该对话框下面的“Category Constraints（分类约束）”方框中选择默认“None（无）”选项，表示没有分类约束。

单击“Continue”按钮返回主对话框，将定序变量“吸烟程度”移入到“Column（列）”变量窗口中，这时下边的“Define Range”按钮被激活。单击“Define Range”按钮进入“Correspondence Analysis：Define Column Range（定义列范围）”子对话框，在该对话框中指定选取列变量的范围，本例在“Minimum”和“Maximum”窗口中分别输入 1 和 4，单击“Update”按钮进行确认。其他步骤与上述相似，此处不再赘述。

在主对话框最下面有 3 个按钮：“Model（模型）”“Statistics（统计量）”和“Plots（图形）”。单击“Model（模型）”按钮，打开“Correspondence Analysis：Model”（对应分析：模型）对话框，该对话框用于选择对应分析的方法和模型。在“Dimensions in（解的维数）”后面窗口输入解的维数，即行列变量分类最终提取因子的个数，本例选择系统默认值为 2；在“Distance Measure（距离测度）”方框下选择“Chi square（卡方）”默认选项，表示对定序变量或定类变量选择卡方距离；在“Standardization Method（标准化方法）”方框下选择“Row and column means are removed（删除行均值和列均值）”默认选项，表示行和列都作为中心，使用的是标准对应分析；在“Normalization Method（正态化方法）”方框下选择“Symmetrical（对称法）”选项，表示本例要分析的是行列变量各类别的差异，而不是每个变量之间的差异。

单击“Statistics”按钮，打开“Correspondence Analysis：Statistics（对应分析：统计量）”对话框。保持默认选项“Correspondence table（对应表）”（表示输出行列变量的对应表格）、“Overview of row points（行点概览）”选项（表示输出行变量分类的因子载荷以及方差贡献值）和“Overview of column points（列点概览）”选项（表示输出列变量分类的因子载荷以及方差贡献值）。再选择“Row profiles（行轮廓）”选项（表示输出数据的行轮廓表）和“Column profiles（列轮廓）”选项（表示输出数据的列轮廓表）。

单击“Plots（图形）”按钮，打开“Correspondence Analysis：Plots（对应分析：图形）”子对话框，用于指定输出图形的选择和设置。在“Scatterplots（散点图）”方框下选择“Biplot（双标点）”选项，将输出行列变量的对应分布图。在“ID label width for（散点图标识标签的宽度）”后的窗口中输入指定散点图标识标签的宽度，本例在窗口中填上 10。以上选择完成后单击“Continue”按钮返回主对话框。单击“Ok”，可得表 11.5.3～表 11.5.9。

表 11.5.3　不同职业类型人员吸烟行为的对应表格

职业性质	吸烟程度				
	不吸烟	轻微	中等	严重	Active Margin
高层管理者	4	2	3	2	11
低层管理者	4	3	7	4	18
高级职员	25	10	12	4	51
低级职员	18	24	33	13	88
文秘	10	6	7	2	25
Active Margin	61	45	62	25	193

由表 11.5.3 可知，不同职业类型的人数以及它们的吸烟程度，不同吸烟程度的人数以及各种职业类型人员的表现。用总人数除以列联表中各人数就可得对应矩阵。

表 11.5.4 不同职业类型人员吸烟行为的行轮廓表

职业性质	吸烟程度				
	不吸烟	轻微	中等	严重	Active Margin
高层管理者	0.364	0.182	0.273	0.182	1.000
低层管理者	0.222	0.167	0.389	0.222	1.000
高级职员	0.490	0.196	0.235	0.078	1.000
低级职员	0.205	0.273	0.375	0.148	1.000
文秘	0.400	0.240	0.280	0.080	1.000
Mass	0.316	0.233	0.321	0.130	

表 11.5.5 不同职业类型人员吸烟行为的列轮廓表

职业性质	吸烟程度				
	不吸烟	轻微	中等	严重	Mass
高层管理者	0.066	0.044	0.048	0.080	0.057
低层管理者	0.066	0.067	0.113	0.160	0.093
高级职员	0.410	0.222	0.194	0.160	0.264
低级职员	0.295	0.533	0.532	0.520	0.456
文秘	0.164	0.133	0.113	0.080	0.130
Active Margin	1.000	1.000	1.000	1.000	

表 11.5.6 结果汇总表

Dimension	Singular Value	Inertia	Chi Square	Sig	Proportion of Inertia		Confidence Singuler Value	
					Accounted for	Cumulative	Standard Deviation	Correlation 2
1	0.273	0.075			0.878	0.878	0.070	0.020
2	0.100	0.010			0.118	0.995	0.076	
3	0.020	0.000			0.005	1.000		
Total		0.085	16.442	0.172	1.000	1.000		

表 11.5.7 奇异值、主惯量和贡献率

维数	1	2	3	求和
奇异值	0.273	0.100	0.020	
主惯量	0.075	0.010	0.000	0.085
贡献率	0.878	0.118	0.005	1.000
累计贡献率	0.878	0.995	1.000	

由表 11.5.6 可知，检验行列变量相互独立的卡方统计量 $\chi^2 = 16.442$，Sig.= 0.172，故接受行列变量相互独立的原假设。总惯量 $\chi^2 / n = 0.085$。由此可得奇异值、主惯量以及贡献率等结果，见表 11.5.7。

由此可知，第 1 惯量和第 2 惯量分别是 0.075 和 0.010，其贡献率分别是 87.8%和 11.8%，累积贡献率达 99.5%。这表明，只要选取两个维度就可以反映原始数据 99%以上的信息，其中第 1 维度反映原数据约 88%的信息，第 2 维度反映原数据约 12%的信

息。根据表 11.5.8 和表 11.5.9 中的行得分和列得分，就可以描出行变量和列变量的二维分布图。

表 11.5.8　行变量分类的因子载荷以及方差贡献值

职业性质	Mass	Score in Dimension		Inertia	Contribution				
					Of Point to Inertia of Dimension		Of Dimension to Inertia of Point		
		1	2		1	2	1	2	Total
高层管理者	0.057	−0.126	0.612	0.003	0.003	0.214	0.092	0.800	0.893
低层管理者	0.093	0.495	0.769	0.012	0.084	0.551	0.526	0.465	0.991
高级职员	0.264	−0.728	0.034	0.038	0.512	0.003	0.999	0.001	1.000
低级职员	0.456	0.446	−0.183	0.026	0.331	0.152	0.942	0.058	1.000
文秘	0.130	−0.385	−0.249	0.006	0.070	0.081	0.865	0.133	0.999
Active Total	1.000			0.085	1.000	1.000			

表 11.5.9　列变量分类的因子载荷以及方差贡献值

吸烟程度	Mass	Score in Dimension		Inertia	Contridution				
					Of Point to Inertia of Dimension		Of Dimension to Inertia of Point		
		1	2		1	2	1	2	Total
不吸烟	0.316	−0.752	0.096	0.049	0.654	0.029	0.994	0.006	1.000
轻微	0.233	0.190	−0.446	0.007	0.031	0.463	0.327	0.657	0.984
中等	0.321	0.375	−0.023	0.013	0.166	0.002	0.982	0.001	0.983
严重	0.130	0.562	0.625	0.016	0.150	0.506	0.684	0.310	0.995
Active Tota	1.000			0.085	1.000	1.000			

表 11.5.8 和表 11.5.9 的第 3 列和第 4 列数据正好是行变量分类和列变量分类在第 1 维度和第 2 维度的得分，据此可以描出不同职业类型人员吸烟行为的二维分布图，如图 11.5.1 所示。

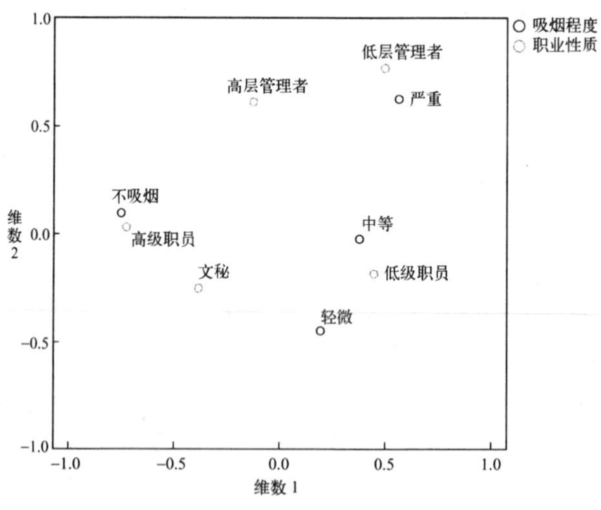

图 11.5.1　不同职业类型人员吸烟行为的二维分布图

由图 11.5.1 可以看出，代表低层管理者的点与代表吸烟严重的点靠得很近，说明在不同职业类型人员中，低层管理者吸烟严重；代表高级职员的点与代表不吸烟的点靠得很近，说明在不同职业类型人员中，高级职员不太吸烟；而代表低级职员的点与代表吸烟中等的点靠得很近，说明在不同职业类型人员中，低级职员吸烟程度中等。可见，从不同职业类型人员吸烟行为的二维分布图可以非常直观地看出不同职业类型人员的吸烟程度。

因此，对应分析是寻求列联表行和列之间联系的一种很有效的分析方法，它能直观地揭示出同一分类变量的各个类别之间的差异，以及不同分类变量各个类别之间的对应关系。在对应分析中，一般来说，列联表的每一行对应二维图中的一点，每一列也对应同一图中的一点，这些点是列联表的各行各列向一个二维欧几里得空间的投影，这种投影最大限度地保持各行（各列）不同类别之间的关系，提供给大家十分直观且重要的信息，值得细心观察和发掘。

11.6 分类的一致性推断

根据不同标准对数据进行分类后，所得不同分类结果是否一致？这是值得研究的问题。例如，根据考生测验分数和切断分数对考生所做的掌握分类是否与根据考生在该课程上的真实水平进行分类一致？可靠性有多高？下面对此进行研究，研究结果也可以推广到其他的研究领域。

11.6.1 问题的提出

标准参照测验是与常模参照测验不同的一类测验，在标准参照测验中，一个人在测验上的成绩不是和其他人相比较，而是和某个已经设定的标准作比较。假设一份测验是由某门功课试题全域中有代表性的试题组成，则在测验之后人们常常要确立一个切断分数，凡成绩在此分数线及其上的考生被认为已掌握该门课程，凡成绩在此分数线之下的考生被认为没掌握该门课程。由于考生在一份测验上的成绩与其在该门课程上的真实水平有不同程度的差异，因此人们感兴趣的是：根据考生测验分数和切断分数对考生所做的掌握分类，是否与根据考生在该课程上的真实水平进行掌握分类一致？可靠性有多高？

假设用同一测验的两个复本（平行测验）对人数为 m 的同组考生施测，根据考生分数与切断分数的大小关系决定一个考生是归入掌握一类还是没掌握一类，则对两次平行测验进行分类的结果可列成表 11.6.1 所列的 2×2 列联表。

表 11.6.1 根据平行测验进行掌握分类的列联表

平行测验 2 \ 平行测验 1	掌握	没掌握	合计
掌握	p_{11}	p_{12}	$p_{1.}$
没掌握	p_{21}	p_{22}	$p_{2.}$
合计	$p_{.1}$	$p_{.2}$	

在表 11.6.1 中，p_{11} 表示在两次测验中都被划分为掌握的概率，p_{22} 表示在两次测验中都被归为没掌握的概率，p_{12} 表示在测验 1 中被划为掌握而在测验 2 中被划为没掌握的概率，p_{21} 则相反，于是分类一致性信度 p 可用两次测验都被一致归类的概率之和来表示，即

$$p = p_{11} + p_{22}。 \tag{11.6.1}$$

Hambleton 和 Novick 建议把 p 作为推断一致性信度的指标。但是由于当两个事件无关时，它们联合出现的概率是每个事件出现概率的乘积，因此，即使表 11.6.1 中两个测验完全无关，在表中 p_{11} 和 p_{22} 中出现的概率不是 0 而是乘积 $p_{1\cdot}p_{\cdot 1}$ 和 $p_{2\cdot}p_{\cdot 2}$，记 $p_c = p_{1\cdot}p_{\cdot 1} + p_{2\cdot}p_{\cdot 2}$，称为偶然一致性概率，它是衡量从两种形式观测到的实际一致性增加的基础。因此为了度量推断一致性超过偶然一致性实际增加的程度，Cohen 提出一个 Kappa 系数 κ 作为推断一致性信度的估计：

$$\kappa = (p - p_c)/(1 - p_c)\text{，} \tag{11.6.2}$$

在表 11.6.1 的记号下，有

$$\kappa = [(p_{11} + p_{22}) - (p_{1\cdot}p_{\cdot 1} + p_{2\cdot}p_{\cdot 2})]/[(1 - (p_{1\cdot}p_{\cdot 1} + p_{2\cdot}p_{\cdot 2})]\text{。} \tag{11.6.3}$$

Swaminathan, Hambleton 和 Algina 建议用 Kappa 系数作为两个平行测验分类一致性的信度估计。注意：p 和 κ 是推断一致性程度的两种不同类型的度量，在解释上稍有差异。

11.6.2 二项分布下的分类一致性推断

当一份测验是由某门课程的一些试题组成时，人们常常把学生在这份测验上的成绩看作考生在该门课程上的成绩。例如教师想知道学生对英语词汇的掌握程度，但由于明显的原因，显然不可能在一份测验中安排下所有的词汇，实际上教师只能用有限的词语来测量学生，然后把学生在有限词语组成的测验上的观测分数作为学生掌握英语词汇真实分数的估计。这时人们自然会问：把测验上的观测分数作为考生在课程上的真实分数（也称论域分数）的估计，其精度有多高？按照概化理论的观点，当教师实施某门课程测验，并希望用测验的观测分数来估计学生的真实分数，教师所处理的正是概化理论中的 D 研究。这时这门课程中的所有项目就组成概化全域，考生的论域分数（或真实分数）就是考生在概化全域中所有项目的平均分数。因此，论域分数是在给定概化全域下测量目标（在这里是学生）的一个“理想”分数。应注意概化理论中论域分数与经典真分数理论中真分数的联系与区别，在经典真分数理论中，真分数被定义为考生在大量或无限次严格平行测验上所得分数的平均值。由于真分数实际上只是论域分数在某种条件下的特例，因此可以想象，当把考生在一份测验上的观测分数作为考生在某课程上的论域分数的估计时，其可靠性要比把测验分数推断为考生在该份测验上的真分数的可靠性要小。在概化理论中，把论域分数方差与观测分数方差的期望值之比作为概化系数，这一定义与概化理论中的 D 研究有关，不同的概化系数适用于不同的 D 研究设计。对于上述问题，要求考生回答测验中的所有问题，这在概化理论中称为单面交叉设计，对这种设计，其概化系数 $E\rho^2$ 和 Φ 分别定义为

$$E\rho^2 = \sigma^2(p)/[\sigma^2(p) + \sigma^2(\delta)]\text{，}$$

$$\Phi = \sigma^2(p)/[\sigma^2(p) + \sigma^2(\Delta)]\text{，}$$

式中：$\sigma^2(p)$ 为测量目标的论域分数方差；$\sigma^2(\delta)$ 为测量的相对误差；$\sigma^2(\Delta)$ 为测量的绝对误差。在单面交叉设计中，$\sigma^2(\delta)=\sigma^2(pi)/ni$，$\sigma^2(\Delta)=\sigma^2(I)+\sigma^2(\mathrm{pi})/ni$。

当测验成绩被用来进行掌握分类时，人们对这种分类与根据考生论域分数进行掌握分类是否一致倍感关心，这时候如何建立一个指标来度量这个一致性程度，就是关于掌握分类的信度问题。如果是在两次测验之后来考虑这个问题，这个分类的一致性可以这样计算：先确定一个切断分数，然后根据考生分数与这个切断分数的大小关系，决定一个考生是归入掌握一类还是没掌握一类。由于每个考生参加两次测验，因此掌握分类实际上做了两次，如果对某个考生所做的两次推断一致（如两次都归为掌握一类或两次都归入没掌握一类），则称该考生被一致归类，

如果对某个考生来说两次所做的推断不一致（如一次归为掌握类一次归为没掌握类），则称对该考生的归类不一致。现假设有 100 个考生参加两次测验，其中有 40 人被一致划归为掌握类，即 $p_{11}=0.4$，有 20 人被一致划归为没掌握类，即 $p_{22}=0.2$，其余 40 个考生在两次测验中归类不一致，这时对这两份测验所作的一致推断的信度可以用 $\hat{p}=p_{11}+p_{22}=0.6$ 来估计、即有百分 60 的考生被一致归类。现在的问题是：考生的论域分数是一个不可观测量，而编制两份严格平行测验也非易事，有些测验进行两次测试也是不可能或不可取，凡此种种都要求我们根据一次测验来决定考生是否掌握，然后估计这个分类与根据论域分数进行分类的一致性程度有多高。为了解决这个问题，必须对错判概率（即考生真掌握而根据测验分数被归入没掌握类或考生真没掌握而根据测验分数被归入掌握类）进行估计。这个错判概率 q 若能被估出，则推断精度 $p=1-q$。为了估计 q，必须先设立一个考生论域分数的切断分数 π_0，并且认为若考生的论域分数在此分数及此分数以上，则该考生就归入掌握类，凡考生论域分数在此分数之下，则该考生就归入没掌握类。但是由于测量存在误差，因此并非论域分数大于 π_0 的考生人人都能通过测验，而论域分数小于 π_0 的考生也可能通过测验。因此有必要设立两个分数 π_1 和 π_2，其中 π_1 表示在没掌握的考生中可能达到的最高论域分数，而 π_2 则表示在掌握的考生中可能达到的最低论域分数，$\pi_1<\pi_2$。将 π_1 和 π_2 之间的区域看作无法辨别的区域，论域分数在此范围内的考生是掌握还是没掌握，另行确定或不予考虑。现在要考虑的是：论域分数等于 π_1 的考生被错判为掌握的概率以及论域分数等于 π_2 的考生被错判为没掌握的概率。如果两个错判概率均已算出，则它们的和就是所求的错判概率。由于论域分数是考生能正确回答的项目在整个论域中的比例，因此可以把考生的论域分数看作考生正确回答一个随机抽出的项目的概率。因此论域分数为 π 的考生在 n 个随机抽出的项目中正确回答 k 个项目的概率服从二项分布，这样我们就可以利用二项分布模型来估计论域分数为 π 的考生在 n 个项目中答对 k 个的概率。现假设 $\pi_0=0.75$ 为论域切断分数，$\pi_1=0.65$，$\pi_2=0.85$，若一份测验共有 20 个项目，确定答对 16 个项目及 16 个项目以上归为掌握，答对 16 个项目以下为没掌握，现在来确定据此测验作出推断的精度有多大，为此用 q_1 和 q_2 分别表示第 1 类错判概率和第 2 类错判概率，则有

$$q_1=\sum_{i=0}^{k-1}C_n^i\pi_2^i(1-\pi_2)^{n-i}=0.170,$$

$$q_2=\sum_{i=k}^{n}C_n^i\pi_1^i(1-\pi_1)^{n-i}=0.118。$$

因此，总的错判概率 $q=q_1+q_2=0.288$，据此得到推断一致性程度是 $p=1-q=0.712$。至于 π_1，π_2 的确定，一方面与分割分数有关，另一方面与测验编制要求有关。在要求不太高的情况下，可使用与分割分数（百分数）相差 0.1 的两个数作为 π_1 和 π_2。

利用一次测验估计推断一致性的方法还可以通过对概化系数 $E\rho^2$ 和 Φ 进行修正而得。为此先考虑影响估计精度的因素：首先，测验的长度对推断精度有明显的影响，测验项目越多，则推断一致性的精度越高，如果一份测验包含所有的试题，则推断基本上是一致的；其次，对测验分数的概化范围当然也影响一致性的精度，概化范围越小，测验越异质，因此推断精度就越大；再次，两次测验分数分布的相似性，或测验成绩分布与考生论域分数分布的相似性也影响到推断的一致性，在其他情况不变时，若测验分数的分布越一致，则推断的一致性程度越高；最后，在测验分数分布中切断分数的位置也将影响到推断的一致性，切断分数越接近测验分数分布的中心，则推断的一致性程度就越低。考虑极端情况，

如果把切断分数设置在测验分数的最高分或最低分，那么它偏离分数分布的中心就越大，这时对绝大多数考生的推断将是一致的，可见推断一致性的精度越高。根据以上分析可知，要想根据一份测验估计推断的一致性精度，这个估计公式应能包含以上几种因素对估计精度的影响。先来看看概化系数 $E\rho^2 = \sigma^2(p)/[\sigma^2(p)+\sigma^2(pi)/n_i]$，式中 n_i 是试题数量，可见该公式反映测验长度对精度的影响，$\sigma^2(p)$ 表示考生这个因子的方差，它反映了概化程度的影响，其他两种因素即两种分数分布的相似性，切断分数与分数分布中心的关系，在这个公式中没有得到体现。再来看看概化系数 $\Phi = \sigma^2(p)/[\sigma^2(p)+\sigma^2(I)+\sigma^2(pi)/n_i]$，这个公式的分母多了一项 $\sigma^2(I)=[MS(i)-MS(r)]/(n_p n_i)$，其中 $\sigma^2(I)$ 为反映试题的难度方差，而难度对分数分布状态有影响，可见该公式还体现了分数分布的影响，还差一个因素即切断分数与分数分布中心的关系没有得到体现，为此对 Φ 作一个修正，对分子分母都加上一个因子 $(\mu-\lambda)^2$，其中 λ 是切断分数，μ 是分数分布的均值（μ, λ 均为比例分数），于是得

$$\Phi(\lambda)=\frac{\sigma^2(p)+(\mu-\lambda)^2}{\sigma^2(p)+(\mu-\lambda)^2+\sigma^2(I)+\sigma^2(pi)/n_i},$$

当切断分数 λ 与分数分布的均值 μ 相等时，Φ 与 $\Phi(\lambda)$ 相等，当 λ 与 μ 相差越大时，推断一致性精度越高，这与上面的分析一致，可见指标 $\Phi(\lambda)$ 反映了切断分数与分数分布中心的关系，因此把它作为推断一致性精度的度量是合适的。同样若在概化系数 $E\rho^2$ 的分子分母同时加上式子 $(\mu-\lambda)^2$，则得

$$\Phi_1(\lambda)=\frac{\sigma^2(p)+(\mu-\lambda)^2}{\sigma^2(p)+(\mu-\lambda)^2+\sigma^2(pi)/n_i},$$

由于 $\Phi_1(\lambda)$ 没有反映试题难度的变异，因此作为标准参照测验中根据一份测验估计推断一致性程度的指标，采用 $\Phi(\lambda)$ 是更合适的。

例 11.6.1 表 11.6.2 是 10 名考生在 5 道数学解答题上的得分情况表。

表 11.6.2 10 名考生在 5 道解答题上的得分

考生	试题					$x_{p.}$	$x_{p.}^2$
	一	二	三	四	五		
1	9	10	9	8	9	45	2025
2	9	10	10	1	8	38	1444
3	8	10	7	3	10	38	1444
4	9	10	6	3	10	41	1681
5	9	10	9	6	10	44	1936
6	9	10	9	7	1	36	1296
7	9	5	7	10	10	41	1681
8	9	10	10	5	10	44	1936
9	2	9	4	0	0	15	225
10	4	10	5	3	1	23	529
$x_{.i}$	77	94	79	46	69		
$x_{.i}^2$	5929	8836	6241	2116	4761		

表 11.6.3 给出 G 研究 $p \times i$ 设计和 D 研究 $P \times I$ 设计的方差分量估计公式。由于在教育心理测验中，通常只作一次测验，因此对每个考生与试题的交叉得分观测值也只有一个。这时考生与项目的交互效应就和测验误差混在一起，从而无法分析交互作用的大小，而在交互作用不大时，常把两者混合项看作误差，在实际分析中也是把它当作误差处理。

表 11.6.3　G 研究 $p \times i$ 设计和 D 研究 pxI 设计方差分量估计

方差源	df	平方和 (SS)	均方 (MS)	G 研究方差分量估计	D 研究方差分量估计
考生 (p)	9	174.87	19.43	$\hat{\sigma}^2(p) = 2.748$	$\hat{\sigma}^2(P) = 2.748$
项目 (i)	4	123.80	30.95	$\hat{\sigma}^2(i) = 2.526$	$\hat{\sigma}^2(I) = 0.505$
交互效应 (pi)	36	204.80	5.69	$\hat{\sigma}^2(pi) = 5.689$	$\hat{\sigma}^2(PI) = 1.138$
$SS(p) = \Sigma x_{p.}^2 / n_i - x_{..}^2 /(n_p n_i)$			$\hat{\sigma}^2(p) = [MS(p) - MS(r)] / n_i$		$\hat{\sigma}^2(P) = \hat{\sigma}^2(p)$
$SS(i) = \Sigma x_{.i}^2 / n_p - x_{..}^2 /(n_p n_i)$			$\hat{\sigma}^2(i) - [MS(i) - MS(r)] / n_p$		$\hat{\sigma}^2(I) = \hat{\sigma}^2(i) / n_i$
$SS(pi) = \Sigma\Sigma x_{pi}^2 / n_i - x_{.i}^2 / n_p$			$\hat{\sigma}^2(pi) = MS(r)$		$\hat{\sigma}^2(PI) = \hat{\sigma}^2(pi) / n_i$

表 11.6.3 中方差分量的估计是在以下方程中用各自的均方（MS）代替方程中均方的期望值而得到的，即

$$EMS(p) = \sigma^2(pi) + n_i \sigma^2(p),$$

$$EMS(i) = \sigma^2(pi) + n_p \sigma^2(i),$$

$$EMS(pi) = \sigma^2(pi)$$

对于这里的 D 研究 $P \times I$ 设计($n_p = 10,\ n_i = 5$)，考生平均分数 X_{PI} 可分解成如下线性模型：

$$X_{PI} = \mu + \tilde{\mu}_P + \tilde{\mu}_I + \tilde{\mu}_{PI},$$

式中：$\mu_P = \sum_I X_{PI}$，$\mu_I = \sum_p X_{PI}$，$\mu = \sum_p \sum_I X_{PI}$，$\mu_{PI} = X_{PI} - \mu_P - \mu_I + \mu$，$\tilde{\mu}_P = \mu_P - \mu$，其余类推。根据抽样分布理论，平均分数的方差等于总体分布的方差除以样本大小，即有 $\sigma^2(I) = \sigma^2(i) / n_i$，同样有 $\sigma^2(PI) = \sigma^2(pi) / n_i$。由于 $\delta_{PI} = (X_{PI} - \mu_I) - (\mu_P - \mu)$，因此有 $\sum_p(\delta_{PI}) = 0$。用 $\sigma^2(\delta)$ 表示 δ_{PI} 的方差，可以算出

$$\sigma^2(\delta) = \sigma^2(PI) = \sigma^2(pi) / n_i = 1.138,$$

从而

$$E\rho^2 = \sigma^2(p) / [\sigma^2(p) + \sigma^2(\delta)] = 0.707。$$

而

$$\Delta_{PI} = X_{PI} - \mu_P = \tilde{\mu}_I + \tilde{\mu}_{PI},$$

又

$$E(\Delta_{PI}) = 0,$$

所以

$$\sigma^2(\Delta) = \sigma^2(I) + \sigma^2(PI) = \sigma^2(i) / n_i + \sigma^2(pi) / n_i = 1.643,$$

因此

$$\Phi = \sigma^2(p) / [\sigma^2(p) + \sigma^2(\Delta)] = 0.626。$$

假设本测验的满分值是 50 分，切断分数 $\lambda = 0.6$，由表中的数据可算得 $\mu = 0.73$，因此

$(\mu-\lambda)^2=0.017$，于是算得 $\Phi(\lambda)=0.627$，$\Phi_1(\lambda)=0.708$。

因此可以估计该份测验的推断一致性信度为 0. 627 或 0. 708。如果这是标准参照性测验，则以 0. 627 作为推断一致性信度估计;如果把标准参照测验的分数作为常模参照测验来解释，则采用 0. 708 作为推断一致性信度（对上述问题有兴趣的读者可参阅《心理学报》1996 年第 4 期上发表的论文:标准参照测验中的信度估计公式）。

11.6.3 二元分布下的分类一致性推断

上面对错判概率（即考生真掌握而根据测验分数被归入没掌握类或考生没掌握而根据测验分数被归入掌握类）进行估计，从而得到推断一致性程度 p 的估计，但该方法需要根据切断分数设立两个分数 π_1 和 π_2，而 π_1 和 π_2 如何选取还缺乏有力的根据。因此，有必要根据一次测验成绩估计考生真分数和观侧分数的二元分布，如果这个二元分布能被估计，则无论是正判概率或错判概率均可据此估计，从而得出推断一致性信度 p 和 κ 的估计。下面对此进行研究，在一定条件下得出真分数和观测分数的二元分布估计，据此进行 p 和 κ 的估计并讨论相应的一些统计推断问题。

设测验 x 由 n 道二值评分题组成的，所谓二值评分题，即答对一题得 k 分，答错或不答得 0 分，为方便计，不妨设 $k=1$。于是考生在测验 x 上的观测分数是 $x=0,1,\cdots,n$。设 t 是考生在测验 x 上的真分数，$x=t+e$，e 为误差分数，则有 $0\leqslant t\leqslant n$，记 $\theta=t/n,\ 0\leqslant\theta\leqslant 1$。因此可以把 θ 看作真分数为 t 的考生答对试题的概率。在此条件下，已知 θ 时观测分数 x 的条件分布是二项分布：

$$h(x|\theta)=\binom{n}{x}\theta^x(1-\theta)^{n-x},\ \ 0\leqslant\theta\leqslant 1,\ \ x=0,1,\cdots,n\text{。} \tag{11.6.4}$$

设考生真分数的分布为 $g(\theta),\ 0\leqslant\theta\leqslant 1$，测验分数 x 的分布为 $\varphi(x)$，这时 x,θ 的二元分布为 $f(x,\theta)$，于是有

$$f(x,\theta)=g(\theta)h(x|\theta)\text{，} \tag{11.6.5}$$

$$\varphi(x)=\int_{-\infty}^{\infty}f(x,\theta)\mathrm{d}\theta=\int_0^1 g(\theta)h(x|\theta)\mathrm{d}\theta\text{。} \tag{11.6.6}$$

如果能在式（11.6.4）的条件下估计观测分数分布 $\varphi(x)$（或真分数分布 $g(\theta)$），则另一个分布 $g(\theta)$（或 $\varphi(x)$）也就可以相应估计出。下面先给出一些记号和结论。

用 $\mu_x=E(x),\ \sigma_x^2=V(x)$ 分别表示变量 x 的均值和方差，$\rho_{x\theta}$ 表示 x 和 θ 的相关系数，$B(\alpha,\beta)$ 表示参数为 α,β 的贝塔分布，$\Gamma(\alpha)$ 表示参数为 α 的伽马函数，则有

$$B(\alpha,\beta)=\Gamma(\alpha)\Gamma(\beta)/\Gamma(\alpha+\beta)\text{。}$$

引理 11.6.1 超几何级数

$$F(\alpha,\beta,r,z)=\sum_{n=0}^{\infty}\frac{(\alpha)_n(\beta)_n}{(r)_n}\cdot\frac{z^n}{n!}$$

是超几何微分方程

$$z(1-z)\omega''+[r-(\alpha+\beta+1)z]\omega'-\alpha\beta\omega=0$$

的解，其中 $(\alpha)_n=\alpha(\alpha+1)\cdots(\alpha+n-1)=\Gamma(\alpha+n)/\Gamma(\alpha),\ (\alpha)_0=1$。

引理 11.6.2 $F(\alpha,\beta,r,1)=\dfrac{\Gamma(r)\Gamma(r-\alpha-\beta)}{\Gamma(r-\alpha)\Gamma(r-\beta)}$。

引理 11.6.3 $\prod_{i=0}^{k}\Gamma(\alpha_i+x_i+1)=\Gamma(\sum_{i=0}^{k}\alpha_i+\sum_{i=0}^{k}x_i)$。

引理 11.6.4 若 $x=(x_1,\cdots,x_n)$ 服从多项分布 $PN(N;p_1,\cdots,p_n)$，则混合阶乘矩

$$\mu(r_1,\cdots,r_n)=E(x_1^{(r_1)},\cdots,x_n^{(r_n)})=N!p_1^{r_1}\cdots p_n^{r_n}/(N-\sum_{i=1}^{n}r_i),$$

其中 $x^{(r)}=x(x-1)\cdots(x-r+1)$。

定理 11.6.1 设 $h(x|\theta)=\binom{n}{x}\theta^x(1-\theta)^{n-x}$，$\theta$ 对 x 的回归为 $E(\theta|x)=\mu_\theta+b_{\theta x}(x-\mu_x)$，则 $\varphi(x)=\frac{(-\beta)_n}{(-\alpha-\beta)_n}\cdot\frac{(-n)_x(\alpha)_x}{(-\beta)_x x!}$，$x=0,1,\cdots,n$，$\alpha=(\mu_x/k)-\mu_x$，$\beta=(n/k)-\alpha-1$，

$$k=[n-\mu_x(n-\mu_x)/\sigma_x^2]/(n-1)。$$

证明：由式（11.6.6）知

$$\begin{aligned}\varphi(x)&=\int_0^1 g(\theta)h(x|\theta)\mathrm{d}\theta\\&=\int_0^1 g(\theta)\binom{n}{x}\theta^x(1-\theta)^{n-x}\mathrm{d}\theta。\end{aligned}$$

设 $c(\theta|x)$ 为 x 已知时 θ 的条件分布，则有

$$c(\theta|x)\varphi(x)=g(\theta)h(x|\theta),$$

故

$$c(\theta|x)=g(\theta)h(x|\theta)/\varphi(x)。$$

于是

$$\begin{aligned}E(\theta|x)&=\int_{-\infty}^{\infty}\theta c(\theta|x)\mathrm{d}\theta=\frac{1}{\varphi(x)}\int_{-\infty}^{\infty}g(\theta)\binom{n}{x}\theta^{x+1}(1-\theta)^{n-x}\mathrm{d}\theta\\&=\binom{n}{x}\frac{1}{\varphi(x)}\int_0^1 g(\theta)\theta^{x+1}(1-\theta)^{n-x}\mathrm{d}\theta。\end{aligned}$$

因此

$$\begin{aligned}\varphi(x)E(\theta|x)&=\frac{n!}{x!(n-x)!}\int_0^1 g(\theta)\theta^{x+1}(1-\theta)^{n-x}\mathrm{d}\theta\\&=\frac{n-x+1}{x}\cdot\frac{n!}{(x-1)!(n-x+1)!}\int_0^1 g(\theta)[\theta^x(1-\theta)^{n-x}-\theta^x(1-\theta)^{n-x+1}]\mathrm{d}\theta\\&=\binom{n}{x}\int_0^1 g(\theta)\theta^x(1-\theta)^{n-x}\mathrm{d}\theta-\frac{n-x+1}{x}\binom{n}{x-1}\int_0^1 g(\theta)\theta^x(1-\theta)^{n-(x-1)}\mathrm{d}\theta\\&=\varphi(x)-\frac{n-x+1}{x}\varphi(x-1)E(\theta|x-1)。\end{aligned}$$

故有

$$\varphi(x)[1-E(\theta|x)]==\frac{n-x+1}{x}\varphi(x-1)E(\theta|x-1),\quad x=1,\cdots,n。\tag{11.6.7}$$

由于

$$\mu_x = E(x) = E(t) = E(n\theta) = nE(\theta) = n\mu_\theta，$$

故

$$E(\theta|x) = \mu_\theta + b_{\theta x}(x - \mu_x) = b_{\theta x}x + \mu_\theta(1 - nb_{\theta x})。$$

代入式（11.6.7），得

$$\varphi(x)[1 - b_{\theta x}x - \mu_\theta(1 - nb_{\theta x})] = \frac{n-x+1}{x}\varphi(x-1)[b_{\theta x}(x-1) + \mu_\theta(1 - nb_{\theta x})]，$$

$$\varphi(x) = \frac{n-x+1}{x}\cdot\frac{b_{\theta x}(x-1) + \mu_\theta(1-nb_{\theta x})}{1 - b_{\theta x}x - \mu_\theta(1-nb_{\theta x})}\varphi(x-1)$$

$$= \frac{n-x+1}{x}\cdot\frac{x-1+\mu_\theta/b_{\theta x} - n\mu_\theta}{1/b_{\theta x} - x - \mu_\theta/b_{\theta x} + n\mu_\theta}\varphi(x-1)。$$

令

$$\alpha = \mu_\theta/b_{\theta x} - n\mu_\theta,\ \ \beta = 1/b_{\theta x} - \alpha - 1，$$

则

$$\varphi(x) = \frac{n-x+1}{x}\cdot\frac{\alpha-1+x}{\beta+1-x}\varphi(x-1),\ \ x = 1,2,\cdots,n。$$

于是，有

$$\varphi(1) = \frac{n\alpha}{\beta}\varphi(0)，$$

$$\varphi(2) = \frac{(n-1)}{2}\cdot\frac{(\alpha+1)}{(\beta-1)}\varphi(1) = \frac{n(n-1)\alpha(\alpha+1)}{1\cdot 2\cdot\beta(\beta-1)}\varphi(0)，$$

$$\vdots$$

一般地，有

$$\varphi(x) = \frac{n(n-1)\cdots(n-x+1)\alpha(\alpha+1)\cdots(\alpha+x-1)}{1\cdot 2\cdots x\cdot\beta\cdot(\beta-1)\cdots(\beta-x+1)}\varphi(0)，$$

$$\vdots$$

$$\varphi(n) = \frac{n!\alpha(\alpha+1)\cdots(\alpha+n-1)}{n!\beta(\beta-1)\cdots(\beta-x+1)}\varphi(0)。$$

记

$$(\alpha)_x = \alpha(\alpha+1)\cdots(\alpha+x-1),\ \ (\alpha)_0 = 1，$$

$$(-n)_x = (-n)(-n+1)\cdots(-n+x-1) = (-1)^x n(n-1)\cdots(n-x+1)。$$

则有

$$\varphi(x) = \frac{(-n)_x(\alpha)_x}{(-\beta)_x x!}\varphi(0),\ \ x = 0,1,\cdots,n。$$

由于$\varphi(x)$是x的概率密度函数，故$\sum_{x=0}^{n}\varphi(x) = 1$。即有

$$\sum_{x=0}^{n}\varphi(x) = \varphi(0)\sum_{x=0}^{n}\frac{(-n)_x(\alpha)_x}{(-\beta)_x x!} = \varphi(0)F(-n,\alpha;-\beta;1)。$$

式中：$F(-n,\alpha;-\beta;1)$为超几何函数$F(-n,\alpha;-\beta;z)$在$z=1$处的函数值，而且当n为正整数时，$(-n)_k = 0,\ \ k > n$，故$F(-n,\alpha;-\beta;1)$是一个有限项级数。

由引理 11.6.2 知

$$F(-n,\alpha;-\beta;1)=\sum_{x=0}^{n}\frac{(-n)_x(\alpha)_x}{(-\beta)_x x!}=\frac{(-\alpha-\beta)_n}{(-\beta)_n}\text{。}$$

故

$$\sum_{x=0}^{n}\varphi(x)=\varphi(0)\frac{(-\alpha-\beta)_n}{(-\beta)_n}=1\text{，}$$

从而得

$$\varphi(0)=\frac{(-\beta)_n}{(-\alpha-\beta)_n}\text{。}$$

于是，有

$$\varphi(x)=\frac{(-\beta)_n}{(-\alpha-\beta)_n}\cdot\frac{(-n)_x(\alpha)_x}{(-\beta)_x x!}\varphi(0),\quad x=0,1,\cdots,n\text{。}$$

这表明，当 $h(x|\theta)$ 是二项分布，$E(\theta|x)$ 是关于 x 的线性函数时，x 服从负超几何分布，下面对参数 α,β 进行估计。

由于

$$\begin{aligned}\sum_{x=0}^{n}x\varphi(x)&=\frac{(-\beta)_n}{(-\alpha-\beta)_n}\sum_{x=1}^{n}\frac{(-n)_n(\alpha)_x}{(-\beta)_x(x-1)!}\\&=\frac{(-\beta)_n}{(-\alpha-\beta)_n}\sum_{s=1}^{n-1}\frac{n}{\beta}\frac{(-n+1)_s\alpha(\alpha-1)_s}{(-\beta+1)_s s!}\\&=\frac{n\alpha}{\beta}\frac{(-\beta)_n}{(-\alpha-\beta)_n}F(-n+1,\alpha+1;-(\beta-1);1)\\&=\frac{n\alpha}{\beta}\cdot\frac{(-\beta)_n}{(-\alpha-\beta)_n}\cdot\frac{(-\alpha-\beta)_{n-1}}{(-\beta+1)_{n-1}}\\&=\frac{n\alpha}{\alpha+\beta-n+1}\text{，}\end{aligned}$$

故

$$\mu_x=\frac{n\alpha}{\alpha+\beta-n+1}\text{。}\tag{11.6.8}$$

又

$$\begin{aligned}\sum_{x=0}^{n}x^2\varphi(x)&=\frac{(-\beta)_n}{(-\alpha-\beta)_n}\sum_{x=1}^{n}x\frac{(-n)_x(\alpha)_x}{(-\beta)_x(x-1)!}\\&=\frac{n\alpha(n\alpha+\beta+1)}{(\alpha+\beta-n+1)(\alpha+\beta-n+2)}\text{，}\end{aligned}$$

故

$$\begin{aligned}\sigma_x^2=E(x^2)-(Ex)^2&=\frac{n\alpha(n\alpha+\beta+1)}{(\alpha+\beta-n+1)(\alpha+\beta-n+2)}-\frac{n^2\alpha^2}{(\alpha+\beta-n+1)^2}\\&=\frac{n\alpha(\alpha+\beta+1)(\beta-n+1)}{(\alpha+\beta-n+1)^2(\alpha+\beta-n+2)}\text{。}\end{aligned}\tag{11.6.9}$$

联立式（11.6.8）和式（11.6.9），解得

$$\begin{cases} \alpha = \mu_x / k - \mu_x \\ \beta = n / k - \alpha - 1 \\ k = [n - \mu_x(n - \mu_x) / \sigma_x^2] / (n-1) \end{cases} 。 \tag{11.6.10}$$

下面导出k恰好是这个模型下的信度。由于$0 < \mu_x < n$，故有$\mu_x / n < 1$，于是得

$$0 < \alpha < \alpha + \beta - n + 1，\quad \beta > n - 1 。$$

如果已知测验x的分数，就可求出其样本均值$\bar{x}$和方差S_x^2作为μ_x和σ_x^2的估计，代入式（11.6.10）就可得到参数α, β的估计$\hat{\alpha}, \hat{\beta}$，于是测验$x$的分布是

$$\hat{\varphi}(x) = \frac{(-\hat{\beta})_n}{(-\hat{\alpha} - \hat{\beta})_n} \cdot \frac{(-n)_x (\hat{\alpha})_x}{(-\hat{\beta})_x x!}，\quad x = 0,1,2,\cdots,n 。$$

为了得到x, θ的二元分布$f(x,\theta)$，需要知道$g(\theta)$的分布形式，可以通过求解积分方程

$$\varphi(x) = \int_0^1 g(\theta) h(x|\theta) \mathrm{d}\theta \tag{11.6.11}$$

得到。

定理 11.6.2 若$h(x|\theta) = \begin{pmatrix} n \\ x \end{pmatrix} \theta^x (1-\theta)^{n-x}$，$E(\theta|x) = \mu_\theta + b_{\theta x}(x - \mu_x)$，则积分方程$\varphi(x) = \int_0^1 g(\theta) h(x|\theta) \mathrm{d}\theta$的解为

$$g(\theta) = \frac{\theta^{\alpha-1}(1-\theta)^{\beta-n}}{B(\alpha, \beta - n + 1)}，\quad 0 \leqslant \theta \leqslant 1 。$$

证明：在定理 11.6.2 的条件下，由定理 11.6.1 知

$$\varphi(x) = \frac{(-\beta)_n}{(-\alpha - \beta)_n} \cdot \frac{(-n)_x (\alpha)_x}{(-\beta)_x x!}，\quad x = 0,1,2,\cdots,n 。$$

于是

$$\begin{aligned} \int_0^1 g(\theta) h(x|\theta) \mathrm{d}\theta &= \int_0^1 g(\theta) \begin{pmatrix} n \\ x \end{pmatrix} \theta^x (1-\theta)^{n-x} \mathrm{d}\theta \\ &= \frac{n!}{x!(n-x)!} \int_0^1 g(\theta) \theta^x (1-\theta)^{n-x} \mathrm{d}\theta \\ &= \frac{(-\beta)_n}{(-\alpha - \beta)_n} \cdot \frac{(-n)_x (\alpha)_x}{(-\beta)_x x!} 。 \end{aligned}$$

故

$$\begin{aligned} \int_0^1 g(\theta) \theta^x (1-\theta)^{n-x} \mathrm{d}\theta &= \frac{\Gamma(\alpha + x)}{\Gamma(\alpha)} \cdot \frac{\Gamma(\alpha + \beta - n + 1)}{\Gamma(\alpha + \beta + 1)} \cdot \frac{\Gamma(\beta + 1)}{\Gamma(\beta - n + 1)} \cdot \frac{\Gamma(\beta - x + 1)}{\Gamma(\beta + 1)} \\ &= \frac{B(\alpha + x, \beta - x + 1)}{B(\alpha, \beta - n + 1)} = \int_0^1 \frac{\theta^{\alpha+x-1}(1-\theta)^{\beta-x}}{B(\alpha, \beta - n + 1)} \mathrm{d}\theta \\ &= \int_0^1 \frac{\theta^{\alpha-1}(1-\theta)^{\beta-n}}{B(\alpha, \beta - n + 1)} \cdot \theta^x (1-\theta)^{n-x} \mathrm{d}\theta 。 \end{aligned}$$

因此

$$g(\theta)=\frac{\theta^{\alpha-1}(1-\theta)^{\beta-n}}{B(\alpha,\beta-n+1)},\quad 0\leqslant\theta\leqslant 1$$

是积分方程的解，这是参数为 $p=\alpha$，$q=\beta-n+1$ 的 Beta 分布。

推论 11.6.1 在定理 11.6.1 的条件下，真分数 t 的均值与观测分数 x 的均值相等，而真分数方差小于观测分数方差。

证明：由于 $g(\theta)$ 是参数为 α，$\beta-n+1$ 的 Beta 分布，故

$$E(\theta)=\frac{\alpha}{\alpha+\beta-n+1},$$

$$\sigma_\theta^2=\frac{\alpha(\beta-n+1)}{(\alpha+\beta-n+1)^2(\alpha+\beta-n+2)}。$$

由于

$$E(t)=E(n\theta)=nE(\theta)=\frac{n\alpha}{\alpha+\beta-n+1}=E(x),$$

故

$$E(t)=E(x)。$$

又

$$\sigma_t^2=\sigma^2(n\theta)=n^2\sigma_\theta^2=\frac{n^2\alpha(\beta-n+1)}{(\alpha+\beta-n+1)^2(\alpha+\beta-n+2)},$$

由定理 11.6.1 的证明知 $\beta>n-1$，故

$$\sigma_x^2=\frac{n\alpha(\alpha+\beta+1)(\beta-n+1)}{(\alpha+\beta-n+1)^2(\alpha+\beta-n+2)}>\frac{n^2\alpha(\beta-n+1)}{(\alpha+\beta-n+1)^2(\alpha+\beta-n+2)}=\sigma_t^2。$$

推论 11.6.2 在二项模型下，测验的信度是 $\sigma_t^2/\sigma_x^2=k$。

只要把 α,β 的表达式代入 σ_t^2/σ_x^2 之中即可知结论成立。

推论 11.6.3 在定理 11.6.1 的条件下，二元分布 $f(x,\theta)$ 是 Beta 二项分布，即有

$$\begin{aligned}f(x,\theta)&=\frac{\theta^{\alpha-1}(1-\theta)^{\beta-n}}{B(\alpha,\beta-n+1)}\binom{n}{x}\theta^x(1-\theta)^{n-x}\\&=\binom{n}{x}\frac{1}{B(\alpha,\beta-n+1)}\theta^{\alpha+x-1}(1-\theta)^{\beta-x},\quad 0\leqslant\theta\leqslant 1,\quad x=0,1,\cdots,n。\end{aligned}$$

定理 11.6.3 如果二元分布 $f(x,\theta)=g(\theta)h(x|\theta)$，其中

$$h(x|\theta)=\binom{n}{x}\theta^x(1-\theta)^{n-x},\quad x=0,1,\cdots,n,\quad g(\theta)=\frac{\theta^{\alpha-1}(1-\theta)^{\beta-n}}{B(\alpha,\beta-n+1)},\quad 0\leqslant\theta\leqslant 1,$$

则 $E(\theta|x)=a+bx$，其中 $a=(1-k)\mu_x/n$，$b=k/n$，k 同上。

证明：由于 $f(x,\theta)=\dfrac{\theta^{\alpha-1}(1-\theta)^{\beta-n}}{B(\alpha,\beta-n+1)}\dbinom{n}{x}\theta^x(1-\theta)^{n-x}$，

故

$$\varphi(x)=\int_{-\infty}^{\infty}f(x,\theta)\mathrm{d}\theta=\int_0^1 g(\theta)h(x|\theta)\mathrm{d}\theta$$

$$= \int_0^1 \frac{\theta^{\alpha-1}(1-\theta)^{\beta-n}}{B(\alpha,\beta-n+1)} \binom{n}{x} \theta^x (1-\theta)^{n-x} \mathrm{d}\theta$$

$$= \frac{(-\beta)_n (-n)_x (\alpha)_x}{(-\alpha-\beta)_n (-\beta)_x x!}, \quad x = 0,1,\cdots,n \text{。}$$

于是

$$E(\theta|x) = \frac{1}{\varphi(x)} \int_0^1 \theta g(\theta) h(x|\theta) \mathrm{d}\theta$$

$$= \frac{1}{\varphi(x)} \int_0^1 \frac{\theta^{\alpha}(1-\theta)^{\beta-n}}{B(\alpha,\beta-n+1)} \binom{n}{x} \theta^x (1-\theta)^{n-x} \mathrm{d}\theta \tag{11.6.12}$$

$$= \frac{\alpha+x}{\alpha+\beta+1} \text{。}$$

由定理 11.6.1 的证明知，此时有

$$\alpha = \mu_x / k - \mu_x, \quad \beta = n/k - \alpha + 1,$$

$$k = [n - \mu_x(n-\mu_x)/\sigma_x^2]/(n-1) \text{。}$$

代入式（11.6.12），得

$$E(\theta|x) = kx/n + (1-k)\mu_x/n = a + bx,$$

其中

$$a = (1-k)\mu_x/n, \quad b = k/n \text{。}$$

故

$$E(\theta|x) = a + bx \text{。}$$

综合定理 11.6.1～11.6.3 可得以下充要条件:

定理 11.6.4 设 $h(x|\theta) = \binom{n}{x} \theta^x (1-\theta)^{n-x}$，$x = 0,1,\cdots,n$，$g(\theta)$，$\varphi(x)$ 分别是 $\theta = t/n$ 和 x 的分布密度函数，则 $f(x,\theta) = g(\theta)h(x|\theta)$ 是贝塔二项分布的充要条件是

$$E(\theta|x) = a + bx \text{。}$$

有了观测分数 x 和真分数 $\theta = t/n$ 的二元分布 $f(x,\theta)$，若切断分数为 λ，则可以根据一次测验分数估计表 11.6.4 中每个格子中的概率。

表 11.6.4 据观测分数和真分数进行分类的列联表

测验 X \ 真分数 θ	掌握	没掌握	合计
掌握	p_{11}	p_{12}	$p_{1.}$
没掌握	p_{21}	p_{22}	$p_{2.}$
合计	$p_{.1}$	$p_{.2}$	

表中

$$\hat{p}_{22} = \sum_{x=0}^{\lambda-1} \int_0^{\lambda/n} f(x,\theta) \mathrm{d}\theta,$$

$$\hat{p}_{2.} = \sum_{x=0}^{\lambda-1} \varphi(x), \quad \hat{p}_{1.} = 1 - \hat{p}_{2.}, \quad \hat{p}_{.2} = \int_0^{\lambda/n} g(\theta) \mathrm{d}\theta, \quad \hat{p}_{.1} = 1 - \hat{p}_{.2} \text{。}$$

其他格子中的概率可根据相互之间的关系求得。

于是，推断一致性指标 p 可用公式 $\hat{p} = \hat{p}_{11} + \hat{p}_{22}$ 估计。而 Kappa 系数 κ 可用公式 $\hat{\kappa} = [(\hat{p}_{11} + \hat{p}_{22}) - (\hat{p}_{1.}\hat{p}_{.1} + \hat{p}_{2.}\hat{p}_{.2})]/[1 - (\hat{p}_{1.}\hat{p}_{.1} + \hat{p}_{2.}\hat{p}_{.2})]$ 来估计。

有了观测分数 x 的分布 $\varphi(x)$，可以计算其真分数 t 的各阶矩。

先考虑$\varphi(x)$的第r阶乘矩$\mu_x(r)=E[x^{(r)}]$，即

$$\mu_x(r)=E[x^{(r)}]=\sum_{x=0}^{n}x^{(r)}\varphi(x)$$

$$=\int_0^1\sum_{x=0}^{n}x^{(r)}g(\theta)\binom{n}{x}\theta^x(1-\theta)^{n-x}\,\mathrm{d}\theta\text{，}$$

由于

$$\sum_{x=0}^{n}x^{(r)}\binom{n}{x}\theta^x(1-\theta)^{n-x}=n^{(r)}\theta^r\text{，}$$

故

$$E[x^{(r)}]=\int_0^1 g(\theta)n^{(r)}\theta^r\mathrm{d}r$$

$$-n^{(r)}\int_0^1\theta^r g(\theta)\mathrm{d}r=n^{(r)}E[T^{(r)}]=n^{(r)}\mu_T(r)\text{。}$$

因此，真分数分布的第r阶矩$\mu_T(r)$可以利用公式

$$\mu_T(r)=\mu_x(r)/n^{(r)},\quad r=1,2,\cdots,n \tag{11.6.13}$$

从观测分数的第r阶矩获得。

这个结果的另一个重要意义在于：通过求解积分方程（11.6.10）的定理 11.6.2 可知，积分方程的解$g(\theta)=\theta^{\alpha-1}(1-\theta)^{\beta-n}/B(\alpha,\beta-n+1)$可能并非唯一的。但满足方程（11.6.10）的任一解，其前r阶矩都满足式（11.6.12），所以在二项模型下，虽然真分数分布不一定能由观测分数唯一确定，但是真分数分布的前n阶矩却可以由观测分数分布唯一确定，从这个意义上说，把$g(\theta)$看作真分数分布在实际应用中是精确的。

11.6.4 模拟例子

例 11.6.2 设有 10 名考生在 12 道二级评分题上的得分见表 11.6.5。

表 11.6.5 10 名考生在 12 道二级评分题上的得分

题号 / 考生号	1	2	3	4	5	6	7	8	9	10	11	12	X_i
1	1	0	1	0	0	0	0	0	0	0	0	0	2
2	1	1	1	0	0	1	0	0	0	0	0	0	4
3	1	1	1	1	1	0	0	0	0	0	0	0	5
4	1	1	0	1	1	0	0	1	0	0	0	0	5
5	1	1	1	1	1	0	1	0	0	0	0	0	6
6	1	1	1	0	1	1	1	0	0	0	0	0	6
7	1	1	1	1	1	1	1	0	0	0	0	0	7
8	1	1	1	1	0	1	1	1	1	1	0	0	9
9	1	1	1	1	1	1	1	1	1	1	1	0	11
10	1	1	1	1	1	1	1	1	1	1	1	1	12

根据表中数据，得

$$\overline{x}=\frac{1}{10}\Sigma x_i=6.70\text{，}\quad S_x^2=\frac{1}{9}\Sigma(x_i-\overline{x})^2=8.82\text{，}$$

$$\hat{k}=[n-\mu_x(n-\mu_x)/\sigma_x^2]/(n-1)=0.73\text{。}$$

α,β 的估计分别是

$$\hat{\alpha}=2.55,\quad \hat{\beta}=13.00\text{。}$$

根据 $\hat{\varphi}(x)=\dfrac{(-\hat{\beta})_n}{(-\hat{\alpha}-\hat{\beta})_n}\cdot\dfrac{(-n)_x(\hat{\alpha})_x}{(-\hat{\beta})_x x!}$，$x=0,1,2,\cdots,n$，算得 x 的分布见表 11.6.6。

表 11.6.6　x 的分布表

x	0	1	2	3	4	5	6	7	8	9	10	11	12
$\dfrac{(-12)_x(2.55)_x}{(-13)_x x!}$	1	2.35	3.83	5.28	6.59	7.68	8.45	8.85	8.81	8.26	7.15	5.44	3.07

由于 $\sum\dfrac{(-n)_x(\hat{\alpha})_x}{(-\hat{\beta})_x x!}=76.76$，故得 $\varphi(x)$ 的分布见表 11.6.7。

表 11.6.7　$\varphi(x)$ 的分布表

x	0	1	2	3	4	5	6	7	8	9	10	11	12
$\varphi(x)$	0.013	0.031	0.050	0.069	0.086	0.100	0.110	0.115	0.115	0.108	0.093	0.071	0.039

根据例 11.6.2 中的数据和前面的理论，先根据一次测验分数估计表 11.6.4 中每个格子中的概率，从而求得 $\hat{p}$ 和 $\hat{\kappa}$。

取切断分数为 $\lambda=6$，于是根据公式 $p_{22}=\sum\limits_{x=0}^{\lambda-1}\int_0^{\lambda/n}f(x,\theta)\mathrm{d}\theta$，得

$$\hat{p}_{22}=\sum_{x=0}^{5}\int_0^{0.5}\frac{\theta^{1.55}(1-\theta)}{B(2.55,2)}\binom{12}{x}\theta^x(1-\theta)^{12-x}\mathrm{d}\theta=0.29\text{。}$$

由于

$$p_{2\cdot}=\sum_{x=0}^{\lambda-1}\varphi(x),\quad p_{\cdot 2}=\int_0^{\lambda/n}g(\theta)\mathrm{d}\theta,$$

得

$$\hat{p}_{2\cdot}=\sum_{x=0}^{5}\varphi(x)=0.35,\quad \hat{p}_{\cdot 2}=\int_0^{0.5}\frac{\theta^{1.55}(1-\theta)}{B(2.55,2)}\mathrm{d}\theta=0.39\text{。}$$

因此

$$\hat{p}_{1\cdot}=1-\hat{p}_{2\cdot}=0.65,\quad \hat{p}_{\cdot 1}=1-\hat{p}_{\cdot 2}=0.61,$$
$$\hat{p}_{21}=\hat{p}_{2\cdot}-\hat{p}_{22}=0.06,\quad \hat{p}_{12}=\hat{p}_{\cdot 2}-\hat{p}_{22}=0.10,$$
$$\hat{p}_{11}=\hat{p}_{\cdot 1}-\hat{p}_{21}=0.55\text{。}$$

于是得推断一致性指标 p 的估计是

$$\hat{p}=\hat{p}_{11}+\hat{p}_{22}=0.84,$$

而推断一致性指标 Kappa 系数

$$\hat{\kappa} = [\hat{p} - (\hat{p}_{1\cdot}\hat{p}_{\cdot 1} + \hat{p}_{2\cdot}\hat{p}_{\cdot 2})]/[1 - (\hat{p}_{1\cdot}\hat{p}_{\cdot 1} + \hat{p}_{2\cdot}\hat{p}_{\cdot 2})] = 0.66 。$$

利用真分数对观测分数的回归方程，可以对每个 x 作出相应真分数的预报，见表 11.6.8。

表 11.6.8　相应真分数的预报

x	0	1	2	3	4	5	6	7	8	9	10	11	12
$E(\theta\|x)$	0.154	0.215	0.275	0.335	0.396	0.456	0.517	0.577	0.637	0.698	0.758	0.819	0.879
$t = n\theta$	1.849	2.574	3.299	4.024	4.749	5.474	6.199	6.924	7.650	8.375	9.100	9.825	10.550

由表 11.6.8 可以看出，对于大于 $\bar{x} = 6.7$ 的观测分数，由其估计的真分数低于它的观测分数，而对于小于 $\bar{x} = 6.7$ 的观测分数，由其估计的真分数高于它的观测分数，这就是所谓的趋向平均值的回归。特别是在两端出现较大的误差时，出现这种现象的部分原因是两端的数据稀少，或者说在两端的测量误差较大（对这方面有兴趣的读者可参阅《数学年刊》2001 年第 4 期上发表的论文：标准参照测验中的统计推断问题）。

第 12 章　SPSS 的使用

本章主要介绍在书中需要用到的统计软件有关模块的使用说明。

12.1　数据文件的建立

12.1.1　变量定义

打开桌面上相应图标，或在“开始”的“所有程序”中找到“SPSS for Windows”，打开SPSS 文件，将显示空白的数据文件对话框。此文件分两层，分别为“Data View”和“Variable View”，在输入数据之前，首先对数据进行变量定义。单击标签栏中的“Variable View”，切换到数据定义窗口开始定义新变量，变量设置需注意以下 10 个方面：

1. Name

变量名，变量名必须以字母、汉字或字符@开头，其他字符可以是任何字母、数字或_、@、#、$等符号，变量最后一个字符不能是句号，总长度不能超过 8 个字符（即 4 个汉字）。

2. Type

变量类型，变量有以下 8 种类型。

（1）Numeric（数值型）：用于定义数值宽度，包括整数部分+小数点+小数部分的位数。

（2）Comma（加逗号型）：整数部分向前每三位加一逗号，而用句点来分隔数据的整数部分和小数部分。

（3）Dot（句点型）：用逗号分隔数据整数和小数部分，用句点分隔整数部分。

（4）Scientific notation（科学记数型）：形如 a.bEc，其中 a 为原数据最高位数字，b 为除去最高位后剩下数字，c 为 10 的次方数。

（5）Date（日期型）：用户可以从系统提供的日期形式中选择自己需要的形式。

（6）Dollar（美元型）：用户可以自己选择形式，然后定义数值宽度和小数位数，显示形式为数值前有$。

（7）Custom currency（用户自定义型）：若没有定义则显示为整数部每 3 位加一逗号，用户可定义宽度和小数点位数。

（8）String（字符型）：用户可定义字符长度以便输入字符。

3. Width

变量长度，当变量为某些特定类型如日期变量，该设置无效。

4. Decimals

变量取值的小数点位数，当变量为字符型变量时该设置无效。

5. Label

变量标签，对变量取值的进一步描述，变量一般根据其含义来命名，只能由不超过 8 个字符组成，变量标签是对变量名的进一步描述，对变量名的含义加以解释，变量标签可长达 120 个字符。

6. Values

变量值标签，它是对变量的每一个可能取值的进一步描述，例如统计中经常以“1”代表男性，“0”代表女性。

7. Missing

缺失值，有系统缺失值和用户缺失值两类。

（1）No missing values：无缺失值。

（2）Discrete missing values：不连续缺失值，可定义 1～3 个。

（3）Range of missing value：表示可以定义缺失值的范围。

8. Columns

变量的显示宽度，默认为 8。

9. Align

对齐方式，分左对齐、居中、右对齐 3 种，默认方式是右对齐。

10. Measure

变量的测量精度，有定类变量（Nominal）、定序变量（Ordinal）、定距变量和定比变量，测量精度从低到高。定类变量取值仅代表对象的不同类别，如性别变量；定序变量反映取值对象的顺序关系，如产品等级；定距变量和定比变量在 SPSS 中不加区别，都用 Scale 表示。

每个变量的定义信息都包含以上 10 方面的设置，但实际中因为变量类型的原因有些方面特征不能设置，有时除一些必要的设置外，可以采用系统的默认设置。

12.1.2 数据输入

定义所有变量后，单击“Data View”标签，在出现的数据视图（编辑）窗中输入数据。

1. 直接录入

在数据文件中的变量按用户要求定义好后，用户可以逐个录入数据，数据录入时可以逐行，也可以逐列录入。

2. 直接复制

在录入过程中，遇到某个变量的取值连续相同或全部相同，可以先输入这个数据然后回到刚才的单元格并单击右键，选择“Copy”，最后用拖放方式选中所有应输入该数字的单元格，单击右键并选择“Paste”，所有选中的单元格就会被刚才复制的数值填充。其他电子表格数据也可直接复制到 SPSS：将原数据表格打开，选中需要的数据进行复制，然后切换到 SPSS，鼠标定位到要存放的位置，粘贴，这样数据就会全部转入 SPSS，再定义相应的变量即可。

3. 直接读入

单击“File Open Data”或直接单击工具栏上的“打开”按钮，系统就会弹出打开文件对话框，单击“文件类型”列表框，在里面能看到打开的各种数据文件格式。在对话框中选择所需的文件类型，然后选中需要打开的文件，系统就会按要求打开并转化成 SPSS 数据格式，SPSS for WINDOWS 版本的数据文件后缀名为.sav；SPSS for DOS 版本的数据文件后缀名为.sys。

12.1.3 数据编辑

1. 单元值的更改

由于各种原因，已经输入的数据有时需要修改，这就需要进行编辑，可用方向键或鼠标将黑框移动到要修改的单元，键入新值。

2. 数据的增（删）

单击鼠标右键（与 Excel 表格操作相同），然后进行以下增（删）。

（1）增加（减少）一个个案，即增加（减少）一个行数据。

（2）增加（减少）一个变量，即增加（减少）一个列数据。

（3）增加（减少）一个单元格。

12.1.4 文件保存

在录入数据时，就应及时保存数据，防止数据的丢失。数据文件的建立以后，在确定盘符、路径、文件名以及文件格式后单击“Save”按钮，即可保存为指定类型的数据文件。

12.2 描述统计

对于一般数据，用 SPSS 计算变量的描述性统计量非常简单，且有多种方法。

12.2.1 利用“Descriptives”进行描述统计

（1）打开数据文件（例如 SPSS 自带数据文件 1991U.S. General Social Survey.sav），执行“Analyze”→“Descriptive Statistics”→“Descriptives”命令，打开“Descriptives”对话框，如图 12.2.1 所示。

① 从对话框左侧的源变量列表中选择需要分析的变量移至右边“Variable(s)（变量）”的窗口中。

② 对话框左下方有“Save standardized value as variables（将标准化值作为新变量保存）”选项，若选择此项，系统将根据选定变量的观测值产生一个相应的标准化变量，称为原变量的 Z 得分，并在数据窗口中产生相应的新变量，新变量名是在原变量名前加前缀 Z 而成，Z 得分的数值按公式 $z_i = (x_i - \bar{x})/S$ 计算。

（2）单击“Options（选项）”按钮，打开“Options”对话框，如图 12.2.2 所示。

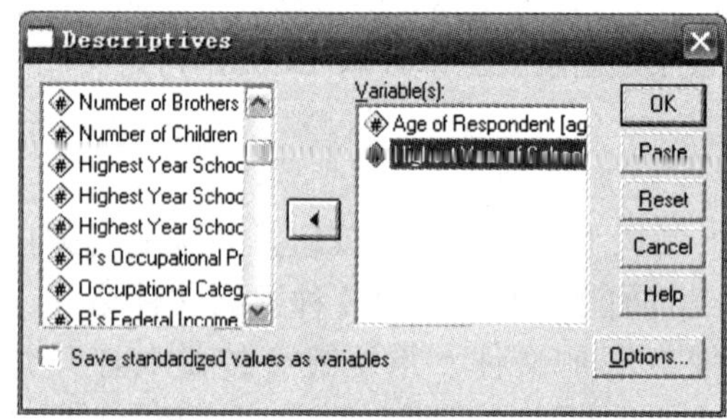

图 12.2.1 “Descriptives”对话框

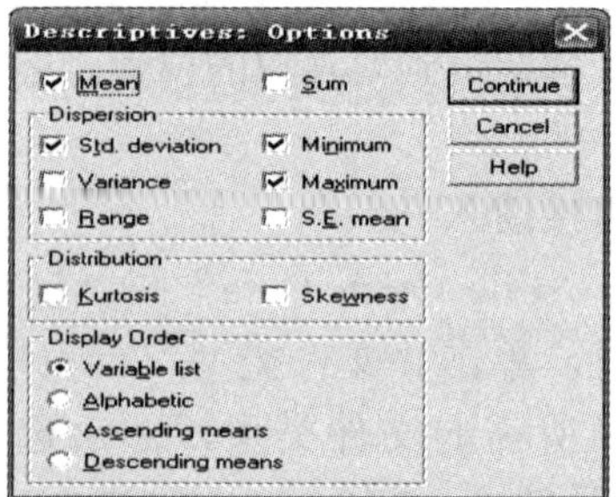

图 12.2.2 “Options”对话框

① 对话框最上面的选项是“Mean（均值）”以及“Sun（和）”。

② 在“Dispersion（变异）”方框下有 6 个选项：“Std.Deviation（标准差）”“Minimum（最小值）”和“Maximum（最大值）”等 3 个系统默认选项；“Variance（方差）”“Range（极差）”和“S.E.mean（标准误）”等 3 个选项。

③ 在“Distribution（分布）”方框下有 2 个选项：“Kurtosis（峰度）”和“Skewness（偏度）”。

④ 在“Display Order（显示顺序）”方框下有 4 个选项：“Variable list（变量的排列）”，按数据文件中变量的顺序显示变量的统计量；“Alphabetic（字母顺序）”，按变量名起头的字母顺序显示变量的统计量；“Ascending means（均值升序）”，按变量均值的升序显示变量的统计量；“Descending means（均值降序）”，按变量均值的降序显示变量的统计量。

根据需要进行选择后单击“Continue”按钮返回主对话框，单击“OK”按钮系统就会给出所要的结果。但需要注意的是，用 Descriptive 模块无法计算众数、中位数、四分位数等统计量。

12.2.2 利用“Frequencies”进行描述统计

（1）打开数据文件，执行“Analyze”→“Descriptive Statistics”→“Frequencies”命令，打开“Frequencies”对话框，如图 12.2.3 所示。

① 从对话框左侧的源变量列表中选择需要分析的变量移至右边“Variable(s)（变量）”的窗口中。

② 对话框左下方有“Display frequency tables（显示频数分布表）”默认选项，若保留此项，系统将给出频数分布表。

（2）单击“Statistics”按钮，打开“统计量选择”对话框，如图 12.2.4 所示。

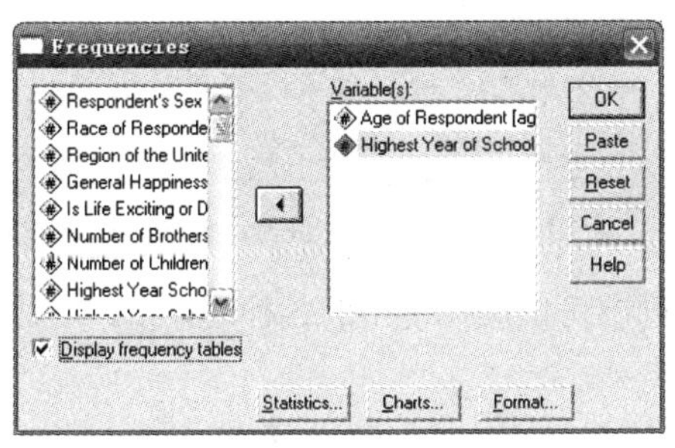

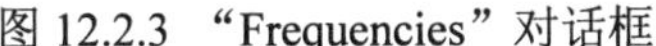

图 12.2.3 “Frequencies”对话框

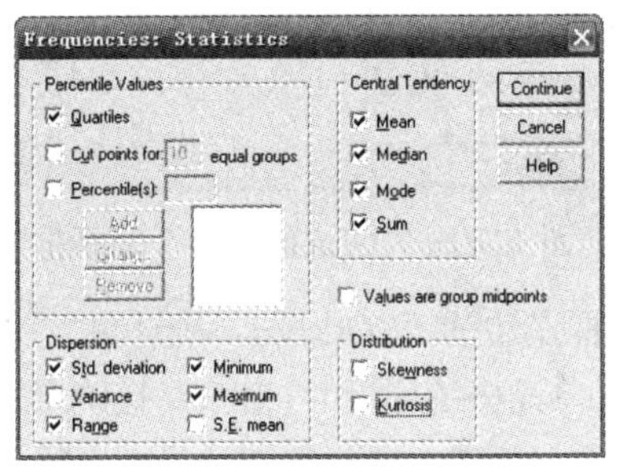

图 12.2.4 “Statistics”对话框

① 在“Percentile Values（百分位数）”方框下有 3 个选项：“Quantiles（四分位数）”，默认选项，表示计算四分位数；“Cut points for（）equal groups（等组分位点）”选项，选择此项，须在窗口中输入 2～100 之间的一个整数，如 n，表示把数据分成 n 组后计算分位数；“Percentile(s)（百分位）”选项，选择此项，须在窗口中输入 0～100 之间的一个整数，如 n，表示计算 n 分位数，下面 3 个按钮被激活，单击“Add”按钮把输入的百分位数添加到下面的方框内，此操作过程可以重复，如输入 15、30、45 时，输出结果将显示 15%、30%、45% 百分位处的变量值，单击“Change”和“Remove”按钮可以修改或删除框内的数值。

② 在“Central Tendency（集中趋势）”方框下有 4 个选项：“Mean（均值）”“Median（中位数）”“Mode（众数）”和“Sun（总和）”。

③ 在“Dispersion（差异）”方框下有 6 个选项：“Std.Deviation（标准差）”“Minimum（最小值）”“Maximum（最大值）”和“Range（极差）”等 4 个默认选项；“Variance（方差）”和“S.E.mean（标准误）”等 2 个选项。

④ 在“Distribution（分布）”方框下有 2 个选项：“Skewness（偏度）”和“Kurtosis（峰度）”。

⑤ 在“Distribution（分布）”方框上还有“Values are group midpoint（数据已分组）”选项，若选择此项，表示按分组数据计算所选的统计量。

根据需要进行选择后单击“Continue”按钮返回主对话框，单击“OK”按钮可得到所要的结果。

12.2.3 利用“OLAP Cubes”进行描述统计

（1）打开数据文件，执行“Analyze”→“Reports”→“OLAP Cubes”命令，打开“OLAP Cubes”对话框，如图 12.2.5 所示。

① 从对话框左侧的源变量列表中选择需要分析的变量移至右边“Summary Variable(s)（概述变量）”的窗口中，需要注意，概述变量必须是数值型变量。

② 从对话框左侧的源变量列表中选择一个或多个变量移送到“Grouping Variable(s)（分组变量）”的窗口中，分组变量应选用分类变量，数值型或字符型变量均可。

（2）单击“Statistics”按钮，打开“OLAP Cubes：Statistics”对话框，如图 12.2.6 所示。

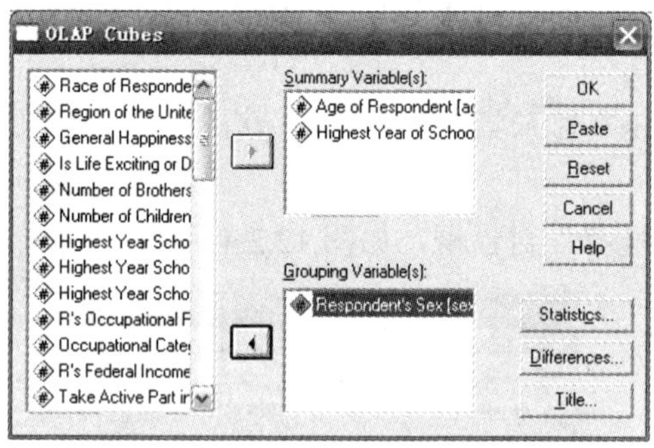

图 12.2.5 “OLAP Cubes”对话框

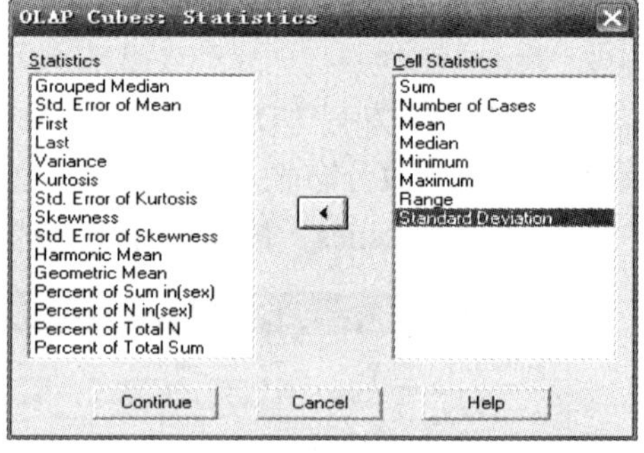

图 12.2.6 “OLAP Cubes：Statistics”对话框

对话框左边的“Statistics（统计量）”列表框列出可供选择使用的各种统计量，右边是“Cell Statistics（单元格统计量）”窗口，接纳用户选择计算的统计量，凡选入此栏的统计量会在输出的分层报告表里显示它们的数值。除常用的统计量外，还可以计算 Harmonic Mean（调和平均数）、Geometric Mean（几何平均数）等。统计量选定后，单击“Continue”按钮返回主对话框。

（3）单击“Title（标题）”按钮，打开“OLAP Cubes：Title”对话框，如图 12.2.7 所示。

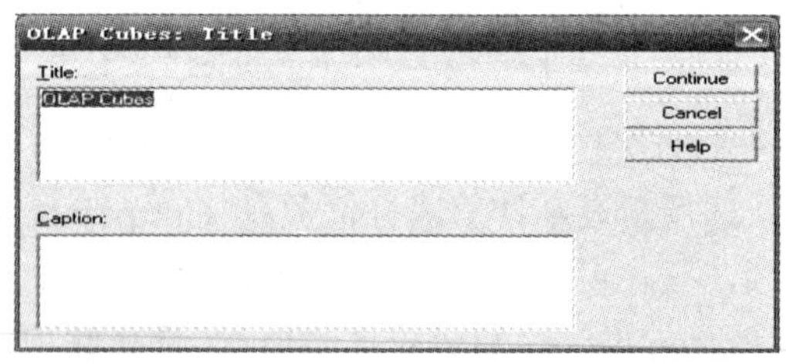

图 12.2.7 “OLAP Cubes：Title”对话框

在此对话框的“Title（标题）”框中，可以为要输出的报告拟定标题，在“Caption（副标题或脚注文本）”框里可输入相关文本，对报告的内容作进一步说明。这些文本将显示在报告的下面。输入完毕后单击“Continue”按钮返回主对话框。单击“OK”按钮就可得所要的结果。

使用分层报告过程的运行结果中还可以得到分组统计的结果。如在本例中，将观测量按性别分组统计。双击“Respondent’s Sex : Total”，打开分组统计选择框，分别选择“Male”和“Female”就可以得到Male（男）、Female（女）分开统计的统计量。

12.3 假设检验和区间估计

12.3.1 单样本的 *T* 检验

单样本 T 检验是检验某正态总体的均值与某个给定的检验值之间是否存在显著差异，由于在检验中构造的检验统计量服从 t 分布，故称为 T 检验。单样本 T 检验的步骤如下：

（1）打开数据文件（这里以 SPSS 自带数据文件 brakes.sav 为例说明），执行“Analyze”→“Compare Means”→“One-Sample T Test（单样本 T 检验）”命令，打开“One-Sample T Test”对话框，如图 12.3.1 所示。

① 从左边源变量列表框中选择一个或几个数值型变量移入“Test Variables（检验变量）”的窗口中。

② 在该窗口下的“Test Value（检验值）”空格中输入一个指定值（即 μ_0），相当于检验的原假设 $H_0 : \mu = \mu_0$。

（2）单击“Options”按钮，打开“One-Sample T Test：Options”对话框，如图 12.3.2 所示。

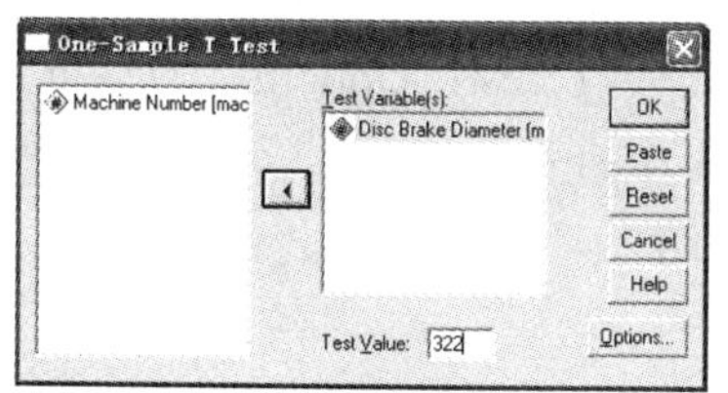

图 12.3.1 “One-Sample T Test”对话框

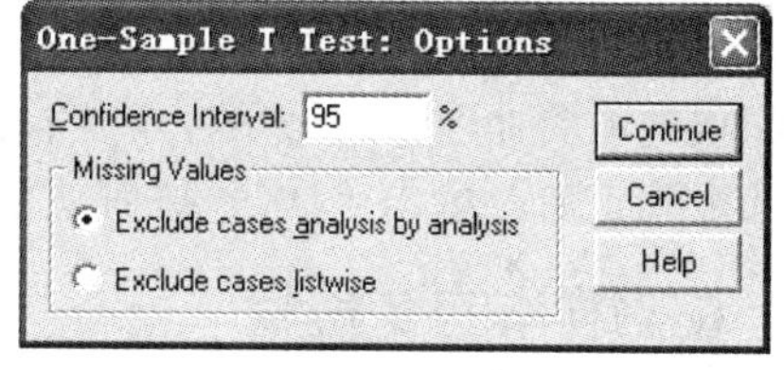

图 12.3.2 “One-Sample T Test：Options”对话框

① 在“Confidence Interval（置信区间）”后的窗口中可以输入 1～99 中的一个数，如 n，输出结果将给出样本均值与指定检验值之差的置信水平为 n%的置信区间，系统默认的置信水平为 95% 。

② 在“Missing Values（缺失值）”方框下有两个处理选项：选择“Exclude cases analysis by analysis”，表示在分析中只剔除参与分析的缺失值；选择“Exclude cases listwise”，表示在分析中剔除含有缺失值的所有个案。

各选项确定后，单击“OK”按钮就会得到所要的结果。

12.3.2 两独立样本的 *T* 检验

两独立样本的 T 检验用于检验两个独立正态总体的均值是否相等。检验的步骤如下：

（1）打开数据文件（这里以 SPSS 自带数据集 creditpromo.sav 为例说明），执行“Analyze”→“Compare Means”→“Independent-Sample T Test（两独立样本 T 检验）”，打开“Independent -Sample T Test”对话框，如图 12.3.3 所示。

① 从左边源变量列表框中选择一个或几个数值型变量移入“Test Variables（检验变量）”的窗口中。

② 选择分组变量送入“Grouping Variables（分组变量）”窗口中，这时窗口下的“Define Groups（定义分组）”按钮被激活，单击“Define Groups”按钮，打开“Define Groups”对话框，如图 12.3.4 所示。

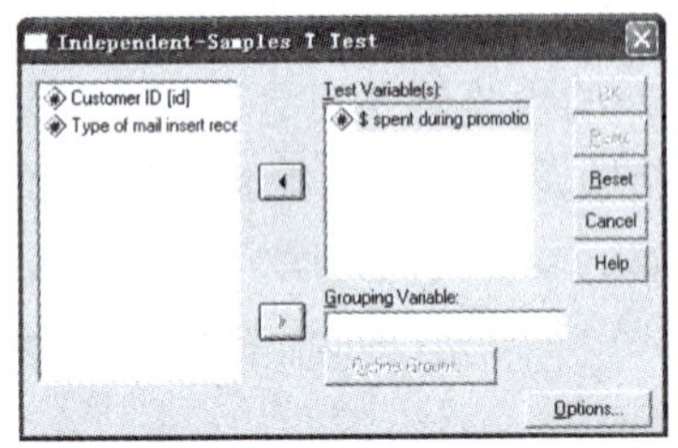

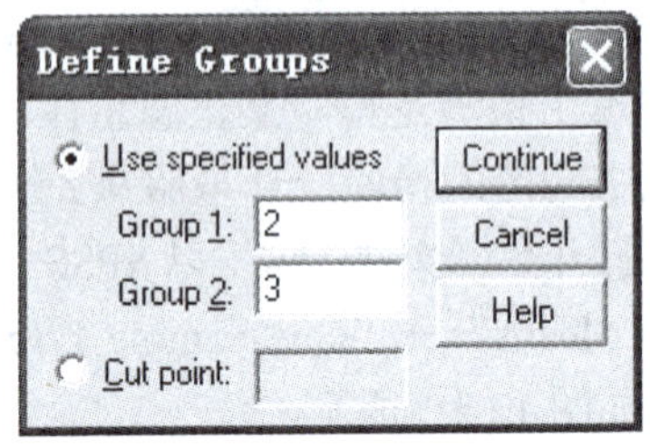

图 12.3.3 “Independent-Sample T Test”对话框　　图 12.3.4 “Define Groups”对话框

在此对话框中有两个选项：选择“Use specifies values（使用分组的值）”，表示用分组变量的值进行分组，这时在 Group1 和 Group2 后的窗口中分别输入指定分组变量的不同数值以区分两个独立样本；若分组变量是连续性的定距变量，可以选择“Cut point（分割点）”，这时须在其后的窗口中输入变量取值范围内的一个值，将观测值分成为大于或等于该值和小于该值的两组，产生以此值为分界点的两个独立样本。

（2）单击“Options”按钮，打开“Independent-Sample T Test：Options”对话框，设置置信区间和缺失值的处理方式与单样本 T 检验相似，这里不再赘述。

各选项确定后，单击“OK”按钮就会得到所要的结果。

12.3.3 配对样本的 *T* 检验

配对样本的 T 检验用于检验来自两个彼此相关的正态总体均值是否相等。检验的步骤如下：

（1）打开数据文件，执行“Analyze”→“Compare Means”→“Paired-Sample T Test（配对样本 T 检验）”，打开“Paired-Sample T Test”对话框，如图 12.3.5 所示。

从左边源变量列表框中选择一对或几对数值型变量移入“Paired Variables（配对变量）”窗口中，本例框内显示出“Tyre_L—Tyre_R”，表示这一对变量将作为比较的检验变量。注意：当从变量清单中选择一个变量时，列表框下“Current Selections（当前选择）”状态栏里显示出选中的变量名，再选择另一个变量，对话框中央的箭头按钮方可被激活，这时才允许将它们移入 Paired Variables 窗口中。

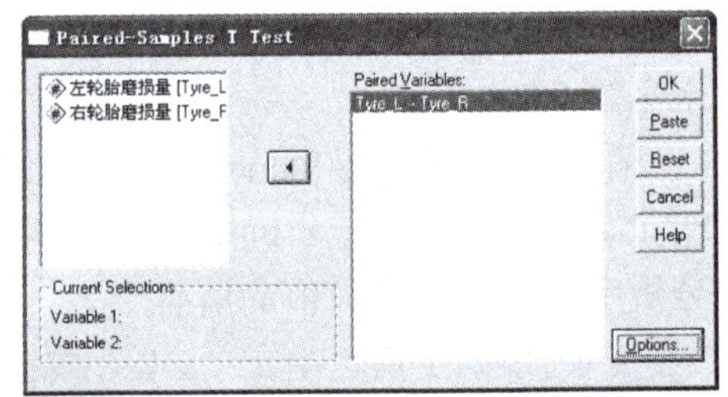

图 12.3.5 “Paired-Sample T Test”对话框

（2）单击“Options”按钮，打开“Paired-Sample T Test：Options”对话框，设置置信区间和缺失值的处理方式与单样本 T 检验相似，这里不再赘述。

各选项确定后，单击“OK”按钮就会得到所要的结果。

12.3.4 区间估计

（1）利用 One-Sample T Test。如果想得到变量均值的置信区间，只要在“One-Sample T Test”主对话框的“Test Value”框中输入 0，单击“OK”按钮就得到变量均值的置信区间。

（2）利用 Explore。下面以 SPSS 自带文件 cellular.sav 为例来说明总体均值的区间估计。具体操作：执行“Analyze”→“Descriptive Statistics”→“Explore”，打开“Explore”对话框，如图 12.3.6 所示。

从对话框左侧的源变量列表框中选择一个或几个变量，单击箭头按钮将它们送入右边的“Dependent List（变量列表）”的窗口中，单击“Statistics”按钮打开相应的对话框，如图 12.3.7 所示。

勾选“Descriptive”选项，若在“Confidence Interval for Mean（均值置信区间）”后的窗口中输入置信水平，如 95%，单击“OK”按钮，则在输出结果“Descriptive”表中第 2 行即是变量均值置信度为 95%的置信区间。

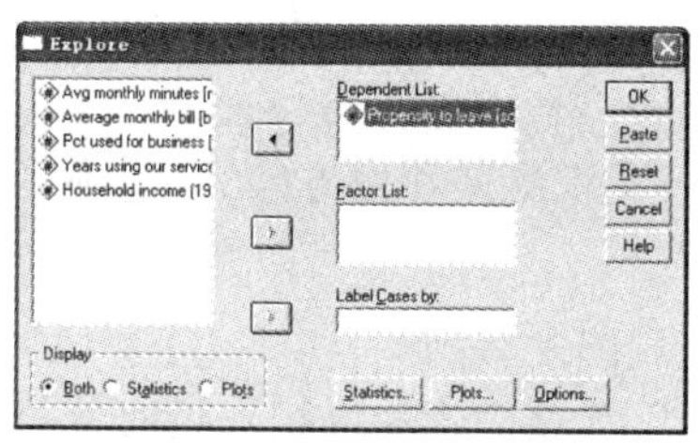

图 12.3.6 “Explore”对话框

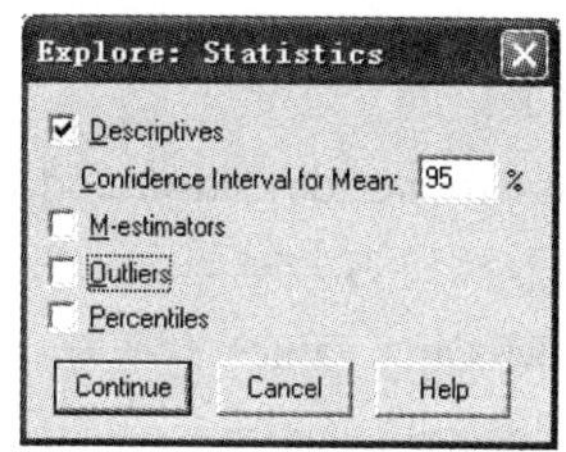

图 12.3.7 “Statistics”对话框

12.4 相关分析的 SPSS

12.4.1 双变量相关分析

打开一个待进行双变量相关分析的数据文件，执行双变量相关分析的步骤：执行“Analyze（分析）”→“Correlate（相关）”→“Bivariate（双变量）”，打开“Bivariate Correlations（双变量相关）”主对话框，如图 12.4.1 所示。

主对话框中各窗口的意思如下：

（1）“Variables（变量）”窗口，在对话框左侧的变量列表中选取需分析的两个变量，单击向右的箭头按钮使之进入右边的 Variables 窗口。

（2）在“Correlations Coefficients（相关系数）”方框下有 3 个选项：

①“Pearson”，默认选项，表示使用 Pearson 相关系数，反映两定距变量的相关性。

②“Kendall's tau”选项，表示使用肯得尔-τ 相关系数，反映两定序变量的一致性。

③“Spearman”选项，表示使用 Spearman 相关系数。

（3）在“Test of Significance（显著性检验）”方框下有两个选项：

①“Two-tailed（双尾）”，默认选项，表示使用双尾检验。

② “One-tailed（单尾）” 选项，表示使用单尾检验。

（4）“Flag significant correlations（标出有显著意义的相关）” 选项，表示标出有显著意义的相关系数。

在主对话框最下面还有一个 “Options” 按钮，单击该按钮，打开 “Bivariate Correlations：Options（双变量相关分析：选项）” 对话框，如图 12.4.2 所示。

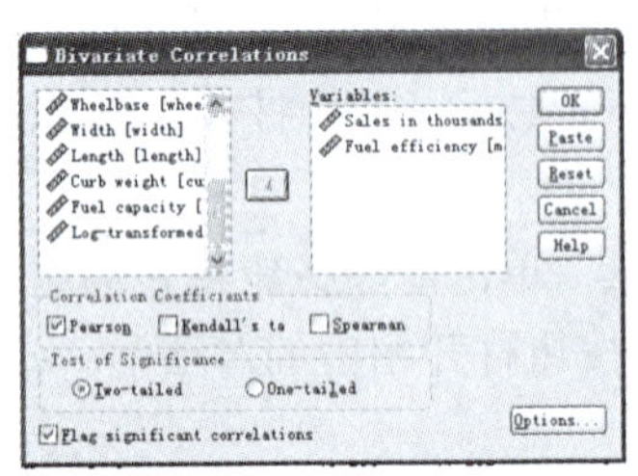

图 12.4.1 “Bivariate Correlations” 对话框

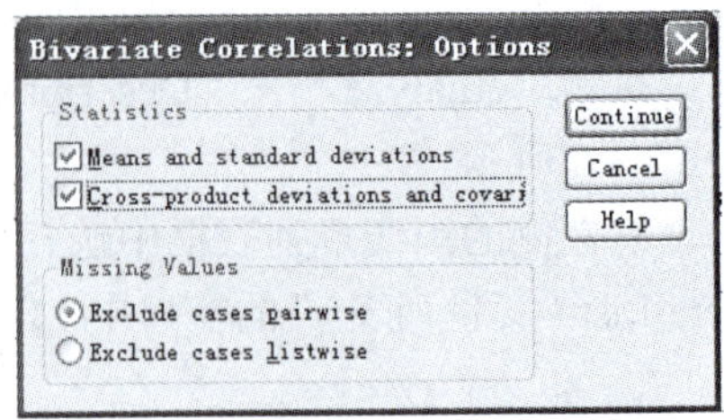

图 12.4.2 “Bivariate Correlations：Options” 对话框

在图 12.4.2 中所示的对话框中选择统计量的计算和缺失值的处理方式如下：

（1）在 “Statistics（统计量）” 方框下有两个选项：

① “Means and standard deviations（均值和标准差）” 选项，表示显示每个变量的均值、标准差和非缺失值的个案数。

② “Cross-product deviation and covariances（叉积离差和协方差）” 选项，表示显示每对变量的叉积离差和协方差矩阵。

（2）在 “Missing values（缺失值）” 方框下有两个选项：

① “Exculde cases pairwise（剔除配对个案）” 选项，表示仅剔除当前分析的两个变量值是缺失值的个案。

② “Exculde cases listwise（剔除整列个案）” 选项，表示剔除带有缺失值所有个案。

设置完成后单击 “OK” 按钮，执行双变量相关分析即可得到所要的结果。

12.4.2 偏相关分析

打开一个待进行偏相关分析的数据文件，执行偏相关分析的步骤：单击 “Analyze” → “Correlate” → “Partial（偏相关）”，打开 “Partial Correlation（偏相关分析）” 主对话框，如图 12.4.3 所示。

主对话框中各窗口的意思如下：

（1）“Variables（变量）” 窗口，从左侧源变量列表框中选取需分析的两个变量，单击向右的箭头按钮使之进入右边的 Variables 窗口。

（2）“Controlling for（控制变量）” 窗口，从左侧源变量列表框中选取控制变量，单击向右的箭头按钮使之进入右边的 Controlling for 窗口。

（3）在 “Test of Significance（显著性检验）” 方框下有两个选项：

① “Two-tailed（双尾）”，默认选项，表示使用双尾检验。

② “One-tailed（单尾）” 选项，表示使用单尾检验。

（4）“Display actual significance level（显示实际的显著性水平）” 选项，表示显示出实际的显著性水平。

在主对话框最下面还有一个 “Options” 按钮，单击该按钮，打开 “Partial Correlations：

Options（偏相关分析：选项）”对话框，如图 12.4.4 所示。

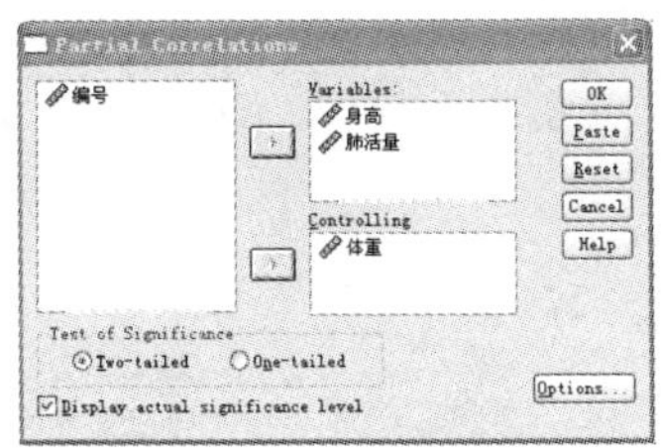

图 12.4.3 “Partial Correlation”对话框

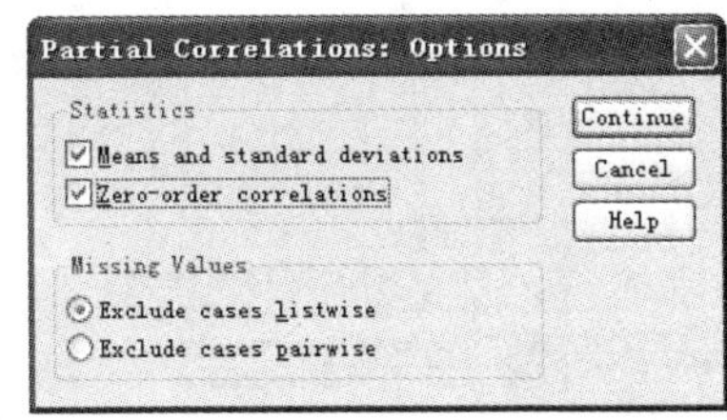

图 12.4.4 “Partial Correlations：Options”对话框

在图 12.4.4 中所示的对话框中选择统计量的计算和缺失值的处理方式如下：

（1）在“Statistics（统计量）”方框下有两个选项：

①“Means and standard deviations（均值和标准差）”选项，表示显示每个变量的均值、标准差和非缺失值的个案数。

②“Zero-order correlations（零阶相关）”选项，表示显示零阶相关系数。

（2）在“Missing values（缺失值）” 方框下有两个选项：

①“Exculde cases pairwise（剔除配对个案）”选项，表示仅剔除当前分析的两个变量值是缺失值的个案。

②“Exculde cases listwise（剔除整列个案）”选项，表示剔除带有缺失值所有个案。

设置完成后单击“OK”按钮，执行偏相关分析即可得到所要的结果。

12.4.3 距离分析

打开一个待进行距离分析的数据文件，距离分析的步骤：单击“Analyzer”→“Correlate”→“Distance（距离）”，打开“Distances（距离分析）”主对话框，如图 12.4.5 所示。

主对话框中各窗口的意思如下：

（1）“Variable（变量）”窗口，从左侧源变量列表框中选取需分析的全部变量，单击向右的箭头按钮使之进入右边的 Variables 窗口中。

（2）“Label case by（标记个案）”窗口，从左侧源变量列表框中选取个案标记变量移入此窗口中。

（3）在“Compute Distances（计算距离）”方框下有两个选项：

①“Between cases（样品间距离）”，默认选项，表示计算样品之间的距离。

②“Between variables（变量间距离）”选项，表示计算变量之间的距离。

（4）在“Measure（测度）”方框下有两个选项：

①“Similarities（相似性测度）”选项，表示计算相似性测度，其值越大，表示距离越近，两变量（样品）越相似。

②“Dissimilarity Measure（不相似性测度）”选项，表示计算不相似性测度，其值越大，表示距离越远，两变量（样品）越不相似。

如果在主对话框中选择“Dissimilarity Measure”选项，单击“Measures（测量）”按钮，则打开“Distances：Dissimilarity Measure（距离分析：不相似性测度）”对话框，如图 12.4.6 所示。

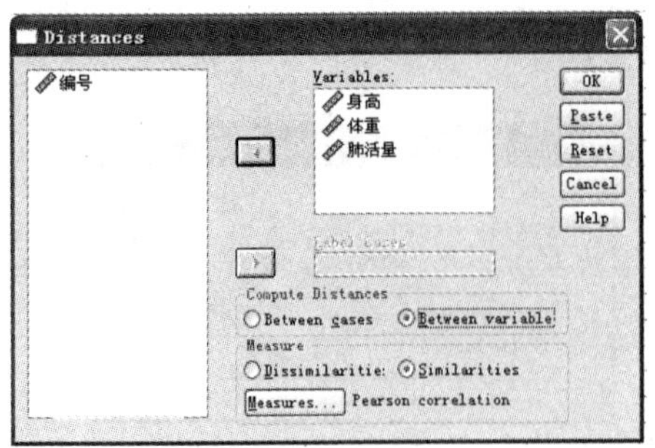

图 12.4.5 “Distances”对话框

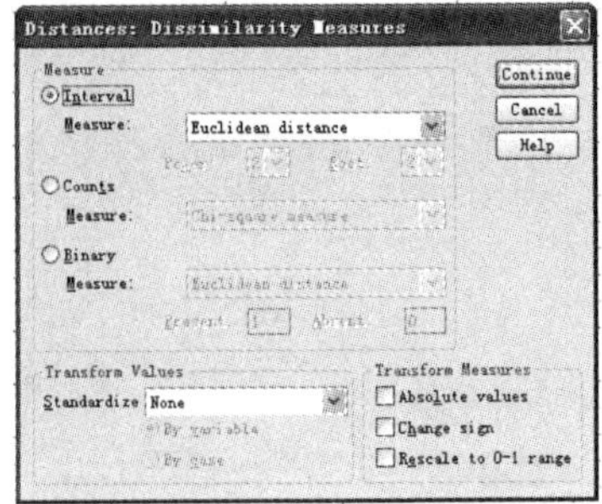

图 12.4.6 “Distances：Dissimilarity Measure”对话框

在“Measure（测度）”方框下有 3 个选项：

（1）“Interval（等距）”选项，选择此项，在“Measure”窗口中有许多定义变量之间距离的方法可供选择，单击右边的箭头按钮展开下拉式列表，有如下不相似性测度的方法：

①“Euclidean distance （欧几里得距离）”，默认选项，表示使用欧几里得距离。

②“Squared Euclidean distance（欧几里得距离平方）”选项，表示使用欧几里得距离的平方。

③“Chebychev（契比雪夫）”选项，表示使用 Chebychev 距离，即两项之差的最大绝对值。

④“Block（区组）”选项，表示使用区组距离，即变量的两个值之间差的绝对值之和。

⑤“Minkowski（闵可夫斯基）”选项，表示使用 Minkowski 距离，即两变量值之差绝对值的 P 次幂之和的 P 次方根。

⑥“Customized（自定义）”选项，表示使用自定义距离，根据需要，可设定“Power（幂）”和“Roots（根）”次数，如 P 和 r，定义两变量距离为它们之差绝对值的 P 次幂之和的 r 次方根。

（2）选择“Counts（计数）”选项时，在“Measure”窗口中有许多定义计数变量之间距离的方法可供选择，单击右边的箭头按钮展开下拉式列表，有如下不相似性测度的方法：

①“Chi-square measure（卡方测度）”选项，选择此项，定义样品相似性测度值等于卡方值的算术根。

②“Phi-square measure（φ 平方测度）”选项，选择此项，定义样品相似性测度值等于 φ 平方系数值的算术根。该测度通过把不相似性的卡方测度除以联合频数平方根，使其正规化。

（3）选择“Binary（二值）”选项时，在“Measure”窗口中有许多定义二值变量之间距离的方法可供选择，单击右边的箭头展开下拉式列表，有如下二值数据不相似测度的方法：

①“Euclidean distance（欧几里得距离）”选项，选择此项，表示使用二值数据的欧几里得距离。根据四格表计算 SQRT（$b+c$），此处 b 和 c 是在一项中出现、而在另一项中不出现的对角元素。

②“Squared Euclidean distance（欧几里得距离的平方）”选项，选择此项，表示使用二维变量欧几里得距离的平方。

③“Size difference（大小差）”选项，选择此项，表示计算范围在（0，1）的不对称指数。

④“Pattern difference（模式差异）”选项，选择此项，表示使用模式差异测度，是一个从 0～1 的不相似性测度，根据四格表计算 $bc/(n^{**}2)$，其中 b 和 c 是在一项中出现、而在另

一项中不出现的对角元素，n 是个案总数。

⑤“Variance（方差）”选项，选择此项，表示使用方差测度，该测度范围为 0～1，从四格表计算（bc）/$4n$，其中 b 和 c 是在一项中出现、而在另一项中不出现的对角元素，n 是个案总数。

⑥“Shape（形状）”选项，选择此项，表示使用形状测度、测度范围从 0 到 1 的距离测度。

⑦“Lance and Williams”选项，选择此项，表示使用 Lance and Williams 测度，根据四格表计算$(b+c)/(2a+b+c)$，其中 a 是在两项中均出现的观测相对应的元素，b 和 c 是在一项中出现、而在另一项中不出现的对角元素。

使用者可在“Present（存在）”和“Absent（不存在）”窗口中输入改变某特征出现和不出现的值，系统默认值为 1 和 0。

（4）在“Transform Value（数值转换）”方框下设置对数据进行变换的方法。在“Standardize（标准化）”后单击下三角按钮，在弹出的下拉菜单中有许多选择标准化的具体方法：

①“None（不）”选项，表示不进行标准化。

②“Z Scores（Z 得分）”选项，表示对数据进行均值为 0 方差为 1 的标准变换。

③“Range -1 to 1（转换为-1～1）”选项，表示把数据转换到-1～1 的范围内。

④“Range 0 to 1（转换为 0～1）”选项，表示把数据转换到 0～1 的范围内。

⑤“Maximum magnitude of 1（最大值为 1）”选项，表示数据转换为最大值为 1。

⑥“Mean of 1（均值为 1）”选项，表示把数据转换为均值为 1。

⑦“Standard deviation of 1（标准差为 1）”选项，表示把数据转换为标准差为 1。

在“Standardize（标准化）”下面还有两个选项：“By Variable（对变量）”选项，表示对变量进行标准化；“By Cases（对样品）”选项，表示对个案进行标准化。

（5）在“Transform Measures（转换度量）”方框下有 3 个选项供选择：

①“Absolute Value（绝对值）”选项，表示对变换值取绝对值。

②“Change sign（改变符号）”选项，表示改变数据的符号。

③“Rescale to 0-1range（重新变换为 0～1）”选项，表示对距离按比例缩放到 0～1 之间的范围内，标准化时，首先减去最小值，然后除以极差。

如果在主对话框中选择“Similarity Measure”选项，单击“Measures（测量）”按钮，打开“Distances：Similarity Measure（距离分析：相似性测度）”对话框，如图 12.4.7 所示。

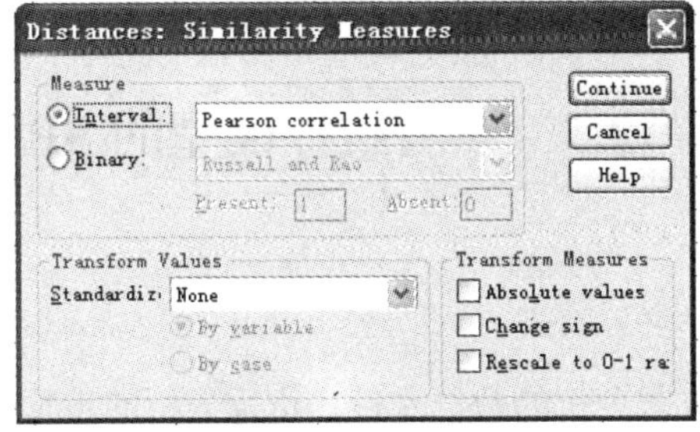

图 12.4.7 “Distances：Similarity Measure”对话框

在“Measure（测度）”方框下有两个选项：

（1）在“Interval（等距）”窗口中有许多定义变量之间距离的方法可供选择，单击右边的箭头按钮展开下拉式列表，有如下相似性测度的方法：

①“Pearson Correlation（皮尔逊相关系数）”默认选项，表示用皮尔逊相关系数计算相似性测度。

②“Cosine（余弦）”选项，表示用两个向量的余弦来定义相似性测度，其值范围为-1～1，0值表明两个向量正交。

（2）在“Binary（二值）”窗口中有许多定义二值变量之间距离的方法可供选择，单击右边的箭头按钮展开下拉式列表，有 20 项相似性测度的方法可供选择，限于篇幅，这里不再赘述。

（3）在“Transform Value（数值转换）”方框下设置对数据进行变换的方法，在“Standardize（标准化）”选项后面窗口中有许多数据标准化的具体方法：

①“None（不）”选项，表示不进行标准化。

②“Z Scores（Z 得分）”选项，表示对数据进行标准化变换。

③“Range -1 to 1（转换为-1～1）”选项，表示把数据转换为-1～1 的范围内。

④“Range 0 to 1（转换为 0～1）”选项，表示把数据转换为 0～1 的范围内。即对被标准化的个案或变量的每个值减去最小值，然后除以极差。

⑤“Maximum magnitude of 1（最大值为 1）”选项，表示把数据转换为最大值为 1，即把每一个变量或个案的值都除以最大值。

⑥“Mean of 1（均值为 1）”选项，表示把数据转换为均值为 1，即把每个个案或变量的每个值除以均值。

⑦“Standard deviation of 1（标准差为 1）”选项，表示把数据转换为标准差为 1，即把每个个案或变量的每个值除以标准差。

在 Standardize（标准化）下面还有两个选项：“By Variable（对变量）”选项，表示对变量进行标准化；“By Cases（样品）”选项，表示对个案进行标准化。

（4）在“Transform Measures（转换度量）”方框下有 3 个选项供选择：

①“Absolute（绝对值）”选项，表示对变换值取绝对值。

②“Change sign（改变符号）”选项，表示改变数据的符号。

③“Rescale to 0-1 range（重新变换为 0～1）”选项，表示对距离按比例缩放到 0～1 内，标准化时，首先减去最小值，然后除以极差。

设置完成后单击“OK”按钮，执行距离分析即可得到所要的结果。

12.5 一般线性模型的 SPSS

12.5.1 单变量方差分析

打开一个待进行单变量方差分析的数据文件，执行分析的步骤：单击“Analyze（分析）”→“General Linear Model（一般线性模型）”→“Univariate（单变量方差分析）”，打开“Univariate”主对话框，如图 12.5.1 所示。

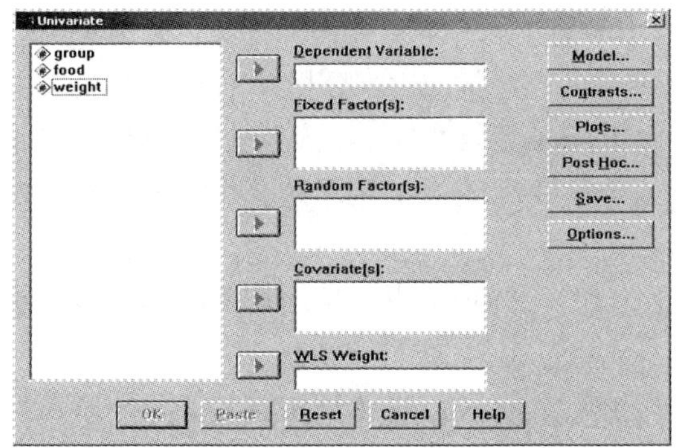

图 12.5.1 “Univariate”主对话框

在主对话框中间有 5 个窗口，分别是：

（1）“Dependent Variable（因变量）”窗口，从左边源变量列表框中把需要分析的因变量送入该窗口中。

（2）“Fixed Factors（固定效应）”窗口，从左边源变量列表框中把作为固定效应变量送入该窗口中。

（3）“Random Factors（随机效应）”窗口，如果需要，从左边源变量列表框中把随机效应变量送入该窗口中。

（4）“Covariate（协变量）”窗口，如果需要，从左边源变量列表框中把协变量送入该窗口中。

（5）“WLS Weight（最小二乘权重）”窗口，如果需要，把最小二乘法权重系数送入该窗口中。

在主对话框最右边有 6 个按钮：“Model（模型）”“Contrast（对比）”“Plots（图形）”“Post Hoc（两两比较）”“Save（保存）”和“Options（选项）”，下面逐一介绍。

单击“Model”按钮后出现“Univariate Model”对话框，用于设置在模型中包含哪些主效应和交互效应，如图 12.5.2 所示。

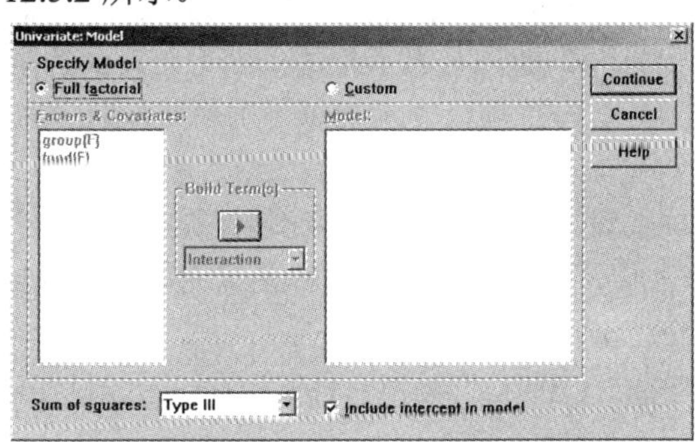

图 12.5.2 “Univariate Model”对话框

（1）“Specify Model （确定模型）”栏目下有两个选项：

①“Full factorial（全因子）”，默认选项，表示要建立全模型，全模型包括所有因子的主效应、所有协变量的主效应和所有因子的交互效应，但不包括协变量的交互效应。

②“Custum（自定义）”选项，选择此项，这时中部的“Build Term”下拉列表框就变黑可用，该框用于选择进入模型的因子和交互效应的级别。选择“Custum”选项后，“Facctors & Covariates（因子和协变量）”列表框中自动显示用户在主对话框里定义过的因子变量（用 F 标记）、协变量（用 C 标记）、随机变量（用 R 标记），从该框选取所需的变量移入 Model 框。单

击“Builed Term（s）”栏目下的箭头展开下拉列表，有以下选项可供选择：“Interaction（交互效应）”默认选项，表示对各变量的交互效应进行分析；“Main effects（主效应）”选项，表示对各变量的主效应进行分析；“All 2-way” – “All 5-way”选项，建立所有的 2～5 阶交互效应。

（2）“Sum of squares（平方和）”选项，用于选择平方和分解方法，单击下拉按钮，出现以下选项：

① “Type Ⅰ（Ⅰ型平方和）”选项，表示使用均衡的 ANOVA 模型、多项式回归模型和完全嵌套设计。

② “Type Ⅱ（Ⅱ型平方和）”选项，表示使用均衡的 ANOVA 模型、只有一个主因子的模型和回归模型。

③ “Type Ⅲ（Ⅲ型平方和）”，系统默认选项，适合Ⅰ型和Ⅰ型平方和的所有模型，无缺失值的所有均衡和不均衡模型。

④ “Type Ⅳ（Ⅳ型平方和）”选项，适合Ⅰ型和Ⅱ型平方和的所有模型，有缺失值的所有均衡和不均衡模型。

（3）“Include intercept in model（在模型中包括截距）”默认选项，表示在模型中包括截距，如果数据通过原点，就不选择此项。

单击“Contrast（对比）”按钮，打开“Univariate Contrast”对话框，如图 12.5.3 所示。

（1）“Factors（因子）”，此窗口下列出在主对话框里指定的因子变量，变量名之后的括号里指示当前的对比方法。

（2）“Change Contrasts（改变对照方法）”，如需改变 Factors 栏中某变量水平的对比方式，选中该变量，然后单击栏中“Contrasts”框右边的箭头按钮，展开下拉菜单，在弹出的下拉菜单中选择其他对照方法：

① “None（不）”，默认选项，表示不进行对比。

② “Deviation（差别对比）”选项，表示比较每一水平的平均效应和总平均效应。

③ “Simple（简单对比）”选项，表示把每一水平与指定水平的平均效应作比较。

④ “Difference（差分对比）”选项，表示把每一水平与前面各水平的平均效应作比较。

⑤ “Helmet（Helmet 对比）”选项，表示把每一水平与随后各水平的平均效应作比较。

⑥ “Repeated（重复对比）”选项，表示把每一水平与随后一个水平作比较。

⑦ “Polynomial（多项式对比）”选项，表示比较线性效应、二次效应、三次效应等。

选择其中一种对照方法后，单击“Cnange（改变）”按钮后，Factors 框中选中变量后边括号里指示的对照方法就改变为新的对照方法。

在主对话框中单击“Plots（图形）”按钮，打开“Univariate：Profile Plots（轮廓图）”对话框，如图 12.5.4 所示。

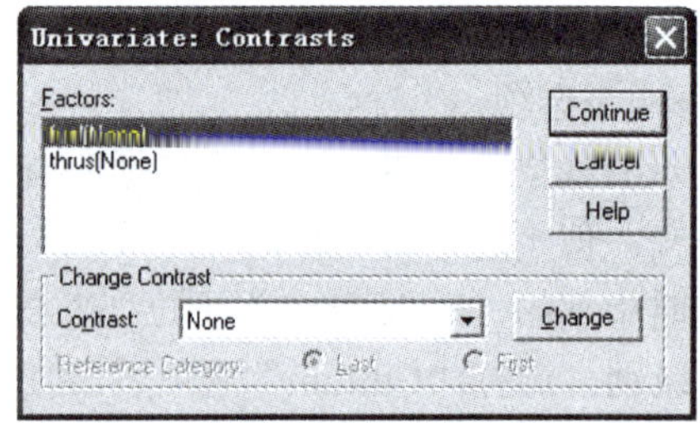

图 12.5.3 “Univariate Contrast”对话框

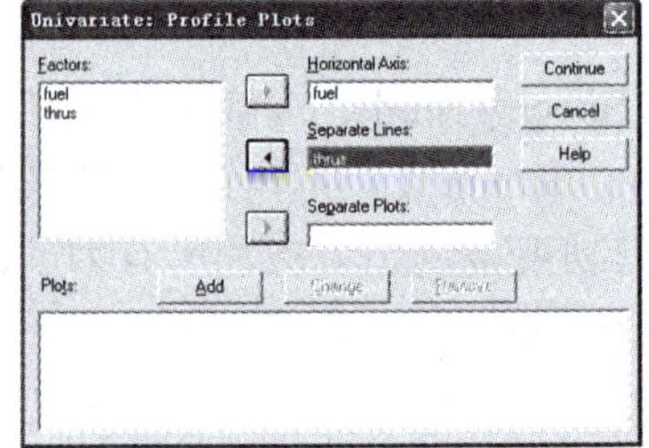

图 12.5.4 “Univariate：Profile Plots”对话框

（1）“Factors（因子）”列表框，列表框下列出主对话框里指定的因子变量。

（2）“Horizontal Axis（水平轴）”窗口，根据需要从 Factors 框中选择一个因子移入 Horizontal Axis 窗口，作为轮廓图的横坐标轴。

（3）“Separate Lines（区分线）”窗口，根据需要从 Factors 框中选择另一个因子移入 Separate Lines 窗口，作为轮廓图的区分线。

（4）“Separate Plots（区分图）”窗口，如果需要，可从 Factors 框中再选择一个因子移入 Separate Plots 窗口，作为轮廓图的区分图。

“Factors”列表框的变量移动到相应的坐标轴窗口后，单击“Add（添加）”按钮，所选的因子变量就出现在“Plots”列表框中。

轮廓图用于进行模型中边际均值的比较，它是一种线点图，图中的点表示因变量在因子变量一个水平上的边际均值估计，第 2 个因子变量的水平可用于产生区分线，第 3 个因子变量的水平可用于产生区分点。因子变量的轮廓图可以直观地显示因变量在因子各水平估计边际均值增减交叉变动的情况，对有两因素或多因素的情况，如果轮廓图中的线平行，则说明各因素之间没有交互效应；反之，轮廓图中的线不平行，则说明各因素之间存在交互效应。

单击“Post Hoc（多重验后比较）”按钮，打开“Univariate：Post Hoc（多重验后比较）”对话框，包括以下栏目：

（1）“Factors（因子）”列表框，此窗口下列出主对话框里指定的因子变量。

（2）“Post Hoc Tests for（多重验后检验）”窗口，根据需要，从“Factors”列表框中选择变量送入该窗口。

（3）“Equal Variances Assumed（等方差假定）”栏目，包括 14 种选项，这里不再赘述。

（4）“Equal Variances Not Assumed（不等方差假定）”栏目，包括有 4 种选项，这里不再赘述。

单击“Save（保存）”按钮，打开“Univariate：Save（保存）”对活框，包括以下栏目：

（1）“Predicted Values（预测值）”栏目，包括 3 种保存选项：

①“Unstandardized（非标准化）”选项，表示给出非标准化预测值。

②“Weighted（加权）”，表示给出加权非标准化预测值。如果在主对话框中选择 WLS（加权最小二乘），保存的因变量就是加权非标准化预测值。

③“Standard error（标准误差）”选项，表示给出预测值均值的标准误差。

（2）“Diagnostics（诊断方法）”栏目，包括 2 种选项：

①“Cooks distance（Cook 距离）”，表示使用 Cook 距离。

②“Leverage values（Leverage 值）”，表示给出非中心化的 Leverage 值。

（3）“Residuals（残差）”栏目，包括 5 种选项：

①“Unstandardized（非标准化）”选项，给出观测值和预测值之差的非标准化残差。

②“Weighted（加权）”选项，表示给出加权的非标准化残差。

③“Standardized（标准化）”选项，表示给出观测值和预测值之差的标准化残差。

④“Studentized（学生化）”选项，表示给出学生化残差。

⑤“Deleted（剔除）”选项，表示给出剔除残差。

（4）“Save to New File（保存到新文件）”窗口，给出新文件保存的方式。选择“Coefficient statistics（系数统计量）”后，单击“File（文件）”按钮，即可把参数估计、协方差矩阵等保存到一个新文件中。

在主对话框中单击“Options”按钮，打开“Options”对话框，如图 12.5.5 所示。

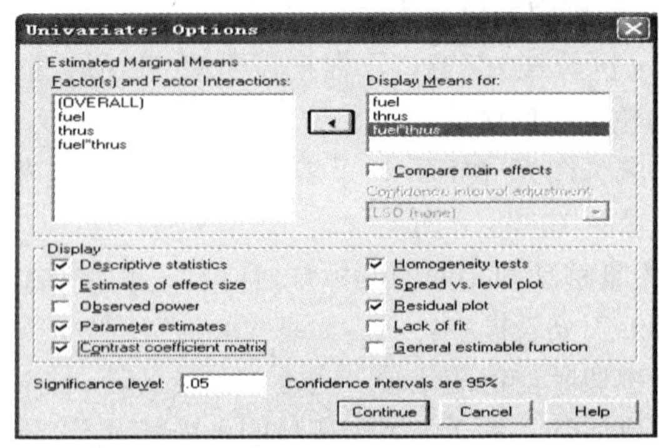

图 12.5.5 “Options”对话框

（1）“Estimated Marginal Means （边际均值估计）”子栏，包括 2 个选项：

① “Factors and Factor Interactions（因子和因子交互效应）”列表框，在框中选择因子和交互项，单击右向箭头把它们送入“Display Means for”窗口中。

② “Display Means for（显示因子的均值）”窗口，若在此窗口中有主效应变量，则可以选择下面的“Compare main effects（比较主效应）”选项，对主效应变量进行边际均值估计，并在“Confidence interval adjustment（调整置信区间）”的下拉菜单中选择 LCD、Bonferroni 和 Sidak 等方法。

（2）“Display（显示）”栏目用于设置输出统计量，包括 10 个选项：

① “Descriptive statistics（描述统计量）”选项，显示因变量的均值、标准差等统计量。

② “Estimates of effect size（效应大小的估计）”选项，显示每个效应的估计、标准误差和置信区间等。

③ “Observed power（观测功效）”，给出计算功效的显著性水平，其值为 0.01～0.99，系统默认的显著性水平为 0.05。

④ “Parameter estimates（参数估计）”，给出各变量的参数估计。

⑤ “Contrast coefficient matrix（对照系数矩阵）”，给出对照系数矩阵。

⑥ “Homogeneity tests（齐性检验）”选项，给出变量的方差齐性检验。

⑦ “Spread vs. level plot（散布对水平图）”，给出观测值和残差的散布图。

⑧ “Residual plot（残差图）”，给出残差图。

⑨ “Lack of fit（拟合不足）”，进行拟合检验。

⑩ “General estimable function（一般可估函数）”。

（3）“Significance level（显著性水平）”窗口，系统默认为 0.05，可以根据需要改变。

所有设置完成之后，单击“OK”按钮就可以得到所要的结果。

12.5.2 多变量方差分析

多变量方差分析，就是有两个或两个以上的因变量共同反映了自变量的影响程度。打开一个待进行多变量方差分析的数据文件，执行分析的步骤：单击“Analyze（分析）”→“General Linear Model（一般线性模型）”→“Multivariate（多变量方差分析）”，打开“Multivariate”主对话框。

注意：与上面单变量方差分析的主对话框相对照，这里除了没有“Random effect”窗口外，其他结构与“Univariate”主对话框是一样的，因此其操作这里就省略了。主对话框最右边 6 个按钮：“Model（模型）”“Contrast（对比）”“Plots（图形）”“Post Hoc（两两比较）”Save（保存）和“Options（选项）”，它们的结构和选择也与上面相似，这里就不重复介绍了，使用者可根据需要进行设置。所有设置完成之后，单击“OK”按钮就可以得到所要的结果。

12.5.3 重复测量的方差分析

重复测量的方差分析指的是一个因变量被重复测量好几次，从而同一个体的几次观察结果间存在相关，这样就不满足普通分析的要求，需要用重复测量的方差分析模型来解决。打开一个待进行重复测量方差分析的数据文件，执行分析的步骤：单击“Analyze（分析）”→“General Linear Model（一般线性模型）”→“Repeated measures（重复测量的方差分析）”，打开“Repeated measures Define Factor(s)”对话框，如图 12.5.6 所示。

（1）“Within-Subject Factor Name（因子名称）”，该窗口用于定义因子名称，系统默认的名称为 factor1，可以根据需要将其改写。

（2）“Number of Levels（重复数）”，该窗口用于定义该因子被重复测量的次数。

（3）在上面定义完成之后，下面“Add”和“Change”被激活，单击“Add”按钮，因子名称和重复数就被送入下面的方框中，于是可以再定义第 2 个因子名称和重复测量次数，依次把因子名和重复数定义完毕。如果在定义过程中发现需改变因子名和重复数，可以单击“Change”进行更改。如果要把下面方框中某因子名和重复数去掉，单击方框左边的“Remove”即可。

重复测量变量定义及模型设置，单击右下方的“Measure”按钮，打开“Repeated measures”对话框，如图 12.5.7 所示。

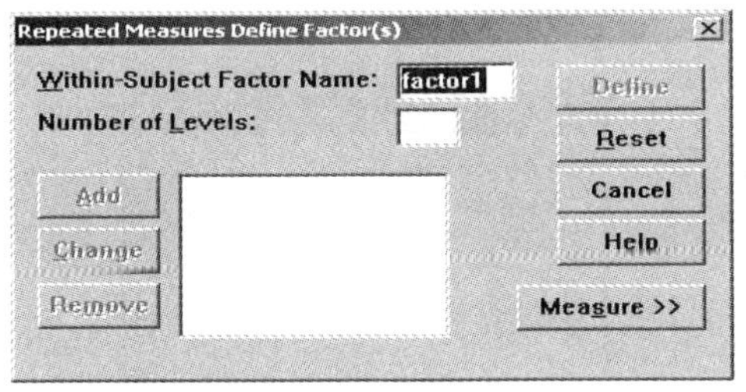

图 12.5.6 “Repeated measures Define Factor(s)”对话框

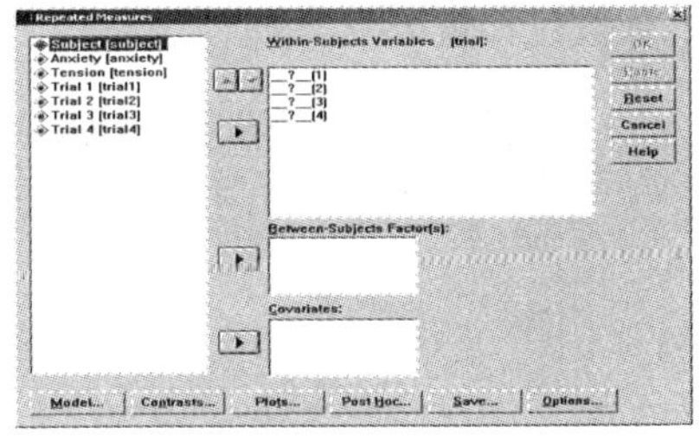

图 12.5.7 “Repeated measures”对话框

这个对话框和前面的方差分析对话框不太一样，但实质是一样的：

（1）“Within-Subject Variables（组内变量）”方框，假如上面定义的变量有 4 次测量，此处就给出了 4 个空格可填入相应的代表 4 次测量的变量，例如可以把左边方框的 trial1～trial4 送入组内变量方框。

（2）“Between subjects factor（组间因子）”方框，例如可以把左边方框的因子送入组间因子方框。

（3）“Covariates（协变量）”方框，根据需要选择适当变量送入此方框。

主对话框下边有 6 个按钮：“Model（模型）”“Contrast（对比）”“Plots（图形）”“Post Hoc（两两比较）”Save（保存）和“Options（选项）”，结构和选择与上面相似，这里不再赘述，使用者可根据需要进行设置。所有设置完成之后，单击“OK”按钮就可以得到所要的结果。

12.6 聚类分析的 SPSS

12.6.1 系统聚类法

打开一个待进行聚类分析的数据文件，执行聚类分析的步骤：执行“Analysis”→“Classify”→“Hierarchical Cluster”命令，打开“Hierachical Cluster Analysis（系统聚类分析）”主对话框，如图 12.6.1 所示。

对话框中各窗口的含义如下：

（1）“Variable(s)（变量）”窗口，从左侧源变量列表框中把需进行聚类分析的变量送入到该窗口。

（2）“Label case by（标记个案）”窗口，从左侧源变量列表框中把字符型标记变量移入此窗口。

（3）在“Cluster（聚类）”方框下有两个选项：

①“Cases（样品）”，系统默认选项，表示对样品（个案）进行聚类。

②“Variables（变量）”选项，表示对变量（指标）进行聚类。

（4）在“Display（显示）”方框下有两个选项：

①“Statistics（统计量）”选项，显示聚类分析相关的统计量。

②“Plots（图形）”选项，显示聚类分析相关的图形。

在主对话框最下面有 4 个按钮：“Statistics（统计量）”“Plots（图形）”“Method（方法）”和“Save（保存）”，下面逐一介绍。

单击面板上的“Statistics（统计量）”按钮，打开“Hierachical Cluster Analysis Statistics（系统聚类统计量）”对话框，如图 12.6.2 所示。

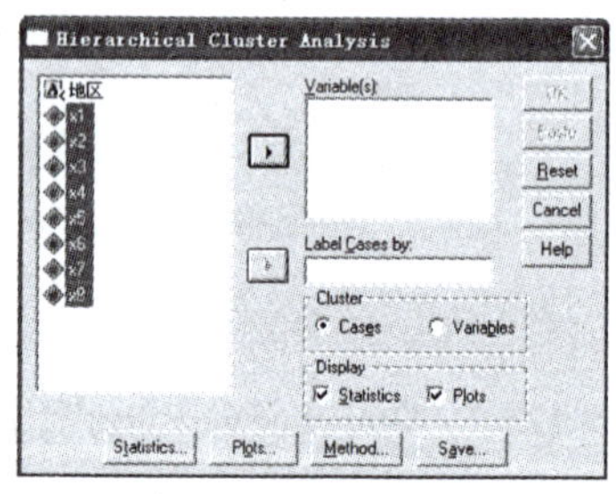

图 12.6.1 “Hierachical Cluster Analysis”对话框

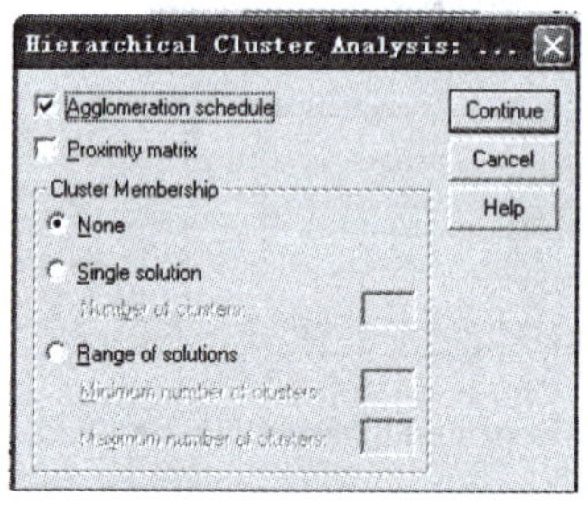

图 12.6.2 “Hierachical Cluster Analysis Statistics”对话框

（1）“Agglomeration schedule（合并进程表）”选项，会输出一张概述聚类进度的表格，反映聚类过程中样品或变量每一步的合并情况。

（2）“Proximity matrix（相似性矩阵）”选项，会输出样品或变量的相似性矩阵。

（3）在“Cluster Membership（聚类成员）”方框下有 3 个选项：

①“None（不）”选项，表示不输出聚类成员表。

②“Single solution（单一解）”选项，选择此项，要在下面的“Number of Cluster（分类数）”窗口中输入一个确定的分类数，输出结果会把各样品或变量归在具体的类别中。

③“Range of solution（解的范围）”选项，选择此项，要在下面的“Minimun Number of Cluster（最小分类数）”和“Maximun Number of Cluster（最大分类数）”窗口中输入两个数 m 和 n（$2 \leqslant m \leqslant n$），表示分别输出分类数从 m 到 n 的样品或变量。

单击“Plots（图形）”按钮，打开“Hierarchical Cluster Analysis Plots（系统聚类图形）”对话框，如图 12.6.3 所示。

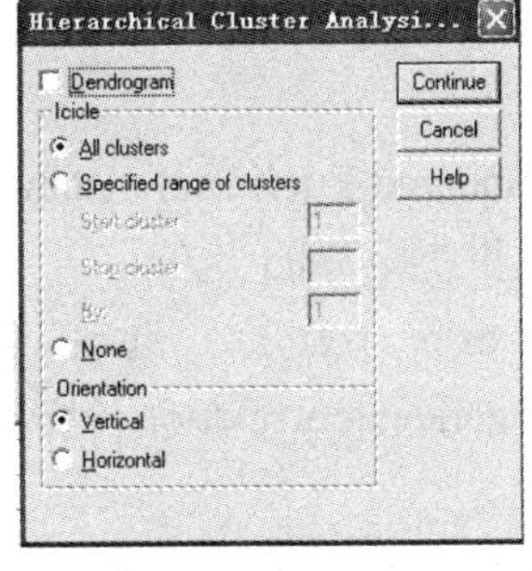

图 12.6.3 “Hierarchical Cluster Analysis Plots”对话框

（1）“Dendrogram（谱系图）”选项，选择此项会输出反映聚类结果的谱系（树形）图。

（2）在“Icicle（冰柱图）”方框下有 3 个选项：

①“All cluster（所有聚类）”选项，会输出全部聚类结果的冰柱图。

②“Specified rangc of clusters（聚类的特定范围）”选项，选择此项，要求在下面的“Start cluster（开始聚类）”、“Stop cluster（终止聚类）”和“By（步长）”3 个窗口给出 3 个正数 m、n 和 k（$m \leqslant n$, $k \leqslant n$），表示从最小聚类解 m 开始，以增量 k 为步长，到最大聚类解 n 为止，结果会输出限制聚类解范围的冰柱图。

③“None（不）”选项，表示不输出冰柱图。

（3）在“Orientation（方向）”方框下有两个确定输出冰柱图方向的选项：

①“Vertical（垂直）”选项，输出垂直的冰柱图。

②“Herizontal（水平）”选项，输出水平的冰柱图。

单击“Method（方法）”按钮，打开“Hierarchical Cluster Analysis Method（聚类分析方法）”对话框，对话框各窗口的含义如下：

（1）在“Cluster Method（聚类方法）”窗口中有许多定义类与类之间距离的方法可供选择，单击框边箭头按钮展开下拉式列表，有如下一些聚类方法：

①“Between-groups linkage（组间平均连接法）”，系统默认选项，也称类平均法，定义类与类之间的距离为两类之间所有样品距离的平均。

②“Within-groups linkage（组内平均连接法）”选项，定义类与类之间的距离为两类所有样品之间距离的平均。

③“Nearest Neighbor（最近相邻法）”选项，也称最短距离法，定义类与类之间的距离为两类之间最近样品之间的距离。

④“Furthest Neighbor（最远相邻法）”选项，也称最长距离法，定义类与类之间的距离为两类之间最远样品之间的距离。

⑤“Centroid Cluster（重心法）”选项，聚类时定义类与类之间的距离为两类中各样品的重心（均值）之间的距离。

⑥“Median Clustering（中位数法）”选项，也称中间距离法，定义类与类之间的距离为介于最短距离法和最长距离法之间的距离。

⑦“Ward's Method（Ward 方法）”选项，又称最小偏差平方和法，聚类时使类内各样品间的偏差平方和最小，各类间的偏差平方和最大。

（2）在“Measure（度量）”方框下有 3 个选项：

①“Interval（间隔）”选项，参与聚类分析的量为定距变量时使用，后面窗口中有许多

定义样品或变量相似性的方法可供选择，单击框边箭头按钮展开下拉列表，有如下一些方法：

“Euclidean distance（欧几里得距离）”选项，定义样品之间的相似性方法用欧几里得距离。

“Squared Euclidean distance（欧几里得距离的平方）”选项，定义样品之间的相似性方法用欧几里得距离的平方。

“Cosine（余弦）”选项，定义样品之间的相似性方法用两个变量的夹角余弦。

“Pearson correlation（皮尔逊相关系数）”选项，定义样品之间的相似性方法用皮尔逊相关系数。

“Chebychev（切比雪夫）”选项，定义样品之间的相似性方法用切比雪夫距离。

“Block（网格）”选项，定义样品之间的相似性方法用网格距离。

“Minkovski（闵可夫斯基）”选项，定义样品之间的相似性方法用闵可夫斯基距离。

“Customized（自定义）”选项，表示使用自定义距离，这时可设定“Power（幂）”和“Roots（根）”次数，如 p 和 r，定义两个量的距离为它们之差绝对值的 p 次幂之和的 r 次方根。

②“Counts（计数）”选项，参与聚类分析的变量为计数变量时使用，单击框边箭头展开下拉式列表，从中选择度量计数数据的相似性方法，包括：

“Chi-squared measure（卡方测度）”选项，定义样品之间相似性测度使用卡方测度。

“Phi-squared measure（φ 方测度）”选项，定义样品之间相似性使用 φ 方测度。

③“Binary（二值）”，参与聚类分析的量是二值变量时使用，单击框边箭头展开下拉式列表，从中选择二值数据的相似测度。对二值变量做聚类分析时，将对每一项建立一个 2*2 列联表，并根据该表计算距离测度。默认情况下，以“1”表示某项“具有某特征值”，以“0”表示某项“不具有某特征”。可以在下边的 Present 和 Absent 框中改变数值。二值数据的相似性测度方法包括：

“Euclidean distance（欧几里得距离）”选项，表示使用二值变量的欧几里得距离。

“Squared Euclidean distance（欧几里得距离的平方）”选项，表示使用二值变量欧几里得距离的平方。

“Size difference（大小差异）”选项。

“Pattern difference（模式差异）”选项，表示根据列联表进行计算，计算公式为 $bc/(n**2)$。

“Variance（方差）”选项，表示使用计算公式为 $(b+c)/(4n)$。

“Dispersion（相似性系数）”选项。

“Shape（形状）”选项，表示该系数表征不匹配项的对称性。

“Simple matching（简单匹配度）”选项，表示所有数值的匹配比率，对匹配项与不匹配项赋予相同的权重。

“Phi4-point correlation（φ4 点相关）”选项。

“Lambda Goodman Kruskal’s”选项。

“Anderberg’s D”选项。

“Dice”选项，计算该系数时剔除联合缺席值，并对匹配数据赋予双倍的权重。

“Hamann”选项，把匹配项的个数与不匹配项的个数之差除以项目总个数得到该系数。

“Jaccard”选项，与 Dice 系数相近，但对于匹配项与不匹配项赋予相同的权重。

“Kulczynski 1”选项。

“Kulczynski 2”选项。

“Lance and Williams”选项，使用公式（b+c）/(2a+b+c) 计算。

“Ochiai”选项。

“Rogers and tanimoto”选项，对不匹配项赋予双倍的权重。

“Russel and Rao”选项，对匹配项和匹配项赋予相同的权重。

“Sokal and Sneth 1”选项，对匹配项赋予双倍权重。

“Sokal and Sneth 2”选项，对匹配项赋予双倍权重，计算时剔除联合缺失值。

“Sokal and Sneth 3”选项，匹配项与不匹配项的比率，最小值为 0，无上限。

“Sokal and Sneth 4” 选项。

“Sokal and Sneth 5” 选项。

“Yule's Y” 选项。

“Yule's Q Goodman and Kruskal's”选项。

（3）在“Transform Value（数值转换）”方框下设置对数据进行变换的方法：

①“Standardize（标准化）”选项，后面窗口中有许多数据标准化的具体方法：

“None（不）”选项，表示不进行标准化。

“Z Scores（Z 得分）”选项，表示用 $z=(x-\overline{x})/s$ 对数据进行标准化。

“Range -1 to 1（转换为-1～1）”选项，表示把数据转换为-1～1 的范围内，见 2.5.3 节的极差标准化法。

“Range 0 to 1（转换为 0～1）”选项，表示用变量减去最小值除以极差把数据转换为 0～1 的范围内，见 2.5.3 节的正规化法。

“Maximum magnitude of 1（最大值为 1）”选项，表示把数据转换为最大值为 1，见 2.5.3 下的极大值正规化法。

“Mean of 1（均值为 1）”选项，表示把数据转换为均值为 1，见 2.5.3 节的均值正规化法。

“Standard deviation of 1（标准差为 1）”选项，表示把数据转换为标准差为 1，把变量除以标准差即可。

② Standardize（标准化）下面还有两个选项：

“By Variable（对变量）”选项，表示在进行 Q 型聚类分析时对变量进行标准化。

“By Cases（对样品）”选项，表示在进行 R 型聚类分析时对对个案进行标准化。

③ 在“Transform Measures（转换度量）”方框下还有 3 个选项供选择：

“Absolute（绝对值）”选项，表示对数据取绝对值。

“Change sign（改变符号）”选项，表示改变数据的符号。

“Rescale to 0-1range（变换为 0～1 的值）”选项，表示把数据减去最小值后再除以极差。

单击“Save（保存）”对话框，打开“Hierarchical Cluster Analysis：Save New Variable（保存新变量）”对话框。在“Cluster Membership（聚类成员）”方框下有 3 个选项：

（1）“None（不）”选项，表示不保存聚类成员。

（2）“Single Solution（单一解）”选项，选择此项，要在下边的“Number of Cluster（聚类数）”窗口中输入具体的分类数 n，运行后在原数据表中会给出每组的聚类成员。

（3）“Range of solution（解的范围）”选项，表示保存给定范围内每组聚类成员，这时要在下面“Minimun Number of Cluster（最小分类数）”和“Maximun Number of Cluster（最大分类数）”窗口中输入两个数 m 和 n（$2\leq m<n$），表示分别输出分类数从 m 到 n 的聚类成员。

所有设置完成后，单击“OK”按钮就可以得到所要的结果。

12.6.2 快速聚类法

打开需进行聚类分析的数据文件的步骤：执行“Analysis”→“Classify”→“K-means Cluster”命令，打开“K-means Cluster Analysis（K-均值聚类分析）”对话框，如图 12.6.4 所示。

对话框中各窗口的含义如下：

（1）“Variable(s)（变量）”窗口，在该窗口输入从源变量列表中需进行聚类分析的变量。

（2）“Label case by（标记个案）”窗口，把字符型标记变量移入框中。

（3）“Number of Cluster（聚类数）”，在右边的窗口中要输入具体的分类数 n，系统默认的聚类数为 2。

（4）在“Method（方法）”方框下有两个选项：

①“Iterate and classify（迭代和分类）”，系统默认选项，表示在迭代过程中不断地更新聚类中心。

②“Classify only（只分类）”选项，表示用初始聚类中心对观测量进行聚类，聚类中心始终不变，只进行一次迭代。

（5）在“Cluster Centers（聚类中心）”方框下有两个选项：

①“Read initial from（读取初始聚类中心）”选项，选择此项，单击右边的“File”按钮，打开选择文件对话框，选择事先保存的初始聚类中心文件，把文件中的观测值作为当前聚类分析的初始聚类中心。

②“Write final as（写入最后聚类中心）”选项，选择此项，单击右边的“File”按钮，打开保存文件对话框，指定路径和文件名，把当前聚类分析的最终聚类中心保存到该文件中。

在主对话框最下面有 3 个按钮：“Iterate(迭代)”“Save（保存）”和“Options（选项）”，下面逐一介绍。

单击“Iterate（迭代）”按钮，打开如图 12.6.5 所示的设置迭代参数对话框。

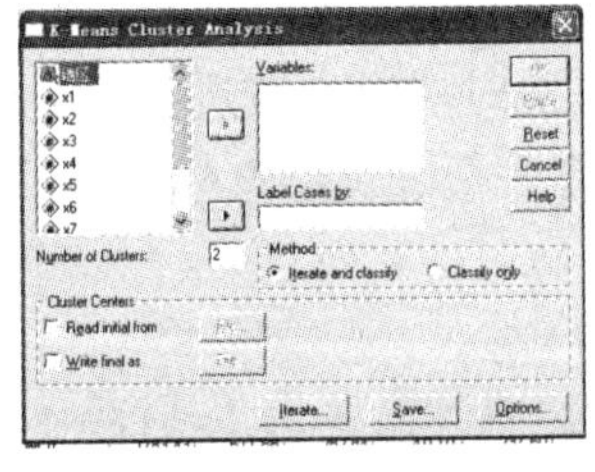

图 12.6.4 “K-means Cluster Analysis”对话框

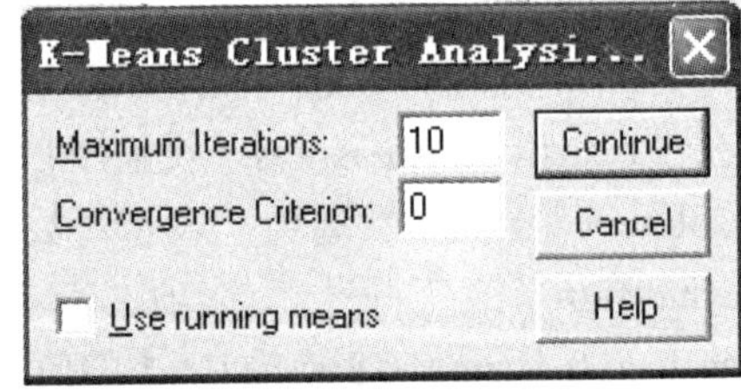

图 12.6.5 设置迭代参数

（1）在“Maximum Iterations（最大迭代数）”选项右边的窗口中输入具体的迭代步数，系统默认值为 10。

（2）在“Convergence Criterion（收敛准则）”选项右边的窗口中输入一个不超过 1 的正数作为判定迭代收敛的标准，系统默认值为 0。若输入数值为 0.02，表示当两次迭代计算的聚类中心之间距离的最大改变量小于初始聚心间最小距离的 2%时停止迭代。

（3）“Use running means（使用变动平均值）”选项，表示在迭代过程中，当每个样品或变量被分配到一类后，随即计算新类的聚心，再进行下一步运算。不选择此项，则在所有样品或变量被分配完以后再计算聚心，可以节省迭代时间。

单击“Save（保存）”按钮，打开“Save New Variables（保存新变量）”对话框，如图 12.6.6 所示。

（1）“Cluster membership（聚类成员）”选项，表示在原数据文件中会建立一个名为“gel-1”的新变量，其值为各样品所属类别，如事先指定聚类数为 m，则其值就是 1，2，…，m。

（2）“Distance from cluster center（与聚类中心的距离）”选项，表示在原数据文件中会建立一个名为“gel-2”的新变量，其值为各样品与所属聚心之间的欧几里得距离。

单击“Options（选项）”按钮，打开“Options（选项）”对话框，如图 12.6.7 所示。

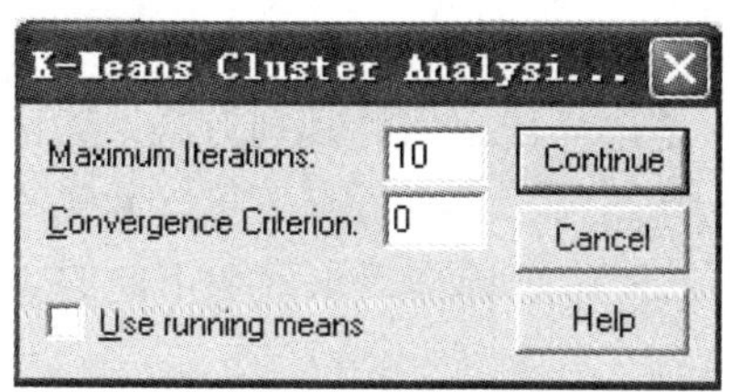

图 12.6.6 保存新变量

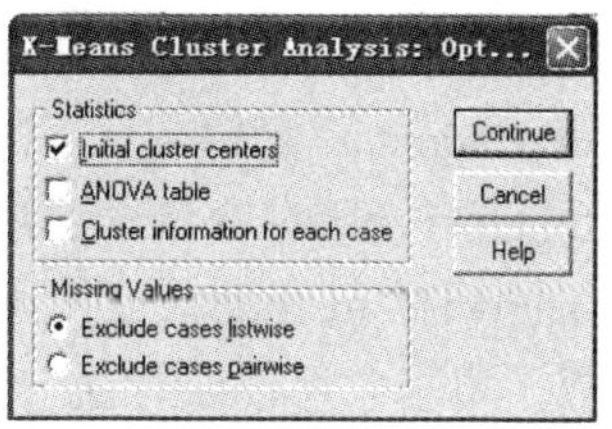

图 12.6.7 “Options”对话框

（1）在“Statistics（统计量）”方框下有 3 个选项：

①“Initial cluster centers（初始聚类中心）”，系统默认选项，会输出初始聚类中心表。

②“ANOVA table（方差分析表）”选项，表示输出方差分析表，该方差分析是以聚类分析产生的类为控制变量的单因素方差分析。

③“Cluster information for each case（每个个案的聚类信息）”选项，选择此项，会输出每个个案的聚类信息，包括各个案最终所属的类别，各个案与最终聚心之间的欧几里得距离和最终各类聚心之间的欧几里得距离。

（2）在“Missing values（缺失值）”方框下有两个选项：

①“Exclude cases listwise（按列剔除个案）”系统默认选项，选择此项，剔除聚类分析中有缺失值的个案。

②“Exclude cases pairwise（按对剔除个案）”选项，选择此项，聚类分析中有缺失值的个案按对给予剔除。

以上各选项选定后，返回主对话框，单击“OK”按钮就会得到所需要的图表。

12.7 判别分析的 SPSS

打开一个待进行判别分析的数据文件，执行判别分析的步骤：执行“Analyze”→“Classify”→“Discriminant”（判别分析），打开“Discriminant Analysis（判别分析）”主对话框，如图 12.7.1 所示。

主对话框中各窗口的意义如下：

（1）“Grouping Variable（分组变量）”窗口，从左侧源变量列表框中把需进行判别分析的分组变量输入到该窗口。输入分组变量后，“Define Range（定义范围）”按扭被激活，单击“Define Range”按扭，打开“Discriminate Analysis Define（定义）”对话框，如图 12.7.2 所示。

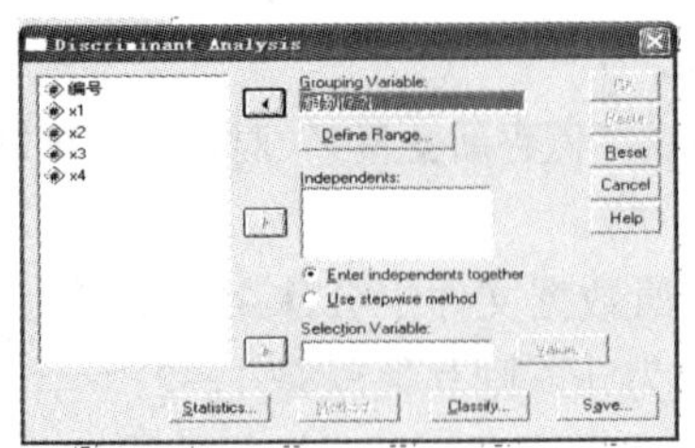

图 12.7.1 “Discriminant Analysis”对话框

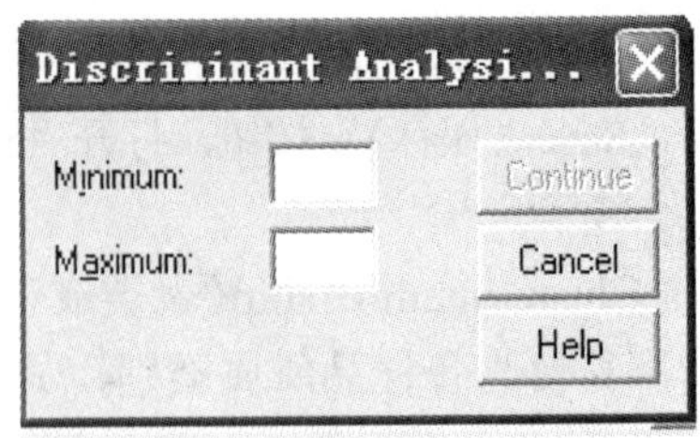

图 12.7.2 “Discriminate Analysis Define”对话框

在“Minimum”窗口和“Maximum”窗口中分别输入组数的下限和上限。

（2）“Independents（独立变量）”窗口，从左侧源变量列表框中选择需要进行判别分析的变量送入“Independents”窗口。其下的两个选项是选择使用何种判别方式：默认项是“Enter Independents together（所有变量一起进入）”，选择此项，表明所有变量一起进入分析；另一选项是“Use stepwise method（使用逐步判别方法）”，若选择该项，最下面的“Method（方法）”将被激活，单击它可以进行进一步的选择。

（3）“Selection Variable（选择变量）”窗口，输入选择的变量，这时右侧的“Value”按钮被激活，单击“Value”按钮，打开“Discriminant Analysis：Set value”对话框，如图 12.7.3 所示。

在“Value for Selection Variable”窗口中输入具体数值，则判别分析将只对所选的变量中含有该值的个案进行分析。选择完后，单击“Continue”按钮，返回“Discriminant Analysis”主对话框。

在主对话框最下面有 4 个按钮：“Statistics（统计量）”“Method（方法）”“Classify（分类）”和“Save（保存）”，下面逐一介绍。

单击“Statistics（统计量）”按钮，打开“Discriminat Analysis：Statistics（判别分析统计量）”对话框，如图 12.7.4 所示。

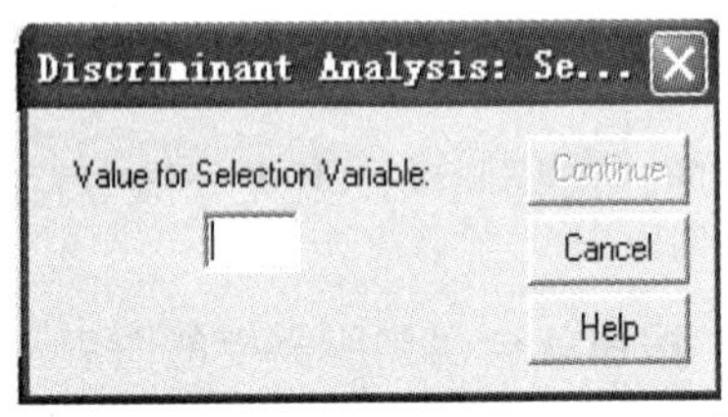

图 12.7.3 “Discriminant Analysis：Set value”对话框

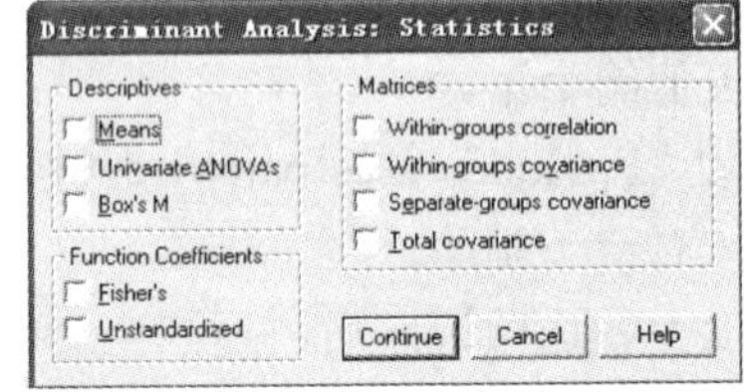

图 12.7.4 “Statistics”对话框

（1）在“Descriptives（描述统计量）”方框下有 3 个选项可供选择：

①“Means（均值）”选项，表示给出各组中每个变量的均值和标准差。

②“Univariate ANOVAs（单变量方差分析）”选项，对各组中各分量的均值是否相等的假设进行检验，当检验的 p 值小于 0.05 时，则在显著性水平为 0.05 下拒绝原假设，认为各分量的均值不相等。

③“Box's M（Box's M 统计量）”选项，表示对各组协方差矩阵是否相等进行检验。

（2）在“Matrices（矩阵）方框下有 4 个选项可供选择：

①“Within-groups correlation（组内相关系数）”选项，显示组内相关系数矩阵。

②“Within-groups covariance（组内协方差）”选项，显示组内协方差矩阵。

③“Separate-groups covariance（组间协方差）”选项，显示组间协方差矩阵。

④“Total covariance（整体协方差）”选项，显示所有个案的协方差矩阵。

（3）在“Function Coefficient（函数系数）”方框下有 2 个选项可供选择：

①“Fisher's（费歇的）”选项，显示费歇判别函数的系数。

②“Unstandardized（非标准化）”选项，显示非标准化判别函数的系数。

选择完后，单击“Continue”按钮，返回“Discriminant Analysis”主对话框。

单击“Method（方法）”按钮（该按钮只有在选择“Use Stepwise Method”以后才可以使用），打开“Discriminant Analysis：Stepwise Method”对话框，如图 12.7.5 所示。利用该对话框确定进行逐步判别分析的方法和输入、输出变量的判别准则。

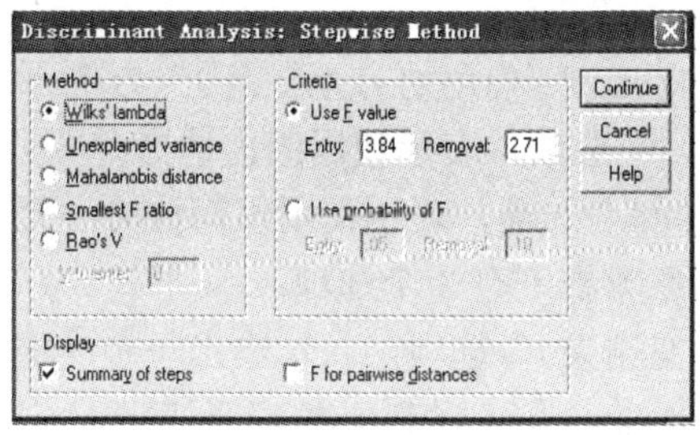

图 12.7.5 “Discriminant Analysis：Stepwise Method”对话框

（1）在“Method”方框下有 5 个选项可供选择：

①“Wilk's lambda（威尔克斯的 λ 值）”选项，通过降低 Wilk 的值来选择输入变量，在每步中都使用 Wilk 值最小的变量进入判别函数。

②“Unexplained variance（不可解释方差）”选项，在每步中都使用各组无法解释的方差和最小的变量进入判别函数。

③“Mahalanobis distance（马氏距离）”选项，在每步中都使用马氏距离最小的两组中最大的变量进入判别函数。

④“Smallest F ratio（最小 F 值）”选项，在每步中都使用 F 值最小的两组中最大的变量进入判别函数。

⑤“Rao's V（Rao 的 V 值）”选项，在每步中都使用 Rao 的 V 值增加量最大的变量作为判别变量，这时需要在后面的窗口中输入阈值。

（2）在“Criteria（准则）”方框下设置进行逐步判别分析时输入和剔除变量的判别准则：

①“Use F value（使用 F 值）”选项，对判别函数中的变量进行方差分析，利用 F 值进行判别。当计算的 F 值大于指定的“Entry”值时，该变量保留在函数中，系统默认值是 3.84；当计算的 F 值小于指定的“Removal”值时，该变量从函数中剔除。可以在“Entry”窗口和“Removal”窗口中分别输入具体数值作为输入变量和剔除变量的阈值，要求后者小于前者。

②“Use probability of F（使用 F 的概率）”选项，用 F 检验的概率决定变量是否加入或剔除。在“Entry”窗口和“Removal”窗口中分别输入具体的概率值，分别作为输入变量和剔除变量的阈值，要求后者大于前者。系统默认值分别是 0.05 和 0.10。

（3）在“Display（显示）”方框下设置 2 个选项：

①“Summary of steps（步骤概述）”选项，表示在逐步选择变量的过程中在每一步后都要显示变量的统计量，为所有变量输出容限和选择变量的值，同时输出 F 值、显著性水平和

最小容限。

② “F for pairwise distance（配对距离的 F）” 选项，显示配对的 F 值。

选择完后，单击 “Continue” 按钮，返回 “Discriminant Analysis” 主对话框。

单击 “Classify（分类）” 按钮，打开 “Discriminant Analysis：Classification” 对话框。

（1）在 “Prior Probability（先验概率）” 方框下有 2 个选项：

① “All groups equal（所有组的概率相等）” 选项，表示所有组的先验概率都相同，其大小等于 1 除以组数。

② “Compute from group size（由组大小计算）” 选项，表示各组的先验概率根据每一组中个案数占全体个案数的比例来确定。

（2）在 “Use Covariance Matrix（使用协方差矩阵）” 方框下有 2 个选项：

① “Within-groups（组内）” 选项，表示使用组内协方差矩阵进行分析。

② “Separate-groups（组间）” 选项，表示使用组间协方差矩阵进行分析。

（3）在 “Display（显示）” 方框下有 3 个选项：

① “Casewise results（个案结果）” 选项，表示输出每个个案的分类结果。下面还有一个附加选项，若在后面的 “Limit cases to（限制个案）” 窗口输入具体数值，则可以把个案数限制在一定的范围内。

② “Summary table（概要表）” 选项，显示判别分析后用回代法所得的正确判别和不正确判别的个案数及比例。

③ “Leave-one-out classification（刀切法分类）” 选项，依次把每个个案剔除后根据其他个案建立判别准则，然后确定该个案的归属，最后给出该判别分析所得的正确判别和不正确判别的个案数及比例。

（4）在 “Plots（图形）” 方框下有 3 个选项：

① “Combined-groups（合并组）” 选项，表示生成前两个判别函数值的包含全部组别的散点图。如果只有一个函数，则显示直方图。

② “Separate-groups（分组）” 选项，根据前两个判别函数值对每一类生成一张散点图，有几类就生成几张散点图。如果只有一个函数，则显示直方图。

③ “Territorial map（区域图）” 选项，选择此项，生成分区图，用于根据函数值把个案分到每类中的区域图，每一类占据一个区。

（5）最下方有 “Replace missing values with mean（用均值代替缺失值）” 选项，选择此项，若有缺失值，就用均值来代替缺失值进行分类。

选择完后，单击 “Continue” 按钮，返回 “Discriminant Analysis” 主对话框。

单击 “Save（保存）” 按钮，打开 “Discriminant Analysis：Save New Variables（保存新变量）” 对话框，如图 12.7.6 所示，包括 4 个选项：

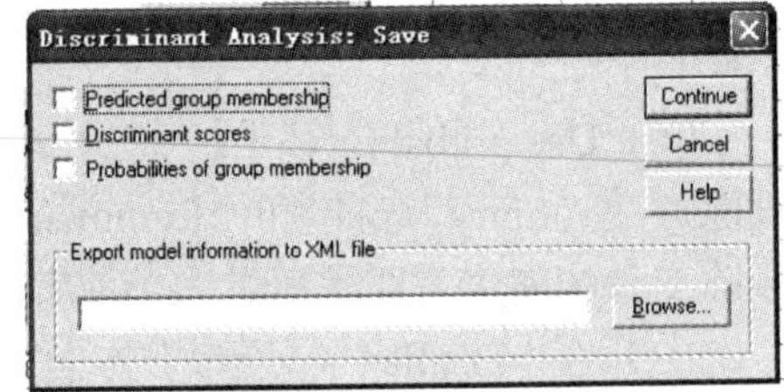

图 12.7.6　保存新变量

（1）“Predicted group membership（预报组成员）” 选项，选择此项，会在数据表中预报出各组的成员。

（2）“Discriminant scores（判别得分）” 选项，选择此项，会在数据表中给出根据非标准化判别函数得到各个案的判别得分。

（3）“Probabilities of group membership（组成员的概率）”选项，选择此项，会在数据表中给出各组成员的概率。

（4）“Export model information to XML file”选项，把模型信息保存到 XML 文件中。

以上各选项选定后，返回主对话框，单击“OK”按钮就会得到所需要的图表。

12.8 因子分析（主成分分析）的 SPSS

打开一个待进行因子分析(主成分分析)的数据文件,执行因子分析的步骤:执行“Analyze（分析）”→“Data Reduction（数据缩减）”→“Factor（因子分析）”，打开“Factor Analysis（因子分析）”主对话框，如图 12.8.1 所示（用于主成分分析所需要的选择看下面黑体字的使用说明）。

主对话框中各窗口的含义如下：

（1）“Variable（变量）”窗口，从对话框左侧的源变量列表中选取需分析的全部变量，单击向右的箭头按钮使之进入右边的“Variables”窗口，如图 12.8.2 所示。

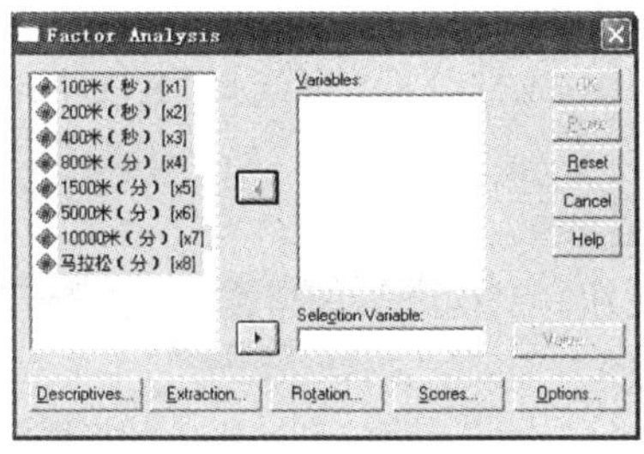

图 12.8.1 “Factor Analysis”对话框

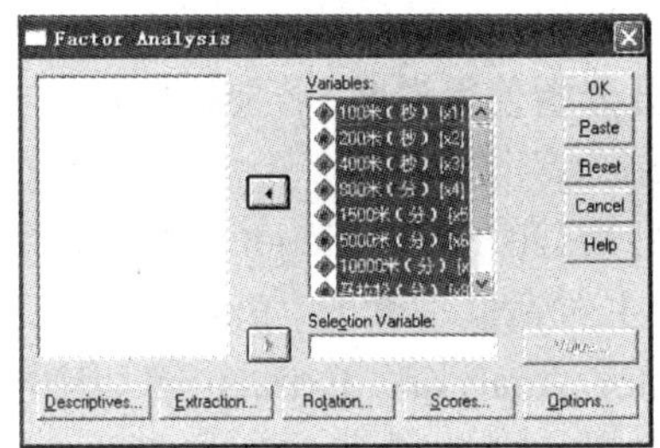

图 12.8.2 “Variables”窗口

（2）“Selection Variable（选择变量）”窗口，如果只须用部分变量参与因子分析时，从左侧的变量列表中选择需分析的变量移入“Selection Variable”的窗口中，单击右边的“Value（数值）”按钮，打开“Value for Selection（选择变量的值）”对话框，小框中输入所选择变量的观测值。

主成分分析使用说明：根据实际要求选择“Variable”窗口或“Selection Variable”窗口。

在主对话框最下面有 5 个按钮：“Descriptive（描述）”、“Extraction（提取）”、“Rotation（旋转）”、“Scores（得分）”和“Options（选项）”，下面逐一介绍。

单击“Descriptives（描述）”按钮，打开“Factor Analysis:Descriptives（因子分析描述统计量）”对话框，如图 12.8.3 所示。

（1）在“Statistics（统计量）”方框下有 2 个选项：

①“Univariate descriptives（单变量描述）”选项，选择此项，结果会输出各单变量的均值和标准差等统计量。

②“Initial solution（初始解）”默认选项，选择此项，结果会输出因子分析的初始解。

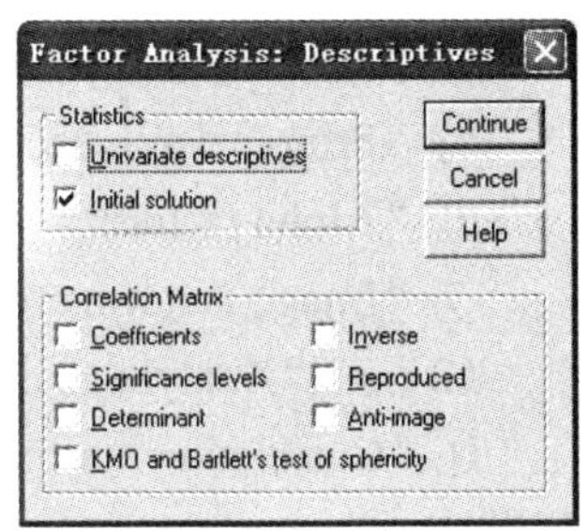

图 12.8.3 “Descriptives”对话框

主成分分析使用说明：选择默认选项“Initial solution（初始解）”即可。

（2）在“Correlation Matrix（相关矩阵）”方框下有 7 个选项：

①“Coefficients（相关系数矩阵）”选项，选择此项，会输出变量的相关系数矩阵。

②“Significance levels（显著性水平）”选项，选择此项，将给出检验每个相关系数矩阵中相关系数是否为 0 的单尾显著性水平的 p 值。

③“Determinant（行列式）”选项，选择此项会给出矩阵行列式的值。

④“Inverse（逆矩阵）”选项，选择此项会给出协方差（相关系数）矩阵的逆矩阵。

⑤“Reproduced（再生）”选项，选择此项会给出因子分析后所计算的再生相关系数矩阵以及原始相关阵与再生相关阵的残差阵。

⑥“Anti-image（反映象）”选项，选择此项会给出偏相关系数的负数以及偏协方差的负数组成的反映象相关系数矩阵。在一个好的因子模型中，反映象相关阵中主对角线之外的元素应很小，位于主对角线上的元素用于度量抽样的适合度。

⑦“KOM and Bartlett's test of sphericity（*KOM* 和 Bartlett 球形检验）”选项，选择此项会给出 Kaiser-Meyer-Olkin 检验值和 Bartlett 球形检验值，前者检验变量间的偏相关系数是否过小，后者检验相关系数矩阵是否为单位阵。

主成分分析使用说明：若要检验数据是否适合用主成分分析，可选择“KOM and Bartlett's test of sphericity”选项。

选择好后，单击“Continue（继续）”按钮返回“Factor Analysis”主对话框。单击“Extraction（提取）”按钮，弹出“Factor Analysis：Extraction（因子分析提取）”对话框，如图 12.8.4 所示。

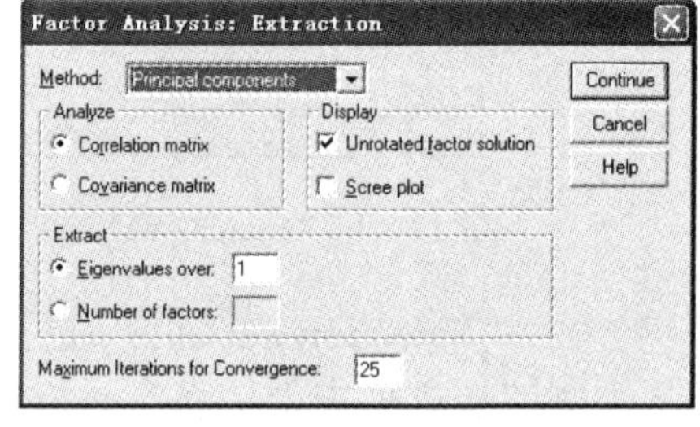

图 12.8.4　因子分析提取

（1）在“Method（方法）”窗口中有许多公因子提取方法可供选择，单击框边箭头按钮展开下拉式列表，有如下一些提取方法：

①“Principal components（主成分法）”，系统默认选项，选择此项，采用主成分分析法提取公因子。

主成分分析使用说明：选择默认选项“Principal components”。

②“Unweighted least squares（未加权的最小二乘法）”选项，选择此项，采用未加权的最小二乘法提取公因子。

③“Generalized least squares（加权最小二乘法）”选项，选择此项，利用观测值的倒数进行加权，然后用最小二乘法提取公因子。

④“Maximum likelihood（极大似然法）”选项，采用极大似然法提取公因子。

⑤“Principal axis factoring（主轴因子法）”选项，采用主轴因子法提取公因子。

⑥“Alpha factoring（Alpha 因子法）”选项，采用 Alpha 因子法提取公因子。

⑦“Image factoring（映像因子法）”选项，采用映像因子法提取公因子。

（2）在“Analyze（分析）”方框下有 2 个选项：

①“Correlation matrix（相关系数矩阵）”，系统默认选项，表示用相关系数矩阵进行因子分析。

②“Covariance matrix（协方差矩阵）”选项，表示用协方差矩阵进行因子分析。

主成分分析使用说明：如果是利用变量的相关系数矩阵进行主成分分析，选择默认选项“Correlation matrix”；如果是利用变量的协方差矩阵进行主成分分析，选择“Covariance matrix”选项。

（3）在“Display（显示）”方框下有 2 个选项：

①“Unrotated factor solution（未经旋转的因子解）”，默认选项，会显示未经旋转的因子载荷矩阵、共同度以及特征值。

②“Scree plot（碎石图）”选项，会显示用折线连接各特征值形成的折线图，若图上有一个明显的分界点，则它左边陡峭的斜坡有几个特征值就表示应提取公因子的个数。

主成分分析使用说明：选项“Unrotated factor solution”用来计算各主成分的系数，选项“Scree plot”用来观测选取几个主成分合适。

（4）在“Extract（提取）”方框下有 2 个选项：

①“Eigenvalues over（特征值大于）”选项，选择此项，要在后面的窗口中输入一个具体数值（系统默认为 1），凡是特征值大于该值的因子都将被作为公因子提取出来。

②“Number of factors（因子个数）”选项，选择此项，要在后面的窗口中输入提取公因子的个数。

主成分分析使用说明：根据实际需要选择。

（5）Maximum Iterations for Convergence（最大迭代步数）”选项，选择此项，要在后面的窗口中输入收敛的最大迭代步数，系统默认为 25。

单击“Rotation（旋转）”按钮，弹出“Factor Analysis:Rotation（因子分析旋转）”对话框，如图 12.8.5 所示。

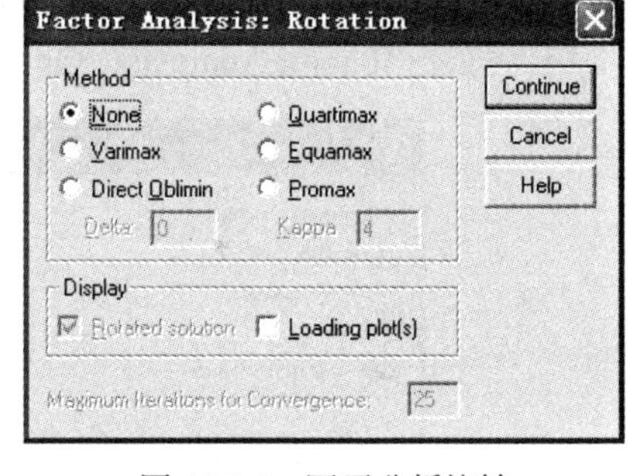

图 12.8.5　因子分析旋转

旋转的目的是为了获得简单结构，有助于对因子分析结果进行解释。

（1）在“Method（方法）”方框下有 6 个选项，

①“None（不）”，系统默认选项，表示不进行因子旋转。

主成分分析使用说明：选择默认选项“None（不）”。

②“Varimax（方差最大）”选项，表示进行方差最大的正交旋转，这种旋转方法使变量在每个因子上的载荷两极分化，以便因子易于解释。

③“Direct Oblimin（直接斜交旋转）”选项，选择此项，在被激活的“Delta”小框中输入不超过 0.8 的数值。系统默认的 Delta 值为 0，这时因子分析所得的解最倾斜，Delta 可以取负值，Delta 越接近于-1，旋转越接近正交。

④“Quartimax（四分位旋转）”选项，表示使用四分位最大正交旋转法。

⑤“Equamax（等量正交旋转）” 选项，表示使用最大正交旋转和四分位最大正交旋转法的综合。

⑥“Promax（斜交旋转）”选项，选择此项，须在被激活的“Kappa”小框中输入输入 Kappa 值，系统默认为 4。该方法允许因子彼此相关，并且计算速度比直接斜交旋转快。

（2）在“Display（显示）”方框下有 2 个选项，用于设置旋转解的输出。

①“Rotated solution（旋转解）”选项，该选项须在 Method 栏中选择一种旋转方法后才

会激活，这时就会显示相应的旋转解。

②“Loading plot(s)（因子载荷图）”选项，选择此项会输出前 2 个公因子的二维载荷图，或者前 3 个因子的三维载荷图，如果只提供一个公因子，则不输出因子载荷图。

（3）“Maximum Iterations for Convergence（收敛的最大迭代次数）”选项，选择此项，须在后面的窗口中输入收敛的最大迭代步数，系统默认迭代步数为 25。

选择完后，单击“Continue”按钮，返回“Factor Analysis”主对话框。单击“Scores（得分）”按钮，弹出“Factor Analysis：Scores（因子得分）”对话框，如图 12.8.6 所示。

（1）“Save as variables（新变量保存）”选项，对每个公因子建立一个新变量，默认变量名为 fac-i，i=1，2，…，m，将因子得分保存到当前工作文件中，供后续统计分析时使用。

（2）在“Method（方法）”方框下有 3 个选项，系统提供了 3 种求因子得分系数的方法：

①“Regression（回归）”选项，表示用回归法建立因子得分函数。

主成分分析使用说明：需要主成分得分就选择此选项，这时输出的因子得分与相应特征值算术根的乘积就是主成分得分。

②“Bartlett（巴特莱特）”选项，表示用巴特莱特法建立因子得分函数。

③“Anderson-Rubin（安德森-鲁宾）”选项，表示用安德森-鲁宾法建立因子得分函数。

（3）“Display factor score coefficient matrix（显示因子得分的系数矩阵）”选项，选择此项，将会给出因子得分的系数矩阵，它们是因子得分函数的系数。

选择之后单击“Continue”按钮返回“Factor Analysis”对话框，单击“Options（选项）”按钮，打开“Factor Analysis：Options（因子分析选项）”对话框，如图 12.8.7 所示。

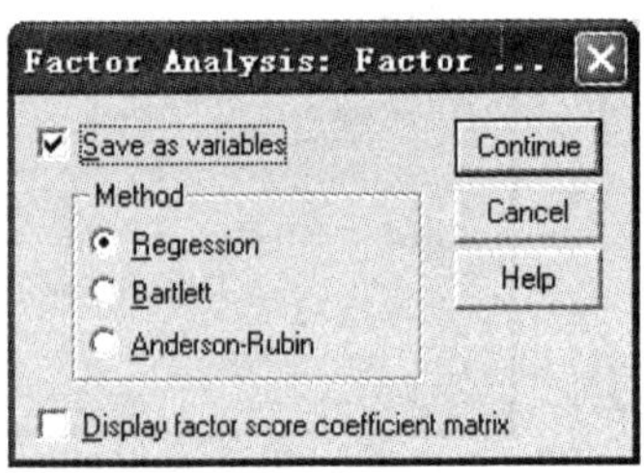

图 12.8.6　因子得分

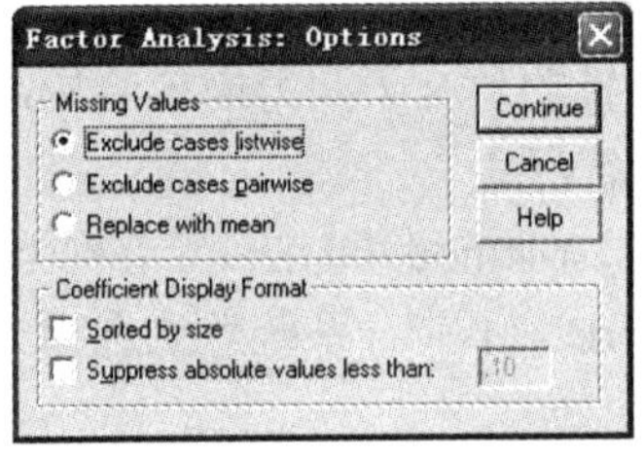

图 12.8.7　因子分析选项

（1）在“Minssing Values（处理缺失值）”方框下有 3 个选项：

①“Exclude cases listwise（按列剔除个案）”系统默认选项，表示有缺失值时剔除所有个案。

②“Exclude cases pairwise（成对剔除个案）”选项，表示有缺失值时成对剔除个案。

③“Replace with mean（用均值代替）”选项，表示有缺失值时用变量均值代替缺失值。

（2）在“Coefficient Display Format（系数显示格式）”方框下有 2 个选项：

①“Sorted by size（按大小排序）”选项，表示系数按其数值的大小排序。

②“Suppress absolute values less then（不显示绝对值小的数）”选项，表示不显示绝对值比某个数小的数，这时在后边的窗口中要输入一个具体的正数，系统默认值为 0.10。

选择好之后，单击“Continue”按钮返回“Factor Analysis”主对话框，最后单击“OK”按钮，即可得到所要的结果。

12.9 对应分析的 SPSS

打开一个待进行对应分析的数据文件，执行对应分析的步骤：执行“Analyze（分析）”→“Data Reduction（数据缩减）”→“Correspondence Analysis（对应分析）”，打开“Correspondence Analysis（对应分析）”主对话框，如图 12.9.1 所示。

如果数据文件中有频数变量，应该首先做加权处理。选择“Data（数据）”→“Weight Cases（个案加权）”命令，在“Weight Cases”对话框中选中“Weight Cases by”（加权依据）单选按钮，将变量（例如人数）移动至“Frequency Variable（频数变量）”列表框，单击“OK“按钮，完成加权操作。

指定行列变量及范围：

（1）在左侧的变量列表框中选择行变量，单击上方右向箭头送入“Row（行）”变量宽口中，这时下边的“Define Range（定义范围）”按钮被激活。单击 Definc Range 进入“Correspondence Analysis：Define Row Range（定义行范围）”子对话框，该对话框中确定该变量的范围，分别在“Minimum（最小值）”和“Maximum（最大值）”窗口输入该行变量中参与分析的最小值和最大值，单击“Update（更新）”按钮进行确认，如图 12.9.2 所示。

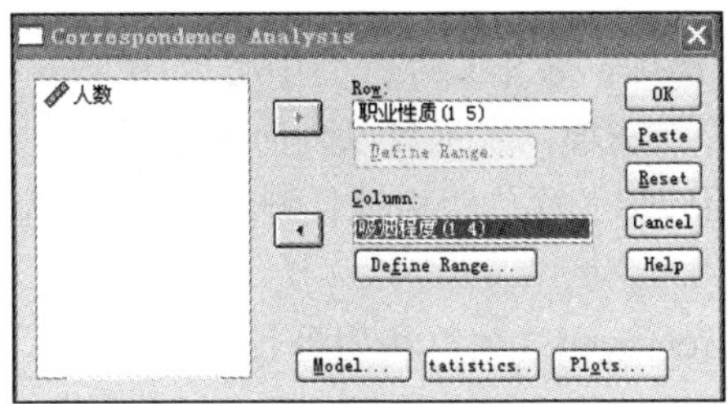

图 12.9.1 对应分析

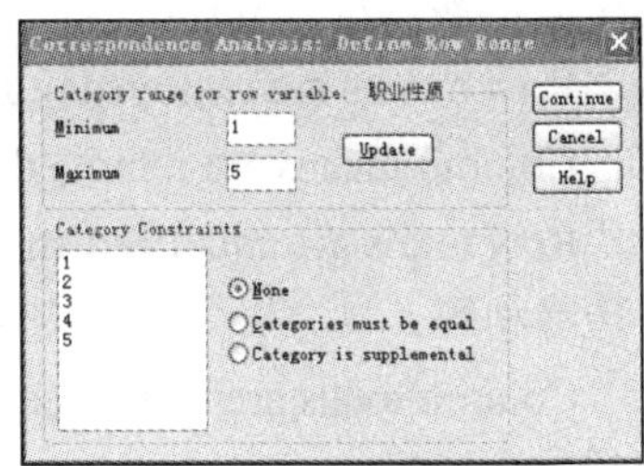

图 12.9.2 指定行列变量及范围

在该对话框下面的“Category Constraints（分类约束）”方框下有 3 个选项：

①“None（无）”默认选项，表示没有分类约束。

②“Categories must be equal（类别必须相等）”选项，表示进行分类时每类有相同的变量值，行分类的最大值可限定为有效行分类数减 1。如果需要在分类集合中将不同的分类变量值指定为属于同一分类时，可以利用 Syntax 命令行语句，例如，指定分类 1 和 2 属于同一类，3 和 4 属于另一类。

③“Category is supplemental（附加分类）”选项，选择此项，附加分类并不影响分析结果，对维数的定义也不起作用。最大附加分类等于行分类总数减 2。

（2）在左侧的变量列表框中选择列变量，单击下方右向箭头送入“Column（列）”变量窗口中。单击 Define Range 进入“Correspondence Analysis：Define Column Range（定义列范围）”子对话框，在该对话框中指定选取列变量的范围，分别在“Minimum（最小值）”和“Maximum（最大值）”窗口输入该行变量中参与分析的最小值和最大值，单击“Update（更新）”按钮进行确认。其他步骤与上述相似，这里不再赘述。

在主对话框最下面有 3 个按钮：“Model（模型）”“Statistics（统计量）”和“Plots（图形）”，下面逐一介绍。

单击“Model（模型）”按钮，进入图 12.9.3 所示的“Correspondence Analysis：Model”（对应分析：模型）对话框，该对话框用于选择对应分析的方法和模型。

（1）在“Dimensions in（解的维数）”后窗口要输入解的维数，即行列变量分类的最终提取因子的个数，系统默认值为 2。可以将各分类点表示在二维平面上。通常选取尽可能少的维数解释多数的变量，最大维数取决于用于分析有效分类及相等的条件，可选最大维数为变量中最小的分类数减 1。

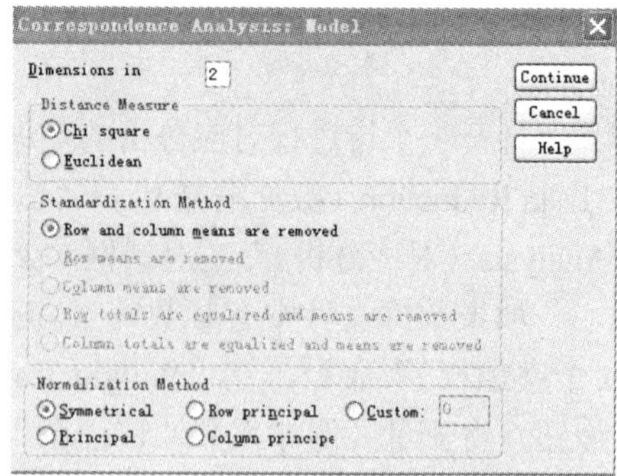

图 12.9.3　选择对应分析的方法和模型

（2）在“Distance Measure（距离测度）”方框下有 2 个用于定义分类点之间距离的选项：

①“Chi square（卡方）”默认选项，表示对定序变量或定类变量选择卡方距离。

②“Euclidean（欧几里得）”选项，表示对定距变量使用欧几里得距离。

（3）“Standardization Method（标准化方法）”方框下的选项用于指定数据标准化的方式：

①“Row and column means are removed（删除行均值和列均值）”，默认选项，表示行和列都为中心，该方法对应标准对应分析。

②“Row means are removed（删除行均值）”选项，表示只以行为中心。

③“Column means are removed（删除列均值）”选项，表示只以列为中心。

④“Row totals are equalized and means are removed（行总和相等且删除均值）”选项，表示使行边缘相等。

⑤“Column totals are equalized and means are removed（列总和相等且删除均值）”选项，表示使列边缘相等。

（4）“Normalization Method（正态化方法）”方框下有 5 个选项，用于指定数据正态化方法：

①“Symmetrical（对称法）”选项，表示分析行列变量各类别之间的差异，而不是每个变量之间的差异。

②“Principal（主成分法）”选项，表示分析两变量中类别的差异，而不是两变量之间的差异。

③“Row principal（行主成分）”选项，表示分析行变量分类间的差异或相似性。

④“Column principal（列主成分）”选项，表示分析列变量分类间的差异或相似性。

⑤“Custom（自定义）”选项，选择此项，需要在后面的文本框中输入数值范围在-1～1 之间的数，-1 对应列主成分法，0 对应对称法，1 对应行主成分法。利用不同的输入值可定制行列点图。

单击“Statistics”按钮，弹出“Correspondence Analysis：Statistics（对应分析：统计量）”对话框，如图 12.9.4 所示，该对话框用于指定输出统计量。

（1）对话框上边有 6 个选项：

①“Correspondence table（对应表）”，默认选项，表示输出行列变量的交叉列联表。

②“Overview of row points（行点概览）”选项，表示输出行变量分类的因子载荷以及方差贡献值。

③“Overview of column points（列点概览）”选项，表示输出列变量分类的因子载荷以及方差贡献值。

④“Row profiles（行轮廓）”选项，表示输出频数的行轮廓表。

⑤“Column profiles（列轮廓）”选项，表示输出频数的列轮廓表。

⑥“Permutations of the correspondence table（对应表的排列）”选项，表示使行与列根据第一维度的分布按递增方式进行排序，需要设定“Maximum dimension for（最大维数）”的值，默认为 1。

（2）“Confidence（置信）”方框下有 2 个选项组，用于选择输出行或列的置信统计量：

①“Row points（行点）”选项，表示输出所有行点标准差和所有维度的相关系数。

②“Column points（列点）”选项，表示输出所有列点标准差和所有维度的相关系数。

单击“Plots（图形）”按钮，打开“Correspondence Analysis：Plots（对应分析：图形）”子对话框，如图 12.9.5 所示，该对话框用于指定输出图形的选择和设置。

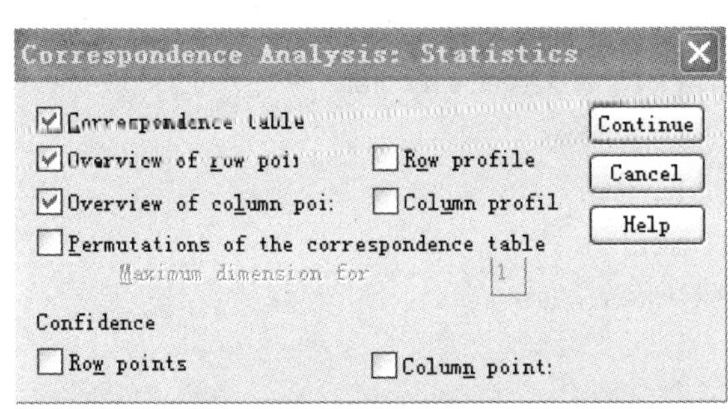

图 12.9.4 “Statistics”对话框

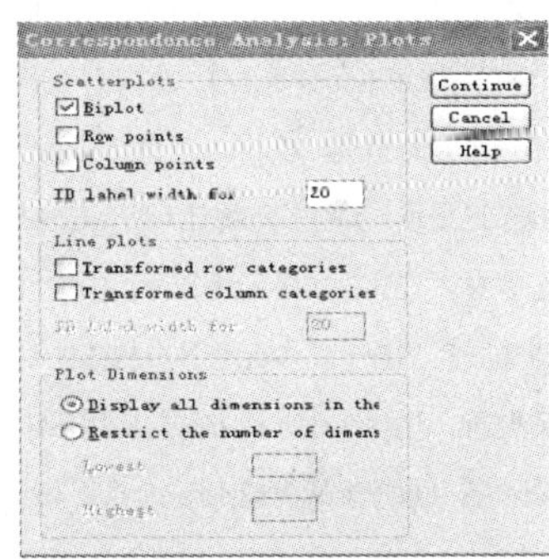

图 12.9.5 “Plots”对话框

（1）在“Scatterplots（散点图）”方框下有 3 个选项，给出产生散点图的形状和类型：

①“Biplot（双标点）”选项，表示输出行列变量对应分布图。

②“Row points（行点）”选项，输出行变量各类别在第 1 因子和第 2 因子的载荷图。

③“Column points（列点）”选项，输出列变量各类别第 1 因子和第 2 因子的载荷图。

最后在“ID label width for（散点图标识标签的宽度）”后的窗口中输入指定散点图标识标签的宽度，系统默认值为 20。

（2）在“Line plots（线图）”方框下有 2 个给出各种线图的选项：

①“Transformed row categories（行类别转换）”选项，表示输出行类别因子载荷线图。

②“Transformed column categories（列类别转换）”选项，表示输出列类别的因子载荷线图。

在“ID label width for（标识标签的宽度）”后的窗口中输入指定线图标识标签的宽度，系统默认值为 20。

（3）在“Plot Dimensions（图形维数）”方框下有 2 个控制输出图形维数的选项：

①“Display all dimensions in the solution（显示解的所有维数）”选项，表示输出解的所有维数。

②“Restrict the number of dimensions（限制显示维数）”选项，表示限制输出解的显示维数，这时需要在后面的“Lowest（最低维）”和“Highest 最高维）”窗口输入最小值和最大值。

以上各选项选定后，返回主对话框，单击“OK”按钮就会得到所需要的输出图表。

参考文献

[1] Anderson T.W.An Introduction to Multivariate Statistical Analysis[M]. 3rd Ed. New York：Wiley，2003.

[2] Hollander M. Wolfe D. A.，Nonparametric Statistical Methods[M]. 3rd Ed. New York： Wiley，2013.

[3] Johnson R.A. and Wichern D.W.，Applied Multivariate Statistical Analysis[M]. 6th Ed. Pearson，2007.

[4] Nelsen R. B.，An Introduction to Copula [M]. 2nd Ed. New York：Springer, 2006.

[5] 张尧庭，方开泰，多元统计分析引论[M]. 北京：科学出版社，1982.

[6] 方开泰，实用多元统计分析[M]. 上海：华东师范大学出版社，1989.

[7] 王学仁，王松桂，实用多元统计分析[M]. 上海：上海科技出版社，1990.

[8] 孙文爽，陈兰祥，多元统计分析[M]. 北京：高等教育出版社，1994.

[9] 王学民. 应用多元分析[M]. 第二版. 上海：上海财经大学出版社，2004.

[10] 韦艳华，张世英，Copula 理论及其在金融分析上的应用[M].北京：清华大学出版社，2008.

[11] 向东进主编. 实用多元统计分析[M]. 武汉：中国地质大学出版社，2005.

[12] 于秀林，任雪松，多元统计分析[M]. 北京：中国统计出版社，1999.

[13] 袁志发，周静芋，多元统计分析[M]. 北京：科学出版社，2002.

[14] 何晓群，现代统计分析方法与应用[M]. 北京：中国人民大学出版社，1998.

[15] 陈希孺，数理统计引论[M]. 北京：科学出版社，1981.

[16] 王松桂，陈敏，陈立萍，线性统计模型：线性回归与方差分析[M]. 北京：高等教育出版社，2004.

[17] 杨振海，拟合优度检验[M]. 合肥：安徽教育出版社，1993.

[18] 史道济，实用极值统计方法[M]. 天津：天津科学技术出版社，2006.

[19] 高惠璇，统计计算[M]. 北京：北京大学出版社，2005.

[20] 周概容，概率论与数理统计[M]. 北京：高等教育出版社，1984.

[21] 张红兵，贾来喜，李潞，SPSS 宝典[M]. 北京：电子工业出版社，2007.

[22] 王星，非参数统计[M]. 北京：中国人民大学出版社，2005.

[23] 李竹渝，鲁万波，龚金国，经济、金融计量学中的非参数估计技术[M]. 北京：科学出版社，2007.

[24] 陈守东，金融资产波动模型与风险度量[M]. 北京：经济科学出版社，2007.

[25] 赫林，德雷斯哥，帕森斯（华师大教育咨询中心译），项目反应理论[M]，武汉：湖北教育出版社，1990.

[26] Sklar，A.， Functions de repartition and dimensions et lears marges[J]. Publ. Inst. Statist. Univ. Paris. 1959(8):229-231.

[27] Hambleton, R. K.&Novick, M. R., Toward on integration of theory and method for citerion- referenced tests [J]. Journal of Educational Measurement, 1973(10):159-170.

[28] Cohen, J. A., A coefficient of agreement for nominal scales [J]. Educational and Psychological Measurement, 1960(20):37-46.

[29] Swaminathan, H., Hambleton, R. K.&Algina, J., Reliability of criterion-referenced tests: A decision-theoretic formulation [J]. Journal of Educational Measurement, 1974(11):263-267.

[30] 张尧庭，张璋，几种选取部分代表性指标的统计方法[J]. 统计研究，1990（01):52-58.

[31] 张尧庭，连接函数（Copula）技术与金融风险[J]. 统计研究，2002（04):48-51

[32] 张尧庭，我们应该选用什么样的相关指标[J]. 统计研究. 2002（09):41-44.

[33] 李秀敏，史道济，沪深股市相关结构分析研究[J]. 数理统计与管理, 2006（06):729-736.

[34] 河北省社会科学院课题组，浙江发展之路——关于浙江省经济发展的调研报告[J]. 领导之友，2003（1):23-25.

[35] 陈希镇，现行高考知识与能力结构和高考改革[J]. 数理统计与管理，1988（02):22-25.

[36] 陈希镇，如何正确使用信度估计公式，心理学报. 1991（01)：39-47.

[37] 陈希镇，信度系数与观测分数和潜在特质的相关比[J]. 心理学报，1993（04):395-399.

[38] 陈希镇，王学仁，最小范数最小二乘的计算问题[J]. 云南大学学报（自），1994（01):5-11.

[39] 陈希镇，标准参照测验中的信度估计公式[J]. 心理学报，1996（04):436-442.

[40] 陈希镇，标准参照测验中的统计推断问题[J]. 数学年刊，2001（04):491-498.

[41] 于波，陈希镇，杜江，Copula 函数的选择方法和应用[J]. 数理统计与管理，2008（06):1027-1033.

[42] 杜江，陈希镇，于波，二元可交换分布函数的估计[J]. 统计与决策，2008（09):169-170.

[43] 陈希镇，曹慧珍，判别分析与 SPSS 的使用[J]. 科学技术与工程，2008（13):3567-3571.

[44] 程莹，陈希镇，巧用 SPSS 进行均值的假设检验[J]. 统计与决策，2008（18）：155-156.

[45] 林俊涛，陈希镇，对 Copula 函数中参数检验方法的改进[J]. 统计与信息论坛，2009（02):14-18.

[46] 杜江，陈希镇，林俊涛，Archimedean Copula 函数中参数的 Bootstrap 估计[J]，统计与决策，2009（12):39-40.

[47] 陈希镇，杜江，指数分布下容忍区间的改进[J]. 统计与决策，2010（01):19-21.

[48] 陈希镇，林俊涛，用多元统计方法分析浙江省各地区的经济结构[J]. 数理统计与管理，2010（06):1043-1051.

[49] 陈希镇，胡兆红，Copula 函数的非参数核密度估计方法[J]. 统计与决策，2010（14）：27-28.

[50] 陈希镇，徐新，利用 Bootstrap 与核密度估计的方法计算 VaR[J]. 统计与决策，2010（15):39-41.

[51] 陈希镇，李学娟，结构方程模型下的信度估计[J]. 统计与决策，2011（01):13-15.

[52] 郭呈全，陈希镇，主成分回归的 SPSS 实现[J]. 统计与决策，2011（05):157-159.